張大可
韓兆琦 等 注譯

新譯資治通鑑

（二）

秦紀二—三
漢紀一—四

三民書局

國家圖書館出版品預行編目資料

新譯資治通鑑(二) / 張大可,韓兆琦等注譯. ——初
版二刷. ——臺北市: 三民, 2023
冊; 公分. ——(古籍今注新譯叢書)
ISBN 978-957-14-6220-2 (平裝)

1. 資治通鑑 2. 注釋

610.23 105022866

注譯者	張大可 韓兆琦等
發行人	劉振強
著作財產權人	三民書局股份有限公司
發行所	三民書局股份有限公司
	地址 臺北市復興北路386號
	電話 (02)25006600
	郵撥帳號 0009998-5
門市部	(復北店) 臺北市復興北路386號
	(重南店) 臺北市重慶南路一段61號
出版日期	初版一刷 2017年1月
	初版二刷 2023年7月
編號	S 034040

行政院新聞局登記證局版臺業字第〇二〇〇號

ISBN 978-957-14-6220-2 (平裝)

http://www.sanmin.com.tw 三民網路書店

新譯資治通鑑　目次

第二冊

卷第七

秦紀二

起閼逢閹茂（甲戌 西元前二二七年），盡玄黓執徐（壬辰 西元前二〇九年），凡十九年。

【題解】本篇寫了秦始皇二十年（西元前二二七年）至秦二世元年（西元前二〇九年）共十九年的秦國歷史，其中的前七年是寫秦始皇逐個消滅東方諸國，最後實現了全國統一；隨後的十年是寫秦始皇在全國統一的情況下所進行的種種活動，主要是修長城、修直道、馳道，伐匈奴、伐南越，巡遊、求仙，以及焚書、坑術士，修阿房宮、修驪山陵墓等等；其中的倒數第二年是寫秦始皇在東巡的返程中突然身死，趙高、胡亥、李斯篡改詔書，殺扶蘇、蒙恬，立胡亥為二世皇帝；最後是寫胡亥上臺後變本加厲地推行秦始皇的錯誤政策，倒行逆施，迅即引發全國農民大起義的過程。

始皇帝下

二十年（甲戌 西元前二二七年）

荊軻至咸陽，因王寵臣蒙嘉❶卑辭以求見。王大喜，朝服❷，設九賓❸而見之。

荊軻奉圖❹而進於王，圖窮而匕首見❺，因把王袖而揕❻之。未至身，王驚起，袖絕❼。荊軻逐❽王，王環柱而走。羣臣皆愕❾，卒起不意❿，盡失其度⓫。而秦法⓬，羣臣侍殿上者，不得操尺寸之兵⓭，左右以手共搏⓮之，且曰：「王負劍⓯！」負劍，王遂拔以擊荊軻，斷其左股。荊軻廢⓰，乃引匕首擿⓱王，中銅柱。自知事不就⓲，罵曰：「事所以不成者，以欲生劫之，必得約契以報太子也⓳！」遂體解荊軻以徇⓴。王於是大怒，益發兵詣趙㉑，就王翦㉒以伐燕，與燕師、代師㉓戰於易水㉔之西，大破之。

二十一年（乙亥　西元前二二六年）

冬，十月㉕，王翦拔薊㉖，燕王及太子率其精兵東保遼東㉗，李信㉘急追之。代王嘉㉙遺燕王書㉚，令殺太子丹以獻㉛。丹匿衍水㉜中，燕王使使斬丹，欲以獻王，王復進兵攻之。

王賁伐楚㉝，取十餘城㉞。王問於將軍李信曰：「吾欲取荊，於將軍度用㉟幾何人而足？」李信曰：「不過用二十萬。」王以問王翦，王翦曰：「非六十萬人不可。」王曰：「王將軍老矣，何怯也！」遂使李信、蒙恬㊱將二十萬人伐楚。王翦因謝病歸頻陽㊲。

二十二年（丙子　西元前二二五年）

王賁伐魏[38]，引河溝[39]以灌大梁。三月，城壞。魏王假降，殺之，遂滅魏。王使人謂安陵君[40]曰：「寡人欲以五百里地易安陵。」安陵君曰：「大王加惠，以大易小，甚幸。雖然，臣受地於魏之先王[41]，願終守之，弗敢易[42]。」王義而許之[43]。

李信攻平輿[44]，蒙恬攻寢[45]，大破楚軍。信又攻鄢、郢，破之[46]，於是引兵而西，與蒙恬會城父[47]。楚人因隨之，三日三夜不頓舍[48]，大敗李信[49]，入兩壁，殺七都尉，李信奔還。

王聞之，大怒，自至頻陽謝[50]王翦曰：「寡人不用將軍謀，李信果辱秦軍[51]。將軍雖病，獨忍棄寡人乎！」王翦謝病不能將[52]，王曰：「已矣，勿復言。」王翦曰：「必不得已用臣，非六十萬人不可。」王曰：「為聽將軍計耳[53]。」於是王翦將六十萬人伐楚，王送至霸上[54]。王翦請美田宅甚眾。王曰：「將軍行矣，何憂貧乎？」王翦曰：「為大王將，有功，終不得封侯[55]，故及[56]大王之嚮臣[57]，以請田宅為子孫業耳。」王大笑。王翦既行，至關[58]，使使還，請善田者五輩[59]。或曰：「將軍之乞貸[60]，亦已甚矣。」王翦曰：「不然。王怚中[61]而不信人，今空國中之甲士[62]，而專委於我，我不多請田宅為子孫業以自堅[63]，顧[64]今王坐而疑我矣。」

二十三年（丁丑　西元前二二四年）

王翦取陳以南[65]至平輿。楚人聞王翦益軍[66]而來，乃悉國中兵以禦[67]之。王翦堅壁[68]不與戰。楚人數挑戰，終不出[69]。王翦日休士洗沐[70]，而善飲食，撫循[71]之，親與士卒同食。久之，王翦使人問：「軍中戲乎[72]？」對曰：「方投石[73]、超距[74]。」王翦曰：「可用矣。」楚既不得戰，乃引而東。王翦追之，令壯士擊，大破楚師。至蘄南[75]，殺其將軍項燕[76]，楚師遂敗走。王翦因乘勝略定[77]城邑。

二十四年（戊寅　西元前二二三年）

王翦、蒙武虜楚王負芻，以其地置楚郡[78]。

二十五年（己卯　西元前二二二年）

大興兵，使王賁攻遼東[79]，虜燕王喜[80]。

臣光曰：「燕丹不勝[81]一朝之忿[82]，以犯虎狼之秦[83]。輕慮淺謀，挑怨速禍[84]，使召公之廟[85]不祀忽諸[86]，罪孰大焉[87]！而論者或謂之賢，豈不過哉！

「夫為國家者，任官以才，立政以禮，懷民[88]以仁，交鄰[89]以信。是以官得其人[90]，政得其節[91]，百姓懷其德，四鄰親其義。夫如是，則國家安如磐石，熾如焱火[92]；觸之者碎，犯之者焦。雖有彊暴之國，尚何足畏哉？丹釋此不為，顧[93]以萬乘之國[94]，決匹夫之怒[95]，逞盜賊之謀，功隳身戮[96]，社稷為墟，不亦悲哉！夫其膝行蒲伏[97]，非恭也；復言重諾[98]，非信也；糜金散玉[99]，非惠也；刎首決腹[100]，非勇也。要之，謀不遠而動不義，其楚白公勝[101]之流乎！

「荊軻懷[102]其豢養之私，不顧七族[103]，欲以尺八匕首，彊燕而弱秦，不亦愚乎！故揚子論之[104]，以要離[105]為蛛蝥之靡[106]，聶政[107]為壯士之靡[108]，荊軻為刺客之靡：皆不可謂之義。又曰『荊軻，君子盜諸[109]。』善哉！」

王賁攻代，虜代王嘉[110]。

王翦悉定荊江南地，降百越之君，置會稽郡[111]。

五月，天下大酺[112]。

初，齊君王后賢[113]，事秦謹，與諸侯信[114]。齊亦東邊海上[115]。秦日夜攻三晉、燕、楚，五國各自救，以故齊王建立四十餘年[116]，不受兵。及君王后且死，戒王建曰：「羣臣之可用者某[117]。」王曰：「請書之。」君王后曰：「善。」王取筆牘受言，君王后曰：「老婦已忘矣[118]。」君王后死。后勝[119]相齊，多受秦間金[120]。

賓客入秦，秦又多與金。客皆為反間，勸王朝秦[121]，不脩攻戰之備，不助五國攻秦，秦以故得滅五國。

齊王將入朝[122]，雍門司馬前[123]曰：「所為立王者，為社稷耶，為王耶[124]？」王曰：「為社稷。」司馬曰：「為社稷立王，王何以去社稷[125]而入秦？」齊王還車而反[126]。

即墨大夫[127]聞之，見齊王曰：「齊地方數千里，帶甲[128]數百萬。夫三晉大夫[129]皆不便秦[130]，而在阿、甄[131]之間者百數。王收而與之百萬人之眾，使收三晉之故地，即臨晉之關可以入[132]矣。鄢、郢大夫[133]不欲為秦[134]，而在城南下[135]者百數。王收而與之百萬之師，使收楚故地，即武關[136]可以入矣。如此，則齊威可立，秦國可亡，豈特保其國家而已哉？」齊王不聽。

二十六年（庚辰　西元前二二一年）

王賁自燕南攻齊，猝入臨淄[137]，民莫敢格[138]者。秦使人誘齊王，約封以五百里之地[139]。齊王遂降，秦遷之共[140]，處之松柏之間[141]，餓而死。齊人怨王建不早與諸侯合從[142]，聽姦人賓客，以亡其國，歌之曰：「松耶，柏耶，住建共[143]者客[144]耶！」疾[145]建用客之不詳[146]也。

臣光曰：「從衡[147]之說雖反覆百端[148]，然大要[149]合從者，六國之利也。昔先王建萬國[150]，親諸侯，使之朝聘[151]以相交，饗宴[152]以相樂，會盟[153]以相結者，無它，欲其同心勠力[154]以保家國也。鄉使[155]六國能以信義相親，則秦雖彊暴，安得而亡之哉？夫三晉者，齊、楚之藩蔽[156]；齊、楚者，三晉之根柢[157]。形勢相資[158]，表裏相依[159]。故以三晉而攻齊、楚，自絕其根柢也；以齊、楚而攻三晉，自撤其藩蔽也。安有撤其藩蔽以媚盜，曰『盜將愛我而不攻』，豈不悖哉[160]？」

王初并[161]天下，自以為德兼三皇[162]，功過五帝[163]，乃更號曰「皇帝[164]」，命為「制」，令為「詔」[165]，自稱曰「朕」[166]。追尊莊襄王為太上皇[167]。制曰：「死而以行為謚[168]，則是子議父、臣議君也，甚無謂[169]。自今以來[170]，除謚法[171]。朕為始皇帝，後世以計數[172]，二世、三世，至于萬世，傳之無窮[173]。」

初，齊威、宣[174]之時，鄒衍[175]論著終始五德之運[176]。及始皇并天下，齊人奏[177]之。始皇采用其說，以為周得火德[178]，秦代周，從所不勝，為水德[179]。始改年[180]，朝賀皆自十月朔[181]，衣服[182]、旌旄[183]、節旗[184]皆尚黑[185]，數以六為紀[186]。

丞相綰[187]言：「燕、齊、荊地遠，不為置王[188]，無以鎮之[189]。請立諸子[190]。」始皇下其議[191]。廷尉斯[192]曰：「周文、武所封[193]子弟同姓甚眾，然後屬[194]疏遠，相攻擊如仇讎[195]，周天子弗能禁止。今海內賴陛下神靈一統，皆為郡、縣[196]。諸子、功臣以公賦稅[197]重賞賜之，甚足易制，天下無異意，則安寧之術也。置諸侯不便[198]。」始皇曰：「天下共苦戰鬭不休，以有侯王。賴宗廟[199]，天下初定。又復立國，是樹兵也，而求其寧息，豈不難哉？廷尉議是。」分天下為三十六郡[200]，郡置守、尉、監[201]。

收天下兵[202]，聚咸陽，銷以為鍾鐻金人十二[203]，重各千石[204]，置宮廷[1]中[205]。一法度、衡、石、丈尺[206]。徙[207]天下豪桀[208]於咸陽十二萬戶。

諸廟[209]及章臺[210]、上林[211]皆在渭南[212]。每破諸侯，寫放[213]其宮室，作[214]之咸陽北阪[215]上，南臨渭[216]，自雍門[217]以東，至涇、渭[218]，殿屋、復道[219]、周閣[220]相屬[221]。所得諸侯美人、鍾鼓以充入之[222]。

【章　旨】以上為第一段，寫秦王政二十年（西元前二二七年）至二十六年的天下大事，主要是秦國滅魏、滅趙、滅楚、滅燕、滅齊，統一六國，秦王政改號皇帝，以及廢分封、行郡縣、統一度量衡等等。

【注　釋】❶因王寵臣蒙嘉　通過秦王寵臣蒙嘉的推薦、引進。因，通過；依靠。蒙嘉，秦王的寵臣，時為中庶子。中庶子是太子的屬官，秩六百石，主管宮中及諸吏嫡子、庶子的支系譜籍。其他事跡不詳。有說蒙嘉是蒙恬之弟者，無據。❷朝服　穿朝服升殿以見使者，乃表示鄭重。❸設九賓　意思是用最隆重的接待儀式。「九賓」之禮又見於《史記・廉頗藺相如列傳》，但其制度不見於經傳，不知究竟云何。《集解》引韋昭語以為即《周禮》之「九儀」；《正義》曰：「設文物大備，即謂『九賓』，不得以《周禮》『九賓』義為釋。」《索隱》以為「九賓」即「九服之賓客」；《正義》引劉伯莊以為「九賓」為「周王之備禮，天子臨軒，九服同會」；中井積德曰：「賓，儐也。儐九人立廷，以禮使者也。」按，以上諸說都可以參考，唯獨不能解釋作設九個人依次傳呼，因為九個人依次傳呼是表現統治者所處地位的既高且遠，是在裝腔作勢，藉以嚇人，而不是意在禮賓。❹奉圖　捧著燕國督亢地區的地形圖匣。奉，捧。極言其恭敬小心之狀。❺圖窮而匕首見　當展圖展到盡頭時，匕首就露出來了。窮，盡；最後。見，通「現」。❻揕　刺。❼袖絕　袖子被扯斷。❽逐　追趕。❾愕　驚；驚呆了。❿卒起不意　突然發生意想不到的事情。卒，同「猝」。突然。⓫盡失其度　全都亂了套。⓬秦法　秦朝的制度規定。⓭不得操尺寸之兵　不准攜帶任何兵器。操，持。尺寸，極言其小。⓮搏　擊，實即攔阻。⓯負劍　背劍；把劍推到背後再拔。據《史記・刺客列傳》，秦王所佩之劍甚長，在向前逃跑中拔不出劍來，非常著急，故有人提醒秦王「負劍」。⓰廢　癱了下去。⓱擿　投刺。《索隱》曰：「『擿』與『擲』同，古字耳。」⓲不就　不能成功。⓳以欲生劫之二句　顧炎武《菰中隨筆》曰：「荊軻『生劫』一語乃解嘲之辭，其實軻劍術疏耳，錯處只在『未及身』三字之間。荊軻所以為神勇者，全在臨事時一毫不動，此孟賁輩所不及也。」中井曰：「『欲生劫』云者，是回護之言，非事實。」按，「生劫」之意，史公於荊軻「左手把秦王之袖，而右手持匕首揕之」處缺少交代，故啟後人「解嘲」、「回護」之疑，實則史公未必欲譏荊軻也。⓴徇　載其屍巡行示眾。㉑益發兵詣趙　更多地增派部隊到趙國，也就是滅燕的前線。詣，到。㉒就王翦　追加到王翦的軍隊中。就，湊；追加。有人疑此字應作「詔」，《戰國策・燕策三》與《史記・刺客列傳》皆作「詔」。㉓燕師代師　燕王喜與代王嘉的聯軍，據上卷，這兩支軍隊當時都屯駐在燕國的上谷郡，即今河北省之張家口、宣化、懷來等一帶地區。㉔易水　河水名，發源於河北、山西交界的太行山，東流經易縣、雄縣入大清河，當時屬燕。㉕十月　當時秦國以「十月」為歲首，故敘此年之事皆在十月後。㉖薊　即今北京市，當時為燕國國都。㉗東保遼東　向東撤退，據守於遼東郡。保，據守。遼東，燕郡名，約當今遼寧之大淩河以東地區，郡治即今遼陽。㉘李信　秦將名，西漢名將李廣的祖輩。㉙代王嘉　代王趙嘉，趙悼襄王的太子，由於趙悼襄王寵愛趙遷之母，故廢趙嘉而改立趙遷。趙遷為王後，殺了趙國名將李牧，於西元前二二八年被秦兵攻破邯鄲，趙遷被俘。趙嘉逃到代郡，被趙國的殘餘勢力擁立為代王，苟延殘喘。㉚遺燕王書　寫信給燕王喜。遺，給；致。㉛令殺太子丹以獻　代王嘉錯估形勢，以為秦國之發怒只是恨太子丹派荊軻入刺秦王。以為燕國自己殺死太子丹向秦請罪，秦國就會放過燕國，同時也可討得秦國對代國的歡心。㉜衍水　河水名，即今所謂太子河，在今遼寧東南部，當時屬燕國的遼東郡。㉝王賁伐楚　時當楚王負芻二年（西元前二二六年）。王賁，王翦之子。㉞取十餘城　《史記》但稱「荊兵敗」，究竟取何城，史無明文。

㉟度用　估計需要。度，忖度；估計。㊱蒙恬　秦將蒙驁之孫，蒙武之子。事跡詳見《史記・蒙恬列傳》。㊲頻陽　秦縣名，縣治在今陝西富平東北。㊳王賁伐魏　時當魏王假三年。㊴河溝　即鴻溝，魏國所修的運河名，西自滎陽城北的黃河中引水東下，至開封折向南流，經淮陽入潁水。㊵安陵君　魏國國內的小封君，封地在今河南鄢陵北，前已見於〈秦紀一〉。㊶魏之先王　即魏惠王。㊷弗敢易　不敢拿來與你交換。易，交換。㊸王義而許之　此情節取自《戰國策・魏策四》，《史記》不載。繆文遠以為「實辯士之寓言」。㊹平輿　楚縣名，縣治在今河南平輿西北。㊺寢　也叫「寢丘」，古邑名，在今河南沈丘東南。㊻信又攻鄢郢二句　中井曰：「先是白起既『拔鄢、郢』矣，不聞楚復之，此乃云『攻鄢、郢』何也？蓋考烈王東徙，命壽春曰『郢』，唯『鄢』未審所謂。」梁玉繩曰：「『信又攻鄢、郢破之』，七字衍。《大事記》曰：『鄢、郢，白起取以置南郡，是時不屬楚久矣，傳之誤也。』」按，秦簡《編年紀》始皇十九年有所謂「南郡備敬」，楊寬以為「敬」字應讀作「警」，並說「南郡原為秦昭王時白起攻得楚都鄢、郢及其周圍地區而設置，因為南郡為楚貴族盤踞之地，楚亦常謀克復其地。〈秦始皇本紀〉記秦王政初併天下後，宣布所以滅楚之原因，謂『荊王獻青陽以西，已而畔約，擊我南郡，故發兵誅』云云。」又曰：「蓋是時鄢、郢已為楚貴族所反覆，並已為楚軍所克復，原為秦所徙居而監禁於『郢之口山』的昌平君，也已出山主持反秦之戰事，因而李信必須引大軍南下而攻破之。」楊說似可信。㊼與蒙恬會城父　梁玉繩曰：「此前後三稱『蒙恬』，考〈六國表〉及〈蒙恬傳〉，是時恬未為將，當是『蒙武』之誤。」按，現代戰國史研究者皆同意為蒙武。城父，楚縣名，縣治在今安徽亳州東南。㊽頓舍　息宿。《漢書・李廣傳》有「就善水草頓舍」語，師古注：「頓，止也；舍，息也。」㊾大敗李信　楊寬曰：「（當李信進擊鄢、郢時），鄢、郢之楚軍未作堅決抵抗而退出；待李信引大軍回師東進，與蒙武在城父（今安徽亳州東南）會合，以便向楚新都壽春進攻時，楚軍即跟蹤追擊，三日三夜不頓舍，從而大破李信軍。」㊿謝　道歉；請罪。51果辱秦軍　果然給我國軍隊帶來恥辱，意即打了敗仗。52謝病不能將　稱說有病不能為將統兵。53為聽將軍計耳　「為」似應讀作「唯」，《冊府元龜》卷一百九十九引正作「唯」，意即一切都聽你的。楊樹達《詞詮》以為「為」字之義同「將」，「將要」，相同用法又見於《史記・衛將軍驃騎列傳》、〈匈奴列傳〉、〈韓信盧綰列傳〉。可作參考。54霸上　也作「灞上」，即日後劉邦進關後的駐兵之處，在當時咸陽城東南，今西安東的霸水西側。55有功二句　秦國之功臣將相，能封侯者向來較少，王翦之前豐功偉績如張儀、司馬錯、白起；王翦後立有殊勳之李斯、蒙恬，皆未聞封侯。56及　趁著。57嚮臣　親近為臣。嚮，親近；寵用。58關　指函谷關，在今河南靈寶東北，秦國本土東出的門戶。59五輩　五批；五撥。60乞貸　討要東西。61怚中　性情粗暴。怚，通「粗」。62空國中之甲士　調動全國的軍隊。空，全部；一個不剩。63自堅　使其對自己堅信不疑。黃震曰：

「王翦為始皇伐楚，而請美田宅；既行，使使請美田者五輩。後有勸蕭何田宅自汙者，其計無乃出於此與？」馬非百曰：「《陝西通志》及《富平通志》均載王翦尚華陽公主事，略謂始皇二十三年，李信伐楚敗歸，時王翦謝病家居。始皇疾駕入頻陽，手以上將軍印佩翦身，授命二十萬。後三日，翦發頻陽，始皇降華陽公主，簡宮中麗色百人為媵，北迎翦於途，詔即遇處成婚。翦行五十里相遇，列兵為城，中間設錦幄，行合巹禮。信宿，公主隨翦入都，詔頻陽別開公主第。今名相遇處為『華陽』。其事不知所出，而兩書皆言之鑿鑿。然則翦之多請美田宅園池為子孫業者，殆亦利用獨生女情深以為自堅之地耶？」(64)顧　反；豈不。(65)取陳以南　攻取楚國舊都陳縣（今河南淮陽）後，繼續南進。(66)益軍　增兵。(67)禦　迎；抵抗。(68)堅壁　堅守壁壘。壁，防禦工事。(69)終不出　李光縉曰：「曰『不與戰』，曰『終不出』，兵法所謂『懈然後擊之』者，翦蓋得此。」何焯曰：「『王翦至，堅壁而守之』，亞夫祖之破吳楚，即高祖之於黥布亦然也。」按，李牧之破匈奴，與此尤其相似。見《史記·廉頗藺相如列傳》。(70)休士洗沐　讓士兵養精蓄銳，洗頭洗澡。沐，洗頭。(71)撫循　安撫、體恤。(72)戲乎　在做什麼遊戲。(73)投石　練習投得遠，投得準。(74)超距　即跳躍、跳遠。《漢書·甘延壽傳》有所謂「投石拔距」，張晏以為「拔距」意同「超距」。應劭以為「拔距」殆如武俠之飛簷走壁。今人陳直曰：「謂軍中以遠距離投石為戲也。」乃以「投石超距」為一個動作。(75)蘄南　蘄縣南。蘄縣在今安徽宿縣南，當時屬楚。(76)項燕　楚國的最後一員名將，項羽的祖父。按，《史記》之〈楚世家〉、〈項羽本紀〉皆謂項燕是被秦兵所殺，與此同；唯〈秦本紀〉乃謂「項燕遂自殺」。(77)略定　攻取、平定。(78)以其地置楚郡　將獲取的楚國地盤設置為秦國的郡縣。《集解》引孫檢曰：「滅去楚名，以楚地為三郡。」(79)遼東　燕郡名，郡治即今遼寧遼陽。(80)虜燕王喜　燕國自周初建國，歷八百餘年至此滅。(81)不勝　不能克制。(82)一朝之忿　指在秦為人質時所受秦王的不禮貌對待。(83)犯虎狼之秦　指派荊軻入秦行刺。(84)速禍　使亡國之禍加快降臨。(85)召公之廟　燕國諸侯的祖廟。召公名奭，武王之弟，因輔佐武王滅殷有功，被封為燕國諸侯。事跡見《史記·燕召公世家》。(86)不祀忽諸　指燕國被滅，召公的祭祀從此斷絕。忽諸，一下子就完了。忽，極言其快。諸，語助詞。(87)罪孰大焉　這是一派人的老生常談，彷彿秦之滅燕就是讓荊軻刺秦激起來的。別的國家沒有去秦行刺，怎麼也都被滅了？齊國一向親秦，眼看著別的國家逐個被滅而採取孤立主義，怎麼秦國到頭來也還是滅了它！(88)懷民　安撫黎民，使黎民感戴。懷，使之思念，受感動。(89)交鄰　與鄰國打交道。(90)官得其人　意即凡為官者都能稱職。(91)政得其節　各種政令都制定得合乎時宜、合乎分寸。(92)熾如焱火　熱烈得有如大火。焱火，熊熊的大火，這裡是比喻強盛、興旺。(93)顧　反；反而。(94)萬乘之國　代指強大而稱王的國家，這裡即指燕國。萬乘，萬輛兵車。(95)決匹夫之怒　決定於一個匹夫的發怒逞勇。(96)功隳身戮　刺秦之功毀於一旦，自己也被人所殺。隳，同「毀」。(97)膝

行蒲伏　指燕太子丹接待荊軻時所行的禮。《史記·刺客列傳》有所謂「太子再拜而跪，膝行流涕」云云。蒲伏，爬行。98復言重諾　多次叮囑，一再答應。諾，答應。99糜金散玉　指太子丹捨得花費錢財，供養刺客。糜，通「靡」。散。100刎首決腹　指樊於期為助成荊軻刺秦獻出自己的人頭。決腹，切腹。101白公勝　名勝，楚平王太子建的兒子，白公是其封號。其父在費無忌的讒毀下被楚平王所廢，後在鄭國謀反被鄭人所殺。白公勝後來被楚國召回，為給其父報仇，又在楚發動叛亂，失敗被殺。過程詳見《史記·伍子胥列傳》。102懷　感謝，感謝太子丹。103七族　上起曾祖下至曾孫的各代親屬。鄒陽〈獄中上梁王書〉中有所謂「荊軻湛七族」之語，意即荊軻因其刺秦之罪招致七族的親屬被秦國屠滅。104揚子論之　揚雄在《法言·淵騫》中議論過刺客的為人。揚雄是西漢末期的經學家與辭賦家，著有《法言》、《太玄》以及〈長楊賦〉、〈羽獵賦〉等。《漢書》有傳。105要離　春秋末期的刺客，受吳王闔閭的收買，幫闔閭刺殺了王僚之弟王子慶忌。過程見《吳越春秋·闔閭內傳》。106蛛蝥之靡　是蜘蛛蟲豸一類的行為。靡，行為；所為。107聶政　戰國時代的刺客，為韓嚴刺韓相俠累的故事見《史記·刺客列傳》與本書卷一周安王五年。108壯士之靡　揚雄稱要離為「蛛蝥」，稱荊軻為「刺客」，而稱聶政為「壯士」，大概是因為聶政不搞陰謀、不搞偽裝，而是逕直衝入相府殺了俠累，與其他人的採用欺騙手段不同。109君子盜諸　大概屬於強盜中的「君子」吧。諸，語尾助詞。有關荊軻的故事見本卷的始皇帝二十年，詳見《史記·刺客列傳》。按，對刺客評價不高是可以的，但痛加否定是不可以的。從古到今，任何國家、任何政治勢力都從來不排除使用刺客就是絕好的證明。司馬光等人不僅排斥刺客，而且把燕國的滅亡加到太子丹的派人刺秦上，這是顛倒黑白。其他六國沒有派人刺秦，怎麼也被秦國消滅了？齊國一貫向秦國討好，眼睜睜地看著別國被秦所滅而袖手旁觀，怎麼最後也被秦國消滅了？明代黃洪憲說：「當燕丹時，內無強力，外無奧援，而以孱國當梟鷙之秦，此謂卵抵泰山者也。故刺秦亦亡，不刺亦亡，故刺秦王非失計也。夫烏附、五石，非長生之藥也，即有寒熱之疾中於關竅，則烏附用；詭癰詭疽起，則五石用，等死耳，冀萬一其效之。故人有死疾，則烏附、五石不可廢；當丹之時，垂絕之國，則荊軻未可非也。」110虜代王嘉　時當代王嘉六年，趙國從此徹底滅亡。111降百越之君二句　詳文意，秦滅楚在此年，至於「降百越之君，置會稽郡」當更在以後，史乃終言於此耳。《史記·白起王翦列傳》於此作：「歲餘，虜荊王負芻，竟平荊地為郡縣，因南征百越之君。」112天下大酺　因秦已滅五國，故下令天下人歡聚暢飲。秦漢時代通常禁止聚眾豪飲，唯統治者有大喜慶，始下令開禁。113君王后賢　君王后即齊襄王之后，樂毅滅齊時識齊襄王（名法章）於蒙難之中者也。齊國在秦國「遠交近攻」的方針下，長時間與秦國「友好」，實行孤立主義，不援助其他國家。此正墜秦計中而不悟，非有其他「賢能」。114與諸侯信　未聞齊對別國有何講信義之處。115東邊海上　東部以海邊為界。「邊」字用如動詞。

(116)齊王建立四十餘年　齊王建在位的年限為西元前二六四－前二二一年，共四十三年。(117)羣臣之可用者某　欲說而未及說。(118)老婦已忘矣　君王后也看出齊臣沒有一個中用者，故無法說。(119)后勝　姓后名勝，齊國的親秦派。(120)秦間金　秦國為行反間所用之金。《史記・李斯列傳》有所謂「秦王拜李斯為長史，聽其計，陰遣謀士齎持金玉以遊說諸侯，諸侯名士可下以財者，厚遺結之；不肯者，利劍刺之，離其君臣之計，秦王乃使良將隨其後。」齊國君臣皆墜其計中。陳子龍曰：「是時秦滅諸侯之勢成矣，猶行金間齊，使齊兵不出，為萬全之策。固知秦之併天下不獨兵力強哉，其謀深矣。」(121)勸王朝秦　勸齊王不與東方別國來往而單獨朝拜、聽命於秦。(122)入朝　入秦朝拜秦王。(123)雍門司馬前　王念孫《讀「戰國策・齊策」雜志》以為應依《北堂書鈔・武功部・戟類》下引《戰國策》作「雍門司馬橫戟當馬前」，《太平御覽・兵部・戟類》所引亦如此。按，王說可從，故下文曰「齊王還車而反」，事相因而文亦相承也。雍門司馬，駐守齊國都城臨淄西門的軍中司馬。「司馬」是軍中的司法官。(124)為社稷耶二句　立王是為了國家呢？還是為了大王您呢。(125)何以去社稷　怎麼能夠離開國家。去，離開。(126)反同「返」。(127)即墨大夫　即墨城的行政長官。即墨是齊國的「五都」之一，在今山東平度東南。齊國的「都」相當於其他國家的郡。(128)帶甲　披甲的戰士，即指軍隊。(129)三晉大夫　韓、趙、魏三國的流亡官吏。(130)不便秦　不願受秦國統治，不願當秦國的子民。(131)阿甄　齊國西部地區的縣名，阿縣的縣治即今山東陽穀東北的阿城鎮，甄縣的縣治在今山東鄄城北。甄，亦作「鄄」。(132)臨晉之關可以入　意謂不僅可以收復三晉的失地，而且可以打到秦國的本土上去。臨晉之關即臨晉關，在今陝西東部的大荔城東，東臨黃河，與對岸山西的蒲津關隔河相望。(133)鄢郢大夫　楚國的流亡官吏。(134)不欲為秦　不願給秦國人做事。(135)城南下　齊國南部的長城下。齊國長城西起今山東西部的平陰，東經泰山北麓、沂源城北，東南行直至黃海邊的琅邪臺。所謂「城南下」應指今泰安、萊蕪、沂源等一帶地區。(136)武關　秦國本土東南部的關塞名，在今陝西丹鳳東南，是秦國通往楚國的交通要道。(137)猝入臨淄　突然攻入齊國的都城，以其無防備故也。猝，突然。(138)莫敢格　沒有人敢抵抗、攔阻。格，抵抗。(139)約封以五百里之地　意謂讓其離開齊國，另在別處封以五百里之地。(140)共　秦縣名，在今甘肅涇川縣北。(141)處之松柏之間　將其軟禁在一個松柏茂密的地方。(142)合從　同「合縱」。意即聯合抗秦。(143)住建共　導致齊王建被軟禁於共。「住」字用如動詞。(144)客　圍在齊王身邊的賓客與群臣。(145)疾　恨；埋怨。(146)用客之不詳　採用賓客的建議不慎重、不仔細。王駿圖曰：「此蓋齊人愴懷故國，深怨王建聽賓客奸謀，以致國破而遷住於共，因藉松柏以起興作歌，亦猶喬木、黍離之感，三『耶』字有無限慨歎艾怨之意。」凌稚隆曰：「六國獨齊後亡，故於齊總論興亡大勢，有感慨。」按，責齊王建貪圖苟安，不與三晉等聯合抗秦是也；然則司馬光用司馬遷《史記》原文亦稱君王后曰「賢」，其果「賢」乎哉？(147)從衡　指合縱、連橫兩種學說。(148)反覆百端　意即多種多樣、變化無常。(149)大要　大體說來。(150)先王建萬國　指夏、商、周建國初期的分封諸侯。(151)朝聘　指天子與諸侯以及各諸侯國間的相互往來。古代諸侯定期進見天子曰「朝」，各諸侯間的友好往來曰「聘」。(152)饗宴　招待朝聘者的宴會。(153)會盟　各國諸侯或執政大臣的會見結盟。(154)勠力　并力；合力。(155)鄉使　假如當初。(156)藩蔽　藩籬、屏障。(157)根柢　基礎，即今所謂「後盾」。(158)相資　相互援助。(159)相依　相互依存。(160)豈不悖哉　豈不是很荒謬嗎。悖，荒謬。(161)并　兼併；統一。(162)三皇　有說指天皇、地皇、人皇；有說指伏羲氏、女媧氏、神農氏。(163)五帝　司馬遷以為指黃帝、顓頊、帝嚳、堯、舜五人。見《史記・五帝本紀》。(164)皇帝　意即兼取「三皇」、「五帝」之名號而有之。(165)命為制二句　皇帝下的命令稱作「制」，或者稱作「詔」。(166)自稱曰朕　在戰國時一般人也可以自稱曰「朕」，自秦始皇作此規定後，整個中國封建社會遂遵行不變。(167)太上皇　至高無上的皇帝，以稱現行皇帝之父。但自劉邦開始，「太上皇」只稱現行皇帝的生父，不再稱死去的父親。(168)以行為謚　西周以來，人們往往給死去的父母尊長追加一個謚號，至於謚為什麼，要依據死者生前的行為而定，諸如「文」、「武」、「成」、「康」、「靈」、「厲」等等是也。(169)無謂　沒道理；沒說法。(170)自今以來　從此以後。(171)除謚法　取消死後加謚的做法。《集解》曰：「《謚法》，周公所作。」(172)以計數　按著數目向下數。計，這裡即指數字。(173)至于萬世二句　王應麟曰：「秦皇欲從一至萬，新莽推三萬六千歲曆紀，其愚一也。漢世祖曰：『日復一日，安敢遠期千歲乎？』真帝王之言哉！」(174)威宣　齊威王（西元前三五六—前三二〇年在位）、齊宣王（西元前三一九—前三〇一年在位）。(175)鄒衍　齊國人，陰陽五行學說的發起者。司馬遷稱其為齊國的威、宣時代人，司馬光亦從之。據錢穆《先秦諸子繫年》考證，鄒衍應是戰國末期人，生活在燕王喜、齊王建時期。錢說可從。(176)終始五德之運　將金、木、水、火、土五行的相生、相剋，周而復始，引用到歷史朝代的相承相變，這種唯心的東西長期影響中國封建社會極為惡劣。(177)奏　進，進獻給秦始皇。(178)火德　火性，性質屬火。(179)從所不勝二句　應該是屬於火所怕的那種東西，即水。(180)改年　改用新曆法。周以建子之月（夏曆十一月）為歲首，秦朝則改以建亥之月（夏曆十月）為歲首，以十月初一為新一年的第一天。(181)朝賀皆自十月朔　群臣朝拜皇帝的大典都在十月初一這天舉行。(182)衣服　此處指皇帝與群臣在參加朝賀大典時所穿的禮服。(183)旌旄　以旄牛尾裝飾的旗幟。(184)節旗　符節，皇帝使者所持的憑證，以竹、木或金屬為之。(185)尚黑　以黑色為貴。按五行說，黑色象徵水，秦以水德王，故尚黑。(186)數以六為紀　製作什麼東西都以「六」為單位，如車子的寬度為六尺，符節的長度為六寸，一步等於六尺等等。當時尺小，一尺約當今天的二三・一公分。(187)丞相綰　秦朝的丞相為王綰。(188)不為置王　不在那裡封建侯王。(189)無以鎮之　無法維持那些地區的穩定。鎮，彈壓；維持地方秩序。(190)請立諸子　意即請立始皇的兒子們到各地為王。(191)下其議　將這個人的意見交給群臣討論。(192)廷尉斯　李斯，時為廷尉之職。廷尉是國家的最高執法官，九卿之一。(193)周文武所封　周文工、周武王所封的諸侯國，實即武王所封，因武王滅紂時文王已死，武王乃託父命討伐殷紂，故後世習以「文」、「武」並稱。相傳當時受封者共八百餘國。(194)後屬　後來的親緣關係。(195)仇讎　冤家對頭。(196)皆為郡縣　關於郡、縣的設立，早在春秋時期各國已有，開始時郡小縣大，後來始變為郡管縣，然當時是郡縣與有土封君相互錯雜。至秦始皇統一天下後，遂大規模地實行郡縣制，但極少數的國內封君也還存在。(197)公賦稅　國家收斂上來的賦稅。(198)置諸侯不便　凌稚隆引鄧以瓚曰：「論甚當，不宜以後事敗非之。」按，賈誼〈過秦論〉中猶以此責始皇，史公引之為論贊，見史公於此事心存矛盾。(199)賴宗廟　靠着祖輩神靈的保佑。(200)分天下為三十六郡　《史記集解》以此三十六郡為：三川、河東、南陽、南郡、九江、鄣郡、會稽、潁川、碭郡、泗水、薛郡、東郡、琅邪、齊郡、上谷、漁陽、右北平、遼西、遼東、代郡、鉅鹿、邯鄲、上黨、太原、雲中、九原、雁門、上郡、隴西、北地、漢中、巴郡、蜀郡、黔中、長沙、內史。按，關於「三十六郡」的具體所指，諸家說法略有差異；而所謂「三十六郡」，又只是秦始皇二十六年剛統一六國時的數字；張家英引姚鼐云：「迄三十三年，略取陸梁地為桂林、象郡、南海，是已為三十九郡。」又引王國維說，以為「秦郡當得四十有八。」(201)郡置守尉監　守指郡守，漢代稱太守，郡裡的最高行政長官。尉指郡尉，郡裡的武官，主管治安，緝捕盜賊。監指監郡，皇帝派駐該郡的監察官員，由御史擔任，主管監察該郡的吏治。(202)兵　兵器，當時多為銅製，亦有少量為鐵製者。(203)銷以為鍾鐻金人十二　過去解釋為將收繳來的六國兵器熔化而改鑄成大鐘、大鐻各若干，並鑄成銅人十二個。鐻，夾鐘，也是鐘的一種。楊寬則以為「鍾鐻金人」四字當連讀，「鐻」通「簴」，「鍾鐻」乃懸掛大鐘或編鐘的架子，「鍾鐻金人」即鑄成人形的鐘架兩端的立柱。楊寬曰：「秦、漢時，朝宮與宗廟前皆建有鐘鐻而懸掛大鐘，以便鳴鐘而舉行朝禮。《續漢書・禮儀志》述『上陵禮』云：『鐘鳴，謁者治禮引客，群臣就位如儀。』《正義》引《漢書・五行志》云：『二十六年，有大人長五丈，足履六尺，皆夷狄服，凡十二人，見於臨洮，故銷兵器，鑄而象之。』按，楊說可從。(204)重各千石　指每個人形鐘鐻的重量。「石」是重量單位，一石為一百二十斤（約當於今六十市斤），千石約當今之六萬斤。楊寬曰：「《三輔黃圖》記漢高祖廟引《關輔記》曰：『秦廟中鐘四枚，皆在漢高祖廟中。』又引《三輔舊事》云：『高廟鐘重十二萬斤。』又引《漢舊儀》曰：『高祖廟鐘十枚，各重千石，撞之聲聞百里。』可知漢朝宮前之鐘鐻取自秦之朝宮，漢高祖廟前之鐘鐻亦取自秦廟。高廟鐘鐻重十二萬斤，正合千石，正與十二鐘鐻金人『各重千石』相當。十二鐘鐻所懸之鐘當為編鐘性質，編鐘十二枚大小不同，依次排列；鐘鐻金人十二座亦大小輕重不同，其小者重千石，即十二萬斤，其大者重二千石，即二十四萬斤。」(205)置宮廷中　楊寬曰：「十二鐘鐻金人原當在咸陽宮宮門，及起建阿房宮，乃立於阿房宮宮門。」[206]一法度衡石丈尺　統一全國的法律制度和度量衡標準。一，統一；劃一。衡是秤砣。石是重量單位。丈尺是長度單位。[207]徙　強制搬遷。[208]豪桀　各地區的大族、豪紳，包括六國貴族的後代以及游俠、惡霸等等。[209]諸廟　楊寬認為指「建造於秦王陵附近的秦昭王、孝文王、莊襄王諸人之廟」，徐衛民認為秦昭王等三王之廟在「東陵」，距此較遠；此處的所謂「廟」就是指為祭祀某王所建立的祭廟，其中有昭王廟，也包括由信宮改名的「極廟」在內。[210]章臺　秦宮名，徐衛民以為「是秦都咸陽在渭河南岸的主要宮室建築之一，秦王的許多重要外交活動都在這裡舉行。」其具體位置「在漢長安城內的未央宮前殿，也就是說未央宮前殿是在秦章臺的基礎上建築的。過去把章臺稱為章臺宮是不正確的。」[211]上林　即上林苑，秦朝的皇家獵場，在當時秦朝都城的咸陽城南，區域達數縣之廣。西邊可能到灃河，南邊到終南山，北起渭水，東最遠到宜春苑。[212]渭南　渭水之南，渭水自甘肅流來，經今西安北，當時的咸陽城南，東流至今風陵渡匯入黃河。[213]寫放　模仿；仿照。放，同「仿」。錢鍾書曰：「移物之貌曰『寫』，擬肖是也。『寫真』、『寫生』、『寫照』之『寫』，皆『寫放』、『模寫』之『寫』。」[214]作　建造。[215]阪　山坡。以上兩句是說，秦朝每滅掉一個東方國家，就按著被滅國家的宮殿模樣在咸陽城北的山坡上仿建一座。《委宛餘篇》云：「秦始滅六國，寫其宮室，作之咸陽，然各自為區，雖一瓦一磚之造亦如其式，各書國號，不相雷同。」徐衛民曰：「所謂『咸陽北阪』是指『咸陽北原』，仿六國宮室就在今咸陽窯店北怡魏村一帶。怡魏村出土的帶有齊風格的建築瓦當，則說明齊宮殿可能在此。」按，六國宮殿遺址在今咸陽渭城區之窯店鄉、正陽鄉一帶，在秦時咸陽城北部的宮城北側。燕宮遺址在秦國宮城的東端，楚宮遺址在秦國宮城的西端。[216]南臨渭　向南對著渭水。[217]雍門　地名，當在今咸陽西南的渭水之北，當時咸陽城的大西南。[218]涇渭　胡三省曰：「言涇渭之交也。」即涇水與渭水的匯流處，涇水自寧夏流來，流經當時的咸陽城北，東流至今高陵南匯入渭水。[219]復道　樓閣之間的空中通道。[220]周閣　樓臺四周的廊道。[221]相屬　相通；相連。[222]所得諸侯美人句　意謂把獲得的哪個國家的美人鐘鼓，就安置在那個複製的該國的宮室內。《正義》引《廟記》云：「北至九嵕、甘泉，南至長楊、五柞，東至河，西至汧渭之交，東西八百里，離宮別館相望屬也。木衣綈繡，土被朱紫，宮人不徙，窮年忘歸，猶不能遍也。」又引《三輔舊事》云：「始皇表河以為秦東門，表汧以為秦西門，表（此處似有缺文），中外殿觀百四十五，後宮列女萬餘人，氣上沖於天。」

【校記】[1]宮廷　原作「宮庭」。據章鈺校，十二行本、乙十一行本、孔天胤本皆作「宮廷」，《史記·秦始皇本紀》作「廷宮」。今從諸本改。

【語 譯】始皇帝下

二十年（甲戌 西元前二二七年）

荊軻到了咸陽，通過秦王寵臣蒙嘉的引進，用謙卑委婉的言辭請求拜見秦王。秦王政聽說燕國來進獻地圖，很高興，就穿上朝服，集合文武百官，按照外交上最隆重的儀式接見前來獻圖的燕國使臣荊軻和他的隨從。荊軻手捧燕國督亢地區的地形圖進獻給秦王，當地圖快要完全展開的時候，藏在裡面的匕首露了出來，荊軻抓過匕首，趁勢用左手一把拉住秦王政的衣袖，右手將匕首刺向秦王政。但在匕首還沒有刺到的時候，秦王已經驚慌地跳了起來，由於用力過猛，竟然把衣袖掙斷了。荊軻追殺秦王，秦王情急之下，只知圍繞著殿中的柱子躲避。由於事出突然，群臣也都被嚇得目瞪口呆，全都亂了套。當時秦國的制度中規定，群臣上殿議事的時候不准攜帶任何武器，秦王身邊的人只能赤手空拳地攔截荊軻，一邊高喊：「大王，把劍推到背後再拔！」秦王這才反應過來，於是拔出寶劍，死命地向荊軻砍去，一下子將荊軻的左腿砍斷。荊軻一下子癱倒在地上，但他仍然竭盡全力地把匕首投向秦王，卻投在了銅柱上。荊軻知道事情已經沒有成功的希望，索性大罵起來：「我今天所以沒有成功，是因為我只是想劫持你，讓你歸還侵佔各諸侯國的土地，然後回報太子！」於是當場把荊軻分屍，然後將屍體裝在車上巡行示眾。秦王受此驚嚇，更加憤怒，於是派出更多的兵力前往趙國，交給王翦，讓他統領著去攻打燕國；王翦在易水之西與燕軍、代軍展開激戰，燕、代兩國被打得大敗。

二十一年（乙亥 西元前二二六年）

冬天，十月，王翦佔領了燕國的都城薊，燕王和太子丹率領部分精兵向東撤退，據守遼東，秦將李信隨後緊追不捨。代王趙嘉一看形勢不好，就寫信給燕王喜，勸說他殺掉太子丹，把太子丹的屍體獻給秦國請罪。太子丹聞訊後逃到衍水躲藏起來，燕王喜還是派人把太子丹殺死，準備獻給秦王，秦王又下令繼續攻打燕國。

秦將王賁率軍攻打楚國，佔領了十多個城邑。秦王向將軍李信詢問：「我想徹底征服楚國，你估計需要多少軍隊才夠用？」李信回答：「二十萬人就足夠了。」秦王又去問王翦，王翦說：「非得六十萬人不可。」

秦王聽了很不高興地說：「王將軍確實是老了，膽量怎麼變得這麼小啊！」於是不用王翦攻楚，而是派李信、蒙恬率領二十萬大軍去攻打楚國。王翦推說有病回頻陽。

二十二年（丙子　西元前二二五年）

秦將王賁率領秦軍攻打魏國，掘開河溝之水灌魏國的都城大梁。三月，大梁城牆被泡塌。魏王假投降，被秦軍殺死，秦國徹底滅掉了魏國。

秦王政派人對安陵君說：「我想用五百里的土地和你交換安陵。」安陵君回覆說：「承蒙大王給以恩惠，用大地方交換我這塊小地方，我非常感激。但我這塊土地是從魏國先王那裡繼承的，我願意始終守著它，不敢交換。」秦王認為他說得有道理，就不再堅持與安陵君交換土地。

秦將李信攻打楚國的平輿，蒙恬攻打寢丘，兩處都將楚軍打得大敗。李信又去攻打鄢、郢，取得了勝利，於是率領部下向西進發，準備到城父與蒙恬會師。楚國的軍隊隨後追擊了三天三夜，李信的軍隊不得休息，結果被楚軍打得大敗，李信兩個營壘被攻破，七個都尉陣亡；李信逃回了秦國。

秦王政聽到李信戰敗的消息非常生氣，他親自到頻陽向王翦道歉說：「我沒有採納將軍的意見，李信果然打了敗仗，使秦國的軍隊遭受了侮辱。將軍你雖然有病在身，難道就忍心拋棄我不管了嗎！」王翦推辭說有病不能為將統兵。秦王說：「算了吧，不要再推託有病了。」王翦說：「如果實在沒有別的辦法，必須讓我帶兵，那非得給我六十萬人不可。」秦王說：「就依將軍。」於是王翦率領秦國的六十萬大軍攻打楚國，秦王政親自到霸上為王翦送行。臨別時，王翦向秦王請求多多的賞賜給他良田和美宅，秦王說：「將軍只管出發吧，難道還擔心貧窮嗎？」王翦說：「擔任大王的將軍，功勞再大，也不能再加官進爵，所以就想趁著大王親近我的時候，多向大王討些封賞留給我的子孫。」秦王聽了大笑起來。王翦率軍出發，當走到武關的時候，又陸續派回五次使者向秦王請求賞給自己好田地。有人說：「將軍的要求也太過分了吧。」王翦說：「說得不對。秦王性情粗暴而又猜忌人，現在他把全國的軍隊都交給我指揮，心中一定放心不下；我多多的向他為自己的兒孫請求田宅，為的是使秦王對我堅信不疑，不然的話，秦王豈不是要對我產生懷疑。」

二十三年（丁丑　西元前二二四年）

秦將王翦率軍攻克陳縣以後繼續南下，到達平輿。楚國聽說秦國又增派兵力，讓王翦率領著直奔楚國而來，就調動全國的兵力來迎戰秦軍。王翦堅守營壘不與楚軍接戰。楚軍屢次挑戰，王翦只是固守不出。王翦每天讓士卒養精蓄銳、洗頭洗澡，給他們改善飲食，並親自安撫他們；還和士卒一起進餐。過了很長一段時間，王翦派人詢問：「軍隊中正在進行什麼遊戲？」回答說：「正在練習投遠、跑跳。」王翦說：「可以用來作戰了。」楚軍想要與秦軍交戰而不能，便率軍向東撤退。王翦率軍在後邊追趕，並組織精壯的勇士向楚軍發動了猛烈的攻擊，把楚軍打得大敗。追擊楚軍到蘄南，殺死了楚軍大將項燕，楚軍全線崩潰，四散而逃。王翦乘勝攻取城邑。

二十四年（戊寅　西元前二二三年）

秦將王翦、蒙武俘虜了楚王芈負芻，楚國滅亡；秦國將奪取的楚國土地設置為秦國的郡縣。

二十五年（己卯　西元前二二二年）

秦國出動大軍，派王賁率領著去攻打遼東，俘虜了燕王喜，燕國滅亡。

司馬光說：「燕太子丹不能忍受一時的憤怒，而冒犯了像虎狼一樣的秦國。又考慮不周，謀略膚淺，既挑起了秦國的怨恨又加速了燕國的滅亡，使召公開創的燕國一下子被滅亡，召公的祭祀從此斷絕，還有什麼罪過比這再大的嗎！而評論的人當中還有人認為太子丹是個賢才，這不是太錯誤了嗎！

「作為治理國家的人來說，選拔官吏要根據才能，教化人民要注重禮教，安撫黎民，使黎民感戴，與鄰國交往要守信用。做到這些才能說為官者稱職，各種政令制定得合乎時宜、合乎分寸，百姓感念你的恩德，鄰國願意與你親近友好。如此，國家就會穩固得如同磐石，興盛得像熊熊燃燒的烈焰；碰撞它的就會粉身碎骨，冒犯它的就會被燒得焦頭爛額。即使遇到強暴的國家，難道還會懼怕嗎？太子丹不如此去做，卻以一個萬乘兵車的大國，把成敗押在匹夫的一怒之上，採取盜賊式的謀略，終於使自己身敗名裂，國家滅亡，不也是挺可悲的嗎！至於雙膝跪地，匍匐前進，這不叫恭敬；反覆叮嚀，一再答應，這不叫信義；散發金銀，送人寶玉，這不叫恩惠；自砍頭顱，自剖肚腹，這不叫勇敢。總之，不考慮長遠而行動不符合義，不過是楚國白公勝一流的人物！

「荊軻為了報答燕太子丹豢養的一點私情，就不顧自己的七族親屬，想要憑藉一把尺八寸長的匕首就使燕國強大、使秦國衰弱，不也太愚蠢了嗎！所以揚雄評論他們這些人時認為，要離所做的不過是蜘蛛一樣的行為，聶政所做的不過是一個壯士的行為，荊軻所做的不過是一個刺客的行為：他們的行為都不能算是義。又說『荊軻的行為，大概屬於強盜中的君子吧。』這個評價是多麼正確呀！」

秦將王賁攻打代郡，俘虜了代王趙嘉，趙國徹底滅亡。

秦將王翦全部佔領了楚國長江以南的土地，征服了百越；秦國把楚地設置為會稽郡。

五月，秦王下令允許天下人聚會暢飲。

當初，齊國君王后很賢惠能幹，對待秦國很恭敬，與鄰國的關係也處得很好。齊國的東部與海相接。秦國日夜不停的攻打魏、趙、韓、燕、楚五個國家，這五個國家都忙於自救，所以齊王田建即位以來四十多年沒有經受戰爭。君王后臨死的時候告誡齊王建說：「諸位大臣當中只有某某人可以重用。」齊王建說：「請讓我把他記下來。」君王后說：「好吧。」當齊王建把筆和木簡取來準備將君王后的話記下來的時候，君王后卻說：「我已經忘了要說什麼了。」君王后死後，由后勝擔任齊國的宰相，他接受了秦國間諜的許多賄賂。齊國派往秦國的使節和賓客，秦國也採取用錢物收買的辦法。所以從秦國回來的那些使者、賓客都替秦國辦事，他們勸說齊王去朝見秦王，勸說齊王不要做戰爭的準備，勸說齊王不要和趙、魏、韓、燕、楚等五國聯合抗秦，秦國因此很快的滅掉了趙、魏、韓、燕、楚五國。

齊王建要到秦國去朝見秦王，駐守齊國都城臨淄西門的軍中司馬站在齊王的馬車面前擋住去路，他對齊王說：「齊國設立國王的目的，是為了國家呢，還是為了大王您自己呢？」齊王建說：「當然是為了國家。」司馬又問：「既然是為了國家才設置國王，大王您為什麼離開國家到秦國去呢？」齊王只好掉轉馬車返回宮中。

即墨大夫聽說此事後，就去拜見齊王說：「齊國的土地方圓數千里，披甲的戰士好幾百萬。趙、魏、韓三個國家滅亡以後，三個國家的許多官員都不願意接受秦國的統治，流亡到阿、鄄一帶的就有好幾百人。大王如果與他們聯合起來，借給他們一百萬人，讓他們去收復失地，那麼不僅三晉可以收復，就是秦國的臨晉關也可以攻入啊。楚國鄢、郢一帶的大夫也不願意被秦國所統治，在齊國南部的長城下避難的有好幾百人。大王如果也和他們聯合起來，借給他們一百萬的軍隊，派他們去收復楚國舊有的疆土，那麼武關也可以進去了。這樣的話，齊國的威望就可以重新建立起來，秦國就可以被消滅，豈只是保住國家而已呢？」齊王建不肯接受即墨大夫的建議。

二十六年（庚辰　西元前二二一年）

秦將王賁從故燕國的南部攻打齊國，猝不及防地攻進了齊國的都城臨淄，齊國的軍民沒人敢進行抵抗。秦國派人誘騙齊王建，說封給他五百里的土地。齊王建乖乖地投降了秦國；秦國把他放逐到共邑，住在荒涼的松柏樹林之中，被餓死。齊國的百姓怨恨齊王建不能早早地與諸侯合縱抗秦，而是聽信奸人和那些被秦國收買的賓客的話導致國家滅亡，就編了一首歌諷刺齊王建的愚蠢，歌詞是：「松樹啊，柏樹啊，把齊王建放逐到共的是那些賓客呀！」痛恨齊王建採用賓客的意見不慎重。

司馬光說：「合縱與連橫的策略雖然反覆百端，但總體來說，實行南北合縱，對東方六國有利。最初，先王建立了千萬個封國，使他們相互親近，讓他們定期朝見天子，讓他們之間派遣使者相互交好，用宴會來增進感情，用會盟來加強團結，這一切措施都是為了使各諸侯之間能夠同心協力保衛國家呀。假如當初六國之間遵守信義，相互親近，那麼秦國雖然強大兇暴，又怎麼會那麼容易就被它消滅呢？晉地的三個國家是齊、楚兩國的屏障；反過來，齊、楚是韓、魏、趙的基礎；形勢上應該互相支持，互相依靠。所以用韓、魏、趙來攻打齊、楚，就是在挖掘自己的根基；用齊、楚的軍隊去攻打趙、魏、韓，就是在拆除自己的屏障。天下竟然有拆除自己的屏障去討好強盜，還說『強盜愛我而不會攻打我』，難道不是太糊塗了嗎？」

秦王吞併六國，剛剛統一了天下，認為自己的道德超過了三皇，功勳蓋過了五帝，於是不再稱王，而改稱「皇帝」，皇帝下的命令叫做「制」，以皇帝的名義發布的文告等叫做「詔」，皇帝稱呼自己為「朕」。追尊他的父親莊襄王嬴異人為太上皇。他下令說：「人死了以後，根據他的生平事跡給他一個諡號，這就造成兒子議論父親、臣子議論君主，很沒意思。從今以後廢除給諡號的做法。我是始皇帝，我的後代就按照數字的順序往後排，稱為二世、三世，直到萬世，永遠傳承下去沒有窮盡。」

當初，在齊威王、齊宣王時期，齊國的鄒衍論述了五行相生、相剋的理論。到秦始皇統一天下，齊國有人把鄒衍的那一套奏報給了秦始皇。秦始皇就採用了鄒衍的說法，認為周朝屬於火德，秦替代了周，周既是火，能夠勝火的當然就是水，所以秦朝屬於水德。開始更改一年的歲首，以十月一日作為新年朝賀之日，所穿的衣服，以及各種用途的旗子，都崇尚黑色，數字以六為單位。

丞相王綰建議說：「燕國故地、齊國故地、楚國故地離都城過於遙遠，不為這些地方設置諸侯王，就無法維持那裡的穩定。請立諸位王子為諸侯王。」秦始皇讓大臣們討論。廷尉李斯說：「周文王、周武王分封的諸侯王中，與周同姓的子弟很多，但是到了他們的後代，血緣關係越來越疏遠，互相攻擊起來就像是仇人一樣，就連周天子也不能禁止。如今託賴皇帝陛下的聖明，天下一統，應該全都設置為郡、縣。諸位皇子和有功的臣屬，可以用國家所徵收的賦稅重重地賞賜他們，這樣就非常容易控制，天下同心同德，沒有異心，這是使國家安定的最好辦法。設置諸侯對國家沒有好處。」秦始皇說：「天下人共同遭受永無休止的戰爭之苦，就是因為有眾多的諸侯王。靠祖先的保佑，天下剛剛安定。如果再分封諸侯，就是在播種戰亂的禍根啊，如果出現諸侯爭鬥的局面以後，再想使局面穩定安寧，難道不是太難了嗎？廷尉李斯說得對。」將全國劃分為三十六個郡，郡中設置郡守、郡尉、監郡。

將全國所有的兵器都收集到都城咸陽，熔化後鑄成銅鐘、銅鐘架和十二個銅人，每個銅人重千石，全都擺放在宮廷的院子裡。統一了全國的法律制度和度量衡標準。將全國各地的富豪總計十二萬戶強制搬遷到咸陽。

秦始皇祖先的祭廟、章臺宮、上林苑都建在渭水南岸。每當消滅一個諸侯國，就在咸陽北邊的山坡上仿照其原來宮室的樣子再造一座，向南對著渭水，從雍門開始往東一直延伸到涇水與渭水的匯合處，亭臺樓閣、複道、長廊互相連接。把從各諸侯國擄掠來的美女和各種樂器安置其中。

二十七年（辛巳　西元前二二〇年）

始皇巡隴西❶、北地❷，至雞頭山❸，過回中❹焉。作信宮❺渭南，已，更命曰極廟❻。自極廟道通驪山❼，作甘泉前殿❽，築甬道❾，自咸陽屬之❿，治馳道⓫於天下。

二十八年（壬午　西元前二一九年）

始皇東行郡縣⓬，上鄒嶧山⓭，立石頌功業⓮。於是召集魯儒生七十人，至泰山下，議封禪⓯。諸儒或曰：「古者封禪，為蒲車⓰，惡傷⓱山之土石草木，掃地而祭，席用葅稭⓲。」議各乖異⓳。始皇以其難施用⓴，由此絀儒生㉑。而遂除㉒車道，上自太山陽至顛㉓，立石頌德㉔。從陰道㉕下，禪於梁父㉖。其禮頗采太祝㉗之祀雍上帝㉘所用，而封藏㉙皆祕之，世不得而記也。

於是始皇遂東游海上，行禮祠㉚名山大川及八神㉛。始皇南登琅邪㉜，大樂之，留三月，作琅邪臺㉝，立石頌德，明得意㉞。

初，燕人宋毋忌[35]、羨門子高[36]之徒稱有仙道[37]形解銷化[38]之術。燕、齊迂怪之士[39]，皆爭傳習之。自齊威王、宣王、燕昭王[40]皆信其言，使人入海求蓬萊、方丈、瀛洲[41]，云此三神山在勃海中，去人[42]不遠。患且至則風引船去[43]。嘗有至者，諸仙人及不死之藥皆在焉[44]。及始皇至海上，諸方士[45]齊人徐市[46]等爭上書言之，請得齊戒[47]與童男女求之。於是遣徐市發[48]童男女數千人入海求之。船交[49]海中，皆以風為解[50]，曰：「未能至，望見之焉。」

始皇還，過彭城[51]，齋戒禱祠[52]，欲出周鼎泗水[53]，使千人沒水[54]求之，弗得。乃西南渡淮水，之衡山[55]、南郡[56]。浮江[57]至湘山祠[58]，逢大風，幾不能渡。上問博士曰：「湘君何神？」對曰：「聞之，堯女，舜之妻[59]，葬此[60]。」始皇大怒，使刑徒三千人皆伐湘山樹，赭其山[61]。遂自南郡由武關[62]歸。

初，韓人張良[63]，其父祖以上五世相韓[64]。及韓亡，良散千金之產[65]，欲為韓報仇。

二十九年（癸未　西元前二一八年）

始皇東游，至陽武[66]博浪沙[67]中，張良令力士操鐵椎[68]狙擊[69]始皇，誤中副車[70]。始皇驚，求[71]弗得。令天下大索[72]十日。

始皇遂登之罘[73]，刻石[74]。旋[75]，之琅邪[76]，道上黨入[77]。

三十一年（乙酉　西元前二一六年）

使黔首[78]自實田[79]。

三十二年（丙戌　西元前二一五年）

始皇之碣石[80]，使燕人盧生[81]求羨門[82]，刻碣石門[83]。壞城郭[84]，決通堤坊[85]。

始皇巡北邊[86]，從上郡入[87]。盧生使入海還[88]，因奏錄圖書[89]曰：「亡秦者胡也[90]。」

始皇乃遣將軍蒙恬[91]發兵三十萬人，北伐匈奴[92]。

三十三年（丁亥　西元前二一四年）

發[93]諸嘗[94]逋亡人[95]、贅壻[96]、賈人[97]為兵，略取[98]南越陸梁地[99]，置桂林[100]、南海[101]、象郡[102]，以謫徙民[103]五十萬人戍五嶺[104]，與越雜處。

蒙恬斥逐[105]匈奴，收河南地[106]為四十四縣。築長城，因地形[107]，用制險塞[108]，起臨洮，至遼東[109]，延袤[110]萬餘里。於是渡河[111]，據陽山[112]，逶迤[113]而北，暴師[114]於外十餘年。蒙恬常居上郡[115]統治[116]之，威振匈奴。

三十四年（戊子　西元前二一三年）

謫治獄吏不直[117]及覆獄故失[118]者，築長城及處南越地[119]。

丞相李斯上書曰：「異時(120)諸侯並爭，厚招遊學(121)，今天下已定，法令出一。百姓(122)當家(123)則力農工(124)，士則學習法令(125)。今諸生(126)不師今而學古(127)，以非當世(128)，惑亂黔首(129)，相與(130)非法教。人聞令下，則各以其學議之(131)。入則心非(132)，出則巷議(133)。誇主以為名(134)，異趣(135)以為高，率羣下以造謗。如此弗禁，則主勢(136)降乎上，黨與(137)成乎下。禁之便。臣請史官(138)非秦記皆燒之(139)。非博士(140)官所職(141)，天下有藏詩、書、百家語(142)者，皆詣守、尉雜燒之(143)。有敢偶語(144)詩、書，棄市(145)；以古非今者族(146)；吏見知不舉(147)，與同罪；令下三十日不燒，黥為城旦(148)。所不去者，醫藥、卜筮、種樹之書。若欲有學法令[1]，以吏為師(149)。」制曰(150)：「可。」

魏人陳餘(151)謂孔鮒(152)曰：「秦將滅先王之籍(153)，而子(154)為書籍之主(155)，其危哉(156)！」子魚曰：「吾為無用之學(157)，知吾者惟友(158)。秦非吾友(159)，吾何危哉？吾將藏之以待其求(160)。求至(161)，無患矣。」

三十五年（己丑　西元前二一二年）

使蒙恬除直道(162)，道九原，抵雲陽(163)，塹山堙谷(164)千八百里，數年不就。

始皇以為咸陽人多(165)，先王之宮廷[2]小，乃營作朝宮(166)渭南上林苑(167)中。先作前殿阿房(168)，東西五百步(169)，南北五十丈(170)，上可以坐萬人，下可以建五丈旗(171)。

周馳為閣道[172]，自殿下直抵南山[173]，表南山之顛以為闕[174]。為複道[175]，自阿房度渭[176]，屬之咸陽[177]，以象天極、閣道絕漢抵營室[178]也。隱宮徒刑者[179]七十餘萬人，乃分作阿房宮或作驪山[180]。發北山石椁[181]，寫蜀、荊地材[182]皆至。關中[183]計宮三百，關外[184]四百餘。於是立石[185]東海上朐[186]界中，以為秦東門[187]。因徙三萬家驪邑[188]，五萬家雲陽[189]，皆復不事[190]十歲。

盧生說始皇曰：「方中[191]：人主時為微行[192]以辟[193]惡鬼。惡鬼辟，真人[194]至。願上所居宮，毋令人知，然後不死之藥殆[195]可得也。」始皇曰：「吾慕[196]真人。自謂[197]『真人』，不稱『朕』。」乃令咸陽之旁二百里內，宮觀二百七十，復道、甬道[198]相連，帷帳、鍾鼓、美人充之，各案署不移徙[199]。行所幸[200]，有言其處者罪死。始皇幸梁山宮[201]，從山上見丞相[202]車騎眾[203]，弗善[204]也。中人[205]或告丞相，丞相後損車騎[206]。始皇怒曰：「此中人泄吾語。」案問[207]莫服，捕時在旁者，盡殺之。自是後，莫知行之所在。羣臣受決事[208]者，悉於咸陽宮[209]。

侯生、盧生相與譏議始皇[210]，因亡去[211]。始皇聞之，大怒曰：「盧生等，吾尊賜之甚厚，今乃誹謗我！諸生[212]在咸陽者，吾使人廉問[213]，或為妖言以亂黔首。」於是使御史[214]悉案問[215]諸生。諸生傳相告引[216]，乃自除[217]犯禁者四百六十餘人，皆阬之咸陽[218]，使天下知之，以懲後。益發謫徙邊[219]。始皇長子扶蘇諫曰：「諸生皆誦法孔子[220]，今上皆重法繩之[221]，臣恐天下不安。」始皇怒，使扶蘇北監蒙恬軍[222]於上郡。

三十六年（庚寅　西元前二一一年）

有隕石于東郡[223]。或刻其石[224]曰：「始皇死而地分[225]。」始皇使御史逐問[226]，莫服。盡取石旁居人誅之，燔[227]其石。

遷河北榆中三萬家[228]，賜爵一級[229]。

【章　旨】以上為第二段，寫秦始皇二十七年（西元前二二〇年）至三十六年十年間的全國大事，主要寫了秦始皇統一後的十年在位期間所實行的一些好的措施與其志得意滿所推行的勞民傷財的種種敗政，為其迅速崩潰準備了條件。

【注　釋】❶隴西　秦郡名，郡治狄道（今甘肅臨洮）。❷北地　秦郡名，郡治義渠（今甘肅寧縣西北）。❸雞頭山　在今寧夏涇源西北。❹回中　地區名，在今陝西隴縣西北，其地有秦朝的離宮。❺信宮　秦始皇舉行重大朝會活動的宮殿。瀧川曰「即長信宮」。❻極廟　以其所處的地位像是天極星，故云。天極，星座名。中國古代天文學家把天空的星座分為五個區域，稱作五宮，天極則是中宮的中心星座。徐衛民曰：「秦始皇所以將信宮改為『極廟』，實質上正是採用鄒衍的陰陽五行學說，把天上的星座與地上的君臣相比附，為自己的中央集權製造理論根據。」至於信宮，也就是「極廟」的舊址，大體在今西安北郊的大劉寨村東。信宮改為「極廟」，就成了秦始皇令人祭祀自己的場所。❼道通驪山　經複道直通酈山。驪山在西安東北的臨潼東南，當時的咸陽城東南。海拔八百公尺，東西長約五公里，南北寬約三公里。❽甘泉前殿　甘泉宮的前殿。徐衛民考證秦代甘泉宮的舊址在漢代長安城西北角的桂宮遺址之下，在今西安「夾城堡、黃莊和鐵鎖村一帶」。❾甬道　兩側築有夾牆的通道。《正義》引應劭曰：「天子於中行，外人不見。」❿自咸陽屬之　謂從咸陽皇宮通過甬道可越過渭水，直達甘泉前殿。屬，連通。⓫馳道　專供皇帝使用的快車道。《史記集解》引應劭曰：「馳道，天子道也，若今之『中道』然。《漢書・賈山傳》曰：『秦為馳道於天下，東窮燕、齊，南極吳、楚，江湖之上，濱海之觀畢至。道廣五十步，三丈而樹，厚築其外，隱以金椎，樹以青松。』」徐衛民曰：「馳道就是馳騁車馬的寬廣道路，中央專供皇帝通行，列樹標明，兩旁任人行走。」並說從都城咸陽通往全國各地的馳道有從咸陽沿渭河東行，出函谷關到關東；由咸陽向西，叫回中道；從長安向東南，經商縣出武關到湖北；由咸陽向東北，經櫟陽、大荔、渡蒲津到太原；由咸陽到西南，通過子午道、陳倉道等到達巴蜀。⓬東行郡縣　到東方視察諸郡縣。行，巡視。⓭鄒嶧山　鄒縣的嶧山，在今山東鄒縣東南。⓮立石頌功業　指立石刻寫銘文以歌頌秦始皇的功業。按，嶧山刻石銘文今本《史記》不載，其原文見韓兆琦《史記箋證・秦始皇本紀》注。梁玉繩引趙明誠《金石錄》云：「嶧山碑文詞簡古，非秦人不能為，《史記》獨遺此文，何哉？」瀧川引盧文弨曰：「此文（指〈始皇紀〉）似有誤脫。嶧山刻石乃七篇中之第一篇也，史公必不特刪此篇。疑此『上鄒嶧山』下，即當云『刻石頌秦德』，便接以『其辭曰』云云，如後數篇之式。頌文之後，接以『與魯諸儒生議封禪，望祭山川』之事。」⓯議封禪　討論封禪典禮的具體儀式。封禪，在泰山頂上築臺以祭天叫做封，在泰山腳下的某地拓場以祭地叫做禪。⓰為蒲車　帝王要乘坐蒲車上山。⓱惡傷　擔心傷害。惡，怕。⓲席用葅稭　以草與禾稈作墊，人在上面行禮。葅，可用為鋪墊的草。稭，禾稈，有的可以編席子。⓳乖異　相互矛盾，各不相同。⓴難施用　難以施行。㉑由此絀儒生　從此罷斥儒生不用。絀，通「黜」。退；罷斥。㉒除　開拓；開通。㉓上自太山陽至顛　從泰山南面上到了頂峰。㉔立石頌德　秦始皇封泰山的刻石銘文見《史記・秦始皇本紀》二十八年。㉕陰道　從北面上下山的路。㉖梁父　泰山腳下東南方的小山名。㉗太祝　為朝廷主管祭祀的官員，上屬太常。㉘祀雍上帝　在雍縣諸壇臺祭祀上帝。㉙封藏　指祭祀時埋藏在山上的禮品與告天的文字等。㉚行禮祠　一邊巡遊，一邊沿途祭祀。㉛八神　指天主、白地主、兵主、陰主、陽主、月主、日主、四時主。詳情見《史記・封禪書》。㉜琅邪　山名，在今山東膠南縣西南。也是臺名，相傳是戰國時代的齊威王所建。㉝作琅邪臺　在舊時臺觀的基礎上另建新臺。作，建造。㉞立石頌德二句　秦始皇的琅邪刻石原文見《史記・秦始皇本紀》二十八年。㉟宋毋忌　《史記索隱》引《戒經》謂其為月中仙人，又引《白澤圖語》稱其為火仙。㊱羨門子高　也稱「羨門高」，傳說中的神仙。㊲仙道　修道成仙之術。㊳形解銷化　「形解」也稱「尸解」，即方士騙人所講的甩掉肉體，真人升天。㊴迂怪之士　以奇談怪論招搖撞騙的人。㊵燕昭王　名職，西元前三一一—前二七九年在位。41蓬萊方丈瀛洲　即通常所說的海上三神山，大體即由海邊所見的「海市蜃樓」演義而成。42去人　離開人們生活的地方。去，離；距。43患且至則風引船去　最難辨的是當人們的船快要接近三神山時，就被一陣風把船吹跑了。患，怕；難辦。44在焉　在那裡。45方士　以煉丹吃藥、長生不老之術招搖撞騙的人。46徐市　也寫作「徐福」，齊地的方士，其騙人活動詳見《史記・封禪書》。47齊戒　古人為祭祀鬼神而事先做出的一些恭敬表示，如禁嗜欲、禁酒肉、禁房事等等。48發　動員；徵調。49交　接；進入。50以風為解　都以被大風船不能接近為解釋。51彭城　即今江蘇徐州。52禱祠　禱告、祭祀。祠，祭。53欲出周鼎泗水　想從泗水中打撈周鼎。泗水，源於今山東泗水縣東，西流經今曲阜、兗州，南流經今徐州，再南流匯入淮水。周鼎，即大禹所鑄的九鼎，夏、殷、周以來，一直作為歷代帝王的傳國之寶。《漢書・郊祀志》云：「周顯王之四十二年（西元前三二七年），宋太丘社亡，而鼎淪沒於泗水彭城下。」54沒水　潛水。楊慎曰：「昭襄之世既書『九鼎入秦』矣，始皇二十八年曷又書『使千人沒泗求周鼎不獲乎』？吁，此太史公深意也。秦有併天下之心，非得鼎無以自解於天下，九鼎入秦之說，虛言以欺天下也，秦史曚書以欺後世也。太史公從其文而不改；又於〈始皇紀〉言『鼎沒泗水』，以見其妄。鼎果在秦，曷為入水以求之乎？」55衡山　秦郡名，郡治邾縣（今湖北黃岡西北）。56南郡　秦郡名，郡治即今湖北江陵西北之紀南城。57浮江　渡過長江。58湘山祠　也叫「湘君祠」，在今岳陽西南洞庭湖中的君山上。湘山，即君山。59堯女二句　《索隱》曰：「《列女傳》亦以湘君為堯女，按《楚辭・九歌》有〈湘君〉、〈湘夫人〉，夫人是堯女，則湘君當是舜。今此文以湘君為堯女，是總而言之。」按，依史公此文，則「湘君」乃謂堯之女；而今君山廟所供之湘君乃謂舜，俗傳與史文不同。60葬此　按，今君山上有二妃墓。61赭其山　指砍光其山上之樹，使山丘呈現一片紅褐色。赭，紅褐色。62武關　關塞名，在今陝西丹鳳東南，是關中地區通往河南南部的交通要道。63張良　戰國時韓國貴族的後代，起義後隨劉邦破秦、滅項，被封留侯。事見《史記・留侯世家》。64五世相韓　實乃張良之父、祖兩代相韓之五代君主，非謂張良的五代祖先皆為韓相。張良的祖父開地相韓昭侯、宣惠王、襄哀王，張良之父平相僖王、悼惠王，共五世。65散千金之產　為了結交賓客或收買刺客。66陽武　秦縣名，縣治在今河南原陽東南。67博浪沙　沙地名，在當時的陽武縣西南。68鐵椎　同「鐵錘」。《史記・留侯世家》稱「鐵椎重百二十斤」，約當今之六十市斤。69狙擊　伏擊。70誤中副車　張良帶刺客錘擊秦始皇於博浪沙，誤中副車事，見《史記・留侯世家》。71求　搜索；查找。72大索　大搜捕。73之罘　海島名，即今山東煙臺西北的芝罘島。74刻石　秦始皇巡遊之罘的刻石銘文。見《史記・秦始皇本紀》。75旋　隨即；緊跟著。有解為「還」、「返」者，誤。76之琅邪　前往琅邪臺。之，往。77道上黨入　經由上黨返回關中。道，經由。上黨，秦郡名，郡治長子，在今山西長子西。78黔

首　秦朝用以稱平民百姓。這是秦朝的特別規定，自秦始皇二十六年開始實行。(79)實田　如實申報自己所有的田畝數。(80)碣石　山名，在今河北昌黎北。(81)盧生　當地的方士。(82)羨門　傳說中的「仙人」的名字。梁玉繩、張文虎以為此即《史記・封禪書》中所說的「羨門高」，也稱「羨門子高」。(83)刻碣石門　在碣石山的山前巖壁上刻寫銘文。顧炎武曰：「門自是石，不須立也。」即不必再像他處那樣先「立石」，再行刻寫。有關碣石山的銘文見《史記・秦始皇本紀》三十二年。(84)壞城郭　拆掉舊時東方各國的城牆，即賈誼〈過秦論〉中之所謂「隳名城」，同時也應包括拆除舊時各國之間的長城。(85)決通堤防　意即疏通河道。錢穆曰：「舊時諸國各築堤防禦水，而以鄰國為壑，亦有壅水不下，以害鄰國。」楊寬曰：「『川防』就是戰國時代各國在內地利用大河堤防擴建而成的長城。」(86)巡北邊　沿著北部邊境西行。(87)從上郡入　由上郡南折回都城咸陽。上郡，秦郡名，郡治膚施（今陝西榆林東南）。(88)使入海還　奉使到海上尋求「不死之藥」回來。(89)奏錄圖書　奏，進上。王叔岷曰：「『錄圖』亦作『綠圖』，即《河圖》。」胡三省曰：「如後世讖緯之書。」即騙子們所編造的聳人聽聞的「預言」。(90)亡秦者胡也　瀧川曰：「始皇欲擊胡，託言圖讖以為口實耳。」按，此必漢初講說「讖緯」者之所造作，如後世司馬懿見《玄石圖》云「牛繼馬後」遂鴆殺牛金；郭威聞讖云「趙氏當為天子」遂殺防禦使趙童子之類。(91)蒙恬　秦朝名將，蒙驁之孫，蒙武之子。事跡詳見《史記・蒙恬列傳》。(92)匈奴　戰國後期以來活動於今內蒙古、外蒙古一帶的少數民族。詳情見《史記・匈奴列傳》。(93)發　徵調。(94)嘗　曾經是。(95)逋亡人　逃避兵役、徭役，或因犯罪而逃跑者。逋，逃亡。(96)贅壻　倒上門的女婿。《史記・滑稽列傳》之《索隱》曰：「女子之夫也，比於子，如人疣贅，是餘剩之物也。」《漢書・賈誼傳》：「秦人家富子壯則出分，家貧子壯則出贅。」(97)賈人　商人，舊說有所謂行商曰商，坐商曰賈。秦、漢時代統治者重農抑商，視商人為二等罪犯，故於徵兵、徵役時常調取之。(98)略取　攻取。(99)陸梁地　指今五嶺以南的兩廣一帶。《正義》曰：「嶺南之人多處山陸，其性強梁，故稱『陸梁』。」按，這裡將「贅壻」、「賈人」與逃犯並列，一同被謫遣服役，可見當時對「贅壻」、「賈人」待遇之慘烈，漢朝建國後仍是如此。又「贅婿」之受非人待遇，起自戰國，《睡虎地秦墓竹簡・為吏之道》記有《魏戶律》、《魏奔命律》，都是魏安釐王下達的指令。前者謂丞相曰：「假門逆旅，贅婿後父，勿令為戶，勿予田宇。三世之後，欲仕仕之，仍署其籍曰：『故某閭某叟之仍孫。』」後者謂將軍曰：「假門逆旅，贅婿後父，今遣從軍，將軍勿恤視。烹牛食士，賜之參飯而勿予肴。攻城用其不足，將軍以堙壕。」於此可見一斑。(100)桂林　秦郡名，郡治在今廣西桂平西南。(101)南海　秦郡名，郡治番禺（今廣州）。(102)象郡　秦郡名，郡治臨塵（今廣西崇左）。(103)讁徙民　因有罪而被勒令搬遷的人，即罪犯、商人、贅婿等等。(104)戍五嶺　駐守五嶺。戍，駐守。五嶺，也稱「南嶺」，指今廣東、廣西與湖南、江西交界上的大山，有大庾嶺、騎田嶺、萌渚嶺、都龐嶺、越城嶺。(105)斥逐　趕跑。(106)河南地　此指今內蒙古境內的黃河以南地區，即所謂「河套」一帶。(107)因地形　順著山河固有的形勢。因，順；沿著。(108)用制險塞　以建築險要的城堡。用，因；以。(109)起臨洮二句　此即後世之所謂「萬里長城」。臨洮，秦縣名，即今甘肅岷縣。遼東，秦郡名，郡治即今遼寧遼陽。按，當時遼東郡內的長城即當年燕國所築的舊長城，其東南端在今朝鮮境內的清川江入海口。(110)延袤　綿延伸展。袤，延。(111)於是渡河　這句話的主語是「蒙恬率軍」。河，指今內蒙古境內的那段黃河。(112)陽山　陰山最西頭的一段，即今內蒙古自治區烏拉特後旗的狼山。(113)逶迤　形容彎彎曲曲延續不斷。此指蒙恬率軍北征的路線。(114)暴師　使軍隊蒙受風霜雨露之苦。暴，露；直接經受。(115)上郡　秦郡名，郡治膚施，在今陝西榆林東南。(116)統治　統領、治理。(117)謫治獄吏不直　流放那些斷案不公正的官吏。謫，貶罰。(118)覆獄故失　重審以往舊案的時候故意見錯不糾。覆獄，推翻舊案重審。(119)築長城及處南越地　或令其北築長城，或令其南守鑾越。南越，即前所謂桂林、象郡、南海等地區，這一帶在被秦朝統一前稱作百越。(120)異時　當初；前些時候。指秦朝統一之前的戰國時代。(121)厚招遊學　謂各國統治者都以優厚條件招納賢才為己所用。遊學，持各種學說而到處奔走遊說的人。(122)百姓　指黎民眾庶。(123)當家　持家；主管家務。(124)力農工　努力從事農業與手工業勞動。(125)士則學習法令　想讀書做官的就要跟著官吏們學習法令。(126)諸生　指當時朝廷所收留的具有廣博知識，以備參謀顧問的各類書生。(127)不師今而學古　不尊重現行政治、不以今為師，而一味吹捧古代。(128)以非當世　用古代的東西比照今天、誹謗今天。非，詆毀；誹謗。(129)惑亂黔首　蠱惑人心，讓百姓思想混亂。(130)相與　彼此聯絡；相互勾結。(131)各以其學議之　都以他們所學的那一套為標準來非議現時政治。(132)入則心非　在家獨處時則心裡誹謗。(133)出則巷議　出門見到人則相聚非議。(134)誇主以為名　在君主面前誇耀自己的主張以博取名聲。(135)異趣　故意和當今皇帝唱反調。(136)主勢　君主的權勢。(137)黨與　意同「黨羽」。(138)史官　為國家掌管圖書、文籍的官員。(139)非秦記皆燒之　除了秦國的歷史外，其他國家的歷史書通通燒掉。秦記，秦國的歷史書。《史記・六國年表序》云：「秦既得意，燒天下《詩》、《書》，諸侯史記尤甚，為其有所刺激也。」正與此相互印證。(140)博士　皇帝身邊的侍從官員，以知識淵博者為之，以備參謀顧問。(141)職　掌管。(142)詩書百家語　泛指春秋、戰國以來社會上所流行的各種書籍。詩、書，《詩經》、《尚書》。百家語，諸子百家的各種雜書。(143)皆詣守尉雜燒之　全部送到各郡的郡守、郡尉那裡統一燒掉。皆詣，全部送到。守、尉，各地的郡守、郡尉。雜燒，統一燒毀。雜，集。按，據此處文意，則當時「博士官所職」之「《詩》、《書》、百家語」，固未在焚燒之列。崔適曰：「第燒民間之書，不燒官府之書；第禁私相受授，可詣博士受業。故陳勝反，二世召問博士諸生，博士諸生三十餘人前曰『人臣無將』，語本《公羊傳》，事載〈叔孫通傳〉。若並在官者禁之，三十餘人者焉敢公犯詔書，擅引經義哉？」(144)偶語　兩個人聚在一起談說。偶，對。(145)棄市　斬之於街市。《周禮・秋官》：「凡殺人者，踣諸市朝，肆之三日。」(146)族　滅門；殺光整個家族。古有滅「三族」、「九族」之重刑。(147)見知不舉　看見或是知道有人犯罪而不舉報。(148)黥為城旦　《史記集解》引如淳曰：「論決為髡鉗，輸邊築長城，晝日伺寇虜，夜暮築長城。城旦，四歲刑。」瀧川引《漢書・惠帝紀》注：「城旦者，旦起行治城，四歲刑。」(149)以吏為師　《韓非子・五蠹》：「明主之國，無書簡之文，以法為教；無先王之語，以吏為師。」按，以上李斯的大段議論，原見於《史記・李斯列傳》。凌稚隆引楊慎曰：「秦焚書坑儒起於李斯，斯之先固為此說於秦者，韓非是也。非之言曰：『世之愚學皆不知治亂之情，多誦先古之書以亂當世之治。聽其言者危，用其計者亂。』此與斯所言『是古非今』若合符節。」(150)制曰　皇帝下令說。皇帝的命令從始皇帝二十六年改稱曰「制」或「詔」。(151)陳餘　原戰國時魏國的名士，秦滅六國後，陳餘藏匿民間。事跡見本書後文及《史記・張耳陳餘列傳》。(152)孔鮒　字子魚，又字甲，孔子的八代孫。(153)先王之籍　記載古代聖王治國平天下的典籍，如《尚書》、《詩經》等，這裡即指儒家經典。(154)子　敬稱孔鮒。(155)書籍之主　掌管儒家書籍的人。(156)其危哉　恐怕將有危險啦。其，表示推測的發語詞。(157)無用之學　此牢騷憤怒之語，即指儒家學說。因其不被戰國以來的各國所重視，更不被統一之後的秦國所採用，故自稱「無用之學」。(158)友　指理解、贊成儒家思想學說的人。(159)秦非吾友　意即他們不會來找我、用我。(160)以待其求　以等待那個理解儒家學說、前來找我的人。求，尋找。(161)求至　一旦那個理解我、尋訪我的人來到。(162)除直道　修築自首都至其他地區的直通大道。除，整治；修築。(163)道九原二句　從九原起直達雲陽。九原，秦郡名，郡治在今內蒙古包頭西。雲陽，秦縣名，在今陝西淳化西北，其地有甘泉山與秦朝的離宮。徐衛民引史念海曰：「秦直道起由秦林光宮，沿子午嶺主脈北行，經旬邑縣石門關、蔘陵縣艾蒿店、陝甘兩省交界的五里墩，至黃陵縣的興隆關（沮源關）後，沿子午嶺西側的甘肅省華池縣東至鐵角城、張家𡺸峴，又直北經陝西省定邊縣東南，復折東北方向達內蒙烏審旗紅慶河、東勝縣西、昭君墳東，至內蒙包頭市西，至秦九原郡治九原縣。」按，今陝西富縣之張家灣鄉、甘泉之橋鎮鄉以及志丹都留有秦時之直道遺址，平均寬度為三十公尺，最寬處五十八公尺，最窄處十餘公尺。(164)塹山堙谷　開山填谷。塹，挖溝，此處即指開山。(165)始皇以為咸陽人多　實指咸陽宮廷裡的人多，與咸陽市民無涉。(166)朝宮　接受朝見之宮，下所謂「阿房」者蓋即其一，此宮殿群未建成而秦朝滅亡。(167)上林苑　秦王朝的皇家獵場，在當時咸陽城的西南方，今西安的南部與西南部，地處渭水以南，縱橫有數縣之廣。(168)先作前殿阿房　首先建造「朝宮」的前殿於阿房。阿房，中井曰：「山名，下文自明。」啟功先生說：「『阿房』猶言『阿旁』，山阿之旁。」按，其地並無大山，蓋即丘陵之旁。今其地有「阿房村」，蓋後代因阿房宮舊址所在而得名。(169)東西五百步　當時六尺為一步，一尺相當於今二三・一公分。170南北五十丈　當時一丈相當於今二・三一公尺。171下可以建五丈旗　意謂第一層的廳堂高度有五丈多，約當現今之三丈五尺略少。建，豎起。172周馳為閣道　朝宮前殿的四周，都有閣道與遠處的建築相通連。閣道，空中行車的通道。瀧川曰：「架木為棚於苑囿中，以行車者，蓋象天閣道。」173南山　終南山，在今西安南，當時著名的遊覽區。174表南山之顛以為闕　讓終南山的山頭給朝宮做宮前的雙闕。表，樹以為標誌。闕，宮門前兩側的臺觀。175複道　空中通道。176自阿房度渭　從阿房前殿北行凌空渡過渭水。度，通「渡」。177屬之咸陽　一直與咸陽的宮殿連起來。屬，連接。178以象天極閣道句　就像天宮的閣道星渡過天河直通營室星座。天極，紫宮後的十七星。閣道，星名，共六顆。絕漢，橫過天河。營室，星宿名，與天極隔著天河。據《中國文物地圖集》之《陝西分冊》，阿房宮遺址在今西安未央區之三橋鎮南，阿房前殿遺址東至趙家堡、巨家莊，西至長安古城村，現存平面長方形夯土臺基，東西長一千三百二十公尺，南北寬約四百二十公尺，面積為五十五萬多平方公尺，是我國古代最大的夯土建築臺基。按，司馬遷在本文中對阿房宮的描述至為詳悉，但據西元二〇〇三年十二月考古工作者對阿房前殿的發掘，既未見秦代瓦當，也未見焚燒痕跡，於是考古學家認為阿房前殿的「基礎打好了，宮殿沒有完全蓋好」就停止了。阿房宮在後人頭腦裡所以如此富麗堂皇，除了有司馬遷如上的一段描寫外，更重要的是來自唐代杜牧的一篇〈阿房宮賦〉，恐怕在漢朝人的心目中阿房宮遠遠沒有唐朝以後人們的印象那樣鮮明。179隱宮徒刑者　隱官所管的勞改犯人。按，舊注皆以「隱宮」指宮刑，《正義》曰：「餘刑見於朝市，宮刑一百日隱之蔭室養之乃可，故曰『隱宮』。」以「宮刑」解釋「隱宮」，於《史記・秦始皇本紀》尚不易見其謬，於〈蒙恬列傳〉則絕對不可通。近年來學者陳直、馬非百等皆以「隱宮」為「隱官」之誤。所謂「隱官」乃是一個收容受過刑罰而因立功被赦之罪人的機關。處在隱官之罪人，必須從事勞動，其性質約與後世之勞動教養所大致相同。詳見韓兆琦《史記箋證》。180驪山　在今西安東北的臨潼城東南，此指秦始皇為自己預造陵墓的工地。秦始皇的陵墓在今臨潼城東。181發北山石椁　採運北部諸山的石料。椁，外棺。梁玉繩引何焯曰：「『椁』字疑衍。」按，何、梁說是，此處只說從何處調取材料，並未講其具體用途。182寫蜀荊地材　調發今四川、湖北一帶的木料。張家英引《字彙》曰：「寫，輸也。」即運輸、輸送。183關中　函谷關以內。瀧川引《關中記》云：「東至函關，西至隴關，二關之間謂之關中。」184關外　指函谷關以東，舊時的六國之地。按，「關中計宮三百，關外四百餘」，極言始皇之驕奢。185立石　立石以為雙闕。186東海上朐　東海郡的朐縣，在今江蘇連雲港市西南。東海是秦郡名，郡治即今山東郯城。也有說「東海上」猶言「東海邊」，意即東海邊的朐縣，亦通。187以為秦東門　秦時所立的「東門闕」在今連雲港市西南海邊。秦始皇表「南山之顛」以為其朝宮之「闕」，又「立石東海上朐界中，以為秦東門」。陳直曰：「此石原在江蘇海州，為漢之臨朐界。碑文所記，與本文正合。」鍾惺曰：「如此舉動，自是萬古第一橫漢。」(188)徙三萬家驪邑　在驪山下建立城市，以使始皇陵的周圍不再冷清。(189)五萬家雲陽　雲陽在今陝西淳化西北，其西即甘泉山、甘泉宮之所在。在雲陽建立城市，以使其生前遊樂不感寂寞。(190)皆復不事　都免徵這些搬遷戶的賦稅，不讓他們服各種徭役。(191)方中　意即「仙方」上說。瀧川曰：「方，仙方也。」(192)時為微行　經常化裝悄悄外出。(193)辟　通「避」。躲開。(194)真人　仙人。(195)殆　大概；差不多。(196)慕　羨慕；想當。(197)自謂　自稱。(198)甬道　兩側築有夾牆的通道，人行其中，外面看不見。(199)各案署不移徙　意即各色人等（包括美人、侍衛）都是長期住在那裡，不各處移動。不論皇帝出行至何處，各處備用的人、物都一應俱全。案署，各居各位。(200)行所幸　皇帝出行的所到之處。幸，蒙幸之處。(201)梁山宮　秦朝的離宮，遺址在今陝西乾縣的梁山腳下，位於漠峪河西岸的臺地上，面積約六十萬平方公尺。中部有一方形夯築臺基，邊長約二十公尺，殘高約五公尺。採集有篆體「梁宮」或「粱宮」戳印的繩紋筒瓦板瓦等物。(202)丞相　指李斯。(203)車騎眾　指隨行的車馬眾多。(204)弗善　不以為好。(205)中人　在宮內任職的人，通常指宦者。(206)損車騎　削減了隨從的車馬人眾。(207)案問　查問；審問。(208)羣臣受決事　諸臣聆聽皇帝處理某事的決定，蓋謂一切都是照辦而已。(209)悉於咸陽宮　意即始皇從此遂深居不出。(210)譏議始皇　譏議的內容大體是驕奢自大、暴戾好殺、貪權獨斷等等。詳見《史記・秦始皇本紀》。(211)因亡去　隨即逃走了。亡，潛逃。(212)諸生　各種門類的文化人。包括具有各種知識的「博士」（其中包括儒生），也包括徐市、韓終一類的「方士」，而此次秦始皇的發怒殺人，首先是由「方士」引起，後世說秦始皇「焚書坑儒」，並說被坑者即孔丘、孟軻所傳授的儒家一派，與事實不全相符。(213)廉問　暗中察問。胡三省曰：「廉，察也。」(214)御史　御史大夫的屬官。胡三省曰：「掌討奸猾，治大獄。」(215)案問　審問；拷問。(216)傳相告引　互相告發、牽引。傳，同「轉」。輾轉。(217)自除　自己圈定、挑出。主語為秦始皇。按，方苞將「諸生傳相告引乃自除」作一句讀，謂「引他人乃得自除己罪」。如此則「乃」字不順，且下文亦欠完整，似不可從。(218)皆阬之咸陽　《史記・儒林列傳》之《正義》引顏師古曰：「今新豐縣溫湯之處曰『愍儒鄉』，溫湯西南三里有馬谷，谷之西岸有坑，古相傳以為秦坑儒處也。」按，坑儒谷在今西安臨潼區西南十公里之洪慶村。史珥曰：「所按問而坑者『諸生』，『生』字蒙前『侯生』、『盧生』來，即『博士七十人』之屬，傳相告引，故至四百六十餘人，未嘗盡天下之儒也。〈叔孫通傳〉稱『二世召博士諸儒』問楚戍卒之反，前對者三十餘人，而叔孫『以文學徵』，亦其明證。歷代朋黨株連何止此數，而秦獨叢詬詈，下流固不可居，亦為惡有幸不幸哉？」(219)益發謫徙邊　更多地發配罪犯，令其全家搬遷邊地。(220)誦法孔子　誦孔子之書，效法孔子榜樣行事。(221)重法繩之　以重法嚴懲。(222)北監蒙恬軍　時蒙恬駐兵於上郡（郡治在今陝西榆林東南），始皇令扶蘇往為之做監軍。223有隕石于東郡　應作「有石隕于東郡」。東郡，秦郡名，郡治即今河南濮陽。224或刻其石　有人在隕石上刻字。225始皇死而地分　顯為後人所編造，與《述異記》所謂始皇三十六年有童謠云「阿房阿房亡始皇」，以及「亡秦者胡」云云相同。226逐問　挨個審問。逐，挨個。227燔　燒毀；燒化。228遷河北榆中三萬家　把內地的百姓三萬家遷到河北、榆中去住。河北，指今內蒙古境內東西走向的那段黃河以北，即今臨河區、包頭一帶地區。榆中，地區名，即今陝西榆林一帶。229賜爵一級　給搬遷者的成年男人每人賜爵一級。

【校　記】1欲有學法令　原作「有欲學法令者」。據章鈺校，十二行本、乙十一行本「有欲」二字互乙，無「者」字。今從十二行本、乙十一行本及《史記・秦始皇本紀》改。2宮廷　原作「宮庭」。據章鈺校，十二行本、乙十一行本、孔天胤本皆作「宮廷」。今從諸本及《史記・秦始皇本紀》改。

【語　譯】二十七年（辛巳　西元前二二〇年）

秦始皇到隴西、北地等處巡視，最終抵達雞頭山，途中住在陝西的回中宮。

在渭水南岸建造信宮，建造完畢，又改名為極廟宮。從極廟宮經過複道直通驪山，在驪山修建甘泉宮前殿，又修建甬道，從咸陽皇宮通過甬道可以越過渭水直達甘泉前殿，又到處修建專供皇帝使用的快車道。

二十八年（壬午　西元前二一九年）

秦始皇到東方視察各郡縣，登上鄒嶧山，在山上樹立石碑，刻寫銘文為秦始皇歌功頌德。又把魯地那些尊奉儒家學說的知識分子七十多人召集到泰山之下討論封禪典禮的具體儀式，其中一個儒生說：「古代的帝王在登泰山舉行祭祀天地的封禪活動時，要用蒲草把車輪包裹起來，怕損傷了山上的土石草木，再打掃出一片乾淨的地方，鋪上草和禾稈做墊子，人就站在墊子上面行禮。」每個人的說法都不一致。秦始皇認為他們說的難以實行，因此斥退這些儒生，不再任用。按照自己的想法，先修建了一條上山的大道，從泰山南部一直通到山頂，樹立石碑，刻上封泰山的銘文。然後從泰山的北面下山，又在泰山腳下的梁父山舉行了祭祀大地的儀式。秦始皇所用的儀式，大體與秦國先王在雍城壇臺祭祀上帝的儀式相同，祭祀時埋藏在山上的禮品以及記載祭祀儀式的文件都很機密，世人沒有辦法把它記錄下來。

秦始皇向東來到東海岸邊，在此祭祀了名山大川和天主、白地主、兵主、陰主、陽主、月主、日主、四時主八位神靈。又向南登上琅邪山，他非常喜歡這裡，於是逗留了三個月，還建立了琅邪臺，樹立石碑為自己歌功頌德，表明自己萬事稱心如意。

當初，燕國人宋毋忌、羨門子高之流自稱具有修道成仙之術，可以甩掉肉體，變成真人升天。燕國、齊國一帶那些思想怪誕的人都爭著向他們學習。齊威王、齊宣王、燕昭王都對他們的話深信不疑，派人到大海中去尋找蓬萊、方丈、瀛洲，回來的人都說，三座神山都在渤海中，距離人們生活的地方不是很遠。最難辦的是當人們的船快要接近三座神山的時候，風就會把船颳走。曾經有人登上過三座神山，眾多的神人和長生不老藥都在那裡。秦始皇來到海邊，齊國以徐市為首的訪仙煉丹以求長生不老的人紛紛給秦始皇上書介紹三神山的事情，還請求允許他們齋戒以後帶領童男童女到海上去尋找。秦始皇聽信了他們的話，就派徐市率領童男童女幾千人進入大海之中去尋找三座神山。然而船進入海中回來後，都以風大船不能接近三神山作為解釋，說：「我們雖然未能到達，但看見了。」

秦始皇從海邊回來，經過彭城，在彭城進行齋戒祈禱，想把周鼎從泗水中打撈出來，他派了上千人下水尋找，但都沒有找到。繼續向西南進發，渡過淮水，到達衡山、南郡。渡過長江，前往湘山祠，遇上大風，幾乎不能渡江。秦始皇問那些博學之士說：「湘君是什麼神？」回答說：「聽說是堯的女兒、舜的妻子，死後葬在這裡。」秦始皇大怒，便派正在服刑的三千犯人把湘山上的樹木全部砍光，讓它變得光禿禿的而呈現出一片褐色。秦始皇從南郡出發，經過武關回到都城咸陽。

當初，韓國人張良，從他的父親、祖父往上數，五世都為韓相。等到韓國滅亡，張良散盡了家中千金的財產，想要為韓國報仇。

二十九年（癸未　西元前二一八年）

秦始皇到東方巡視，到達陽武博浪沙的時候，張良雇請大力士用鐵錘伏擊秦始皇，不料卻擊中了隨行的副車。秦始皇受了驚嚇，派人四處捉拿，但是沒有捉到。又下令全國大張旗鼓的搜捕了十天。

秦始皇登上之罘山，立碑、刻石。返回途中，再次經過琅邪山，取道上黨回到都城咸陽。

三十一年（乙酉　西元前二一六年）

讓百姓如實申報自己所有的田畝數。

三十二年（丙戌　西元前二一五年）

秦始皇前往碣石，派燕地盧生去尋找仙人羨門子，在碣石山山前岩壁上刻寫銘文，為自己歌功頌德。拆掉舊時東方各國的城牆，疏通河道。秦始皇沿著北部邊境巡視，從上郡轉而向南回到都城咸陽。盧生奉命到海上尋求不死之藥回來，將一部錄圖書進獻給秦始皇，書上寫道：「使秦國滅亡的是『胡』。」秦始皇認為書中所說的「胡」是北方的匈奴，於是派蒙恬將軍率領三十萬大軍去北方攻打匈奴。

三十三年（丁亥　西元前二一四年）

秦始皇徵調那些曾經逃避兵役、徭役，或因罪而逃跑的人、倒插門的女婿以及經商的人去服兵役，攻取了南方越人聚居地的陸梁地區，設置為桂林、南海、象郡；又發配罪犯五十萬人去戍守五嶺，跟南越的土著人雜居。

蒙恬趕跑了匈奴人，收復了河套一帶，設置為四十四個縣。修築長城，根據山河固有的地理形勢建築險要的城堡，從最西端的臨洮一直到遼東，綿延一萬多里。於是蒙恬率軍渡過黃河，佔據陽山，又逶迤向北延伸，軍隊在外飽受風霜雨雪之苦長達十餘年。蒙恬經常住在上郡以便統領這一地區，他的威名震動了匈奴。

三十四年（戊子　西元前二一三年）

流放那些斷獄不公正以及重審以往舊案時故意見錯不糾的官吏，或是去北方修築長城或是到南越去服苦役。

丞相李斯上書給秦始皇說：「先前諸侯之間互相征戰，各國都以優厚的條件招納賢才為己所用，如今天下已經平定，政令由皇帝統一頒布。黎民百姓主持家業就應該努力從事農業和手工生產，想要讀書做官的就要跟著官吏們學習法令。可如今這些讀書人不尊重現實政治，不以今為師，而是一味地吹捧古代，借用古人的學說來誹謗現今社會，蠱惑人心、迷惑百姓，彼此勾結在一起反對法制。每當聽到頒布一個新法令，就各以他們所學的那一套為標準對時政品頭論足。在家中獨處時則心裡誹謗，出門見到了人就在街頭巷尾批評議論。在君主面前誇耀自己的主張，以此來沽名釣譽，故意在皇帝面前標新立異來抬高自己，引導百姓製造誹謗。像這種現象如果不加禁止，則君主的權勢就會逐漸下降，宗派集團就會形成。要嚴加禁止才好。我請求允許為國家掌管圖書、文籍的官員，除了記載秦國歷史的書籍以外，其餘的全部燒掉；除去博士官因職務需要，全國之內凡是收藏有《詩》、《書》以及諸子百家著作的，全都要送往各級官府集中燒毀。如有兩人以上聚在一起議論《詩》、《書》的一律斬首示眾；借古諷今的誅滅全家；看見或是知道有人犯罪而不檢舉的與犯人同罪；命令頒布三十天還不燒毀圖書的，就處以黥刑，並判罰到北方去修築長城。需要保存而無須燒毀的是那些有關醫藥、卜筮、種樹之類的書。如果有人想學習法令，就以官吏為老師。」秦始皇批示說：「可以。」

魏地人陳餘對孔鮒說：「秦國將要全部燒毀那些記載古代聖王治國平天下的書籍，你是掌管儒家書籍的人，恐怕會危險了！」孔鮒說：「我只是研究一些沒有用處的學問，理解、贊成儒家思想學說的人是我的朋友。秦不是我的朋友，不會來找我，我有什麼危險呢？我要把這些書籍埋藏起來，等待那些理解、贊成儒家思想學說的友人來尋找它。一旦有人來尋找的時候就沒有危險了。」

三十五年（己丑　西元前二一二年）

派蒙恬修築直通大道，從內蒙古西北的九原開始，一直修到陝西的雲陽，沿路開山填谷，全長一千八百里，用了幾年的時間還沒有最後完成。

秦始皇認為咸陽皇宮裡的人太多，先王修建的宮殿狹小，於是就在渭水南岸的上林苑中重新修建接受朝見的朝宮。首先在山阿之旁修建前殿，前殿東西長五百步，南北長五十丈，上面可以坐一萬人，下面可以豎起五丈高的旗桿。朝宮前殿的四周，都有閣道與遠處的建築相連通，從朝宮之下一直通到終南山，讓終南山的山頭充做朝宮前面的雙闕。又修建空中通道，從朝宮前殿北行，凌空渡過渭水，一直與咸陽的宮殿相連接，就像天宮的閣道星渡過天河直通營室星座。徵調隱官所管轄的勞改犯人總計七十萬人，將他們分別派去修建阿房，或者到驪山為秦始皇修建陵墓。採運北部諸山的石料，運來蜀地、楚地所產的木材，修建的宮殿函谷關以西有三百座，函谷關以東有四百多座。於是秦始皇在東海郡朐縣境內立石以為雙闕，作為秦國東方的大門。強迫三萬家遷居到驪邑，五萬家遷居到雲陽，免除這些搬遷戶十年的賦稅和服各種徭役。

盧生向秦始皇建議說：「根據仙人的祕方：國君應該經常微服私行以躲避惡鬼。惡鬼躲開以後仙人就出現了。希望您居住的行宮不要讓人知道，如此才能得到長生不死之藥。」秦始皇說：「我仰慕仙人。所以自稱為『真人』，而不稱『朕』。」於是下令，將咸陽附近二百里之內的二百七十處宮觀，都要用複道、甬道連接起來，宮殿、樓觀內部都設置了幃帳、鐘鼓等器物，安排了美人、宮女等侍從。按照要求布置好以後就不允許再移動。秦始皇所到之處，如果有人把他的住處透露出去，立即處以死刑。秦始皇到梁山宮，從山頂上看見丞相李斯扈從的車馬眾多，很不高興。有宦官把這事悄悄告訴了丞相李斯，李斯此後便削減了扈從的車馬。秦始皇非常生氣地說：「一定是宦官把我的話洩露出去了。」派人審理，沒有人肯招認，於是就把當時在場的人全部抓起來殺死。從此以後，沒有人知道秦始皇在什麼地方。大臣們有事向秦始皇請示，就到咸陽宮去。

侯生、盧生曾經在一起議論譏諷過秦始皇，因為懼怕遭到殺身之禍，就都逃跑了。秦始皇知道以後，非常惱怒地說：「盧生等人，我以前很看重他們，賞賜他們也很豐厚，現在竟敢誹謗我！住在咸陽的那些讀書人，我派人暗中察訪，還有人在妖言惑眾。」於是就派御史一個一個地拷問那些讀書人。於是相互告發，彼此牽引，供出了許多人，秦始皇親自裁決，圈定出違反禁令的四百六十多人，全部在咸陽活埋了，並且詔告天下，以警告其他人不要以身試法。又更多地發配罪犯，令其全家搬遷到邊地。秦始皇的長子扶蘇勸諫秦始皇說：「那些儒生都是讀孔子的書，效法孔子行事的人，如今您用嚴厲的刑法懲治他們，我擔心天下會人心不安。」秦始皇聽後很生氣，就派扶蘇到上郡去擔任蒙恬的監軍。

三十六年（庚寅　西元前二一一年）

有隕石降落在東郡。有人在隕石上刻字說：「秦始皇死了以後，土地就要被分封了。」秦始皇派御史逐個的進行審問，沒有人承認。於是就把居住在隕石附近的人全部誅殺，將那塊隕石也給焚燒了。

將內地的三萬戶居民搬遷到河北、榆中一帶居住，每個成年男子賜給爵位一級。

三十七年（辛卯　西元前二一〇年）

冬，十月癸丑❶，始皇出遊，左丞相斯從❷，右丞相去疾守❸。始皇二十餘子，少子胡亥❹最愛❺，請從，上許之。

十一月，行至雲夢❻，望祀❼虞舜於九疑山❽。浮江下❾，觀籍柯❿，渡海渚⓫，過丹陽⓬，至錢唐⓭，臨浙江⓮。水波惡，乃西⓯百二十里，從陿中渡⓰。上會稽⓱，祭大禹⓲，望于南海⓳，立石頌德⓴。還過吳㉑，從江乘㉒渡。並海上㉓，北至琅邪㉔、之罘㉕，見巨魚，射殺之。遂並海西，至平原津㉖而病。

始皇惡言死㉗，羣臣莫敢言死事。病益甚，乃令中車府令行符璽事㉘趙高㉙為書賜扶蘇曰：「與喪會咸陽而葬㉚。」書已封，在趙高所㉛，未付使者㉜。

秋，七月丙寅㉝，始皇崩於沙丘平臺㉞。丞相斯為上崩在外，恐諸公子及天下有變㉟，乃祕之，不發喪㊱。棺載轀涼車中㊲，故幸宦者㊳驂乘㊴。所至上食㊵，百官奏事㊶如故，宦者輒㊷從車中可其奏事㊸。獨胡亥、趙高及幸宦者五六人知之。

初，始皇尊寵蒙氏，信任之。蒙恬任外將[44]，蒙毅[45]常居中[46]參謀議，名為忠信[47]。故雖諸將相，莫敢與之爭[48]。趙高者，生而隱宮[49]，始皇聞其彊力[50]，通於獄法[51]，舉以為中車府令，使教胡亥決獄[52]，胡亥幸[53]之。趙高有罪，始皇使蒙毅治[54]之。毅當高法應死[55]。始皇以高敏於事[56]，赦之，復其官。趙高既雅[57]得幸於胡亥，又怨蒙氏，乃說胡亥，請詐[58]以始皇命誅扶蘇，而立胡亥為太子。胡亥然其計[59]。趙高曰：「不與丞相謀，恐事不能成[60]。」乃見丞相斯曰：「上賜長子書及符璽，皆在胡亥所[61]。定太子[62]，在君侯[63]與高之口耳。事將何如[64]？」斯曰：「安得亡國之言[65]？此非人臣所當議也。」高曰：「君侯材能、謀慮、功高、無怨、長子信之，此五者，皆孰與蒙恬[66]？」斯曰：「不及也。」高曰：「然則長子即位，必用蒙恬為丞相，君侯終不懷通侯之印歸鄉里[67]明矣。胡亥慈仁篤厚[68]，可以為嗣[69]。願君審計[70]而定之。」丞相斯以為然。乃相與謀，詐為受始皇詔[71]，立胡亥為太子。更為書[72]賜扶蘇，數[73]以不能闢地立功，士卒多耗[74]，反數上書〔1〕直言誹謗，日夜怨望[75]，不得罷歸[76]為太子。將軍恬不矯正[77]，知其謀[78]。皆賜死，以兵屬裨將王離[79]。

扶蘇發書[80]，泣，入內舍，欲自殺。蒙恬曰：「陛下居外[81]，未立太子，使臣將三十萬眾守邊，公子為監，此天下重任也。今一使者來，即自殺，安知其非詐？復請而後死[82]，未暮也[83]。」使者數趣之[84]。扶蘇謂蒙恬曰：「父賜子死，尚安復請[85]！」即自殺[86]。蒙恬不肯死，使者以屬吏[87]，繫諸陽周[88]。更置李斯舍人[89]為護軍[90]，還報。

胡亥已聞扶蘇死，即欲釋蒙恬。會蒙毅為始皇出禱山川[91]，還至[92]。趙高言於胡亥曰：「先帝欲舉賢立太子[93]久矣，而毅諫以為不可，不若誅之。」乃繫諸代[94]。遂從井陘抵九原[95]。會暑[96]，轀車[97]臭，乃詔從官，令車載一石鮑魚[98]以亂之[99]。從直道至咸陽，發喪。太子胡亥襲位[100]。

九月，葬始皇於驪山[101]，下錮三泉[102]，奇器珍怪，徙藏滿之。令匠作機弩[103]，有穿近者[104]，輒射之[105]。以水銀為百川、江河、大海，機相灌輸[106]。上具天文[107]，下具地理[108]。後宮[109]無子者[110]，皆令從死。葬既已下[111]，或言：「工匠為機[112]，藏皆知之[113]，藏重即泄[114]。大事盡，閉之墓中[115]。」

二世欲誅蒙恬兄弟，二世兄子子嬰[116]諫曰：「趙王遷[117]殺李牧[118]而用顏聚[119]，齊王建[120]殺其故世忠臣而用后勝[121]，卒皆亡國。蒙氏，秦之大臣謀士也，而陛下欲一旦棄去之。誅殺忠臣，而立無節行之人[122]，是內使羣臣不相信，而外使鬭士之意離(123)也。」二世弗聽，遂殺蒙毅及內史恬(124)。恬曰：「自吾先人及至子孫(125)，積功信於秦三世矣。今臣將兵三十餘萬，身雖囚繫，其勢足以倍畔(126)。然自知必死而守義者，不敢辱先人之教，以不忘先帝也(127)。」乃吞藥自殺(128)。

揚子法言(129)曰：「或問『蒙恬忠而被誅，忠奚可為也(130)？』曰『塹山堙谷(131)，起臨洮，擊遼水(132)，力不足而屍有餘(133)，忠不足相也(134)。』」

臣光曰：「始皇方毒天下(135)，而蒙恬為之使(136)，恬不仁可知(137)矣。然恬明於為人臣之義，雖無罪見誅，能守死不貳(138)，斯亦足稱(139)也。」

【章旨】以上是第三段，寫秦始皇死於東巡途中，趙高、胡亥拉攏李斯篡改詔書，殺扶蘇、蒙恬而立胡亥為帝的過程。

【注釋】❶十月癸丑 十月初四。當時秦朝以十月為歲首。❷左丞相斯從 左丞相李斯跟從始皇帝出巡。❸右丞相去疾守 右丞相馮去疾在咸陽留守。守，留守。❹少子胡亥 據《史記·李斯列傳》之《集解》，胡亥乃始皇帝之第十八子。❺最愛 最受秦始皇寵愛。❻雲夢 當時的大澤名，約當今湖北之武漢以西，公安以東，潛江以南，長江以北的大片地區。❼望祀 遙望而祭。「望」是古代祭祀的一種。❽九疑山 也作「九嶷山」、「蒼梧山」，在今湖南寧遠南，相傳虞舜南巡，死而葬於此山。❾浮江下 乘船沿長江而下。❿藉柯 周予同《歷史文選》以為應作「籍河」。劉盼遂以為「籍」通「藉」，即「布」，如小孩的尿布稱「藉子」。辛志賢以為「藉河」即瀑布，指廬山瀑布。⓫海渚 梁玉繩曰：「《正義》以『海』字為『江』之誤，《史詮》謂『江渚』一名『牛渚』，即采石磯也。」按，采石磯在今安徽馬鞍山市西南，突出於長江中。⓬丹陽 秦縣名，在今馬鞍山市東南。⓭錢唐 秦縣名，在今杭州西。⓮浙江 即今錢塘江。⓯西 向西繞行。⓰從陿中渡 在上游江面狹窄的地方渡過了錢塘江。《史記集解》云：「徐廣曰：『蓋餘杭也。』」顧夷曰：『餘杭者，秦始皇至會稽經此，立為縣。』」按，秦時之「餘杭」在今杭州西，與今杭州東北之「餘杭」相距甚遠。⓱會稽　山名，在今浙江紹興南。⓲祭大禹　相傳大禹東巡，曾會諸侯於此山，死後葬此。事見《史記·夏本紀》。今會稽山上有禹陵、禹廟。⓳望于南海　謂遙望南海而對之致祭。⓴立石頌德　立石刻銘文以歌頌秦始皇之功德。按，今此刻石現存於浙江紹興文物管理委員會，碑高近三公尺，寬約一公尺半，上刻篆書十二行，每行二十四字。另有隸書題記三行，共六十字。是丞相李斯的手筆。《史記·秦始皇本紀》三十七年亦載此文。㉑吳　秦縣名，即今江蘇蘇州，其地當時為會稽郡的郡治。㉒江乘　秦縣名，在今江蘇句容西北，地處長江邊。㉓並海上　沿著東海邊向北走。並，傍；沿著。㉔琅邪　臺名，也是秦郡名，郡治在今山東膠南市西南。㉕之罘　海島名，即今山東煙臺西北的芝罘島。㉖平原津　平原縣西的黃河渡口名，當時的平原縣在今山東平原縣西南，西靠當時北流的黃河。㉗惡言死　不願意談到「死」字。㉘中車府令行符璽事　其主要官職是中車府令，同時還為皇帝兼管符璽。中車府令，官名，上屬郎中令，為皇帝主管車庫。行符璽事，兼帶著為皇帝管理符節印璽。㉙趙高　秦始皇身邊的宦官。事跡參見《史記·李斯列傳》。㉚與喪會咸陽而葬　意即讓扶蘇趕緊自上郡回咸陽，始皇的喪車亦將自東方回歸咸陽。㉛在趙高所　在趙高處。所，處。㉜未付使者　尚未交由使者發出。㉝七月丙寅　按，始皇三十七年（辛卯）的七月無「丙寅」日，「丙寅」是六月二十，或是八月二十一。㉞沙丘平臺　沙丘宮裡的平臺。沙丘宮是當年趙國的離宮，在今河北平鄉東北、廣宗西北，趙武靈王即死於此處。見《史記·趙世家》。按，始皇死時年四十九歲，《集解》之所謂「年五十」者，蓋古人習用虛歲。㉟恐諸公子及天下有變　恐諸公子群起搶奪皇位，與天下各地聞訊而造反。諸公子，指除長子以外的其他所有兒子。㊱不發喪　此處意即不發布、不透露始皇死的消息。㊲棺載轀涼車中　依當時的形勢情理，似只能說將「始皇遺體」載於轀涼車中，而尚難得用棺。轀涼車，王叔岷引孟康曰：「如衣車也，有窗牖，閉則溫，開則涼。」又引《一切經音義》：「轀涼車，臥車也。」㊳故幸宦者　舊日受寵愛的宦者。㊴驂乘　站在車上主座的右側，充當警衛、侍應。㊵所至上食　不論行進到哪裡，那裡都照常給始皇帝送上飯食。㊶奏事　向始皇稟報諸事。㊷輒　就；隨即。㊸可其奏事　答應他所啟奏的事情；同意照他的意思辦。㊹外將　任將軍，統兵在外。㊺蒙毅　蒙恬之弟。㊻居中　在朝中任職。㊼名為忠信　意即有忠信之名。㊽諸將相二句　當時文臣最高的是「丞相」，武將最高的是「太尉」，蒙氏兄弟雖然不是「丞相」與「太尉」，但所受的信任與尊寵實在「丞相」與「太尉」之上。㊾生而隱宮　應作「生於隱官」。舊說皆以「隱宮」為懲治並關押宮刑犯人的場所，其實大誤。「隱宮」應作「隱官」，乃是一個收容受過刑罰而因立功被赦之罪人的機關。處在隱官之罪人，必須從事勞動，其性質約與後世之勞動教養所大致相同。此語蓋謂趙高之母乃是一名勞改犯，故趙高生於隱官。詳細考據見韓兆琦《史記箋證》。㊿彊力　堅強有力，此多從其意志而言。51通於獄法　懂得刑法。52決獄　判案。陳直曰：「《漢書・藝文志》：『《爰歷》六章，中車府令趙高作。』趙高蓋深通小學者。趙高『教胡亥書』，蓋指《爰歷篇》兼及律令文而言。」53幸　喜歡；親近。54治　審問；核查。55當高法應死　判趙高死刑。當，判定。56敏於事　辦事勤快敏捷。57雅　平素；一向。58詐　假稱。59然其計　贊成他的主意。60不與丞相謀二句　丞相，指李斯。史珥曰：「載高此語，所以著丞相成亂之罪。」61皆在胡亥所　徐孚遠曰：「符璽及書本在高所，而云胡亥者，亦以劫斯也。」62定太子　究竟立誰為太子。63君侯　李斯時為丞相，爵為通侯，故趙高稱之為「君侯」。64事將何如　您看這事該怎麼辦。65安得亡國之言　極言事體之嚴重，弄不好將使國破家亡。66孰與蒙恬　您與蒙恬相比，哪個條件更好。茅坤曰：「高必以蒙恬之隙，才能傾動李斯而使之叛。」67終不懷通侯之印歸鄉里　無論如何也不可能平安無事地告老歸家，言最後必將被誅。通侯，亦稱「徹侯」、「列侯」。張晏云：「『列侯』者，見序列也。」68篤厚　誠實厚道。篤，誠；厚。69嗣　接續；接班人。70審計　仔細考慮。71詐為受始皇詔　假說是接受了始皇帝的命令。72更為書　另編造了一封信。73數　責備；譴責。74士卒多耗　損失的士兵眾多。75怨望　猶言「怨恨」。望，怨。76罷歸　指返回京城。77不矯正　不糾之使正。78知其謀　知道他的心思。謀，這裡指心思。79以兵屬裨將王離　把兵權交給軍營的副將王離。屬，託；移交。裨將，偏將；副將。王離，秦國名將王翦之子，後來被項羽破殺於鉅鹿。80發書　打開詔書。81居外　指巡遊在外。82復請而後死　再向朝廷請示一遍，如果朝廷仍是要殺我們。83未暮也　那時再死也不遲。暮，遲。84數趣之　連續地催促。趣，通「促」。85尚安復請　還再請示什麼。86即自殺　按，今陝西綏德城內之疏屬山頂有「扶蘇墓」，墓為長方形，立有「秦長子扶蘇墓」石碑一通。綏德城北一公里有「月宮寺」，相傳為扶蘇賞月處。其北兩公里有「嗚咽泉」，相傳為扶蘇賜死處。唐胡曾〈殺子谷〉詩有曰「至今谷口聲嗚咽，猶似當年恨李斯」，泉名即出於此。87以屬吏　把蒙恬交給獄吏。88繫諸陽周　囚禁在陽周。陽周，秦縣名，縣治在今陝西子長西北。89舍人　半賓客半僕役的親信用人。90護軍　意同「監軍」，取代扶蘇的職務。監軍、護軍，都是代表朝廷，為朝廷負責的特派員。91為始皇出禱山川　為給始皇帝求福而外出祭祀各地山川之神。92還至　回到始皇帝身邊，因還不知始皇帝已死。93立太子　指欲立胡亥為太子。趙高為激起胡亥之恨蒙恬，極意編造。94乃繫諸代　因當時始皇帝的靈車正行進至代，故即繫此。繫，下獄。代，秦郡名，郡治即今河北蔚縣東北的代王城。95從井陘抵九原　由井陘北上，至九原郡。井陘，秦縣名，在今河北井陘西北。縣西即井陘口，是河北與山西之間的穿越太行山的交通要道，後來韓信破陳餘於此。九原，秦郡名，郡治在今內蒙古包頭西。顧炎武曰：「始皇崩於沙丘，乃又從井陘抵九原，然後從直道以至咸陽，迴繞三四千里而歸者，蓋若逕歸咸陽，不果行遊，恐人疑揣，故載轀涼車而北行。」

[96]會暑　正趕上天熱。[97]轀車　即前所謂裝載始皇遺體的轀涼車。[98]令車載一石鮑魚　讓每輛從官的車子都裝上一石鹹乾魚。石，一百二十斤。鮑魚，鹹乾魚。[99]以亂之　以衝擊、混淆始皇靈車所發出的臭味。亂，混淆。[100]襲位　繼其父位為皇帝。[101]驪山　也寫作「麗山」、「酈山」，在今陝西臨潼東南。[102]下錮三泉　向下挖到三層泉水以下，錮塞泉水，使之不向地宮滲露。關於三層泉水的深度，袁仲一認為，在二十三公尺至三十公尺之間；朱思紅、王志友根據始皇陵東、南、西三側的排水溝渠深度為三九．四公尺，認為秦陵地宮的深度要小於排水溝渠的深度，即小於三九．四公尺。[103]機弩　有機關控制的弓，一觸即發。[104]有穿近者　倘有人挖墓走近。[105]輒射之　機弩就會自行射箭。輒，就；隨即。[106]機相灌輸　有機關控制，使之周回流個不停。[107]上具天文　上有日月星斗。[108]下具地理　下有山脈河流。[109]後宮　指嬪妃與侍女。[110]無子者　意即曾受始皇親幸而未生子女者。[111]葬既已下　謂始皇棺槨與各種殉葬的東西俱已送入陵墓。[112]為機　製作的機弩。[113]藏皆知之　陵墓中藏了些什麼他們都知道。[114]藏重即泄　意謂陵墓中這些眾多的珍藏物可能洩露出去。藏重，意同「重藏」，指陵墓中的眾多珍藏。[115]閉之墓中　將眾工匠封閉在陵墓中。按，《史記．秦始皇本紀》於此作「葬既已下，或曰：『工匠為機，藏皆知之。藏重即泄，大事畢。』已藏，閉中羨，下外羨門，盡閉工匠藏者，無復出者。」較此清晰。[116]二世兄子子嬰　按，子嬰的身世諸說不一。依本文所說，則子嬰為二世之姪；按《史記．李斯列傳》則說是始皇之弟；而《集解》又引徐廣說是始皇之弟的兒子。[117]趙王遷　戰國末期趙國的倒數第二代昏君，悼襄王之子，西元前二三五－前二二八年在位。[118]李牧　戰國末期趙國的最後一員良將，曾支撐趙國殘局，為趙國抗秦兵，破匈奴，最後被趙王遷所殺害。[119]顏聚　原是齊國將領，後又為趙將。關於李牧為趙國支撐殘局與其被趙王遷所殺事，詳見《史記．廉頗藺相如列傳》。[120]齊王建　齊國的亡國之君，西元前二六四－前二二一年在位。[121]后勝　齊王建時的宰相，被秦國收買的奸細。事跡見《史記．田敬仲完世家》。[122]無節行之人　指趙高之流。凌稚隆引楊慎曰：「子嬰知蒙恬之枉而能進諫，後卒能燭趙高之奸而討賊，亦可謂賢矣。生逢末世，不幸蓋與劉諶、曹髦同，哀哉！」[123]離　對朝廷離心離德。[124]內史恬　蒙恬，時為內史之職。內史是國家首都與其郊區的行政長官，漢代改稱京兆尹。[125]自吾先人及至子孫　蒙恬、蒙毅的祖父為蒙驁，父親為蒙武。[126]倍畔　同「背叛」。[127]不敢辱先人之教二句　不敢辱，意即不敢違背。此處蒙恬用語，與樂毅之〈報燕惠王書〉用語相同，足見作者對蒙氏之深刻同情。[128]乃吞藥自殺　今陝西綏德城西南一華里之大理河北有蒙恬墓，墓高二十餘公尺，墓前有清代道光年間立的石碑一通，上刻「秦將軍蒙恬墓」。[129]楊子法言　西漢末年楊雄模仿《論語》，用自問答口吻所寫的一部論學著作。楊，或作「揚」。[130]忠而被誅二句　忠心耿耿而被人所殺，照此看來，還有必要給人盡忠嗎。奚，豈，反問語詞。[131]塹山堙谷　挖山填谷。塹，同「塹」。挖掘。堙，填塞。[132]起臨

洮二句 「擊」字無義，似應作「至」，即指西起臨洮，東至遼東郡的長城。133力不足而屍有餘 汪榮寶《法言義疏》曰：「謂用民之力而不惜民之死，民力匱而死者多耳。」134忠不足相也 蒙恬的所謂「忠心」是不值得稱道的。相，稱讚。按，以上數語見《法言・淵騫》。135始皇方毒天下 當秦始皇施虐於天下、為害於天下的時候。方，當。毒，禍害。136蒙恬為之使 蒙恬為其奔走效力。使，役使。137不仁可知 無仁愛之心，是可以知道的。138守死不貳 寧死而不生二心。139亦足稱 也值得頌揚。按，司馬光對秦始皇與蒙恬的進步作用一點也看不到，而對蒙恬為一個罪惡多端的帝王「守死不二」而大唱讚歌，可以說是死心塌地地為專制主義服務。

【校 記】1反數上書 「反」字原無。據章鈺校，十二行本、乙十一行本、孔天胤本皆有此字，張敦仁《通鑑刊本識誤》、張瑛《通鑑校勘記》同。今從諸本及《史記・李斯列傳》、《通鑑紀事本末》卷一下補。

【語 譯】三十七年（辛卯 西元前二一〇年）

冬天，十月初四癸丑這天，秦始皇出遊，左丞相李斯跟隨秦始皇出巡，右丞相馮去疾在京師咸陽留守。秦始皇有二十多個兒子，最小的兒子胡亥最受秦始皇的寵愛，這次出遊，胡亥要求跟隨，秦始皇答應了胡亥的要求。

十一月，秦始皇到達湖北的雲夢澤，在這裡遙望九疑山祭祀死在那裡的虞舜。乘船順長江而下，遊覽了藉柯，渡過海渚，歷經丹陽，而後到達錢唐觀看錢塘江大潮。由於波濤險惡，於是向西繞行一百二十里，從江面最窄的地方渡過錢塘江，登上會稽山，祭祀大禹，遙望南海，豎立石碑，刻上歌頌自己的功德的文字。返回途中經過吳縣，從江乘渡過長江，沿著海邊北上，到達琅邪、之罘，看見海中有大魚，用箭將魚射死。又沿海西行，到達平原津的時候，秦始皇染病。

秦始皇一向忌諱說到「死」字，周圍的大臣也就沒有人敢提死後如何料理後事的問題。秦始皇的病情越來越嚴重，於是下令，讓擔任中車府令並兼管皇帝御璽的趙高為秦始皇起草詔書給長子扶蘇說：「趕緊從上郡回咸陽，與從東方回咸陽的喪車相會。」詔書已經寫好密封起來，保存在趙高手裡，還沒有來得及交給使者發出。

秋天，七月丙寅這天，秦始皇死在沙丘宮裡的平臺。丞相李斯考慮到秦始皇是在都城之外亡故，擔心諸位王子搶奪王位，以及天下各地聞訊造反，就把秦始皇死亡的消息隱瞞起來，沒有對外界發布。他們把秦始皇的遺體安放在轀涼車中，讓秦始皇生前最寵信的宦官站在車上主座的位置上充當警衛、侍從。皇帝所到之處，都照常給皇帝敬獻食物，百官向始皇帝奏請事情，一切都按照秦始皇生前的樣子，由宦官從轀涼車中冒充秦始皇批准他們的奏報。只有胡亥、趙高以及最受寵幸的宦官五六個人知道。

當初，秦始皇對蒙恬兄弟非常寵愛，很信任他們。蒙恬任將軍，統兵在外，蒙毅在朝中任職，參謀決策，兩人都享有忠信之名。所以在當時即使是職位最高的太尉和丞相，受到的信任與尊寵也無法和他們相比。趙高出生於關押勞教犯人的場所；秦始皇聽說他辦事堅強有力，又通曉刑法，就提拔他做了中車府令，讓他負責教授胡亥判案；胡亥對趙高很喜愛信任。趙高曾經犯過大罪，秦始皇派蒙毅負責審理。蒙毅依據法律判處趙高死刑。秦始皇因為趙高辦事敏捷，特別赦免了他，讓他官復原職。趙高平素既深受胡亥寵信，又對蒙氏兄弟懷有仇怨，如今見秦始皇已死，就趁機煽動胡亥，讓他假傳秦始皇的遺囑誅殺扶蘇而自立為太子。胡亥同意趙高的意見。趙高說：「如果不和丞相李斯商量，事情恐怕無法成功。」於是趙高就去找李斯說：「皇上賜給長子扶蘇的詔書和璽印都在胡亥的手裡。立誰為太子，就決定於您和我的一句話了。您看這事該怎麼辦呢？」李斯說：「怎麼能說出這種亡國的話？立太子的事不是做臣子的所應當議論的。」趙高說：「論您的才能、謀略、功勞、人緣，以及受太子扶蘇信任的程度，和蒙恬比起來，誰更勝一籌呢？」李斯說：「我比不上蒙恬。」趙高說：「那樣的話，如果長子扶蘇即位當了皇帝，肯定任用蒙恬為丞相，您最終將不能懷揣丞相大印榮歸故里是肯定的了。胡亥的品行仁慈、為人厚道，可以立他為皇位繼承人。希望您認真地考慮一下做出決定。」丞相李斯認為趙高的話有道理。就與趙高一起謀劃此事，假稱接受了秦始皇的遺詔，立胡亥為太子。又另外編造了一封信給扶蘇，捏造了幾大罪狀對他進行責備：不能開闢疆土為國家建立功勳，卻使軍隊造成了重大損失，又多次的給皇帝上奏章，在奏章當中對始皇帝明目張膽地進行誹謗，一天到晚的抱怨說不讓返回到朝廷、不被立為太子。蒙恬將軍對他的所作所為不規勸不制止，知道他的心思。詔令兩人自殺，將兵權移交給副將王離。

扶蘇拆開詔書看完後，就哭著走進內室，準備自殺。蒙恬制止他說：「皇上在外巡視，並沒有冊立太子，他派我率領三十萬大軍戍守邊境，派公子您擔任監軍，這是天下最重要的任務啊。如今派一個使者前來，您就聽信想要自殺，您怎麼知道這不會是欺詐呢？應該再奏請皇上，證實是真的後再自殺也不晚。」趙高派來的使者再三催促他們。扶蘇對蒙恬說：「既然是父親決心讓兒子自殺，哪裡還需要再請示！」說完立即自殺了。蒙恬不肯自殺，使者就將他交給獄吏，囚禁在陽周；又更換李斯的手下做護軍都尉，然後回報趙高等人。

胡亥聽說扶蘇已死，就想赦免蒙恬。正好此時蒙毅為給秦始皇求福而外出祭祀山川之神又回到秦始皇身邊。趙高對胡亥說：「先帝認為您在諸位王子中最賢能，早就想立您為太子了，可是蒙毅卻勸阻先帝不讓立您為太子；不如現在將他殺掉。」於是將蒙毅抓起來，囚禁在代郡。胡亥等經過井陘抵達九原。當時正好是暑熱天氣，秦始皇的屍體在轀涼車中已經腐爛，散發出臭味，於是下令每輛車上都要裝載一百斤的醃鹹魚，用魚的臭味混淆屍體的臭味。從直道回到都城咸陽，這才宣布秦始皇的死訊，為秦始皇舉辦喪事。太子胡亥繼承皇位。

九月，將秦始皇安葬在驪山，由於墓穴很深，就把銅熔化後灌入用以堵塞底下的泉水；墓穴之中裝滿了奇珍異寶。又讓能工巧匠在陵墓中裝上有機關控制的弩箭，如果有人盜掘陵墓，只要一靠近就自動將盜墓者射死。還仿照地面的樣子，挖掘成百川、江河、大海的形狀，灌入水銀作為流水，再用機械的力量使水銀在川、河、海裡不停的流動。陵墓中，頂部裝飾有日、月、星、辰，底部有山脈河流。後宮當中，凡是沒有生育子女的嬪妃，全部強迫她們為始皇殉葬。安葬完畢，有人提醒說：「陵墓裡的弓弩都是工匠製作的，裡面陪葬了什麼珍寶他們最清楚，恐怕會洩露出去。所以等到陵墓裡面的事情一完，就把那些工匠等人全部封閉在墓道之中。」

秦二世胡亥想要誅殺蒙恬、蒙毅兄弟。二世哥哥的兒子子嬰勸阻他說：「過去趙王趙遷殺死了大將李牧而任用顏聚，齊王田建殺死了數世的忠臣而重用后勝，最終都導致了國家滅亡。蒙氏是秦國的重要大臣和謀士，而陛下卻想在一天之內就除掉他們。誅殺對國家忠心耿耿的大臣，任用沒有品行操守的奸佞，其結果必然會使朝廷之內群臣失去對皇帝的信任，在外使將士們對朝廷離心離德喪失鬥志。」秦二世胡亥不聽從子嬰的勸告，終於殺掉了蒙毅和蒙恬。蒙恬在臨死之前說：「從我的祖先一直到我們孫子輩，對秦國忠心耿耿、屢立戰功已經三代了。如今我率領大軍三十萬，儘管我被囚禁，但我仍然有勢力可以背叛秦國。但我明明知道一定會被處死而仍然堅守君叫臣死，臣不得不死的原則，是因為我不敢辜負先人的教誨、不敢忘記先帝對蒙氏的厚恩。」說完就吞下毒藥自殺了。

楊雄在《法言》中議論說：「有人問『蒙恬忠心耿耿反而被殺，忠又有什麼用呢？』回答說『開山填谷修築長城，從西部的臨洮一直修到東部的遼水，只知道利用人民的力量而不顧人民的死活，使民力匱乏、死傷眾多，他的忠心是抵消不了他對人民的罪行的。』」

司馬光說：「在秦始皇荼毒天下的時候，蒙恬卻為他奔走效力，蒙恬缺乏仁愛之心而行為不明智由此可知。然而蒙恬始終遵守君臣關係的準則，雖然自己沒有罪過而遭到誅殺，卻寧可死也不生二心，就這點來說也是值得稱道的。」

二世皇帝上

元年（壬辰　西元前二〇九年）

冬，十月戊寅❶，大赦❷。

春，二世東行❸郡縣，李斯從。到碣石❹，並海❺南至會稽❻，而盡刻始皇所立刻石，旁著大臣從者名❼，以章先帝成功盛德❽而還。

夏四月，二世至咸陽⑨，謂趙高曰：「夫人生居世間也，譬猶騁六驥過決隙⑩也。吾既已臨⑪天下矣，欲悉耳目之所好⑫，窮心志之所樂⑬，以終吾年壽⑭，可乎？」高曰：「此賢主之所能行，而昏亂主之所禁⑮也。雖然，有所未可⑯，臣請言之。夫沙丘之謀，諸公子及大臣皆疑焉。而諸公子盡帝兄⑰，大臣又先帝之所置也。今陛下初立，此其屬意怏怏⑱皆不服，恐為變。臣戰戰栗栗，唯恐不終⑲，陛下安得為⑳此樂乎？」二世曰：「為之柰何？」趙高曰：「陛下嚴法而刻刑㉑，令有罪者相坐㉒，誅滅大臣及宗室㉓。然後收舉遺民㉔，貧者富之，賤者貴之。盡除去[1]先帝之故臣，更置陛下之所親信者㉕。此則陰德歸陛下㉖，害除而姦謀塞㉗，羣臣莫不被潤澤㉘、蒙厚德，陛下則高枕肆志寵樂㉙矣。計莫出於此㉚。」二世然之。乃更為法律㉛，務益刻深。大臣、諸公子有罪，輒下高㉜，令[2]鞠治㉝之。於是公子㉞十二人僇死㉟咸陽市㊱，十公主矺死於杜㊲，財物入於縣官㊳，相連逮者，不可勝數。

公子將閭㊴昆弟三人㊵囚於內宮，議其罪獨後。二世使使令將閭曰：「公子不臣㊶，罪當死。吏致法㊷焉。」將閭曰：「闕廷之禮㊸，吾未嘗敢不從賓贊㊹也；廊廟之位㊺，吾未嘗敢失節㊻也；受命應對㊼，吾未嘗敢失辭㊽也，何謂『不臣』？

願聞罪而死。」使者曰：「臣不得與謀[49]，奉書從事[50]。」將閭乃仰天大呼「天」者三，曰：「吾無罪！」昆弟三人皆流涕，拔劍自殺。宗室振恐[51]。

公子高欲奔，恐收族[52]，乃上書曰：「先帝無恙[53]時，臣入則[3]賜食，出則乘輿[54]。御府[55]之衣，臣得賜之；中廄[56]之寶馬，臣得賜之。臣當從死而不能[57]，為人子不孝，為人臣不忠。不孝不忠者，無名以立於世，臣請從死，願葬驪山之足[58]。唯上幸哀憐之[59]。」書上，二世大說，召趙高而示之，曰：「此可謂急乎[60]？」趙高曰：「人臣當憂死不暇，何變之得謀[61]？」二世可其書，賜錢十萬[4]以葬。

復作阿房宮[62]。盡徵[63]材士[64]五萬人，為屯衛咸陽，令教射狗馬禽獸[65]。當食者多，度不足[66]，下調郡縣轉輸菽粟、芻藁[67]，皆令自齎糧食[68]，咸陽三百里內不得食其穀[69]。

秋七月，陽城[70]人陳勝[71]、陽夏[72]人吳廣[73]起兵於蘄[74]。是時，發閭左戍漁陽[75]，九百人屯大澤鄉[76]，陳勝、吳廣皆為屯長[77]。會[78]天大雨，道不通，度已失期[79]。失期，法皆斬。陳勝、吳廣因[80]天下之愁怨[81]，乃殺將尉[82]，召令徒屬[83]曰：「公等皆失期當斬，假令毋斬而戍[84]，死者固什六七[85]。且壯士不死則已[86]，死則舉大名[87]耳。王侯將相，寧有種[88]乎！」眾皆從之。乃詐稱公子扶蘇、項燕[89]，為壇而盟，稱大楚[90]。陳勝自立為將軍，吳廣為都尉[91]。攻大澤鄉，拔之。收而攻蘄，蘄下。乃令符離[92]人葛嬰將兵徇[93]蘄以東，攻銍、酇、苦、柘、譙[94]，皆下之。行收兵[95]，比至陳[96]，車六七百乘[97]，騎千餘，卒數萬人。攻陳，陳守、尉[98]皆不在，獨守丞[99]與戰譙門[100]中，不勝，守丞死，陳勝乃入據陳[101]。

初，大梁[102]人張耳、陳餘相與為刎頸交[103]。秦滅魏[104]，聞二人魏之名士，重賞購求[105]之。張耳、陳餘乃變名姓，俱之陳[106]，為里監門[107]以自食[108]。里吏嘗以過笞陳餘[109]，陳餘欲起[110]，張耳躡之[111]，使受笞。吏去，張耳乃引陳餘之桑下，數[112]之曰：「始吾與公言何如[113]？今見小辱[114]而欲死一吏乎[115]！」陳餘謝之。陳涉既入陳，張耳、陳餘詣門上謁[116]。陳涉素聞其賢，大喜。

陳中豪桀父老請立涉為楚王，涉以問張耳、陳餘。耳、餘對曰：「秦為無道，滅人社稷[117]，暴虐百姓，將軍出萬死之計[118]，為天下除殘[119]也。今始至陳而王之，示天下私[120]。願將軍毋王[121]，急引兵而西[122]，遣人立六國後[123]，自為樹黨[124]，為秦益敵[125]。敵多則力分[126]，與眾[127]則兵彊。如此〔5〕野無交兵[128]，縣無守城[129]。誅暴秦，據咸陽，以令諸侯[130]。諸侯亡而得立，以德服之[131]，如此則〔6〕帝業[132]成矣。今獨王陳[133]，恐天下懈也[134]。」陳涉不聽，遂自立為王[135]，號「張楚[136]」。

當是時，諸郡縣苦秦法[137]，爭殺長吏以應涉。謁者[138]從東方來[139]，以反者聞[140]。二世怒，下之吏[141]。後使者至[142]，上問之，對曰：「羣盜鼠竊狗偷[143]，郡守、尉方逐捕[144]，今盡得[145]，不足憂也[146]。」上悅。

陳王以吳叔[147]為假王[148]，監諸將以西擊滎陽[149]。

張耳、陳餘復說陳王，請奇兵[150]北略趙地[151]。於是陳王以故所善陳人武臣[152]為將軍，邵騷為護軍[153]，以張耳、陳餘為左、右校尉[154]，予卒三千人，徇趙[155]。

陳王又令汝陰[156]人鄧宗徇九江郡[157]。當此時，楚兵數千人為聚者不可勝數。

葛嬰至東城[158]，立襄彊[159]為楚王。聞陳王已立，因殺襄彊還報。陳王誅殺葛嬰。

陳王令魏人[7]周市[160]北徇魏地[161]。以上蔡[162]人房君蔡賜[163]為上柱國[164]。

陳王聞周文[165]，陳之賢人也，習兵，乃與之將軍印，使西擊秦。

武臣等從白馬渡河[166]，至諸縣[8]，說其豪桀[167]，豪桀皆應之。乃行收兵[168]，得數萬人，號武臣為武信君[169]。下趙十餘城，餘皆城守[170]。乃引兵東北擊范陽[171]。范陽蒯徹[172]說武信君曰：「足下必將戰勝而後略地[173]，攻得然後下城[174]，臣竊以為過矣[175]。誠聽臣之計，可不攻而降城[176]，不戰而略地，傳檄而千里定[177]，可乎？」武信君曰：「何謂也[178]？」徹曰：「范陽令徐公，畏死而貪，欲先天下降[179]。君若以為秦所置吏[180]，誅殺如前十城[181]，則邊地之城[182]皆為金城湯池[183]，不可攻也。君若齎臣侯印以授范陽令[184]，使乘朱輪華轂[185]，驅馳燕、趙之郊[186]，即[187]燕、趙城可無戰而降矣。」武信君曰：「善。」以車百乘、騎二百、侯印迎徐公。燕、趙聞之，不戰以城下者三十餘城[188]。

陳王既遣周章[189]，以秦政之亂，有輕秦之意，不復設備。博士[190]孔鮒[191]諫曰：「臣聞兵法『不恃敵之不我攻，恃吾不可攻[192]。』今王恃敵[193]而不自恃[194]，若跌而不振，悔之無及也。」陳王曰：「寡人之軍，先生無累[195]焉。」

周文行收兵至關[196]，車千乘，卒數十萬，至戲，軍焉[197]。二世乃大驚，與羣臣謀曰：「奈何？」少府[198]章邯[199]曰：「盜已至眾彊[200]，今發近縣[201]不及矣。驪山徒[202]多，請赦之，授兵[203]以擊之。」二世乃大赦天下，使章邯免[204]驪山徒、人奴產子[205]悉發以擊楚軍，大敗之，周文走[206]。

張耳、陳餘至邯鄲[207]，聞周章卻[208]，又聞諸將為陳王徇地還[209]者，多以讒毀得罪誅[210]，乃說武信君，令自王[211]。八月，武信君自立為趙王，以陳餘為大將軍[212]，張耳為右丞相，邵騷為左丞相。使人報陳王。陳王大怒，欲盡族[213]武信君等家，而發兵擊趙。柱國房君[214]諫曰：「秦未亡而誅武信君等家，此生一秦也[215]。不如因而賀之[216]，使急引兵西擊秦。」陳王然之，從其計，徙繫武信君等家宮中[217]，封張耳子敖為成都君[218]，使使者賀趙，令趣[219]發兵西入關[220]。

張耳、陳餘說趙王曰：「王王趙，非楚意[221]，特以計賀王。楚已滅秦[222]，必加兵於趙。願王毋西兵[223]，北徇燕、代[224]，南收河內[225]以自廣。趙南據大河[226]，北有燕、代，楚雖勝秦，必不敢制趙[227]；不勝秦，必重趙[228]。趙乘秦、楚之敝[229]，可以得志於天下[230]。」趙王以為然，因不西兵，而使韓廣[231]略燕、李良略常山[232]、張黶略上黨[233]。

九月[234]，沛人劉邦[235]起兵於沛，下相[236]人項梁[237]起兵於吳[238]，狄[239]人田儋[240]起兵於齊。

劉邦字季[241]，為人隆準龍顏[242]，左股[243]有七十二黑子[244]。愛人喜施[245]，意豁如[246]也，常有大度，不事[247]家人生產作業[248]。初為泗上亭長[249]，單父[250]人呂公好相人[251]，見季狀貌，奇之，以女妻之[252]。

既而[253]季以亭長[254]為縣送徒驪山[255]。徒多道亡[256]，自度[257]比至皆亡之[258]。到豐西澤中亭[259]止飲，夜乃解縱[260]所送徒曰：「公等皆去[261]，吾亦從此逝矣[262]。」徒中壯士願從者[263]十餘人。

劉季被酒[264]，夜徑[265]澤中，有大蛇當徑，季拔劍斬蛇。有老嫗哭曰：「吾子，白帝子[266]也，化為蛇，當道，今赤帝子[267]殺之。」因忽不見[268]。劉季亡匿[269]於芒、碭[270]山澤之間，數有奇怪[271]。沛中子弟聞之，多欲附[272]者。

及陳涉起，沛令[273]欲以沛應之[274]。掾、主吏蕭何、曹參[275]曰：「君為秦吏，今欲背之[276]，率沛子弟，恐不聽。願君召諸亡在外者，可得數百人，因劫眾[277]，眾不敢不聽。」乃令樊噲[278]召劉季。劉季之眾已數十百人[279]矣。沛令後悔，恐其有變，乃閉城城守[280]，欲誅蕭、曹。蕭、曹恐，踰城保[281]劉季。劉季乃書帛[282]射城上，遺[283]沛父老，為陳利害[284]。父老乃率子弟共殺沛令，開門迎劉季，立以為沛公[285]。蕭、曹等為收沛子弟，得三千人，以應諸侯[286]。

項梁者，楚將項燕子也，嘗[287]殺人，與兄子籍[288]避仇吳中[289]。吳中賢士大夫皆出其下[290]。籍少時，學書[291]不成，去；學劍[292]，又不成。項梁怒之。籍曰：「書，足以記名姓而已。劍，一人敵，不足學。學萬人敵[293]。」於是項梁乃教籍兵法。籍大喜，略知其意，又不肯竟學[294]。籍長八尺餘[295]，力能扛鼎[296]，才器[297]過人。會稽守[298]殷通聞陳涉起，欲發兵以應涉[299]，使項梁及桓楚將[300]。是時，桓楚亡[301]在澤中。梁曰：「桓楚亡，人莫知其處，獨籍知之耳。」梁乃誡[302]籍持劍居外，梁復入，與守坐，曰：「請召籍，使受命召桓楚。」守曰：「諾。」梁召籍入。須臾，梁眴籍[303]曰：「可行矣。」於是籍遂拔劍斬守頭。項梁持守頭，佩其印綬[304]。門下大驚，擾亂。籍所擊殺數十百人。一府中皆慴伏[305]，莫敢起。梁乃召故所知豪吏，諭以所為起大事，遂舉吳中兵，使人收下縣[306]，得精兵八千人。梁為會稽守，籍為裨將[307]，徇[308]下縣。籍是時年二十四。

田儋，故齊王族[309]也。儋從弟榮[310]，榮弟橫，皆豪健[311]，宗彊[312]，能得人[313]。周市徇地[314]至狄[315]，狄城守。田儋詳[316]為縛其奴，從少年之廷[317]，欲謁殺奴[318]。見狄令，因擊殺令[319]，而召豪吏子弟曰：「諸侯皆反秦自立。齊，古之建國[320]也。儋，田氏，當王[321]。」遂自立為齊王。發兵以擊周市[322]，周市軍還去。田儋率兵東略定齊地[323]。

韓廣[324]將兵北徇燕，燕地豪桀欲共立廣為燕王。廣曰：「廣母在趙，不可。」燕人曰：「趙方西憂秦，南憂楚[325]，其力不能禁我[326]。且以楚之彊，不敢害趙王將相[327]之家，趙獨安敢害將軍家乎？」韓廣乃自立為燕王[328]。居數月，趙奉燕王母家屬歸之。

趙王與張耳、陳餘北略地燕界[329]，趙王閒出[330]，為燕軍所得。燕囚之，欲求割地。使者往請，燕輒[331]殺之。有廝養卒[332]走燕壁[333]，見燕將[334]曰：「君知張耳、陳餘何欲[335]？」曰：「欲得其王耳。」趙養卒[336]笑曰：「君未知此兩人所欲也。夫武臣、張耳、陳餘，杖馬箠[337]，下趙數十城，此亦各欲南面而王，豈欲為將相終已耶[338]！顧[339]其勢初定，未敢參分而王。且以少長[340]，先立武臣為王，以持趙心[341]。今趙地已服，此兩人亦欲分趙而王，時未可耳[342]。今君乃囚趙王，此兩人名為求[343]趙王，實欲燕殺之，此兩人分趙自立。夫以一趙，尚易燕[344]，況以兩賢王，左提右挈[345]而責殺王之罪[346]，滅燕易矣！」燕將乃歸趙王，養卒為御而歸[347]。

周市自狄還，至魏地[348]，欲立故魏公子[349]寧陵君咎[350]為王。咎在陳[351]，不得之魏[352]。魏地已定，諸侯皆欲立周市為魏王。市曰：「天下昏亂，忠臣乃見[353]。今天下共畔[354]秦，其義[355]必立魏王後[356]乃可。」諸侯固請立市，市終辭不受。迎魏咎於陳，五反[357]，陳王乃遣之。立咎為魏王，市為魏相[358]。

是歲，二世廢衛君角為庶人，衛絕祀[359]。

【章　旨】以上為第四段，寫秦二世元年（西元前二〇九年）的全國形勢，主要寫了秦二世即位後的繼續修阿房、修陵墓，嚴刑酷法，殘暴殺戮，以致引發陳涉以及劉邦、項羽等全國農民大起義的情景。

【注　釋】❶十月戊寅　十月初五。❷大赦　新帝王一上臺往往有發布「大赦」之舉，藉以收買人心。❸行　巡視；視察。❹碣石　海邊的山名，在今河北昌黎西北，距秦皇島、北戴河不遠。按，秦二世在碣石山刻石的文字見《史記・秦始皇本紀》。❺並海　沿著海邊。❻會稽　山名，在今浙江紹興東南。❼盡刻始皇所立刻石二句　凡是有始皇刻石的地方，秦二世就在始皇刻石的側面刻上當年跟隨秦始皇出巡大臣的名字。❽以章先帝成功盛德　章，顯揚。方苞曰：「金石刻辭，當始皇時止稱『皇帝』，今易世，不稱『始皇』，則久遠之後如後人為之也。使人疑後嗣所為，則不稱始皇之成功盛德也。」按，據此，則二世在始皇刻石旁邊增加一點說明，確有必要。❾至咸陽　由巡遊東方海岸回到咸陽。❿騁六驥過決隙　極言用時之短暫。六驥，此指六馬所拉的車。決隙，裂縫。《史記・留侯世家》：「人生一世間，猶白駒過隙」；〈魏豹彭越列傳〉云：「人生一世間，如白駒過隙耳。」先此則《墨子・兼愛下》、《莊子》之〈知北遊〉、〈盜跖〉，亦皆有類似語句。⓫臨　君臨；統治。⓬悉耳目之所好　最大限度地滿足一切感官享受。悉，盡；全部。⓭窮心志之所樂　即想幹什麼就幹什麼。窮，盡；全部做到。⓮以終吾年壽　就這麼最大滿足地過一輩子。⓯所禁　所不敢做的。⓰有所未可　現在還有些條件不足。⓱諸公子盡帝兄　始皇帝的其他兒子都是您的哥哥。帝，指秦二世。梁玉繩曰：「此言疑不然，始皇二十餘子，二世是始皇第十八子，尚有弟也。」王叔岷曰：「此文『兄』下蓋脫『弟』字。」⓲此其屬意怏怏　這些人都心懷不滿。此其屬，這些人。怏怏，不樂、不平的樣子。⓳唯恐不終　唯恐不得善終，不能長保如此。⓴安得為　王叔岷曰：「『為』猶『有』也。」㉑刻刑　猶言「酷刑」，刑法嚴酷。㉒相坐　猶言「連坐」，一人犯罪而株連他人。㉓宗室　皇帝同族的人員。㉔收舉遺民　起用那些往日不被任用的人。遺民，前朝的忠實子民。㉕貧者富之四句　此為古往今來一切陰謀家糾合死黨之通用手段。㉖陰德歸陛下　暗中感謝您而歸附於您。德，用如動詞，感謝。㉗姦謀塞　陰謀作亂的途徑被堵塞。㉘被潤澤　猶言「蒙恩惠」。被，通「披」。沾受。潤澤，原指雨露的浸潤，此處借指皇帝的恩惠。㉙肆志寵樂　隨心所欲地享受富貴尊榮。瀧川資言引中井積德曰：「寵，榮也。」㉚計莫出於此　李笠曰：「『出』猶『逾』也，過也，『莫過於此』者，言無有勝於此也。〈吳王濞傳〉云：『臣愚計無出此』，義同。」㉛更為法律　重新制定法律條文。㉜下高　交給趙高。㉝鞫治　審判；推問。㉞公子　指秦始皇的兒子，胡亥的兄弟。㉟僇死　殺死。僇，同「戮」。斬殺。㊱市　街市；鬧市。於鬧市執行死刑可威懾百姓。㊲矺死於杜　被矺成碎塊於杜縣。矺，通「磔」。將人剁為碎塊。杜，秦縣名，在當時的長安城東南，今西安東南。據秦俑考古隊簡報綜述：始皇陵的陪葬墓有兩處，一處在陵園東門外，另一處在始皇陵墳丘北邊。東門外已發掘的八座，葬具皆一棺一槨。屍骨經鑑定，死者為五男二女，年齡都在二十至三十歲左右，皆肢解入葬。推測被葬者可能是被胡亥處死的秦公子、公主，可能還有秦始皇原來的近臣。㊳財物入於縣官　財產被沒收歸公。入，沒收。縣官，指國家。陳直曰：「『縣官』始見於此，嗣後遂成兩漢人之習俗語。」㊴公子將閭　秦二世之兄。㊵昆弟三人　兄弟三個。昆弟，兄弟。按，諸公子皆始皇之子，而特別稱「將閭昆弟三人」，則此三人必一母所生者。㊶不臣　不像做臣下的樣子。㊷致法　進行懲治，意即行刑。㊸闕廷之禮　指在朝廷上的一舉一動。㊹從賓贊　按著司禮官員的唱贊行動。㊺廊廟之位　指站立在朝廷上。㊻失節　不合禮節。㊼受命應對　指應詔與二世談話。㊽失辭　用辭不當；說錯話。㊾臣不得與謀　我無權知道細情。㊿奉書從事　只是遵照命令辦事。(51)振恐　同「震恐」。(52)收族　謂收其家族而滅之。(53)無恙　無病；安好。這裡指生前。恙，病。(54)乘輿　乘坐著皇帝賞賜的車子。(55)御府　猶言「內府」，皇宮內的府庫。(56)中廄　皇宮內的馬棚。(57)臣當從死而不能　意謂「如果我不能給先帝殉葬的話」。當，同「倘」。倘若。(58)願葬驪山之足　意即請求把我埋在始皇帝的陵墓旁。驪山，在今陝西臨潼東南，是秦始皇的陵墓所在地。(59)哀憐之　可憐我，答應我的這點要求。(60)此可謂急乎　這大概可以叫做走投無路了吧。急，急迫；走投無路。(61)人臣當憂死不暇二句　意謂當臣子的如果像這樣連死都顧不過來，那他們還有什麼可能去盤算造反呢。當，通「倘」。假如。得，能。(62)復作阿房宮　前因集中力量築陵而停建阿房，現又繼續建造。(63)徵　調集。(64)材士　材官蹶張之士。材官，軍隊中以力大著稱的特種兵。蹶張，能用腳踏開強弩。此語又見於《史記・絳侯周勃世家》。(65)令教射狗馬禽獸　此處斷句不一，有將「狗馬禽獸」與下文連讀者，然於情理不合，故此處仍將「令教射狗馬禽獸」作一句讀，大意謂讓這五萬人一方面加強咸陽的守衛，同時也讓他們教人射箭，訓練狗馬，以充皇帝狩獵之需。(66)當食者多二句　謂咸陽一帶聚集的人多，估計糧食供應不足。(67)下調郡縣轉輸菽粟芻藁　於是下令讓各郡縣向咸陽運送糧食與草料。轉輸，運送。芻藁，餵牲口的飼料。(68)自齎糧食　命令運送糧食的民工都要自己攜帶路上吃的糧食。齎，攜帶。(69)咸陽三百里內句　不允許運糧的民工在咸陽周圍的三百里內買糧食吃。有人將此句解釋作「咸陽三百里內百姓，不得食其所種穀，以上供於闕廷」，似非。(70)陽城　秦縣名，縣治即今河南登封東南的告城鎮。(71)陳勝　字涉，與吳廣同為我國第一次農民起義的領袖。事跡詳見《史記・陳涉世家》。(72)陽夏　秦縣名，即今河南太康。(73)吳廣　字叔。(74)蘄　縣名，縣治在今安徽宿州。(75)發閭左戍漁陽　徵調住在里巷左側的居民到漁陽服役。《漢書・食貨志》注引應劭曰：「先發吏有過及贅婿賈人，後以嘗有市籍（名在商人）者發，又以大父母、父母嘗有市籍者。適戍者曹輩盡，復入閭取其左者發之，未及取右而秦亡。」師古曰：「居里門之左者，一切發之。」漁陽，秦縣名，縣治在今北京市密雲西南。(76)屯大澤鄉　屯，停駐。大澤鄉，在今安徽宿州內，當時上屬蘄縣。按，今安徽宿州埇橋區之西寺坡鎮有「涉故臺村」，相傳即當年陳涉發動起義之處。因為古代這裡是一片沼澤，故而稱作「大澤鄉」。(77)屯長　下級軍官名，相當於後世的連長。《後漢書・百官志》云：「大將軍營五部，部校尉一人，比二千石；部下有曲，曲有軍候一人，比六百石；曲下有屯，屯長一人，比二百石。」此是漢制，錄之以為參考。78會　值；正趕上。79度已失期　估計著肯定要遲到。度，估計；猜測。80因　順著；藉著。81愁怨　怨恨秦朝的暴政。82將尉　統領戍卒的縣尉。將，統領；率領。《索隱》引《漢舊儀》：「大縣二人，其尉將屯九百人。」師古曰：「其官本『尉』耳，時領戍人，故為『將尉』。」83徒屬　指其統領下的眾民工。84假令毋斬而戍　即使暫時不被殺而去守邊。85死者固什六七　本來也有十分之六七的人累死。86不死則已　不死就算了。87死則舉大名　要死就死出點名堂來，意即造反，稱帝稱王。王先謙曰：「大名，即謂『侯』、『王』之屬。」淩稚隆引洪邁曰：「前段連用四『死』字，此段連用三『死』字，不嫌冗繁。」88種　血統。89乃詐稱公子扶蘇項燕　按，此云陳涉詐稱扶蘇、項燕以從民欲，而後面竟無具體事實，似敘述有漏洞。又扶蘇是秦朝公子，項燕是被秦所殺的楚國將領，又如何同時並舉，也有矛盾。90為壇而盟二句　今宿州西寺坡鎮有「涉故臺村」，相傳即當年陳涉發動起義時與眾人築壇盟誓之處，後人稱其臺為「涉故臺」。今其地立有陳涉起義的塑像。91都尉　軍官名，低於將軍，相當於今之校官。92符離　秦縣名，縣治在今安徽宿州東北。93徇　巡行宣令使之聽己。94銍酇苦柘譙　皆秦縣名，銍縣在今安徽宿州西南，酇縣在今河南永城西，苦縣即今河南鹿邑，柘縣在今河南柘城西北，譙縣即今安徽亳州。95行收兵　一面前進，一面招募、收編部隊。96比至陳　待到達陳縣時。比，及；至。陳，秦縣名，即今河南淮陽，當時也是陳郡的郡治所在地。97六七百乘　六七百輛。古稱一車四馬曰乘。98陳守尉　陳郡的郡守和郡尉。99守丞　猶言「郡丞」，是郡守的副官，秩六百石。師古曰：「郡丞之居守者。」意即只有郡丞在郡，主持守城。100譙門　上有望樓的城門。師古曰：「謂門上為高樓以望者。」101據陳　佔據了陳郡。102大梁　古都邑名，即今河南開封，戰國時代為魏國都城。103刎頸交　師古曰：「言託契深重，雖斷頸絕頭無所顧也。」104秦滅魏　事在秦王政二十二年、魏王假三年（西元前二二五年）。105購求　懸賞捉拿。106俱之陳　一同逃到了陳郡。之，往。107為里監門　給一個里巷看大門。108以自食　以此維持生活。109里吏嘗以過笞陳餘　里吏，主管該里事務的小吏。按，《漢書》於此作「吏嘗以過笞陳餘」，無「里」字，較此暢達。笞，原指用竹板、木棒打人，這裡即指打。110欲起　欲起來反抗。111躡之　用腳踩，藉以示意。112數　責備。113始吾與公言何如　當初我和你是怎麼說的。114見小辱　遇到一點小的屈辱。115欲死一吏乎　值得與一個小吏計較而犧牲性命嗎。羅大經曰：「大智大勇，必能忍小恥小忿，彼其雲蒸龍變，欲有所會，豈與瑣瑣者較乎？」116詣門上謁　到陳涉宮門遞名片求見。謁，名片。117滅人社稷　指滅掉東方六國。118出萬死之計　即所謂「不顧萬死一生」。119除殘　掃除殘暴。120示天下私　讓人家看著好像是為了個人稱王。121毋王　不要稱王。122急引兵而西　趕緊引兵西下（攻取秦朝的首都咸陽）。123立六國後　即儒家所鼓吹的「存亡繼絕」。六國，指被秦始皇消滅的那些諸侯國，如齊、楚、燕、韓、趙、魏等。124自為樹黨　為自己廣建盟友。125為秦益敵　給秦王朝大量樹敵。126力分　秦王朝的力量就分散了。127與眾　黨與多。與，同夥；同黨。128野無交兵　田野上無人抵抗。129縣無守城　各縣城皆無為秦朝堅守者。130以令諸侯　以號令各路起義人馬。131以德服之　六國之後能亡而復立，故皆感戴陳涉，對陳涉心悅誠服。132帝業　比「稱王」更高級、更宏偉的事業。根據儒家的說法，統治天下有所謂「帝道」、「王道」、「霸道」之分，陳餘「好儒術」，故有此說。133獨王陳　單獨一個在陳郡稱王。134恐天下懈也　我擔心天下的起義隊伍由此解體。懈，通「解」。解體；散夥。陳子龍曰：「此策於陳、項初起時，甚當，若於楚、漢相持之日則疏矣。」135遂自立為王　事在秦二世元年七月。136張楚　張大楚國。一說，楚本為秦所滅，今立楚，故為「張楚」。137苦秦法　痛恨秦朝的嚴刑酷法。苦，痛恨。138謁者　帝王的侍從官員，掌傳達、收發以及為帝王贊禮等。139從東方來　從東方出使回來。140以反者聞　把東方各地「造反」的情況向秦二世報告。聞，啟奏；報告。141下之吏　把出使回來的謁者交給司法官治罪，嫌他把敵情說得太嚴重。142後使者至　以後再有使者回來。143羣盜鼠竊狗偷　都是些土匪和一些穿牆入戶的小偷小摸。144方逐捕　正在追捕當中。方，正在。145今盡得　很快就要全部捉盡。今，即將。146不足憂也　用不著憂慮。按，以上諂媚秦二世、掩蓋真實情況的言辭乃出自叔孫通之口，見《史記・劉敬叔孫通列傳》。147吳叔　即吳廣，字叔。148假王　非實授，而暫行王者之事。假，猶後世之「代理」、「權署」。149滎陽　秦縣名，縣治即今河南滎陽東北之古滎鎮。150奇兵　出人意料以襲擊敵方的部隊。151趙地　戰國時趙國統治的地盤，相當今河北南部一帶地區。152武臣　起義軍的將領名。事跡詳見《史記》之〈陳涉世家〉與〈張耳陳餘列傳〉。153護軍　職同「監軍」，帝王派往軍隊中的特派員，以監察軍隊與各將領的思想動向。154校尉　軍官名，略同於今之校級軍官。古時一個將軍統領各幹部，各部的首長即校尉。155徇趙　攻取、開拓當初趙國的地盤。徇，無大仗可打地派兵巡遊佔領。156汝陰　秦縣名，縣治即今安徽阜陽。157九江郡　秦郡名，郡治壽春（今安徽壽縣）。158東城　秦縣名，縣治在今安徽定遠東南。159襄彊　其人不詳，諸本皆無注，疑是六國時的楚國後代。160周市　六國時魏國貴族的後代，故起兵後一直忠於魏國舊主。161魏地　師古曰：「即梁地，非河東之魏也。」梁地即今河南開封一帶地區。162上蔡　秦縣名，縣治在今河南上蔡西南。163房君蔡賜　房君是蔡賜的封號名。《史記索隱》曰：「房，邑也，爵之於房，號曰『房君』。」164上柱國　戰國時楚國官名，凡破軍殺將有大功者可使充之，位極尊寵。後為虛銜。165周文　字章。166從白馬渡河　從白馬津渡過黃河，進入河北當年的趙國地區。白馬，秦縣名，縣治在今即河南滑縣東。其西北有黃河渡口，名曰「白馬津」。167豪桀　當地之有影響、敢說敢為的人物。168行收兵　一面前進，一面招募兵員，擴充軍隊。主語為「武臣等」。(169)武信君　自命的稱號，無非是表現既勇武又講信義的意思。後來項梁起義後也自號「武信君」。(170)城守　據城而守。(171)范陽　秦縣名，一般認為其縣治即今河北定興西南之固城鎮，舊屬燕國地面，後屬涿郡。錢大昕曰：「〈漢志〉東郡有范縣，此即齊之西境，本齊地，亦可屬趙也。」按，從上下文意判斷，錢說確定無疑，秦時的「范縣」即稱「范陽」，在今河南范縣東南，山東梁山縣西北；也恰在當時「白馬津」之東北方。唯一不合的是當時這個「范陽」乃在古黃河之南，不在河北，或史公敘事略誤也。(172)蒯徹　即蒯通，漢人為避武帝諱而改，當時有名的辯士。其事跡詳見於《史記》之〈陳涉世家〉與〈淮陰侯列傳〉，《漢書》中有〈蒯通傳〉。(173)戰勝而後略地　非得經過苦戰才能拓展地盤。略，拓得；佔有。(174)攻得然後下城　非得通過武力進攻才能得到城池。(175)竊以為過矣　我認為這樣就太艱難、太過分啦。(176)降城　使敵城投降。(177)傳檄而千里定　一道檄文出去而使千里之地平定。檄，檄文，聲討敵方首領，號召敵方軍民起義來歸的文告。(178)何謂也　你說的是什麼意思。(179)欲先天下降　想要在別人尚未投降時，他先帶頭投降您。(180)君若以為秦所置吏　如果您要認為他是一個秦朝任命的官吏。(181)誅殺如前十城　也像您先前攻佔的那些城池一樣把他殺掉。(182)則邊地之城　那麼那些沒有被您攻下的城池。(183)皆為金城湯池　則將都變成一座座讓您無法攻下的金城湯池。金城、湯池，金築之城、流淌著滾開水的護城河。(184)若齎臣侯印以授范陽令　假如您能讓我帶著侯爵的印信去授與范陽縣令。齎，攜帶。(185)使乘朱輪華轂　假如您能讓我坐著華貴的車子。轂，車輪的中心部位，周圍與車輻的一端相接，中可以插軸。(186)驅馳燕趙之郊　奔走炫耀於燕、趙地區都市的城郊。(187)即　則；這樣一來。(188)不戰以城下者三十餘城　鍾惺曰：「蒯通說范陽令與武信君，兩路擒縱，雖是戰國人伎倆，然交得其利，而交無所害，不是一味空言禍人。」姚苧田曰：「此段最似《國策》，若其為范陽令、武信君謀，片言之間免去千里兵戈慘禍，文在魯連之上，品居王蠋之前，非戰國傾危者所能及也。」(189)周章　即前文之所謂「周文」，或名「文」字「章」，或名「章」字「文」。(190)博士　帝王的侍從官名，以學識淵博者為之，以備參謀顧問之用。(191)孔鮒　孔子的九世孫，陳涉起義後投奔陳涉為博士官。(192)不恃敵之不我攻二句　不要寄希望於敵人不來攻，而是要做到使敵人不敢攻。恃，仗恃；依靠。(193)恃敵　即以為敵人不會來攻。(194)自恃　指加強防守，形成牢不可破之勢。(195)無累　意即不勞擔心。(196)關　指函谷關，在今河南靈寶東北，三門峽市西南。(197)至戲二句　西進至戲亭，駐紮下來。戲，戲亭，在今陝西臨潼東，有戲水流經其下，因以為名。據《史記・秦楚之際月表》，周文西征至戲在秦二世元年九月。凌稚隆引許應元曰：「周文『行收兵』，即得十萬，遂先至關，可謂能矣。而卒敗散者，懸車深入，後不繼也。」(198)少府　即少府令，九卿之一，掌山海池澤的收入，以供皇家生活之用。(199)章邯　秦朝名將，時任少府之職，事見下文及《史記・項羽本紀》。(200)眾彊　兵多而且強大。(201)今發近縣　現在再想從周圍的郡縣調集人馬。202驪山徒　指在驪山始皇陵繼續築陵的勞改犯。203授兵　發給他們武器。204免　免其罪，使之從軍。205人奴產子　猶如《紅樓夢》中所說的「家生子」，即家奴所生的孩子，是奴僕中的最賤者。206周文走　向東方敗逃。207邯鄲　古都邑名，舊址即今河北邯鄲西南之趙王城。208卻　兵敗；敗回。209徇地還　外出攻佔地盤後回到陳郡。210以讒毀得罪誅　因遭讒毀被陳涉所殺。讒毀，在掌權者跟前說人壞話。211自王　自己獨立稱王。212大將軍　國家的最高軍事長官。213盡族　這裡即指全部殺掉。214柱國房君　即蔡賜，時號房君（封地在今湖北房縣）。215此生一秦也　意謂又樹立一個像秦王朝一樣強大的敵人。史珥曰：「即子房躡足封信之智。」按，子房躡漢王足使封韓信事，見《史記・淮陰侯列傳》。216因而賀之　承認其獨立，並向其祝賀。217徙繫武信君等家宮中　意即扣押起武臣等的家屬，以之作為人質。繫，囚禁；關押。218成都君　疑封號名，未必實有封地，前人引今四川成都與河南之某地以證之者恐未必然。219趣　同「促」。催促，這裡意同「迅速」。220西入關　迅速西下破秦。此蓋補敘周文未敗以前事。221非楚意　此「楚」即指陳涉。222楚已滅秦　等楚滅秦之後。223毋西兵　不派兵西下。224北徇燕代　向北攻取燕、代之地。燕指戰國時的燕國地盤，約當今之河北之北部及與之鄰近的遼寧地區。代指趙國的代郡，相當於今河北之西北部與山西之東北部。225河內　今河南的古黃河以北，即新鄉、焦作、濟源等地區。226南據大河　大河，即黃河。當時的黃河流經今河南之溫縣、滑縣、濮陽，東北流，經山東德州，至河北之滄州東北入海，在當時的確為趙國南部之天然屏障。227制趙　制服趙國。228重趙　意即有求於趙。229趙乘秦楚之敝　意即坐收漁人之利。敝，疲憊；殘破。230得志於天下　即號令全國、控制全國之意。茅坤曰：「此一段情事，有戰國權謀之餘習。」231韓廣　燕人，原為上谷郡的小吏，此時為武臣的部將。232常山　秦郡名，郡治在今河北元氏西北。233上黨　秦郡名，郡治在今山西長治北。234九月　秦二世元年的最後一個月，當時以「十月」為歲首。235沛人劉邦　劉邦是沛縣豐邑人，起義前曾為沛縣裡的泗上亭長。沛縣在今江蘇境內。236下相　秦縣名，在今江蘇宿遷西南。237項梁　楚將項燕之子，項羽的叔父。238吳　即今蘇州。239狄　秦縣名，縣治在今山東博興西，戰國時代屬齊國。240田儋　戰國時齊國諸侯的後代，《史記》有〈田儋列傳〉。241劉邦字季　「季」是排行，不是字。242隆準龍顏　隆準是高鼻樑，龍顏是上額突起，額角像龍。舊時以稱帝王之相。243股　大腿。244黑子　黑痣。245喜施　喜歡施捨助人。246豁如　開朗豁達的樣子。247事　從事。248家人生產作業　一般平民百姓所從事的謀生職業，指為農、做工、經商等等。家人，平民。249泗上亭長　泗上亭的亭長。泗上亭在今江蘇沛縣城東的泗水之濱。亭長是基層小吏名，古時縣下設鄉，鄉下設亭。亭長主管該亭範圍內的各項事務。250單父　秦縣名，即今山東單縣。251相人　給人看相。252妻之　嫁給劉邦為妻。253既而　後來；不久。254以亭長　以亭長的身分。255為縣送徒驪山　為沛縣向驪山的始皇陵押送勞改犯。(256)徒多道亡　勞改犯在押送途中跑了不少。(257)自度　自己估計。(258)比至皆亡之　等送到驪山時也就全跑光了。比，等到。(259)豐西澤中亭　豐邑西邊大澤中的一個亭驛。豐，沛縣下面的一個鄉邑名，劉邦的家就在這裡，故而劉邦建國後豐邑即升為縣。亭，該地亭長的辦公之地，有接待過往出差人員的義務。(260)解縱　解開繩索將所剩的人全部放掉。(261)公等皆去　你們全都走吧。(262)吾亦從此逝矣　我也要從此離開沛縣了。逝，去；走。(263)願從者　願意跟隨劉邦的。(264)被酒　帶著酒意。被，同「披」。(265)徑　原指小路，離開大路，走小路直穿，即所謂「斜過」。(266)白帝子　暗喻秦朝的帝王。白帝為古代傳說的五方上帝之一，於五行為金，居於西方，秦朝祭祀白帝，以為自己和天上的白帝相應。(267)赤帝子　以喻劉邦。赤帝也是古代傳說的五方上帝之一，於五行為火，居於南方，漢代自稱是赤帝的子孫。赤帝子斬白帝子，意即劉邦將取代秦朝。楊循吉曰：「斬蛇事，高祖自託以神靈其身，因駭天下愚夫婦耳。大虹大霓，蒼龍赤龍，流火之烏，躍舟之魚，皆所以兆帝王之興起者，此斬蛇之計所由設也。」按，今河南永城芒山鎮之魯莊西有「高祖斬蛇碑」，明代隆慶五年立。(268)因忽不見　說完就忽然不見了。(269)亡匿　逃避躲藏。(270)芒碭　二山名，芒山在北，碭山在南，其間相距八里。芒山在今河南永城城北三十里，主峰高一百五十多公尺；碭山縱長二十華里，寬約十華里，在今安徽碭山縣東南。(271)數有奇怪　即所謂「東南有天子氣」、「季所居上常有雲氣」云云。見《史記．高祖本紀》。(272)附　歸依；追隨。(273)沛令　沛縣縣令。(274)欲以沛應之　想率領沛縣響應陳涉，跟隨陳涉一道反秦。(275)掾主吏蕭何曹參　當時蕭何在沛縣任主吏，主管人事；曹參為獄掾，主管司法。掾，吏員的通稱。(276)背之　背叛秦王朝。(277)因劫眾　用這些逃亡者來劫持縣裡的吏民。(278)樊噲　沛縣人，當時以殺狗為業。事跡詳見《史記．樊酈滕灌列傳》。(279)數十百人　八九十，近百個。(280)城守　據城防守。(281)保　投靠；依靠。(282)書帛　用絲綢寫成一封信。(283)遺　給；致意。(284)為陳利害　為之分析堅守與投降的孰好孰壞。(285)沛公　沛縣縣令。從戰國以來楚國的縣令例皆稱公，如蔡公、葉公等皆是。(286)以應諸侯　以與各路起義軍相呼應。(287)嘗　曾經。(288)兄子籍　即項羽，名籍字羽。(289)吳中　即今蘇州。(290)皆出其下　皆居其下。出，此處是「處於」的意思。(291)學書　學習認字、寫字。瀧川引雨晴精翁曰：「書，六書也，如保氏所教。」(292)去二句　離開學書的地方，另往學劍。去，離開。(293)萬人敵　這裡即指兵法。(294)竟學　完成全部學業。竟，終了。何焯曰：「《漢書．藝文志．兵法形勢》中有〈項王〉一篇，而『黥布置陣如項籍軍，高祖望而惡之』，蓋治兵置陣是其所長，故能力戰摧鋒；而不足於權謀，故其後往來奔命，為人乘其罷而踣之，所謂『略知其意而不肯竟學』者也。」郭嵩燾曰：「此歷敘項羽為人磊磊有英雄氣，然苦少深沉之量，是以終身無成。」按，此處一方面寫項羽之豪邁，同時又為其日後敗於韓信作伏筆。(295)八尺餘　約當今之一．八五公尺。(296)扛鼎　舉鼎。(297)才器　這裡主要指勇武善戰方面的才幹。(298)會

稽守　會稽郡的郡守。當時會稽郡的郡治就在蘇州。(299)應涉　響應陳涉。(300)使項梁及桓楚將　讓項梁、桓楚給他當將軍。(301)亡潛逃；逃亡。(302)誡　告訴；囑咐。(303)眴籍　對項羽使眼色。(304)印綬　印章與綬帶。綬，繫印的絲帶。(305)慴伏　嚇得趴在地上。(306)收下縣　調集下屬各縣的丁壯。下縣，會稽郡的下屬各縣。(307)裨將　副將。(308)徇　帶兵巡行告諭，使之歸服。(309)故齊王族　戰國時齊國田氏王族的後代。(310)從弟榮　堂弟田榮。從弟，堂弟；叔父伯父的兒子。(311)豪健　氣勢雄豪，敢作敢為。(312)宗彊　家族人多勢大。(313)能得人　指人緣好，受眾人擁護。(314)徇地　帶兵為陳涉開闢地盤。(315)狄　秦縣名，縣治在今山東高青東南。(316)詳　通「佯」。假裝。(317)從少年之廷　帶著一些年輕人把綁著的家奴送到縣衙門。從，使之跟從，意即帶領。廷，縣衙之前庭。(318)欲謁殺奴　求見縣令請准許殺死此奴。謁，請；求見。《史記集解》引服虔曰：「古殺奴婢皆當告官，儋欲殺令，故詐縛奴而以謁也。」(319)因擊殺令　趁機遂襲殺縣令。(320)齊二句　齊地是我們田氏當年建國的地方。(321)儋三句　我田儋，是齊國王室的後代，現在理應為王。(322)擊周市　迎擊周市，不讓他進入當初的齊國地面。(323)東略定齊地　田儋擊走周市於狄縣，在齊都臨淄之西北；為平定全齊計，故田儋又轉頭收拾其東部地區，以鞏固齊國之後方。(324)韓廣　燕地人，原曾為上谷郡（郡治在今河北懷來東南）的小吏，此時為趙王武臣的部下。(325)南憂楚　南憂陳涉的楚兵來攻。(326)不能禁我　無法阻止我們推您為王。(327)趙王將相　趙王與其將相，即武臣與張耳、陳餘等。(328)自立為燕王　都城即今北京市。(329)北略地燕界　古代的燕、趙分界，約在今之河北任丘北部之大清河一線，其地有鎮曰「趙北口」，蓋即趙國之北境。(330)閒出　化裝外出。(331)輒　即；就。(332)廝養卒　《公羊傳》韋昭注：「析薪為廝，炊烹為養。」即今之所謂「炊事員」。(333)走燕壁　到達燕軍的營壘。走，跑；急行。(334)見燕將　梁玉繩曰：「『燕將』當作『燕王』，下文同。歸王大事，燕將敢自主乎？」(335)何欲　想要什麼；想得到什麼。(336)養卒　即前之所謂「廝養卒」。(337)杖馬箠　意即揚鞭策馬，指東征西戰。箠，馬鞭。(338)豈欲為將相終已耶　怎肯一輩子只做個卿相呢。終已，終了；到頭。(339)顧　轉折語詞，猶今所謂「問題在於」。(340)以少長　猶今之所謂「按大小」、「按輩分」。(341)以持趙心　以穩定趙地的人心。持，把握；穩定。(342)時未可耳　只是時機未到而已。(343)求　討要。(344)易燕　渺視燕國。易，輕視；瞧不起。(345)左提右挈　意即相互配合，緊密呼應。(346)責殺王之罪　聲討你殺害趙王的罪行。責，質問；聲討。(347)為御而歸　給趙王趕著車子回到趙營。御，趕車。(348)魏地　戰國時代的魏國地區，約當今之河南開封一帶。(349)魏公子　戰國末期的魏國國王的兒子。(350)寧陵君咎　魏咎，寧陵君是其封號。寧陵，戰國時的魏縣名，在今河南寧陵南。(351)咎在陳　現時在陳涉帳下。(352)不得之魏　不能到魏地就職。魏咎投奔陳涉後，陳涉見魏咎的根子硬，威望高，擔心日後威脅自己，故將其「留」在自己身邊。(353)天下昏亂二句　古時俗語，《老子》有所謂「國家昏亂有忠臣」，後來鮑照詩又有所謂「時危見臣節，世亂識忠良」等等，都是同一個意思。見，通「現」。表現出來。354畔　通「叛」。355義　宜，事理。356魏王後　真正被秦始皇所滅的魏國國王的後代。357五反　周市派人接了五次。徐孚遠《史記測義》曰：「陳王不欲立魏後，故使者五反而後遣也。」吳見思曰：「五反，非見陳王之難，正寫周市之忠也。」按，二者的意思都有。358立咎為魏王二句　事在秦二世二年十二月。鍾惺《史懷》曰：「周市於魏雖不及子房之於韓，然君臣間始終之義備矣，當表出之。」按，周市之始迎魏咎在二世元年九月，陳涉許而立之乃在十二月。今總敘於「九月」下者，終其事也。359廢衛君角為庶人二句　衛君角原是魏國的附庸，秦在滅魏的同時，將衛君由其封地濮陽遷到了野王（即今河南沁陽），仍准其繼續對前代衛國諸侯的祭祀。至此始將衛國徹底滅掉。

【校　記】1盡除去　原無「去」字。據章鈺校，十二行本、乙十一行本皆有此字。今從十二行本、乙十一行本及《史記・李斯列傳》、《通鑑紀事本末》補。2下高令　原無「令」字。據章鈺校，十二行本、乙十一行本、孔天胤本皆有此字。今從諸本及《史記・李斯列傳》、《通鑑紀事本末》補。3入則　「則」原作「門」。據章鈺校，十二行本、乙十一行本、孔天胤本皆作「則」，張瑛《通鑑校勘記》、熊羅宿《胡刻資治通鑑校字記》同。今從諸本及《史記・李斯列傳》、《通鑑紀事本末》改。4十萬　「十」原作「千」。《四部叢刊》影宋本（乙十一行本）、《史記・李斯列傳》、《通鑑紀事本末》皆作「十」，今據改。5如此　「此」下原有「則」字。據章鈺校，十二行本、乙十一行本、孔天胤本皆無此字。今從諸本及《史記・張耳陳餘列傳》、《通鑑紀事本末》刪。6如此則　「如此」二字原無。據章鈺校，十二行本、乙十一行本、孔天胤本皆有此二字，張敦仁《通鑑刊本識誤》同。今從諸本及《史記・張耳陳餘列傳》、《通鑑紀事本末》補。7令魏人　「魏人」二字原無。據章鈺校，十二行本、乙十一行本、孔天胤本皆有此二字，張敦仁《通鑑刊本識誤》、張瑛《通鑑校勘記》同。今從諸本及《史記・陳涉世家》、《通鑑紀事本末》補。8至諸縣　「至」字原脫。據章鈺校，十二行本、乙十一行本、孔天胤本皆有此字；胡刻本「至」字正文混入上文小注中。今從諸本及《史記・張耳陳餘列傳》補。

【語　譯】二世皇帝上

元年（壬辰　西元前二〇九年）

冬天，十月初五戊寅這天，大赦天下。

春天，秦二世胡亥向東巡視郡縣，由李斯跟隨。首先到達碣石，沿著海邊向南到達會稽；沿途又在秦始皇為歌功頌德所立的石碑上加刻了一些說明文字，並在側面刻上當時跟隨秦始皇一起出行的大臣的名字，用以顯揚秦始皇的蓋世之功和美盛的品德。

夏天，四月，秦二世回到咸陽，他對趙高說：「人活在天地之間，就好像是六匹千里馬駕著的車子飛快的衝過一道裂縫。我現在已經當了皇帝統治了天下，我想要最大限度地滿足一切感官的享受，盡情地享受世間的歡樂以滿足內心的需要，直到我生命的終結，你看可以嗎？」趙高說：「這正是賢明的君主應該做，而昏庸淫亂的君主所要禁止的事情啊。雖然如此，但現在還有些條件不足，請讓我說給您聽。在沙丘時殺扶蘇立太子的計謀，諸位公子和那些大臣都心懷疑慮。而諸位公子又都是您的兄長，那些大臣又都是先帝所任命的。現在您剛剛即位，這一班人都心懷不滿，恐怕會尋機作亂。我每天心驚膽戰，惟恐沒有好下場，您又怎麼能夠享受這些歡樂呢？」秦二世說：「那怎麼辦呢？」趙高說：「您可以用最嚴苛的刑法和最殘酷的手段去處置他們，讓那些有罪的人互相株連，把那些宗室和大臣全部殺掉。然後起用那些往日不被任用的人，貧困的讓他們富裕起來，地位卑微的讓他們尊貴起來。把先帝時的所有老臣全部廢除，改換成您所信任的人。如此的話，他們內心都會感激您的恩德而願意親附於您，所有對您有害的都被除掉而陰謀作亂的途徑也就被杜絕，到那時，所有的臣子都得到您的恩惠、蒙受您的美德，您就可以高枕無憂、為所欲為、隨心所欲地享受尊榮富貴了。目前沒有比這再好的計謀了。」秦二世同意了趙高的方案。於是重新修訂法律條文，務必使新法更加苛刻嚴峻。那些大臣、公子犯了罪，往往就交給趙高去審理。不久就有十二位公子在咸陽街市上被殺死，十位公主在杜縣受到分裂肢體的酷刑，這些人的財物全部被朝廷沒收，因受到株連被逮捕的更是數不勝數。

公子將閭弟兄三人被囚禁在皇宮後院，最後才審理定罪。秦二世派人向將閭三人宣布罪狀說：「公子不遵守為臣之道，根據罪狀判處死刑。由官吏執行判決。」將閭抗爭說：「我在朝廷上的一舉一動，從來不敢不按照司禮官員的唱贊行動；在朝廷舉行祭祀活動的時候，我從來沒有不合禮節；在接受皇帝的命令和回答皇帝問話的時候，我從來不敢使自己的言辭有所失誤，憑什麼說我不遵守為臣之道？我希望能夠拿出證據再死。」那個使者說：「我無權知道細情，只是奉命行事罷了。」將閭滿腔悲憤，仰面大呼三聲「蒼天！」然後又長歎一聲說：「我沒有罪呀！」兄弟三人相抱痛哭，無奈之下只好拔劍自殺。秦二世的宗室成員全都感到驚恐不安。

公子高想要出逃，又怕連累全家人，於是就給秦二世上了一封奏章，他在奏章上說：「先帝在世的時候，我每次進宮，先帝都把御膳賞賜給我吃，外出的時候，就乘坐著皇帝賞賜的車子。皇宮內府的衣服，我得到過先帝的賞賜；皇宮內馬廄裡的寶馬，我得到過先帝的賞賜。先帝去世時我本應該殉葬卻沒有那樣去做，從這點來看，我這做兒子的就是不孝，做臣子的就是不忠。我已經背上了不忠不孝的罪名，就沒有理由再活在這個世界上。我現在請求追隨先帝於地下，希望能夠將我埋葬在驪山腳下先帝的旁邊。希望陛下可憐我，滿足我的要求。」秦二世接到公子高的奏章以後非常高興，他把趙高找來，將公子高的奏章拿給他看，說：「他們現在已經走投無路，還有什麼可能會謀反？」趙高說：「這些臣子擔心活命都來不及，哪裡還會去考慮謀反？」秦二世批准了公子高的奏請，還額外賞賜給他十萬錢做安葬費。

秦二世下令繼續建造阿房宮。又將健壯勇武的五萬名戰士全部調集去守衛咸陽，命令他們一面加強射箭技能的訓練一面訓練狗馬，以供皇帝狩獵之需。由於一下子增加了五萬人，再加上豢養的狗馬等禽獸，咸陽所需要的糧食和飼料很多，估計用度不足，於是就下令各郡縣向咸陽運送糧食和草料，擔負運送的人必須自己攜帶路上吃的糧食；不許他們在咸陽周圍三百里以內購買糧食。

秋天，七月，陽城人陳勝、陽夏人吳廣在蘄縣武裝起義，反抗秦王朝的暴政。當時，朝廷徵調住在里巷左側的居民去戍守漁陽，有九百人屯紮在大澤鄉，陳勝、吳廣都是領隊的屯長。正趕上天降大雨，橋斷路絕，無法前進，估計已經誤了規定的期限。按照當時秦朝的法律，誤了期限就要被處死。陳勝、吳廣利用天下人對秦朝暴政充滿怨恨的情緒，就把統領戍卒的縣尉殺死；又把手下的戍卒召集起來，動員大家說：「你們大家都誤了期限，按照法律，誤了期限就要被處死；即使不被處死，為戍邊、修築長城而死的也得十有六七。再說，大丈夫不死也就罷了，如果非死不可，就要死得轟轟烈烈、死出點名堂來。王侯將相難道是爹娘遺傳的嗎！」眾人都願意聽從陳勝、吳廣的指揮。於是就冒充是公子扶蘇和項燕的隊伍，設立祭壇，共同盟誓，號稱「大楚」；陳勝封自己為將軍，封吳廣為都尉。他們率領著這支農民起義軍首先進攻大澤鄉，很快就將大澤鄉佔領。而後集中兵力攻下了蘄縣。派符離人葛嬰率軍往蘄縣以東去宣傳、號召人民響應起義；起義軍所到之處，勢如破竹，一連攻下了銍、酇、苦、柘、譙等地。沿途招兵買馬；等到達陳縣的時候，起義軍的隊伍已經擴大到兵車六七百輛、騎兵一千多、士卒幾萬人。攻打陳縣的時候，陳縣裡的郡守和郡尉都已逃出城外，只有守丞率軍在城門之下進行抵抗，最後守丞戰死，陳勝率軍佔據了陳郡。

當初，大梁人張耳、陳餘兩人是生死與共的摯友。秦國滅掉魏國以後，聽說二人是魏國的知名人士，就用重金懸賞捉拿他們。張耳、陳餘改名換姓，逃到了陳郡，為一個里巷看門以糊口度日。一個主管里巷事務的小吏曾經因為一點小事而抽打陳餘，當時陳餘想要起來反抗，張耳就踩住他的腳，示意他暫時忍耐。那個小官吏走了以後，張耳把陳餘拉到一棵桑樹之下，責備他說：「當初我是怎麼跟你說的？今天因為受到一點小的屈辱，值得去跟一個小吏計較而犧牲自己的性命嗎！」陳餘對張耳的直言相勸表示感謝。等到陳勝佔領了陳郡的時候，張耳、陳餘親自登門遞交名片請求相見。陳涉素知二人的賢能，對二人的到來非常高興。

此時陳郡的英雄豪傑和一些德高望重的老者正在請求立陳涉為楚王，陳涉就以此事向張耳、陳餘徵求意見。二人回答說：「秦廷的所作所為簡直慘無人道，它消滅了東方六國，殘酷的對待百姓；將軍率軍起義，出生入死，要為天下的百姓剷除無道。如今剛到陳郡就要稱王，這就等於告訴天下人，您起義的目的是為了個人的私利。希望您暫緩稱王，趕快率軍西進；另外派人去尋找被秦國滅亡的六國後裔，幫助他們復國，如此則為自己廣泛建立了同盟軍，更是給秦國大量地增加了敵對勢力。秦國的敵對勢力越多，它的兵力就越分散；我們的同盟軍越多，我們的力量就越強大。這樣一來，在郊外就沒有人願意為秦國打仗，各郡縣城就沒有人再為秦國防守。您很快就能誅滅殘暴的秦國，佔據都城咸陽，然後向各路起義人馬發布號令。各諸侯本來已經滅亡，因為有您而得以復國，這是用恩德使他們親附，這樣，您的帝王大業就算成功了。如果只佔據了陳郡就稱王，我擔心天下的起義隊伍會因此而解體。」陳涉沒有採納張耳、陳餘的意見，在陳郡自封為王，國號「張楚」。

在那個時期，各個郡縣的百姓都痛恨秦朝的嚴刑酷法，紛紛起來殺死當地的官吏來響應陳涉。秦二世派往東方的使臣回到咸陽，把陳涉等人造反的事情報告給秦二世。二世不相信會有這樣的事情，因此大怒，就把那個使者交給司法人員去治罪。後來再有使者回來，二世再問起農民起義的事情，使者怕得罪不敢講實情，就騙他說：「那群盜賊不過是些小偷小摸，郡守、郡尉正在一個一個的抓捕他們，已經全給抓起來了，不值得您擔憂。」秦二世聽後馬上就高興起來。

陳王任命吳廣為代理楚王，率領諸將向西攻取滎陽。

張耳、陳餘又勸說陳王，請求他派出一支軍隊出其不意地去攻取戰國時期趙國統治下的地盤。於是陳王就任命他過去的老朋友陳郡人武臣為將軍，邵騷為副將護軍，任命張耳、陳餘為左右校尉，撥給他們三千人馬，讓他們去攻取趙地。

陳王又命令汝陰人鄧宗去攻取九江郡。此時，楚地幾千人聚在一起組成一個起義集團的已經數不勝數。

陳王所派葛嬰的部隊在抵達東城以後，就擁立襄彊為楚王。後來聽說陳涉已經自立為楚王，就殺死襄彊，回到陳郡向陳涉彙報。陳王為此殺死了葛嬰。

陳王派魏國人周市率領一支軍隊去攻取故魏國的土地。任命上蔡人房君蔡賜為上柱國。

陳王聞聽周文是陳郡的賢能之士，又熟習兵法，就頒發給他將軍印綬，派他向西進軍去攻取秦國的都城咸陽。

武臣自從接受了攻取趙地的命令以後，率軍從白馬渡過黃河，向趙地進發。途中，每到一個地方，就派人去遊說當地的英雄豪傑，那些豪傑全都起來響應。於是一邊進軍一邊招募士兵，軍隊很快就由當初的三千人壯大到幾萬人；武臣被稱為武信君。武信君一連攻佔了趙地十幾座城邑，其餘的秦軍據城堅守。於是武信君率軍轉向東北去攻打范陽。范陽人蒯徹勸說武信君說：「我分析您的進軍策略，好像非得經過苦戰才能佔領土地、擴大地盤，非得通過武力進攻才能佔領城市。我認為這種做法太艱難了。您如果能採用我的辦法，我保證讓您不用攻城就能奪取城市，不用交戰就能佔領土地，只要用一紙聲討秦朝的文書就能平定千里；您認為可以嗎？」武信君說：「你用什麼辦法？」蒯徹說：「范陽縣令徐公，既怕死又貪婪，您率領的大軍一到，他肯定率先投降。您如果因為他是秦王朝所設置的官吏，就像您先前佔領那十座城一樣把他殺掉，那麼那些沒有被您攻下的城池就都變成了像用金屬鑄造的城牆、像翻滾著開水一樣的護城河，使您難以攻下。您如果把侯爵的印綬交給我，讓我替您授予范陽令，我再乘坐著裝飾豪華的車子，奔走炫耀於趙國、燕國故地的城郊，那麼燕、趙故地的城邑用不著攻打就全部投降了。」武信君說：「這個辦法好。」於是就派蒯徹帶著一百輛車、二百名騎兵，再加上侯爵的印綬去迎接范陽令徐公。燕、趙那些秦朝的守軍聽到消息，不用交戰就主動投降的有三十多個城邑。

陳涉把周章派出去後，認為秦朝的統治已經徹底崩潰，於是流露出了輕視秦軍的跡象，不再部署設防。博士孔鮒勸諫他說：「我聽說兵法上有這樣的話『不要把希望寄託在敵人不來攻打上，而要依靠我們自己的強大，使敵人打不垮。』如今大王您卻認為秦軍不來攻打而放鬆戒備，而不是依靠自己的強大不怕秦軍攻打，如此的話，一旦遭受失敗就不可挽救，後悔可就來不及了。」陳涉說：「我的軍隊，您就不必費心了。」

周文沿途招募兵卒，到達函谷關的時候，已經擁有兵車一千輛、士卒數十萬，大軍抵達戲亭，便就地紮下營寨。秦二世聽到起義軍已經進入函谷關的消息後，這才大吃一驚，趕緊與諸位大臣商議說：「現在該怎麼辦？」擔任少府的章邯說：「強盜已經打到家門口了，而且他們人多勢眾，現在再徵調附近各縣的兵力恐怕已經來不及了。在驪山修建陵墓的囚徒很多，請皇帝先赦免他們的罪行，發給他們兵器，讓他們去抵擋起義軍。」秦二世於是大赦天下，派章邯到驪山去赦免那些服刑的囚徒，再加上那些奴婢所生的兒子，全部徵集起來去抗擊楚軍，結果周文所率領的楚軍被打得大敗。周文逃走。

張耳、陳餘到達邯鄲，聽說周文已經敗退，又聽說被陳王派去攻城略地的將領回到陳王所在的陳丘以後，好多人都因為遭受讒毀而被殺，於是就鼓動武信君武臣自立為王。八月，武信君武臣在邯鄲自立為趙王，他封陳餘為大將軍，封張耳為右丞相，封邵騷為左丞相。然後派人向陳涉報告。陳涉得知武信君自立為趙王的消息以後非常生氣，就想把武信君等人的家人全部殺掉，然後出兵攻打剛剛建立起來的趙國。上柱國房君蔡賜諫阻陳王說：「秦國還沒有滅亡，現在又要誅滅武信君等人的家屬，這就等於製造出一個與我們為敵的秦國呀。不如順水推舟，派人前去祝賀，就勢讓他趕緊率軍西進去攻打秦王朝所在地。」陳涉認為蔡賜說得有理，於是接受了蔡賜的建議，把武信君等人的家屬全都軟禁到陳王的宮中作為人質，封張耳的兒子張敖為成都君，派遣使者到邯鄲對趙王武臣登基表示祝賀，同時命令趙王武臣趕緊向西攻打函谷關。

張耳、陳餘勸說趙王武臣說：「大王您在趙地稱王，這本來不是出於陳王的本意；他派人來祝賀，只不過是他的權宜之計罷了。將來楚滅掉秦以後，必定會率兵攻打趙國。我們希望大王您不要聽從陳王的命令向西進軍，而是應該向北佔領燕、代等地，再向南佔領黃河以北地區，擴大自己的領土。到那時，趙國南臨黃河，北有燕、代，地域遼闊；楚國就是戰勝了秦國，也必定不敢制裁趙國；如果戰勝不了秦國，就會有求於趙國而與趙國保持友好的關係。到那時趙國就可以趁秦、楚兩敗俱傷的大好時機控制全國，橫行天下了。」趙王贊成張、陳二人的意見，沒有派兵西進攻秦，而是派韓廣去攻取燕地、派李良攻取常山郡、派張黶攻取上黨郡。

九月，沛縣人劉邦在沛縣起兵反秦；同時，下相人項梁在吳郡起兵反秦，狄縣人田儋起兵反秦。

劉邦因為在兄弟當中排行最小，所以又被稱為劉季。他長得高鼻樑，上額突起，有著一副帝王的面相，大腿上還有七十二顆黑痣。他喜好交友，樂善好施，性情開朗豁達，胸懷大志，不願意從事那些一般百姓所從事的謀生職業。最初擔任泗上亭的亭長。單父縣人呂公愛給人相面，他看見劉邦相貌，大為驚奇，就把自己的女兒呂雉嫁給劉邦為妻。

後來劉邦以亭長的身分為縣裡押解囚犯到驪山服苦役。路上不斷有囚犯逃走，劉邦估計，等到驪山的時候，這些囚犯差不多就全逃光了。當走到豐邑西邊大澤中的一個亭驛時，他讓那些囚犯歇下來飲酒；等到夜深人靜的時候，他把所有囚犯身上的繩索解開，對他們說：「你們趕緊逃走吧，我從此也要離開沛縣了。」囚犯當中有十多個身體強壯的人願意跟隨劉邦一起逃亡。

劉邦帶著酒意，在夜裡抄小路穿越澤中草地，有一條大蛇盤臥在路當中，擋住劉邦的去路，劉邦藉著酒意，拔出身上的佩劍將大蛇攔腰斬斷。有一個老婆婆哭著說：「我兒子是西方白帝的兒子，他幻化成蛇擋在路上，如今被赤帝的兒子殺死了。」說完就不見了。劉邦因為放跑了囚犯而躲避在芒山、碭山之間的草澤中的時候，不斷有奇怪的事情發生。沛縣中的年輕人聽說以後，就有許多人想要追隨他。

等到陳涉起兵反秦的時候，沛縣縣令想率領沛縣的人民響應陳涉。當時任沛縣獄掾的曹參、任沛縣主吏的蕭何對縣令說：「您是秦朝的官吏，現在想要背叛秦朝，如果由您來領導沛縣的子弟，恐怕他們不會聽從。希望您能把那些逃亡在外的人召回來，大約得有好幾百人，依靠這些逃亡者來挾持縣裡的吏民，吏民不敢不聽從。」於是就派樊噲去尋找劉邦。此時劉邦的追隨者已有近百人。沛縣令把逃亡在外的這些人找回來後又有些後悔，他擔心這些人會不聽節制，發生變亂，於是改變初衷，派人緊閉城門嚴加防守，不許劉邦等人進入縣城，還要誅殺曹參、蕭何。蕭何、曹參害怕，就逃出城去投靠劉邦以求自保。劉邦於是寫了一封書信綁在箭上射入城中，為城中父老分析堅守與投降孰好孰壞。城中的父老率領沛縣子弟共同殺死了沛縣令，打開城門迎接劉邦進城，擁立他為沛縣縣令，稱之為沛公。曹參、蕭何等人替劉邦招集沛縣的年輕人，一共有三千多人願意跟隨劉邦響應各路起義軍的抗秦行動。

項梁，是楚國大將項燕的兒子，曾經因為殺了人，與他哥哥的兒子項籍為躲避仇家的追殺逃到了吳中。吳中那些賢能的人士和有名望的士大夫都願意和他們交往。項籍小時候曾經學習認字，沒有學成就放棄了，離開後，去學習劍法，又半途而廢。項梁對他這種有始無終的做法很不滿意。項籍說：「學習認字，能夠學會寫名字就足夠了。學劍法，也不過抵擋一個敵人，不值得學。我要學萬人敵。」於是項梁就親自教項籍學習如何用兵作戰、克敵制勝的策略和方法。項籍開始的時候非常願意學，可是略知一點皮毛以後，就又不肯深入學習了。項籍身高八尺多，力量大得能扛起鼎，他的才幹、氣度、見識遠遠的超過一般人。會稽太守殷通聽說陳涉率領農民起義後，就準備發兵響應陳涉，他委任項梁和桓楚為統兵的將領。此時，桓楚正流亡隱匿在江湖之中。項梁說：「桓楚正在逃亡，沒有人知道他藏在什麼地方，只有我的姪子項籍知道。」項梁出外告誡項籍，讓他隨身攜帶兵器在門外等候；然後又進去與郡守殷通坐在一起談話，項梁說：「請您把項籍叫進來，讓他接受您的使命去尋找桓楚。」殷通說：「好吧。」項梁把項籍召了進來。殷通還沒有來得及說話，項梁便向項籍使了個眼色說：「可以動手了。」於是項籍拔劍一揮，殷通已經是人頭落地。項梁提著殷通的首級，佩帶上郡守的印綬。郡守的侍衛們看見郡守突然被殺，都大驚失色，亂作一團。項籍揮劍殺死上百人。其他人全被鎮住，趴在地上不敢動彈。項梁把他平時所結交的精幹的官吏召集起來，將自己想要起事的想法告訴他們，於是徵調吳中的兵馬，又派人去下屬各縣招集人馬，一共徵集了八千精兵。項梁自己出任會稽郡郡守，命項籍為副將，率領部分軍隊到下屬各縣巡行告諭，讓人民歸附。當時項籍只有二十四歲。

田儋，是齊國王室的後裔。田儋的堂弟叫田榮，田榮的弟弟叫田橫，他們都是地方上有威望的人物，宗族勢力強大，很有號召力。周市受命陳王，一路攻城略地抵達狄邑，狄邑令死命防守。田儋假裝著將一個家奴捆綁起來，帶著一夥年輕人把綁著的家奴送到縣衙門，說是要把殺奴的事情請示邑令。他見到狄邑令，就趁機把狄邑令殺死，而後又把那些有聲望、有權勢的官吏召集起來說：「諸侯都在反抗秦朝自立為王。齊地是我們田氏當年建國的地方。我田儋是齊王田氏的後代，理應稱王。」於是田儋就自立為齊王。派兵攻打周市，周市領兵退去。田儋率領軍隊從狄邑出發，向東去收復原屬於齊國的土地。

韓廣接受趙王武臣的命令率軍向北去攻取故燕國的領土，燕地的豪傑想要擁立韓廣為燕王。韓廣說：「我的母親還在趙國的都城邯鄲，所以我不能當燕王。」燕人說：「趙國目前既擔心西邊的秦國，又擔心南邊的楚國，它的力量不能阻止我們稱王。再說，就憑楚國那樣強大，還不敢傷害趙王和他將相的家屬，趙王又怎麼敢傷害將軍您的家屬呢？」於是韓廣在燕自立為燕王。過了幾個月，趙王派人將燕王韓廣的母親和家人護送到燕國。

趙王與張耳、陳餘向北攻取古代燕、趙的邊界地區，趙王武臣微服外出，被燕軍抓獲。燕國將他囚禁起來，想要逼迫他割讓土地給燕國。趙國每次派使者來求情，都被燕國殺掉。有一個幹雜活的兵卒跑到燕國的軍營裡來，對燕將說：「你們知道張耳、陳餘想要幹什麼嗎？」燕將說：「他們想要趙王回去。」趙國那個幹雜活的小兵笑著說：「你們不知道他們兩個人的想法。那個趙王，還有張耳、陳餘策馬揚鞭、南征北戰，奪取了趙地的幾十座城池，他們都想自己南面稱王，怎麼會甘心一輩子給別人做將相呢！只是因為大局還沒有完全穩定下來，不敢貿然的將趙地一分為三各自稱王罷了。只好暫且按年齡大小先讓武臣為王，來穩定趙地的民心。現在趙國的民心已定，這兩個人就想將趙地平分，自己稱王，只是時機未到。現在你們竟然把趙王囚禁起來，那兩個人表面上是來為趙王說情，實際上是想借燕國人之手殺掉趙王；他們二人好分趙自立為王。況且以一個趙國尚且還要輕視燕國，如果再有兩個賢明的國王，他們互相配合，緊密呼應，興師問你們一個謀殺趙王的罪名，滅掉燕國就很容易了！」燕將馬上釋放趙王，那個幹雜活的小卒為趙王駕車，一起回到趙國的軍營。

周市在狄邑被田儋打敗後，率軍撤退途中，經過原魏國的領地，於是就想擁立原魏國的公子甯陵君魏咎為魏王。當時因為魏咎還在陳郡陳王涉那裡，一時回不了魏。魏地的領土已經全部被起義軍所佔領，諸侯都想立周市為魏王。周市說：「天下混亂的時候，才更能顯現出忠臣的本色。如今天下人全都背叛了秦王朝，從道義上說應該立魏王的後裔才對。」諸侯堅持要立周市，周市堅決拒絕。各諸侯只好同意立魏王的後人魏咎為魏王，派人到陳郡迎接魏咎，使者往返了五次，陳王涉才允許魏咎回到魏地。於是立魏咎為魏王，任命周市為魏國丞相。

這一年，秦二世廢掉了衛君角，將他貶為平民，衛國到此徹底滅亡。

【研 析】本卷寫了秦王朝由其消滅東方諸國，建立統一王朝，歷經十年即引發全國農民大起義，使王朝陷於崩潰前夜的歷史。本卷所涉及的許多歷史事件是波瀾壯闊的，諸如秦滅東方諸國，諸如秦之伐匈奴、伐南越，諸如秦之修長城、修直道馳道，諸如改分封、行郡縣，以及統一文字、統一度量衡等等，都是前所未有的創舉。秦始皇是偉大的。

但秦始皇缺乏歷史經驗，不懂得打天下與守天下應有不同的政策與策略，不懂上層建築的重要，一味迷信武力強大、迷信嚴刑酷法，加上驕傲自滿、目空一切，勞民傷財，窮侈極欲。有關秦國、秦朝整個路線上的缺陷，荀況、呂不韋等都有過不同的方略與主張，李斯是荀況的弟子，應該有所認識，但李斯是個患得患失、不敢堅持正確意見的人，這就使秦始皇真的成為「獨夫」，成為自行其是的「孤家寡人」了。

秦始皇有錯誤，但是他偉大。如果在接班人上不出問題，扶蘇上臺後能夠有所糾偏，秦王朝也未必不能轉危為安。但李斯因自私自利而被拉入陰謀集團，從此遂出賣靈魂、為虎作倀，使秦二世更加倒行逆施，於是秦王朝遂無可救藥了。對此我們應該對比著讀一下《史記》中的〈秦始皇本紀〉、〈李斯列傳〉、〈蒙恬列傳〉，正確地看清楚秦始皇在中國歷史發展中的巨大貢獻，以及他的悲劇結局的形成。賈誼的三篇〈過秦論〉有些提法錯誤，但總體精神是好的、精彩的。歐陽脩在《五代史・伶官傳序》中更有「《書》曰：『滿招損，謙得益。』憂勞可以興國，逸豫可以亡身，自然之理也。故方其盛也，舉天下之豪傑莫能與之爭；及其衰也，數十伶人困之，而身死國滅，為天下笑。夫禍患常積於忽微，而智勇多困於所溺，豈獨伶人也哉！」這段教訓人不要驕傲自滿的言論尤為絕倫。

由於秦二世上臺後的變本加厲，倒行逆施，因而幾個月後就暴發了陳涉、吳廣的農民大起義，其來勢之猛烈、發展之迅速，又為歷代所少有，幾個月內就蔓延全國。其中周文所領的一支隊伍，竟在一個月之內就行程一千幾百里，打到了秦王朝首都的郊區，這是農民起義勢不可當的一面。但是早期的農民隊伍又有許多致命的弱點，無組織、無紀律、無長遠目標，相互掣肘，自立山頭。陳涉派武臣到河北，武臣脫離陳涉宣告獨立；武臣派韓廣到燕地，韓廣又脫離武臣宣告獨立。作為趙義軍的領袖，陳涉也蛻變極快，這些問題都詳見於《史記・陳涉世家》、〈張耳陳餘列傳〉、〈田儋列傳〉等等。〈陳涉世家〉是我國第一部記錄農民起義全過程的歷史文獻，認識價值極高。

卷第八

秦紀三

起昭陽大荒落（癸巳 西元前二〇八年），盡閼逢敦牂（甲午 西元前二〇七年），凡二年。

【題解】本卷記載了秦二世二年（西元前二〇八年）至其三年共兩年間秦王朝內部的矛盾、崩潰，與各地起義軍風起反秦的不可阻擋之勢。秦王朝內部主要寫了趙高與秦二世的日益專橫殘暴，與李斯的為保官保命而出賣靈魂、為虎作倀，但最終仍被趙高所害的可悲可恥結局；以及趙高殺秦二世、立子嬰，子嬰又將趙高滿門誅滅的情景。在起義軍方面主要寫了陳涉所部因缺乏經驗、內部渙散而被秦將章邯所滅，與繼之而起的項羽、劉邦兩支軍隊日益強大，直至項羽大破章邯於鉅鹿，章邯投降項羽；以及劉邦從南路西下，破武關、嶢關逼近秦朝京城的情景。

二世皇帝下

二年（癸巳 西元前二〇八年）

冬，十月❶，泗川監平❷將兵圍沛公於豐❸。沛公出與戰，破之，令雍齒❹守豐。

十一月，沛公引兵之薛❺。泗川守壯❻兵敗於薛，走至戚❼。沛公左司馬❽得殺之❾。

周章出關❿，止屯曹陽⓫，二月餘，章邯追敗之⓬。復走澠池⓭，十餘日，章邯擊，大破之。周文自刎，軍遂不戰。

吳叔⓮圍滎陽⓯。李由⓰為三川守⓱，守滎陽，叔弗能下⓲。楚將軍田臧⓳等相與謀曰：「周章軍已破矣，秦兵旦暮⓴至。我圍滎陽城弗能下，秦兵至，必大敗。不如少遺兵㉑守滎陽㉒，悉精兵迎㉓秦軍。今假王㉔驕，不知兵權㉕，不足㉖與計事，恐敗。」因相與矯王令㉗以誅吳叔，獻其首於陳王。陳王使使賜田臧楚令尹印，使為[1]上將㉘。

田臧乃使諸將李歸等守滎陽，自以精兵西迎秦軍於敖倉㉙，與戰。田臧死，軍破。章邯進兵擊李歸等滎陽下，破之，李歸等死。陽城人鄧說㉚將兵居郯㉛，章邯別將㉜擊破之。銍㉝人伍逢㉞將兵居許㉟，章邯擊破之。兩軍皆散，走陳。陳王誅鄧說。

二世數誚讓㊱李斯：「居三公位㊲，如何令盜如此！」李斯恐懼，重爵祿㊳，不知所出㊴，乃阿二世意㊵，以書對曰㊶：「夫賢主者，必能行督責之術㊷者也。故申子㊸曰『有天下而不恣睢㊹，命之曰以天下為桎梏㊺者，無佗焉，不能督責，而顧以其身勞於天下之民(46)，若堯、禹然(47)，故謂之桎梏也。』夫不能修申、韓之明術(48)，行督責之道，專以天下自適(49)也；而徒務苦形勞神，以身徇百姓(50)，則是黔首之役(51)，非畜天下者也(52)，何足貴哉！故明主能行督責之術，以獨斷於上，則權不在臣下，然後能滅仁義之塗(53)，絕諫說之辯(54)，犖然行恣睢之心(55)，而莫之敢逆(56)。如此，羣臣百姓救過不給(57)，何變之敢圖(58)！」二世說，於是行督責益嚴。稅民(59)深者為明吏，殺人眾者為忠臣。刑者相半於道(60)，而死人日成積於市(61)。秦民益駭懼思亂。

趙李良(62)已定常山(63)，還報趙王。趙王復使良略太原(64)。至石邑(65)，秦兵塞井陘(66)，未能前。秦將詐為二世書(67)以招良。良得書未信(68)，還之邯鄲，益請兵(69)。未至(70)，道逢趙王姊出飲，從百餘騎[2]，良望見，以為王(71)，伏謁(72)道旁。王姊醉，不知其將(73)，使騎謝李良(74)。李良素貴(75)，起，慚其從官。從官有一人曰：「天下畔秦，能者先立。且趙王素出將軍下(76)，今女兒(77)乃不為將軍下車，請追殺之。」李良已得秦書，固(78)欲反趙，未決。因此怒(79)，遣人追殺王姊。因將其兵襲(80)邯鄲，邯鄲不知，竟殺趙王、邵騷(81)。趙人多為張耳、陳餘耳目(82)者，以故二人獨得脫。陳(83)人秦嘉(84)、符離(85)人朱雞石等起兵，圍東海守(86)於郯。陳王聞之，使武平君畔[87]為將軍，監郯下軍[88]。秦嘉不受命[89]，自立為大司馬[90]，惡屬武平君[91]，告軍吏曰：「武平君年少，不知兵事，勿聽。」因矯以王命[92]殺武平君畔。

二世益遣[93]長史[94]司馬欣、董翳[95]佐章邯擊盜。章邯已破伍逢，擊陳柱國房君[96]，殺之。又進擊陳西[97]張賀軍[98]。陳王出監戰[99]，張賀死[100]。

臘月[101]，陳王之汝陰[102]，還，至下城父[103]，其御[104]莊賈殺陳王以降[105]。

初，陳涉既為王，其故人皆往依[106]之。妻之父亦往焉，陳王以眾賓[107]待之，長揖不拜[108]。妻之父怒曰：「怙亂僭號[109]，而傲長者[110]，不能久矣。」不辭而去。陳王跪謝[111]，遂不為顧[112]。客出入愈益發舒[113]，言陳王故情[114]，或[115]說陳王曰：「客愚無知，顓妄言[116]，輕威[117]。」陳王斬之。諸故人皆自引去[118]，由是無親陳王者。陳王以朱防為中正[119]，胡武為司過[120]，主司羣臣[121]。諸將徇地至[122]，令之不是者[123] [3]，輒繫而罪之[124]，以苛察為忠[125]。其所不善者[126]，弗下吏[127]，輒自治之。諸將以其故不親附，此其所以敗也[128]。

陳王故涓人將軍呂臣[129]為蒼頭軍[130]，起新陽[131]，攻陳，下之，殺莊賈，復以陳為楚[132]。葬陳王於碭[133]，諡曰隱王[134]。

初，陳王令銍[135]人宋留將兵定南陽[136]，入武關[137]。留已徇南陽[138]，聞陳王死，南陽復為秦[139]。宋留以軍降，二世車裂留以徇[140]。

魏周市將兵略豐、沛[141]，使人招雍齒[142]。雍齒雅[143]不欲屬沛公[144]，即以豐降魏[145]。沛公攻之，不克。

趙張耳、陳餘收其散兵[146]，得數萬人，擊李良。良敗，走歸章邯[147]。

客有說耳、餘曰：「兩君羈旅[148]，而欲附趙[149]，難可獨立。立趙後，輔以誼[150]，可就功[151]。」乃求得趙歇[152]。春正月[153]，耳、餘立歇為趙王，居信都[154]。

東陽甯君[155]、秦嘉聞陳王軍敗，迺立景駒[156]為楚王，引兵之方與[157]，欲擊秦軍定陶[158]下。使公孫慶[159]使齊，欲與之并力俱進。齊王[160]曰：「陳王戰敗，不知其死生，楚安得不請[161]而立王！」公孫慶曰：「齊不請楚而立王，楚何故請齊而立王！且楚首事[162]，當令於天下[163]。」田儋殺公孫慶。

秦左、右校[164]復攻陳，下之。呂將軍[165]走，徼兵復聚[166]，與番盜黥布[167]相遇，攻擊秦左、右校，破之青波[168]，復以陳為楚。

黥布者，六[169]人也，姓英氏[170]，坐法黥[171]，以刑徒[172]論輸驪山[173]。驪山之徒數十萬人，布皆與其徒長豪桀[174]交通[175]。乃率其曹耦[176]亡之江中[177]，為羣盜。番陽令[178]吳芮甚得江湖[179]間民心，號曰番君。布往見之，其眾已數千人。番君迺以女妻之，使將其兵擊秦。

楚王景駒在留[180]，沛公往從之。張良[181]亦聚少年百餘人，欲往從景駒，道遇沛公，遂屬焉。沛公拜良為廄將[182]。良數以太公兵法[183]說沛公，沛公善之，常用其策。良為佗人言，皆不省[184]。良曰：「沛公殆天授[185]。」故遂從[4]不去[186]。沛公與良俱見景駒，欲請兵以攻豐。時章邯司馬𡰱[187]將兵北定楚地，屠相[188]，至碭。東陽甯君、沛公引兵西，與戰蕭[189]西，不利，還，收兵聚留[190]。二月，攻碭，三日拔之，收碭兵，得六千人，與故合九千人。三月，攻下邑[191]，拔之。還擊豐，不下。

廣陵[192]人召平[193]為陳王徇廣陵，未下。聞陳王敗走[194]，章邯且至[195]，迺渡江，矯陳王令[196]，拜[197]項梁為楚上柱國[198]，曰：「江東[199]已定，急引兵西擊秦。」梁迺以八千人渡江而西[200]。聞陳嬰[201]已下東陽，使使[5]欲與連和俱西。

陳嬰者，故東陽令史[202]，居縣中，素信謹[203]，稱為長者[204]。東陽少年殺其令[205]，相聚得二萬人，欲立嬰為王。嬰母謂嬰曰：「自我為汝家婦，未嘗聞汝先世之有貴者。今暴得大名[206]，不祥。不如有所屬[207]。事成，猶得封侯；事敗，易以亡[208]，非世所指名[209]也。」嬰乃不敢為王，謂其軍吏曰：「項氏世世將家，有名於楚。

今欲舉大事[210]，將非其人不可[211]。我倚名族，亡秦必矣。」其眾從之，乃以兵屬梁[212]。

英布既破秦軍[213]，引兵而東。聞項梁西渡淮[214]，布與蒲將軍[215]皆以其兵屬焉。

項梁眾凡[216]六七萬人，軍下邳[217]。

【章　旨】以上為第一段，寫秦二世二年（西元前二〇八年）上半年的各地反秦起義形勢，主要寫了陳涉的失敗被殺與劉邦、項梁叔姪相繼而起的情形。

【注　釋】❶冬十月　秦二世二年的第一個月，當時秦朝以「十月」為歲首，故史家敘事每年皆從「十月」起。❷泗川監平　泗川郡的監郡其名曰平，史失其姓。泗川郡的郡治相縣，在今安徽淮北縣西北。監，各郡的郡監。秦時的郡裡設郡守、郡尉、郡監三官，郡監由朝廷所派的御史充任。對該郡的官民進行監督。劉邦所居的沛縣即屬泗川郡管轄。❸豐　即今江蘇豐縣，當時為沛縣下面的一個鄉邑，劉的家鄉之所在。劉邦建國後，豐邑上提為縣。❹雍齒　劉邦的同鄉，此時為劉邦的部下。❺薛　秦縣名，縣治在今山東滕州東南。❻泗川守壯　泗川郡的郡守名壯，史失其姓。❼戚　地名，方位不詳，應離薛縣不遠，有說在今滕州南，也有說在今河南濮陽北者，非。❽左司馬　軍中的執法官，時設左右二人。《索隱》以為指曹無傷。王先謙引周壽昌說，以為劉邦之左司馬尚有孔聚、陳賀、唐厲諸人，未必定是曹無傷。按，曹無傷事見《史記・項羽本紀》。❾得殺之　即「得而殺之」。得，俘獲。❿出關　敗退出函谷關。⓫曹陽　亭名，在今河南靈寶東。⓬追敗之　追至曹陽，又將周章打敗。⓭復走澠池　周章又東逃至澠池。澠池，秦縣名，縣治在今河南澠池縣西。⓮吳叔　即吳廣，字叔。⓯滎陽　秦縣名，縣治即今河南滎陽東北之古滎鎮。⓰李由　秦丞相李斯的兒子。⓱三川守　三川郡的郡守。三川郡在今河南的西北部，郡治在洛陽。因其地有黃河、伊水、洛水，故以名郡。⓲弗能下　不能攻下。⓳田臧　吳廣的部將。⓴旦暮　旦暮之間，極言很快就要來到。㉑少遺兵　少留一些軍隊。遺，留下。㉒守滎陽　繼續圍困滎陽。守，這裡指圍困。下文「田臧乃使諸將李歸等守滎陽」之「守」字與此義同。㉓迎　迎擊。㉔假王　指吳廣。陳涉派吳廣引兵攻滎陽時封之為假王。「假」是非正式任，臨時代理的意思。㉕不知兵權　不懂得用兵作戰的臨機應變之術。權，權變；應時變通。㉖不足　不值得。㉗矯王令　假說奉陳王之令。師古曰：「矯，詐也，託言受令也。」㉘陳王使使賜田臧二句　凌稚隆引王鏊曰：「陳涉兵無紀律若此。」按，事至此，陳涉亦無法控制，與武臣稱趙王，韓廣稱燕王，而陳涉、武臣之對其無可奈何相同；亦與項羽之殺上將軍宋義，而懷王即以上將軍印賜項羽相同。令尹，戰國時楚官名，職同丞相。㉙西迎秦軍於敖倉　敖倉是秦朝儲藏糧食的大倉庫，在當時滎陽城北黃河邊的敖山上。按，「敖倉」在「滎陽」北，史文乃曰田臧等「西迎秦軍」，方向不對。㉚鄧說　陳涉的部將。說，同「悅」。㉛郯　《正義》曰：「應作『郟』。」按，《正義》說是。郯在今山東郯城北，東去陳郡甚遠，章邯之兵不能突然至此。「郟」即今河南郟縣，在滎陽南，陳縣之西，地理形勢相合。㉜章邯別將　章邯派出的另統一軍的將領。㉝銍　秦縣名，縣治在今安徽宿州西南。㉞伍逢　陳涉的部將。按，《漢書》作「五逢」。㉟許　秦縣名，縣治在今河南許昌東。㊱數誚讓　屢屢責備。數，屢。誚、讓，都是「責備」的意思。㊲居三公位　謂李斯身居丞相之職。秦時以丞相、太尉、御史大夫為「三公」。㊳重爵祿　害怕丟官丟爵。史珥曰：「『恐懼』、『重爵祿』二語，誅心。」按，「重爵祿」三字為李斯一生之病根，一切喪心病狂之事皆由此而起。㊴不知所出　意即想不出應對辦法。㊵阿二世意　曲順著秦二世的想法。阿，順從討好。㊶以書對曰　上奏章回答二世說。此奏章即通常所說的〈論督責書〉，全文見《史記‧李斯列傳》，這裡是節取了它的一小段。㊷督責之術　《史記索隱》曰：「督者，察也。察其罪，責之以刑罰也。」王叔岷以為「督責」猶言「督過」，二字不可分講。㊸申子　指申不害，戰國前期的法家人物，曾相韓昭侯，使韓國富強一時。事跡見《史記‧老子韓非列傳》。㊹恣睢　肆行暴戾，為所欲為。㊺桎梏　拘制犯人手足的刑具，在足者為桎，在手者為梏。㊻顧以其身勞於天下之民　反而讓自己比普通百姓活得還要累。顧，反而。㊼若堯禹然　像唐堯、大禹就是這樣的。㊽不能修申韓之明術　不能奉行申不害、韓非所講的那種管理人、駕馭人的辦法。㊾專以天下自適　讓整個國家服從自己、順著自己。㊿徒務苦形勞神二句　一味地辛苦自己，讓自己去為百姓服務。形，身體。徇，順；跟著別人轉。(51)則是黔首之役　這就成了老百姓的僕役。(52)非畜天下者也　意即非「畜天下」者之所為。畜，佔有；統治。(53)滅仁義之塗　杜絕那些仁義之說的宣傳。(54)絕諫說之辯　堵塞那些好提意見的人的嘴。(55)犖然行恣睢之心　要敢於獨出心裁地為所欲為。犖然，特立獨行的樣子。(56)莫之敢逆　沒有一個人敢違抗您的意旨。逆，違背；對抗。(57)救過不給　整天光是警惕犯錯誤還來不及。救過，防止犯錯誤。(58)何變之敢圖　還有什麼心思敢圖謀造反。變，變亂；造反。郭嵩燾曰：「李斯此書貶斥堯、禹而滅仁義，絕諫說，困烈士，舛謬極矣。自秦漢以來操主術以制聽從之臣，必由於是，莫之或易者也。李斯以其意務縱君之欲，一言而定萬世之程。」(59)稅民　徵稅於民。(60)刑者相半於道　在路上行走的人，有一半是受過刑的。(61)死人日成積於市　被處死者的屍體每天都在街市上成堆成垛。按，「成」字似應削。(62)趙李良　趙王武臣的部將李良。(63)常山　秦郡名，郡治在今河北元氏西北。(64)略太原　攻取太原郡。太原郡的郡治晉陽，在今山西太原西南。(65)石邑　秦縣名，縣治在今石家莊西南。(66)井陘　河北與山西兩省間翻越太行山的通道名，西口即今娘子關，東口即土門關，在今石家莊西南。後來韓信破陳餘就在此地。詳情見韓兆琦《史記箋證》注。(67)詐為二世書　假託二世的名義給李良寫了一封招降信。(68)未信　未能斷定信的真假，也可說是未能判斷二世所說的話是否算數。(69)益請兵　請求增派軍隊。(70)未至　尚未到達趙王宮廷。(71)以為王　以為是趙王武臣的車駕。(72)伏謁　伏地叩拜參見。(73)不知其將　不知道他是將軍。(74)使騎謝李良　只是讓侍從向李良打了個招呼。騎，騎兵侍從。(75)李良素貴　據此，知秦將反間之所謂二世云「良嘗事我得顯幸」者非妄語，李良蓋嘗為秦之貴官。(76)素出將軍下　一向比將軍您的地位低。出，處於。(77)女兒　對婦女的輕蔑稱呼，猶今之所謂「丫頭片子」、「老娘兒們」。(78)固　本來；早已經。(79)因此怒　再加上這一回的惱怒。(80)襲　偷偷地突然發起進攻。(81)竟殺趙王邵騷　事在秦二世二年（西元前二〇八年）十一月。竟，竟然；終於。(82)耳目　指為之作眼線，探聽消息。(83)陳　《史記・陳涉世家》作「陵」，《漢書・陳勝傳》作「淩」，陵、淩通。陵，縣名，在今江蘇宿遷東南。(84)秦嘉　與下文朱雞石都是自為一支的反秦隊伍，不是陳涉的部下。(85)符離　秦縣名，在今安徽宿州西南。(86)東海守　東海郡守，史失其名。東海郡的郡治郯縣，在今山東郯城北。(87)武平君畔　陳涉的部下，名畔，號為武平君。(88)監郯下軍　監督、協調包圍郯縣的幾支義軍部隊。(89)不受命　不接受陳涉的安排、調遣。(90)大司馬　古官名，朝廷上的最高軍事長官。(91)惡屬武平君　不願接受武平君節制。惡，不願。(92)矯以王命　假傳陳涉的命令。(93)益遣　增派。(94)長史　官名，為丞相、太尉屬下的諸史之長，總攬眾事，地位甚重。(95)司馬欣董翳　依文意，此二人皆在朝為長史。(96)陳柱國房君　陳涉王朝的柱國蔡賜，封號為房君。柱國，楚官名，為國家的最高軍事長官。(97)陳西　陳縣城西。(98)張賀軍　陳涉部將張賀的軍隊。(99)出監戰　親自出城監督張賀軍作戰。(100)張賀死　張賀兵敗戰死。(101)臘月　秦二世二年的第三個月，陳涉起義稱王的第六個月。(102)陳王之汝陰　謂陳勝在陳縣城西被章邯打敗，南逃至汝陰。之，往。汝陰，秦縣名，縣治即今安徽阜陽。(103)還二句　謂又北折而至下城父。下城父，古邑名，即今安徽渦陽東南之下城父聚。按，下城父在汝陰東北，再往東北就是宿縣，陳勝發動起義的地方；再往東，郯城還有秦嘉的大軍，因此陳勝一旦擺脫秦軍追趕，隨即折回向東北走。(104)御　車夫。(105)殺陳王以降　按，陳涉於秦二世元年（西元前二〇九年）七月起事，至二年（西元前二〇八年）十二月被莊賈所殺，前後共六個月。(106)依　投奔。(107)眾賓　一般的、普通的客人。(108)長揖不拜　只是拱手作揖，而不下跪磕頭。(109)怙亂僭號　乘亂取利，盜用帝王稱號。僭，越級；越位。(110)傲長者　對長者倨傲不遜。(111)跪謝　下跪道歉。(112)不為顧　不因陳涉下跪而回頭看一眼。按，陳涉妻父見陳涉一段情事見《孔叢子・獨治》。(113)發舒　放肆；無所顧忌。(114)故情　當年的情況；過去的故事。(115)或　有人。(116)顓妄言　專門胡說八道。(117)輕威　損害您的威信。(118)引去　抽身離去。引，抽身。(119)中正　官名，主管考核官吏，確定官吏的升降。(120)司過　官名，猶如異時之監察御史，職掌糾彈。(121)主司羣臣　主管監視群臣。司，暗中監視、查訪。(122)徇地至　外出作戰回來。徇地，開拓地盤。(123)令之不是者　不服從朱防、胡武命令的人。不是，不聽；不服從。(124)輒繫而罪之　立刻將其下獄予以懲罰。輒，隨即；立刻。(125)以苛察為忠　主語為陳涉，將那些執法嚴厲、酷刻的人視為忠臣。(126)其所不善者　凡是被朱防、胡武看著不順眼的人。(127)弗下吏　不通過正常管道，交由主管官吏處置。(128)此其所以敗也　以上文字依據《史記・陳涉世家》。(129)故涓人將軍呂臣　曾為陳王當過涓人，後來成了將軍的呂臣。涓人，也叫「中涓」，為王者主管灑掃、洗滌等內務，這裡即指侍從親信，如灌嬰、靳歙等都曾為劉邦之「中涓」是也。(130)蒼頭軍　以青巾裹頭的軍隊。也有說是當時人們對「無敵」、「敢死」之兵的一種習用稱呼，《史記・蘇秦列傳》有所謂「武士二十萬、蒼頭二十萬、奮擊二十萬、廝徒二十萬」云云。(131)新陽　秦縣名，縣治在今安徽界首北。(132)殺莊賈二句　按，呂臣基於對叛徒的義憤，號召陳王舊部，組織隊伍重新起事，這支隊伍竟至一舉攻下陳郡，殺死了為秦朝駐守的叛徒莊賈，真是英風壯舉，千載下猶有生氣。(133)葬陳王於碭　碭是秦縣名，縣治在今河南永城北。按，陳勝墓在今河南永城城北三十公里的芒山鎮西，墓呈圓錐狀，高約七公尺，墓前石碑有郭沫若題的「秦末農民起義領袖陳勝之墓」，四周松柏成林。(134)謚曰隱王　謂漢代謚陳涉曰「隱王」。事見《史記・高祖本紀》。《謚法》云：「不顯尸國曰『隱』。」尸，主。主國不顯，即功業不彰、在位時間不長之意。(135)銍　秦縣名，縣治在今安徽宿州西南。(136)南陽　秦郡名，郡治宛縣，即今河南南陽。(137)武關　關塞名，在今陝西丹鳳東南，是河南南部進入陝西的交通要道。(138)已徇南陽　意即南陽郡已聽從其號令。徇，巡行示威，號召其歸己。(139)南陽復為秦　南陽郡又反水歸順秦王朝。(140)車裂留以徇　將宋留車裂，並載其屍巡行示眾。(141)略豐沛　武裝巡行到豐、沛一帶地區。(142)招雍齒　招當時為劉邦守城的雍齒歸順魏軍一方。(143)雅　一向；素來。(144)不欲屬沛公　不願跟從劉邦。屬，歸從。(145)以豐降魏　率領豐邑投降了周市。(146)收其散兵　招集被李良打垮的趙王武臣的軍隊。(147)走歸章邯　投奔歸順了秦將章邯。(148)羇旅　客居異地。張耳、陳餘都是河南大梁人，如今到了河北，所以說他「羇旅」。(149)附趙　讓趙地的軍民親附。(150)輔以誼　以仁義之道輔佐他。(151)就功　成功。凌稚隆曰：「客說張耳立趙後，即耳、餘勸陳涉立六國後也。蓋欲激天下以攻秦，須當首天下以倡義耳。」(152)趙歇　戰國時趙國國王的後裔，具體細情史書無載。(153)春正月　秦二世二年的第三個月，當時以「十月」為歲首。(154)信都　秦縣名，也稱「襄國」，即今河北邢臺。

(155)東陽甯君　東陽縣的甯姓某人。東陽，秦縣名，縣治在今安徽天長西北。(156)景駒　六國時楚國貴族的後代。景為楚國貴族的大姓。(157)方與　秦縣名，縣治在今山東魚臺西。(158)定陶　秦縣名，縣治在今山東定陶西北。(159)公孫慶　陳直曰：「疑即上文之『東海守慶』。」(160)齊王　田儋，戰國時的田氏齊王的後裔，起義後自立為齊王，都城臨淄。事跡詳見《史記・田儋列傳》。(161)不請　不向齊國請示。(162)首事　最先起兵反秦。(163)令於天下　號令天下，意即為天下各路諸侯之盟主。(164)左右校　即左右校尉，章邯的部將。(165)呂將軍　即呂臣。(166)徵兵復聚　招集被打散的敗兵，重又聚合起來。(167)番盜黥布　鄱江上的匪盜黥布。番，同「鄱」。指鄱江，源於安徽西南部，流入鄱陽湖。按，黥布原稱「英布」，因受刑被黥，故亦稱「黥布」。先在鄱江為盜，後歸項梁，稱「當陽君」。事見《史記・黥布列傳》。(168)青波　秦縣名，縣治在今河南新蔡西南。(169)六　秦縣名，縣治在今安徽六安北。(170)姓英氏　《索隱》曰：「布本姓英。英，國名也，咎繇之後。」按，古時「姓」與「氏」原有區分，同出於一個祖先，謂之同「姓」；在同一個「姓」裡再按居住地區，或某種職業、某種官職等分成若干支派，叫作「氏」。至漢時人們對此已經不太講究，故《史記》中常將「姓」、「氏」並用，如〈秦始皇本紀〉之稱秦王政「姓趙氏」是也。(171)坐法黥　由於犯法而被臉上刺字。坐，因。黥，古代在犯人臉上刺字塗墨的一種刑法，也稱「墨刑」。(172)刑徒　猶今所謂「勞改犯」。(173)論輸驪山　被判罪押送驪山服役。論，判罪。驪山，通「酈山」。在今陝西臨潼東南。此處即指驪山腳下的秦始皇陵墓工地，在今臨潼東北。(174)徒長豪桀　徒長指管理犯人的小頭領。豪桀指犯人之有才幹、有威信者。(175)交通　交往、串通。(176)曹耦　同一類的人。曹、耦即「輩」、「類」的意思。(177)亡之江中　逃到今江西、安徽一帶的長江上。亡，潛逃。江中，江上。(178)番陽令　鄱陽縣的縣令。番陽，同「鄱陽」。秦縣名，縣治在今江西鄱陽東北。按，番陽令吳芮，後來因派將隨項羽反秦，被項羽封為衡山王；後來又隨劉邦反項羽，被劉邦封為長沙王。《漢書》中有〈吳芮傳〉。(179)江湖　長江與鄱陽湖。(180)留　秦縣名，在今江蘇沛縣東南。(181)張良　劉邦的開國功臣。事跡詳見《史記・留侯世家》。(182)廄將　軍中主管馬匹的官。廄，馬棚。(183)太公兵法　相傳為周武王的開國功臣太公呂尚所著。呂尚也稱「姜尚」，事跡詳見《史記・齊太公世家》。梁阮孝緒《七錄》載有《太公兵法》三卷，《隋書・經籍志》載有《太公兵法》六卷。(184)不省　不明白；不理解。省，領會；明白。(185)殆天授　看來是上天給人世派下來的。殆，差不多；看來是。《史記・淮陰侯列傳》云：「陛下所謂天授，非人力也」；〈酈生陸賈列傳〉云：「此非人力，天之所建也」，皆指劉邦，三處所言略同。(186)遂從不去　遂跟從劉邦，不再去尋找別的主子了。(187)章邯司馬𡰥　章邯軍中的司馬名𡰥。(188)屠相　屠滅了相縣。相縣是當時泗水郡的郡治，在今安徽淮北市西北。(189)蕭　秦縣名，在今安徽蕭縣西北。(190)聚留　集中屯聚在留縣。(191)下邑　秦縣名，即今安徽碭山縣。(192)廣陵　秦縣名，縣治即今江蘇揚州。(193)召平陳涉的部將。王鳴盛曰：「〈項羽本紀〉『廣陵人召平矯陳涉命封項梁』，〈呂后本紀〉『齊相召平舉兵欲圍王』，〈蕭何世家〉有『故東陵侯召平，種瓜城東』，三人皆同姓名，非一人。」(194)陳王敗走 即陳涉被秦將章邯打敗於陳西，陳涉南逃事，召平此時尚不知其死。(195)且至 將至。(196)矯陳王令 詐稱是傳達陳涉的命令。矯，假託；謊稱。(197)拜 封拜；任命。(198)上柱國 戰國時楚官名，位同丞相，但後世多用為榮譽爵位，而無實權。劉辰翁曰：「召平不自了事，乃能作此度外奇事，所以發亡秦之端在此。」(199)江東 通常用以稱今江蘇之長江以南地區，因長江在從安徽流入江蘇時是從西南流向東北，故人們習慣地稱今南京、蘇州、上海市一帶為江東。(200)梁迺以八千人渡江而西 凌稚隆稱《史記・項羽本紀》曰：「項羽始事，已定江東，渡江而西，故通篇以『東』、『西』二字為眼目。」(201)陳嬰 當時江北地區的起義領袖之一，先歸項氏，後歸劉邦，劉邦稱帝後，陳嬰被封為堂邑侯，見《史記・高祖功臣侯者年表》。(202)令史 縣令手下的小吏。《史記集解》引《漢儀注》云：「令吏曰令史，丞吏曰丞史。」(203)信謹 虔謹守信。(204)長者 厚道人。(205)殺其令 殺了東陽縣的縣令。當時大縣的長官稱「縣令」，小縣的長官稱「縣長」。(206)暴得大名 即突然稱帝稱王。暴，突然。大名，指稱帝稱王。《史記・陳涉世家》云：「壯士不死即已，死即舉大名耳。」「大名」亦指稱王。(207)有所屬 即投靠在一個大名人的旗幟下。(208)易以亡 便於潛逃。(209)非世所指名 不是被社會上人人指說的人。(210)舉大事 意即舉旗造反。(211)將非其人不可 恐怕是非他不行。將，推測之辭，意同「恐怕」、「大概」。(212)乃以兵屬梁 以上陳嬰母子對話的小故事見《史記・項羽本紀》。歸有光曰：「中包陳嬰小傳。」按，此「小傳」被後人收入《世說新語》。鍾惺曰：「嬰母識力不在止其子上，在此語說得有權術，是世上第一佔便宜人。」(213)既破秦軍 即上文所敘破秦左右校於青波。(214)西渡淮 西下渡過淮水。(215)蒲將軍 姓蒲，史失其名，與黥布同為項氏麾下的名將，於破秦作戰中有大功。(216)凡 總共。(217)下邳 秦縣名，縣治在今江蘇睢寧西北。

【校 記】[1]使為 「使」，原作「以」。據章鈺校，十二行本、乙十一行本、孔天胤本皆作「使」。今從諸本及《史記・陳涉世家》、《通鑑紀事本末》改。[2]從百餘騎 此四字原脫。據章鈺校，十二行本、乙十一行本、孔天胤本皆有此四字，張敦仁《通鑑刊本識誤》、張瑛《通鑑校勘記》同。今從諸本及《史記・張耳陳餘列傳》、《通鑑紀事本末》補。[3]令之不是者 「者」字原無。據章鈺校，十二行本、乙十一行本、孔天胤本皆有此字。今從諸本及《史記・陳涉世家》補。[4]遂從 「從」，原作「留」。據章鈺校，十二行本、乙十一行本、孔天胤本皆作「從」。今從諸本及《史記・留侯世家》、《通鑑紀事本末》改。[5]使 原作「遣使」。據章鈺校，十二行本、乙十一行本、孔天胤本「遣」皆作「使」。今從諸本及《史記・項羽本紀》、《通鑑紀事本末》改。

【語　譯】二世皇帝下

二年（癸巳　西元前二〇八年）

冬天，十月，泗川郡監察官平率軍把沛公劉邦包圍在豐邑。劉邦率軍出來迎戰，打敗了平，於是安排雍齒留守豐邑。十一月，劉邦率軍攻打薛縣。泗川郡守壯率軍出來迎戰，被打敗後逃往戚城。最後被劉邦手下的左司馬抓獲後處死。

周章所率領的楚軍被章邯的軍隊打敗後退出了函谷關，將部隊駐紮在曹陽；兩個月以後，又被隨後追來的章邯軍打敗。周章逃往澠池，十幾天以後，周章再次被章邯打敗。周章便自殺了，他所率領的這支楚軍全軍覆沒。

吳廣率軍包圍了滎陽。秦丞相李斯的兒子李由擔任三川郡郡守，堅守滎陽，吳廣攻打不下。楚將軍田臧等人一起商議說：「周章的軍隊已經被徹底擊潰了，秦國章邯的軍隊早晚就要到達這裡。我們現在雖然包圍了滎陽，卻一時攻打不下來，等到章邯的軍隊一到，內外夾攻，我們一定得吃敗仗。不如留下少量的軍隊繼續包圍滎陽，我們率領全部精銳部隊去迎戰秦軍。代理楚王吳廣既驕傲又不懂得用兵作戰的臨機應變之術，用不著跟他商量，如果跟他商量的話恐怕不能成事反倒壞事。」於是就假傳奉了陳王陳涉的命令把吳廣殺死，並把他的首級送往陳丘交給陳王陳涉。陳王涉派遣使者把楚國令尹的大印頒發給田臧，又任命田臧為上將。

田臧派李歸等諸將留守滎陽，自己親自率領精兵前往敖倉迎戰秦將章邯，與之激戰。田臧戰死，他所率領的楚軍也潰散了。章邯乘勝向圍攻滎陽的李歸等發起進攻，又將李歸的軍隊打得大敗，李歸等諸將全部戰死。陳王涉的部下陽城人鄧說率領一支部隊駐紮在郯城，被章邯所派出的另一支軍隊打敗。銍縣人伍逢率軍駐紮在許縣，被章邯的軍隊打敗。兩軍被打散以後全都逃到了陳丘。陳王涉將鄧說殺死。

秦二世屢次責備丞相李斯說：「你身為丞相，位列三公，怎麼會讓盜賊如此猖狂！」李斯雖然深感恐懼，但又貪戀權勢俸祿，既不願意辭職，又想不出更好的應對辦法，於是就迎合二世的心理，給秦二世上了一道奏章，說：「凡是賢明的君主，必定能夠明察臣下的過失而用刑罰來處治他們。所以申不害說『享有天下卻不敢隨心所欲、為所欲為，這就叫做把天下當做拘禁犯人手足的刑具，不是別的原因，就是因為不能督責臣下，反而事事都要自己親自操勞，就像堯、禹那樣，所以說是把天下當做拘禁犯人手足的刑具。』如果不能實行申不害、韓非子所講的那種管理人、駕御人的辦法，明察大臣的過失而進行有效的懲處，使整個國家服從自己、順著自己，而是把治理天下百姓的事情都放在自己身上，以至於使自己身體憔悴，精神疲憊，那就等於讓自己成了百姓的奴僕，那就不是享有天下的君主了，還有什麼值得珍貴的呢！所以英明的國君都能夠對下實行督責之術，在上獨斷專行，這樣既不會使大權落到大臣的手裡，又可以杜絕那些仁義之說的宣傳，堵塞那些好提意見人的嘴，到那時，君主才能夠為所欲為而沒有人敢違抗君主的意願。如此一來，那些臣子、百姓就連彌補自己的過失都來不及，哪裡還敢謀反呢！」秦二世聽了後很高興，於是對下更加嚴厲。那些敢於向百姓橫徵暴斂的被認為是好官，殺人殺得多的被看作是忠臣。在路上行走的有一半人是受過刑的，而被殺死的人的屍體每天都堆滿了街市。秦二世統治下的百姓因此更加恐懼，同時也就更加盼望天下大亂。

趙王武臣的部將李良已經平定了常山，於是回到邯鄲向趙王覆命。趙王又派他去攻取太原。當走到石邑的時候，秦軍已經在井陘設兵防守，李良的軍隊無法前進。秦將以秦二世的名義給李良寫了一封招降信，企圖用高官厚祿招降李良。李良接到這封假書信後，開始時並不相信，他率領著手下的一些親信回邯鄲請求增加兵馬，走到半路，正巧碰上趙王的姐姐出外宴飲，有上百車騎跟從，李良以為是趙王的車駕，就趕緊在路邊跪下參拜。誰知趙王的姐姐喝得大醉，沒有認出李良是趙王手下的將領，只派了一個騎士前來答謝。李良向來顯貴，當他認出是趙王的姐姐，便站起身來；想到自己當著隨從的面給她下跪不說，還遭到無禮對待，感到非常羞愧。隨從當中有一人趁機挑撥說：「天下的人全都背叛秦國，誰有能力誰當王。再說趙王原來的地位一向比您低，如今就連一個女人也竟敢對您不以禮相待，不如追上去把她殺了。」李良自從接到秦二世的書信以後，就有心背叛趙王，只是一直還沒有下定決心。因為這一羞一怒，就派人追上前去殺死了趙王的姐姐。然後率領手下的軍隊突然對邯鄲發起進攻。邯鄲因為事先毫無察覺，所以趙王、邵騷都被李良殺死。趙國有許多人去給張耳、陳餘通風報信，所以只有他們二人得以逃脫。

陳人秦嘉、符離人朱雞石等率眾起兵，把東海郡郡守包圍在郯城。陳王涉得到消息，就任命武平君畔為將軍，派他去郯城做監軍。秦嘉拒不接受陳王的命令，自己封自己為大司馬；他不願接受武平君的節制，於是就對他的部下說：「武平君年紀太小，不懂軍事，別聽他的。」不久又假傳陳王的命令殺死了武平君畔。

秦二世又增派長史司馬欣、董翳前去幫助章邯剿滅起義軍。此時章邯已經打敗了伍逢和房君蔡賜，並將二人殺死。又率軍向駐紮在陳丘西邊的張賀部隊發起進攻。陳王涉親自出來督戰，但於事無補，張賀兵敗陣亡。

這年的臘月，陳王涉逃往汝陰，在返回的途中，經過下城父的時候，他的車夫莊賈將他殺死投降了秦軍。當初，陳涉當了楚王以後，他過去的好多朋友都來投奔他，其中還有他的岳父。陳涉對待他的岳父就像對待一般的客人一樣，只作了一個揖就算完事，並不行拜見禮。他岳父非常生氣地說：「你趁著天下大亂，冒用帝王的稱號不說，還竟然在長者面前擺架子，耍驕傲，一定長久不了。」也不跟陳王告別就要離去。陳王涉跪下請求岳父原諒，但他岳父連理也不理他。那些前來投奔他的朋友說話更加隨便、放肆，經常談論陳王過去的事情，有人對陳王說：「這些客人愚昧無知，專愛胡說八道，太有損陳王您的威信了。」陳王涉就把那些亂講話的朋友全都殺死了。其他的朋友看到這種情景，也就自動的離開了他，所以在陳王涉的身邊再也沒有親近之人。陳王涉任命朱防為主管人事的中正，任命胡武為監察百官過失的司過，負責考核、監視群臣。那些將領們在外打了勝仗、攻佔了城邑以後，回到陳丘覆命時，凡是對朱、胡二人的命令稍有不從，就被抓起來治罪，二人對待群臣越是苛酷，陳王越以為他們對自己忠誠。凡是被朱防、胡武看不順眼的，就連交付司法部門審理的程序都免了，隨意進行處置。因為這些緣故，諸將對陳王涉都不親近，這也是導致陳王涉最後失敗被殺的原因。

陳王從前的侍從、後來做了將軍的呂臣率領著一支部隊在新陽起事，他的部下都用青巾裹頭做標誌，所以被稱為蒼頭軍，呂臣率軍攻佔了陳丘，殺死了莊賈，為陳王報了仇，仍然以陳丘作為楚的臨時都城。他把陳涉安葬在碭，並追諡陳王為隱王。

早先，陳王任命銍人宋留率軍攻取南陽，然後進軍武關。宋留攻下了南陽以後，聽到陳王被殺的消息，軍心動搖，南陽重新被秦軍奪去。宋留率軍投降了秦軍，被秦二世車裂示眾。

魏國丞相周市帶領軍隊奪取豐縣、沛縣以後，派人去招降雍齒。雍齒一向不願意跟從劉邦，所以率領豐邑一起投降了魏軍。劉邦親自率軍攻打豐縣，沒有攻下。

趙國的張耳、陳餘在趙王武臣被李良殺死以後，重新招集四處流散的舊部，又聚集起幾萬人，便率領著這支軍隊去攻打李良。李良被擊敗後投降了秦將章邯。

有賓客勸張耳、陳餘說：「你們兩位原本不是趙國人，現在趙王已死，憑你們二人想要使趙國人親附，恐怕很難成功。如果擁立故趙國王室的後裔，用他作為號召，就有可能成功。」於是找到了趙王室的後裔趙歇。這年的春天，正月，張耳、陳餘擁立趙歇為趙王，把信都作為趙的都城。

東陽甯君、秦嘉聽到陳王兵敗的消息，就擁立原楚國貴族景駒為楚王，然後率軍抵達方與，想要進攻駐紮在定陶的秦軍。與此同時，還派公孫慶到齊王田儋那裡聯絡，希望得到齊國的支援，共同攻打秦軍。齊王田儋說：「陳王兵敗，生死不明，你們楚國怎麼不請示我們齊國就私自擁立景駒為楚王呢！」公孫慶回答說：「齊國也沒有請示楚國就自立為齊王，楚國立王憑什麼要請示齊國！再說是楚國最先起兵反秦，應當有權號令天下。」齊王田儋惱怒之下殺死了公孫慶。

秦國的左、右校尉又將陳丘佔領。呂臣敗走，他把流散的士兵再次召集起來，跟鄱江大盜黥布聯合起來，在青波打敗了秦軍的左、右校尉，重新佔領了陳丘。

黥布是六邑人，姓英，因為犯法受了黥刑，黥布被判罪押送到驪山服苦役。在驪山服苦役的有幾十萬人，黥布與那些管理刑徒的小頭目以及犯人中有才幹、有威信的人都有交往。於是尋找機會率領部分死黨逃亡到長江一帶，做了強盜。番陽縣令吳芮在長江與鄱陽湖一帶很得民心，被稱作番君。黥布前往拜見番君的時候，手下已經有了好幾千人。番君把自己的女兒嫁給他做了妻子，又派他率領自己的部屬去攻打秦軍。

楚王景駒駐紮在留縣，沛公劉邦前來投靠楚王。張良也領著幾百個年輕人，想去投靠楚王景駒，在路上遇見沛公劉邦，於是就跟隨了劉邦。劉邦當時只任命張良做管理廄馬的小官。張良多次跟劉邦談論《太公兵法》；劉邦認為《太公兵法》很好，於是經常採納張良的計策。而張良把《太公兵法》說給其他人聽的時候，其他人全都聽不懂。張良感慨地說：「沛公的才能恐怕是上天授予的。」所以就決心跟從劉邦，不再去尋找別的主人了。

沛公劉邦帶著張良一起去見景駒，想請求撥給一些軍隊去攻打豐縣。當時，章邯的屬將司馬𡰱率兵向北攻取楚地，在相縣進行了一番殺戮以後，又抵達碭邑。東陽甯君、沛公劉邦率軍向西迎戰秦軍，在蕭縣以西與秦軍展開激戰，不能取勝，於是撤軍回到留縣進行休整。二月，進攻碭縣，連續攻打了三天將碭縣攻下，從碭縣得到六千人馬，加上自己原有的一共有九千人。三月，終於攻下了下邑縣；回過頭來再去攻打豐縣，仍然攻打不下。

陳涉的部將廣陵人召平接受了陳王涉的命令去攻取廣陵，還沒有攻下。聽到陳王敗走、秦將章邯率領秦軍即將抵達廣陵的消息。於是放棄攻打廣陵，率軍渡過長江，詐稱接到陳王的命令，任命項梁為楚國的上柱國，說：「江東已經平定，趕快率領軍隊向西迎戰秦軍。」於是項梁率領著江東的八千人渡過長江向西進發。項梁聽說陳嬰已經攻下東陽，就派使者到陳嬰那裡，想和他聯合起來一起西進攻打秦軍。

陳嬰曾經做過東陽縣令屬下的小吏，居住在東陽縣；他向來忠厚謹慎，有長者的風範，很受當地人的尊重。東陽的年輕人殺死了東陽縣令，聚集了有兩萬多人，想要立陳嬰為王。陳嬰的母親對陳嬰說：「自從我嫁到你們陳家來，就從來沒有聽說過你們陳家的先人有誰做過大官。如今突然被人擁戴稱王，恐怕不是什麼好預兆；不如投靠在一個大名人的旗幟下。事情成功了還可以封侯，事情失敗了也容易潛逃，而不至於成為被指名通緝捉拿的人。」陳嬰因此自己不敢稱王，他對那些軍官們說：「項氏世代都擔任楚國的將領，在楚國享有盛名。如今要想成就大事，非得由項氏來領導不可。我們投靠名門望族，一定能夠滅亡秦朝。」那些人都聽從了陳嬰的意見，於是陳嬰把自己的軍隊都交給項梁指揮。

英布擊敗秦軍以後，率領著屬下的軍隊向東挺進。聽說項梁已經率軍向西渡過淮河，就和蒲將軍一起投奔項梁，他們也將自己的軍隊交給項梁指揮。項梁此時已經擁有六、七萬人馬，駐紮在下邳。

景駒、秦嘉軍彭城❶東，欲以距❷梁。梁謂軍吏曰：「陳王先首事，戰不利，未聞所在❸。今秦嘉倍❹陳王而立景駒，大逆無道。」乃進兵擊秦嘉，秦嘉軍敗走，追之至胡陵❺。嘉還戰一日，嘉死，軍降。景駒走死梁地❻。

梁已并秦嘉軍，軍胡陵，將引軍而西。章邯軍至栗❼，項梁使別將❽朱雞石、餘樊君❾與戰。餘樊君死，朱雞石軍敗，亡走胡陵。梁乃引兵入薛❿，誅朱雞石。

沛公從騎百餘⓫往見梁，梁與沛公卒五千人、五大夫將⓬十人。沛公還，引兵攻豐⓭，拔之。雍齒奔魏⓮。

項梁使項羽別攻襄城⓯，襄城堅守不下。已拔，皆阬⓰之，還報。

梁聞陳王定死⓱，召諸別將⓲會薛計事，沛公亦往焉。居鄛⓳人范增⓴，年七十，素居家㉑，好奇計㉒，往說項梁曰：「陳勝敗，固當。夫秦滅六國，楚最無罪。自懷王入秦不反㉓，楚人憐之至今。故楚南公㉔曰『楚雖三戶，亡秦必楚㉕。』今陳勝首事，不立楚後而自立，其勢不長。今君起江東，楚蠭起㉖之將皆爭附君者，以君世世楚將，為能復立楚之後也。」於是項梁然其言(27)，乃求得楚懷王孫心(28)於民間，為人牧羊(29)。夏六月，立以為楚懷王(30)，從民望也(31)。陳嬰為上柱國(32)，封五縣，與懷王都盱眙(33)。項梁自號為武信君(34)。

張良說項梁曰：「君已立楚後，而韓諸公子(35)橫陽君成(36)最賢，可立為王，益樹黨(37)。」項梁使良求韓成(38)，立以為韓王(39)。以良為司徒(40)，與韓王將(41)千餘人，西略韓地(42)。得數城，秦輒(43)復取之，往來為游兵潁川(44)。

章邯已破陳王(45)，乃進兵擊魏王(46)於臨濟(47)。魏王使周市出請救於齊、楚(48)。齊王儋及楚將項它(49)皆將兵隨市救魏。章邯夜銜枚(50)擊，大破齊、楚軍於臨濟下，殺齊王及周市。魏王咎為其民約降，約定，自燒殺(51)。其弟豹亡走楚，楚懷王予魏豹數千人，復徇魏地(52)。齊田榮收其兄儋餘兵，東走東阿(53)，章邯追圍之。齊人聞齊王儋死[1]，乃立故齊王建(54)之弟假為王，田角為相，角弟間為將，以距諸侯(55)。

秋七月，大霖雨(56)。武信君引兵攻亢父(57)，聞田榮之急，迺引兵擊破章邯軍東阿下。章邯走而西，田榮引兵東歸齊(58)。武信君獨追北(59)，使項羽、沛公別攻城陽(60)，屠之。楚軍軍濮陽(61)東，復與章邯戰，又破之。章邯復振(62)，守濮陽，環水[63]。沛公、項羽去[64]，攻定陶[65]。

八月，田榮擊逐齊王假，假亡走楚[66]，田角亡走趙〔2〕。田間前救趙[67]，因留[68]不敢歸。田榮迺立儋子市為齊王，榮相之，田橫[69]為將，平齊地。章邯兵益盛[70]，項梁數使使告齊、趙發兵共擊章邯。田榮曰：「楚殺田假，趙殺角、間，乃出兵[71]。」楚、趙不許。田榮怒，終不肯出兵。

郎中令趙高恃恩專恣[72]，以私怨誅殺人眾多，恐大臣入朝奏事言之，乃說二世曰：「天子所以貴者〔3〕，但以聞聲，羣臣莫得見其面[73]故也。且陛下富於春秋[74]，未必盡通諸事。今坐朝廷，譴舉[75]有不當者，則見短於大臣[76]，非所以示神明於天下[77]也。陛下不如深拱禁中[78]，與臣及侍中[79]習法者待事[80]，事來有以揆之[81]。如此，則大臣不敢奏疑事[82]，天下稱聖主矣。」二世用其計，乃不坐朝廷見大臣，常居禁中。趙高侍中用事[83]，事皆決於趙高。

高聞李斯以為言[84]，乃見丞相曰：「關東羣盜多，今上急益發繇[85]，治[86]阿房宮，聚[87]狗馬無用之物。臣欲諫，為位賤，此真君侯之事，君何不諫？」李斯曰：「固也，吾欲言之久矣。今時上不坐朝廷，常居深宮。吾所言者，不可傳也[88]，欲見無閒[89]。」趙高曰：「君誠能諫，請為君候上閒語君[90]。」於是趙高侍二世方燕樂[91]，婦女居前，使人告丞相：「上方閒[92]，可奏事。」丞相至宮門上謁[93]，如此者三[94]。二世怒曰：「吾常多閒日，丞相不來；吾方燕私，丞相輒來請事[95]。丞相豈少我[96]哉，且固我哉[97]？」趙高因曰：「夫沙丘之謀[98]，丞相與焉[99]。今陛下已立為帝，而丞相貴不益[100]，此其意亦望裂地而王[101]矣。且陛下不問臣，臣不敢言。丞相長男李由為三川守[102]，楚盜陳勝等皆丞相傍縣之子[103]，以故楚盜公行[104]，過三川，城守不肯擊[105]。高聞其文書相往來[106]，未得其審[107]，故未敢以聞[108]。且丞相居外，權重於陛下[109]。」二世以為然，欲案[110]丞相，恐其不審，乃先使人按驗[111]三川守與盜通狀。

李斯聞之，因上書言趙高之短曰：「高擅利擅害[112]，與陛下無異。昔田常相齊簡公[113]，竊其恩威[114]，下得百姓，上得羣臣，卒弒簡公而取齊國[115]。此天下所明知也。今高有邪佚之志[116]，危反之行[117]，私家之富，若田氏之於齊[118]矣。而又貪欲無厭[119]，求利不止，列勢次主[120]，其欲無窮，劫陛下之威信[121]，其志若韓玘為韓安相[122]也。陛下不圖[123]，臣恐其必為變也[124]。」二世曰：「何哉[125]！夫高，故宦人也[126]，然不為安肆志[127]，不以危易心[128]，潔行脩善[129]，自使至此[130]。以忠得進，以信守位，朕實賢之，而君疑之，何也？且朕非屬趙君，當誰任哉[131]！且趙君為人，精廉彊力[132]，下知人情，上能適朕[133]，君其[134]勿疑。」二世雅愛信[135]高[4]，恐李斯殺之，乃私告趙高。高曰：「丞相所患[136]者，獨高。高已死，丞相即欲為田常所為[137]。」

是時，盜賊[138]益多，而關中卒[139]發東[140]擊盜者無已[141]。右丞相去疾、左丞相李斯、將軍馮劫進諫曰：「關東羣盜並起，秦發兵誅擊，所殺亡[142]甚眾，然猶不止。盜多，皆以戍漕轉作[143]事苦，賦稅大也。請且止[144]阿房宮作者，減省四邊戍轉[145]。」二世曰：「凡所為貴有天下[146]者，得肆意極欲[147]，主重明法[148]，下不敢為非，以制御四海[149]矣。夫虞、夏之主[150]，貴為天子，親處窮苦之實[151]，以徇百姓[152]，尚何於法[153]！且先帝起諸侯，兼天下。天下已定，外攘[154]四夷，以安邊境。作宮室以章得意[155]。而君觀先帝功業有緒[156]。今朕即位，二年之間，羣盜並起。君不能禁，又欲罷先帝之所為[157]，是上無以報先帝，次不為朕盡忠力，何以在位[158]！」下去疾、斯、劫吏[159]，案責佗罪[160]。去疾、劫自殺[161]，獨李斯就獄[162]。二世以屬趙高治之[163]，責[164]斯與子由謀反狀，皆收捕宗族、賓客。趙高治斯，榜掠[165]千餘，不勝痛，自誣服[166]。

斯所以不死[167]者，自負其辯，有功[168]，實無反心，欲上書自陳[169]，幸二世寤[170]而赦之。乃從獄中上書曰：「臣為丞相，治民三十餘年矣[171]。逮秦地之陿隘[172]，不過千里，兵數十萬。臣盡薄材[173]，陰行謀臣[174]，資[175]之金玉，使游說諸侯[176]。陰脩甲兵，飭政教[177]，官鬬士[178]，尊功臣，故終以脅韓弱魏，破燕、趙，夷齊、楚[179]，卒兼六國，虜其王，立秦為天子[180]。又北逐胡、貉[181]，南定百越[182]，以見秦之彊。更剋畫，平斗斛、度量、文章[183]，布之天下，以樹秦之名。此皆臣之罪也，臣當死久矣。上幸盡其能力，乃得至今。願陛下察之[184]。」書上，趙高使吏棄去不奏，曰：「囚安得[185]上書！」

趙高使其客十餘輩[186]詐為御史、謁者、侍中[187]，更往覆訊斯[188]，斯更以其實對[189]，輒使人復榜之[190]。後二世使人驗斯[191]，斯以為如前[192]，終不敢更言[193]。辭服[194]，奏當上[195]。二世喜曰：「微趙君，幾為丞相所賣[196]。」及二世所使案三川守由者至[197]，則楚兵已擊殺之[198]。使者來[199]，會丞相下吏[200]，高皆妄為反辭[201]，以相傅會[202]。遂具斯五刑[203]，論腰斬咸陽市[204]。斯出獄，與其中子[205]俱執[206]，顧謂其中子曰：「吾欲與若復牽黃犬，俱出上蔡東門逐狡兔，豈可得乎[207]！」遂父子相哭，而夷三族[208]。二世乃以趙高為丞相，事無大小皆決焉。

項梁已破章邯於東阿[209]，引兵西，比至[5]定陶[210]，再破秦軍[211]。項羽、沛公又與秦軍戰於雍丘[212]，大破之，斬李由[213]。項梁益輕秦[214]，有驕色。宋義[215]諫曰：「戰勝而將驕卒惰者敗。今卒少惰矣[216]，秦兵日益[217]，臣為君畏[218]之。」項梁弗聽。乃使宋義使於齊[219]，道遇齊使者高陵君顯[220]，曰：「公將見武信君乎？」曰：「然。」曰：「臣論[221]武信君軍[6]必敗，公徐行即免死，疾行則及禍[222]。」二世悉起兵益章邯擊楚軍，大破之定陶，項梁死[223]。

時連雨，自七月至九月。項羽、沛公攻外黃[224]未下，去，攻陳留[225]。聞武信君死，士卒恐，乃與將軍呂臣[226]引兵而東[227]，徙懷王自盱眙都彭城[228]。呂臣軍彭城東，項羽軍彭城西，沛公軍碭[229]。

魏豹[230]下魏二十餘城，楚懷王立豹為魏王。

後九月[231]，楚懷王并呂臣、項羽軍，自將之[232]。以沛公為碭郡長[233]，封武安侯[234]，將碭郡兵[235]；封項羽為長安侯[236]，號為魯公[237]；呂臣為司徒[238]，其父呂青為令尹[239]。

章邯已破項梁，以為楚地兵不足憂，乃度河[240]，北擊趙，大破之[241]。引兵至邯鄲[242]，皆徙其民河內[243]，夷其城郭[244]。張耳與趙王歇走入鉅鹿[245]城，王離[246]圍之。陳餘北收常山[247]兵，得數萬人，軍鉅鹿北。章邯軍鉅鹿南棘原[248]。

趙數請救於楚。高陵君顯在楚，見楚王曰：「宋義論武信君之軍必敗，居數日，軍果敗。兵未戰，而先見敗徵[249]，此可謂知兵[250]矣。」王召宋義與計事而大說[251]之，因置以為上將軍[252]，項羽為次將[253]，范增為末將[254]，以救趙。諸別將[255]皆屬宋義，號為卿子冠軍[256]。

初[257]，楚懷王與諸將約，先入定關中者王之[258]。當是時，秦兵彊，常乘勝逐北[259]，諸將莫利[260]先入關。獨項羽怨秦之殺項梁，奮[261]勢[7]願與沛公西入關。懷王諸老將皆曰：「項羽為人慓悍猾賊[262]，嘗攻襄城，襄城無遺類[263]，皆阬之。諸所過，無不殘滅[264]。且楚數進取[265]，前陳王、項梁皆敗。不如更遣長者[266]，扶義[267]而西，告諭秦父兄[268]。秦父兄苦其主久矣，今誠得長者往，無侵暴，宜可下[269]。項羽不可遣。獨沛公素寬大長者，可遣[270]。」懷王乃不許項羽，而遣沛公西略地[271]，收[272]陳王、項梁散卒以伐秦。

沛公道碭[273]至陽城與杠里[274]，攻秦壁[275]，破其二軍。

【章　旨】以上為第二段，寫秦二世二年（西元前二〇八年）後半年秦王朝的內部矛盾與各地義軍反秦的形勢，秦王朝內部主要寫了秦二世與趙高的倒行逆施、肆意作惡，與李斯為保官保命而出賣靈魂，最終仍被趙高所殺害的卑劣結局；義軍方面則寫了項梁、項羽、劉邦等先是打敗章邯，氣勢壯闊，後因項梁輕敵，兵敗被殺，起義軍嚴重受創，以及楚懷王重新組織、部署，對秦王朝發起進攻的情景。

【注　釋】❶彭城　秦縣名，縣治即今江蘇徐州。❷距　通「拒」。抵抗。❸未聞所在　按，陳涉實際已死，但外界尚傳說不一，故項梁曰「未聞所在」。或者項梁明知陳涉已死，而為了消滅秦嘉故意以此為口實。❹倍　通「背」。背叛。❺胡陵秦縣名，在今山東魚臺東南。❻走死梁地　逃至梁國地面，被追兵所殺。梁地，指今河南之東部一帶地區。戰國時這一帶地區屬於魏國，因魏國建都大梁（今開封），所以也稱魏國為梁國，稱魏地為梁地。據《史記・秦楚之際月表》，項梁破殺秦嘉、景駒在秦二世二年四月。徐孚遠曰：「景駒楚後，非不當立，項氏兵勢已振，亦欲自立後，不肯受事於秦嘉，故以陳王為名而攻之。」❼栗　秦縣名，縣治即今河南夏邑。❽別將　陳涉部下的其他將領，與項梁的部下相對而言。❾餘樊君　封號名，姓名不詳。❿薛　秦縣名，縣治在今山東滕州東南。⓫從騎百餘　帶著百數名騎兵。從，使之跟隨。⓬五大夫將　具有「五大夫」爵位的將領。五大夫，秦朝二十級爵位的第九級。⓭沛公還二句　徐孚遠曰：「漢祖起事，欲以沛、豐為根本，豐反覆屬魏，大勢幾失，故數借兵復之。」⓮雍齒奔魏　雍齒是劉邦的叛將，前已降魏將周市，今被劉邦打敗，故往逃魏軍。⓯別攻襄城　另率一支軍隊往攻襄城。襄城，秦縣名，縣治在今河南襄城西。⓰阬　活埋。⓱定死　確實已死。⓲諸別將　陳涉部下的各路將領。⓳居鄛　秦縣名，縣治在今安徽桐城南。⓴范增　後來成為項氏的謀士。事跡詳見《史記・項羽本紀》。㉑素居家　瀧川曰：「不仕也。」即在家當隱士。㉒好奇計　善為奇計。好，善；擅長。㉓懷王入秦不反　楚懷王名熊槐，戰國後期的楚國國君，西元前三二八—前二九九年在位。秦昭王詐設武關之會，邀懷王結盟。懷王至，昭王以兵拘之，向懷王要求割地，懷王不允，遂被幽禁，客死於秦。事見《史記・楚元王世家》。㉔南公　《史記集解》引文穎曰：「南方老人也。」蓋姓字不詳。《漢書・藝文志》有「南公十三篇」，屬陰陽家。㉕楚雖三戶二句　極言楚人與秦誓不兩立之決心。《集解》引臣瓚曰：「楚人怨秦，雖三戶猶足以亡秦也。」瀧川曰：「三戶者，言其少耳，乃虛設之辭。」按，臣瓚與瀧川說極是，舊注有謂「三戶」為亭名、津渡名者；有謂「三戶」為楚之「昭」、「屈」、「景」三姓者，皆與此處文意不合。㉖蠭起　蜂擁而起，極言起義反秦者之多。㉗然其言　同意他的說法；以其說法為是。㉘楚懷王孫心　客死於秦國的楚懷王的孫子，名心。㉙為人牧羊　郭嵩燾曰：「納在句中，是文家消納法。」按，此即所謂「夾注句」，後文寫「鴻門宴」之座次有所謂「項王東向坐，亞父南向坐，亞父者范增也，沛公北向坐，張良西向侍」云云，「亞父者范增也」六字亦「夾注句」。㉚立以為楚懷王　吳見思曰：「孫冒祖號，生襲死謚，寫一時草草可笑。」㉛從民望也　順從百姓們的希望。王鳴盛曰：「六國之亡久矣，起兵誅暴秦不患無名，何必立楚後？制人者變為制於人，范增謬計，既誤項氏，亦誤懷王。」管同曰：「『懷王入關不反，楚人憐之』，憐之者，特以憤秦之欺，而咎其君拒屈平之讜言，聽子蘭之佞說，輕其身以投虎口也；非有故主之思，遺民之痛，而增之勸立其後何哉？且夫楚固列國，非天下之共主，項氏欲亡秦而取其天下，則立楚王後僅以收其故族之心，鼓其遺民之痛，而所謂燕、韓、趙、宋、衛、中山之邦者於楚何憐？夫豈可得悉動耶？增之為謀於是乎悖矣。」凌稚隆曰：「范增勸項氏第一事為立楚懷王，不知項世楚將，懷王立，則項當終其身為驅馳，增謂羽能堪之乎？必不能堪，則置懷王於何地？卒之羽弒懷王，而漢之滅羽始終以懷王為說，是懷王之立反為漢地耳。蓋懷王立則項羽不能不弒逆；羽弒逆則羽不容不滅。然則項之所以失天下，非增之勸立懷王一事誤之耶？」㉜上柱國　戰國時楚國官名，凡破軍殺將有大功者可使充之，位極尊寵。後為虛銜。㉝盱眙　同「盱台」。秦縣名，縣治在今江蘇盱眙東北。㉞武信君　戰國與楚漢之際習用的封號名，張儀、武臣等皆曾號此。㉟諸公子　帝王的嫡長子以外的其他兒子。㊱橫陽君成　即韓成，橫陽君是其封號。㊲益樹黨　更多地建立一些反秦的同盟勢力。益，更加。黨，黨羽；同夥。師古曰：「廣立六國之後，共攻秦也。」㊳求韓成　找來韓成。求，訪察；尋找。㊴立以為韓王　瀧川引周壽昌曰：「勸項梁立韓後，與他日說漢高銷六國印相反，蓋時異則事殊，不獨為韓也。」㊵司徒　古官名，其職守略同丞相。㊶將　統領。㊷韓地　指今河南的新鄭、陽翟一帶地區，戰國時期屬韓。㊸輒　就；隨即。㊹游兵潁川　在潁川郡一帶打游擊。游兵，游擊部隊。潁川，秦郡名，郡治陽翟，即今河南禹州。㊺章邯已破陳王　事在秦二世二年十二月。㊻魏王　魏咎，戰國時的魏王的後代，被周市等擁立為王。㊼臨濟　秦縣名，當時魏國的國都，在今河南長垣東南。㊽請救於齊楚　當時齊軍的首領是田儋，而楚軍的真正領袖是項梁。章邯圍魏咎於臨濟時，項梁正駐兵於薛縣（今山東滕州東南）。㊾項它　楚將，項羽的族人。㊿銜枚　讓每個士兵口中銜著的一根筷子樣的小棍兒，以防止喧譁。(51)約定二句　訂約請降，為使百姓不隨己同滅；而後自殺，以示寧死不屈。魏咎由來深得人心，非偶然。《史記評林》引邵寶曰：「魏咎於身於民，可謂兩全之矣。全民以生，全身以死。」郭嵩燾《史記札記》曰：「約降而後死，有救民之心矣。秦漢之際如周市、魏咎之君臣，君子有取焉。」凌稚隆曰：「周市之讓國，魏咎之全民，臣主皆賢，亦亂世所難得，故附見於豹傳。」(52)復徇魏地　重新到魏國地面拓地招兵。(53)東阿　秦縣名，縣治在今山東東阿西南。(54)齊王建　戰國時齊國的末代之君，西元前二六四—前二二一年在位，被秦國所滅。事見《史記・田敬仲完世家》。(55)以距諸侯　指不准別路義軍進入齊地。距，通「拒」。(56)大霖雨　意即雨大成災。霖，三日以上連續降雨。(57)亢父　秦縣名，在今山東濟寧南。(58)引兵東歸齊　回齊剿滅新被齊人所立的齊王田假。(59)追北　追擊敗兵。北，敗逃。(60)城陽　也寫作「成陽」，秦縣名，在今山東菏澤東北。(61)濮陽　秦縣名，在今河南濮陽西南。(62)復振　重又振作起來。(63)環水　環城挖溝引水，以固防守。(64)去　從濮陽撤離。(65)定陶　秦縣名，在今山東定陶西北。(66)假亡走楚　田假逃奔項梁。(67)前救趙　在此之前已被派率軍救趙。趙，原是陳涉的部將武臣在趙地稱王，都邯鄲。後來武臣被叛將李良所殺，武臣的部將張耳、陳餘遂擁立戰國時趙王的後代趙歇為趙王，實際是張耳、陳餘當家。詳情見《史記・張耳陳餘列傳》。按，《史記・田儋列傳》於此作「角弟閒前求救趙」，《漢書》作「前救趙」，《漢書補注》以為「求」字衍文。但此說可疑，當時田儋被章邯破殺，齊地義軍受重創，齊後方之人匆匆立田假為王，立腳未穩，哪有力量「派兵救趙」？[68]因留　於是便留在了趙國。[69]田橫　田榮之弟。[70]章邯兵益盛　時章邯駐兵定陶，今山東定陶西北。[71]楚殺田假三句　徐孚遠曰：「齊方初立，恐田假尚存，民有異望故也。」[72]恃恩專恣　靠著受秦二世恩寵而為所欲為。[73]但以聞聲二句　意即只能讓百官群臣聽到聲音，而見不到面容。[74]富於春秋　指年輕，未來之光陰尚多。春秋，指時日、歲月。[75]譴舉　譴罰與拔舉。按，「譴舉」似應作「譴譽」，謂譴責與稱道。兩相對文。[76]見短於大臣　在大臣面前顯露自己的短處。見，通「現」。顯露。[77]示神明於天下　向天下人顯示做皇帝者的無尚英明。[78]深拱禁中　意即深居宮廷，外事一概不問。拱，拱手，清閒無事的樣子。禁中，宮中。因有守衛禁防，故稱「禁中」。[79]侍中　官名，秦漢時為帝王的侍從役使人員。[80]待事　等候事來則處理之。[81]事來有以揆之　有了事情可以幫您參謀籌劃。揆，參詳；審度。[82]不敢奏疑事　不敢拿有疑問的、不真實的事情來蒙哄您。[83]侍中用事　由於在宮廷侍候皇帝，於是遂得以專權。[84]聞李斯以為言　聽說李斯想要見二世進言某事。按，據《史記・秦始皇本紀》，李斯此時是想諫二世請其止築阿房宮事。[85]急益發繇　越發加急地徵調民工。繇，通「傜」。傜役；勞工。[86]治　建築。[87]聚　收斂。[88]不可傳也　不能讓別人轉奏。[89]欲見無閒　想求見而沒有機會。閒，空隙；機會。[90]候上閒語君　等見到皇上有空閒時告訴您。候，覘測；暗中觀察。[91]燕樂　安閒享樂，多指有婦女之事，與下文「燕私」意同。燕，也寫作「宴」，安也。[92]上方閒　皇上眼下正有空閒。[93]上謁　遞進請求接見的帖子。謁，猶如今之所謂「名片」，上寫個人姓名爵里官稱，求見時令門者執以入報。[94]如此者三　一連三回如此。[95]請事　請求接見談事。[96]少我　《索隱》曰：「以我幼故輕我也。」或謂「少」即指「不滿意」。《史記・曹相國世家》：「惠帝怪相國不治事，以為豈少朕與？」《索隱》曰：「少者，不足之辭。」[97]且固我哉　還是以為淺陋而鄙視我呢。且，或；還是。固，陋，這裡用如動詞。[98]沙丘之謀　指始皇死於沙丘宮時，趙高、李斯陰謀篡改始皇遺詔，殺扶蘇以立胡亥事。[99]丞相與焉　丞相是參與了的。與，參與。[100]貴不益　富貴沒有增加。[101]裂地而王　佔有地盤而稱王。裂，割取；分出。[102]三川守　三川郡的郡守。三川郡的郡治即今河南洛陽。其郡內有黃河、伊水、洛水，故云。[103]傍縣之子　鄰近諸縣的人。傍縣，鄰縣。按，李斯為上蔡人，陳勝為陽城（今河南方城東）人，陽城在上蔡之西，二縣相鄰。[104]公行　暢行無阻。[105]過三川二句　謂陳勝的隊伍（如周文等）在三川郡過來過去，李由只是閉門守城而不出擊。[106]文書相往來　說李由與陳勝的部將互有書信往來。[107]未得其審　還未弄得確實。審，確實；確切。[108]未敢以聞　未敢向您報告。聞，使之聞，即報告。[109]丞相居外二句　吳見思曰：「結二語以威劫之，寫趙高之惡至此，不意天地之中有此毒物！」[110]案　逮捕審問。[111]按驗　審查；核查。[112]擅利擅害　意即作威作福。[113]田常相

齊簡公　田常原稱田恆，漢人避文帝諱改稱田常，春秋晚期齊國的權臣，為齊簡公（西元前四八四—前四八一年在位）之相。(114)竊其恩威　把持了齊國的賞罰大權。據《史記・田敬仲完世家》：田常之父田乞，為齊景公臣，為了獲取民心，在貸糧於民時，大斗出，小斗入，故齊人皆德之。至田常時，復行其父之政，於是不知不覺地就把齊國政權把持了起來。(115)卒弒簡公而取齊國　據《左傳》與《史記・田敬仲完世家》，哀公十四年，齊簡公的親信監止欲誅田氏，事洩，田常擊殺監止，並弒齊簡公。從此田氏把持了齊國政權，姜姓諸侯成為傀儡。(116)邪佚之志　邪惡的心思。佚，放縱。(117)危反之行　意即圖謀造反。王念孫曰：「危，讀為『詭』。詭，亦『反』也。」(118)若田氏之於齊　就如同當年田常在齊國的情形一樣。(119)貪欲無厭　貪得而永無滿足。厭，飽；滿足。(120)列勢次主　其地位權勢和您差不多。次，僅次於；差不多。(121)劫陛下之威信　憑藉著您的權勢以控制群臣，即所謂狐假虎威。劫，劫持；倚仗。(122)韓玘為韓安相　韓玘不見於歷史，當是戰國末期韓國的權臣；韓安是韓國的末代國君（西元前二三八—前二三〇年在位），被秦國所滅。梁玉繩引胡三省曰：「韓安之臣必有韓玘者，特史逸其事耳。李斯與韓安同時，而韓安亡國之事接乎胡亥之耳目，所謂『殷鑑不遠』也。」(123)不圖　不考慮他的危險性。圖，謀慮；提防。(124)臣恐其必為變也　陳子龍曰：「丞相子方得罪，而欲上書以除君側之惡，此必無之事也，何斯之智而出此？知其無聊矣。」(125)何哉　怎麼會像你說的那種樣子呢。(126)故宦人也　只不過是一個宦者出身而已。瀧川引中井曰：「『故宦人』者，對今尊官而言，謂內宦賤役也。」(127)不為安肆志　不因為國家太平而放縱自己。(128)不以危易心　不因為國事危急而改變忠心。(129)潔行脩善　提高操行，一心向善。潔，用如動詞。(130)自使至此　意謂他今天的富貴權位都是靠著自己的努力獲得的。(131)非屬趙君二句　不倚靠趙高，又能倚靠誰呢。屬，託；倚靠。(132)精廉彊力　精明而又勤奮。彊力，努力。(133)適朕　合我的心思。(134)其　表示祈請的語氣詞。(135)雅愛信　一向喜愛、信任。雅，平素；一向。(136)所患　所怕。(137)高已死二句　吳見思曰：「即以田常事反用之，只一句，毒甚。李斯一篇文章反為趙高所用。何物文心，體貼至此！」又曰：「趙高說李斯便入，李斯說趙高不入，蓋李斯地逼，趙高地親也。」(138)盜賊　指東方的各路起義軍。(139)關中卒　關中地區的士兵。關，指函谷關，在今河南靈寶東北。(140)發東　被徵調到東方。(141)無已　指被徵調個沒完。(142)殺亡　被殺死的與被趕走的。亡，逃走。(143)戍漕轉作　胡三省曰：「戍，征戍也；漕，水運也；轉，陸運也；作，役作也。」役作指修阿房、修陵墓等等。(144)且止　暫時停止。(145)減省四邊戍轉　削減四方邊境的駐守軍隊，減少向四方邊境運送糧食。(146)所為貴有天下　統治天下的帝王之所以可貴。所為，所以。(147)肆意極欲　即為所欲為，想怎麼著就怎麼著。(148)主重明法　主要的是在於申明法令。「主重」二字連讀，意即「強調」、「重在」。(149)制御四海　意即統治天下。制御，統治、駕御。(150)虞夏之主　指虞舜、大禹那樣的人。(151)親處窮苦之實　指親自去幹那些艱苦的勞動，親自去過那種窮困的生活。152徇百姓　圍著百姓轉。徇，順；以己從人。153尚何於法　還要法令幹什麼。王叔岷曰：「『於』猶『用』也。」154擯　排擠；斥逐。155以章得意　以顯示自己的心滿意足。章，顯示。156君觀先帝功業有緒　你是看到過先帝當年的功業是何等輝煌而有條理的。觀，謂看到過。有緒，有條理；有次序。157罷先帝之所為　指停止修建阿房宮等等。158何以在位　憑什麼居此職位。159下去疾斯劫吏　將馮去疾、李斯、馮劫交由司法官查辦。160案責佗罪　進一步追查他們的其他罪行。161去疾劫自殺　古禮有所謂「將相不辱」，故大將、宰相輪當下獄時，往往採取自殺。162就獄　接受懲罰，自甘入獄。163以屬趙高治之　將李斯交由趙高審訊。「以」下應增「斯」字讀。屬，給；交由。治，拷問。164責追問。165榜掠　拷打。榜，笞打。掠，拷問。166誣服　無罪而冤屈地承認有罪。167不死　指不自殺。168自負其辯二句　自以為既有功又善辯。瀧川曰：「《治要》無『其辯』二字。」按，無「其辯」二字於文氣更順。169自陳　陳述自己的冤情。170幸二世寤　希望二世能醒悟。寤，同「悟」。171臣為丞相二句　梁玉繩曰：「始皇二十八年李斯尚為卿，本紀可據。疑三十四年始為丞相，是相秦僅六年。若以始皇十年斯用事數之，是二十九年，亦無『三十餘年』也。」王叔岷曰：「蓋自始皇拜斯為長史時計之，其事當始皇初年，李斯自計年數應不致誤也。」172逮秦地之陜隘　還曾趕上過秦國當初那種疆土狹窄的樣子。逮，達到；趕上。陜，通「狹」。173臣盡薄材　意即我盡了我的一切力量。「薄材」這裡是故作謙語、反語。174陰行謀臣　暗中派出說客。陰行，暗中派出。行，派出；派遣。175資　供給；使其攜帶。176使游說諸侯　以上數語即《史記・李斯列傳》所謂「於是秦王拜斯為長史，聽其計，陰遣謀士齎持金玉以遊說諸侯，諸侯名士可下以財者，厚遺結之；不肯者，利劍刺之，離其君臣之計。」177飭政教　意即推行政治教化。飭，治；施行。178官鬭士　封戰場立功者以官。按，「陰脩甲兵」以下數語講內政，與上文派謀臣遊說諸侯之外交相對。179脅韓三句　意即滅掉東方六國。脅、弱、破、夷，都是「消滅」的意思。180卒兼六國三句　按，東方六國依次被秦所滅的時間，具見《史記・秦始皇本紀》。至秦王政二十六年（西元前二二一年），全國統一，從此秦王改稱「始皇帝」。181北逐胡貉　指北逐匈奴與東北逐朝鮮。古時稱匈奴人曰「胡」，稱朝鮮（當時曰高麗）人曰「貉」。貉，亦作「貊」。按，秦之北逐匈奴見《史記・蒙恬列傳》，秦之逐朝鮮事語焉不詳。〈朝鮮列傳〉有所謂「秦滅燕，屬遼東外徼」，或即指此以兵威使朝鮮歸附。182南定百越　「百越」指當時雜居於今福建、廣東、廣西以及越南北部的各少數民族，以其種類繁多，故稱「百越」。按，《史記・南越列傳》有云：「秦時已并天下，略定揚越，置桂林、南海、象郡。」具體情節亦語焉不詳。183更剋畫二句　指統一度量衡、統一文字。更，改，改戰國時期的舊制。陳直曰：「『剋畫』即『刻畫』，謂鑄刻其款識也。」按，剋畫，指文字，即改大篆而行小篆。斗、斛，都是容器，一斛相當於十斗。文章，指禮樂制度。184願

陛下察之　曾國藩曰：「李斯之功，只從獄中上書敘出，與蕭何之功從鄂君語中敘出同一機杼。李斯之罪從趙高反覆熟商立胡亥事敘出，與伍被說淮南、蒯通說韓信同一機杼。」凌稚隆曰：「李斯所謂『七罪』，乃自侈言極忠，反言以激二世耳。豈知矯殺扶蘇、蒙恬，以釀其君之暴，其罪更有浮於此者。」錢鍾書曰：「僕固懷恩〈陳情書〉『臣實不欺天地，不負神明，夙夜三思，臣罪有六』云云，全師李斯此書，假認罪以表功，所謂『反言』也。」[185]安得　豈能；哪有資格。[186]十餘輩　十多批；十來夥。[187]御史謁者侍中　都是官名，御史是御史大夫的屬官，掌監察彈劾。謁者屬郎中令統管，掌儐相、贊禮及收發傳達。侍中是帝王身邊的侍從人員。[188]更往覆訊斯　意謂趙高讓他手下的賓客化裝成秦二世的御史、謁者、侍中多次地前去詢問李斯。更往，交替前往。覆訊，再次審問。[189]斯更以其實對　李斯以為他們真是二世派來的人，於是便翻去不實之辭，照實情回答。[190]輒使人復榜之　陳子龍曰：「高知二世必遣人更訊，故先為之地也。」[191]驗斯　拷問李斯。[192]斯以為如前李斯以為還是趙高派來的。[193]終不敢更言　始終不敢再說別的。或也可以理解為「改口」。更，改。[194]辭服　招供認罪。[195]奏當上　把對李斯的判決書上報皇帝。奏，進呈。當，判罪；判決。胡三省曰：「奏當者，獄具而奏。當，處其罪也。」[196]微趙君二句　微，如果沒有；如果不是。幾，幾乎；差點兒。賣，欺騙。[197]及二世所使句　當二世所派按察李由的使者到達三川郡時。[198]楚兵已擊殺之　李由已被項梁之兵所殺。[199]使者來　使者回到咸陽。[200]會丞相下吏　正趕上李斯被下獄。會，值；正趕上。[201]妄為反辭　隨意給李由編造了一些造反的情節。茅坤曰：「自古以讒賊之言殺功臣，未有不誣以謀反者。」[202]傳會　編造；編湊。[203]具斯五刑　讓李斯備受了五種刑法。《漢書．刑法志》云：「當三族者，皆先黥、劓，斬左右趾，笞殺之，梟其首，菹其骨肉於市；其誹謗詈詛者，又先斷舌，故謂之具五刑。」按，關於「五刑」的規定，各個時代不一。據說舜時的五刑是墨（黥）、劓（割鼻）、刖（斷小腿）、宮（割生殖器）、大辟（斬頭）；漢則為黥、劓、斬趾、笞殺、菹骨肉。又，據此處文意，所謂「具斯五刑」者，疑即指根據刑法對李斯判罪，故下接「論腰斬咸陽市」；若五種刑罰皆已受遍，已經「大辟」、「梟首」、「菹骨肉」矣，則李斯腰斬前還怎能與其子說話？[204]論腰斬咸陽市　論，判處。咸陽市，咸陽城中的市場。古代都城的市場有規定地點，周圍築有圍牆。[205]中子　在諸子中不是最大，也不是最小的。[206]俱執　一起被捆綁。執，捆綁。[207]吾欲與若三句　若，爾；你。逐，追，此指打獵。按，《晉書．陸機傳》寫陸機臨死曰「華亭鶴唳，豈可復聞乎」，當是效李斯此語。[208]夷三族　誅滅三族。夷，平；殺光。三族，有曰指父族、母族、妻族。有曰指父母、兄弟、妻子。其他不錄。按，李斯被秦所殺在秦二世二年九月。[209]已破章邯於東阿　意即在東阿打敗章邯，救出田榮後。[210]比至定陶　「比」字原訛作「北」。「比至定陶」即迨至打到定陶的時候。比，等到。按，定陶不在東阿的北面，而是在東阿的西南方。[211]再破秦軍項梁又一次打敗了秦朝軍隊。212雍丘　秦縣名，即今河南杞縣。213斬李由　破殺了李斯的兒子三川守李由。214益輕秦　謂項梁於連續獲勝後遂越來越輕視秦朝軍隊。益，漸。215宋義　楚人，秦滅楚前曾為楚國高官。淩稚隆引《漢紀》云：「宋義，故楚令尹。」216今卒少惰矣　少，同「稍」。惰，鬆懈；渙散。吳見思曰：「本言將驕，諱而言卒，辭令之妙。」217秦兵日益　秦朝的軍隊越來越多。218畏　擔心。219使於齊　派往田榮處聯絡。220高陵君顯　高陵君名顯，姓氏不詳，齊王田榮的部下，「高陵君」是其封號。高陵，秦縣名，《索隱》曰：「高陵屬琅邪。」221論　判斷；估計。222徐行即免死二句　意謂項梁那裡很快就要出問題，您如果走慢點，可以躲過去；如果到得早，很可能就要跟著倒楣了。223大破之定陶二句　據《史記・秦楚之際月表》，項梁兵敗被殺在秦二世二年九月。姚苧田曰：「宋義語只是尋常見識，幸而中，亦不幸而中，卒以此殺其身也。」224外黃　秦縣名，縣治在今河南杞縣東北。225陳留　秦縣名，縣治在今河南開封東南。226呂臣　原為陳涉侍從，陳涉兵敗被殺後，呂臣收合殘部，又曾一度攻克陳郡，後歸項梁。事見《史記・陳涉世家》。〈高祖功臣侯者年表〉有「呂臣」，應是別一人。227引兵而東　向東方撤退。何焯曰：「一路向西北，乃『引兵而東』，暫以兵敗也。」228徙懷王自盱眙都彭城　將楚懷王的都城自盱眙遷到西北前線的彭城，即今徐州。盱眙在彭城東南數百里。229碭　秦縣名，縣治在今河南夏邑東。230魏豹　六國時魏國的後代，魏咎之弟。魏咎前被章邯所圍自殺，故今楚懷王又立魏豹為魏王。魏豹的事跡詳見《史記・魏豹彭越列傳》。231後九月　即閏九月。秦朝以「十月」為歲首，「九月」為一年中的最後一個月。當時的閏月放在歲末，故稱「後九月」。232并呂臣項羽軍二句　由此益見懷王在當時非徒擁虛名之傀儡，而是確有相當的實力；亦可由此想像異日項羽殺害懷王的後果非同一般。項羽與懷王的怨隙自此奪軍始。233碭郡長　即碭郡的郡守。秦時的碭郡治睢陽，在今河南商丘城南。234武安侯　只是封號名，而無封地。235將碭郡兵　項羽的兵權被剝奪，而劉邦則被委以「將碭郡兵」，懷王親近劉邦的意向分明。236長安侯　亦只是封號，沒有封地。237號為魯公　魯縣的縣令，魯縣即今山東曲阜。238司徒　掌管教化的官名，地位崇高，為古代的「三公」之一。239令尹　戰國時楚官名，位同丞相。《集解》引臣瓚曰：「時立楚後，故置官司皆如楚舊。」240度河　渡黃河北進。度，通「渡」。241大破之　謂大破張耳、陳餘之兵。242邯鄲　即今河北邯鄲，趙國的都城。243河內　地區名，戰國、秦漢時代以稱今河南北部的黃河以北地區。244夷其城郭　鏟平了邯鄲城。夷，鏟平。城，內城。郭，外城。245鉅鹿　秦縣名，縣治在今河北平鄉西南。246王離　秦國名將王翦之孫。247常山　秦郡名，郡治元氏，在今河北元氏西北，當時為趙地起義軍的勢力範圍。248棘原　古地名，在今河北平鄉南。249敗徵　失敗的徵兆。250知兵　懂得用兵作戰。251說　同「悅」。252上將軍　非固定官名，蓋令其位居諸將之上，以統領諸將而言。253次將　軍隊中的第二把手。254末將　位在次將之下。按，「次將」、

「末將」皆非固定職位，只臨時表示其在軍中的地位。(255)諸別將　配合主力軍部隊作戰的其他各路將領。(256)卿子冠軍　「卿子」是對男子的美稱，宋義為最高統帥，故稱「卿子冠軍」。(257)初　當初，史書追敘往事時常用「初」字領起下文。(258)先入定關中者王之　誰先破秦入定關中，誰就在那裡稱王。關中，《史記索隱》引《三輔舊事》云：「西以散關為界，東以函谷為界，二關之中，謂之關中。」按，懷王打發項羽北上，指派劉邦西下，而約之曰「先入定關中者王之」，此懷王故意將關中王給予劉邦。淩稚隆引王九思曰：「當時救趙難於入關，秦大軍在趙既有當之者，則入關差易為力。」(259)逐北　乘勝追擊敗兵。北，通「背」。二人對戰而示之以背，意即敗逃。(260)莫利　師古曰：「不以入關為利，言畏秦也。」(261)奮　《史記索隱》引韋昭曰：「奮，憤激也。」意即聞聲而起、挺身而出。(262)慓悍猾賊　猶言「勇猛兇殘」。慓悍，迅疾勇猛。猾賊，狡猾殘忍。梁玉繩曰：「『猾』字不似項羽之為人，蓋『禍』字之訛，《漢書》作『禍賊』。師古曰：『好為禍害而殘賊也。』」按，王念孫以為應作「猾」，且謂「猾，黠惡也」，並以《史記·酷吏列傳》之說甯成「猾賊任威」為證。(263)無遺類　猶言一個沒剩，全部殺光了。(264)殘滅　毀壞淨盡。(265)楚數進取　楚兵已經多次向西方發動過進攻。師古曰：「楚者，總言楚兵，陳涉、項梁皆是。」(266)長者　厚道人；仁義之人。(267)扶義　仗義，一切行事以仁義為本。師古曰：「扶，助也。以義自助也。」(268)告諭秦父兄　對秦地父老講清道理，令其投降。(269)宜可下　應該是可以攻下。(270)獨沛公素寬大長者二句　素，一向；向來。瀧川曰：「懷王之立也，楚亡臣來歸者必眾，所謂『諸老將』是也。使懷王併呂臣、項羽軍，以宋義為上將軍，遣沛公入關者，概此等老將所為。」鍾惺曰：「『長者』字三言之，人心可卜矣。」陳子龍曰：「秦強兵皆在外而內怨復深，此不必全以兵力取，而可以虛聲下也，楚諸老將可謂知兵。」(271)略地　攻取；開拓地盤。(272)收　招集；收編。(273)道碭　經由碭縣。(274)至陽城與杠里　陽城，似應作「城陽」，也寫作「成陽」，秦縣名，在今山東菏澤東北。距劉邦開始出發的彭城較近。至於「陽城」，乃在西部的登封東南，劉邦不可能一下子到達此地。《史記·高祖本紀》正作「成陽」。杠里，秦縣名，在當時的成陽之西。(275)秦壁　秦軍的壁壘。壁，壁壘，防禦工事。

【校　記】[1]齊王儋死　「齊王」二字，原作「田」。據章鈺校，十二行本、乙十一行本、孔天胤本皆作「齊王」。今從諸本及《通鑑紀事本末》改。[2]田角亡走趙　此五字原無。據章鈺校，十二行本、乙十一行本、孔天胤本皆有此五字，張敦仁《通鑑刊本識誤》、張瑛《通鑑校勘記》同。今從諸本及《通鑑紀事本末》補。[3]天子所以貴者　「天子」下原有「之」字。據章鈺校，十二行本、乙十一行本皆無此字。今從十二行本、乙十一行本及《史記·李斯列傳》、《通鑑紀事本末》刪。[4]雅愛信高「信」，原作「趙」。據章鈺校，十二行本、乙十一行本皆作「信」。今從十二行本、乙十一行本及《通鑑紀事本末》改。⑤比至「比」，原作「北」。據章鈺校，十二行本、孔天胤本皆作「比」。按，定陶不在東阿之北（說詳注釋210），今從十二行本、孔天胤本及《漢書・陳勝項籍傳》改。⑥武信君軍「軍」字原無。據章鈺校，十二行本、乙十一行本皆有此字，張敦仁《通鑑刊本識誤》同。今從十二行本、乙十一行本及《史記・項羽本紀》、《通鑑紀事本末》改。⑦奮勢「勢」字原無。據章鈺校，乙十一行本、孔天胤本皆有此字，張敦仁《通鑑刊本識誤》同。今從乙十一行本、孔天胤本及《漢書・高帝紀》補。

【語譯】楚王景駒和秦嘉率軍駐紮在彭城以東，準備抵制項梁。項梁對手下的軍官們說：「陳王首先率眾叛秦，後來打了敗仗，不知他現在在什麼地方。如今秦嘉背叛了陳王而擁立景駒為楚王，實屬大逆不道。」於是率軍向秦嘉發起了猛攻，秦嘉戰敗率軍逃走，項梁在後緊緊追趕一直到胡陵。秦嘉迫不得已，只好率軍迎戰；經過一整天的激戰，秦嘉戰死，他的軍隊全部投降了項梁。景駒逃走，被追兵殺死在梁地。

項梁吞併了秦嘉的軍隊以後，將部隊駐紮在胡陵，準備率軍西進。而章邯的軍隊已經抵達栗縣，項梁派另外一支軍隊的將領朱雞石和餘樊君前去迎戰章邯。餘樊君戰死，朱雞石戰敗逃回胡陵。項梁率軍進駐薛城，殺死朱雞石。

沛公劉邦率領著一百多名騎兵來見項梁；項梁撥給劉邦五千名士兵、五大夫級的將領十人。劉邦率領這支借來的軍隊再次攻打豐縣，終於佔領了豐縣。雍齒被劉邦打敗後逃奔魏國。

項梁派項羽去攻打襄城。防守襄城的秦軍頑強抵抗，等到攻下了襄城以後，項羽就把襄城的軍民全部活埋，然後到薛城回報項梁。

項梁得知陳王確實已死，就召集各路將領到薛城商議事情，沛公劉邦也參加了會議。居鄛人范增當時已經七十歲了，一直家居，專好研究奇謀妙計，他勸諫項梁說：「陳涉反秦失敗，本來是理所應當。被秦國滅亡的六國當中，楚國是最無辜的。自從楚懷王被騙入秦，遭到秦國的囚禁，後來竟死在秦國，楚國人一直懷念他。所以楚國的預言家南公先生說『楚國即使只剩下三戶人家，將來滅亡秦國的也一定是楚國人。』而今陳涉首先發難反秦，他不立楚王的後裔為王卻自己做了陳王，因而勢必不會長久。現在將軍從江東起兵，楚地將領蜂擁而起，都爭著歸附將軍，就是因為將軍家裡幾代都是楚國的著名將領，是最有資格擁戴楚王後裔為楚王的人選。」項梁認為范增說得有道理，就派人四處尋找楚王的後裔，終於把在民間為人放羊的楚懷王的孫子羋心找到。夏天，六月，項梁立羋心為楚懷王，目的是為了順從百姓的希望。任陳嬰為上柱國，分封給他五個縣；按照楚王羋心的願望，定都盱眙。項梁自稱「武信君」。

張良對項梁說：「將軍您已經把楚懷王的孫子立為楚王，而故韓國國王的諸位王子當中，就數橫陽君韓成最賢能，可以立他為韓王。那樣的話，就更多地建立一些反秦的同盟勢力。」項梁就派張良去尋找韓成，找到後便立韓成為韓王。韓王成任命張良為司徒，司徒張良和韓王成一起率領一千多軍隊，向西去收復原來屬於韓國的領土。開始時收復了幾座城邑，然而不久又被秦軍奪去，張良和韓王成就在潁川一帶與秦軍展開了游擊戰。

秦將章邯自從打敗陳王涉以後，又率軍攻打魏國的都城臨濟。魏王咎派周市到齊國、楚國求救。齊王田儋和楚軍將領項它分別率領齊軍和楚軍跟隨周市來救魏國。章邯在黑夜之中偃旗息鼓、祕密部署軍隊，在臨濟城下把齊、楚的援軍打得大敗，齊王田儋和周市全都戰死。魏王咎為了城中百姓免遭殺戮，被迫與秦軍約定了投降的條款；而後魏王咎便自殺了。魏王咎的弟弟魏豹逃亡到楚國，楚懷王撥給他幾千名兵士，讓他去收復魏地。齊王田儋的弟弟田榮把田儋的舊部招集起來，率領著逃往東阿；秦將章邯隨後追來，把魏豹緊緊地包圍在東阿城中。齊國人聽說齊王田儋已經戰死，就擁立已故齊王田建的弟弟田假為齊王，用田角為丞相，田角的弟弟田間為大將，以抵禦別路義軍進入齊地。

秋天，七月，大雨下個不停。武信君項梁正在親自率軍攻打亢父，當他聽說齊國田榮在東阿被秦軍包圍，情況非常危急時，就率軍趕往東阿，在東阿城下打敗了章邯的軍隊，解了東阿之圍。章邯率領敗軍向西逃走，田榮率領軍隊向東回到齊國。武信君項梁獨自率領人馬追趕敗逃的秦軍；他派項羽、劉邦去攻取城陽。項羽、劉邦攻下城陽以後，對城中堅守的軍民進行了大肆的殺戮。楚軍駐紮在濮陽城東，與章邯的軍隊展開激戰，再一次把章邯打敗。章邯接連打了兩次敗仗之後，重整旗鼓，據守濮陽城，並在濮陽城四周挖好了護城河。劉邦、項羽離開濮陽去攻取定陶。

八月，田榮率領自己的部下攻打齊王假，齊王假抵擋不住田榮的進攻，便離開齊地逃奔項梁，齊相田角逃亡，投奔趙歇。在此之前，田間已經被派率軍援救趙國，當他得知齊王假已經被田榮驅逐的消息後，不敢再回齊國，就留在了趙國。田榮立田儋的兒子田市為齊王，自己擔任宰相，任命田橫擔任齊國的大將，全部收復了齊國故有的領土。章邯的兵力越來越強大，項梁多次派使者向齊、趙告急，讓他們出兵共同攻打章邯。田榮回覆說：「如果楚殺掉田假，趙國殺掉田角、田間，齊國就馬上出兵。」楚國、趙國都沒有答應齊國的條件。田榮大怒，因此不肯派兵。

秦朝的郎中令趙高靠著秦二世的恩寵，更加獨斷專行、為所欲為；他以私人恩怨殺了好多人，懼怕朝中大臣在奏事時將他的惡行揭發出來，就想出了一個對付的好辦法，他對秦二世說：「天子所以尊貴，就是因為大臣們只能聽到他的聲音，而不能看到他的面容。再說皇帝陛下正在青春年少，未必對什麼事情都很精通。如今每天坐在朝堂之上聽群臣議事，或責罰、或選拔，萬一有失當的地方，就等於把自己的短處暴露在群臣面前了，這對於在天下人面前樹立皇帝神聖英明的形象很不利。陛下不如深居宮中、不理朝政，由我和從陛下的其他侍從人員中挑選出來懂得法令的人來接待大臣奏事，遇到大事也有一個研究思考的餘地。這樣的話，那些大臣就不敢再把疑難不實的事情上奏，天下人就會稱頌陛下是聖明的君主了。」秦二世採納了趙高的建議，從此不再每天上朝接見大臣、批閱奏章，而是待在深宮之中。由於趙高總是隨侍在二世左右，所以一切政事都取決於趙高。

趙高聽說李斯想要面見秦二世，向秦二世進言，於是他去拜見李斯說：「現在函谷關以東盜賊蜂起，而皇帝陛下卻越發加緊增派徭役修建阿房宮，大量地收斂狗馬等無用的東西。我本來想勸阻皇上，可是我的地位卑賤，這正是您的分內之事，您怎麼不去勸勸皇上呢？」李斯說：「這是我應該做的事，我已經想說很久了。但是如今皇上不上朝議事，經常地待在深宮之中。我想要說的話又不能讓人來轉達，我想見皇上，卻又沒有機會。」趙高說：「您如果真的想勸諫皇上，讓我為您打聽，等皇帝有空閒的時候我來通知您。」於是趙高等到秦二世在宮中飲酒作樂、美女當前、玩得正在興頭上的時候，就派人去告訴丞相李斯說：「皇上此時正有空閒，丞相可以進去奏事。」李斯來到皇宮門口遞進請求接見的帖子，這樣一連三次以後。秦二世終於大發雷霆地說：「我平常閒暇的時候，丞相不來奏事；我剛一歡宴休息，丞相就來奏報事情。丞相是因為我年幼輕視我呢，還是以為我淺陋而鄙視我呢？」趙高趁機進讒言說：「當初在沙丘密謀篡改秦始皇詔書、殺死扶蘇立陛下為皇帝的事，丞相李斯是參與了的。如今陛下已經做了皇帝，而丞相的地位卻沒有提高，他想讓陛下分割土地給他，再封他為王。陛下如果不問我，我也不敢說。丞相的長子李由擔任三川郡的郡守，楚地盜賊陳勝等人都是丞相鄰縣的子弟，他們仗著與丞相的鄉情關係，所以在楚地暢行無阻；而且這些盜賊過往三川郡的時候，我聽說李由從來都不攻打他們。我還聽說李由與那些盜賊經常有書信往來，因為不知是不是屬實，所以沒敢把這件事報告給陛下。況且丞相在外面的權力比陛下還大。」秦二世認為趙高說得有道理，就想要查辦李斯，又恐怕事實不確切，於是就派人到三川郡調查李由與盜賊暗中勾結的證據。

李斯得知趙高在皇帝面前誣陷自己後，就給秦二世上了一封奏章揭露趙高的短處，說：「趙高作威作福，跟皇帝沒有什麼區別。過去田常在齊簡公時期擔任宰相，把持了齊國的賞罰大權，因此，下面的百姓只知道感激田常，朝中的大臣也都擁護田常，全國上上下下全都忽視了齊簡公的存在，終於導致了田常弒殺齊簡公而篡奪齊國政權的結果。這是全天下的人都知道的事情。如今趙高心存邪惡，圖謀造反，私人所佔有的財富和當年田氏在齊國沒什麼兩樣。而且比田常更加貪得無厭，他不停的聚斂財富、追求利益，而且地位、權勢已經與陛下不相上下，但仍然不滿足，又憑藉著陛下的權勢控制群臣，他的志向與韓玘當韓王安的宰相時一樣。陛下如果不考慮他的危險性，我怕會發生變亂啊！」秦二世說：「你說的是什麼話！趙高，他只不過是一個宦官出身而已，他沒有因為國家太平而為所欲為，也沒有因為時局艱危就改變對皇帝的忠心，他提高操行，一心向善，是依靠自己的努力才得到今天的地位。他是因為對皇帝忠心耿耿才得到提拔，是因為誠實守信才保住他的位置，我確實認為他是一個賢德的人才，而你卻懷疑他，這是為什麼呢？再說，我如果不信任趙高，那我還能信任誰呢！況且趙高的為人，既精明廉潔又勤奮，對下瞭解民情，對上合我心意；你不要再對他有什麼懷疑。」秦二世一向喜愛、信任趙高，恐怕李斯會殺掉他，就私下裡把李斯攻擊趙高的話告訴了趙高。趙高說：「丞相所害怕的，只有趙高一人而已。如果趙高一死，丞相就可以像田常那樣為所欲為了。」

此時，東方的起義越來越多，關中的兵力被不停地派往東部剿滅起義軍。右丞相馮去疾、左丞相李斯、將軍馮劫都勸諫秦二世說：「關東的盜賊蜂擁而起，朝廷派兵前去剿滅，雖然消滅了很多，但卻越殺越多。盜賊如此眾多的原因，都是因為朝廷徵兵戍邊、水陸轉運、大興土木等諸多苦役，再加上賦稅繁重造成的。請暫且停止修建阿房宮，減少四周邊境戍邊的士卒和糧草轉運的數量。」秦二世說：「統治天下的皇帝之所以可貴，就是因為能夠為所欲為、盡情享樂；君主申明法令，下面的人不敢為非作歹，皇帝就憑這個來統治天下。古代的虞舜、夏禹，雖然貴為天子，卻親自去勞苦操作，為百姓做出犧牲，還要法令幹什麼！況且先帝使秦國從一個普通的諸侯國興盛起來，兼併了天下所有的諸侯國，統一了天下。現在天下已經平定，對外鎮壓了四周異族的侵略，使邊境得以安寧。建造宮室就是為了顯示自己的心滿意足。你們是看到過先帝當年的功業是何等輝煌而有條理。我從即位到現在，僅兩年的時間，就盜賊蜂起。你們不能禁止，現在又想取消先帝尚未完成的事業，對上你們無法報答先帝對你們的恩寵，其次不能為我盡忠盡力，你們憑什麼佔據著高位！」就把馮去疾、李斯、馮劫交付給司法官去審訊，並追究其他罪責。馮去疾和馮劫不願接受審訊，自殺而死；只有李斯不肯自殺，甘願入獄。秦二世把李斯交與趙高審理。趙高嚴刑逼供，要李斯承認和他的兒子李由謀反，並把他的親屬、賓朋全都逮捕收監。趙高在審理此案的過程中動用了最殘酷的刑法，拷打千餘次；李斯忍受不了，終於屈打成招，自誣謀反。

李斯當初所以沒有和馮去疾他們一樣自殺，是相信自己既能言善辯，有功於秦，又確實沒有謀反之心，想給秦二世上一道奏章，陳述自己的冤情，希望二世醒悟後能赦免自己。李斯在獄中寫奏章給秦二世說：「我自從擔任丞相，輔佐先帝治理國家到現在已經有三十多年了。起初，秦國的疆土很狹小，不超過一千里，兵力也只有幾十萬。我竭盡自己微薄的能力，實施了一系列富國強兵的政策：對外，暗中派遣了大批說客，供給他們黃金美玉，派遣他們到各諸侯國進行遊說、離間。在國內，則暗中整飭武備，修明政治教化，提拔作戰勇猛的將士，尊崇有功的大小臣僚；收到了威脅韓國，削弱魏國，攻破燕國、趙國，重創齊國、楚國的實效，進而又兼併六國，擒獲了他們的國君，擁戴先帝登上天子之位。隨後，又在北方驅逐了胡、貉兩大少數民族，在南方平定了百越部落，以此顯示了秦國的強大。四海歸一以後，又建議更改禮器上的徽飾、統一了度量衡制度和文字，並在全國進行推廣，以樹立秦國的威望。如果這些可以算做罪名的話，那我早就該死了。所幸的是皇帝陛下允許我繼續效力，才使我有今天。希望陛下能夠詳察。」奏章遞上去以後，趙高並沒有呈送給秦二世，而是派人把奏章扔掉了，趙高說：「一個囚犯哪有資格給皇帝上奏章！」

趙高又派他的賓客十多個人裝扮成御史、謁者、侍中，輪番對李斯進行審問。李斯不知是趙高所派，以為是秦二世看了自己的奏章以後派人來複查，就推翻了原先的供詞，據實而奏。事後，趙高就派人對李斯進行一頓嚴刑拷打。如此幾次之後，李斯再也不敢翻供。後來秦二世真的派人來審問李斯，核對口供，李斯以為說實話又得受拷打，就沒敢更改口供。李斯既然招供服罪，趙高便把判決書上奏給秦二世。秦二世高興地對趙高說：「要不是你，我幾乎就被李斯欺騙了。」再說秦二世派往三川審查李由的使者到達三川的時候，楚兵已經攻破三川郡殺死了郡守李由。使者回到咸陽，正好趕上李斯被抓捕入獄，趙高就隨心所欲地編造了李由謀反的情節，來證明李斯父子共同謀反。於是讓李斯備受了五種刑法後，在咸陽市上腰斬。李斯和他的二兒子一同被從監獄中押解出來時，他回頭對二兒子說：「我再想和你一起牽著黃狗，到家鄉上蔡縣的東門去追逐野兔，難道還會有這樣的機會嗎？」說完，父子二人相對痛哭。李斯父子被處死後，他的父族、母族、妻族全部被處死。秦二世任命趙高為丞相，事情不論大小，一切都取決於趙高。

項梁在東阿打敗了章邯、救出田榮後，就率軍向西挺進，到達定陶，在定陶再次打敗秦軍。項羽、劉邦在雍丘也將秦軍打得大敗，殺死了李斯的長子三川郡守李由。接連的勝利，使項梁更加輕視秦軍，漸漸地流露出了驕傲的神色。宋義提醒項梁說：「打了勝仗後將領驕傲、士兵怠惰時就要小心打敗仗了。現在我們的兵卒稍有懈怠，而秦軍的數量在一天一天地增加，我很為您感到擔憂。」項梁聽不進去。項梁派宋義出使齊國，路上遇見齊國的使者高陵君顯，宋義問高陵君顯說：「先生準備去見武信君項梁嗎？」高陵君回答說：「是的。」宋義說：「我推斷武信君的軍隊必定失敗，您慢點走，就可能躲過一死，走得快恐怕會與項梁同歸於盡。」秦二世把全國的兵力都派去增援章邯，讓他統領攻打楚軍，結果在定陶大敗楚軍，項梁戰死。

當時陰雨連綿，從七月一直下到九月。項羽、劉邦攻打外黃縣，攻不下，就離開外黃去攻打陳留。當楚軍聽到項梁戰死的消息後，軍心震恐，不敢戀戰，就與將軍呂臣一起向東撤退，把楚懷王芈心從盱眙遷移到彭城，將彭城作為都城。呂臣率軍駐紮在彭城的東邊，項羽率軍駐紮在彭城西邊，沛公劉邦駐紮在碭郡。

魏豹攻克了魏國的二十餘城。楚懷王封魏豹為魏王。

閏九月，楚懷王把呂臣和項羽的軍隊合併起來，自己親自統領。任命劉邦為碭郡郡長，並封為武安侯，負責統率碭郡的軍隊；封項羽為長安侯，號稱魯公；任命呂臣為司徒，任命呂臣的父親呂青為令尹。

章邯打敗了項梁的軍隊後，就認為楚軍對秦軍已經不能構成威脅，於是放心地渡過黃河，向北攻取趙國，大敗趙軍。又率領秦軍直逼邯鄲，他把當地的居民全部遷移到黃河北岸，鏟平了邯鄲城。張耳與趙王被章邯打敗後逃入鉅鹿城，秦將王離隨後就把鉅鹿城包圍起來。陳餘向北到常山一帶招集軍隊，共招集到了幾萬人，駐紮在鉅鹿城北。章邯的軍隊駐紮在鉅鹿南邊的棘原。

趙國多次派人向楚國求救。高陵君顯在楚國的彭城拜見了楚王芈心，他對楚王芈心說：「宋義曾經預言武信君項梁的軍隊必定失敗；過了沒幾天，武信君果然兵敗身死。兩軍還沒有交戰，就能預先看出失敗的先兆，可以說是懂得用兵、善於作戰的了。」楚王於是把宋義召來和他當面商討戰事，楚王對宋義非常欣賞，於是任命宋義為上將軍，統領諸將；任命項羽為副將，范增為末將，率領楚軍前往救趙。其他各路軍馬也都歸宋義統一指揮，當時都稱宋義為卿子冠軍。

當初，楚懷王和諸將約定，誰先破秦進入關中，誰就在那裡為王。在那個時候，秦朝的兵力還非常強大，常將楚軍打敗，所以諸將沒有人認為先入關有利。只有項羽因為怨恨秦軍殺死了項梁，出於激憤願意偕同沛公劉邦向西部的函谷關進發。楚懷王身邊那些原來楚國的老臣都對楚懷王說：「項羽這個人剽悍勇猛、殘暴狡猾，曾經攻破襄城，他把襄城的軍民全部坑殺，沒有一個人能夠幸免。凡是他經過的地方，沒有不被毀滅的。況且楚軍已經數次向秦王朝所在地發動進攻，先前的陳王、項梁都失敗了。不如另外派一個寬厚而老成持重的人以仁義做號召，向西對秦地的父老兄弟進行宣傳，收攬民心。秦朝的百姓飽受暴政蹂躪，早就痛恨他們的統治者了，現在如果派一個寬厚而有聲望的人率軍前去，不侵犯他們的利益，不亂殺無辜，應該能夠攻下來。不能派項羽去。只有沛公劉邦一向以寬厚、老成著稱，可以派他前去。」楚懷王因此不派項羽，而派劉邦向西攻取秦地。劉邦將陳涉、項梁的舊部招集起來，率領著向西攻打秦軍。

沛公劉邦從碭邑出發，到達了陽城和杠里，向駐紮在此地的秦軍發動了進攻，打敗了這兩處的秦軍。

三年（甲午　西元前二〇七年）

冬十月，齊將田都畔田榮，助楚救趙❶。

沛公攻破東郡尉❷於成武。

宋義行至安陽❸，留四十六日不進。項羽曰：「秦圍趙急，宜疾引兵渡河。楚擊其外，趙應其內，破秦軍必矣。」宋義曰：「不然。夫搏牛之蝱，不可以破蟣蝨❹。今秦攻趙，戰勝則兵疲，我承其敝❺；不勝，則我引兵鼓行而西❻，必舉❼秦矣。故不如先鬭秦、趙❽。夫被堅執銳❾，義不如公；坐運籌策，公不如義。」因下令軍中曰：「有猛如虎，狠如羊❿，貪如狼，彊不可使⓫者，皆斬之。」

乃遣其子宋襄相齊⓬，身送之至無鹽⓭，飲酒高會⓮。天寒，大雨，士卒凍飢。

項羽曰：「將勠力而攻秦[15]，久留不行。今歲饑民貧，士卒食半菽[16]，軍無見糧[17]，乃飲酒高會，不引兵渡河，因趙食[18]，與趙并力攻秦，乃曰『承其敝』。夫以秦之彊，攻新造之趙[19]，其勢必舉趙[20]。趙舉秦彊[1]，何敝之承！且國兵新破[21]，王坐不安席，埽境內[22]而專屬於將軍，國家安危，在此一舉。今不恤士卒[23]，而徇其私[24]，非社稷之臣[25]也。」

十一月，項羽晨朝[26]上將軍宋義，即其帳中斬宋義頭。出令軍中曰：「宋義與齊謀反楚[27]，楚王陰令籍誅之。」當是時，諸將皆慴服[28]，莫敢枝梧[29]，皆曰：「首立楚者，將軍家也，今將軍誅亂[30]。」乃相與共立羽為假上將軍[31]。使人追宋義子，及之齊[32]，殺之。使桓楚報命於懷王。懷王因使羽為上將軍[33]。

十二月，沛公引兵至栗[34]，遇剛武侯[35]，奪其軍四千餘人，并之。與魏將皇欣[36]、武滿[37]軍合攻秦軍，破之。

故齊王建孫安[38]下濟北[39]，從項羽救趙。

章邯築甬道屬河[40]，餉王離[41]。王離兵食多，急攻鉅鹿。鉅鹿城中食盡兵少，張耳數使人召前陳餘[42]。陳餘度[43]兵少，不敵秦，不敢前數月。張耳大怒，怨陳餘，使張黶、陳澤[44]往讓[45]陳餘曰：「始吾與公為刎頸交[46]，今王與耳[47]旦暮且死，而公擁兵數萬，不肯相救，安在其相為死！苟必信(48)，胡不赴秦軍俱死(49)，且有十一二相全(50)。」陳餘曰：「吾度前(51)終不能救趙，徒盡亡軍(52)。且餘所以不俱死，欲為趙王、張君報秦(53)。今必俱死，如以肉委餓虎(54)，何益！」張黶、陳澤要以俱死(55)，餘乃使黶、澤將五千人先嘗秦軍(56)，至，皆沒(57)。當是時，齊師、燕師皆來救趙(58)，張敖(59)亦北收代兵(60)，得萬餘人。來皆壁(61)餘旁，未敢擊秦。

項羽已殺卿子冠軍，威震楚國，乃遣當陽君、蒲將軍(62)將卒二萬渡河(63)，救鉅鹿。戰少利(64)，絕章邯甬道(65)，王離軍乏食。陳餘復請兵(66)。項羽乃悉引兵渡河，皆沈船，破釜甑，燒廬舍(67)，持三日糧，以示士卒必死(68)，無一還心。於是至則圍王離，與秦軍遇，九戰(69)，大破之。章邯引兵卻，諸侯兵乃敢進擊秦軍，遂殺蘇角(70)，虜王離。涉閒(71)不降，自燒殺。

當是時，楚兵冠諸侯(72)。軍救鉅鹿者十餘壁(73)，莫敢縱兵。及楚擊秦，諸侯將皆從壁上觀[2]。楚戰士無不一當十，呼聲動天地，諸侯軍無不人人惴恐(74)。於是已破秦軍，項羽召見諸侯將。諸侯將入轅門，無不膝行而前，莫敢仰視(75)。項羽由是始為諸侯上將軍(76)，諸侯皆屬焉(77)。

於是趙王歇及張耳乃得出鉅鹿城謝諸侯(78)。張耳與陳餘相見，責讓陳餘以不肯救趙(79)，及問張黶、陳澤所在，疑陳餘殺之，數以問餘(80)。餘怒曰：「不意(81)君之望(82)臣深也。豈以臣為重去將印哉(83)？」乃脫解印綬(84)，推與張耳。張耳亦愕(85)不受。陳餘起如廁。客有說張耳曰：「臣聞『天與不取，反受其咎(86)。』今陳將軍與君印，君不受，反天(87)不祥，急取之。」張耳乃佩其印，收其麾下(88)。而陳餘還，亦望張耳不讓，遂趨出(89)，獨與麾下所善數百人之河上澤中漁獵(90)。趙王歇還信都(91)。

春二月，沛公北擊昌邑(92)，遇彭越，越[3]以其兵從沛公。越，昌邑人，常漁鉅野澤中(93)，為羣盜。陳勝、項梁之起(94)，澤間少年相聚百餘人，往從彭越曰：「請仲為長(95)。」越謝(96)曰：「臣(97)不願也。」少年彊請，乃許。與期旦日日出會(98)，後期(99)者斬。旦日日出，十餘人後(100)，後者至日中(101)。於是越謝曰(102)：「臣老，諸君彊以為長。今期而多後(103)，不可盡誅，誅最後者一人。」令校長(104)斬之。皆笑曰：「何至於是！請後不敢(105)。」於是越引一人斬之(106)，設壇祭(107)，令徒屬(108)，徒屬[4]皆大驚，莫敢仰視。乃略地，收諸侯散卒，得千餘人，遂助沛公攻昌邑。

昌邑未下(109)，沛公引兵西過高陽(110)。高陽人酈食其(111)家貧落魄(112)，為里監門(113)。沛公麾下騎士適(114)食其里中人，食其見(115)，謂曰：「諸侯將過高陽者數十人，吾問其將皆握齱[116]，好苛禮[117]，自用[118]，不能聽大度之言。吾聞沛公慢而易人[119]，多大略。此真吾所願從游[120]，莫為我先[121]。若見沛公[122]，謂曰『臣里中有酈生，年六十餘，長八尺，人皆謂之狂生。生自謂我非狂生。』」騎士曰：「沛公不好儒，諸客冠儒冠[123]來者，沛公輒解其冠，溲溺其中[124]。與人言，常大罵，未可以儒生說[125]也。」酈生曰：「第言之[126]。」騎士從容言[127]如酈生所誡[128]者。

沛公至高陽傳舍[129]，使人召酈生[130]。酈生至，入謁[131]。沛公方倨牀，使兩女子洗足[132]，而見酈生。酈生入，則長揖不拜，曰：「足下欲助秦攻諸侯[133]乎，且欲率諸侯破秦也？」沛公罵曰：「豎儒[134]！天下同苦[5]秦久矣，故諸侯相率而攻秦，何謂助秦攻諸侯乎！」酈生曰：「必聚徒合義兵，誅無道秦[135]，不宜倨見長者[136]。」於是沛公輟洗[137]，起，攝衣[138]，延[139]酈生上坐，謝[140]之。酈生因言六國從橫時[141]。沛公喜，賜酈生食，問曰：「計將安出？」酈生曰：「足下起糾合之眾[142]，收散亂之兵，不滿萬人。欲以徑入彊秦[143]，此所謂探虎口者也。夫陳留，天下之衝[144]，四通五達之郊[145]也。今其城中又多積粟。臣善其令[146]，請得使之[147]，令下足下[148]；即不聽[149]，足下舉兵[6]攻之，臣為內應。」於是遣酈生行，沛公引兵隨之，遂下陳留。號酈食其為廣野君[150]。酈生言其弟商[151]。時商聚少年，得四千人，來屬沛公。沛公以為將，將陳留兵以從。酈生常為說客，使諸侯[152]。

三月，沛公攻開封[153]，未拔。西與秦將楊熊會戰白馬[154]，又戰曲遇東，大破之。楊熊走之滎陽[155]，二世使使者斬之以徇[156]。

【章　旨】以上為第三段，寫秦二世三年（西元前二〇七年）上半年的天下反秦形勢，主要寫了項羽殺宋義、奪兵權，大破章邯於鉅鹿，與劉邦率軍西進，先後收得彭越與酈食其的情景。

【注　釋】❶田都畔田榮二句　田都是田榮的部將，田榮被項梁救出東阿後，忘恩負義，不隨項梁西破秦，致使項梁孤軍西進被章邯破殺。今楚兵北救趙，田榮又取孤立主義不肯隨助，田都出於義憤乃率部隨楚軍而往。畔，通「叛」。❷東郡尉　東郡的郡尉，史失其名。治所濮陽，在今河南濮陽西南。❸安陽　古邑名，有說在今山東曹縣東北者，楊寬以為當在今山東陽穀東北之阿城鎮西北，說見《戰國史料編年輯證》，似更覺可信。❹搏牛之蝱二句　師古曰：「搏，擊也，言以手擊牛之背，可以殺其上虻，而不能破蝨，喻今將兵方欲滅秦，不可盡力與章邯即戰，或未能擒，徒廢力也。」《索隱》引鄒氏曰：「言虻之搏牛，本不擬破其上之蟣蝨，以言志在大不在小也。」二說皆可通。❺承其敝　乘其疲憊之機而攻之。承，此處的意思同「乘」，趁著。❻鼓行而西　猶言「長驅西下」。鼓行，胡三省曰：「擊鼓而行，堂堂之陣也。」言其公行無忌之狀。❼舉克；拔掉。❽先鬬秦趙　先讓秦、趙兩方彼此相鬥。凌稚隆引董份曰：「宋義之謀即亞夫委梁於吳、楚之說，然吳、楚驟合兵戰梁地，勢不可久，而梁力足與持，故亞夫策之而勝；今諸侯烏合，不可以當秦，而秦自戰其地，久則兵益而勢甚，故羽以為不如速攻。兵機得失，同事異形，決於毫髮。」❾被堅執銳　披堅甲，執利兵，指衝鋒陷陣。被，通「披」。銳，銳利的兵器。❿狠如羊　《史記・項羽本紀》作「很如羊」。很，通「狠」。《金樓子・立言》引卞彬《禽獸決錄》云：「羊淫而狠，豬卑而攣。」狠者，猶今之所謂「執拗」，不聽招呼。⓫彊不可使　執意專行，不服指揮。史珥曰：「此令明為項羽而設，殺義，勢迫之也。」⓬遣其子宋襄相齊　凌稚隆引屠隆曰：「楚不殺田假，齊不發兵助楚，兩國固有隙者，義何遣子相之？此羽斬義聲其罪曰『與齊謀反』者也。」徐孚遠曰：「田榮與項梁有隙，梁死楚弱，宋義欲結援於齊，以子相之。」按，此亦一說。⓭身送之至無鹽　身，親自。無鹽，秦縣名，縣治在今山東東平東南。⓮高會　盛大的宴會。《索隱》引服虔曰：「大會也。」按，後文劉邦攻克彭城亦有所謂「日置酒高會」。《集解》引韋昭有所謂「召尊爵者，故曰『高會』」，似非。⓯將勠力而攻秦 將，王叔岷曰：「『將』猶『當』。」戮力，合力；并力。⓰半菽 《集解》引徐廣曰：「半，五升也。」又引王劭曰：「半，量器名，容半升也。」按，秦時之半升約合今之一百二十八克，二兩多一點。菽，今稱曰「豆」。⓱見糧 現時可用的糧食。見，同「現」。⓲因趙食 到趙國就地取食。⓳新造之趙 新建立的趙國，時趙歇等建國僅九個月，故稱「新造」。⓴必舉趙 趙國必將被拔取。㉑國兵新破 指項梁兵敗被殺。㉒掃境內 意即調集所有的軍隊。㉓不恤士卒 不關心全軍士兵。㉔徇其私 只顧自己的私情，指為送其子而置酒高會。徇，曲順。㉕非社稷之臣 不是與國家同生死、共憂戚的大臣。社稷，指社稷壇，古代帝王祭祀土神和穀神的地方，後世遂常以「社稷」代指國家。㉖朝 參見。趙翼曰：「古時凡詣人皆曰『朝』，《呂覽》『堯朝許由於沛澤之中』是也；秦漢時僚屬謁長官亦曰『朝』，《史記》『項羽晨朝上將軍』是也。」㉗宋義與齊謀反楚 按，凡發動政變、兵變奪權，未有不誣對方為「謀反」者。㉘慴服 畏懼、服從。㉙枝梧 同「支吾」。抗拒。㉚今將軍誅亂 按，此句語氣未完，下面應有「固宜為上將軍」云云，因與下面的敘述句重複，故而省略對話，單由敘述語補足。此種例子《史記》多有。㉛假上將軍 代理上將軍。假，權攝；代理。師古曰：「未得懷王之命，故且為『假』也。」郭嵩燾曰：「數語寫得諸將氣奪，項羽之為『假上將軍』亦自為之名耳，諸將於是時倉皇失措，相與推戴之而已。」㉜及之齊 追到齊國，追上了。㉝懷王因使羽為上將軍 因使，因其請求而使為之。按，此懷王無可奈何之舉，其與項羽的矛盾又進一步發展。淩稚隆引盧舜治曰：「當是時梁已死，羽乃萬人敵也。懷王以『上將軍』將宋義，而以『次將』將羽，且以『卿子冠軍』號義，而以救趙之別將皆屬之於義。羽心之不平不特無義，且無懷王矣。『即帳中斬其頭』，使人於齊追殺其子，觀史氏書法，其貶懷王之不善將將亦可概見云。」㉞栗 秦縣名，即今河南夏邑。㉟剛武侯 史失其姓名，當時起義軍某一分支的將領。師古曰：「史失其姓名，唯識其爵號，不知誰也。」《史記集解》引應劭曰：「楚懷王將也。」按，《漢書音義》以為應作「剛侯武」，而剛侯陳武非楚懷王將，與此事跡不合。㊱魏將皇欣 魏王魏豹之將姓皇名欣。㊲武滿 《史記·高祖本紀》作「武蒲」，並稱武蒲是魏豹的「申徒」，即「司徒」。㊳齊王建孫安 田安。齊王建是戰國時齊國的亡國之君，今舉行反秦起義。㊴濟北 秦郡名，郡治博陽，在今山東泰安東南。㊵築甬道屬河 修了一條甬道，從黃河邊直通鉅鹿城下的王離軍前。甬道，兩側築防禦工事的通道，以便安全地從中向前方運送兵員、糧草等。屬河，通連到黃河。屬，連。蓋從黃河運來糧餉，以供應王離軍也。㊶餉王離 給王離輸送糧食。餉，以飯食招待人，這裡即指供應糧草。㊷召前陳餘 招呼城北的陳餘，使之進兵解救圍城。㊸度 估量。㊹張黶陳澤 二將名，原屬武臣，今屬趙王歇。㊺讓 責備。㊻刎頸交 可以為對方不顧生死的交情。㊼王與耳　趙王歇與我張耳。㊽苟必信　如果真是守信義。苟，如若。㊾胡不赴秦軍俱死　胡，何。赴秦軍俱死，指城裡城外一齊與秦軍拼命。㊿且有十一二相全　或許還能有十分之一二戰勝秦軍的希望。師古曰：「十中尚冀得一二勝秦。」51前　指進擊秦軍。52徒盡亡軍　白白地把軍隊全部葬送掉。53報秦　向秦軍討還血債，為你們報仇。54以肉委餓虎　把肉扔給餓虎。委，給；扔向。55要以俱死　都要求與秦軍拼命以表明信義。56先嘗秦軍　先試著進攻秦軍。嘗，試；試攻。57至二句　鍾惺曰：「陳餘不救趙，不失為持重，未為甚錯。錯在使五千人先嘗秦軍，送陳澤、張黶於死，有苟且塞責之意。君臣朋友間，不情甚矣。」58齊師燕師皆來救趙　齊地的首領田榮與項羽鬧矛盾，不肯救趙，而被田榮驅逐的田都則率部前來；燕地的首領韓廣，派其部將軍臧荼率軍前來。59張敖　張耳之子，原被陳涉繫於宮內做人質，至章邯破殺陳涉，佔領陳縣，張敖似即於此時逃歸其父張耳，成為趙國之將。60代兵　代郡之兵。代郡歷來屬於趙國，郡治即今河北蔚縣東北之代王城。61壁　營壘，這裡用如動詞，即駐紮。62當陽君蒲將軍　都是宋義的部將。當陽君是黥布的稱號，黥布原在長江上為盜，起義後初歸項梁，後又成宋義部下。蒲將軍，姓蒲，史失其名。《史記集解》引服虔有所謂「英布起於蒲地，因以為號」者，非。63渡河　渡黃河。《史記正義》以此為渡漳河，與下文「項羽軍漳南」云云不合。64少利　謂稍許有些勝利，非如今之意為「不利」。王叔岷曰：「《御覽》引『少』作『小』，義同。」按，《史記・黥布列傳》云：「項籍使布先渡河擊秦，布數有利」，可資參證。65絕章邯甬道　按，據《史記・項羽本紀》，絕章邯甬道者為項羽本人，今乃歸之於黥布，兩者不同。66復請兵　請繼續增兵。67皆沈船三句　《太公六韜・必出》云：「先燔吾輜重，燒吾糧食。」《太平御覽》引《太公六韜》云：「武王伐殷，乘舟濟河，兵車出，壞船於河中；所過津梁，皆悉燒之。」《孫子・九地》：「帥與之期，如登高而去其梯，焚舟破釜，若驅群羊而往。」項羽所為，蓋亦古兵法所示。釜，鍋。甑，蒸飯的瓦罐之類。68必死　意即敗則必死，只有死戰求生。69九戰　意即反覆衝殺。「九」字代表多數。70蘇角　秦將名，與王離同圍鉅鹿者。71涉閒　秦將名，亦與王離同圍鉅鹿者。72楚兵冠諸侯　在救鉅鹿的各路起義軍中楚兵最勇敢。73軍救鉅鹿者十餘壁　按，句首應重出「諸侯」二字。此依「史記」舊文，而《史記》文章常有字當重出而未重出者，致使文氣欠順。說見韓兆琦《史記箋證》所附〈史記的特殊修辭與畸形句例〉。十餘壁，十幾座大營。74惴恐　震恐；驚恐。惴，恐懼。75無不膝行而前二句　劉辰翁曰：「敘鉅鹿之戰，踴躍振動，極羽本生。」茅坤曰：「項羽最得意之戰，太史公最得意之文。」陳仁錫曰：「疊用三『無不』字，有精神。」錢鍾書曰：「數語有如火如荼之觀。」凌約言曰：「羽殺會稽守，則『一府慴伏，莫敢起』；羽殺宋義，『諸將皆慴伏，莫敢枝梧』；羽救鉅鹿，『諸侯將莫敢縱兵』；已破秦軍，『諸侯將膝行而前，莫敢仰視』：勢愈張而人愈懼，下四『莫敢』字，而羽當時勇猛可想見也。」鄭板橋〈鉅鹿之戰〉詩：「戰酣氣盛聲喧呼，諸侯壁上驚魂逋。項王何必為天子，只此快戰千載無。」 76 諸侯上將軍　各路諸侯聯軍的總統帥。亦由當年樂毅之統五國聯軍，蘇秦兼佩六國相印云云。 77 諸侯皆屬焉　梁玉繩曰：「『諸侯』下疑缺『將』字，《漢書》作『兵皆屬焉』。」王叔岷曰：「梁說是也，〈秦楚之際月表〉作『諸侯將皆屬項羽』，正有『將』字。」 78 謝諸侯　應作「謝諸侯將」。 79 責讓陳餘以不肯救趙　句中「趙」字使用欠妥，陳餘原亦趙將，只應責讓他「不肯救圍城」，或「不肯救趙王」。 80 數以問餘　一連問了陳餘多次。 81 不意　想不到。 82 望　怨恨。 83 豈以臣為重去將印哉　你以為我就這麼看重這顆將軍印嗎。重，看重；捨不得。凌稚隆曰：「鷹、澤之沒秦軍，餘安能欺天下耳目耶？耳不信而數問之，惡在其為『刎頸交』哉！」 84 印綬　印章與繫印的絲縧。楊樹達曰：「古人官印佩身旁，觀項梁殺殷通及此事可知。」 85 愕　驚訝。 86 天與不取二句　戰國以來流行的諺語。《國語・越語下》有所謂「天予不取，反為之災」，即此類也。 87 反天　即與「天與不取，反受其咎」的諺語相違背。 88 收其麾下　將陳餘的部下收歸自己統領。麾下，部下。麾，大將的指揮旗。 89 趨出　小步急行而出。「趨」是古代臣子在君父面前行路的一種姿勢，因為當時趙王在座，故而陳餘如此。 90 之河上澤中漁獵　到黃河邊的大澤中去捕魚打獵。此「河上澤」應在今河北之南皮一帶，當時的黃河在此流過，到滄州東北之黃驊入海。凌稚隆曰：「餘之脫解印綬，豈果無志於功名而脫然長往者哉？將以白其心之無他，而欲已耳之苛責也。不圖耳不能諒，竟從客計，甘心自絕於餘，是兩人之交了不終為千古笑者，耳先得罪於餘也。」 91 信都　秦縣名，即今河北邢臺，自此為趙歇的都城。 92 昌邑　秦縣名，縣治在今山東巨野南。 93 常漁鉅野澤中　常，通「嘗」。曾經。鉅野澤，水澤名，在今山東巨野北，當時水域遼闊，後來小說所寫的梁山泊就是其中的一部分。 94 陳勝項梁之起　陳勝起兵於大澤鄉在秦二世元年（西元前二〇九年）七月，項梁起兵於會稽在秦二世元年九月。 95 請仲為長　請您做我們的頭領。仲，是彭越的字。 96 謝　推辭；拒絕。 97 臣　戰國與秦漢之際，普通人之間也可以自謙稱「臣」，與稱「僕」意同。 98 與期旦日日出會　和他們約定好明早日出時相會。期，約定。旦日，明日日出之時。 99 後期　遲到。 100 後　遲到。 101 後者至日中　最晚的直至中午才到。 102 越謝曰　彭越對他們說。謝，告。 103 今期而多後　如今約定了時間，結果很多人遲到。 104 校長　意同「校尉」。古時一個將軍下屬若干部，各部的長官稱作「校尉」。當時彭越草創人少，故手下只有一個「校長」。 105 請後不敢　請允許我們今後再也不敢了。 106 越引一人斬之　引，拉出。凌稚隆引陳懿典曰：「此與穰苴之斬莊賈，孫武之斬宮嬪事同。」郭嵩燾曰：「彭越初起，其令不能行於校長，乃自引而斬之。」吳見思曰：「誅最後一人，情法兼至。」 107 設壇祭　祭天地、祭戰神，以及宣誓定盟等。《史記・陳涉世家》亦有「為壇而盟，祭以尉首」；〈高祖本紀〉亦有「祠黃帝，祭蚩尤於庭」云云，做法相同。 108 令徒

屬　對這些人發號施令，意即把這些人都管轄了起來。令，管制；約束。⑩未下　未能攻下。⑪高陽　鄉名，在今河南杞縣西南，當時屬陳留縣。⑪酈食其　當時著名的說客。事跡見《史記・酈生陸賈列傳》。⑫落魄　《集解》引應劭曰：「志行衰惡之貌也。」《正義佚文》曰：「落謂零落，魄謂漂泊也。言食其家貧，零落漂泊，無可以為衣食業產也。」⑬為里監門　在里巷口上看大門。按，張耳、陳餘也曾隱匿為此職。⑭適　正好；恰好。⑮見　找到這個騎士。⑯握齪　同「齷齪」。器局狹小、行止卑微的樣子，即今所謂「小家子氣」。⑰苛禮　拘於小節。⑱自用　自以為是。⑲慢而易人　傲慢，瞧不起人。易，輕視；對人怠慢。⑳願從游　願意跟著他一起幹。㉑莫為我先　沒有人給我作個介紹。先，引見；介紹。㉒若見沛公　你回去見到沛公的時候。若，爾；你。㉓冠儒冠　戴著儒生的帽子。㉔輒解其冠二句　輒，常常；總是。溲溺，撒尿。按，劉邦之慢儒、罵儒，又見於《史記》之〈酈生陸賈列傳〉、〈劉敬叔孫通列傳〉。㉕未可以儒生說　不能用一副儒生的樣子和他說話。㉖第言之　儘管照這麼說。第，但；儘管。㉗從容言　很自然地向劉邦說起此事。從容，即選擇合適的時機，像是無意中隨便談到似地。㉘如酈生所誡　按著酈生所囑咐。誡，告。凌稚隆引楊循吉曰：「寫出酈生軒昂落落疏鹵之態，使其但謂『從騎士得見，見而長揖，言天下事』，豈復識有食其哉？」㉙傳舍　驛站，亦猶今旅館、招待所。師古曰：「人所止息，前人已去，後人復來，轉相傳也。」㉚酈生　酈先生。秦漢時代對讀書人往往敬稱「生」，或稱「先」，都與今之「先生」相同。㉛入謁　遞進求見的名片。謁，名片。㉜方倨牀二句　方，正在。倨，通「踞」。坐。王駿圖曰：「箕坐曰倨，謂箕坐於床，使女子洗足也。」瀧川曰：「〈黥布傳〉云：『上方踞床洗，召布入見。』是漢皇試人常用手段。」㉝諸侯　此指東方的各路起義軍。㉞豎儒　罵人語。《史記索隱》曰：「豎者，僮僕之稱，沛公輕之，以比奴豎，故曰『豎儒』。」㉟必聚徒合義兵二句　必，如果真是。李笠曰：「『必』下當據《漢書》補『欲』字，〈淮陰傳〉云：『王必欲長王漢中無所事信；必欲爭天下，非信無所與計者』，與此語意正同。」㊱不宜倨見長者　不應該見了我還坐著。按，劉邦時年五十一，酈生時年「六十餘」，故酈生自稱「長者」。又，此處釋「倨」為傲慢，意思亦同。㊲輟洗　停止洗腳。輟，停；中止。㊳攝衣　整理衣襟。攝，整。㊴延　引；請。㊵謝　表示歉意。㊶言六國從橫時　「時」下似應有「事」字，蓋謂言戰國時之成功、失敗，可供借鑑的各種事情。從橫，合縱連橫，這裡泛指戰國時各國（主要是秦與六國）之間的激烈鬥爭。從，同「縱」。㊷起糾合之眾　意即帶著一群烏合之眾一哄而起。糾合，猶言「烏合」，如烏鴉一樣地飛集一起，而沒有任何組織、訓練。㊸徑入彊秦　一直攻入秦國舊地。徑，直；直捷。㊹天下之衝　整個天下的交通樞紐。衝，要衝。㊺四通五達之郊　亦即天下樞紐之意。五達，《集解》引如淳曰：「四面中央，凡五達也。」郊，《漢書・汲黯傳》師古曰：「謂交通衝要之處也。」《史記・汲鄭列傳》

「常置驛馬長安諸郊」，《集解》引如淳注：「交道四通處也。」[146]令 指陳留縣的縣令。[147]請得使之 您可以派我出使到他那裡去。[148]令下足下 我可以勸他投降您。下，降；歸附。[149]即不聽 如果他不聽從我的勸告。即，若；假如。[150]廣野君 封號名，只有名號而無封地。[151]其弟商 酈商，後為劉邦的開國功臣，以軍功被封為曲周侯。事跡見《史記・樊酈滕灌列傳》。[152]使諸侯 出使到各地區的起義軍中以相聯絡。[153]開封 秦縣名，縣治在今河南開封南。[154]白馬 秦縣名，縣治在今河南滑縣東。[155]滎陽 秦縣名，縣治即今河南滎陽東北的古滎鎮。[156]徇 巡行示眾。

【校 記】 [1]必舉趙趙舉秦彊 原本「趙」字不重。據章鈺校，孔天胤本重「趙」字。今從孔天胤本、《漢書・陳勝項籍傳》、《通鑑紀事本末》補。[2]皆從壁上觀 原無「皆」字。據章鈺校，十二行本、乙十一行本、孔天胤本皆有此字，張敦仁《通鑑刊本識誤》同。今從諸本及《漢書・陳勝項籍傳》、《通鑑紀事本末》補。[3]彭越越 原本下「越」字上有「彭」字。據章鈺校，十二行本、乙十一行本、孔天胤本皆無此字。今從諸本及《通鑑紀事本末》刪。[4]令徒屬徒屬 原本「徒屬」二字不重。據章鈺校，乙十一行本重「徒屬」二字。今從乙十一行本及《漢書・韓彭英盧吳傳》補。[5]同苦 原本「同」下有「共」字。據章鈺校，十二行本、乙十一行本、孔天胤本皆無此字。今從諸本及《漢書・酈陸朱劉叔孫傳》刪。[6]舉兵 「舉」，原作「引」。據章鈺校，十二行本、乙十一行本、孔天胤本皆作「舉」。今從諸本及《漢書・酈陸朱劉叔孫傳》、《通鑑紀事本末》改。

【語 譯】 三年（甲午 西元前二〇七年）

冬天，十月，齊國將領田都違抗齊國宰相田榮不許救援趙國的命令，率領齊軍協助楚國抗秦救趙。

沛公劉邦打敗秦朝東郡郡尉於成武。

宋義率領楚軍到達安陽，在安陽已經駐紮了四十六天，仍然按兵不動。項羽說：「秦國圍攻趙國，情勢非常緊急，我們應該趕快率軍渡過黃河。楚國從外部攻打，趙軍從內部攻打，裡外夾擊，必定能打敗秦軍。」宋義說：「你說得不對。虻搏擊的是牛，而不是牛身上的蝨子。現在秦國攻打趙國，如果秦國打了勝仗，它的軍隊也已經很疲憊了，我們可以乘著秦軍疲憊的機會去攻打；如果秦軍不能取勝，那我們就率領軍隊大張旗鼓地向西進發，必定能一舉打敗秦軍。所以不如先讓秦軍在與趙軍的相互爭鬥中消耗力量。論起身披鎧甲、手持兵器、衝鋒陷陣，我不如你；但坐籌帷幄、決勝千里，你不如我。」於是宋義下令軍中說：「凡是像老虎一樣兇猛的、像羊一樣固執的、像狼一樣貪婪的，再加上那些倔強不服從命令的，一律斬首。」

宋義派他的兒子宋襄前往齊國擔任宰相，還親自把他送到無鹽，又大擺宴席，宴請賓客。當時天氣寒冷，又下大雨，兵士們都在忍飢受凍。項羽說：「本來打算併力攻打秦軍，卻長時間的逗留在這裡不肯前進。現在年景荒欠，百姓貧困，士兵吃的是半糧半菜，部隊當中沒有一點存糧，宋義竟然不顧士卒的死活，飲酒作樂，他不說趕快率軍渡過黃河，利用趙國補給軍糧，與趙國聯手攻打秦軍，反而說要『乘其敝』。以強大的秦國，攻打剛剛建立起來的趙國，必然是趙國被秦軍所消滅。趙國被消滅，秦國就會更加強大，哪裡會有疲憊之機讓你利用！再說我們的軍隊剛剛遭受了重創，楚懷王為此坐臥不安，把全部軍隊都交付給上將軍宋義指揮，國家的生死存亡，全取決於這次行動。而宋義不僅不關心士卒的死活，反而一心為自己謀求私利，說明他不是與國家同生死、共憂戚的大臣。」

十一月，項羽在早晨參見上將軍宋義，就在宋義的軍帳中殺死了宋義，並砍下他的人頭。而後走出帳外對全軍將士們說：「宋義勾結齊國妄圖謀反，楚懷王暗中下令，讓我誅殺他。」這時諸將都被項羽的威勢所折服，沒有誰敢抗拒，都說：「最早提出擁戴楚懷王的是項將軍叔姪二人；現在項將軍又為楚懷王誅殺了亂臣。」於是共同推舉項羽為代理上將軍。項羽派人去追殺宋義的兒子宋襄，一直追到齊國境內，終於將宋襄殺死。又派桓楚回到彭城向楚懷王彙報這裡所發生的一切。楚懷王也只好順水推舟任命項羽為上將軍。

十二月，沛公劉邦率領著楚軍到達栗縣，與剛武侯相遇，劉邦偷襲了剛武侯，把他的四千多軍隊編入自己的軍中。然後又與魏將皇欣、武滿的軍隊聯合起來攻打秦軍，將秦軍打得大敗。

故齊國國君田建的孫子田安攻佔了濟北郡，他率軍前來跟隨項羽救援趙國。

秦將章邯修築了一條甬道，從黃河邊一直通到鉅鹿城下王離的軍前，利用甬道為秦將王離輸送糧草。因此王離軍中糧食充足，他多次向鉅鹿城發起猛攻。鉅鹿城中糧食已盡而兵力又少，張耳多次派人督促陳餘前來攻打秦軍，以解鉅鹿之圍。陳餘考慮兵力不足，打不過秦軍，因此拖延了幾個月也不敢與秦軍交戰。張耳非常惱火，心中怨恨陳餘，就派屬下張黶、陳澤前去譴責陳餘說：「當初我和你結下生死與共的友情，如今趙王和我面臨著隨時都有死亡的危險，而你率領著數萬人馬，竟然坐視而不肯相救，同生死共命運的誓言到哪裡去了！假如你遵守當初的誓言，何不率領你的軍隊衝上前去和秦軍決一死戰，或許還有十分之一二戰勝秦軍的希望。」陳餘說：「我估計，即使我們進擊秦軍，最終也救不了趙國，只會白白地犧牲掉我們的軍隊。另外，我所以不願意和張耳一起去和秦軍拼命，就是想保留我這點軍隊，將來為趙王和張耳報仇。如果一定要去和秦軍拼命，就像是把肉扔給飢餓的老虎，對趙國又有什麼幫助呢！」張黶、陳澤堅決要求去與秦軍拼命以表明信義，陳餘只好撥給他們二人五千名士兵先去嘗試著攻打秦軍，結果，剛一交戰，二人所率領的五千人馬就被秦軍殺得片甲無存。與此同時，齊國、燕國都派軍隊前來救援趙國，張耳的兒子張敖也在代地招集了一萬多軍隊。趕來後都駐紮在陳餘的營壘旁邊，沒有人敢出兵攻打秦軍。

項羽殺死了卿子冠軍宋義後，他的聲威震動了楚國，項羽派當陽君、蒲將軍率領兩萬軍隊率先渡過黃河，救援鉅鹿。交戰中取得了一些勝利，最主要的是截斷了章邯給王離運糧的通道，王離軍中逐漸缺糧。陳餘再次向項羽請求增派援兵。於是項羽率領著全部人馬渡過了黃河，他下令軍中把所有的船隻都沉入河中，把鍋、甑等炊具全部搗毀，把住的營帳也都燒毀，每人只准許帶三天的乾糧，藉此表示拼死作戰、不取勝絕不生還的決心。項羽來到鉅鹿就首先包圍了王離，與秦軍展開了激戰，經過反覆拼殺，終於打敗了秦軍。章邯率軍撤退，到了此時，其他各諸侯的援軍才敢離開營壘攻擊秦軍，於是斬殺了秦將蘇角，俘虜了秦軍統帥王離。秦軍的另一位大將涉閒不肯投降，但已無路可走，便自焚而死。

在會戰剛開始的時候，項羽率領的楚軍最勇敢。各諸侯派來援救鉅鹿的軍隊連營十多座，沒有一個敢出來與秦軍交戰。等到項羽的軍隊向秦軍發起猛攻的時候，各路將領都在自己的營壘上遠遠的觀望。只見項羽的戰士無不以一當十，喊殺之聲驚天動地，諸侯的將士們被楚軍的聲勢嚇得渾身戰慄，面無血色。秦軍被打垮後，項羽召見各路諸侯的將領。這些將領心懷敬畏，進入項羽的軍營之後，便不由自主的雙膝跪地、匍匐向前，誰也不敢抬頭看項羽一眼。從這時開始，項羽成為各路諸侯的上將軍，各路諸侯將領都歸附於項羽。

趙王歇和丞相張耳從鉅鹿城中被解圍出來，二人向各路援軍表示感謝。張耳與陳餘見面，張耳譴責陳餘不肯救趙；又問張黶、陳澤在哪裡，當得知張黶、陳澤二人已死的消息後，張耳懷疑是陳餘殺死了二人，屢次向陳餘追問。陳餘怒氣沖沖地說：「我沒想到你對我的怨恨會這麼深。難道你以為我就這麼看重這顆將軍印嗎？」說完，便從身上解下印綬交給張耳。張耳不料陳餘會做出這種舉動，很是吃驚，便不肯接印。陳餘起身去廁所，有一位賓客勸張耳說：「我聽說『上天賜給你的，你如果不接受，就會遭受上天的懲罰。』現在陳將軍把印交給你，你不接受，這是違背上天的意願，是不吉祥的。請趕快把印收下吧。」張耳聽從了賓客的建議，就把那顆將軍印佩帶在身上，並接管了陳餘的軍隊。陳餘回來，發現將軍印已經被張耳收起；而且張耳竟然連一句挽留自己的話都沒有，也很痛心和怨恨，於是，快步走出，只帶領自己的幾百名親信到黃河邊的大澤中打魚狩獵。趙王歇返回信都。

春天，二月，沛公劉邦率軍北上攻取昌邑，遇見彭越，彭越率領他的部下歸附了劉邦。彭越是昌邑人，經常在鉅鹿附近的湖澤之中捕魚，後來聚眾做了強盜。當陳勝、項梁率軍反抗秦朝的時候，湖澤之中有幾百個年輕人聚集起來，找到彭越說：「請你做我們的首領。」彭越謝絕說：「我不願意做你們的首領。」那些年輕人極力地懇求，彭越才答應下來。於是，彭越與他們約定第二天早上太陽出來的時候相會，來晚了要殺頭。第二天太陽出來的時候，有十多個人都來晚了，最晚的一個到了太陽正午的時候才到。彭越再次地對那些人說：「我年紀大了，諸位卻非要強迫我做首領。如今約定好了相會的時間而來晚的人很多，當然不能都殺死，今天就把那最後來的一位斬首。」命令校長執行。那些年輕人都笑著說：「何至於這樣！以後再也不敢了還不行。」彭越親自把最後來的那個人拉出來斬首，又設立一個祭臺，就用那個人的頭來祭祀，然後發號施令，宣布起義，那些年輕人這才感到震驚，不敢抬頭亂看。彭越就率領著這支新組建的軍隊，在四周攻城奪地，招集各路諸侯的散兵游勇，很快就發展到一千多人。彭越歸附劉邦以後，就率軍幫助劉邦攻打昌邑。

昌邑不容易攻打，沛公劉邦放棄昌邑繼續向西進發，途中經過高陽。高陽人酈食其家庭貧苦，困窘失意，在里中給人做看門人。沛公劉邦手下的一個騎兵正好是酈食其的老鄉，酈食其找到那個騎兵，對他說：「諸侯的將領從高陽經過的已有好幾十個，我與他們交談，覺得這些人都是器量狹小，舉止卑微，又拘於小節，剛愎自用，自以為是，而又傲慢看不起人。我聽說沛公劉邦雖然傲慢看不起人，卻富有遠大的謀略。這正是我所願意追隨的人，可惜的是沒有人為我引見。你見了沛公，就對他說『我的家鄉有一個姓酈的人，六十多歲，身高八尺，人們都稱他為瘋子。但他自己卻說我不是瘋子。』」騎兵說：「沛公不喜歡儒生，那些戴著儒生的帽子來見他的，沛公總是把他們的帽子摘下來，往裡面撒尿。跟人說話的時候，愛罵人，你可不能用一副儒生的樣子去和他說話。」酈生說：「你只管照我說的去做就是了。」騎兵找個機會就在劉邦面前很自然地提起酈生這個人，完全按照酈生教給他的話說給劉邦聽。

沛公來到高陽驛站，派人去請酈生。酈生進見劉邦的時候，劉邦正坐在床上，讓兩個女子給他洗腳，他就一邊洗腳一邊接見酈生。酈生進來以後，只對劉邦作了一個揖，而不行拜見禮，並首先發問說：「您是打算幫助秦朝來攻打諸侯呢，還是想要率領諸侯打敗秦朝呢？」劉邦開口罵道：「你這小子說的是什麼話！天下人被秦的暴政殘害很久了，所以諸侯才紛紛起來反抗秦朝，你怎麼竟然說我會幫助秦朝攻打諸侯呢！」酈生說：「既然是要率領諸侯，攻打秦軍，就應該招攬人才，聯合各路起義的諸侯共同討伐秦軍，而不應該用這種傲慢無禮的態度來接見年長的人。」劉邦聽後馬上停止洗腳，站起身來，整理好衣服，請酈生坐在上座，並對剛才的無禮向酈生道歉。酈生趁機向劉邦講述戰國時期的合縱連橫和可供借鑑的歷史史實，沛公聽了很高興，就賞賜他和自己一起吃飯，在吃飯的時候又問他說：「現在應該採取什麼樣的策略呢？」酈生回答說：「您起兵時只是聚集了一些沒有經過訓練的烏合之眾和一些散兵游勇，總共也不超過一萬人。您就想依靠這些人一直向西攻入強大秦王朝的腹地，這正像俗話中所說的是把頭伸到虎口裡，其後果就可想而知了。陳留縣，是天下的交通樞紐，四通八達。城中又囤積著好多糧食。我和陳留縣令關係很好，請您派我去勸說陳留縣令，讓他歸順；如果他不聽從，您就率軍攻打陳留縣城，我給您做內應。」劉邦就派酈生去勸說陳留縣令，自己率領軍隊緊隨其後，於是很順利地佔有了陳留。劉邦封酈食其為「廣野君」。酈生又向劉邦舉薦他的弟弟酈商。當時酈商已經聚集了四千多名年輕人，便率領著來投奔劉邦。劉邦任命酈商為將軍，率領陳留兵隨從出征。酈食其經常以說客的身分為劉邦出使各地聯絡起義軍。

三月，沛公劉邦攻打開封，攻不下。於是繞開開封，繼續率軍西進，在白馬縣與秦將楊熊展開激戰，又在曲遇邑的東邊再次與楊熊交戰，終於打敗了楊熊。楊熊逃往滎陽，秦二世派使臣到滎陽將楊熊斬首示眾。

夏，四月，沛公南攻潁川❶，屠之。因張良遂略韓地❷。時趙別將❸司馬卬❹方欲度河入關❺。沛公乃北攻平陰❻，絕河津❼。南戰洛陽❽東。軍不利，南出轘轅❾，張良引兵從沛公。沛公令韓王成❿留守陽翟⓫，與良俱南⓬。

六月，與南陽守齮⓭戰犨東⓮，破之，略南陽郡⓯。南陽守走保城守宛⓰。沛公引兵過宛西⓱，張良諫曰：「沛公雖欲急入關⓲，秦兵尚眾，距險⓳。今不下宛⓴，宛從後擊，彊秦在前，此危道也。」於是沛公乃夜引軍從他道還，偃旗幟㉑。遲明，圍宛城三匝㉒。南陽守欲自剄，其舍人㉓陳恢曰：「死未晚也㉔。」乃踰城㉕見沛公曰：「臣聞足下約，先入咸陽者王之。今足下留守宛㉖，宛郡縣連城數十，其吏民自以為降必死，故皆堅守乘城㉗。今足下盡日止攻㉘，士死傷者必多。引兵去宛㉙，宛必隨足下後㉚。足下前則失咸陽之約㉛，後有彊宛之患。為足下計，莫若約降㉜，封其守，因使止守㉝，引其甲卒與之西。諸城未下者，聞聲爭開門而待足下，足下通行無所累㉞。」沛公曰：「善。」

秋，七月，南陽守齮降，封為殷侯(35)，封陳恢千戶(36)。引兵西，無不下者。至丹水(37)，高武侯鰓(38)、襄侯王陵(39)降。還攻胡陽(40)，遇番君別將梅鋗(41)，與偕攻析、酈，皆降(42)。所過亡得鹵掠(43)，秦民皆喜。

王離軍既沒，章邯軍棘原(44)，項羽軍漳南(45)，相持未戰。秦軍數卻，二世使人讓章邯(46)。章邯恐，使長史欣(47)請事(48)。至咸陽(49)，留司馬門(50)三日，趙高不見，有不信之心。長史欣恐，還走其軍(51)，不敢出故道(52)。趙高果使人追之，不及。欣至軍，報曰：「趙高用事於中，下無可為者。今戰能勝，高必疾妒吾功；不能勝，不免於死。願將軍孰計之(53)。」

陳餘亦遺章邯書(54)曰：「白起(55)為秦將，南征鄢、郢(56)，北阬馬服(57)，攻城略地，不可勝計，而竟賜死(58)。蒙恬(59)為秦將，北逐戎人(60)，開榆中地(61)數千里，竟斬陽周(62)。何者？功多，秦不能盡封，因以法誅之(63)。今將軍為秦將三歲矣，所亡失(64)以十萬數，而諸侯並起滋益多。彼趙高素諛(65)日久，今事急(66)，亦恐二世誅之。故欲以法誅將軍以塞責(67)，使人更代將軍，以脫其禍。夫將軍居外久，多內郤(68)，有功亦誅，無功亦誅。且天之亡秦，無愚智(69)皆知之。今將軍內不能直諫，外為亡國將，孤特獨立(70)，而欲常存，豈不哀哉！將軍何不還兵(71)，與諸侯為從(72)，約共攻秦，分王其地[73]，南面稱孤。此孰與[74]身伏鈇質[75]，妻子為戮[76]乎？」

章邯狐疑，陰使候始成使項羽[77]，欲約。約未成，項羽使蒲將軍日夜[78]引兵度三戶[79]，軍漳南[80]，與秦軍戰，再破之[81]。項羽悉引兵擊秦軍汙水[82]上，大破之[83]。章邯使人見項羽，欲約。項羽召軍吏謀曰：「糧少，欲聽其約。」軍吏皆曰：「善。」項羽乃與期[84]洹水南殷虛[85]上。已盟，章邯見項羽而流涕，為言趙高[86]。項羽乃立章邯為雍王[87]，置楚軍中[88]，使長史欣為上將軍，將秦軍為前行[89]。

瑕丘申陽[90]下河南[91]，引兵從項羽[92]。

初，中丞相[93]趙高欲專秦權，恐羣臣不聽，乃先設驗[94]。持鹿獻於二世，曰：「馬也。」二世笑曰：「丞相誤邪？謂鹿為馬[95]。」問左右，左右〔1〕或默，或言馬以阿順[96]趙高，或言鹿者。高因陰中諸言鹿者以法[97]。後羣臣皆畏高，莫敢言其過。

高前數言[98]關東盜無能為[99]也。及項羽虜王離等，而章邯等軍數敗，上書請益助[100]。自關以東，大抵盡畔秦吏[101]，應諸侯[102]。諸侯咸率其眾西鄉[103]。八月，沛公將數萬人〔2〕攻武關[104]，屠之。高恐二世怒，誅及其身，乃謝病[105]不朝見。二世夢白虎齧其左驂馬殺之[106]。心不樂，怪問占夢[107]。卜曰[108]：「涇水為祟[109]。」二世乃齋[110]於望夷宮[111]，欲祠涇水[112]，沈四白馬[113]。使使責讓高以盜賊事[114]。高懼，乃陰與其壻咸陽令[115]閻樂及弟趙成謀曰：「上不聽諫，今事急，欲歸禍於吾。吾欲③易置上[116]，更立子嬰[117]。子嬰仁儉，百姓皆載其言[118]。」乃使郎中令[119]為內應，詐為有大賊，令樂召吏發卒[120]追。劫樂母，置高舍[121]。遣樂將吏卒千餘人至望夷宮殿門，縛衛令僕射[122]，曰：「賊入此，何不止[123]？」衛令[124]曰：「周廬設卒[125]甚謹，安得賊敢入宮！」樂遂斬衛令，直將吏入，行射[126]郎、宦者[127]。郎、宦者大驚，或走或格[128]。格者輒死[129]，死者數十人。郎中令與樂俱入，射上幄坐幃[130]。二世怒，召左右，左右皆惶擾不鬭[131]。旁有宦者一人侍，不敢去。二世入內[132]，謂曰：「公何不早告我[133]，乃至於此！」宦者曰：「臣不敢言，故得全；使臣早言，皆已誅，安得至今[134]！」

閻樂前即[135]二世，數[136]曰：「足下[137]驕恣，誅殺無道，天下共畔足下，足下其自為計[138]。」二世曰：「丞相[139]可得見否？」樂曰：「不可。」二世曰：「吾願得一郡為王。」弗許。又曰：「願為萬戶侯。」弗許。曰：「願與妻子為黔首，比諸公子[140]。」閻樂曰：「臣受命於丞相，為天下誅足下。足下雖多言，臣不敢報[141]。」麾[142]其兵進。二世自殺[143]。閻樂歸報趙高。趙高乃悉召諸大臣、公子，告以誅二世之狀，曰：「秦故王國[144]，始皇君天下，故稱帝。今六國復自立，秦地益小，乃以空名為帝，不可，宜為王如故[4]便[145]。」乃立子嬰為秦王[146]。以黔首[147]葬二世杜南宜春苑[148]中。

九月，趙高令子嬰齋[149][5]，當廟見，受玉璽[150]。齋五日，子嬰與其子二人謀曰：「丞相高殺二世望夷宮，恐羣臣誅之，乃詳[6]以義立我。我聞趙高乃與楚約[151]，滅秦宗室，而分王關中[152]。今使我齋、見廟，此欲因廟中殺我。我稱病不行，丞相必自來，來則殺之。」高使人請子嬰數輩[153]，子嬰不行。高果自往，曰：「宗廟重事[154]，王柰何不行？」子嬰遂刺殺高於齋宮[155]，三族高家[156]以徇。遣將兵距嶢關[157]。

沛公欲擊之。張良曰：「秦兵尚彊，未可輕。願先遣人益張旗幟於山上，為疑兵[158]。使酈食其、陸賈[159]往說秦將，啗以利[160]。」秦將果欲連和，沛公欲許之。張良曰：「此獨其將欲叛，恐其士卒不從，不如因其懈怠擊之。」沛公引兵繞嶢關，踰蕢山[161]，擊秦軍，大破之藍田南。遂至藍田，又戰其北，秦兵大敗。

【章旨】以上為第四段，寫秦二世三年（西元前二〇七年）下半年秦王朝的內部鬥爭與各地起義軍反秦的形勢，主要寫了項羽大破章邯，章邯投降項羽；秦王朝內部政變，趙高殺秦二世、立子嬰，子嬰又殺趙高；以及劉邦從南路攻入武關、嶢關，逼近秦朝首都咸陽。

【注　釋】❶潁川　秦郡名，郡治即今河南禹州，戰國時為韓國地盤。《史記．高祖本紀》作「潁陽」，潁陽是秦縣名，在今河南許昌西南。❷因張良遂略韓地　在張良的引導下拓定了舊日韓國的地盤，因張良是韓國舊臣之後，在韓地有號召力。❸趙別將　趙王歇派出的一支小部隊。別將，主力大軍之外的獨任一方的小部隊。❹司馬卬　司馬遷的同族，蒯聵之孫，世代居趙，此時為趙王歇的部將，後隨項羽入關，被封為殷王。❺度河入關　渡過黃河，入函谷關。❻平陰　秦縣名，也是黃河渡口名，在今河南孟津東。❼絕河津　封鎖黃河渡口。津，渡口。司馬卬欲渡河入關，劉邦則絕河津以阻之，顯然是想獨自入關稱王。瀧川引劉台拱曰：「欲先定關中，距卬使不得渡。」❽洛陽　舊城在今河南洛陽之東北部。❾轘轅　在今河南偃師東南，山路險峻，是有名的要隘。❿韓王成　名成，戰國時韓國諸侯的後代，被封為橫陽君，韓被秦滅後成平民。陳涉起兵反秦，張良亦佐韓成起事，也成為各路起義軍中的一支。⓫陽翟　秦縣名，在今河南禹州，戰國時曾為韓國都城。⓬與良俱南　劉邦帶著張良一直向著南方打去。⓭南陽守齮　南陽郡的郡守名齮，《漢紀》與《長短經》皆作「呂齮」。⓮犨東　犨縣城東。犨是秦縣名，縣治在今河南魯山縣東南。⓯略南陽郡　攻取南陽郡的地盤。⓰走保城守宛　四個動詞平列，共帶一個賓語。走，退向。保，往依。城，築城。守，防守。宛，秦縣名，即今河南南陽，當時為南陽郡的郡治所在地。宛城遺址在今南陽老城東北之蔡莊，現存其東北角城牆，長約一千四百公尺，高出地表五至七公尺，基寬二十公尺，為省級文物保護單位。⓱過宛西　謂繞過南陽，帶兵西進。倪思曰：「自項梁以來，攻定陶，未下；攻外黃，外黃未下，而兵行無忌，殆欲赴要害，搗虛邑耳，此最兵家要妙。」⓲急入關　此謂急入武關，奪取關中，為關中王。⓳距險　佔據著險要之處。距，通「拒」。⓴今不下宛　如不攻下南陽郡城。㉑偃旗幟　偃旗息鼓，悄悄返回，以攻其不意。㉒遲明二句　迨至天亮，宛城已被包圍了三層。《史記．高祖本紀》作「黎明」。黎明，同「犁明」。迨至天亮。《索隱》曰：「黎，音『犁』，猶比也。謂比至天明也。《漢書》作『遲』，音值。值，待也，謂待天明，皆言早意也。」按，《史記．呂太后本紀》有所謂「犁孝惠還，趙王已死」，徐廣曰：「犁，比也。」與此相同。三匝，三遭；三層。《索隱》引《楚漢春秋》曰：「上南攻宛，匿旌旗，人銜枚，馬束舌，雞未明，圍宛城三匝也。」鍾惺曰：「此留侯佐高祖初著，絕妙起手也。」㉓舍人　半賓客、半僕役的左右親信人員。師古曰：「親近左右之通稱也，後遂以為私屬官號。」㉔死未晚也　意謂「現在還不到尋死的時候」。㉕踰城　翻城牆而出。㉖留守宛　意即因圍困宛城而停留不進。㉗堅守乘城　意即登城而堅守之。師古曰：「乘，登也，謂上城而守也。」㉘今足下盡

日止攻　今，倘若。盡日止攻，一天到晚地攻城。㉙引兵去宛　意謂如果撤兵離去。㉚必隨足下後　意即必隨其後而攻之。㉛失咸陽之約　失掉最先進入咸陽為關中王的機會。㉜約降　建立盟約，許其投降。㉝封其守二句　封其郡守以高爵，令其居此為您守城。㉞通行無所累　即通行無阻。累，牽扯；掛累。王先謙引朱子文曰：「陳恢說沛公之辭不過百餘字，凡稱『足下』者八，其七皆不可去，唯『今足下留守宛』可以削之。宜曰：『臣聞足下約，先入咸陽者王，今留守宛』，言簡而勢順。」鍾惺曰：「陳恢此策與蒯通說武信君封范陽令，下趙三十餘城同意，沛公入關緊要著數也。」按，蒯通說武信君張耳封范陽令事，見前文與《史記・張耳陳餘列傳》。㉟殷侯　封地在殷。《索隱》引韋昭曰：「在河內。」按，韋昭所謂「在河內」者，乃指故殷都朝歌一帶。㊱千戶　封以千戶食邑，並以「千戶」為號，在列侯以下。㊲丹水　秦縣名，縣治在今河南淅川縣西南，因有丹水流經其地而得名。㊳高武侯鰓　晉灼、梁玉繩皆以為即《史記・高祖功臣侯者年表》之「臨轅侯戚鰓」，「高武」是其此時的封號；師古以為非「戚鰓」，當是別一人，史失其姓。㊴襄侯王陵　王陵是劉邦的開國功臣，後封安國侯。事跡見《史記・陳丞相世家》。王陵在丹水歸附劉邦時，被封為「襄侯」。有人以為「襄」應作「穰」，但證據不足。㊵胡陽　也作「湖陽」，秦縣名，縣治在今河南唐河縣西南。㊶番君別將梅鋗　番君派出的將領梅鋗。番君，即吳芮，秦時為番縣（今江西鄱陽）縣令，故稱「番君」。因派兵隨諸侯入關，先被項羽封為衡山王，後被劉邦封為長沙王。㊷與偕攻析酈二句　意即劉邦和梅鋗等一起攻下了析、酈二縣。秦時之「析」即今河南西峽縣；秦時之「酈」在今河南鎮平東北。㊸亡得鹵掠　不准搶奪百姓的子女與財物。亡，同「無」。㊹棘原　古地名，當在今河北平鄉南。㊺漳南　漳水南岸。漳水源於今山西昔陽西南，東南流經河北磁縣南，東北流經今廣宗、棗強、景縣入古黃河。㊻讓章邯　責備其連連敗退。讓，責備。㊼長史欣　即司馬欣，前為櫟陽獄掾，此時為章邯的長史。長史，大將軍或丞相手下的屬官，為諸史之長，故稱「長史」，地位相當高。㊽請事　向朝廷請求對有關事情的指示。㊾咸陽　秦朝都城，在今陝西咸陽東北。㊿留司馬門　在司馬門等候接見。司馬門，在宮廷的前門之外，以其有兵士護守，故稱司馬門。司馬，武官名，在軍中主管司法。(51)還走其軍　離開京城，向其所在的軍中逃去。(52)出故道　經由來時走的道。出，經由。(53)孰計之　好好地考慮這件事。孰，通「熟」。(54)遺章邯書　致書與章邯。遺，給；致。(55)白起　昭王時代的秦國名將，為削弱東方六國立有巨大功勳。事跡詳見《史記・白起王翦列傳》。(56)南征鄢郢　據《史記・秦本紀》，昭王二十八年（西元前二七九年），白起拔楚鄢（今湖北宜城東南）；二十九年（西元前二七八年），拔楚郢（今湖北江陵西北），於是楚國被迫東北遷於陳。(57)北阬馬服　馬服原指趙奢，趙惠文王時的將領，被封為馬服君，這裡是指趙奢的兒子趙括。秦昭王四十七年（西元前二六〇年），白起大破趙括軍於長平，坑趙卒四十餘萬。事見《史記》之〈白起王翦列傳〉、

〈廉頗藺相如列傳〉。(58)而竟賜死　白起破趙有大功，遭秦相范雎嫉恨，白起稱病辭職，後又因不聽秦昭王的指使，遂被賜劍自裁。(59)蒙恬　秦朝名將，蒙驁之孫，蒙武之子，於滅齊中立有大功，後又北逐匈奴，開拓了今內蒙古河套一帶地區。始皇死後，被秦二世殺害於陽周。事見《史記．蒙恬列傳》。(60)戎人　即指匈奴。(61)榆中地　古地區名，即今陝西北部以及內蒙古河套一帶地區。(62)竟斬陽周　被趙高殺害於陽周。陽周，秦縣名，縣治在今陝西子長北。(63)以法誅之　強加罪名將其殺害。(64)亡失　損失，指損失的秦朝軍隊。(65)素諛　一貫地向皇帝諂媚奉承。(66)事急　指秦王朝已亂到了這種樣子。(67)欲以法誅將軍以塞責　想找藉口殺死您以搪塞他的責任。(68)多內郤　與朝內、宮內的官吏多有矛盾。(69)無愚智　不論是愚者智者。(70)孤特獨立　光桿一條，孤立無援。孤、特、獨，三字的意思相同。(71)還兵　掉轉矛頭。(72)與諸侯為從　與東方的起義軍聯合。從，同「縱」。合縱，聯合。(73)分王其地　瓜分秦王朝的土地，各自稱王。(74)此孰與　這與……相比哪個更好呢。(75)身伏鈇質　指被殺。鈇，古時斬人用的大斧。質，砧板，亦殺人用的刑具。(76)妻子為戮　妻、子連帶被殺，指滅族。戮，殺。(77)陰使候始成使項羽　暗中派軍候始成去會晤項羽。候始成，軍候名始成，史失其姓。軍候，校尉屬下的軍官。(78)日夜　猶言「連夜」，極言其行動之快速。(79)三戶　即三戶津，漳水上的渡口名，在今河北磁縣西南。(80)軍漳南　中井曰：「前稱羽『軍漳南』，此遣軍『渡三戶』，則往在漳北也。此『漳南』當作『漳北』。」按《漢書》亦作「漳南」，同誤。(81)再破之　一連兩次打敗秦軍。(82)汙水　源出河北武安西太行山，東南流，在臨漳西注入漳水。(83)大破之　徐孚遠曰：「已約降而再擊之，即邯無戰心而破之易；其兵愈敗，則反顧之念絕，所以促其降也。」(84)期　約定，此指約定會面。(85)洹水南殷虛　洹水即今河南安陽北的安陽河。殷虛，殷朝故都的廢墟，在今安陽西小屯村。(86)為言趙高　對項羽訴說趙高的陰險可惡。(87)雍王　封土雍縣，在今陝西鳳翔南。雍縣是秦國的舊都。(88)置楚軍中　項羽雖封章邯為雍王，而實已奪其兵權。(89)使長史欣為上將軍二句　司馬欣與項氏有故交，故立以為上將軍，於此見項羽之用人全憑感情。(90)瑕丘申陽　瑕丘縣令名申陽。瑕丘縣的縣治在今山東兗州東北。(91)下河南　攻下了河南郡的郡治洛陽城。河南是漢郡名，秦朝時叫三川郡，這裡是用後來的地名相稱。(92)從項羽　歸附了從河北南來的項羽。(93)中丞相　專門在宮廷裡處理大事的丞相。趙高見天下越來越亂，怕秦二世知道外面的情況而追究他的責任，於是哄騙秦二世，讓他只在宮中玩樂，不出宮門。趙高也陪他在宮中決斷一切事務，故稱為「中丞相」。又在禁中執政，故名。(94)設驗　設法考驗。(95)丞相誤邪二句　丞相您弄錯了吧？把鹿說成了馬。(96)阿順　曲意附和。(97)陰中諸言鹿者以法　陰中……以法，捏造罪名，對……予以打擊。(98)數言　屢說。(99)無能為　不可能幹出什麼；成不了什麼氣候。(100)請益助　請求增兵援助。(101)盡畔秦吏　全都起來造秦朝官吏的反。(102)應諸侯　全都響應了各路的起義軍。(103)西鄉　向著西方殺來。鄉，通「向」。104武關　關塞名，在今陝西丹鳳東南，是河南、湖北進入陝西東南部的交通門戶。105謝病　推說有病。謝，推說。106齧其左驂馬殺之　咬他車駕左側的邊馬，給咬死了。驂，拉邊套的馬。107占夢　帝王身邊負責占夢的人員，上屬太祝。108卜曰　占卜之後的卦象說。109涇水為祟　涇水之神作怪。涇水，源於今之寧夏自治區，東南流，經今陝西彬縣，至咸陽東匯入渭水。祟，鬼神作怪以害人。110齋　齋戒，為某事而虔敬，為之洗沐、獨宿、吃素等等。111望夷宮　秦宮名。徐衛民曰：「由於有匈奴的存在，經常搔擾內地，秦始皇就在咸陽東北的涇水南建了望夷宮，作為瞭望哨所。」按，望夷宮遺址在今咸陽涇陽徐家堡村東北，位於涇河南岸，南距秦都咸陽約八公里。112祠涇水　祭祀涇水。113沈四白馬　將四匹白馬投入涇水，以祭水神。梁玉繩曰：「此言二世因夢祀涇，而〈李斯傳〉謂二世射殺行人於上林，故高令出居望夷宮以禳之，兩處異詞。」114盜賊事　指東方反秦，竟至此不可收拾事。115咸陽令　咸陽縣令，主管郊區農村，與首都咸陽城的長官「內史」有很大不同。116易置上　另換一個皇帝。117子嬰　身世不清，下文云是「二世兄子」；《史記·李斯列傳》說是始皇之弟；《集解》引徐廣說是始皇之弟的兒子。中井曰：「蓋二世之兄也。夫謂扶蘇為『長子』，則二世之兄非長子明矣。計其年數，不得有其子長與是謀也。且始皇之孫宜稱『公孫』，不得稱『公子』。」118皆載其言　都聽從他的話。載，通「戴」。承；奉行。119郎中令　《史記集解》曰：「郎中令趙成。」洪亮吉曰：「非趙成，別是一人。」按，郎中令統領皇帝禁衛，必隨二世於望夷宮，故使其為內應。120召吏發卒　召集官吏，徵調士兵。121劫樂母二句　怕閻樂中途變卦，不聽使喚。對其女婿亦不放心，故以其母為質，亦猶周勃令酈況往騙呂祿，而將其父酈商劫持。見《史記·呂太后本紀》。122衛令僕射　守衛宮門的衛士長官，上屬衛尉。衛尉是九卿之一，主管守衛宮門。123何不止　為何不將其拿下。止，拘捕。124衛令　即衛令僕射。125周廬設卒　意謂環繞宮廷都是巡邏的衛兵和衛兵住宿的廬舍。《集解》引薛綜曰：「士傳（環繞）宮外，內為廬舍，晝則巡行非常，夜則警備不虞。」126行射　一邊前進，一邊開弓射人。127郎宦者　郎官與宦者。郎，帝王的侍從人員，上屬郎中令。宦者，即後世所謂太監，上屬少府。128格　攔阻；格鬥。129格者輒死　誰攔阻就將誰殺死。130射上幄坐幃　詞語不順，其意似謂「射上所坐之帷幄」。胡三省曰：「上下四旁悉周曰幄；帷，單帳也。」按，帝王之宮室，屋舍高大，故其臥榻四周還得設有幃帳，視故宮之情形可知。幃，通「帷」。床帳。131惶擾不鬬　驚慌混亂，但無人起來抵抗。132入內　逃入內室。133早告我　早些告訴我問題的嚴重性。134安得至今　哪裡還能活到今天。凌稚隆引張之象曰：「此數言痛為人君拒諫者之戒。」135即　就；走近。136數　縷列其罪狀。137足下　《史記集解》引蔡邕曰：「群臣士庶相與言曰『殿下』、『閣下』、『足下』、『侍者』、『執事』，皆謙類。」瀧川曰：「不曰『陛下』，曰『足下』，輕侮之辭。」138其自為計　請你自己拿主意，意即迫其自殺。139丞相指趙高，意欲親見趙高求情。梁玉繩曰：「此言高謝病不朝，令其婿、弟劫二世，〈李斯傳〉又言高親劫二世，歧出。」(140)比諸公子　和自己的其他弟兄一樣，同為平民百姓。(141)臣不敢報　謂不敢向趙高請示。(142)麾　大將的指揮旗，這裡用如動詞，其意同「揮」。(143)二世自殺　瀧川曰：「與《左氏》所記崔杼弒齊莊事問答詞氣相似，庸主末路，若合符節。」(144)秦故王國　秦本來也是一個諸侯國，是和其他國家一樣都是稱「王」的。(145)宜為王如故便　還是改回稱「王」，和過去一樣為好。(146)乃立子嬰為秦王　梁玉繩曰：「〈李斯傳〉言『高自佩璽上殿，意圖篡位，因殿欲壞者三，高乃召子嬰立之』，與紀亦異。」(147)以黔首　按一個平民百姓的禮數。(148)杜南宜春苑　杜縣城南的宜春苑。杜縣在今西安長安西南，當時的阿房宮東南。宜春苑是秦朝的苑囿名，舊址在今西安東南的曲江池一帶。按，胡亥墓在今西安雁塔區之曲江池村，墓為圓丘形封土，墓前有碑樓，內嵌清代畢沅書「秦二世皇帝陵」碑一通。(149)齋　為對某事表示虔敬而預先做出的一種姿態，如沐浴、獨宿、素食等等。(150)廟見二句　到祖廟（即始皇廟）拜祭始皇，會見群臣，而後接受秦王的印璽，宣告即位。按，「玉璽」有本作「王璽」。(151)乃與楚約　與伐秦的楚軍相互通謀訂約。按，此處的「楚」即指劉邦，劉邦當時為楚懷王將。(152)滅秦宗室二句　據《史記·高祖本紀》確有所謂「趙高已殺二世，使人來，欲約分王關中」語。(153)使人請子嬰數輩　意即多次派人來請子嬰。數輩，多批。(154)宗廟重事　此言繼位為王，以奉宗廟之祭祀，乃大事。(155)子嬰遂刺殺高於齋宮　梁玉繩曰：「〈斯傳〉言『嬰即位，稱疾不聽事，高謁病，因召入，刺殺之。』此言嬰稱病不廟見，高自往請，遂刺殺高於齋宮，兩處未知孰是。」(156)三族高家　意即滅趙高之三族。三族，謂父族、母族、妻族。凌稚隆引王鏊曰：「趙高弒二世與子嬰殺高，敘事之妙，當細玩。」史珥曰：「子嬰不德趙高立己，聲色不動，而討賊門庭之內，明而能斷，叔孫昭子後一人。後世歸功宦豎，受制強奴，終身不能自作一事，皆子嬰罪人也。」按，叔孫昭子事，見《左傳》昭公二十五年。(157)距嶢關　到嶢關迎戰劉邦軍。距，通「拒」。嶢關，在今陝西商縣西北，因地當嶢山而得名。(158)疑兵　為迷惑敵人而布置的軍隊。(159)陸賈　與酈食其同為劉邦的謀士，著有《新語》十二篇，《史記》有〈酈生陸賈列傳〉。(160)啗以利　以利益引誘之。啗，使之吃，意即引誘。(161)踰蕢山　翻過蕢山。踰，翻越。蕢山，在當時的藍田縣南。當時的藍田縣在今陝西藍田西。

【校記】[1]問左右左右　原本「左右」不重。據章鈺校，十二行本、乙十一行本皆重「左右」。今從十二行本、乙十一行本及《史記·秦始皇本紀》、《通鑑紀事本末》補。[2]數萬人　「人」字原無。據章鈺校，十二行本、乙十一行本皆有此字。今從十二行本、乙十一行本及《史記·秦始皇本紀》、《通鑑紀事本末》補。[3]吾吾欲　原本「吾」字不重。據章鈺校，乙十一行本重「吾」字。按，《史記・秦始皇本紀》作「歸禍於吾宗吾欲」云云，今從乙十一行本補。④宜為王如故　「為王」二字原無。據章鈺校，十二行本、乙十一行本、孔天胤本皆有此二字。今從諸本及《史記・秦始皇本紀》、《通鑑紀事本末》補。⑤令子嬰齋　「齋」下原有「戒」字。據章鈺校，十二行本、乙十一行本皆無此字。今從十二行本、乙十一行本及《史記・秦始皇本紀》、《通鑑紀事本末》刪。⑥乃詳　「詳」，原作「詐」。據章鈺校，十二行本、孔天胤本皆作「詳」，乙十一行本作「佯」，張敦仁《通鑑刊本識誤》作「佯」。今從十二行本、孔天胤本及《史記・秦始皇本紀》改。

【語　譯】夏季，四月，沛公劉邦率軍向南攻取潁川，攻下以後屠殺了全城的軍民。在張良的引導下佔領了舊日韓國的地盤。當時趙國的另外一員將領司馬卬正想率軍渡過黃河進入函谷關。劉邦為了阻止司馬卬入關，就向北攻佔平陰，封鎖了黃河的重要渡口平陰津，使司馬卬不能渡過黃河。又向南進軍在洛陽東部與秦軍交戰，結果吃了敗仗，於是繼續南下。經過轘轅的時候，張良率軍與劉邦會合。劉邦派韓王成留守陽翟，自己則帶著張良繼續向南進發。

六月，在犨縣城東與南陽郡守呂齮作戰，打敗了呂齮，佔領了南陽郡；呂齮退保宛城。沛公劉邦想繞過宛城向西進軍，張良勸阻說：「沛公您雖然著急進關，但目前秦軍的力量還很強大，他們憑藉險阻，頑強抵抗；現在如果不先把宛城攻下來，恐怕我們入關以後，宛城的軍隊從背後攻打我們，強大的秦軍在前阻擊我們，如此，我們就陷入危險的境地了。」於是沛公劉邦就趁著黑夜率領軍隊悄悄地從別的道路回到宛城，偃旗息鼓。等到天快亮的時候，已經把宛城裡三層外三層的圍了個水洩不通。南陽守呂齮想要自殺，他的隨從陳恢制止他說：「等我去見劉邦，如果他不接受我們的投降，再自殺也不晚。」於是便翻越城牆來見劉邦說：「我聽說楚王曾經和諸將有約在先，誰先進入咸陽，誰就在那裡為王。沛公您不西進，卻滯留下來攻打宛城，宛郡的屬縣有數十個，那裡的軍民認為投降就必定會被殺死，所以都登上城牆頑強固守。假如您一天到晚地攻打，士卒死傷的必定很多。如果不攻下宛就逕直西進，宛地的秦軍必然隨後追擊。如此的話，您向西挺進，既失去了先入咸陽為王的機會，後邊又有宛兵追擊的憂患。為您考慮，不如答應宛城的投降條件，封南陽郡守呂齮一個官職，繼續派他留守宛城，而您率領宛城的軍隊一起西進。其他那些沒有攻下來的城邑，聽到您不僅不殺降者，還封給官做的消息，一定會爭先恐後地打開城門歡迎您的到來，您西進路上就會暢通無阻。」沛公聽了說：「這個辦法好。」

秋季，七月，南陽郡守呂齮投降，劉邦封他為殷侯；封陳恢食邑一千戶。劉邦率軍向西進發，沿途所有城邑全都開城投降。到達丹水縣境內，高武侯戚鰓、襄侯王陵也都開城投降。劉邦率軍回過頭來攻打胡陽，遇到番君吳芮派出的將領梅鋗，於是合兵一處，共同攻打析縣、酈縣，兩縣也都投降了劉邦。劉邦一路上禁止燒殺搶掠，所到之處，秦地百姓都很高興。

王離的軍隊已經全軍覆沒，章邯的軍隊駐紮在棘原，項羽的軍隊駐紮在漳水的南岸，兩軍相持沒有戰事。由於秦軍多次退卻，秦二世便派使者前來責備章邯。章邯心裡恐懼，就派遣擔任長史的司馬欣回咸陽請求對有關事情的指示。司馬欣到了咸陽後，在司馬門等候接見，一連等了三天，趙高就是不見，看樣子有不信任的意思。司馬欣感到很害怕，趕緊往回返，但不敢走來時的路。趙高果然派人來追殺他，只是沒有追上。司馬欣回到軍中對章邯說：「朝廷之中，趙高一人專權，在下位的人不可能有所作為。如今即使我們打了勝仗，趙高必定嫉妒我們的功勞；打了敗仗，我們難免一死。希望將軍認真地考慮考慮我們面前的處境。」

陳餘也寫信給章邯說：「白起為秦將的時候，向南征服了鄢、郢，向北打敗了馬服君趙括，坑殺了趙國降卒四十多萬；他奪取的城邑，攻佔的領土，多得數不清，而最終竟然落個被迫自殺的下場。蒙恬任秦朝的大將，在北方驅逐了匈奴，開拓榆中土地方圓幾千里，竟然在陽周慘遭殺害。是什麼原因呢？就是因為功勞太大，秦朝沒有辦法按照他們的功勞封賞，就將罪名強加在他們頭上而殺死了他們。現在您擔任秦朝的大將已經三年了，在平定叛亂的過程中，您所損失的士卒不下十餘萬；叛亂的諸侯不僅沒有被消滅，反而越來越多。那個趙高平常專靠阿諛奉承來保有他的高位，如今事情已經危急到了這種程度，他怕被二世誅殺。所以就會把責任全都推到將軍身上，殺掉將軍，然後任命其他人來接替，以此來擺脫就要降臨到自己頭上的災禍。再說，將軍長期在外領兵打仗，與朝廷之間存在著許多矛盾，您有功也是被處死，無功也是被處死。況且，上天的意志就是要滅亡秦國，這是不論有智慧的人還是愚蠢的人都清楚的事實。如今，您既不能在朝廷之上直言勸諫，在外又即將成為亡國之將，孤立無援，還想要安然長存，其結局難道不是會很悲哀嗎！將軍您何不反戈一擊，與諸侯聯合起來攻打秦軍，成功之後，共同瓜分秦朝的土地南面稱王。這與身伏斧質，妻、子受株連被殺比起來哪個更好呢？」

章邯還在猶豫不決，便暗中派軍候始成到楚軍那裡去求見項羽，想要和他談判投降的有關事宜，但沒有談成。項羽派蒲將軍率領一支部隊連夜急行軍渡過三戶津渡口，駐紮在漳河南岸，與秦軍交戰，一連兩次打敗秦軍。項羽乘勝率領大軍追擊秦軍，一直追到汙水，在汙水岸邊又將秦軍打得大敗。章邯再次派人來見項羽約定投降。項羽召集他的手下軍吏商議說：「我們現在的軍糧不多了，不如同意章邯投降。」軍吏都說：「好。」項羽就和章邯約定日期在洹水南邊、殷朝都城的遺址上舉行納降儀式。訂立盟約後，章邯在項羽面前痛哭流涕，訴說趙高專權誤國、陷害忠良等事。項羽封章邯為雍王，安置在楚軍當中，派長史司馬欣為上將軍，率領秦軍為先頭部隊去攻秦。

瑕丘縣令申陽攻佔了河南，他率領部下來歸附項羽。

當初，宦官丞相趙高想要徹底把持政權，恐怕大臣不聽從自己，就先進行了一次測試。他牽來兩頭鹿進獻給秦二世，說：「這是馬。」秦二世笑著說：「丞相弄錯了，怎麼把鹿說成馬？」他問左右那些隨侍的人，左右的人有的不敢說話，有的曲意附和趙高也說是馬，有的直言說是鹿。趙高暗暗的記住說是鹿的人，過後就捏造罪名交與司法官嚴加處治。後來滿朝大臣都因為懼怕趙高，沒有人敢說趙高的過錯。

趙高先前曾經多次跟秦二世說關東的盜賊成不了大氣候。等到項羽俘虜了王離等人以後，章邯的軍隊又屢次打敗仗，不停地給朝廷上奏章請求增派援軍。從函谷關以東，秦朝的官吏大都背叛了秦朝，全都響應各路起義軍。各路義軍也都率領著自己的部眾向西來攻打秦軍。

八月，沛公劉邦率領著數萬軍隊攻入武關，毀壞了城池，殺光了男女老幼。趙高恐怕秦二世發怒，把自己殺掉，就推說有病，不上朝進見秦二世。秦二世夢見一隻白虎咬死了自己車駕左側的邊馬。心裡很不高興，就讓自己身邊負責占夢的人給他解夢。那個占夢的卜了一卦，卦象說：「是涇水之神作怪。」秦二世就在望夷宮進行齋戒，準備親自去祭祀涇水神，同時把四匹白馬作為祭品沉入水中。又派使者就關東盜賊的事情去責備趙高。趙高害怕，就暗中和他的女婿咸陽令閻樂和自己的弟弟趙成謀劃說：「皇帝不聽勸諫以至於此，現在事情危急了，就想要把罪責推到我的身上。我想更換皇上，另立子嬰為皇帝。子嬰仁愛節儉，百姓都擁戴他。」謀劃好了以後，就派趙成做內應，並大肆宣揚說有一夥強盜劫持了咸陽令閻樂的母親，派閻樂率領兵士去追趕盜賊。一面悄悄地把閻樂的母親軟禁在自己家中做人質。閻樂率領一千多名士兵衝進望夷宮殿門，把守衛皇宮的衛士長官捆起來說：「盜賊進入裡面，你們怎麼不阻止？」衛令說：「圍繞著宮牆內外守衛得非常嚴謹，哪裡有盜賊敢進入宮內！」閻樂殺死了衛令，率領士卒逕直進入宮中，一邊走一邊用箭射殺那些值勤的郎官和宮中的宦官。這些郎官和宦官被嚇得大驚失色，有的逃走了，有的上前進行阻攔。誰阻攔就將誰殺死，被殺死的有好幾十人。郎中令趙成和閻樂同時進入後宮，衝著秦二世所坐的床帳射箭。秦二世大怒，招呼左右侍從上前；左右的人都驚慌混亂，無人敢進行抵抗。二世身邊只有一個宦官沒有逃走。秦二世逃入寢宮，問那個宦官說：「你怎麼不早點告訴我，以致到了現在這種地步！」宦官說：「就因為我不敢說，所以才能保全生命；如果我早說了，恐怕就被殺死了，哪裡還會有今天！」

閻樂向前逼近秦二世，一條一條地列舉他的罪狀說：「你驕橫放縱，濫殺無辜，昏庸無道，天下所有的人都背叛了你；你想怎麼個死法，你自己拿主意。」秦二世說：「能不能讓我見見丞相趙高？」閻樂說：「不能。」秦二世說：「希望給我一個郡，讓我當一個郡王。」閻樂不答應。秦二世又請求說：「那就讓我做一個萬戶侯。」也不答應。秦二世又說：「希望讓我和我的妻子做一個老百姓，享受與其他公子一樣的待遇。」閻樂說：「我接受了丞相的命令，為天下誅殺你。你雖然有很多話要說，我卻不敢替你回報。」說完就招呼他的手下上前。秦二世只得自殺。閻樂把秦二世自殺的事報告給趙高。趙高把所有的大臣、公子召集起來，把誅殺秦二世的經過和原因告訴了他們之後說：「秦國本來是一個諸侯國，秦始皇統一了天下，所以稱皇帝。如今諸侯又都恢復建國，秦國的領土比以前更加狹小，如果還用皇帝的空名，沒有必要，還是改回稱王，更顯得適宜。」於是擁立嬴子嬰為秦王；用平民的禮數把秦二世埋葬在杜縣城南的宜春苑中。

九月，趙高讓秦王子嬰沐浴齋戒，到太廟祭拜祖先，會見群臣，然後接受秦王的玉璽，宣告即位。齋戒需要五天，子嬰和他的兩個兒子商量說：「丞相趙高在望夷宮殺死了秦二世，害怕群臣討伐他，就假裝主持正義立我為秦王。我聽說趙高早就和楚國約定，幫助消滅秦國後，他就在關中稱王。如今他讓我齋戒，祭告太廟，也是想在太廟中殺掉我。我假裝有病不去，趙高一定會親自來請，等他一來，就把他殺死。」到了舉行典禮的那一天，趙高派了好幾批人來請子嬰，子嬰就是不去。趙高果然親自來請，他對子嬰說：「國家祭祀大典，大王怎麼能不去參加？」子嬰見趙高走進齋宮，就一劍將他刺死，並滅其三族以示眾。秦王子嬰派兵將據守嶢關。

沛公劉邦想要上前攻打，張良說：「秦軍還很強大，不可以輕敵。希望您派人到山上遍插楚軍的旗幟，虛張聲勢迷惑敵人。派酈食其、陸賈去遊說秦軍的將領，用重利引誘他們。」秦軍將領果然同意投降；劉邦準備答應。張良說：「現在秦軍當中只是將領們想背叛秦，恐怕下面的士兵不會聽從；不如趁著秦軍懈怠的機會出兵攻打他們。」沛公率領軍隊繞過嶢關，翻越蕢山，向秦軍發動突襲，在藍田縣南大敗秦軍。遂進入藍田境內，又在藍田以北打了一仗，再次大敗秦軍。

【研　析】本卷寫了秦二世二年至其三年的秦王朝內部崩潰、瓦解的情景與起義軍中的陳涉失敗被殺，而項羽、劉邦兩支軍隊日益強大，以至項羽打敗、收服秦將章邯，劉邦勝利進軍直逼秦都城下的過程。本卷歷史教訓最深、令人觸目驚心的事實有以下兩點：

其一是陳涉起義隊伍的慘遭失敗寓有深刻教訓。陳涉領導的是我國有史以來第一次農民起義，其威力是無比強大的，直使得漢朝建國後的幾十年，還為之震驚不已，以至於許多政治家、思想家都反覆地分析它、議論它，各自從不同立場、不同角度總結其中的教訓。但由於陳涉等人缺乏歷史經驗、本身又有許多不可克服的農民戰爭的弱點，諸如各立山頭、互不統一，無遠大目標、無綱領宗旨、無組織、無紀律，這些都是招致失敗的必然因素。但司馬遷與司馬光還指出了兩點，其一是農民領袖的腐化蛻敗速度驚人，稱王沒有幾天就開始醉心於物質聲色的享樂之中；其二是脫離群眾、偏聽偏信，致使讓壞人竊弄權柄、作威作福，直到弄得眾叛親離。陳涉是如此，李自成、洪秀全也是如此。真是如杜牧所寫的〈阿房宮賦〉所說：「秦人不暇自哀而後人哀之，後人哀之而不鑑之，亦使後人而復哀後人也。」

其二是李斯的可悲可恥結局給後人留下的思考。李斯是荀況的弟子，什麼書都讀過，什麼道理都懂得，什麼問題都看得清楚，但就是不能挺直腰桿，光明正大、堅持原則地幹下去。這種人缺少的不是才幹能力，壞事都壞在他的自私自利。在一帆風順的時候，他也能趁勢作一番事業，例如他能輔佐秦始皇統一六國、創建制度等等，功勞很大。但一到關鍵時刻，涉及到他的個人利益時，他就經不住考驗。當秦始皇死後，趙高、胡亥拉他上賊船時，他完全可以捉起這兩個敗類，穩定秦王朝的大局；但趙高恰恰看準了他的致命弱點，專門以個人利害威脅他，於是他便因畏禍貪權而賣身投靠了。於是助桀為虐，為虎作倀，從而導致民變蜂起，四海鼎沸，而自己最後也不免被趙高、胡亥所殺。孔子說過：「鄙夫可與事君也哉？其未得之也，患得之；既得之，患失之。苟患得患失，無不至矣。」這可以說是給李斯的一幅絕好畫像。可惜直到今天那些培養幹部、選拔幹部的決策者仍未把「私心重不重」看作是一個嚴重問題，而只在一些唱高調、說套話上下工夫，這是令人感慨的。文章描寫李斯患得患失的心理，生動真切，栩栩欲活，千載之下，猶如目睹，簡直像一面鏡子足以為千古讀史者之鑑，尤其可為官場中人的千古明鑑。

本卷寫項羽在河北破章邯、劉邦在南路破秦入武關是發生在同一時段內的事，材料分別取自《史記》的《項羽本紀》與《高祖本紀》。但司馬光將項羽戰河北事敘述在前，將劉邦戰河南事敘述在後，這是他繼承《史記》的結果。倘若沒有《史記》在前，司馬光只是依據《漢書》，我想情況就大不相同了。《史記》的排列順序是〈項羽本紀〉在前，司馬遷濃墨重彩地描寫鉅鹿之戰，突出鉅鹿之戰的意義，將它定位為消滅了秦軍主力，為劉邦西下破秦提供了便利條件，同時又促成了秦王朝內部的瓦解崩潰，這就奠定了項羽在破秦問題上的重大意義。項羽所以能被後人稱頌為「拔山蓋世」的英雄，關鍵就在於〈高祖本紀〉之前先有這麼一篇〈項羽本紀〉。如果司馬遷當初不是這樣寫，而是像班固的觀點，在〈秦始皇本紀〉之後接著就是〈高祖本紀〉，直到幾十篇之後的「列傳」才出現〈項羽列傳〉，請大家想想，這樣的歷史還能給後代讀者留下「拔山蓋世」的項羽形象麼？·幸虧有司馬遷的《史記》在前，所以司馬光也就順理成章地把項羽的功勳寫在了劉邦之前，這真是一件幸運的事。

卷第九

漢紀一

起旃蒙協洽（乙未　西元前二〇六年），盡柔兆涒灘（丙申　西元前二〇五年），凡二年。

【題解】本篇寫了漢高祖元年（西元前二〇六年）至漢高祖二年的全國形勢，主要是寫劉邦與項羽由聯合反秦，到轉為楚漢戰爭的過程，以及楚漢戰爭初期的一些重要大事：其一是寫了劉邦率先入關滅秦，以及項羽相繼入關後與劉邦在鴻門宴上的激烈鬥爭；其二是寫項羽殺子嬰、燒咸陽，以及分封各路諸侯；其三是寫各路諸侯分別走上封地，韓信脫離項羽投奔劉邦，以及被劉邦任命為大將；其四是寫陳餘、田榮、彭越率先起兵反項羽，將項羽的兵力引向齊地；其五是寫劉邦依照韓信的謀略由漢中殺出，迅即收復關中；其六是寫劉邦引兵東出，率領多國諸侯乘項羽連兵齊地而一舉攻入彭城；其七是寫項羽由齊地返回突襲劉邦，劉邦慘敗，逃回滎陽，重築工事，與項羽形成對峙；其八是寫劉邦派韓信從北路東出，滅魏滅代，解除了劉邦左翼的威脅。

太祖高皇帝❶上之上

元年（乙未　西元前二〇六年）

冬十月❷，沛公至霸上❸。秦王子嬰❹素車白馬，係頸以組❺，封皇帝璽、符、節❻，降軹道❼旁。諸將或言誅秦王，沛公曰：「始懷王遣我，固以能寬容。且人已降，殺之不祥。」乃以屬吏❽。

賈誼論曰❾：「秦以區區之地❿，致萬乘之權⓫，招八州⓬而朝同列⓭，百有餘年⓮。然後以六合為家，殽、函為宮⓯。一夫作難⓰而七廟墮⓱，身死人手⓲，為天下笑者，何也？仁誼不施，而攻守之勢異也⓳。」

沛公西入咸陽，諸將皆爭走⓴金帛財物之府分之。蕭何獨先入收秦丞相府圖籍㉑藏之，以此沛公得具知天下阨塞㉒、戶口多少、彊弱㉓之處。沛公見秦宮室、帷帳、狗馬、重寶、婦女以千數㉔，意欲留居之。樊噲㉕諫曰：「沛公欲有天下耶，將為富家翁耶？凡此奢麗之物，皆秦所以亡也，沛公何用焉？願急還霸上，無留宮中㉖。」沛公不聽。張良曰：「秦為無道，故沛公得至此。夫為天下除殘賊㉗，宜縞素為資㉘。今始入秦，即安其樂，此所謂助桀所虐。且忠言逆耳利於行，毒藥苦口利於病㉙，願沛公聽樊噲言。」沛公乃還軍霸上㉚。

十一月，沛公悉召諸縣父老、豪傑，謂曰：「父老苦秦苛法久矣。吾與諸侯約，先入關者王之。吾當王關中，與父老約，法三章耳㉛：殺人者死，傷人及盜抵罪㉜。餘悉除去秦法㉝，諸吏民皆案堵如故㉞。凡吾所以來，為父老除害，非有所侵暴，無恐。且吾所以還軍霸上，待諸侯至，而定約束耳㉟。」乃使人與秦吏行縣、鄉、邑，告諭之㊱。秦民大喜，爭持牛、羊、酒食獻饗㊲軍士。沛公又讓不受，曰：「倉粟多，非乏，不欲費民。」民又益喜，唯恐沛公不為秦王㊳。

項羽既定河北，率諸侯兵欲西入關㊴。先是，諸侯吏卒㊵繇使、屯戍㊶過秦中㊷者，秦中吏卒遇之多無狀㊸。及章邯以秦軍降諸侯，諸侯吏卒乘勝多奴虜使之㊹，輕折辱㊺秦吏卒。秦吏卒多怨，竊言曰：「章將軍等詐吾屬降諸侯，今能入關破秦，大善；即不能㊻，諸侯虜吾屬而東㊼，秦又盡誅吾父母妻子，柰何？」諸將微聞其計㊽，以告項羽。項羽召黥布、蒲將軍計曰：「秦吏卒尚眾，其心不服，至關不聽㊾，事必危。不如擊殺之，而獨與章邯、長史欣、都尉翳㊿入秦。」於是楚軍夜擊阬秦卒二十餘萬人新安城南(51)。

或(52)說沛公曰：「秦富十倍天下(53)，地形彊(54)。聞項羽號章邯為雍王(55)，王關中，今則來(56)，沛公恐不得有此。可急使兵守函谷關，無內諸侯軍(57)，稍徵關中兵(58)以自益(59)，距之(60)。」沛公然其計，從之(61)。已而項羽至關，關門閉。聞沛公已定關中，大怒，使黥布等攻破函谷關(62)。

十二月，項羽進至戲(63)。沛公左司馬曹無傷使人言項羽曰：「沛公欲王關中，令子嬰為相(64)，珍寶盡有之。」欲以求封(65)。項羽大怒，饗士卒，期旦日(66)擊沛公軍。當是時，項羽兵四十萬，號百萬，在新豐鴻門(67)。沛公兵十萬，號二十萬，在霸上。

范增說項羽曰：「沛公居山東(68)時，貪財好色。今入關，財物無所取，婦女無所幸(69)，此其志不在小。吾令人望其氣(70)，皆為龍虎，成五采，此天子氣也(71)。急擊勿失。」

楚左尹(72)項伯(73)者，項羽季父也(74)，素善張良，乃夜馳之沛公軍，私見張良，具告以事，欲呼與俱去，曰：「毋俱死(75)也。」張良曰：「臣為韓王送(76)沛公。沛公今有急，亡去不義，不可不語。」良乃入，具告沛公，沛公大驚。良曰：「料公士卒足以當項羽乎？」沛公默然曰：「固不如也。且為之柰何？」(77)張良曰：「請往謂項伯，言沛公之不敢叛也。」沛公曰：「君安與項伯有故(78)？」張良曰：「秦時，與臣游，嘗殺人，臣活之(79)。今事有急，故幸來告良。」沛公曰：「孰與君少長(80)？」良曰：「長於臣。」沛公曰：「君為我呼入，吾得兄事之。」張良出，固要項伯，項伯即入見沛公。沛公奉卮酒為壽(81)，約為婚姻(82)，曰：「吾入關，秋毫(83)不敢有所近，籍吏民(84)、封府庫，而待將軍。所以遣將守關者，備他盜之出入與非常(85)也。日夜望將軍至，豈敢反乎！願伯具言臣之不敢倍德(86)也。」項伯許諾，謂沛公曰：「旦日不可不蚤(87)自來謝(88)。」沛公曰：「諾。」

於是項伯復夜去，至軍中，具以沛公言報項羽，因言曰：「沛公不先破關中，公豈敢入乎！今人有大功而擊之，不義也。不如因善遇之。」項羽許諾(89)。沛公旦日從(90)百餘騎來見項羽鴻門，謝曰：「臣與將軍戮力(91)而攻秦。將軍戰河北，臣戰河南，不自意(92)能先入關破秦，得復見將軍於此。今者有小人之言，令將軍與臣有隙(93)。」項羽曰：「此沛公左司馬曹無傷言之。不然，籍何以至此(94)！」項羽因留沛公與飲。范增數目(95)項羽，舉所佩玉玦以示之者三(96)。項羽默然不應。范增起，出召項莊(97)，謂曰：「君王為人不忍(98)。若(99)入前為壽，壽畢，請以劍舞，因擊沛公於坐，殺之。不者，若屬皆且為所虜。」莊則入為壽，壽畢，曰：「軍中無以為樂，請以劍舞。」項羽曰：「諾。」項莊拔劍起舞，項伯亦拔劍起舞，常以身翼蔽(100)沛公，莊不得擊。

於是張良至軍門(101)，見樊噲。噲曰：「今日之事何如(102)？」良曰：「今項莊拔劍舞，其意常在沛公也。」噲曰：「此迫[103]矣，臣請入，與之同命[104]。」噲即帶劍[105]擁盾[106]入軍門。衛士欲止不內[107]，樊噲側其盾以撞，衛士仆地。遂入，披帷立[108]，瞋目[109]視項羽，頭髮上指，目眥[110]盡裂。項羽按劍而跽[111]曰：「客何為者？」張良曰：「沛公之參乘[112]樊噲也。」項羽曰：「壯士！賜之卮酒。」則與斗卮[113]酒。噲拜謝，起，立而飲之。項羽曰：「賜之彘肩。」則與一生彘肩[114]。樊噲覆其盾於地，加彘肩其上，拔劍切而啗[115]之。項羽曰：「壯士復能飲乎？」樊噲曰：「臣死且不避，卮酒安足辭？夫秦有虎狼之心。殺人如不能舉，刑人如恐不勝[116]，天下皆叛之。懷王與諸將約曰『先破秦入咸陽者，王之。』今沛公先破秦，入咸陽，毫毛不敢有所近，還軍霸上，以待將軍。勞苦而功高如此，未有封爵之賞，而聽細人[117]之說，欲誅有功之人，此亡秦之續耳，竊為將軍不取也[118]。」項羽未有以應[119]，曰：「坐。」樊噲從良坐[120]。

坐須臾，沛公起如廁[121]，因招樊噲出。沛公曰：「今者出，未辭也，為之柰何？」樊噲曰：「如今人方為刀俎[122]，我方為魚肉，何辭為[123]！」於是遂去。鴻門去[124]霸上四十里，沛公則置車騎[125]，脫身獨騎。樊噲、夏侯嬰、靳彊、紀信[126]等四人持劍、盾步走。從驪山[127]下道芷陽間行[128]，趣霸上[129]。留張良使謝項羽[130]，以白璧獻羽，玉斗與亞父[131]。沛公謂良曰：「從此道至吾軍，不過二十里耳。度[132]我至軍中，公乃入。」

沛公已去，間至軍中[133]。張良入謝曰：「沛公不勝桮杓[134]，不能辭，謹使臣良奉白璧一雙，再拜獻將軍足下；玉斗一雙，再拜奉亞父足下。」項羽曰：「沛公安在？」良曰：「聞將軍有意督過[135]之，脫身獨去，已至軍矣。」項羽則受璧，置之坐上。亞父受玉斗，置之地，拔劍撞而破之，曰：「唉，豎子不足與謀[136]！奪將軍天下者，必沛公也。吾屬今為之虜矣[137]。」沛公至軍[138]，立誅殺曹無傷[139]。

居數日，項羽引兵西屠咸陽[140]，殺秦降王子嬰[141]，燒秦宮室。火三月不滅[142]。收其貨寶、婦女而東[143]。秦民大失望。

韓生說項羽曰[144]：「關中阻山帶河[145]，四塞之地[146]，地肥饒，可都以霸[147]。」項羽見秦宮室皆已燒殘破，又心思東歸，曰：「富貴不歸故鄉，如衣繡夜行，誰知之者[148]！」韓生退，曰：「人言楚人沐猴而冠[149]耳，果然。」項羽聞之，烹韓生。

項羽使人致命[150]懷王，懷王曰：「如約[151]。」項羽怒曰：「懷王者，吾家所立耳。非有功伐[152]，何以得專主約[153]？天下初發難時，假立諸侯後以伐秦[154]，然身被堅執銳[1]首事[155]，暴露[156]於野，三年滅秦，定天下者，皆將相諸君與籍之力也。懷王雖無功，固當分其地而王之[157]。」諸將皆曰：「善。」

春正月，羽陽尊懷王為義帝[158]，曰：「古之帝者，地方千里，必居上游。」乃徙義帝於江南，都郴[159]。

二月，羽分天下，王諸將。羽自立為西楚霸王[160]，王梁、楚地九郡[161]，都彭城[162]。

羽與范增疑沛公[163]，而業已講解，又惡負約[164]，乃陰謀[165]曰：「巴、蜀[166]道險，秦之遷人皆居之[167]。」乃曰[168]：「巴、蜀亦關中地[169]也。」故立沛公為漢王，王巴、蜀、漢中[170]，都南鄭[171]。

而三分關中[172]，王秦降將，以距塞漢路[173]。章邯為雍王，王咸陽以西[174]，都廢丘[175]。長史欣[176]者，故為櫟陽獄掾[177]，嘗有德於項梁[178]。都尉董翳者，本勸章邯降楚。故立欣為塞王，王咸陽以東，至河[179]，都櫟陽[180]。立翳為翟王，王上郡[181]，都高奴[182]。

項羽欲自取梁地，乃徙魏王豹為西魏王，王河東[183]，都平陽[184]。瑕丘申陽[185]者，張耳嬖臣[186]也，先下河南郡[187]，迎楚河上[188]，故立申陽為河南王，都洛陽。韓王成因故都，都陽翟[189]。

趙將[190]司馬卬定河內[191]，數有功，故立卬為殷王，王河內，都朝歌[192]。徙趙王歇為代王[193]。趙相張耳素賢，又從入關，故立耳為常山王[194]，王趙地[195]，治襄國[196]。

當陽君黥布為楚將，常冠軍，故立布為九江王[197]，都六[198]。番君吳芮[199]率百越[200]佐諸侯，又從入關[201]，故立芮為衡山王[202]，都邾[203]。義帝柱國共敖[204]將兵擊南郡[205]，功多，因立敖為臨江王[206]，都江陵。

徙燕王韓廣[207]為遼東王[208]，都無終。燕將臧荼從楚救趙，因從入關，故立荼為燕王[209]，都薊[210]。

徙齊王田市為膠東王[211]，都即墨[212]。齊將田都從楚救趙，因從入關，故立都為齊王，都臨菑[213]。項羽方渡河救趙，田安下濟北數城，引其兵降項羽，故立安為濟北[214]王，都博陽[215]。田榮數負項梁[216]，又不肯將兵從楚擊秦，以故不封[217]。

成安君陳餘棄將印去，不從入關[218]，亦不封。客多說項羽曰：「張耳、陳餘，一體有功於趙，今耳為王，餘不可以不封。」羽不得已，聞其在南皮[219]，因環封之三縣[220]。番君將梅鋗[221]功多，封十萬戶侯。

漢王怒，欲攻項羽，周勃、灌嬰[222]、樊噲皆勸之。蕭何諫曰：「雖王漢中之惡[223]，不猶愈於死乎[224]？」漢王曰：「何為乃死[225]也？」何曰：「今眾弗如[226]，百戰百敗，不死何為！夫能詘於一人之下，而信於萬乘之上者，湯、武是也[227]。臣願大王王漢中[228]，養其民，以致[229]賢人，收用巴、蜀[230]，還定三秦[231]，天下可圖也。」漢王曰：「善。」乃遂就國[232]，以何為丞相。

漢王賜張良金百鎰[233]，珠二斗，良具[234]以獻項伯。漢王亦因令良厚遺[235]項伯，使盡請漢中地[236]，項王許之。

【章　旨】以上為第一段，寫漢元年（西元前二〇六年）上半年劉邦、項羽等各路大軍相繼到達關中，先是有項羽、劉邦的一場鴻門宴，由於劉邦巧於應付，終使矛盾緩解；而後是項羽大封各路諸侯為王的情形。在這裡作者突出了劉邦、項羽進關後實行的方針政策不同，從而預示了日後楚漢戰爭中的楚敗漢勝。

【注　釋】❶太祖高皇帝　即指劉邦。太祖，劉邦的廟號。廟號是古代帝王死後，在太廟立靈牌祭祀時追尊的名號。高皇帝，劉邦的謚號。古代的帝王、諸侯、卿大夫等具有一定地位的人死後，由朝廷和後人根據他們生前的事跡和品德修養，給他們所加的一種帶有評判性質的名號。❷冬十月　西漢初年仍用秦曆，故仍以「十月」為歲首。❸霸上　地名，在今陝西西安東南，亦當時秦都咸陽之東南。為古代咸陽、長安附近的軍事要地，因其地處於霸水西側的高原上而得名。❹秦王子嬰　《史記・秦始皇本紀》說他是始皇之孫，〈李斯列傳〉又說他是始皇之弟。據〈秦始皇本紀〉，秦二世三年八月，趙高弒秦二世，改立子嬰。子嬰即位後，誅滅趙高。再過四十六日，劉邦軍遂至霸上。❺素車白馬二句　這是古代帝王向人投降時自己表示認罪服罪的樣子。《集解》曰：「係頸者，言欲自殺也；素車白馬，喪人之服也。」組，絲條。與此類似的姿態居於子嬰之前的有春秋時的鄭襄公，他向楚莊王投降時有所謂「肉袒牽羊以逆」；在子嬰之後曾作類似姿態的則有蜀主劉禪與吳主孫晧，他們在向魏國、晉朝投降時都是「輿櫬自縛」，從此成為國君向人投降的常用儀式。❻封皇帝璽符節　將天子使用的璽、符、節封存起來獻與劉邦。《索隱》引韋昭曰：「天子印稱璽，又獨以玉。符，發兵符也。節，使者所擁也。」引《說文》曰：「符，信也，漢制以竹，長六寸，分而相合。」引《釋名》曰：「節，為號令賞罰之節也，又節毛上下相重，取象竹節。」師古引應劭曰：「璽，信也，古者尊卑共之，秦漢尊者以為信，群下乃避之。」❼軹道　即軹道亭，在今西安東北，當時都城咸陽的東南。❽屬吏　交由主管人員看管。屬，交付；委託。凌稚隆曰：「沛公不殺子嬰，與約法三章、為義帝發喪三事，最係得天下根本，若項羽則一切反是矣。」❾賈誼論曰　賈誼在〈過秦論〉中說。賈誼，河南洛陽人，西漢初期的政論家、辭賦家，作有〈過秦論〉三篇，以分析論證秦王朝失敗的原因。以下所引數句見〈過秦論上〉。❿區區之地　指當年的秦國本土，大體為今陝西中部與其西部鄰近的甘肅東部及寧夏一帶地區。區區，形容狹小、微小的樣子。⓫致萬乘之權　謂使自己發展成了一個強大的諸侯國。萬乘，指萬輛兵車，戰國時代用以稱強大的諸侯國。⓬招八州　意即將普天下的其他國家都招呼過來，賓從於自己。古代稱中國有九州，秦國居於雍州，故統稱秦國以外的其他區域為「八州」。⓭朝同列　使與之同列的東方諸侯都來朝拜於秦。⓮百有餘年　從秦孝公實行變法（西元前三五六年）到秦始皇統一六國（西元前二二一年），共一百三十多年。⓯以六合為家二句　意即使整個天下成為一家，以崤山、函谷關為秦朝的宮牆，指秦國統一天下，秦王稱帝。六合，天、地、東、西、南、北之間，猶言「宇內」、「四海之內」，即整個天下。⓰一夫作難　指陳涉以一個「匹夫」的身分首難反秦。⓱七廟墮　指政權毀滅，國家滅亡。七廟，皇帝的宗廟，因其廟內供奉著七代先祖，故云。《禮記・王制》：「天子七廟，三昭三穆與太祖之廟而七」。墮，同「毀」。宗廟毀也就意味著王朝滅亡。⓲身死人手　指秦二世被趙高殺死，子嬰被項羽殺死。⓳仁誼不施二句　攻守之勢異，打天下與守天下的形勢發生了變化。按，賈生此意，可與《史記》之〈酈生陸賈列傳〉、〈劉敬叔孫通列傳〉同看。凌稚隆引真德秀曰：「賈生論秦成敗千有餘言，而斷之曰『仁義不施，而攻守之勢異也』，文字甚妙，但非至當之論，蓋儒者以攻尚譎詐，而守尚仁義故耳。」⓴爭走　搶先奔入。㉑圖籍　梁玉繩曰：「方回《續古今考》云：『圖謂繪畫山川形勢、器物制度、族姓原委、星辰度數，籍謂官吏版簿、戶口生齒，百凡之數。』」㉒阸塞　地形險要之處。㉓彊弱　指各地區的富庶程度與軍事實力的不同而言。郭嵩燾曰：「於此表何之功，與〈留侯世家〉『此三人力也』，及『留侯本招此四人力也』皆特揭其功之顯著者。」㉔宮室帷帳句　按，此處行文有語病，似應作「宮室帷帳狗馬重寶不可勝計，婦女以千數」，視下注引樊噲語可知。㉕樊噲　劉邦的部將，以軍功封舞陽侯。事跡詳見《史記・樊酈滕灌列傳》。㉖頗急還霸上二句　胡三省曰：「樊噲起於狗屠，識見如此！余謂噲之功當以諫秦宮為上，鴻門誚讓項羽次之。」㉗殘賊　指殘虐害民的暴君。《孟子・梁惠王下》云：「賊仁者謂之賊，賊義者謂之殘。殘賊之人，謂之一夫。」「一夫」即所謂「獨夫民賊」。㉘縞素為資　猶言「儉樸為本」。縞素，服飾不用文繡，以言其儉。資，本；本錢。《集解》引晉灼曰：「資，藉也。」欲沛公反秦奢泰，服儉素以為藉也。」胡三省曰：「縞素，有喪之服，謂弔民也。」按，胡氏說亦通。㉙忠言逆耳利於行二句　二語見《孔子家語・六本》與《說苑・正諫》。先是《韓非子・外儲說左上》云：「夫良藥苦於口，而智者勸而飲之，知其入而已己之疾也；忠言拂於耳，而明王聽之，知其可以致功也。」意思皆同。毒藥，性質猛烈的藥物。㉚還軍霸上　霸上，古地名，在今陝西臨潼東北，當地人稱之為項王營。倪思曰：「兵入人國都，重寶財物滿前，委而去之，還軍霸上，極是難事，此則可謂節制之兵也。」劉辰翁曰：「還軍霸上本非初意，然謀臣之謀是，基帝王之業，息奸雄之心者，獨借此耳。」茅坤曰：「漢之收人心處。」㉛與父老約三句　與大家說好，法令只有三條，指下述以懲殺人、傷人及偷盜者。有謂「約法」乃與前後文之「苛法」相對為文，中間不當讀斷，意思亦可通。㉜傷人及盜抵罪　謂隨其傷人及偷盜的情節輕重，而處以相應之罪。抵，當；判處。《集解》引張晏曰：「秦法一人犯罪，舉家及鄰伍坐之。今但當其身坐，合於〈康誥〉『父子兄弟，罪不相及』也。」劉辰翁曰：「高祖始終得關中之力，關中人心所以不忘者，約法三章之力也。」㉝餘悉除去秦法　梁玉繩曰：「《漢書・刑法志》曰：『漢興，約法三章，網漏吞舟之魚，然其大辟尚有夷三族之令』；又考惠帝四年始除挾書律，呂后元年始除三族罪、妖言令；文帝元年始除收孥、相坐令；二年始除誹謗律；十三年除肉刑，然則秦法未嘗悉除，『三章』徒為虛語。《續古今考》所謂『一時姑為大言以慰民』也。蓋三章不足以禁奸，蕭何為相，採摭秦法作律九章，疑此等皆在九章之內，史公只載入關初約耳。」㉞案堵如故　猶言「各就各位，一切照常」。案堵，也作「安堵」，師古曰：「言不遷動也。」㉟所以還軍霸上三句　瀧川曰：「《孟子》云：『武王之伐殷也，曰：無畏，寧爾也，非敵百姓也。』高祖詞氣與此相類。」凌稚隆引真德秀曰：「告諭之語才百餘言，而暴秦之弊為之一洗，此所謂『時雨降，民大悅』者也。」按，劉邦真可謂善於「順水推船」、「幡然改悟」者，不然，其開始「欲止宮休舍」，則又何說！㊱使人與秦吏二句　派自己的人跟著已經「安堵」的各縣各鄉的官吏去四處巡行，發布安民告示。㊲獻饗　即今所謂「犒勞」。饗，以酒食招待人。㊳唯恐沛公不為秦王　凌稚隆引張之象曰：「先言『秦人喜』，後言『秦人大喜』，又言『秦人益喜』，連用『喜』字，斯可以觀人心矣。」凌稚隆曰：「不受牛酒雖小節耳，亦見沛公秋毫無犯處。然曰『倉廩多，非乏』，則蕭何轉輸之功亦因可見。」㊴入關　進入舊時秦國的本土，即今陝西地面。關，函谷關，在今河南靈寶東北，是舊時秦國與東方國家的分界處。《正義》引師古曰：「今桃林縣（今靈寶東北）南有洪溜澗，古函谷也。其水北流入河，西岸猶有舊關餘跡。」又引《西征記》云：「道形如函也，其水山原壁立數十仞，谷中容一車。」㊵諸侯吏卒　謂東方起義軍的將士，此處即指項羽之所統領者。㊶繇使屯戍　被徵調服徭役或屯守邊地。㊷秦中　漢時人們對關中地區的習慣稱呼。㊸遇之多無狀　對待他們常常不像話，蓋關中人以自己是秦朝故地的舊子民而盛氣淩人。無狀，不禮貌；不像樣子。㊹奴虜使之　把他們當做奴隸使喚。㊺輕折辱　隨隨便便地加以侮辱。輕，隨意；不當一回事。㊻即不能　如果不能推翻、消滅秦王朝。即，若；如果。㊼諸侯虜吾屬而東　謂這些東方人定將裹脅著我們一齊逃向東方。吾屬，我們這些人。㊽微聞其計　隱隱約約地聽到了他們的這些議論。計，計議；議論。㊾不聽　不聽指揮，意即叛變。㊿都尉翳　即董翳，此時在章邯部下任都尉。都尉，軍職名，其地位低於將軍，略同於校尉。(51)夜擊阬秦卒句　新安，秦縣名，縣治在今河南澠池縣城東南。據《史記·秦楚之際月表》，此事在漢元年（西元前二〇六年）十一月，劉邦已在一個月前進駐秦都咸陽。茅坤曰：「秦吏卒之『竊言』者，特恐不能入關破秦耳，使羽能因其危懼厚為金錢以與之，以非望之恩結其心；又以諸侯兵之力戰所始破秦軍於趙者以壯其氣，則二十萬眾皆吾助也，何必坑哉？」按，新安故城在今河南義馬千秋鄉之石河村，在今千秋鄉之二十里鋪村西，即故新安縣城南有所謂「楚坑」，面積約一·五萬平方公尺，曾出土銅鏃，發現一批人骨，即當年項羽坑秦卒之處。(52)或　有人。據《楚漢春秋》，說沛公者為解先生。(53)秦富十倍天下　關中比天下其他地區要富裕十倍。(54)地形彊　地勢險要。形，形勢。彊，通「強」。固。(55)號章邯為雍王　給章邯雍王的封號。秦二世三年七月，章邯降項羽，項羽遂劃今陝西西部以封章邯為雍王，都廢丘（今陝西興平東南）。(56)今則來　現在他們如果一來。則，若。(57)無內諸侯軍　不要讓項羽等其他路兵馬進來。內，同「納」。(58)稍徵關中兵　再從關中徵調一些兵員。(59)以自益　以補充自己的兵力。(60)距之　距，通「拒」。(61)沛公然其計二句　《索隱》曰：「《楚漢春秋》云：『解先生云：遣守函谷關，無內項王。』」而〈張良世家〉云『鯫生說我』，則鯫生是『小生』，即解生。」(62)使黥布等攻破函谷關　《藝文類聚》引《楚漢春秋》曰：「大將亞父至關，不得入，怒曰：『沛公欲反耶？』即令家發薪一束，欲燒關門，關門乃開。」(63)進至戲　前進至今臨潼東的戲水。其方位在今西安東北，當時的咸陽城東。(64)沛公欲王關中二句　「令子嬰為相」事，唯《史記》之〈高祖本紀〉與〈項羽本紀〉兩次出於曹無傷之口，不知劉邦是否果有此意。(65)欲以求封　欲以此求得項羽封賞。(66)期旦日　定好明日一早。期，約好；定好。旦日，太陽出來的時候。(67)鴻門　古地名，在今西安臨潼東五公里之鴻門堡村，其地東接戲水，南靠高原，北臨渭河，是當時通往新豐的大道。由於雨水沖刷形似鴻溝，其北端出口形狀似門，故稱「鴻門」。(68)山東　崤山以東，泛指舊時的東方六國之地。(69)幸　狎近；佔有。(70)望其氣　占望劉邦所居之處的雲氣。按，古時有所謂觀測雲氣可以預知人世的禍福，此種迷信行為當興自戰國，秦、漢時期甚為盛行。(71)皆為龍虎二句　王叔岷曰：「《御覽》十五引《楚漢春秋》云：『亞父謀曰：吾望沛公，其氣沖天，五色相繚，或似龍，或似蛇，或似虎，或似雲，或似人，此非人臣之氣也。』即史公所本。」[72]左尹　職同左相，楚稱丞相為令尹。[73]項伯　《索隱》曰：「名纏，字伯。」[74]項羽季父也　文章前文已曰「其季父項梁」，則此「項伯」最近亦只可能是項羽的堂叔。瀧川引中井曰：「『季』而字『伯』，不知何緣故。」陳直曰：「在同父兄弟中為『伯』，在共祖兄弟中為『季』，故名『季』字『伯』，至今江南各地風氣猶然。」[75]毋俱死　不要跟著劉邦一起被殺。[76]送　這裡是「跟從」的意思。瀧川曰：「是假託之辭，非事實也。」按，有假託之意，非皆假託。[77]沛公默然曰三句　於此見劉邦內心明知不足以敵項羽，而口中又不願明顯示弱的惱怒煩躁之情。《史記・淮陰侯列傳》：「（韓信）曰：『大王自料勇悍仁強孰與項王？』漢王默然良久，曰：『不如也。』」情景與此相同。「固不如也。且為之柰何」，猶言「當然是不如啦，你就先說咱對他怎麼辦吧！」姚苧田曰：「一筆夾寫兩人，一則窘迫絕人，一則從容自知，性情鬚眉，躍躍紙上。史公獨絕之文，《左》、《國》中無此文字。」[78]有故　有舊交。[79]嘗殺人二句　項伯犯了殺人的死罪，是我掩護了他。[80]孰與君少長　緊急中忽出此語，見劉邦收買、利用項伯的一套計畫已經全然想出。[81]奉卮酒為壽　舉杯敬酒，祝其健康長壽。卮，酒杯。壽，祝福長壽。[82]約為婚姻　約做兒女親家。按，日後未見惠帝娶項伯女為妃，魯元亦未為項氏之婦，此「約為婚姻」者不知究係何云。[83]秋毫　秋天動物身上新長出的茸毛，用以比喻事物的極端微末細小。[84]籍吏民　登記所有人口。籍，登記。[85]非常　意外的變故。[86]倍德　忘恩。倍，同「背」。[87]蚤　通「早」。[88]謝　謝罪；賠禮。[89]項羽許諾　梁玉繩曰：「項伯之招子房，非奉羽之命也，何以言『報』？且私良會沛，伯負漏師之重罪，尚敢告羽乎？使羽詰曰『公安與沛公語』，則伯將奚對？史果可盡信哉？」[90]從　使之跟從，意即帶領。[91]戮力　合力。[92]不自意　自己沒有料想到。按，從來未見劉邦如此謙卑。[93]令將軍與臣有隙　吳見思曰：「一件驚天動地事，數語說得雪淡，若無意於此者，故項羽死心塌地。」史珥曰：「雖只是寒溫語，而婉約淒咽，卻有無限精神，項王一片雄心自渙然冰釋矣。是謂天下之至柔，馳騁天下之至剛。」楊慎曰：「將飛者翼伏，將奮者足局，將噬者爪縮，將文者且樸，夫惟鴻門之不爭，故垓下莫能與之爭。」史珥曰……

姚苧田曰：「此一段，千古處危難現成榜樣，未可以文字視之。」按，劉邦生性好大言，好侮人，今說話用此等腔口，蓋一生中僅此一次。[94]此沛公左司馬三句　為分辨、洗白自己，而將歸附、投靠者道出，見羽之粗豪少謀。[95]數目　頻頻地使眼色。[96]舉所佩玉玦以示之者三　胡三省曰：「玦如環而有缺，增舉以示羽，蓋欲其決意殺沛公也。」玦，有缺口的玉環。[97]項莊　《史記正義》曰：「項羽從弟。」「從弟」即堂兄弟。[98]君王為人不忍　按，《史記・淮陰侯列傳》中韓信云：「項王見人恭敬慈愛，言語嘔嘔，人有疾病，泣涕分飲食」；〈高祖本紀〉中王陵、高起云：「項羽仁而敬人」，皆可與此處相發明，知項羽性格除粗豪暴戾外，尚有如此慈厚的一面。(99)若　爾；你。下文「若屬」，猶言「爾等」。(100)翼蔽　遮擋、掩護。「翼」字用得極其形象。(101)軍門　軍營的大門。(102)今日之事何如　吳見思曰：「噲先問，妙，寫得顒望急切。」(103)迫　緊急。(104)與之同命　與項羽等拚命。同命，併命；拚命。一說指與劉邦同生死，亦通。(105)帶劍　與《史記・平原君虞卿列傳》交代毛遂「按劍」歷階而上的意思相同，蓋樊噲乃劉邦衛士，自宜「帶劍」；然又非如後文劉邦逃走時樊噲之「持劍」，故可闖過交戟衛士之攔阻。(106)擁盾　持盾於身前。擁，前持。(107)不內　不准其入。內，通「納」。(108)披帷立　打開門簾面對項羽一站。披，用手背猛地一撥。(109)瞋目　圓瞪著眼睛，怒目視人。(110)目眥　眼角。(111)跽　跪起。古人席地而坐，其姿勢是兩膝著地，臀部壓在小腿上。如果臀部離開小腿，身子挺直，這就叫做長跪，也就是跽。「按劍而跽」是一種準備行動的警戒姿勢。(112)參乘　《左傳》中稱為「右」，是與君主同車，站在君主右側為之充當警衛的人。(113)斗卮　大酒杯。李笠曰：「《漢書・樊噲傳》『與』下無『斗』字，『斗』蓋衍字。上云『賜之卮酒』，下云『卮酒安足辭』，此非泛言可知。」可供參考。(114)則與一生彘肩　彘肩，豬腿。梁玉繩曰：「『生』字疑誤，彘肩不可生食；且此物非進自庖人，即撤自席上，何以『生』耶？」按，先言「斗卮酒」，後云「生彘肩」，正史公為突出勇士性格所增飾，不得隨意刪削。王叔岷曰：「彘肩固不可生食，與之生彘肩，正欲其難食也。梁說迂甚。」(115)啗　吃。(116)殺人如不能舉二句　如不能舉，像是只怕殺不盡似的。舉，克；盡。如恐不勝，就像只怕完不成任務似的。勝，勝任。《史記・齊太公世家》有云：「賦斂如弗得，刑罰恐弗勝」，與此相同，皆謂極盡其力而猶恐不夠。(117)細人　小人；好搬弄是非的人。(118)竊為將軍不取也　史珥曰：「發端之妙全在魯莽，所謂先人有奪人之志也，然非子長筆力豈能寫出！」鍾惺曰：「樊噲所云『臣請入，與之同命』一語，感動幽明，鬼神為泣，豈尋常武人可到？其『擁盾帶劍』，裂眥怒髮，氣固足以制人矣；飲酒啖肉之後徐折項王，節次之妙，莽莽中左師公緩步迂語氣象。其一段正議，妙從樊噲吐之。尤妙在『勞苦而功高如此，未有封侯之賞』二語，蓋『封侯之賞』四字明明以盟主推尊項王，項王得此意滿而心解矣，其立言之妙如此。」姚苧田曰：「樊噲諫還軍霸上，及定天下後排闥問疾數語，俱有大臣作用。此段忠誠勇決，亦豈等閒可同！」凌稚隆引康海曰：「噲語即沛公語項羽者，又即項伯語項羽者，皆張良教之也。」(119)項羽未有以應　凌約言曰：「以伯言先入，而噲適投之也。」(120)從良坐　挨著張良坐下。郭嵩燾曰：「鴻門之宴寫得子房如龍，樊噲如虎，是史公極得意文字。鉅鹿之戰寫得精彩，鴻門之會卻寫得處處奇絕、陡絕，讀之使人目眩心搖。」(121)如廁　上廁所。(122)刀俎　刀子、板子，都是切魚切肉的用具。俎，切東西用的砧板。(123)何辭為　還辭別什麼。(124)去　距離。(125)置車騎　拋下來時所帶的車騎不管，為了不驚動裡面的項羽、范增。置，拋棄；留下。(126)樊噲夏侯嬰靳彊紀信　皆劉邦部將。夏侯嬰，姓夏侯名嬰，因其曾被劉邦任為滕縣縣令，故而也稱「滕嬰」、「滕公」，劉邦的車夫，事跡見《史記·樊酈滕灌列傳》。靳彊，事見《史記·高祖功臣侯者年表》。紀信，事跡詳見後文。[127]驪山　在今西安臨潼南，西距西安二十五公里，地處當時的鴻門之西南，霸上之東北。[128]道芷陽間行　經芷陽抄小路而走。芷陽，秦縣名，在驪山西側，今西安東北。間行，胡三省曰：「間，空也，投空隙而行。」[129]趣霸上　直奔霸上。趣，向。[130]謝項羽　向項羽說明情況。[131]亞父　指范增。項羽尊稱范增為「亞父」，與齊桓公尊稱管仲為「仲父」的意思相同，即禮數僅次於父。[132]度　估計；揣度。[133]間至軍中　估計劉邦等已經回到軍中。間，劉盼遂曰：「猶言『估計』，〈廉藺列傳〉『間至趙矣』，與此同。」[134]不勝桮杓　猶言「喝得過多，已經受不了啦」。桮、杓，都是酒器。[135]督過　責備；怪罪。過，用如動詞，責其過失。「督」、「過」二字連用。王叔岷曰：「『督過』猶言『督責』。」[136]豎子不足與謀　瀧川曰：「豎子，斥項莊輩，而暗譏羽也，若以為直斥項羽，則下文『項王』二字不可解。」[137]吾屬今為之虜矣　我們都將被他所俘虜啦。吾屬，我們這些人。今，將。[138]沛公至軍　吳裕垂曰：「惟步行出鴻門，故羽不及覺。其疾行至軍者，豈沛公來時，良於酈山道中預伏精兵良駿以為脫身之計歟？而沛公、良、噲三人甫出，羽固使陳平出召矣，而卒得脫歸者，抑沛公此時已有私交於平歟？」（《史案》）[139]立誅殺曹無傷　史珥曰：「無傷見誅，而羽不悟項伯之奸，亦楚、漢成敗之機也。」[140]西屠咸陽　向西殺光了整個咸陽城的人。[141]殺秦降王子嬰　子嬰墓在今西安臨潼之新豐鎮劉家村，封土呈圓丘形，墓前有清代畢沅所書「秦子嬰墓」碑一通。[142]火三月不滅　按，此處所燒乃咸陽城內的宮殿，似乎並未焚燒上林苑中的建築。通常所說的焚燒阿房宮，似乎更無其事。詳情見韓兆琦《史記箋證·秦始皇本紀》。[143]收其貨寶婦女而東　史珥曰：「范增於沛公之『財物無所取，婦女無所幸』決『其志不在小』，則亦似知興亡之規模，何不以此力匡項羽，乃坐視其『收貨寶美人婦女而東』耶？羽積數世之恨，而性本好殺，增又不勸以務德，徒拳拳殺劉邦，真所謂『生平奇計無他事』矣。」[144]韓生說項羽曰　按，《史記·項羽本紀》但云「人或說項羽曰」，而未稱姓氏。《楚漢春秋》、揚子《法言》則謂說者是「蔡生」，《漢書》說是「韓生」。[145]阻山帶河　以山嶺為屏障，以黃河為襟帶。[146]四塞之地　《集解》引徐廣曰：「東函谷，南武關，西散關，北蕭關。」[147]可都以霸　建都於此可以稱霸於天下。瀧川曰：「言關中可都者，不始於婁敬，蓋當時定論。」按，《史記·淮陰侯列傳》韓信責項羽之失亦有所謂「不都關中而都彭城」之語。[148]富貴不歸故鄉三句　瀧川曰：「〈高祖紀〉云：『高祖過沛，置酒起舞，慷慨傷懷，泣數行下，謂沛父兄曰：「遊子悲故鄉，吾雖都關中，萬歲後吾魂魄猶樂思沛。」』此與項羽心事全同，世與彼而不與是，何哉？』」按，人之常情皆然，能不以常情影響決定大事者，此劉邦、項羽之所由分。[149]沐猴而冠　言沐猴縱使戴上人帽子，也始終辦不成人事。沐猴，獮猴。葉玉麟引吳汝綸曰：「鴻門之失，就范增口中見之；背關懷楚之失，就說者口中見之；分王不平，就陳餘說齊見之，此史公常法。」150致命　稟命；請示。151如約　按照原來的約定辦，即「先入關者王之」。因趙翼曰：「(懷王)非碌碌不足數者，因項梁敗於定陶，即併項羽、呂臣軍自將之；因宋義識項梁之將敗，即拜為上將軍；因項羽殘暴，即令漢高扶義而西；及漢高入關，羽以強兵繼至，心仍守『先入關者王之』之舊約，而略不瞻徇，是其智略信義，亦有足稱者，非劉聖公輩所可及也。」按，劉聖公即劉玄，西漢末年的起義軍領袖。事見《後漢書》。152功伐　即指功勳。《史記・高祖功臣侯者年表》曰：「古者人臣功有五品，以德立宗廟、定社稷曰勳，以言曰勞，用力曰功，明其等曰伐，積日曰閱。」153何以得專主約　意即在分封的問題上怎能由他說了算。154假立諸侯後以伐秦　意思是當初為了反秦，固然也立了一些六國諸侯的後代。楚懷王是其一，韓成、田假、趙歇等皆是。假立，姑且設立，謂臨時擁立一些徒有虛名的傀儡人物。155被堅執銳首事　意即衝鋒陷陣首先發動反秦。156暴露　頂著太陽、冒著風雨。157固當分其地而王之　理應分一塊地盤使之稱王。固，本來。158陽尊懷王為義帝　王叔岷曰：「《御覽》八十六『義帝』下引《尚書中候》云：『空受之帝位。』」謝肇淛《文海披沙》曰：「今謂假父曰義父，假子曰義子、義女，故項羽尊懷王為義帝，猶假帝也。」按，二說自然可以，但似過於穿鑿。竊意以為但就「義」字之原意理解即可，反正不過是虛名而已。陽尊，假意抬高。159郴　秦縣名，即今湖南郴州，當時屬長沙郡，處湘水之上游。160西楚霸王　《正義》引孟康曰：「舊名江陵為南楚，吳為東楚，彭城為西楚。」項羽建都於彭城，故稱「西楚霸王」。所謂「霸王」，略同於春秋時期的霸主，即「諸侯盟主」的意思。161王梁楚地九郡　「九郡」的具體說法不一，大致相當於戰國時梁國和楚國的部分地區，即今河南東部、山東西南部，和所鄰近的安徽、江蘇兩省的大部分地區。全祖望以為是：東海、泗水、會稽、東郡、碭郡、薛郡、楚郡、南陽、黔中；周振鶴以為應是：東海、泗水、會稽、東郡、碭郡、薛郡、陳郡、南陽、鄣郡。其他說法不錄。162都彭城　今徐州戶部山上有戲馬臺，相傳項羽當年曾在此觀看戲馬。山上有繫馬柱，相傳為項羽繫馬之處。臺上建有雙層飛簷六角亭，兩側尚有許多其他明、清建築與歷代人士的題詠。戲馬臺自古以來是徐州城內的重要風景點。163疑沛公　擔心劉邦會與他們爭奪天下。疑，疑心；擔心。164業已講解二句　由於已經講和了，(現在如果還對劉邦不好，)害怕會要承擔一個違背條約的罪名。講解，和解。惡，討厭；擔心。165陰謀　暗中商量。166巴蜀　皆秦郡名，巴郡轄今重慶市一帶地區，郡治江州(今重慶市東北)；蜀郡轄今四川西部地區，郡治成都(今成都)。167遷人皆居之　流放人常流放到這一帶。按，可參見《史記・呂不韋列傳》、〈貨殖列傳〉。遷，流放；發配。168乃曰　於是向人們解釋說。169巴蜀亦關中地　自東方而言，巴蜀亦處於函谷關以西，且又自戰國時屬秦，故項羽等可以強辭曰「巴、蜀亦關中地」。170王巴蜀漢中　據《史記・留侯世家》，項羽最初封給劉邦的地盤只有巴、蜀二郡，後劉邦賄賂項伯，項伯勸說項羽，乃又將漢中給了劉邦。漢中，秦郡名，轄今陝西秦嶺以南地區，郡治南鄭（今漢中）。(171)南鄭　古邑名，在今陝西漢中。(172)三分關中　將關中地區分成三份。(173)距塞漢路　堵著巴、蜀、漢中北出的通路，不使劉邦出來。(174)王咸陽以西　周振鶴《西漢政區地理》曰：「章邯封地為秦內史西部與隴西、北地兩郡。」(175)廢丘　秦縣名，縣治在今陝西興平東南。(176)長史欣　章邯的長史名欣。(177)櫟陽獄掾　櫟陽縣主管刑獄的小吏。(178)嘗有德於項梁　項梁殺人下於櫟陽獄，家中請曹咎給司馬欣寫信，司馬欣遂將項梁開釋。(179)咸陽以東二句　咸陽以東，直至黃河邊。周振鶴曰：「塞國有秦內史東部地，於高帝末年為渭南、河上兩郡，相當於〈漢志〉之京兆尹及左馮翊二郡。」(180)都櫟陽　按，司馬欣曾在櫟陽為獄掾，今為塞王，亦可謂「富貴歸故鄉，衣錦晝行」。(181)上郡　秦郡名，轄今陝西北部和所臨近的內蒙古部分地區，郡治膚施（今陝西榆林東南）。(182)高奴　秦縣名，縣治在今陝西延安東北。(183)河東　秦郡名，轄今山西西南部地區，郡治安邑（今夏縣西北）。周振鶴以為西魏的領地有河東、上黨二郡。(184)平陽　秦縣名，縣治在今山西臨汾西南。(185)瑕丘申陽　申陽是人名，曾任瑕丘縣（在今山東兗州東北）縣令，《集解》引臣瓚曰：「瑕丘公申陽，瑕丘是縣名。」按，也有人認為「瑕丘」是姓，「申陽」是名。(186)嬖臣　受寵幸的男僕。按，張耳在秦時家族豪富，門前多客，劉邦也曾從之遊，故可有所謂「嬖臣」。(187)河南郡　漢郡名，秦時稱三川郡，轄今河南西部的黃河以南地區，郡治洛陽（今洛陽東北）。(188)迎楚河上　在黃河邊上迎接了項羽。按，據《史記・秦楚之際月表》，申陽之迎項羽於河上在秦二世三年七月，章邯率部投降項羽，項羽進兵關中之前。(189)陽翟　今河南禹州，戰國初期曾是韓國都城。(190)趙將　趙王武臣的部將。(191)定河內　「河內」是秦郡名，轄今河南黃河以北地區，郡治懷縣（今河南武陟西南）。《史記・太史公自序》有所謂「蒯聵玄孫卬為武信君將而徇朝歌」，可與此參證。(192)朝歌　殷代故都，即今河南淇縣。(193)代王　封地在今山西北部和與之相鄰的河北西北部，國都代縣即今河北蔚縣東北之代王城。周振鶴曰：「廣義的代地包括雲中、雁門、代郡、太原四郡，秦楚之際匈奴南侵，燕、代，雲中、雁門、代郡地多沒入匈奴，代地中心實移至太原。」(194)常山王　封地在常山郡，約當今河北石家莊一帶地區。(195)王趙地　周振鶴以為常山國領有秦代的常山、鉅鹿、邯鄲三個郡，「相當於〈漢志〉之趙國、魏郡、常山、中山、真定、鉅鹿、廣平、清河、河間、信都十郡國，及鄚縣以南之涿郡、東平郡至大河之間的勃海郡地」。(196)襄國　秦縣名，也稱「信都」，即今河北邢臺。(197)九江王　封地即秦九江郡，約當今安徽之淮南、江北一帶地區。(198)六　秦縣名，縣治在今安徽六安北。(199)番君吳芮　在秦時曾任過鄱縣（今江西鄱陽東）縣令的吳芮。(200)百越　楊寬曰：「戰國時已有『百越』之稱，用以指東南沿海地區之原始部族，因其種類繁多，故統稱之曰『百越』。閩越或稱東越，分布於今福建北部與浙江南部；甌越或稱東甌，分布於今浙江南部甌江、靈江流域。閩越與甌越乃百越中較進步之地區，其君長原為越王句踐分封之封君。」(201)又從入關　按，從項羽入關者乃吳芮所派的將領梅鋗，而非吳芮本人。(202)衡山王　封地即秦之衡山郡，約當今湖北之東部地區。(203)邾　在今湖北黃岡北，當時為衡山郡的郡治。(204)柱國共敖　「柱國」是戰國時的楚官名，略當於其他諸國的宰相。「共敖」是戰國時楚國貴族的後代，為楚懷王柱國。(205)南郡　秦郡名，轄今湖北西部地區，郡治江陵（今荊州江陵西北之紀南城）。(206)臨江王　封地即秦之南郡。周振鶴以為「實以秦之南郡、長沙、黔中三郡置」。徐孚遠曰：「項羽封三秦王，以拒漢也；封九江、衡山、臨江三王，皆近楚以自蕃援也，又以內制義帝，其深心可見。」(207)燕王韓廣　韓廣原是陳涉部將武臣的部下，武臣在趙地稱王後，派韓廣率兵北定燕地。韓廣攻佔燕地後，遂也在燕地自稱燕王。事見《史記·陳涉世家》。(208)遼東王　顧名思義，其封地應即秦之遼東郡，約當今遼寧之東部地區，但《史記·秦楚之際月表》稱其「都無終」，「無終」即今天津薊縣，當時為右北平郡的郡治所在地。周振鶴以為韓廣的遼東國實際領有遼東、遼西、右北平三個郡。(209)立荼為燕王　封地即秦之廣陽郡，約當今之北京市與河北之大清河北一帶地區。周振鶴以為臧荼的燕國領有秦代的廣陽、上谷、漁陽三個郡。(210)薊　秦縣名，縣治即今北京市城區之西南部。(211)膠東王　封地即秦之膠東郡，今山東濰河以東地區。(212)即墨　秦縣名，縣治在今山東平度東南。(213)臨菑　同「臨淄」。即今山東淄博之臨淄。周振鶴以為田都的齊國領有秦末的臨淄、琅邪兩個郡。(214)濟北　秦郡名，約當今山東之濟南、泰安與其周圍地區。(215)博陽　即今山東泰安東南的博縣故城，當時為濟北郡的郡治所在地。(216)數負項梁　田榮被章邯困於東阿，項梁打敗章邯將其救出；項梁招呼田榮西進反秦，田榮不聽，回山東經營割據，致使項梁兵敗被殺，前文已見。負，背叛；對不起。(217)以故不封　瀧川曰：「一田榮不封，竟敗霸王大事。」(218)棄將印去二句　章邯圍困趙歇、張耳於鉅鹿時，陳餘駐兵於鉅鹿北，張耳請陳餘救鉅鹿，陳餘以為力弱無濟於事。項羽解鉅鹿之圍後，張耳責備陳餘坐視不救，且懷疑陳餘殺害了張耳所派的求救將領。陳餘一怒，拋所佩將印而去。後來張耳隨項羽西行入關，陳餘氣憤張耳，也恨項羽偏袒張耳，遂留在趙地，游離於項羽的統轄之外。詳見《史記·張耳陳餘列傳》。(219)南皮　秦縣名，即今河北南皮。(220)環封之三縣　將南皮縣周圍的三個縣封給陳餘。洪亮吉曰：「張耳嬖臣中陽皆封王，而陳餘只侯，是餘尤不平者。」(221)番君將梅鋗　番君派出的將領梅鋗。番君，即吳芮。(222)周勃灌嬰　都是劉邦的部將，周勃以軍功封絳侯，事跡詳見《史記·絳侯周勃世家》；灌嬰是劉邦的騎將，以軍功封潁陰侯，事跡詳見《史記·樊酈滕灌列傳》。(223)雖王漢中之惡　被封到漢中稱王固然不好。惡，不好。(224)不猶愈於死乎　不是比被人殺死還好得多嗎。愈，勝。(225)何為乃死　怎麼就會一下子說到死呢。(226)眾弗如　軍隊的數量不如人家。(227)詘於一人之下三句　指當年商湯、周武王都曾一度在夏桀、殷紂的統治下忍氣吞聲，後來終於推翻他們的暴政，成為一統國家的帝王。詘，同「屈」。受氣。信，通「伸」。指後來白己成為新朝的帝王。228王漢中　接受封號，到漢中去稱王。229致　招納；延攬。230收用巴蜀　搜集、利用巴蜀一帶的人力、物力。231還定三秦　尋找機會再從巴蜀打回來，重新收復關中地區。三秦，即指關中地區，因為項羽分封諸侯時，封秦降將章邯為雍王、司馬欣為塞王、董翳為翟王，三國都在當年秦國本土的地面上，故合稱三秦。232就國　到自己封地上任。233鎰　重量單位，一鎰為二十四兩。有曰二十兩。234具　通「俱」。全部。235厚遺　厚贈；重金收買。236使盡請漢中地　漢中，秦郡名，郡治南鄭，即今之陝西漢中。按，項羽起初只以巴、蜀封劉邦，劉邦欲兼有漢中之地，故託項伯代為之請求。

【校　記】1被堅執銳　「被」，原作「披」。據章鈺校，乙十一行本、孔天胤本皆作「被」。今從諸本及《史記・項羽本紀》、《通鑑紀事本末》改。

【語　譯】太祖高皇帝上之上

元年（乙未　西元前二〇六年）

冬季，十月，沛公劉邦率軍抵達霸上。秦王子嬰白車白馬，脖子上套著繩索，把代表皇帝權力的印信符節封存起來，在軹道旁邊向沛公劉邦投降。劉邦手下的將領有人主張將秦王子嬰殺掉，沛公劉邦說：「當初楚懷王派遣我西進關中，就是認為我能夠寬大容人；再說秦王子嬰已經投降，殺掉他恐怕是不吉利的。」於是就把秦王子嬰移交給主管官吏看管。

賈誼評論說：「秦國憑藉小小的一塊土地，發展到擁有萬輛兵車和至高無上權力的國家，它把普天之下的其他國家都招呼過來朝拜自己，這種局勢持續了有一百多年。最後終於統一六國，建立了以天下為一家所私有的國家；它把崤山和函谷關當做自己的宮牆。然而陳勝一人發難，就導致了祖宗七廟被毀壞、國家滅亡，就連皇帝也被人殺死而遭到世人的恥笑，原因是什麼呢？就是因為秦國統一天下以後，沒能順應民心，施行仁政，沒有看到打天下與守天下的形勢已經發生了變化，治理國家的手段、策略也應該隨之進行相應的改變的緣故啊。」

沛公劉邦率領諸將向西進入咸陽，他手下的將領都爭先恐後的奔向儲藏金銀財寶的府庫拿財寶。只有蕭何搶先進入秦國的丞相府收集山川圖冊和戶籍檔案，正因為如此，沛公才能夠詳細地瞭解到天下地形的險要之處、人口的多少、經濟上的富裕與貧困、軍事勢力方面強與弱區域的分布等情況。沛公看見秦朝宏偉的宮殿，陳設華麗的幃帳，以及聲色犬馬，奇珍異寶和成千的美女，便想留在宮中。樊噲勸阻說：「沛公您是想得到天下呢，還是只想當一個富翁呢？宮中的這些奢華的東西，正是導致秦國滅亡的原因之一，您何必要用它呢？希望您趕緊回到霸上，不要留在宮中。」劉邦不聽。張良也勸諫劉邦說：「正是因為秦朝荒淫殘暴，所以沛公您才能夠佔據咸陽。既然是以替天下剷除殘暴為號召，就應該以簡樸為本。如今剛剛進入秦朝的都城咸陽，就想過秦朝皇帝那樣的享樂生活，這不就是俗話所說的助桀為虐嗎。再說，誠懇勸告的話雖然不中聽，但卻有利於行動；治病的良藥雖然喝到嘴裡很苦，但卻能醫治好人的疾病，希望您還是聽從樊噲的意見。」劉邦這才把軍隊帶回到霸上駐軍。

十一月，沛公劉邦把附近各縣的老者、長者和一些有影響力的鄉紳召集起來，對他們說：「各位父老鄉親早就痛恨秦朝的殘暴統治了。我和各路諸侯有約在先，誰先進入關中，誰就當關中王。如今我首先進入關中，我一定會被封為關中王，我現在就和你們講好，法令只有三條：殺人者要被處以死刑，傷人的和搶奪別人財物的，將根據不同罪行和情節輕重而給以相應的懲罰。所有秦朝頒布的法律一律廢除；除此以外，不論是官吏還是百姓，生活一切照常。我進入咸陽，就是為父老鄉親剷除禍害，對你們毫無侵害，請不要害怕。我所以要回到霸上駐紮，是為了等候各路諸侯到來以後，共同制定一個使大家都能遵守的規約而已。」於是派人跟隨秦朝的舊官吏到各縣、鄉、鎮把沛公劉邦的政令廣為宣傳。秦地的百姓非常高興，都爭著把牛、羊、酒、食物等送到劉邦的軍中犒賞將士。沛公又推辭不受，說：「倉庫裡的糧食很多，軍中並不缺糧，不想讓百姓們破費。」百姓聽了後，更加歡呼雀躍，唯恐劉邦不當關中王。

項羽平定了河北以後，率領各路諸侯準備向西進入函谷關。早先，各路將士中有被徵調服徭役、或戍守邊疆經過關中時，秦朝官吏對待他們非常粗暴無禮。等到章邯率領秦軍投降以後，各路將士憑藉自己是戰勝者的身分，把投降的秦兵當做奴隸、俘虜使喚，隨意地折磨、陵辱他們。所以投降的秦軍對諸路將士充滿怨恨，偷偷地商議說：「章邯將軍用欺詐的手段誘使我們投降了項羽，以後如果能夠進入函谷關，打敗秦軍是再好不過的了；如果不能打敗秦軍，各路將士就會裹脅著我們向東撤退，而秦朝政府也會把我們的妻子兒女全部殺光，我們該怎麼辦呢？」項羽屬下的將士有人風聞此事，就報告給項羽。項羽召集黥布、蒲將軍商議說：「秦軍投降的人很多，他們雖然已經投降，但心裡很不服氣；如果進入關中後不服從我們的命令，我們的處境就危險了。不如把這些人全部處死，只留下章邯、長史欣、董翳一起入關。」於是楚軍趁夜把秦朝降卒二十多萬人全部活埋在新安城南。

有人勸劉邦說：「關中比起天下其他地區要富裕十倍，地勢也非常險要。聽說項羽把雍王的稱號給了章邯，封他為關中王，現在如果他們一來，恐怕沛公您就不能擁有關中了。您應該趕緊派兵去防守函谷關，不要讓其他諸侯的人馬進來，然後再在關中徵調一些兵員來補充自己的兵力，抵抗諸侯的進攻。」沛公認為這個人說得有道理，就採納了他的意見。不久，項羽率領諸侯來到函谷關，看見函谷關關門緊閉。又聽說劉邦已經佔據關中，氣得要命，馬上派黥布等人領軍攻打函谷關。

十二月，項羽抵達戲水。在沛公手下擔任左司馬的曹無傷暗中派人向項羽報告說：「沛公劉邦想要在關中稱王，已經任命秦王子嬰為丞相，秦朝的珍寶都已經歸劉邦所有。」曹無傷是想通過進讒言來求得項羽封賞。這無疑是給項羽火上澆油，他立即下令犒賞全軍，約定明天一早向劉邦發起攻擊。當時項羽有四十萬軍隊，號稱百萬，駐紮在新豐鴻門。劉邦只有十萬軍隊，對外號稱二十萬，駐紮在霸上。

項羽的謀臣范增對項羽說：「沛公劉邦在山東的時候，既貪財，又好色。如今進入關中以後，卻對財寶絲毫不取，對美女也不再佔有，從這裡就能看出，劉邦的志向不小。我曾經派人占望劉邦所居之處的雲氣，上空氣流都呈現出龍虎的形狀，色分五彩，這是天子才有的氣象。必須趕緊擊敗他，不要坐失良機。」

楚軍左尹項伯是項羽的叔父，平素跟張良關係友好，於是就連夜騎馬趕到劉邦軍中，悄悄地找到張良，把事情的始末一一告訴給張良，想讓張良跟自己一起離開劉邦的營地，他說：「如果你再不走，恐怕就要與劉邦同歸於盡了。」張良說：「我奉韓王的命令隨同沛公入關。如今沛公遇到危難，我若逃走是不義的行為，我不能不把這事告訴沛公。」於是，張良進去，將事情詳細地告訴劉邦。劉邦聽說後非常驚慌。張良問沛公說：「您估計自己的軍隊能夠抵擋得住項羽的軍隊嗎？」沛公沉思了一會兒說：「本來就不行嘛，快說怎麼辦吧？」張良說：「請您隨我去見項伯，跟他表明您不敢背叛項王。」沛公問張良說：「你怎麼會跟項伯有交情呢？」張良回答：「在秦朝統治的時候，他就和我有交往，他曾經殺死過人，是我救了他。如今事情緊急，所以來告知我。」沛公又問：「項伯和你比起來，誰的年歲大？」張良回答：「項伯比我年歲大。」沛公劉邦說：「請你把項伯請進來，我將用對待兄長的禮節來接待他。」張良從劉邦那裡出來，強請項伯隨他去見劉邦；項伯就跟著張良來見劉邦。劉邦親自捧著酒恭恭敬敬地獻給項伯，祝他健康長壽，並和他約定做兒女親家；劉邦對項伯說：「我進入關中以後，連一點財物都不敢據為己有，還把秦朝官吏和百姓的戶籍整理好，把府庫封存起來，等待項羽將軍到來。我所以派兵將防守函谷關，只是為了防備盜賊的攻擊和意外事件的發生。我日日夜夜都在盼望項羽將軍到來，哪裡敢背叛項羽將軍呢！希望兄長在項羽將軍面前把我不敢忘恩的心情詳細地替我轉達。」項伯答應了劉邦的要求，對劉邦說：「明天一定要早點到項將軍營中道歉。」沛公說：「一定一定。」

於是，項伯連夜趕回楚軍營中，把劉邦的話向項羽做了彙報，並趁機替劉邦美言說：「如果不是沛公劉邦打敗秦軍進入函谷關，你能這麼順利地入關嗎？如今劉邦立了大功，你反而要攻打他，這就太不應該了。不如好好地對待他。」項羽答應了項伯的要求。

第二天，沛公劉邦在一百多名騎兵的護衛下來到鴻門晉見項羽，他向項羽道歉說：「我和項將軍同心協力攻打秦軍。將軍您在黃河以北作戰，我在黃河以南作戰。沒想到我卻先到關中一步；能夠在這裡再次與將軍見面。如今卻有小人挑撥離間將軍和我之間的關係。」項羽說：「是你沛公手下的左司馬曹無傷說的。不然的話，項羽我何至於對你產生懷疑！」項羽挽留沛公和他一起飲酒。酒席宴上，范增幾次用眼睛示意項羽，又再三的舉起身上佩帶的玉玦暗示項羽當機立斷殺死劉邦。項羽卻裝做沒看見。范增站起來，走出帳外，把項莊招到跟前，對他說：「項羽將軍為人心腸太軟，不忍心殺掉劉邦。你可以到帳中給劉邦敬酒，敬完酒，就請求舞劍為大家助興，趁機刺殺劉邦，一定要把他殺死在酒席宴上。不這樣的話，你們這些人都將成為劉邦的俘虜。」於是，項莊進入項羽的營帳為劉邦敬酒，敬完酒之後說：「軍隊當中，也沒有什麼可以用來取樂助興的，就請允許我舞一回劍為大家助助興吧。」項羽說：「好。」於是，項莊拔劍起舞，項伯看出項莊舞劍是不懷好意，也拔劍起舞，常伸展自己的身體，就像鳥張開翅膀一樣暗中護衛沛公，因此，項莊的劍一時無法刺向沛公。

張良見形勢緊急，趕緊到軍營門口，來找樊噲。樊噲問：「事情怎麼樣了？」張良說：「項莊正在舞劍，他的目的就是要刺殺沛公。」樊噲說：「事情太緊急了，請讓我進去與項羽拼命。」樊噲說完，立即一手握劍、一手拿著盾牌向軍門裡闖。守門的衛士想要阻止他，樊噲側過盾牌，把衛士撞倒在地，便衝進帳中，他撩開門簾面對項羽而立，瞪圓了雙眼、直直的盯住項羽，憤怒使他的頭髮都豎立起來，眼眶也睜得開裂了。項羽看見樊噲這個樣子，吃驚地手按寶劍挺直了身子問：「這是什麼人？」張良回答說：「這是沛公的隨從侍衛樊噲。」項羽說：「真是一位勇猛的好漢！賞給他一杯酒喝。」手下人把一大杯酒遞給樊噲。樊噲謝過項羽，站著就把一大杯酒一口氣喝光了。項羽又說：「再賞給他一條豬腿。」手下人把一條生豬腿遞給樊噲。樊噲把手裡的盾牌扣在地上，把那條生豬腿放在盾牌上，用手中的寶劍一邊切一邊吃。項羽問：「好漢，還能再喝酒嗎？」樊噲說：「我連死都不怕，還怕一杯子酒嗎？秦朝的統治者有著虎狼一樣的心腸。他們殺人像是只怕殺不盡似的，處決人就像怕完不成任務似的；所以天下的人都背叛了秦朝。楚懷王芈心與諸位將軍有約在先說『誰先打敗秦軍進入咸陽，就封誰為關中王。』如今是沛公首先打敗秦軍進入關中；但自進入咸陽以來，沛公對財寶一無所取，也不敢住在秦宮之內，而是回到霸上駐紮，以等待項將軍的到來。像沛公這樣勞苦功高，項將軍不僅沒有封王的獎賞，反而聽信小人的讒言，想要誅殺有功之人，這是在走秦朝滅亡的老路，我認為將軍您的做法是不可取的。」項羽無言以對，只是說：「入坐吧。」樊噲緊挨著張良坐下。

坐了一會兒，沛公起身上廁所，趁機把樊噲叫出來，沛公對樊噲說：「現在我們出來並沒有跟項羽告辭，怎麼辦呢？」樊噲說：「如今人家是切肉用的快刀和案板，我們是被切割的魚肉，不說趕緊離開這裡，還提什麼告辭！」於是二人悄悄地離開項羽的營帳返回霸上。鴻門離霸上有四十多里路，沛公怕驚動楚軍，不敢招呼自己帶來的車馬，只是自己一個人騎著馬。樊噲、夏侯嬰、靳彊、紀信四個人都是手拿寶劍、盾牌，步行保護著沛公從驪山之下。穿過芷陽，抄小路直奔霸上。只留下了張良在鴻門答謝項羽，劉邦讓張良把一對白璧敬獻給項羽，把一對玉斗贈送給范增。沛公臨走時對張良說：「從這裡抄小路到達我們軍中，不超過二十里路。你估計我回到軍中再進去。」

沛公走後，張良估計沛公已經回到霸上，這才進入項羽的營帳。張良向項羽道歉說：「沛公不勝酒力，已經喝醉了，不能親自向您辭行，他讓我替他把白璧一雙敬獻給項將軍；把玉斗一雙敬獻給亞父。」項羽問：「沛公現在在哪裡呢？」張良回答說：「沛公聽說將軍有意要找他的岔子，心中害怕，就獨自脫身走了，估計現在已經回到軍中。」項羽接過一雙白璧放在座位上。亞父接過玉斗，扔在地上，又拔出佩劍將玉斗擊碎，恨恨地說：「唉，這小子，不能和他共謀大事！將來奪取項王天下的一定是沛公劉邦。我們這些人都要成為劉邦的俘虜了。」沛公回到霸上，立即誅殺了曹無傷。

過了幾天，項羽率軍向西進入咸陽，把咸陽城內的人屠殺殆盡，秦王子嬰也未能幸免，楚軍還一把火燒毀了秦王宮室。大火整整燒了三個月都不熄滅。項羽下令楚軍將秦朝的金銀財寶和美女盡情搶掠一番之後，便滿載著戰利品向東而去。秦地的百姓對項羽非常失望。

有一位姓韓的人對項羽說：「關中之地，以山嶺為屏障，以黃河為襟帶，四面都有要塞可守，土地肥沃，建都於此可以稱霸於天下。」項羽看見秦朝的宮室已經被燒毀，打心眼裡又想回到東方故土，於是就說：「如果富貴了而不回故鄉，就如同是穿著錦繡的衣服在黑夜裡行走，有誰能知道呢！」這位姓韓的回去後，對人說：「人們都說楚國人就像是沐猴，縱然是戴上人帽子，也始終辦不成人事，今天一看，果然如此。」這話傳到項羽的耳朵裡，就把那位姓韓的抓來煮死了。

項羽派人向楚懷王芈心請示封王之事，是不想讓劉邦在關中稱王；不料楚懷王回覆說：「按照原來的約定辦。」項羽惱羞成怒，說：「楚懷王，是我們項家抬舉他，讓他當上楚王的。不是因為他有什麼功勳，在分封的問題上憑什麼由他說了算？天下人開始反抗秦國的時候，權且立諸侯的後人為王，只是為了號召人民起來討伐秦朝，然而親自身披鎧甲，手執銳利的武器，率先發難，日曬雨淋、風餐露宿，三年以來終於滅掉秦國平定天下的，是諸位將士和我項羽的功勞。楚懷王雖然沒立什麼功勞，但還是應該分給他一塊地方，封他一個王爵。」諸位將領都說：「對。」

春天，正月，項羽假意尊奉楚懷王芈心為義帝，說：「古代稱帝的人都擁有方圓一千里的土地，並且居住在河水的上游。」於是就把義帝芈心遷移到長江以南，把郴州作為他的都城。

二月，項羽開始分封天下諸將。項羽首先封自己為西楚霸王，領土包括故魏國、楚國的九個郡，建都於彭城。

項羽和范增一向擔心沛公劉邦會與自己爭奪天下，但是，經過鴻門宴已經和解，不好再節外生枝，又怕承擔毀約的惡名，於是密謀說：「巴、蜀道路險阻，不容易與外界溝通，秦國把罪犯都流放到那裡去。」就向人們解釋說：「巴、蜀也屬於關中。」於是就封劉邦為漢王，轄區包括巴、蜀、漢中，首府設在南鄭。

而後把關中一分為三，分別分封給秦國的三個降將，想利用他們來堵住巴、蜀、漢中北出的通道，不使劉邦出來。其中封章邯為雍王，統領咸陽以西的地區，首府設在廢丘。長史欣過去在做櫟陽獄掾時曾經對項梁有恩，都尉董翳，原本是他勸說章邯投降楚國。所以封長史欣為塞王，統轄咸陽以東，一直到黃河邊，建都於櫟陽。封董翳為翟王，統轄上郡，首府設在高奴。

項羽想自己佔有梁地，於是改封魏王豹為西魏王，統轄河東，首府設在平陽。

瑕丘申陽，是張耳的寵臣，他首先攻下河南郡，在黃河邊上迎接項羽，所以項羽封申陽為河南王，首府建在洛陽。韓王成仍然將都城設在陽翟。

趙王武臣手下的將領司馬卬平定河內郡，多次建立功勳，所以封司馬卬為殷王，擁有河內地區，以朝歌作為首府。項羽又將趙王歇改封到代地，封為代王。趙王歇的宰相張耳素有賢能之名，又追隨項羽進入關中，所以封張耳為常山王，管轄原來趙國的領土，將首府建在襄國。

當陽君黥布，是楚軍將領，而且勇冠三軍，所以封黥布為九江王，首府設在六邑。番君吳芮率領南方各地的越國遺族參加作戰，有利地支持了諸侯消滅秦軍，又跟隨楚軍入關，所以封吳芮為衡山王，首府設在邾邑。義帝芈心的柱國共敖率領軍隊攻打南郡，建立不少功勳，因而封共敖為臨江王，首府設在江陵。

將燕王韓廣改封為遼東王，首府在無終。燕將臧荼跟隨楚軍援救趙國，因而得以跟隨楚軍入關，所以封臧荼為燕王，首府設在薊城。

齊王田市被改封為膠東王，以即墨為首府。齊將田都跟隨楚軍救趙，也隨從楚軍入關，所以封田都為齊王，以臨淄為首府。當初項羽剛剛渡過黃河救援趙國的時候，田安攻下了濟北的數座城邑，然後率領屬下投降了項羽，所以項羽封田安為濟北王，以博陽為首府。田榮多次地背叛項羽，又沒有跟隨楚軍入關攻打秦軍，所以項羽沒有封田榮為王。

成安君陳餘主動交出將印後離開抗秦隊伍，也沒有跟隨楚軍入關，所以也沒有得到封賞。項羽手下的門客有人勸說項羽：「張耳、陳餘都有功於趙國，如今張耳封王，陳餘就不能不封王。」項羽不得已，這才尋求陳餘，當得知陳餘在南皮時，就把南皮周圍的三個縣封給了陳餘。番君吳芮手下的將領梅鋗也屢建功勞，被封為十萬戶侯。

漢王劉邦得知自己被封在漢中，非常憤怒，就想要去攻打項羽；周勃、灌嬰、樊噲都勸阻他。蕭何勸諫說：「雖然被項羽封到漢中稱王不好，但這比起被人殺死不是好多了嗎？」漢王說：「為什麼就一定是死呢？」蕭何說：「如今您的軍隊不如項羽多，與項羽打一百次仗就得失敗一百次，不是死路一條又是什麼呢！能夠屈服於一個人之下，卻能在萬民之上伸展自己的志向，古代只有商湯、周武王做得到。我希望大王您接受漢王這一封號，到漢中去稱王，休養生息那裡的人民，招納、延攬人才，搜集、利用巴、蜀的物力、人力，尋找機會再從巴、蜀打回來，收復被章邯、董翳、司馬欣所佔據的關中地區，天下就在您的控制之中了。」漢王劉邦說：「說得好。」於是劉邦率領部下到自己的封國上任；漢王劉邦任命蕭何為漢國丞相。

漢王劉邦賞賜給張良黃金一百鎰，珍珠二斗；張良把得到的賞賜全都轉贈給了項伯。劉邦也通過張良贈送給項伯許多禮物，讓項伯替自己請求項羽把漢中的土地劃歸自己管轄，項羽答應了劉邦的請求。

夏四月，諸侯罷戲下兵❶，各就國。項王使卒三萬人從漢王之國❷。楚與諸侯之慕從者❸數萬人，從杜南入蝕中❹。張良送至褒中❺，漢王遣良歸韓❻。良因說漢王燒絕所過棧道❼，以備諸侯盜兵❽，且示項羽無東意❾。

田榮聞項羽徙齊王市於膠東，而以田都為齊王，大怒。五月，榮發兵距擊❿田都，都亡走楚⓫。榮留齊王市，不令之膠東⓬。市畏項羽，竊亡之國⓭。榮怒，六月，追擊殺市於即墨⓮，自立為齊王。是時，彭越在鉅野⓯，有眾萬餘人，無所屬。榮與越將軍印，使擊濟北⓰。秋七月，越擊殺濟北王安⓱，榮遂并王三齊⓲之地。又使越擊楚。項王命蕭公角⓳將兵擊越，越大破楚軍。

張耳之國⓴，陳餘益怒曰：「張耳與餘，功等也㉑。今張耳王，餘獨侯，此項羽不平。」乃陰使張同、夏說㉒說齊王榮曰：「項羽為天下宰㉓，不平。盡王諸將㉔善地，徙故王於醜地㉕。今趙王乃北居代㉖，餘以為不可。聞大王起兵，不聽不義㉗。願大王資㉘餘兵擊常山㉙，復趙王㉚，請以趙為扞蔽㉛。」齊王許之，遣兵從陳餘。

項王以張良從漢王，韓王成又無功，故不遣之國㉜，與俱至彭城，廢以為穰侯㉝。已㉞又殺之。

初，淮陰㉟人韓信㊱家貧無行㊲，不得推擇為吏㊳，又不能治生商賈㊴，常從人寄食飲㊵，人多厭之㊶。信釣於城下㊷，有漂母㊸見信飢，飯信㊹。信喜，謂漂母曰：「吾必有以重報母。」母怒曰：「大丈夫不能自食㊺，吾哀王孫而進食，豈望報乎㊻？」淮陰屠中㊼少年有侮信者，曰：「若雖長大㊽，好帶刀劍，中情怯㊾耳。」因眾辱之㊿，曰：「信能死，刺我；不能死，出我袴下(51)。」於是信孰視(52)之，俛出袴下，蒲伏(53)。一市人皆笑信，以為怯。

及項梁渡淮(54)，信杖劍(55)從之，居麾下(56)，無所知名。項梁敗，又屬項羽，羽以為郎中(57)。數以策干羽(58)，羽不用。漢王之入蜀，信亡楚歸漢(59)，未知名。為連敖(60)，坐當斬(61)，其輩(62)十三人皆已斬，次至信(63)。信乃仰視，適見滕公(64)，曰：「上不欲就天下乎(65)？何為斬壯士！」滕公奇其言，壯其貌，釋而不斬。與語，大說(66)之。言於王，王拜以為治粟都尉(67)，亦未之奇也。

信數與蕭何語(68)，何奇之。漢王至南鄭(69)，諸將及士卒皆歌謳思東歸(70)，多道亡者(71)。信度何等已數言王，王不我用，即亡去(72)。何聞信亡，不及以聞(73)，自追之。人有言王曰：「丞相何亡。」王大怒，如失左右手(74)。居一二日(75)，何來謁(76)王。王且怒且喜，罵何曰：「若亡，何也(77)？」何曰：「臣不敢亡也，臣追亡者耳。」王曰：「若所追者誰？」何曰：「韓信也。」王復罵曰[78]：「諸將亡者以十數，公無所追[79]。追信，詐也。」何曰：「諸將易得耳，至如信者，國士[80]無雙。王必欲長王漢中[81]，無所事信[82]；必欲爭天下，非信無可與計事者。顧王策安所決耳[83]。」王曰：「吾亦欲東耳，安能鬱鬱久居此乎！」何曰：「計必欲東，能用信，信即留；不能用信，終亡耳。」王曰：「吾為公以為將[84]。」何曰：「雖為將，信不留。」王曰：「以為大將。」何曰：「幸甚。」於是王欲召信拜[85]之。何曰：「王素慢無禮[86]，今拜大將，如呼小兒，此乃信所以去也。王必欲拜之，擇良日，齋戒，設壇場[87]，具禮[88]，乃可耳。」王許之。諸將皆喜，人人各自以為得大將[89]。至拜大將，乃韓信也，一軍皆驚[90]。

信拜禮畢，上坐[91]。王曰：「丞相數言將軍，將軍何以教寡人計策？」信辭謝，因問王曰：「今東鄉爭權天下[92]，豈非項王耶？」漢王曰：「然。」曰：「大王自料，勇悍仁彊，孰與項王？」漢王默然良久，曰：「不如也。」[93]信再拜賀[94]曰：「惟信亦以為大王不如也[95]。然臣嘗事之，請言項王之為人也。項王喑噁叱咤[96]，千人皆廢[97]，然不能任屬[98]賢將。此特[99]匹夫之勇耳。項王見人，恭敬慈愛，言語嘔嘔，人有疾病，涕泣分食飲[100]。至使人有功當封爵者，印刓敝，忍不能予[101]。

此所謂婦人之仁也[102]。項王雖霸天下而臣諸侯，不居關中而都彭城[103]。背義帝之約[104]，而以親愛王，諸侯不平[105]。逐其故主而王其將相[106]，又遷逐義帝置江南[107]。所過無不殘滅，百姓不親附，特劫於威彊耳[108]。名雖為霸，實失天下心，故其彊易弱。今大王誠能反其道，任天下武勇[109]，何所不誅[110]；以天下城邑封功臣[111]，何所不服[112]；以義兵從思東歸之士[113]，何所不散[114]！且三秦王[115]為秦將，將秦子弟數歲矣。所殺亡[116]不可勝計，又欺其眾，降諸侯。至新安，項王詐坑秦降卒二十餘萬，唯獨邯、欣、翳得脫[117]。秦父兄怨此三人，痛入骨髓。今楚強以威，王此三人[118]，秦民莫愛也。大王之入武關[119]，秋毫無所害。除秦苛法，與秦民約法三章，秦民無不欲得大王王秦者。於諸侯之約，大王當王關中，關中民咸知之。大王失職[120]入漢中，秦民無不恨者[121]。今大王舉而東[122]，三秦可傳檄而定[123]也。」於是漢王大喜，自以為得信晚，遂聽信計，部署諸將所擊[124]。留蕭何[125]收巴、蜀租，給軍糧食[126]。

八月，漢王引兵從故道[127]出，襲雍[128]。雍王章邯迎擊漢陳倉[129]。雍兵[130]敗，還走。止，戰好時[131]，又敗，走廢丘[132]。漢王遂定雍地，東至咸陽[133]，引兵圍雍王於廢丘[134]，而遣諸將略地。塞王欣[135]、翟王翳[136]皆降，以其地為渭南[137]、河上[138]、上郡[139]。今將軍薛歐、王吸[140]出武關，因王陵兵[141]以迎太公、呂后[142]。項王聞之，發兵距之陽夏[143]，不得前。

王陵者，沛人也，先聚黨數千人，居南陽，至是始以兵屬漢[144]。項王取陵母置軍中，陵使至，則東鄉坐陵母[145]，欲以招陵。陵母私送使者，泣曰：「願為老妾語陵：善事漢王[146]。漢王長者，終得天下。毋以老妾故，持二心[147]。妾以死送使者。」遂伏劍[148]而死。項王怒，亨[149]陵母。

項王以故吳令鄭昌[150]為韓王[151]，以距漢[152]。

張良遺項王書曰：「漢王失職[153]，欲得關中。如約，即止[154]，不敢東[155]。」又以齊、梁反書[156]遺項王曰：「齊欲與趙并滅楚。」項王以此故無西意，而北擊齊。

燕王廣[157]不肯之遼東[158]，臧荼擊殺之，并其地[159]。

是歲，以內史[160]沛周苛為御史大夫[161]。

項王使趣義帝行[162]，其羣臣、左右稍稍叛之[163]。

【章　旨】以上為第二段，寫漢元年（西元前二〇八年）下半年的全國形勢，主要寫了齊地田榮、趙地陳餘、梁地彭越的相繼起兵、相互聯合反項羽，和劉邦拜韓信為大將，迅即由漢中殺回並很快收復關中地區的情景。

【注　釋】❶罷戲下兵　從戲下各自撤兵。戲下，戲水之濱。戲水流經項羽駐軍之鴻門東側，北流入渭水。有人以此「戲」字同「麾」，罷「戲下」即從項羽麾下撤去者，非。❷項王使卒三萬人句　按，劉邦居霸上時有卒十萬，今使「三萬人從」，是項羽已奪去劉邦之兵。❸楚與諸侯之慕從者　項羽以及其他諸侯部下志願跟從劉邦去漢中的人。❹從杜南入蝕中　從杜縣南進入「蝕中」山路。杜，秦縣名，縣治在今西安西南。蝕中，山間谷道名。胡三省引程大昌曰：「關中南面，背礙南山，其有微徑可達漢中者，唯子午谷在長安正南；其次向西則駱谷，此『蝕中』若非駱谷，即是子午谷。」按，子午谷，也稱「子午道」，是當時咸陽、長安翻越秦嶺直通漢中的最近通道，北口為杜縣，南口在今安康附近。❺褒中　古邑名，蓋古之褒國都城，在今陝西省漢中西北部之宗營鄉，距當時的南鄭已經很近。襃，通「褒」。按，《史記・高祖本紀》稱劉邦由咸陽去南鄭的路線是「從杜南入蝕中」，走的是「子午道」。其北口在今西安東南，其南口在今漢中以東、安康西北的石泉附近。而本文據《史記・留侯世家》則曰「良送至褒中」，又似乎是走的「褒斜道」。其北口在今陝西眉縣西、寶雞東南；其南口在今漢中西北。二者相互歧異。又，據此文，是張良未至南鄭即辭劉邦而回，《漢書・張良傳》與此同；而《漢書・高帝紀》乃曰「張良辭漢歸韓，漢王送至褒中」，則是張良已至南鄭，而後始辭劉邦由南鄭北返。兩處說法亦異。❻遣良歸韓　與前文之「為韓王送沛公」語相應。❼棧道　亦稱「閣道」，山間構木而成的空中通道。❽諸侯盜兵　其他諸侯兵以及匪盜之兵。❾且示項羽無東意　意即迷惑項羽，使之相信劉邦再無意東出與之爭天下。❿距擊　迎擊。⓫都亡走楚　據《史記・秦楚之際月表》，田都敗投項羽事在漢元年五月，從此田都遂不知所終。⓬不令之膠東　不讓他到膠東國上任，拉著他一道對抗項羽。之，往。⓭竊亡之國　偷著跑到膠東去上任。⓮即墨　當時為膠東國的都城，在今山東平度東南。⓯鉅野　古藪澤名，在今山東巨野北，當時水域遼闊，後來小說所寫的梁山泊就是其中的一部分。⓰濟北　秦郡名，郡治博陽，在今山東泰安東南。⓱擊殺濟北王安　迎擊殺死了項羽所封的濟北王田安，事在漢元年七月。⓲三齊　指項羽所封的田市之膠東、田安之濟北、田都之臨淄，三國均在舊齊國的地面，故稱「三齊」。⓳蕭公角　曾任蕭縣縣令，名角，史失其姓，楚國稱縣令為公。⓴之國　到其所封的國家上任。之，到；前往。㉑功等也　功勞是一樣的，指協助武臣開闢河北地區，後又一同擁立趙王歇。㉒張同夏說　陳餘的部將。說，通「悅」。㉓天下宰　全國政務的主持者。宰，主管。㉔諸將　指項羽自己部下的將領如黥布、章邯、司馬欣以及其他諸侯之將而隨項羽入關者如田都、臧荼等。㉕從故王於醜地　把那些沒隨項羽入關的諸侯都改到自然條件惡劣的地方，如韓廣被改封遼東王，田市被改封膠東王等等。㉖乃北居代　竟然被趕到了代國。㉗不聽不義　如果不響應您的號召，那是不合時宜的。㉘資　助；給。㉙常山　秦郡名，郡治在今河北石家莊東北，項羽封張耳於此地為王。㉚復趙王　還把原來的趙王趙歇請回來。㉛以趙為扞蔽　以我們趙國為您做屏藩，意即我願成為您治下的一個追隨者與捍衛者。扞蔽，猶言「屏障」、「藩籬」。㉜不遣之國　不允許韓成到韓國上任。㉝穰侯　封地穰縣，即今河南鄧州。㉞已　過後不久。㉟淮陰　秦縣名，即今江蘇淮陰。㊱韓信　劉邦的開國功臣。事跡詳見《史記·淮陰侯列傳》。李慈銘《越縵堂讀史記》記曰：「韓信，史不言其所出，蓋亦韓後也。《潛夫論》言：『韓亡，子孫散處江淮間……此信所以為淮陰人，蓋以國為氏者。』故漂母稱之曰『王孫』，以其為王者後也。」㊲無行　《集解》引李奇曰：「無善行。」瀧川引中井曰：「放縱不檢之謂。」㊳不得推擇為吏　戰國以來，鄉官有向國家推舉本鄉人才使之為吏的制度。王先謙引沈欽韓曰：「《管子·小匡篇》：『鄉長修德進賢，名之曰三選。』《莊子·達生》：『孫休賓（擯）於鄉里，逐於州部。』此戰國以來選舉之法，信以無行，故不得推為吏也。」㊴治生商賈　以從事商業活動謀生。治生，即謀生。師古曰：「行賣曰商，坐販曰賈。」㊵從人寄食飲　到別人家裡蹭飯吃。寄，即北京話之所謂「蹭」，王先謙引沈欽韓曰：「方言，寄食為糊。」㊶人多厭之　姚苧田曰：「淮陰侯乃史公所痛惜者，觀其起處詳寫貧時落魄景象，遂與孟子『將降大任』一節一樣搖曳其意中，固以漢初第一人目之。」㊷信釣於城下　《史記正義》曰：「淮陰城北臨淮水，信釣於此。」王先謙引沈欽韓曰：「《一統志》，韓信釣臺在淮安府山陽縣（即今江蘇淮陰）北。」㊸漂母　漂洗衣被的年長婦女。《集解》引韋昭曰：「以水擊絮為漂。」㊹飯信　拿飯給韓信吃。㊺自食　自己養活自己。食，同「飼」。㊻吾哀王孫而進食二句　《集解》引蘇林曰：「王孫，猶言『公子』也。」《索隱》引劉德曰：「秦末多失國，言王孫、公子，尊之也。」王先謙引何焯曰：「《博物志》云：『王孫、公子，皆相推致之詞。』」㊼屠中　殺豬、殺狗的作坊。㊽若雖長大　你雖然長得高高大大。若，你。㊾中情怯　內心是個軟蛋。中情，內心；骨子裡。㊿眾辱之　《正義佚文》：「於眾中辱之。」即當眾侮辱他。51信能死四句　意即你如果不怕死，就刺我一刀；如果你怕死，不敢刺我，你就從我胯下鑽過去。能死，敢死；能豁得出死。袴下，即胯下。袴，這裡通「胯」。即使直接作「褲下」講，亦無不可。52孰視　盯著他看了半天。孰，通「熟」。瀧川引尤瑛曰：「『孰視之』三字可玩，有忍意」。53俛出袴下二句　俛，彎腰；低身。蒲伏，同「匍匐」。爬行。齋藤正謙曰：「『蒲伏』二字，狀態如見，所以反襯他日榮達。」姚苧田曰：「一片沉毅在『孰視』二字，非復向日為一飢一飽輕喜輕怒故態矣。」54項梁渡淮　事在秦二世二年（西元前二〇八年）二月。項梁於秦二世元年九月起兵於吳（今江蘇蘇州），與其相繼的渡江、渡淮北上事，見《史記·項羽本紀》。55杖劍　持劍。師古曰：「直（只）帶一劍，更無餘資。」言除一劍外，更無其他進見之資。56麾下　部下。麾是大將的指揮旗。57郎中　帝王的侍從人員，有郎中、中郎、侍郎等名目。58數以策干羽　多次為項羽籌謀劃策。干，求見；進說。59亡楚歸漢　韓信「亡楚歸漢」的時間大約在漢元年四月，劉邦正由關中去南鄭的途中。亡，潛逃；逃離。(60)連敖　管倉庫糧餉的小官。王駿圖曰：「考『敖』與『廒』同。連廒者，必主倉廒之官，其職甚微。及滕公言於上，乃拜以為治粟都尉，則猶據資格而推升之耳。故知連敖亦治粟之官也。」(61)坐當斬　因為犯法要被殺頭。(62)其輩　與之同類的人。輩，倫；類。(63)次至信　下一個就輪到了韓信。次，依次。(64)滕公　滕縣縣令，即夏侯嬰，因劉邦起義破滕後，曾一度任之為滕縣縣令，故時人稱之為「滕公」，也稱「滕嬰」。事跡見《史記・樊酈滕灌列傳》。(65)上不欲就天下乎　瀧川曰：「『上』字當作『王』，下同。」就，取得；完成。(66)說　同「悅」。(67)治粟都尉　管理糧餉的中級軍官。梁玉繩引沈作哲曰：「秦官有治粟內史，高帝因之。」(68)數與蕭何語　多次與蕭何交談。蕭何，劉邦的開國元勳，此時為劉邦任丞相。事跡詳見《史記・蕭相國世家》。(69)至南鄭　謂劉邦等由咸陽到南鄭的一路之上。(70)歌謳思東歸　唱著家鄉的小調，希望能夠回老家。(71)多道亡者　一路上開小差的人很多。亡，逃跑。(72)信度何等已數言王三句　鍾惺曰：「觀信（後文）論高祖一段，可見信捨高祖亦無可事之君矣，其亡也亦知蕭何之必追，追而必薦，以亡激之耳。」凌稚隆引董份曰：「何屢言信而不用，雖何不能為力，故予嘗疑信亡，何之謀也。信亡而身追之，要為奇以聳動上耳。」(73)不及以聞　來不及向劉邦報告。(74)如失左右手　以此見蕭何在劉邦心目中的地位之重要。(75)居一二日　過了一兩天。居，待；等。(76)謁　拜見；參見。(77)若亡二句　你逃跑，為什麼。若，你。(78)王復罵曰　按，數句連用「大怒」、「且怒且喜」、「罵曰」、「復罵曰」，漢王之習性、神情活現。(79)公無所追　瀧川曰：「改『若』稱『公』，見漢王心稍定。」(80)國士　師古曰：「國家之奇士。」(81)長王漢中　意即永遠滿足於當漢王。(82)無所事信　沒有必要任用韓信。王駿圖曰：「『事』猶『用』也，『無所事』者，猶言『用不著』也。」(83)顧王策安所決耳　這就看您究竟是打什麼主意了。顧，轉折語詞，相當於今之「就在於」、「關鍵在於」。(84)吾為公以為將　見劉邦之勉強。此欲用以為將，非為知韓信之才，乃欲不傷蕭何的情面，擔心蕭何逃跑。吳見思曰：「『為公』是面情之語，正寫漢王尚未識信。」(85)拜　此處即指任命。古時王者之任命將、相，要舉行一定的典禮，王者在此儀式上要對被任命者表示一定的禮數，故稱這種任命叫作「封拜」，也單稱「拜」。(86)王素慢無禮　指劉邦的好罵人、好侮辱人，如接見酈食其、黥布時令女人為之洗腳；見儒生則解其冠向其冠中撒尿；以及騎周昌的脖子，張口罵人自稱「乃公」（「你老子」、「你爸爸」）。《史記・魏豹彭越列傳》豹曰：「漢王慢而侮人，罵詈諸侯群臣如奴耳」等皆是。(87)設壇場　意即要找一塊開闊地，搭一個臺子。築土高之曰壇，除地曰場。(88)具禮　安排一定的禮節儀式。(89)人人各自以為得大將　人人都估計此大將之位非己莫屬。(90)一軍皆驚　諸將皆已隨劉邦征戰三年，而韓信乃是剛從項羽陣營逃過來的一個小軍吏，諸將自然無法想到。《史記・陳丞相世家》寫陳平新歸劉邦，劉邦任以為都尉，使為參乘，典護軍時，「諸將盡喧，曰：

「大王一日得楚之亡卒，未知其高下，而即與同載，反使監護軍長者！』」情形與此相同，亦先抑後揚之法。[91]上坐　謂韓信被劉邦推居於上位。瀧川引中井曰：「『上坐』，以漢王宮殿言也，非壇上。言壇上拜將之禮已畢，漢王乃延入見之與坐也。」按，中井之說也可能符合常情，但未必合史公原意，而且有些殺風景。[92]東鄉爭權天下　與東方的項羽爭奪號令天下之權。鄉，通「向」。[93]漢王默然良久三句　按，明知不如，而嘴裡不願承認，見劉邦之習性神情。《史記・項羽本紀》：「(張)良曰：『料大王士卒足以當項王乎?』沛公默然，曰：『固不如也，且為之奈何?』」與此同。[94]賀　嘉許；稱讚。稱讚他有這種自知之明，能承認自己不如人家。這是以下整段議論的基礎。[95]惟信亦以為大王不如也　意即非獨大王以為不如，連韓信我也以為您不如項羽。惟，猶如今之所謂「連」、「即使是」。[96]喑噁叱咤　怒喝聲。[97]廢　即今所謂「癱」、「堆委」。《史記・刺客列傳》寫荊軻腿部中劍後，曰「荊軻廢」，亦即「癱」，而非「仆」與「偃」也。[98]任屬　即「任用」。屬，託付。[99]特只是；不過是。[100]恭敬慈愛四句　嘔嘔，語氣溫和的樣子。按，《史記・項羽本紀》范增曰：「君王為人不忍」；〈高祖本紀〉王陵、高起曰：「項羽仁而敬人」，皆可與此相發明，知項羽性格除粗豪暴戾外，尚有如此慈厚的一面。[101]印刓敝二句　印的稜角都被摩弄圓了，還拿在手裡捨不得給出去。刓，磨去稜角。忍，吝嗇；捨不得。[102]此所謂婦人之仁也　乾隆曰：「韓信登壇數語，劉與項蹶已若指掌。以項羽為『匹夫之勇』，人人能言之；以為『婦人之仁』，則信所獨見也。」[103]不居關中而都彭城　彭城，今江蘇徐州，項羽稱西楚霸王，建都於此。按，關於項羽不都關中而都彭城之失，自韓信說過此話後，漢初遂有多人言之，一似項羽之蠢，人皆可以嗤之者，然惲敬氏卻另有他說，詳見篇後之「研析」。[104]背義帝之約　指不按「先入關者王之」的約定辦事。[105]以親愛王二句　封自己親近的人為王，諸侯們都對此不平。[106]逐其故主而王其將相　如封臧荼為燕王，而逐其故主韓廣王遼東；封張耳為常山王，逐其故主趙歇王代等等。[107]遷逐義帝置江南　項羽分封諸侯後，自稱西楚霸王，尊懷王為徒有其名的「義帝」，使之遷居長沙郴縣，中途又令黥布等將其殺害。事見《史記・項羽本紀》。[108]特劫於威彊耳　只是被他的強大兵威所脅制，不敢反抗罷了。特，只；只不過。「威彊」二字連讀。[109]任天下武勇　前云項王「不能任屬賢將」，今劉邦若能「任天下武勇」，即「反其道」也。[110]何所不誅　還有什麼人不能被您誅滅。[111]以天下城邑封功臣　前云項羽「至使人，有功當封爵者，印刓敝，忍不能予」，今劉邦若能「以天下城邑封功臣」，則又「反其道」而行也。[112]何所不服　還有什麼人不能被你征服。[113]以義兵從思東歸之士　意即以那部分來自沛縣一帶的老兵為中堅、為前鋒，讓您現有的全部人馬跟在後面。義兵，指劉邦現有的全部士卒。思東歸之士，指家在沛縣周圍，最早跟從劉邦起事反秦的、如今一心要打回老家去的那些老兵。[114]何所不散　還有什麼人不能被您打散。[115]三秦王　指章邯、董翳、司馬欣。三人皆秦將，後降項羽。

項羽入關後，封章邯為雍王，董翳為翟王，司馬欣為塞王。三國皆在故秦地，故稱三人為「三秦王」。(116)殺亡 指戰死的和逃散的。(117)唯獨邯欣翳得脫 豈止是「得脫」，而是得以封王。(118)強以威二句 勉強地靠著兵威，讓秦地百姓接受這三個人為王。(119)大王之入武關 指劉邦佔領關中地區。武關，在今陝西丹鳳東南，是河南南部進入關中地區的重要通道。(120)失職 沒有得到應得的職位，即沒有得為關中王。(121)無不恨者 沒有一個人不為此感到遺憾。恨，憾。(122)舉而東 舉兵向東方殺出。(123)三秦可傳檄而定 傳檄而定，意即用不著使用兵戈，就能將關中地區收復回來。檄，檄文，聲討敵人罪行，號召人們歸附於己的一種軍用文章。凌稚隆曰：「何之勸帝，則曰『還定三秦而天下可圖』；信之告帝則曰『舉兵而東，三秦可傳檄而定』，二人之論不相謀而相合，皆有見於天下之大勢者，此何所以奇信而數言於上也。」按，今漢中城南尚有「拜將臺」，為南北列置的兩座方形高臺，各高丈餘，南臺上豎「韓信拜將臺」石碑，北臺建有臺亭閣，兩臺各周長百餘步。(124)部署諸將所擊 意即劃分任務，委派各項任務的負責人。部署，布置；安排。《史記正義》曰：「部分而署置之也。」凌約言曰：「鋪敘蕭何奇信、追信、拜信始末不遺餘力，所謂功第一者為此。方信歸漢，一亡卒耳，相國何所見而奇之？蓋何所以察天下之勢者甚熟，而信適與之孚，故數與語而遂以國士奇之耳。向使無定畫於中，而驟聞其說，安能力薦而大用之哉！」董份曰：「韓信以一亡命徒，因何立談，不更召見而即超拜大將，且殊禮，蓋其用人如此，三代以後，千載帝王之冠也。」(125)留蕭何 將丞相蕭何留在漢中。(126)給軍糧食 供應前方軍隊所需的糧食。(127)故道 即陳倉道，自漢中入褒谷，經鳳縣、散關，而北出陳倉（今陝西寶雞東）。瀧川引中井曰：「『故道』原非地名，蓋是處舊有秦蜀相通之道，而張良所燒棧道者為今道。今道已燒殘不通，故從故道而往也。後世因為縣名耳。」(128)雍 秦縣名，縣治在今陝西鳳翔城南，是秦國舊日的都城。(129)陳倉 秦縣名，縣治在今陝西寶雞東。(130)雍兵 章邯雍國的軍隊。(131)好畤 秦縣名，故城在今陝西乾縣之好畤東村北。(132)廢丘 章邯的都城，在今陝西興平城東南。(133)咸陽 秦王朝的都城，在今陝西咸陽東北。(134)圍雍王於廢丘 《史記・樊酈滕灌列傳》謂樊噲「灌廢丘，最」。(135)塞王欣 塞王司馬欣，都櫟陽（在今西安之閻良區）。(136)翟王翳 翟王董翳，都高奴（在今陝西延安十三陵東北）。(137)渭南 漢郡名，後來改稱京兆尹，指今西安一帶地區。(138)河上 漢郡名，後來改稱左馮翊。(139)上郡 秦郡名，郡治膚施（今陝西榆林東南）。(140)薛歐王吸 都是劉邦的部將，後來薛歐以功封廣平侯，王吸封清陽侯，皆見《史記・高祖功臣侯者年表》。(141)因王陵兵 就近使用王陵的人馬。王陵前在南陽以西的丹水歸附劉邦後，仍在當地據守，而未隨劉邦入武關。(142)迎太公呂后 據此，知劉邦入漢中時尚未迎取家屬同往。(143)陽夏 秦縣名，縣治即今河南太康。(144)至是始以兵屬漢 據《史記・高祖本紀》，王陵歸附劉邦是在劉邦收服南陽後、進入武關前，與此說法不同。(145)東鄉坐陵母 讓王陵之母東向坐。在秦漢時期多人共坐時，以東向坐為上位。146善事漢王　好好地為漢王效力。147持二心　心存動搖、猶豫。148伏劍　以劍自殺。伏，通「服」。149亨　通「烹」。以開水將人煮死。150故吳令鄭昌　曾任吳縣縣令的鄭昌，此時為項羽部將。151為韓王　項羽原封張良的故主韓成為韓王，由於張良跟隨劉邦的原因，故項羽不使韓成就國，後又將韓成殺死。為阻擊劉邦東進，今乃以鄭昌為韓王。152以距漢　阻擋劉邦出函谷關東下。韓國的都城為陽翟（今河南禹州），其西境即挨近函谷關。153失職　指項羽分封時劉邦未能得到關中王的職位。154如約二句　能取得約言所說的職位，就滿足了。155不敢東　不敢再向東方進兵。156齊梁反書　齊地田榮、梁地彭越造反的檄文。157燕王廣　韓廣。158不肯之遼東　不肯接受項羽的命令到遼東國上任。159并其地　連同遼東郡的地盤也一併據為己有。160內史　國家京城地區的行政長官。此國家京城應指劉邦的漢國都城南鄭，即今陝西漢中。161御史大夫　國家的最高監察長官，職同副宰相，秦漢時代的「三公」之一。162趣義帝行　催促義帝迅速遷到郴州去。趣，同「促」。催促。163稍稍叛之　漸漸離開義帝而去。

【語　譯】夏天，四月，諸侯全部從戲下撤兵，回自己的封國。項羽只留三萬軍隊跟隨漢王劉邦回封地。項羽以及其他諸侯部下因為仰慕劉邦，志願跟隨他到漢中的也有數萬人，漢王劉邦從杜邑南部進入蝕中。張良把漢王劉邦送到褒中後，劉邦就讓張良返回韓王成的身邊。臨走時，張良勸說漢王劉邦把沿途經過的棧道全部燒毀，一方面可以防備其他諸侯兵以及盜賊兵，一方面向項羽表示自己的志向僅此而已，使項羽相信漢王不會再出來與項羽爭奪天下，以解除項羽對漢軍的戒備。

田榮聽說項羽把齊王田市改封為膠東王，而封田都為齊王，非常憤怒。當年五月，田榮發兵攻打田都，田都被打敗後投奔了項羽。田榮扣留了田市，不讓他到膠東去。田市懼怕項羽，便偷偷地逃到自己的封國。田榮更加憤怒，六月，即率兵追到即墨，殺死田市，自己做了齊王。與此同時，彭越在鉅野，手下雖然擁有一萬多人，卻無所歸屬。田榮頒發給彭越將軍印綬，派他去攻打濟北王田安。秋季，七月，彭越殺死了濟北王田安，於是，田榮兼併了田市、田都、田安三國的土地。又派彭越去攻打楚王項羽。楚王項羽派蕭公角率軍迎擊彭越，被彭越打得大敗。

張耳回到自己的封國就任常山王，陳餘更加惱怒，他說：「張耳和我功勞相當。如今張耳為常山王，而我陳餘卻只封了一個侯爵，項羽做事太不公平。」於是暗中派張同、夏說去遊說齊王田榮說：「項羽為天下主宰，分封之事做得太不公平。他把自己部下的各路將領都封為王，而且還都分的是好地方；卻把那些沒有跟隨項羽入關的舊有的諸侯王遷移到其他貧瘠的地方。如今趙王歇竟然被趕到北部的代地為王，我認為這是不應該的。我聽說大王您最近起兵反抗項羽不合理的任命。我希望大王您能資助我一些兵力，讓我去擊敗常山王張耳，恢復趙王歇原有的領地，使趙國成為齊國的屏障。」齊王田榮答應了陳餘的要求，派遣一部分兵力給陳餘。

項羽因為張良曾經跟隨漢王劉邦入關，韓王成又沒有什麼功勞，所以就留住韓王成，不讓他回自己的封國，讓他和自己一道回到彭城，到彭城以後，先是貶韓成為穰侯。過後不久又將韓成殺死。

當初，淮陰侯韓信因為家中貧窮沒有善行，不能被推舉擔任官吏，又沒有本事做買賣謀生，就經常到別人家裡去混飯吃，許多人因此都很討厭他。韓信在城下釣魚，有一個漂洗衣被的老媽媽，看見韓信飢餓的樣子，就把自己帶的飯拿給韓信吃。韓信很高興，他對老媽媽說：「我將來必定會重重地報答老媽媽。」老媽媽非常生氣的說：「男子漢連自己都不能養活；我是可憐你才給你飯吃，難道還指望你報答嗎？」淮陰城中賣肉的屠夫中有一個年輕人欺辱韓信，說：「你雖然長得高高大大，又喜歡佩帶刀劍，但你的內心是怯懦的。」於是就當著眾人的面侮辱他，說：「韓信你如果不怕死，就刺我一刀；如果怕死不敢刺我，那就從我的胯下爬過去。」韓信盯住他看了好一會兒，便俯下身來，匍匐著從那人的褲襠下爬過。整個集市的人都哄然大笑，認為韓信是一個懦夫。

當初項梁渡過淮水的時候，韓信帶著他的寶劍，一路追隨著項梁；但在項梁的部下，沒有獲得什麼名聲。項梁失敗後，韓信又歸屬項羽，項羽任命他做身邊負責警衛的郎中。韓信多次為項羽獻計獻策，但都不被採用。漢王劉邦進入漢中的時候，韓信逃離項羽投奔了漢王劉邦，但仍然不為人所知。他曾經擔任掌管倉庫糧餉的小官連敖，因為犯法要被處死；與他同時被執行的十三個人都已經被處斬，按次序該輪到韓信。韓信抬頭仰視，正好看見滕公夏侯嬰，於是就對滕公說：「漢王難道不想成就統一天下的大業嗎？為什麼要殺死意氣豪壯而勇敢的人呢！」夏侯嬰對他說的話感到很驚奇，又見他相貌堂堂、儀表不俗，就給他鬆開綁繩，開釋了他的罪行。滕公夏侯嬰和韓信談話後，非常高興。向漢王劉邦推薦了他，漢王劉邦任用韓信為管理倉庫的中級官吏——治粟都尉，也沒有特別看重他。

韓信多次地與蕭何接觸，蕭何認為韓信是個奇才。漢王自從來到南鄭以後，屬下諸將和士卒都唱著家鄉小調表達他們思念家鄉的痛苦，還有許多人乾脆就在途中逃走了。韓信估計蕭何已經多次地向漢王舉薦過自己，而漢王卻不能重用，於是也棄職逃走。蕭何聽到韓信逃走的消息後，來不及向漢王劉邦請示，就親自去追趕。有人告訴漢王劉邦說：「丞相蕭何逃走了。」漢王一聽，氣得火冒三丈，就好像失去了左右手一樣。過了一兩天，蕭何來拜見漢王劉邦。漢王又惱又喜，責罵蕭何說：「你為什麼逃走？」蕭何說：「我哪裡敢逃走，我是追趕逃走的人去了。」漢王問：「你追的是誰？」蕭何說：「我追的是韓信。」漢王又罵他說：「諸將當中逃走的有好幾十個，你誰也不去追。卻去追韓信，分明是在撒謊。」蕭何分辯說：「一般的將領很容易得到，而像韓信這樣的人在全國之內也沒有第二個。大王您如果滿足於長期做一個漢中王，那就沒有什麼事情可以用到韓信；如果想要爭奪天下，除去韓信，沒有可以商量大事的人。這就要看您究竟打什麼主意了。」漢王說：「我當然想揮兵東進統一天下，怎麼能窩窩囊囊的永遠待在這裡呢！」蕭何說：「如果您決計要向東與項羽爭奪天下，能夠重用韓信，韓信就會留下來；如果不能重用韓信，韓信終究要逃走。」漢王說：「我就看在你極力推舉的情面上任命韓信為將。」蕭何說：「即使您任用韓信為將，也留不住韓信。」漢王說：「那就任命他為大將。」蕭何說：「那就太好了。」漢王劉邦就想把韓信傳來，當面任命他為大將。蕭何說：「大王您一向待人傲慢，不講禮節；如今任命大將，就如同是呼喚小孩兒，這正是韓信要離開的原因。大王如果真心要重用韓信，拜他為大將，就應該選擇一個好日子，然後沐浴更衣，不飲酒，不吃葷，表示您的誠意；再建造一個高臺，舉行一個隆重的拜將儀式，才可以啊。」漢王劉邦同意按照蕭何說的來做。諸將聽到漢王要拜將的消息，都很高興，人人心裡都以為自己就是要拜的大將。到了拜將的時候，卻是韓信，全軍上下無不感到震驚。

拜將典禮結束以後，漢王劉邦讓韓信坐在上首的座位上，對韓信說：「蕭何丞相多次向我舉薦將軍；現在將軍有什麼計策可以使我實現統一全國的大業呢？」韓信謙讓了一下後，問漢王說：「如今與大王爭奪東方霸權的，是不是項羽呢？」漢王回答說：「是的。」韓信又問：「大王您自己估計一下，在個人的勇敢、兵勢的精強方面，您與項羽比起來，誰更勝一籌呢？」漢王劉邦沉思了好久，然後說：「我不如項羽。」韓信兩度讚許地說：「就連我韓信也認為大王您比不上項羽。我曾經是項羽的部下，我向您介紹一下項羽的為人。項王這人，怒喝一聲，就是有一千個人，也會被嚇得癱倒在地，雖然如此，卻不能放手任用賢能。所以項羽即使再勇猛，也不過是匹夫之勇。項羽對待人恭敬慈愛，言語溫和親切，如果誰生了病，他會心痛得痛哭流涕，把自己的飲食分給病人吃。但在用人方面，別人立了大功，應當重賞封爵的時候，他就捨不得了，直到把印的稜角都擺弄圓了仍然捨不得授予別人。所以項羽的仁慈，只不過是婆婆媽媽一樣的小恩小惠。項王目前雖然稱霸天下統轄諸侯，但他不肯把都城建在關中，而是設在彭城。他不遵守義帝誰先進入關中，封誰為王的約定，而是把自己的親信和自己所偏愛的人都封了王，所以諸侯心中不服。把舊有國王從他們的領地上驅逐出去，卻把被驅逐國王的屬將封到此地為王，又把義帝強制遷移到江南。他所經過的地方沒有處不被他摧毀的；百姓並不擁護他，只不過處在他的淫威之下不敢反抗罷了。項羽名義上雖稱為西楚霸王，而實際上早已失去民心，所以他目前雖然強大，但卻很容易走向衰微。假使大王您的所作所為與項羽相反，能夠重用天下的英雄豪傑，還有什麼敵人不能被消滅；把天下的城邑分封給有功之臣，還有什麼人不能被征服；率領著您的正義之師，以思念家鄉一心想要回到老家去的戰士為先鋒，出師東進，還有什麼軍隊不被打垮！再說，雍王章邯、塞王司馬欣、翟王董翳原本是秦朝的將領，他們率領秦地的子弟已經有好幾年了。這些秦人子弟戰死和逃亡的數不勝數，後來他們又欺騙部下，投降了項羽。在新安被項羽以欺詐的手段活埋了投降的兵士二十多萬，只剩下章邯、司馬欣、董翳三個人活在世上。秦地的父老怨恨這三個人的程度，真可以說得上是深入骨髓。如今項王勉強靠著兵威，讓秦地的百姓接受這三個人為王，而秦地的百姓是絕對不會擁護他們的。而大王您自從進入武關以來，對人民秋毫無犯。又廢除了秦朝苛刻的法律，還與秦地的人民約法三章，秦地的人民沒有一個不盼望由您來任關中王。按照義帝與諸侯的約定，本來應該由您為關中王，這是秦地的人民全都知道的事情。然而您卻沒有得到應得的職位，而是來到南鄭，秦地的人民無不為此感到遺憾。大王如果發兵東進，三秦之地，只要您發布一道聲討他們的文告就可以平定。」漢王劉邦聽了後非常高興，深恨與韓信相見太晚了，於是就採用韓信的計策，部署諸將所要攻打的目標。只留下蕭何負責收取巴、蜀兩地的賦稅，為前方提供糧餉。

八月，漢王劉邦率領漢軍取道故道襲擊雍王章邯。雍王章邯在陳倉迎擊漢軍。章邯被打得大敗，被迫向東撤退。章邯駐紮在好時，又與漢軍交戰，再次吃了敗仗，於是逃到了自己的首府廢丘。漢王佔領了雍王所有的地盤，率軍向東抵達咸陽，將雍王章邯包圍在廢丘，同時派出諸將奪取其他城邑。塞王司馬欣、翟王董翳全都向漢王劉邦投降，漢王將其地設置為渭南郡、河上郡和上郡。漢王派薛歐將軍和王吸將軍出武關，利用駐紮在南陽的王陵的人馬去迎接太公、呂后。項羽聽到消息，派兵在陽夏縣境內攔截，薛歐等人不能前進。

王陵是沛縣人，先前曾經聚集黨徒數千人，活動在南陽一帶，到現在才率領手下歸屬漢王劉邦。項羽將王陵的母親捉去，軟禁在軍營之中，王陵的使者來了之後，項羽讓王陵的母親東向坐，以示尊敬，想以此來招降王陵。王陵的母親在送出使者的時候，私下裡哭著對使者說：「希望你替我轉告王陵：讓他好好地為漢王效力。漢王是一位待人寬厚、有道德的人，最終一定能夠奪取天下。讓他不要因為我而心存動搖。我今天就死在你的面前以堅定我兒的決心。」說完就拔劍自刎而死。項羽對王陵母親的做法非常惱火，於是下令將王陵母親的屍體扔到沸水中煮了。

項王封曾經擔任過吳縣縣令的鄭昌為韓王，讓他阻擋漢王劉邦出函谷關東下。

張良派人送信給項羽說：「漢王劉邦失去了本應屬於他的關中王的職位和關中的土地，此次出兵就是要收復關中的土地。得到約言所說的職位，就滿足了，絕不敢再向東進兵。」又把齊地田榮、梁地彭越造反的檄文送給項羽，說：「齊軍要與趙軍聯合起來共同滅掉楚國。」因為這個原因，項羽打消了向西攻擊漢王劉邦的念頭，轉而向北攻打齊王田榮。

故燕王韓廣雖然被項羽封為遼東王，但他滯留在燕地不肯去封國遼東，新受封為燕王的臧荼於是殺死韓廣，同時連同遼東郡的地盤也一併據為己有。

這一年，漢王劉邦任命內史沛縣的周苛為御史大夫。

項羽派人催促義帝羋心迅速動身前往郴州，義帝的臣屬和身邊的侍從都漸漸地離開了義帝，另謀出路。

二年（丙申　西元前二〇五年）

冬十月，項王密使九江、衡山、臨江王❶擊義帝，殺之江中❷。

陳餘悉三縣❸兵，與齊兵❹共襲常山❺。常山王張耳敗，走漢，謁漢王❻於廢丘。漢王厚遇❼之。陳餘迎趙王於代，復為趙王。趙王德❽陳餘，立以為代王❾。陳餘為趙王弱，國初定，不之國❿，留傅⓫趙王，而使夏說以相國守代⓬。

張良自韓間行歸漢⓭，漢王以為成信侯⓮。良多病，未嘗特將⓯，常為畫策⓰臣，時時從漢王⓱。

漢王如陝⓲，鎮撫⓳關外⓴父老。

河南王申陽㉑降，置河南郡㉒。

漢王以韓襄王孫信㉓為韓太尉㉔，將兵略韓地。信急擊韓王昌㉕於陽城㉖，昌降。十一月，立信為韓王，常將韓兵從漢王。

漢王還都櫟陽㉗。

諸將拔隴西㉘。

春正月，項王北至城陽㉙。齊王榮將兵會戰，敗走平原㉚，平原民殺之。項王復立田假為齊王㉛。遂北至北海㉜，燒夷城郭室屋，坑田榮降卒，係虜其老弱婦女。所過多所殘滅㉝，齊民相聚叛之。

漢將拔北地㉞，虜雍王弟平㉟。

三月，漢王自臨晉㊱渡河。魏王豹㊲降，將兵從，下河內㊳，虜殷王卬㊴，置河內郡㊵。

初，陽武㊶人陳平㊷家貧，好讀書。里中社㊸，平為宰㊹，分肉食甚均[1]。父老曰：「善，陳孺子㊺之為宰。」平曰：「嗟乎，使平得宰天下，亦如是肉矣㊻！」及諸侯叛秦，平事魏王咎㊼於臨濟㊽，為太僕㊾，說魏王㊿，不聽。人或讒(51)之，平亡去。後事項羽，賜爵為卿(52)。殷王反楚(53)[2]，項羽使平擊降之。還拜為都尉(54)，賜金二十鎰(55)。

居無何(56)，漢王攻下殷(57)。項王怒，將誅定殷將吏。平懼，乃封(58)其金與印，使使歸項王(59)。而挺身間行(60)，杖劍亡，渡河，歸漢王於脩武(61)，因(62)魏無知(63)求見漢王。漢王召入，賜食，遣罷就舍[64]。平曰：「臣為事來，所言不可以過今日。」於是漢王與語而說[65]之。問曰：「子之居楚，何官？」曰：「為都尉。」是日，即拜平為都尉，使為參乘[66]，典護軍[67]。諸將盡讙[68]曰：「大王一日得楚之亡卒，未知其高下，而即與同載[69]，反使監護長者[70]。」漢王聞之，愈益幸[71]平。

漢王南渡平陰津[72]，至洛陽新城[73]。三老董公[74]遮[75]說王曰：「臣聞『順德者昌，逆德者亡』，『兵出無名，事故不成』，故曰『明其為賊，敵乃可服[76]。』項羽為無道，放殺其主[77]，天下之賊也。夫仁不以勇，義不以力[78]。大王宜率三軍之眾為之素服[79]，以告諸侯而伐之[80]，則四海之內莫不仰德[81]，此三王之舉[82]也！」

於是漢王為義帝發喪，袒而大哭[83]，哀臨[84]三日，發使告諸侯曰：「天下共立義帝，北面事之[85]。今項羽放殺義帝江南[86]，大逆無道。寡人悉發關中兵，收三河[87]士，南浮江、漢以下[88]，願從諸侯王擊楚之殺義帝者[89]。」

使者至趙，陳餘曰：「漢殺張耳，乃從。」於是漢王求人類張耳者[90]斬之，持其頭遺[91]陳餘。餘乃遣兵助漢。

田榮弟橫收散卒得數萬人，起城陽[92]。

夏四月，立榮子廣[93]為齊王，以拒楚。項王因留，連戰未能下。雖聞漢東[94]，既擊齊，欲遂破之，而後擊漢。漢王以故得率諸侯兵(95)凡五十六萬人伐楚。到外黃(96)，彭越將其兵三萬餘人歸漢。漢王曰：「彭將軍收魏地，得十餘城，欲急立魏後。今西魏王豹，真魏後(97)。」乃拜彭越為魏相國，擅將(98)其兵，略定梁地(99)。漢王遂入彭城，收其貨寶美人，日置酒高會(100)。

項王聞之，令諸將擊齊，而自以精兵三萬人南，從魯(101)出胡陵(102)，至蕭(103)。晨，擊漢軍而東至彭城(104)。日中，大破漢軍。漢軍皆走，相隨入穀、泗水(105)，死者十餘萬人。漢卒皆南走山(106)，楚又追擊至靈壁(107)東睢水(108)上。漢軍卻，為楚所擠。卒十餘萬人皆入睢水，水為之不流(109)。圍漢王三匝(110)。會大風從西北起，折木發屋，揚沙石，窈冥晝晦(111)，逢迎楚軍(112)，大亂壞散。而漢王乃得與數十騎遁去。欲過沛收家室(113)，而楚亦使人之沛取漢王家。家皆亡(114)，不與漢王相見。

漢王道逢孝惠、魯元公主(115)，載以行。楚騎追之，漢王急，推墮二子車下。滕公(116)為太僕，常下收載之(117)，如是者三，曰：「今雖急，不可以驅(118)，柰何棄之(119)？」故徐行(120)。漢王怒，欲斬之者十餘(121)。滕公卒(122)保護，脫二子(123)。

審食其(124)從太公、呂后(125)間行求(126)漢王，不相遇，反遇楚軍。楚軍與歸(127)，項王常置軍中為質(128)。

是時，呂后兄周呂侯[129]為漢將兵，居下邑[130]。漢王閒往從之[131]，稍稍[132]收其士卒[133]。諸侯皆背漢，復與楚[134]。塞王欣、翟王翳亡降楚[135]。

田橫進攻田假，假走楚，楚殺之[136]。橫遂復定三齊[137]之地。

漢王問羣臣曰：「吾欲捐關以東等棄之[138]，誰可與共功[139]者？」張良曰：「九江王布[140]，楚梟將[141]，與項王有隙[142]。彭越與齊反梁地。此兩人可急使[143]。而漢王之將，獨韓信可屬大事[144]，當一面[145]。即[146]欲捐之，捐之此三人，則楚可破也。」

初，項王擊齊[147]，徵兵九江，九江王布稱病不往，遣將將軍數千人行[148]。漢之破楚彭城，布又稱病不佐楚[149]。楚王由此怨布，數使使者誚讓、召布[150]。布愈恐，不敢往。項王方北憂齊、趙，西患[151]漢。所與者[152]，獨九江王。又多布材[153]，欲親用之，以故未之擊。

漢王自下邑徙軍碭[154]，遂至虞[155]，謂左右曰：「如彼等[156]者，無足[157]與計天下事。」謁者[158]隨何[159]進曰：「不審[160]陛下[161]所謂。」漢王曰：「孰能為我使九江[162]？令之發兵倍楚[163]，留項王[164]數月，我之取天下可以百全[165]。」隨何曰：「臣請使之。」漢王使與二十人俱[166]。

五月，漢王至滎陽[167]，諸敗軍皆會。蕭何亦發關中老弱未傅[168]者，悉詣[169]滎陽，漢軍復大振[3]。楚起於彭城，常乘勝逐北[170]，與漢戰滎陽南京、索[171]閒。楚騎來眾，漢王擇軍中可為騎將者，皆推故秦騎士[172]重泉[173]人李必、駱甲[174]。漢王欲拜[175]之，必、甲曰：「臣故秦民，恐軍不信臣，願得大王左右善騎者傅之[176]。」乃拜灌嬰為中大夫[177]，令李必、駱甲為左右校尉，將騎兵擊楚騎於滎陽東，大破之。楚以故不能過滎陽而西。漢王軍滎陽，築甬道[178]屬之河[179]，以取敖倉[180]粟。

周勃、灌嬰等言於漢王曰[181]：「陳平雖美如冠玉[182]，其中未必有[183]也。臣聞平居家時盜其嫂[184]。事魏不容，亡歸楚。不中[185]，又亡歸漢。今日大王尊官之[186]，令護軍[187]。臣聞平受諸將金。金多者得善處，金少者得惡處[188]。平，反覆亂臣也，願王察之。」

漢王疑之，召讓[189]魏無知。無知曰：「臣所言者，能也；陛下所問者，行[190]也。今有尾生[191]、孝己[192]之行，而無益勝負之數，陛下何暇用之乎！楚、漢相距[193]，臣進奇謀之士。顧其計，誠足以利國家不耳[194]，盜嫂、受金，又何足疑乎[195]！」

漢王召讓平曰：「先生事魏不中，事楚而去[196]，今又從吾游[197]，信者固多心乎[198]？」平曰：「臣事魏王，魏王不能用臣說，故去事項王[199]。項王不能信人，其所任愛，非諸項[200]，即妻之昆弟[201]。雖有奇士不能用。聞漢王能用人，故歸大王。臣裸身來，不受金，無以為資(202)。誠臣計畫有可采者，願大王用之；使無可用者，金具在(203)，請封輸官(204)，得請骸骨(205)。」漢王乃謝(206)，厚賜，拜為護軍中尉，盡護諸將(207)。諸將乃不敢復言。

魏王豹謁歸(208)，視親疾，至則絕河津(209)，反為楚(210)。

六月，漢王還櫟陽(211)。

壬午(212)，立子盈(213)為太子，赦罪人(214)。

漢兵引水灌廢丘。廢丘降(215)，章邯自殺。盡定雍地(216)，以為中地、北地、隴西郡(217)。

關中大饑，米斛(218)萬錢，人相食。令民就食蜀、漢(219)。

初，秦之亡也，豪桀爭取(220)金玉，宣曲任氏(221)獨窖倉粟(222)。及楚、漢相距滎陽(223)，民不得耕種，而豪桀金玉盡歸任氏，任氏以此起，富者數世(224)。

秋，八月，漢王如滎陽，命蕭何守關中，侍太子(225)，為法令約束(226)，立宗廟、社稷、宮室、縣邑(227)。事有不及奏決(228)者，輒以便宜施行，上來以聞(229)。計關中戶口(230)，轉漕調兵以給軍(231)，未嘗乏絕。

漢王使酈食其往說魏王豹，且召之(232)。豹不聽，曰：「漢王慢而侮人，罵詈諸侯、羣臣如罵奴耳，吾不忍[233]復見也。」於是漢王以韓信為左丞相[234]，與灌嬰、曹參[235]俱擊魏。

漢王問食其：「魏大將誰也？」對曰：「柏直。」王曰：「是口尚乳臭[236]，安能當韓信！騎將誰也？」曰：「馮敬。」曰：「是秦將馮無擇[237]子也。雖賢，不能當灌嬰。步卒將誰也？」曰：「項它[238]。」曰：「不能當曹參。吾無患[239]矣。」韓信亦問酈生：「魏得無[240]用周叔為大將乎？」酈生曰：「柏直也。」信曰：「豎子[241]耳。」遂進兵。

魏王盛兵蒲坂[242]以塞臨晉[243]。信乃益為疑兵，陳船欲渡臨晉[244]，而伏兵[245]從夏陽[246]以木罌渡軍[247]，襲安邑[248]。魏王豹驚，引兵迎信[249]。九月，信擊虜豹，傳詣滎陽[250]。悉定魏地，置河東、上黨、太原郡[251]。

漢之敗於彭城而西[252]也，陳餘亦覺[253]張耳不死[254]，即背漢。韓信既定魏，使人請兵[255]三萬人，願以北舉燕、趙[256]，東擊齊[257]，南絕楚糧道[258]。漢王許之，乃遣張耳與俱[259]，引兵東北擊趙、代[260]。後九月[261]，信破代兵，禽[262]夏說於閼與[263]。信之下魏破代，漢輒使人收其精兵，詣滎陽以距楚[264]。

【章　旨】以上為第三段，寫漢二年（西元前二〇五年）的全國形勢，主要寫了劉邦收復關中後，統兵東出，許多諸侯紛紛歸依，劉邦被勝利沖昏頭腦，遂乘項羽北伐田榮之機攻入彭城，結果被項羽突然反擊，打得慘敗，西逃到滎陽，構築防線，與項羽形成對峙，而派韓信由北路進軍，破魏破代，解除了劉邦左翼威脅的情景。

【注　釋】❶九江衡山臨江王　九江王黥布、衡山王吳芮、臨江王共敖。❷殺之江中　將義帝殺死長江上。之，義帝，即楚懷王。❸三縣　環繞南皮的三個縣。❹齊兵　齊王田榮之兵。❺常山　項羽所封的常山王張耳。❻謁漢王　求見漢王。謁，求見，這裡即指歸附。按，張耳的常山王原是項羽所封，陳餘等將其趕走，張耳理應投奔項羽；之所以改投劉邦者，因張耳與劉邦早在反秦起義前就是老相識。❼遇　對待；待遇。❽德　感激……的好處。❾立以為代王　立陳餘為代王。❿不之國　不去自己的代國上任。⓫傅　輔佐。⓬以相國守代　以代相國的身分駐守代國。⓭間行歸漢　抄小道悄悄地回到劉邦身邊。⓮成信侯　封號名，只有封號，沒有領地。⓯特將　統領軍隊獨當一面。特，獨。⓰畫策　籌謀劃策。⓱從漢王　跟在漢王身邊。⓲如陝　出函谷關來到陝縣。陝縣在今河南三門峽市西。⓳鎮撫　安定、安撫。撫，慰問。⓴關外　函谷關以東。㉑河南王申陽　即前文報說的「瑕丘申陽」，項羽的部將，被項羽封為河南王，國都洛陽，在今洛陽的東北部。㉒河南郡　漢郡名，郡治即洛陽。㉓韓襄王孫信　戰國時韓襄王（西元前三一一—前二九六年在位）之孫，其名曰信。此人與軍事家淮陰侯韓信同名，為了與淮陰侯韓信相區別，史書一般稱之為「韓王信」。㉔韓太尉　韓國的太尉。太尉是一個國家的最高武官，與丞相、御史大夫合稱「三公」。㉕韓王昌　項羽所封的韓王鄭昌。㉖陽城　秦縣名，縣治在今河南登封東南。㉗還都櫟陽　由河南回軍陝西，並將戰時都城設在櫟陽。櫟陽，秦縣名，在今西安的閻良。㉘隴西　秦郡名，郡治狄道，在今甘肅臨洮東北。㉙北至城陽　北討田榮，來到城陽。城陽，秦縣名，也寫作「成陽」，在今山東鄄城東南。㉚走平原　向北敗退到平原。平原，秦縣名，縣治在今山東平原縣西南。㉛復立田假為齊王　當初齊王田儋被秦將章邯破殺時，齊人就曾擁立六國時齊國末代之君的齊王建之弟田假為齊王。不久被田榮所驅逐。㉜北海　即渤海，這裡是指山東濰坊、昌樂、壽光、昌邑等一帶地區，這一帶北臨渤海，後來漢代設以為北海郡。㉝燒夷城郭室屋四句　此項羽於楚漢戰爭開始後的第一次殘暴不仁，皆為劉邦「為淵驅魚，為藪驅雀」者。㉞北地　秦郡名，郡治義渠，在今陝西慶陽西南。㉟雍王弟平　章邯之弟章平。㊱臨晉　即臨晉關，在今陝西大荔城東，面對黃河，對岸即山西境內的蒲津關。㊲魏王豹　六國時魏國王室的後裔，其兄魏咎響應陳涉起兵，被章邯破殺後，其弟魏豹繼起堅持反秦。被項羽封為西魏王，國都平陽，在今山西臨汾西南。(38)河內　秦郡名，郡治懷縣，在今河南武陟西南。(39)殷王卬　司馬卬，原是趙王武臣的部將，後歸項羽，被項羽封為殷王，其封地實即河內郡，都城朝歌，即今河南淇縣。(40)置河內郡　改設漢朝的河內郡，郡治仍為懷縣。(41)陽武　秦縣名，縣治在今河南原陽東南。(42)陳平　劉邦的開國功臣，以謀略聞名。事跡詳見《史記・陳丞相世家》。(43)里中社　同里巷的居民一道祭祀土神。社，祭祀土神的場所，往往選擇當地的一棵樹木以象徵土神。古代祭祀土神的活動，分春秋兩次，在春者曰「春社」，祭祀以求年豐；在秋者曰「秋社」，祭祀以謝豐年。(44)平為宰　師古曰：「主切割肉也。」《荊楚歲時記》云：「社日，四鄰並結宗會社，宰牲牢，為屋於樹下，先祭神，然後分享其胙（祭肉）。」(45)孺子　老人對年輕人的稱呼，猶今之所言「小子」、「小夥子」。(46)使平得宰天下二句　按，其語氣與陳涉「輟耕之壟上」之歎，及項羽、劉邦觀始皇之語相同，皆用以預示其來日不凡。(47)魏王咎　魏咎，戰國時魏國王室的公子，響應陳涉起義後，被擁立為魏王。不久，被秦將章邯所圍困，自殺。(48)臨濟　秦縣名，在今河南封丘東。(49)太僕　給帝王管理車馬的官。(50)魏王　即魏咎。(51)讒　在權勢者跟前說別人的壞話。(52)賜爵為卿　以卿禮接待陳平。卿是高級官員的通稱。陳平只享有卿的尊名，而無實職。(53)殷王反楚　指殷王司馬卬脫離項羽。(54)都尉　中級軍官名，與校尉大體相同。為都尉者大都獨當一面。不同於將軍手下的校尉。(55)鎰　也寫作「溢」，重量單位名。一鎰等於二十兩，或說二十四兩。(56)居無何　沒過多久。(57)攻下殷　即上文所說的殷王司馬卬被劉邦所俘虜。(58)封　封存。(59)使使歸項王　派人把「金與印」送還給項羽。(60)挺身間行　獨自一人抄小路而行。(61)脩武　秦縣名，即今河南獲嘉。(62)因　通過……的引見。(63)魏無知　劉邦的謀士，事跡主要即見於此篇。(64)遣罷就舍　意即打發他下去休息。(65)說　通「悅」。(66)參乘　帝王的保鏢。與帝王同車，立於帝王右側以充當警衛之職。有時王者亦臨時讓某人參乘，以表示對其親敬尊信之意，此取其後者。(67)典護軍　主管監督、檢察軍中將士軍容、軍紀等等。典，主管。護，監護；監察。(68)讙　通「譁」。意即喧譁不服。(69)同載　同乘一輛車。(70)反使監護長者　反倒讓他來監護我們這些老部屬。長者，厚道人，此處指有資歷、有地位的人。(71)幸　親近；寵用。史珥曰：「用人若此，宜其有『豁達』之目。」(72)平陰津　渡口名，在今河南孟津東北。(73)洛陽新城　洛陽附近的新城。新城是秦縣名，在今河南伊川縣西南。(74)三老董公　身為三老的董姓某人，史失其名。三老是古代掌教化的官。秦朝鄉有三老，漢代縣有三老，東漢以後郡裡也有三老。(75)遮　攔路。(76)明其為賊二句　只有宣告對方是「賊」，才能號召天下打敗他。(77)放殺其主　放，指先是遷義帝於郴。殺，指後又殺之於江中。(78)仁不以勇二句　兩句的意思是，仁義者的軍隊不是靠多麼勇敢，戰鬥力多麼強。(79)為之素服　為義帝穿起孝服。(80)以告諸侯而伐之　把項羽的罪行昭告天下，號召普天下的各路諸侯都來討伐他。(81)仰德　仰慕您的崇高道德。仰，敬慕。(82)三王之舉　是夏禹、商湯、周武王一樣的正義行動。舉，行動。(83)袒而大哭　這是古代兒女哭父母、群臣哭其君主的哭法。袒，脫衣袖露出臂膀。(84)臨　哭弔。(85)北面事之　面向北立，為其做臣僕。(86)放殺義帝江南　項羽究竟殺義帝於何處，《史記》自身說法不一，一說殺義帝於郴縣，一說殺義帝於江中，一說殺義帝於江南。(87)三河　指河內、河東、河南三個地區，這三個地區都已被劉邦所佔領。(88)南浮江漢以下　南路軍沿著漢水、長江順流而下。浮，順水漂流。(89)擊楚之殺義帝者　真德秀曰：「不曰『率諸侯王』，而曰『願從諸侯王』；不曰『擊項羽』，而曰『擊楚之殺義帝者』，詞不迫切而意已獨至，猶有古詞命氣象。」吳見思曰：「詞雄渾而不勁，刻入而不深，簡淨而不佻，字字精湛，是漢人第一篇文字。」(90)求人類張耳者　找了一個和張耳長相相似的人。求，找。(91)遺　給。(92)城陽　秦縣名，縣治在山東鄄城東南。(93)榮子廣　田榮的獨生子田廣。(94)漢東　漢軍向東方殺來。(95)諸侯兵　指常山王張耳、韓王信、河南王申陽、魏王魏豹、殷王司馬卬、塞王司馬欣、翟王董翳等國之兵。(96)外黃　秦縣名，在今河南民權西北。(97)真魏後　真正是六國時魏國的後代。據《史記‧魏豹彭越列傳》，魏豹是「故魏諸公子」。(98)擅將　專門統領。(99)略定梁地　平定今河南東部一帶地區。(100)收其貨寶美人二句　張文虎《舒藝室隨筆》曰：「沛公一入秦宮，即欲留居；今入彭城，又復如此，亦無異於淫昏之主，此范增所謂『貪財好美姬』者也，宜其為羽所破，幾至滅亡哉！」日，每日。高會，猶言「盛會」。(101)魯　即今山東曲阜。(102)出胡陵　經由胡陵。胡陵是秦縣名，在今山東魚臺東南。(103)蕭　秦縣名，在今安徽蕭縣西北，當時的彭城之西六十里，斷絕了劉邦等的西退之路。(104)東至彭城　由蕭縣向東打，一直打到彭城。(105)相隨入穀泗水　先後都被趕到了穀水與泗水中。穀水是泗水的支流，西從碭山、蕭縣流來，在彭城東北入泗水。泗水源於今山東泗水縣東，流經曲阜、沛縣，經彭城東，南流入淮水。(106)南走山　逃入彭城以南的山地。(107)靈璧　秦縣名，在今安徽淮北市西。(108)睢水　古代鴻溝的支流之一，自今河南開封東由鴻溝分出，流經商丘南、夏邑北、靈璧東，東南入泗水。(109)水為之不流　史珥曰：「酷摹《左氏》『舟中之指可掬』，造語極奇，范蔚宗『積甲與熊耳山齊』亦原於此。」姚苧田曰：「漢兵五十六萬，羽以三萬人大破之，此段極寫項王善戰，為傳末『天亡我』數語伏案。」(110)三匝　三層。匝，周遭。(111)窈冥晝晦　昏暗得有如黑夜。窈冥，幽黑的樣子。屈原〈九歌〉：「日窈冥兮羌晝晦」，史公蓋用其語。(112)逢迎楚軍　指黑風砂石衝著楚軍吹去。逢迎，衝著；迎著。按，對於當時流行的這種神化劉邦的捏造，史公姑妄言之，以為劉邦之獲免實出僥倖。(113)欲過沛收家室　觀此語，竟似四年多來太公與呂后等一直居於沛縣家中。(114)家皆亡　家人俱逃亡而去，不知下落。乾隆曰：「彭城去沛不過二百里，漢王既入，即當迎取太公，乃亟亟於『貨寶美人，置酒高會』，此與項羽入秦何異？卒至室家俱亡，幾陷其親於鼎俎，分羹之語雖出於權變，實非君子所忍聞也。」

(115)孝惠魯元公主　劉邦的一對兒女。孝惠即未來的漢惠帝，劉邦的嫡子，名盈。魯元公主是孝惠之姐，後嫁與張耳之子張敖，生子張偃，封為魯王，於是遂為魯太后，諡曰「元」。這裡是史官用後來的稱號追述當時的事件。(116)滕公　即夏侯嬰，因其曾為滕縣令，故稱「滕公」、「滕嬰」。夏侯嬰是劉邦的太僕官，終生為劉邦趕車；劉邦死後又接著為呂后、為文帝趕車。(117)常下收載之　《史記・樊酈滕灌列傳》敘此事云：「漢王急，馬罷，虜在後，常蹶兩兒欲棄之。嬰常收，竟載之，徐行面雍樹乃馳。漢王怒，行欲斬嬰者十餘。」寫劉邦的無情似更突出，是時孝惠年六歲，魯元年十四。(118)不可以驅　指車上人多，馬跑不快。驅，馬跑。(119)柰何棄之　又怎麼可以扔掉兩個孩子。(120)故徐行　故而車子只能慢慢地跑。(121)欲斬之者十餘　前後有十多次想殺掉兩個孩子。(122)卒　終於。(123)脫二子　保護兩個孩子脫離危險。(124)審食其　出身不詳，此為初見。從此遂為呂后幸臣，日後封辟陽侯，官左丞相。見《史記・呂太后本紀》。(125)從太公呂后　跟著劉太公與呂后走小路逃難。從，跟隨。(126)間行求　抄小路奔走尋找。(127)楚軍與歸　楚軍把他們帶回大營交與項羽。(128)項王常置軍中為質　為質，做人質。太公、呂后從此遂一直在俘虜營中，直到二年後之鴻溝結盟始被放回。(129)周呂侯　呂澤，呂后之兄，「周呂」是其後來的封號。事跡參見《史記・呂太后本紀》。(130)下邑　秦縣名，縣治在今安徽碭山縣東。(131)間往從之　悄悄地投奔去。(132)稍稍　漸漸。(133)收其士卒　招集那些被項羽打散了的軍隊。(134)復與楚　又都回到了項羽一方。與，聯合；結交。(135)亡降楚　那些還有自己封國的諸侯都回到自己封地，而司馬欣、董翳兩人的封地已被劉邦所佔，故而只有孤身一人重新投降了項羽。(136)楚殺之　以其無用，厭棄而殺之。(137)復定三齊　重新統一了三齊地面。項羽分封諸侯時曾把舊時齊國的地盤分別封給了田市為膠東王，田都為齊王，田安為濟北王，故後人遂稱齊地為「三齊」。(138)捐關以東等棄之　豁出函谷關以東的地區不要了，用以作為對有功者的封賞之資。關以東，猶言關東諸地。(139)誰可與共功　誰可以（接受此賞）與我共同建立功業呢。(140)九江王布　原名英布，因受過黥刑，故時人稱之為「黥布」，項羽的猛將，號當陽君。入關後，被封為九江王，都六（今安徽六安北）。事跡詳見《史記・黥布列傳》。(141)梟將　猛將。(142)與項王有隙　與項羽有衝突，具體情節見下文。(143)可急使　應趕緊加以利用。(144)可屬大事　可以託付幹大事。屬，通「囑」。委託。(145)當一面　即今所謂「獨當一面」，獨立自主地處理某一方面的事情。(146)即　如果。(147)項王擊齊　指最初項羽出兵討伐田榮的時候。(148)遣將將軍數千人行　只是派了一位將軍領著幾千人去了。(149)不佐楚　不幫著楚軍防守彭城。(150)誚讓召布　一方面譴責黥布，同時叫他到彭城來。(151)患　憂慮。(152)所與者　還和自己保持聯盟的。(153)多布材　欣賞黥布的才幹。(154)徙軍碭　準備轉移到碭郡郡城（今河南商丘城南）。劉邦前曾任碭郡長。(155)遂至虞　中途經過虞縣。秦時的虞縣縣治在今河南虞城北。(156)彼等　猶言「爾等」。(157)無足　不配；不值得。(158)謁者　官名，帝王的侍從官員，負責導引、贊禮及收發傳達等事。[159]隨何　劉邦的謀士與說客。《史記》無傳，其一生僅見於此事。[160]不審　不明白。[161]陛下　瀧川曰：「取「當作『大王』。」[162]使九江　到九江王黥布處去。[163]倍楚　背叛項羽。倍，通「背」。[164]留項王　拖住項羽。鍾惺曰：「取天下要著定自漢王，隨何特承行之耳。」（《史懷》）[165]百全　極言其肯定無疑。[166]俱　一道；跟隨前往。[167]滎陽　秦縣名，即今河南滎陽東北的古滎鎮。[168]未傳　沒有載入服役簿籍。古時二十三歲入簿，五十六歲免除。傳，著；登記。[169]悉詣　全部送到。[170]逐北　追擊敗軍。北，同「背」。敗逃。[171]京索　二城名。京，在今河南滎陽東南。索，即今滎陽。[172]故秦騎士　過去曾在秦朝軍中服過役的騎兵士官。[173]重泉　秦縣名，縣治在今陝西蒲城東南。[174]李必駱甲　張照曰：「李必後封戚侯，見〈功臣表〉，作『季必』。」駱甲事跡不詳。[175]拜　任命。[176]願得大王左右句　意即請找一個您的親信當騎將，我們給他當助手。傳，輔助。[177]中大夫　郎中令的屬官，在帝王身邊掌議論，此則以「中大夫」之身分為騎將。[178]甬道　兩側築有防禦工事的通道。[179]屬之河　一直通到黃河邊。屬，連接。之，到。[180]敖倉　秦王朝在滎陽北敖山上修建的大糧倉，下臨黃河。[181]周勃灌嬰等言於漢王曰　《史記・屈原賈生列傳》有「天子議以為賈生任公卿之位，絳、灌、東陽侯、馮敬之屬盡害之」，蓋周勃、灌嬰之善「讒」非一事。[182]冠玉　冠上的玉飾，謂只能做點綴，而無實用價值。[183]其中未必有　肚子裡頭未必真有學問。[184]盜其嫂　師古曰：「盜猶私也。」謂與其嫂私通。凌稚隆引王韋曰：「始言『伯逐其婦』，繼言『事嫂如母』，『盜嫂』之事何自來哉？絳侯、灌嬰等所聞，未必非妄言，太史公並載之，用意深矣。」郭嵩燾以為「盜嫂受金是同一類事」，謂盜竊其嫂之資財。[185]不中　指不被項羽看上。[186]尊官之　尊寵之使之為官，二動詞連用。[187]護軍　意同「監軍」，監督軍隊。[188]金多者得善處二句　「善處」、「惡處」即今之所謂「好的待遇」、「壞的待遇」。[189]召讓　召而責之，亦二動詞連用。讓，責備。[190]行　操行；品行。[191]尾生　古代傳說為最講信義的人。據說尾生曾與一女子相約於橋下，女子未來而洪水至，尾生守地不移，遂抱橋柱而死。事見《戰國策・燕策》之蘇秦語。[192]孝己　殷高宗武丁的兒子，為其後母所讒，孝己為不傷其父，終不言其冤，而被流放致死。與《左傳》所寫之申生大體相似。[193]相距　相對抗。距，通「拒」。[194]顧其計二句　關鍵是看他的計謀是否真正能對國家有利。顧，轉折詞，猶今所謂「關鍵是」、「問題在於」。不，通「否」。[195]盜嫂受金二句　漢武帝〈求賢詔〉有所謂「馬或奔踶而致千里，士或有負俗之累而立功名」；曹操〈舉賢勿拘品行令〉有所謂「負汙辱之名，見笑之行，或不仁不孝而有治國用兵之術，其各舉所知，勿有所遺」，皆與無知此言一脈相通。[196]事楚而去　在楚國幹了一回又離開楚國。去，離開。[197]今又從吾游　現在又來投奔我。游，如同今之所謂「混」。[198]信者固多心乎　守信義的人能這樣三心二意嗎。多心，不專一。[199]去事項王　謂離魏王而去，改事項王。[200]諸項　項羽的同族。王先謙引周壽昌曰：「諸項，伯、莊外，唯聲、佗、悍、冠見各傳，桃侯劉襄為項氏親，降漢封侯，見〈表〉。」201昆弟　兄弟。昆，兄。202不受金二句　乾隆曰：「此實不可為訓，臣節尚廉，古今通義，而在行軍御眾時所關尤重。彼后勝相齊、郭開用趙，非皆『受金』者乎？厥後漢高論相以平『智有餘而難獨任』，或亦早見於此矣。」203金具在　中井曰：「『金具在』，所受於諸將之金。時平已聞無知之語，故漢王不詰金事，而平直以金事為對。」按，中井說與上下文意相合，《漢書》增「大王所賜」四字，似非。204輸官　送交國庫。官，官府，這裡即指國庫。205得請骸骨　請把人身歸我自己所有，即請求辭職的客氣說法。206謝　道歉。207拜為護軍中尉二句　護軍中尉，秦官有「護軍都尉」，此宜似之，蓋軍中之監察官。按，劉邦始命陳平為「都尉，典護軍」，尚非固定職名，今委之「護軍中尉」，其監護全軍之職名乃定。208謁歸　請假回國。209絕河津　切斷蒲津關的黃河渡口，阻止漢軍東渡。210反為楚　背叛劉邦，又為項羽守地。211櫟陽　劉邦的戰時都城，在今西安之閻良區。212壬午　六月初五。213子盈　劉邦的兒子劉盈，即日後的漢惠帝，呂后所生。214赦罪人　帝王確立接班人或新君即位通常多有類似舉措，用以收買人心。215引水灌廢丘二句　劉邦自元年八月圍廢丘，至二年六月廢丘被攻下，前後圍困廢丘十個月。216盡定雍地　全部平定章邯雍國的地盤。217中地北地隴西郡　劉邦屬下的三個郡名，中地郡即日後的右扶風，郡治在長安。北地郡的郡治在今甘肅慶陽西北。隴西郡的郡治狄道，即今甘肅臨洮。218斛　一斛十斗。秦漢時代的一斗相當於今天一斗的三分之一略多。219就食蜀漢　到蜀郡、漢中郡去找飯吃。220爭取　爭相儲存。221宣曲任氏　宣曲的任姓某人。宣曲，地名，具體方位不詳，大致在長安的昆明池故址之西。司馬相如〈上林賦〉中有「西馳宣曲」之語；《正義》引張揖云：「宣曲，宮名，在昆明池西也。」222窖倉粟　將倉庫之粟挖地窖貯藏起來。223楚漢相距滎陽　事在高祖二年至四年（西元前二〇五—前二〇三年）。224富者數世　有關宣曲任氏的事跡詳見《史記・貨殖列傳》。225守關中二句　意即輔佐太子，留守關中。《史記・高祖本紀》於此作「敗後乃獨得孝惠，六月，立為太子，大赦罪人，令太子守櫟陽，諸侯子在關中者皆集櫟陽為衛」云云。226為法令約束　制定各種法律條文、規章制度。按，《史記・太史公自序》有所謂「漢興，蕭何次律令」云云，楊樹達曰：「蓋於此時已肇其端矣。」227立宗廟社稷宮室縣邑　宗廟，帝王的祖廟。社稷，帝王祭祀土神、穀神的壇臺。縣邑，縣城與縣下的城鎮，這裡是指建立行政區劃。唐順之曰：「蕭何相業，只此數句盡之。」按，以上數句見劉邦、蕭何等之雄才大略，於慘敗的形勢下高瞻遠矚，指揮若定。228不及奏決　來不及等待批准。229輒以便宜施行二句　總是根據情況需要，先付諸實行，等劉邦來了，再向他稟告。輒，總是。於此可見蕭何之忠實能幹，亦見劉邦對其信任之專。230計關中戶口　意即按照關中地區的戶口徵糧徵丁。231轉漕調兵以給軍　運送糧草、調集兵勇以供應前線。陸運曰「轉」，水運曰「漕」。232召之　叫他到滎陽來。233不忍　無法忍受。這裡即不能。234左丞

相　這裡只是虛銜，以表示其地位之崇重。(235)曹參　劉邦的部將，以軍功封平陽侯，蕭何卒，繼為漢相。事跡詳見《史記・曹相國世家》。(236)口尚乳臭　嘴裡還有奶味，極言其幼稚無知無能。臭，氣味。(237)馮無擇　秦國丞相，最後被秦二世所殺。(238)項它　也作「項佗」，項羽的同族。(239)無患　不必擔心。患，憂慮。(240)得無　會不會；難道不。(241)豎子　小奴才；愚昧無能的小子。(242)盛兵蒲坂　設重兵於蒲坂以待之。蒲坂，渡口名，在今山西永濟城西的黃河東岸，隔河與臨晉關相對。(243)塞臨晉　堵著迎面的臨晉關。臨晉關在今陝西大荔城東。(244)信乃益為疑兵二句　韓信越發做出一種要在臨晉強渡的樣子。益，越發。疑兵，師古曰：「多張兵形，令敵人疑也。」(245)伏兵　調暗中出兵。(246)夏陽　秦縣名，縣治在今陝西韓城西南，即司馬遷的故鄉。(247)以木罌渡軍　意即利用一切可用的條件令軍隊渡過黃河，進入魏地。木罌，木盆、木桶之類。郭嵩燾曰：「河流湍急，豈木罌缻所能渡者？當是造為浮橋，施木板於罌缻之上，以其輕而能浮，又易於牽引以通兩岸也。」(248)安邑　當時魏國的重鎮，在今山西夏縣西北，戰國時曾為魏國都城。(249)引兵迎信　調魏豹引兵還救安邑。(250)傳詣滎陽　用驛車將魏豹押解到劉邦處。傳，驛車。詣，到；送到。(251)置河東上黨太原郡　在剛平定的魏國地面設立了河東、上黨、太原三個郡。河東郡的郡治安邑，上黨郡的郡治長子（今山西長子城西北），太原郡的郡治晉陽（今太原西南）。(252)漢之敗於彭城而西　西，西逃。此追敘四個月以前事。(253)覺　發覺；發現。(254)不死　沒被劉邦所殺。(255)請兵　請求劉邦為之增兵。按，依《史記・淮陰侯列傳》，是劉邦將韓信的精兵全部抽調到滎陽，使其另組織新兵東伐趙；此所謂「請兵」乃依據《漢書》。(256)燕趙　當時的兩個諸侯國名，燕王臧荼是項羽所封，都城薊縣（今北京市城區的西南部）；趙王名歇，是陳餘擁立，都城信都（今河北邢臺）。(257)齊　齊王田廣，被其叔田橫所擁立，都城臨淄。(258)絕楚糧道　切斷項羽的國都彭城與其前線的聯絡，斷絕其糧草供應。(259)遣張耳與俱　張耳是劉邦的親信，兒女親家，可以監督韓信。(260)代　代王陳餘，趙王歇所立。但陳餘留趙輔佐趙王，在代者實乃相國夏說。(261)後九月　即漢二年的閏九月。當時的曆法都將閏月放在一年的最後。(262)禽　通「擒」。(263)閼與　秦縣名，縣治在今山西和順西北。(264)信之下魏破代三句　此乃《史記・淮陰侯列傳》原文，本卷《通鑑》前文既用《漢書》稱韓信向劉邦「請兵」，此又依《史記》稱劉邦收韓信之兵，兩相矛盾。

【校　記】[1]分肉食甚均　「食」字原無。據章鈺校，乙十一行本、孔天胤本皆有此字。今從乙十一行本及《史記・陳丞相世家》、《通鑑總類》補。[2]殷王反楚　「楚」字原無。據章鈺校，乙十一行本、孔天胤本皆有此字，張敦仁《通鑑刊本識誤》、張瑛《通鑑校勘記》同。今從乙十一行本及《史記・陳丞相世家》、《通鑑紀事本末》補。[3]復大振　「振」，原訛為「孤」，今從《四部叢刊》影宋本（乙十一行本）、《史記・項羽本紀》、《通鑑紀事本末》改。

【語　譯】二年（丙申　西元前二〇五年）

冬天，十月，項王祕密地派遣九江王黥布、衡山王吳芮、臨江王共敖攻打義帝，把義帝芈心殺死在長江上。

陳餘發動所屬三縣的兵力，聯合齊王田榮共同襲擊常山王張耳。張耳敗走，逃到漢中投奔漢王，在廢丘拜見了漢王劉邦。劉邦給張耳以優厚的待遇。陳餘到代地將趙王歇迎回邯鄲，復立為趙王，恢復了趙國。趙王歇感激陳餘，就立陳餘為代王。陳餘因為趙王歇勢力孤弱，趙國又剛剛恢復，所以就沒有回自己的封地代國上任，而是留在邯鄲輔佐趙王歇；陳餘派夏說以代國相國的身分駐守代國。

張良從韓國抄小路祕密地回到漢王劉邦身邊，劉邦封他為成信侯。張良體弱多病，從來沒有單獨統率過軍隊作戰，只為漢王出謀劃策，經常陪侍在劉邦身邊。

漢王劉邦出函谷關來到陝縣，安撫函谷關以東的父老子弟。

河南王申陽投降了漢王劉邦，漢將河南設置為河南郡。

漢王劉邦任命戰國時的韓襄王韓倉的孫子韓信為韓國太尉，讓他率領軍隊去奪取故韓國的土地。韓信領命向韓王鄭昌發動攻擊，在陽城打敗鄭昌，鄭昌向漢軍投降。十一月，漢王封韓信為韓王，此後，韓王信經常率軍隨同漢王作戰。

漢王劉邦將戰時都城設在櫟陽。

漢軍將領攻取了隴西郡。

春天，正月，項王項羽率軍向北抵達城陽，準備攻打齊王田榮。齊王田榮迎戰楚軍，被楚軍打得大敗而逃往平原，平原人將田榮殺死。項王項羽又立田假為齊王。項王向北來到北海郡，沿途看見城郭就燒毀，見民房就燒光，把投降過來的田榮士卒全部坑殺，又將老弱和婦女囚禁起來。凡是楚軍經過的地方，大多建築被摧毀，百姓被殺光，所以齊地的人民全都背叛項王，聚集起來抗擊楚軍。

漢軍趁機攻取了北地郡，俘虜了雍王章邯的弟弟章平。

三月，漢王從臨晉渡過黃河。魏王豹投降了漢王劉邦，率領屬下的軍隊隨從漢王作戰，漢軍佔領了河內，俘虜了殷王司馬卬，將河內設置為河內郡。

當初，陽武人陳平家中貧窮，但喜好讀書。同里巷的居民一道祭祀土地神，陳平負責切割祭肉分給大家，他分得非常公平。父老們都稱讚他說：「陳家這小夥子做祭祀宰做得真好。」陳平說：「唉，要是讓我主宰天下，我也會像切割祭肉一樣做得很好！」等到天下人都反叛秦朝的時候，陳平到魏國的臨濟為魏王咎做事，魏王咎任命他為管理王室車馬的官員——太僕，陳平向魏王咎獻計，魏王咎不能用。又有人在魏王咎面前詆毀陳平，陳平於是逃離了魏國。後來陳平又投奔項羽，項羽封他為卿。殷王司馬卬投降漢王，項王就派陳平去討伐司馬卬，陳平打敗了司馬卬，迫使他再次歸服項王。陳平回來後，項王提拔他做了都尉，並賞賜黃金二十鎰。

過了沒多久，漢王劉邦攻佔了殷的都城朝歌。項王大怒，就要誅殺前次討伐殷王司馬卬的將領。陳平害怕被殺，就將項王獎賞的黃金和印綬封存好，派人送還項王。就獨自一人抄小路逃亡，手中只有一把寶劍，他渡過黃河，投奔駐紮在脩武的漢王劉邦，他通過魏無知的引見得以見到漢王劉邦。漢王召見了他，將食物賞賜給他吃，吃完以後就打發他到客舍去休息。陳平說：「我來投奔大王，是因為有話要跟您說，而且所說的話不能超過今天。」漢王這才與陳平交談起來，而且越談越高興，就問陳平說：「你在項王那裡，做什麼官？」陳平回答說：「任都尉。」當天，漢王就任命陳平為都尉，並讓他與自己同車、立在右側充當警衛，同時兼任負責監督、檢察軍中將士的軍容、軍紀等的監察官——典護軍。諸將全都喧譁不服，說：「大王您偶爾得到一個從楚軍中逃亡來的人，又不知道他是不是真有本事，就馬上讓他與您同乘一輛車，還讓他來監護我們這些老部屬。」漢王聽了這些議論，反而更加寵信陳平。

漢王率軍向南從平陰渡口渡過黃河，到達洛陽新城。新城主管教育的三老董公攔住漢王，向漢王進言說：

「我聽說『順應民心的就昌盛，違背民心的就滅亡』，『大軍出動要是沒有正當的理由，就不可能取得勝利』，所以說『要布告天下，揭穿他亂臣賊子的真面目，最後才能將他征服。』項羽為人殘暴，他把義帝遷逐到郴州，最後又將義帝殺死，這是天下共同的賊人。施行仁政，天下歸心，用不著動用武力去征服，誠信守義，人民就會擁戴他，不靠武力而天下自定。大王您應該下令全軍將士為義帝穿上孝服，將項羽殺死義帝的事情昭告天下，號召天下諸侯全都來討伐項羽，如此的話，四海之內沒有人不敬慕您的崇高美德，這是夏、商、周三代創業君王一樣的正義舉動啊！」

漢王採納了三老的意見，於是，為義帝發喪，漢王以最虔誠的禮節——袒露出臂膀，大聲痛哭，全軍哀悼三天，又派使者去通報各諸侯說：「義帝是大家所共同擁戴的，諸侯全都北面而立，像臣子侍奉國君那樣侍奉他。而今卻被項羽放逐到江南，又將他殺害，實屬大逆不道。我把關中的兵力全部調動出來，並將河內、河東、河南三個地區的勇士召集起來，向南沿著長江、漢水，順流而下，願意跟隨諸侯王一起去攻打楚國那個殺死義帝的人。」

漢王的使者來到趙國，陳餘說：「如果漢王殺掉張耳，我就跟隨漢王去攻打項羽。」漢王劉邦就找到一個相貌類似張耳的人，並把此人殺死，然後派人把「張耳」的首級送給陳餘。陳餘於是派兵援助漢王攻打項羽。

田榮的弟弟田橫招集田榮潰散的士卒，得到幾萬人，在城陽起兵。

夏季，四月，田橫立田榮的兒子田廣為齊王，以對抗項羽所立的齊王田假。項羽因此滯留齊地，連續作戰卻始終未能征服齊地。雖然知道漢王向東殺來，但既然已經來到齊地攻打齊國，就想先平定齊國，而後再去攻打漢王。漢王得此機會，率領各路兵將總計五十六萬去攻打楚國。漢王到達外黃時，彭越又率領手下的三萬多人歸附漢王。漢王說：「彭將軍已經平定了魏地，得到十多個城，自己不做魏王，而是急著要立故魏國王室的後裔為王。現在的西魏王魏豹，確實是魏國王室的後代。」於是任命彭越為魏國相國，統領著手下的兵將，專門前去收復魏國原有的土地。漢王攻下了西楚的都城——彭城，全部接收了項羽府庫中的金銀財寶和宮中美女，然後天天大擺宴席，飲酒作樂。

項羽聽到漢王劉邦攻破都城的消息後，下令其他將領繼續平定齊國，自己則親率三萬精兵南下救援彭城，他從魯地出發，穿越胡陵，抵達蕭縣。天剛拂曉，就向漢軍發起總攻並向東逼近彭城。中午時分，便將漢軍打得大敗。漢軍全部潰散，逃亡的士卒都先後被追趕到穀水、泗水之中，被淹死的有十多萬人。漢軍全都逃入彭城南部的山地，楚軍一直追到靈壁東邊的睢水岸邊。漢軍進退無路，被楚軍衝擊推擠。有十多萬漢軍士卒落入睢水，屍體堆積，河床受堵，河水為之不流。項羽的軍隊把漢軍裡裡外外包圍了好幾重。突然從西北颳起了大風，大風颳斷了樹木，掀翻了屋頂，飛沙走石，昏暗得如同黑夜，黑風沙石衝著楚軍撲面颳去，楚軍立時散亂，士卒四散奔逃。漢王趁機帶領幾十個騎兵衝出包圍逃走。漢王經過沛縣時想要接取家眷，而項王也派了楚軍到沛縣抓捕漢王家小。漢王家人全都躲藏得不知去向，所以沒能與漢王相見。

漢王在逃跑的路上遇見自己的兒子惠帝劉盈和女兒魯元公主，於是把他們拉到自己的車上，一起逃亡。楚軍的騎兵越追越近，漢王害怕被追上，就把自己的一雙兒女三番五次地從車上推下去。太僕滕公夏侯嬰當時為漢王趕車，他總是跳下車把兩個孩子抱上車，夏侯嬰說：「現在雖然情況緊急，車子跑不快，但怎麼能扔掉孩子呢？」所以車子只能慢慢地跑。漢王生氣了，先後十幾次想要殺掉兩個孩子。滕公始終保護著他們，終於使他們脫離了險境。

審食其隨著劉太公和呂后走小路尋找漢王，沒有找到，反而遇上楚軍，被楚軍捉去帶回大營交與項王，項王經常把他們帶在營中充當人質。

當時，呂后的哥哥周呂侯為漢將，率領軍隊屯紮在下邑。漢王從小路前往依附周呂侯，又漸漸地招集起那些被項羽打散了的軍隊。此時，那些有封國的諸侯全都背叛了漢王，而歸附項羽。塞王司馬欣、翟王董翳二人重新投降了項羽。

田橫進攻田假，田假逃到楚國項羽那裡，被項羽殺死。田橫重新統一了齊國。

漢王劉邦問他手下的大臣說：「我打算放棄函谷關以東的土地，把它作為對有功者的封賞，你們看誰能與我共同建立功業呢？」張良說：「九江王黥布是西楚的猛將，與項羽又有過節。彭越與齊國田榮在魏國共同反叛西楚。應該對這兩個人抓緊利用。在漢王您的將領中，只有韓信可以託付重任，獨當一面。假如您想放棄關東，就請把關東賞給這三個人，如此的話，肯定能夠打敗西楚。」

當初，項王出兵攻打齊國田榮時，向九江王黥布徵調軍隊，九江王黥布推說有病不去，只派遣了一位將軍率領著幾千人馬去了。漢王在彭城打敗楚軍，黥布又推說有病沒有幫助楚軍防守彭城。項王因此而怨恨黥布，多次派使者前去九江責備黥布，並要求黥布前往彭城。黥布更加恐懼，不敢去彭城。項王正在擔憂北方的齊國與趙國，西邊又有漢國作對。只有九江王黥布還與自己維持著聯盟關係。再加上又很賞識黥布的才能，總想親近和利用他，所以才沒有去攻打黥布。

漢王劉邦從下邑移軍碭郡，中途經過虞縣，他對身邊的人說：「像你們這些人，沒有一個是可以商討天下大事的。」負責接待賓客的謁者隨何說：「我不明白大王您所說的是什麼意思。」漢王說：「你們誰能為我出使九江？說服九江王黥布背叛楚王項羽，讓他發兵拖住項羽，只要幾個月的時間，我就有百分之百的把握奪取天下。」隨何說：「我願意去完成這個任務。」於是，漢王劉邦派了二十個人跟隨隨何前往九江。

五月，漢王抵達滎陽，各路潰敗的軍隊也逐漸彙集到了一起。此時蕭何又把從關中徵調的沒有載入服役簿籍的老弱男子，全部送到滎陽，漢軍的聲勢又重新振作起來。楚軍從彭城徵調兵力，經常是乘勝追擊敗軍，與漢軍在滎陽以南的京城和索城之間不斷展開激戰。楚軍調動了很多騎兵來攻打漢軍，漢王劉邦在軍隊當中選擇可以統率騎兵的將領，大家都舉薦曾經在秦軍中當過騎兵的重泉人李必、駱甲二人。漢王劉邦準備任命這兩個人為騎兵將領，李必、駱甲說：「我們原本是秦國軍隊中的人，如果任命我們二人統領騎兵，恐怕軍隊不肯聽命；我們想還是從大王身邊選擇兩個善於騎馬的人為騎兵將領，我們兩個人可以做他們的助手。」漢王便任命灌嬰為中大夫，讓李必、駱甲為左右校尉，率領騎兵在滎陽以東向楚軍發起進攻，把楚軍打得大敗。因此，楚國的軍隊不能越過滎陽向西攻打漢軍。漢王把軍隊駐紮在滎陽，修築甬道，從滎陽一直通到黃河岸邊，用來運送敖倉的糧食。

周勃、灌嬰等人在漢王面前詆毀陳平說：「陳平雖然長得像帽子上裝飾的美玉一樣漂亮，但肚子裡未必有真才實學。我們聽說他在家居的時候就和自己的嫂子私通。他曾經在魏國供職，待不下去了，就逃跑到了楚國。楚王項羽看不上他，這才逃到我們這裡來。如今大王您既尊崇他又給他高官做，讓他擔任護軍。我聽說陳平利用職權收受諸將的賄賂。賄賂他的金子多，就得到好的位置，賄賂他的金子少，就給他一個不好的位置。在我們看來，陳平簡直就是一個反覆無常的亂臣，希望大王認真地調查調查。」

漢王劉邦因此而對陳平產生懷疑，就把舉薦他的魏無知找來責備。魏無知辯解說：「我向您舉薦的，是他的才能；而您所責備我的，是他的品行。假如他有著尾生、孝己那樣高尚的品行，但對於戰爭的勝負毫無用處，這樣的人您有工夫去用他嗎！目前楚、漢相爭，我向您舉薦有奇謀妙計之人。關鍵是看他的計謀，對國家是否有利，至於與嫂子私通、接受賄賂，這些缺點哪裡值得引起您對他的懷疑呢！」

漢王就把陳平叫來當面責備他說：「先生您在魏國任職，不滿意而離開，在楚國幹了一回，您又離開楚國，如今又來跟隨我，守信約的人難道就是這麼三心二意嗎？」陳平說：「我在魏王那裡任職，魏王不能採用我的建議，所以我離開他去侍奉楚王項羽。楚王項羽對外人不信用，他所信用的人，不是他們姓項的本家，就是他妻子的兄弟。其餘的人即使你有卓越的才能他也不能信用。我聽說漢王能夠重用人才，所以才投奔您這裡來。我來的時候，空身一人，我不收受賄賂，我就沒有生活來源。如果我的建議確實有可採用的地方，我希望大王能夠採用它；如果沒有可用之處，我收受的財物全都在這裡，請您把它封存起來充實國庫，我現在就向您請求辭職。」漢王聽陳平一說，就趕緊向陳平道歉，還重重地賞賜了他，又任命他為護軍中尉，讓他負責監護全軍。諸將領這才不敢再說他的壞話。

魏王豹請假回國，探視患病的父母，回到魏國後，就切斷了蒲津關的黃河渡口，以阻止漢軍東渡，隨即就背叛了漢王劉邦而歸順了楚王項羽。

六月，漢王從滎陽回到櫟陽。

六月初五日壬午，漢王立長子劉盈為太子；頒布大赦令。

漢兵掘開河水淹灌廢丘城。城內被淹無法防守，被迫投降，守將章邯自殺。漢軍佔有了章邯雍國的全部地盤，將其設置為中地郡、北地郡和隴西郡。

關中發生嚴重饑荒，一斛米賣到一萬錢，人民餓得人吃人。漢朝廷下令關中的饑民可以到蜀郡、漢中郡去謀生。

當初，秦國滅亡的時候，那些英雄豪傑全都拼命地爭搶金銀財寶，只有宣曲姓任一家深挖地窖作為倉庫儲存糧食。等到楚、漢在滎陽一帶展開拉鋸戰，人民無法耕種，那些英雄豪傑所得到的金銀財寶全都用來向任姓購買糧食，任姓因此發家致富，家中富有，一直延續了好幾代。

秋季，八月，漢王前往滎陽，留蕭何輔佐太子劉盈鎮守關中，同時負責制定各種法律條文、規章制度，建設宗廟，修築祭祀用的社稷壇以及宮室，建立縣、邑的行政區劃。有些事情來不及等待漢王批准，就根據實際需要，先付諸實施，等到漢王回關中後再向漢王稟報。蕭何在關中按照地區的戶口徵糧徵丁，運送糧草、調集兵勇源源不斷地供給前方，使前方兵力、物力從未匱乏。

漢王派酈食其前往魏王豹軍中勸說魏豹，召請他前往滎陽。魏王豹不肯聽從，他說：「漢王待人傲慢無禮還愛侮辱人，辱罵諸侯和手下的臣屬就像罵那些奴隸一樣，我無法忍受不願意再見到他。」漢王任命韓信為左丞相，與曹參、灌嬰一起攻打魏王豹。

漢王問酈食其：「魏國的大將是誰？」酈食其回答說：「是柏直。」漢王說：「這是個口乳未乾的小兒，怎麼能夠抵擋得住韓信！騎兵的將領是誰？」酈食其回答：「是馮敬。」漢王說：「這是秦將馮無擇的兒子。雖然很有才幹，卻不能抵擋灌嬰。步兵的將領是誰？」酈食其回答說：「是項它。」漢王說：「這個人不能抵擋曹參。我不用擔憂了！」韓信也問酈食其：「魏王難道沒有用周叔為大將嗎？」酈食其說：「沒有用周叔，用的是柏直。」韓信說：「柏直是個愚弱無能小子。」於是下令向魏軍進攻。

魏王豹在蒲坂集結重兵封鎖臨晉關。韓信採用疑兵戰術，把船隻部署在渡口，擺出一副要在臨晉渡河的架勢，而暗中出兵潛往夏陽，從夏陽用木罌渡過黃河偷襲了魏國的重鎮安邑。魏王豹知道消息後大驚失色，趕緊率領軍隊從蒲坂趕往安邑來迎戰韓信。九月，韓信徹底打敗了魏軍，俘虜了魏王豹，把魏王豹用驛車押送到滎陽。魏地全部平定，漢把魏地設置為河東郡、上黨郡和太原郡。

漢王在彭城被項王打敗後向西逃走，趙國相陳餘發現漢王欺騙了自己：張耳並沒有被漢王殺死，於是立即背叛了漢王。韓信平定魏國後，派人向漢王請求增派三萬人馬，希望率領軍隊向北去掃平燕國、趙國，向東征服齊國，向南切斷楚國都城彭城與其前線的聯絡，斷絕楚軍的糧草供應。漢王同意了韓信的請求，派張耳和韓信一同前往，率軍向東、向北去攻打趙王歇和代王陳餘。閏九月，韓信打敗了代王陳餘，又在閼與擒獲了夏說。韓信攻取了魏地和代地的時候，漢王馬上派人接收韓信手下的精兵，徵調到滎陽去與楚軍作戰。

【研　析】本卷是政治鬥爭最激烈、歷史經驗最豐富，同時也是故事最生動、文學氣氛最濃烈的篇章之一，其中最值得思考、研究的問題有以下幾方面：

其一，有關劉邦、項羽入關以及鴻門宴的問題。鴻門宴的故事是《史記・項羽本紀》中名段，歷來被選為大、中、小學的教材，同時被播於小說、戲劇，可以說是家喻戶曉。這段故事的歷史感很強，它是由秦末諸侯反秦向楚漢戰爭過渡的轉折點。凡是兩支同盟軍共同反對一個敵人，當這個共同的敵人被打倒，兩支友軍即將轉為彼此決戰的時候，必然都有這樣一場「鴻門宴」或類似「鴻門宴」的過程，古今中外莫不如此。但這段故事顯然是帶有許多傳說色彩，帶有許多藝術想像、藝術加工的。其本質的事實是，項羽確實比劉邦強大，但劉邦也不是就相差得不堪一擊；而且劉邦入關後實行了一系列安民政策，在關中已經有了良好的群眾基礎，相反地項羽還未入關，首先就活埋了二十萬歸降的秦兵，關中的家家戶戶都是項羽不共戴天的仇敵；此外劉邦不僅破秦有功，而且按事先約定，本來應當關中王，這是天下皆知的。項羽如果一意孤行，即使勉強殺了劉邦，也定然難以善其後。這些從後來田榮、陳餘、彭越等依然起兵反項羽，其口實就是項羽分封天下「不公」上可以得到反證。古人對此有過很好的說法，明代的丘濬詩云：「公莫舞，公莫舞，不必區區聽亞父。霸王百行掃地空，不殺一端差可取。天命由來歸有德，不在沛公生與死。」（〈公莫舞〉）清代鄭燮詩云：

「新安何苦坑秦卒，霸上焉能殺漢王。」（〈項羽〉）現代歷史家范文瀾寫《通史簡編》竟隻字不提鴻門宴事，蓋皆窺破其好奇誇大，可做故事看，難當信史讀。司馬遷之所以這麼寫，就因為他同情項羽。但他寫得很全面，我們在看過熱鬧的故事後，自然可以做出正確結論的。

其二，關於項羽不都關中而都彭城的問題。此事歷代被看作項羽的重大失誤，首先提出的是韓信，見於《史記・淮陰侯列傳》所寫的韓信拜將的演說，從此人云亦云，遂成定論。而清代惲敬則說：「自淮陰斥項王不居關中而都彭城，史家亦持此說，後之言地利者祖之，以為項王失計無有大於此者。余謂項王之失計在不救雍、塞、翟三王而東擊齊也。項王都彭城蓋以通三川之險也；通三川蓋以救秦之禍也。以彭城控三川，即以三川控三秦。九郡者，項王所手定也，軍於手定之地，不患其不安；民於手定之地，不患其不習；國於手定之地，則諸侯不得以地大而指為不均。關中者，固漢王所手定也，捨己所手定之九郡，而奪他人所手定之關中，天下之人安乎？不安乎？不意四月諸侯就封，五月而田榮反齊，是月而陳餘反趙，六月而彭越反梁，西楚之勢不能即日西兵，而漢王乃於五月破章邯，八月降司馬欣、董翳矣。蓋項王止策漢王，而田榮、陳餘、彭越三人非其所忌，故有此意外之變，此則項王之失計也。」惲敬的說法我以為很有道理。

其三，韓信的拜將演說，高屋建瓴，歷來受人稱道。元代楊維楨說：「韓信登壇之日，畢陳平生之畫略，論楚之所以失，漢之所以得，此三秦還定之謀所以卒定於韓信之手也。」明代董份說：「觀信智略如此，真有掀揭天下之心，不但兵謀而已也，所以謂之『人傑』。」唐順之說：「孔明之初見昭烈論三國，亦不能過。予故曰淮陰者非特將略也。」王世貞說：「淮陰之初說高帝也，高密（鄧禹）之初說光武也，武鄉（諸葛亮）之初說昭烈也，若懸券而責之，又若合券焉！噫，可謂才也已矣！」按：韓信分析項羽的弱點，以及預見劉、項未來的鬥爭形勢，皆至為明晰，諸人所說誠是。唯其所謂「以天下城邑封功臣」語，則與其日後之請求為齊王事相應，皆見其政治理想之落後，確有取死之道。

其四，劉邦乘田榮反項羽之機，一舉收復關中，隨後東出收服了中原地區的許多諸侯，率領五十六萬人長驅東下，迅即攻克了項羽的國都彭城，其勢力之大可謂不可一世。項羽聞訊後率三萬騎兵返回，首先掐斷了劉邦的退路，由西向東打，竟打得五十六萬人落花流水、抱頭鼠竄，其戰略戰術之卓絕真是千古罕見，令人心曠神怡。三軍大學《中國歷代戰爭史》曰：「項羽軍事上之英卓，與西方拿破崙頗為相類，彼常採內線作戰，驅其精銳之樓煩騎兵，進行突擊戰法，故所當者無不破滅，經常在戰鬥上收速戰速決之功。至其所追求打擊之目標，亦唯指向敵人之重心，故其在滎陽對峙及劉邦行機動作戰時，彼即始終採取此種作戰思想，以求漢之重心而粉碎之。此種思想在純軍事上，頗有其重要價值。」

其五，劉邦的彭城之敗，可以說是慘極了，父親、妻子被俘，路上遇到自己的一子一女，但為了自己逃脫追兵，劉邦還多次把兩個孩子從自己的車上踢下去。一直潰逃到滎陽，才在韓信諸人的援助下重新建立防線，攔住了項羽。對於劉邦的這次慘敗，一般人都為之感到洩氣。但陳梧桐等《中國軍事史》曰：「彭城之戰雖然楚勝漢敗，但綜觀楚漢戰爭開始以來雙方的得失，劉邦之得大於失，而項羽之失大於得。劉邦雖然在彭城慘敗，損失嚴重，功敗垂成，但他奪得了關中及關東部分極為重要的戰略地區，人力、物力和領土都成倍地擴張，處於進可攻、退可守的有利地位，完全擺脫了在鴻門宴前後有可能隨時被項羽消滅的危險境地。項羽雖然取得彭城會戰的巨大勝利，但他的所得僅僅是收復了自己失去的西楚領土，失去的則是關中和關東部分地區的大量與國；北方出現齊、趙等獨立的割據勢力；其最重要的盟友九江王英布已離心離德，居然在劉邦進佔彭城時未能助項羽一臂之力；加上長期以來項羽缺少對漢作戰的思想準備，兵力明顯不足，彭城大捷後無力發展成全局性的勝利，不能越滎陽而西，更不能把戰爭引向關中和巴蜀。因此，項羽的戰略優勢，已較戰爭開始前大大減弱。」這個分析可以說是非常準確、非常精彩。

卷第十

漢紀二

起彊圉作噩（丁酉　西元前二〇四年），盡著雍閹茂（戊戌　西元前二〇三年），凡二年。

【題解】本卷寫了高祖三年（西元前二〇四年）至高祖四年共二年間的楚漢鬥爭形勢，一方面寫了劉、項雙方在滎陽、成皋主戰場上此起彼伏、反覆拉鋸的艱難鬥爭里程：項羽多次地局部獲勝，但東西奔命、四顧不暇，難以為繼；劉邦多次局部慘敗，但他多方出擊、處處主動，越戰越強。另一方面則寫了漢將韓信在北路繼上卷的滅魏、滅代後，又滅趙、收燕、平齊，並對項羽國都彭城的背後進行掃蕩，從而對項羽構成戰略包圍，項羽的失敗已成定局，就剩下最後的一場會戰了。

太祖高皇帝上之下

三年（丁酉　西元前二〇四年）

冬，十月，韓信、張耳以兵數萬東擊趙。趙王及成安君❶陳餘聞之，聚兵井陘口❷，號二十萬。廣武君❸李左車說成安君曰：「韓信、張耳乘勝而去國❹遠鬭，其鋒不可當❺。臣聞『千里餽糧，士有飢色。樵蘇後爨，師不宿飽❻。』今井陘之道，車不得方軌，騎不得成列❼。行數百里，其勢，糧食必在其後。願足下假臣奇兵三萬人❽，從間路❾絕其輜重❿。足下深溝高壘⓫，勿與戰。彼前不得鬭，退不得還，野無所掠⓬，不至十日，而兩將之頭可致於麾下⓭。否則，必為二子所禽⓮矣。」成安君嘗自稱「義兵」，不用詐謀奇計⓯，曰：「韓信兵少而疲，如此避而不擊，則諸侯⓰謂吾怯，而輕來伐我⓱矣。」

韓信使人間視⓲，知其不用廣武君策，則大喜，乃敢引兵遂下⓳。未至井陘口三十里，止舍⓴。夜半，傳發㉑。選輕騎二千人，人㉒持一赤幟，從間道萆山㉓而望趙軍。誡㉔曰：「趙見我走㉕，必空壁逐我。若㉖疾入趙壁，拔趙幟，立漢赤幟。」令其裨將㉗傳餐㉘，曰：「今日破趙會食㉙。」諸將皆莫信，佯應曰：「諾。」信曰：「趙已先據便地為壁㉚，且彼未見吾大將旗鼓，未肯擊前行㉛，恐吾至阻險而還也㉜。」乃使萬人先行，出，背水陳㉝。趙軍望見而大笑㉞。

平旦，信建大將旗鼓㉟，鼓行㊱出井陘口。趙開壁擊之，大戰良久。於是信與張耳佯棄鼓旗，走水上軍㊲。水上軍開入之㊳，復疾戰㊴。趙果空壁爭漢旗鼓，逐信、耳。信、耳已入水上軍，軍皆殊死戰，不可敗。信所出奇兵二千騎共候趙空壁逐利，則馳入趙壁，皆拔趙旗，立漢赤幟二千。趙軍已不能得信等，欲還歸壁，壁皆漢赤幟，見而大驚，以為漢皆已得趙王將矣㊵。兵遂亂，遁走，趙將雖斬之，不能禁也。於是漢兵夾擊，大破趙軍，斬成安君泜水上，禽趙王歇㊶。

諸將效首虜㊷，畢賀㊸，因問信曰：「兵法：『右倍山陵，前左水澤㊹。』今者將軍令臣等反背水陳，曰『破趙會食』，臣等不服，然竟以勝㊺。此何術也？」信曰：「此在兵法，顧諸君不察耳。兵法不曰：『陷之死地而後生，置之亡地而後存㊻。』且信非得素拊循士大夫㊼也，此所謂『驅市人而戰之㊽』，其勢非置之死地，使人人自為戰。今㊾予之生地，皆走，寧尚可得而用之乎㊿！」諸將皆服，曰：「善。非臣所及也(51)。」

信募(52)生得廣武君者，予千金。有縛致麾下者，信解其縛，東鄉坐，師事之(53)。問曰：「僕欲北伐燕(54)，東伐齊(55)，何若而有功(56)？」廣武君辭謝曰：「臣敗亡之虜(57)，何足以權(58)大事乎！」信曰：「僕聞之，百里奚(59)居虞而虞亡，在秦而秦霸(60)。非愚於虞而智於秦也，用與不用，聽與不聽也。誠令成安君聽足下計，若信者，亦已為禽矣(61)。以不用足下，故信得侍(62)耳。今僕委心歸計(63)，願足下勿辭！」

廣武君曰：「今將軍涉西河[64]，虜魏王，禽夏說。東下井陘，不終朝[65]而破趙二十萬眾，誅成安君。名聞海內，威震天下，農夫莫不輟耕釋耒，褕衣甘食[66]，傾耳以待命[67]者，此將軍之所長也。然而眾勞卒罷[68]，其實難用。今將軍欲舉倦敝[69]之兵，頓[70]之燕堅城之下。欲戰不得，攻之不拔，情見勢屈[71]。曠日持久，糧食單竭[72]。燕既不服，齊必距境以自彊[73]。燕、齊相持而不下，則劉、項之權[74]未有所分[75]也，此將軍所短也。善用兵者，不以短擊長，而以長擊短。」

韓信曰：「然則何由？」廣武君對曰：「方今為將軍計，莫如按甲休兵[76]，鎮撫[77]趙民。百里之內，牛酒日至，以饗士大夫[78]。北首燕路[79]，而後遣辨士奉咫尺之書[80]，暴其所長於燕[81]，燕必不敢不聽從。燕已從，而東臨齊，雖有智者，亦不知為齊計[82]矣。如是，則天下事皆可圖也。兵固有先聲而後實者，此之謂也[83]。」韓信曰：「善。」從其策，發使使燕。燕從風而靡[84]，遣使報漢，且請以張耳王趙[85]。漢王許之。楚數使奇兵渡河擊趙。張耳、韓信往來救趙，因行定趙城邑[86]，發兵詣漢[87]。

甲戌晦[88]，日有食之[89]。

十一月癸卯晦[90]，日有食之[91]。

隨何至九江[92]，九江太宰[93]主之[94]，三日不得見[95]。隨何說太宰曰：「王之不見何，必以楚為彊，以漢為弱也[1]。此臣之所以為使[96]。使何得見，言之而是，大王所欲聞也；言之而非，使何等二十人伏斧質九江市[97]，足以明王倍漢而與楚[98]也。」太宰乃言之王。王見之。

隨何曰：「漢王使臣敬進書大王御者[99]，竊怪大王與楚何親[100]也？」九江王曰：「寡人北鄉而臣事之[101]。」隨何曰：「大王與項王俱列為諸侯[102]，北鄉而臣事之者，必以楚為彊，可以託國[103]也。項王伐齊，身負版築[104]，為士卒先。大王宜悉九江之眾[105]，身自將之[106]，為楚前鋒[107]。今乃發四千人以助楚，夫北面而臣事人者，固若是乎[108]？漢王入彭城，項王未出齊[109]也，大王宜悉九江之兵渡淮[110]，日夜會戰彭城下。大王乃撫[111]萬人之眾，無一人渡淮者，垂拱[112]而觀其孰勝，夫託國於人者，固若是乎？大王提空名以鄉楚[113]，而欲厚自託[114]，臣竊為大王不取也[115]。然而大王不背楚者，以漢為弱也。夫楚兵雖彊，天下負之以不義之名[116]，以其背盟約[117]而殺義帝也。漢王收諸侯[118]，還守成皋、滎陽[119]，下蜀、漢之粟[120]，深溝壁壘[121]，分卒守徼乘塞[122]。楚人深入敵國八九百里[123]，老弱轉糧[124]千里之外。漢堅守而不動，楚進則不得攻[125]，退則不能解[126]，故曰楚兵不足恃[127]也。使楚勝漢，則諸侯自危懼[128]而相救，夫楚之彊，適足以致天下之兵[129]耳。故楚不如漢，其勢易見也。今大王不與萬全之漢，而自託於危亡之楚，臣竊為大王惑之。臣非以[130]九江之兵足以亡楚也。大王發兵而倍楚，項王必留[131]。留數月，漢之取天下可以萬全。臣請與大王提劍而歸漢[132]，漢王必裂地[133]而封大王，又況九江，必大王有[134]也。」九江王曰：「請奉命。」陰許畔楚與漢[135]，未敢泄也。

楚使者在九江[136]，舍傳舍[137]，方急責布發兵[138]。隨何直入，坐楚使者上[139]，曰：「九江王已歸漢，楚何以得發兵[140]？」布愕然。楚使者起。何因說布曰：「事已構[141]，可遂殺楚使者，無使歸，而疾走漢并力[142]。」布曰：「如使者教[143]。」於是殺楚使者[144]，因起兵而攻楚。

楚使項聲、龍且[145]攻九江。數月，龍且破九江軍。布欲引兵走漢，恐楚兵殺之，乃間行，與何俱歸漢[146]。

十二月，九江王至漢[147]。漢王方踞床洗足[148]，召布入見。布大怒，悔來，欲自殺。及出就舍，帳御[149]、飲食、從官，皆如漢王居[150]，布又大喜過望[151]。於是乃使人入九江[152]，楚已使項伯收九江兵，盡殺布妻子。布使者頗得[153]故人、幸臣，將眾數千人歸漢。漢益[154]九江王兵，與俱屯成皋。

楚數侵奪漢甬道[155]，漢軍乏食[156]。漢王與酈食其謀橈楚權[157]。食其曰：「昔湯伐桀，封其後於杞[158]。武王伐紂，封其後於宋[159]。今秦[160]失德棄義，侵伐諸侯，滅其社稷，使無立錐之地[161]。陛下誠能復立六國之後，此其君臣、百姓必皆戴陛下之德[162]，莫不嚮風慕義[163]，願為臣妾[164]。德義已行，陛下南鄉稱霸，楚必斂衽而朝[165]。」漢王曰：「善。趣刻印[166]，先生因行佩之矣[167]。」

食其未行，張良從外來謁[168]。漢王方食，曰：「子房前[169]，客有為我計[170]橈楚權者。」具以酈生語告良，曰：「何如？」良曰：「誰為陛下畫此計者？陛下事去矣[171]。」漢王曰：「何哉？」對曰：「臣請借前箸為大王籌之[172]。昔湯、武封桀、紂之後者，度能制其死生之命[173]也。今陛下能制項籍之死命乎？其不可一也[174]。武王入殷[175]，表商容之閭[176]，釋箕子[177]之囚，封比干之墓[178]。今陛下能乎？其不可二也。發巨橋之粟，散鹿臺之錢，以賜貧窮[179]。今陛下能乎？其不可三也。殷事已畢[180]，偃革為軒[181]，倒載干戈[182]，示天下不復用兵。今陛下能乎？其不可四也。休馬[183]華山之陽[184]，示以無為[185]。今陛下能乎？其不可五也。放牛[186]桃林之陰[187]，以示不復輸積[188]。今陛下能乎？其不可六也。天下游士[189]，離其親戚，棄墳墓[190]，去故舊[191]，從陛下游者，徒欲[192]日夜望咫尺之地[193]。今復立六國之後，天下游士各歸事其主[194]，從其親戚[195]，反其故舊、墳墓，陛下誰與[196]取天下乎？其不可七也。且夫楚唯無彊[197]，六國立者復橈而從之[198]，陛下焉得[199]而臣之？其不可八也。誠用客之謀，陛下事去矣！」漢王輟食[200]吐哺[201]，罵曰：「豎儒[202]幾敗而公事[203]！」令趣銷印[204]。

荀悅論曰[205]：「夫立策決勝之術，其要有三：一曰形[206]，二曰勢[207]，三曰情[208]。形者，言其大體得失之數[209]也；勢者，言其臨時之宜、進退之機[210]也；情者，言其心志可否之實[211]也。故策同事等，而功殊[212]者，三術不同也。

「初，張耳、陳餘說陳涉以復六國，自為樹黨[213]，酈生亦說漢王。所以說者同，而得失異[214]者，陳涉之起，天下皆欲亡秦[215]，而楚、漢之分[216]未有所定，今[217]天下未必欲亡項也。故立六國於陳涉[218]，所謂多己之黨[219]，而益秦之敵[220]也。且陳涉未能專天下之地[221]也，所謂取非其有以與於人[222]，行虛惠[223]而獲實福[224]也。立六國於漢王[225]，所謂割己之有而以資敵[226]，設虛名[227]而受實禍[228]也。此同事而異形[229]者也。

「及宋義待秦、趙之斃[230]，與昔卞莊刺虎[231]同說者也。施之戰國之時[232]，鄰國相攻，無臨時之急[233]，則可也。戰國之立，其日久矣，一戰勝敗，未必以存亡也[234]，其勢非能急於亡敵國(235)也。進乘利，退自保(236)，故累力待時(237)，乘敵[2]之斃(238)，其勢然也。今楚、趙(239)所起，其與秦(240)勢不並立，安危之機，呼吸成變(241)。進則定功，退則受禍。此同事而異勢者也(242)。

「伐趙之役，韓信軍於泜水之上(243)，而趙不能敗。彭城之難，漢王戰于睢水之上，士卒皆赴入睢水(244)，而楚兵大勝，何則？趙兵出國迎戰，見可而進，知難而退，懷內顧之心(245)，無出死之計(246)。韓信軍孤在水上(247)，士卒必死(248)，無有二心，此信之所以勝也。漢王深入敵國，置酒高會，士卒逸豫(249)，戰心不固。楚以彊大之威，而喪其國都，士卒皆有憤激之氣，救敗赴亡之急(250)，以決一旦之命(251)，此漢之所以敗也。且韓信選精兵以守，而趙以內顧之士攻之。項羽選精兵以攻，而漢以怠惰(252)之卒應之。此同事而異情(253)者也。

「故曰：權不可豫設(254)，變不可先圖(255)。與時遷移(256)，應物變化(257)，設策之機(258)也。」

漢王謂陳平曰：「天下紛紛(259)，何時定(260)乎？」陳平曰：「項王骨鯁之臣(261)，亞父(262)、鍾離昧、龍且(263)、周殷(264)之屬，不過數人耳。大王誠能出捐(265)[3]數萬斤金行反間(266)，間(267)其君臣，以疑其心，項王為人意忌信讒(268)，必內相誅。漢因舉兵而攻之，破楚必矣。」漢王曰：「善。」乃出黃金四萬斤與平，恣所為269，不問其出入270。平多以金縱反間於楚軍271，宣言272：諸將鍾離昧等為項王將，功多矣，然而終不得裂地而王，欲與漢為一，以滅項氏，而分王其地。項羽果意不信273鍾離昧等。

【章旨】以上為第一段，寫高祖三年（西元前二〇四年）上半年楚漢戰爭的基本形勢，主要寫了韓信的滅趙、平燕，以及劉邦派隨何策反項羽的大將黥布背楚歸漢，與張良駁斥酈食其勸劉邦封立六國後代的餿主意三件大事。

【注釋】❶成安君　陳餘的封號。❷井陘口　太行山的險隘之一，是山西與河北之間的交通要道，在今河北井陘西北，其西口即今娘子關，其東口稱「井陘口」，亦稱「土門關」。❸廣武君　李左車的封號，李左車是趙王歇的部將。❹去國　遠離自己的國土。❺其鋒不可當　意即我們不應該採取速戰速決的硬拼。❻千里餽糧四句　見《黃石公．上略》。意謂遠距離的運送糧食供應前方，則前方將士將經常處於飢餓狀態；靠現打柴而後燒飯，則軍隊不可能有飽飯吃。餽，運送。樵蘇，打柴。樵，取薪。蘇，取草。爨，燒火做飯。宿飽，常飽。❼車不得方軌二句　言其道路之窄，不能容兩輛車並行。方軌，兩車並行。方，雙舟並行，引申為「並」的意思。騎，騎兵。❽假臣奇兵三萬人　請調撥給我三萬用於出奇制勝的士兵。假，借，請求「撥給」的婉轉說法。❾間路　小道；側面之道。❿輜重　指運送衣食等後勤物資的車隊。師古曰：「輜，衣車也；重，載重物車也，故行者之資總曰輜重。」⓫深溝高壘　深挖溝，高築牆，泛指加強防禦工事。⓬野無所掠　在田野上搶不到可吃的東西。⓭兩將之頭可致於麾下　張耳、韓信的人頭可以提到您的帳下來。麾，大將的指揮旗。⓮禽　同「擒」。⓯嘗自稱義兵二句　嘗，通「常」。義兵，正義之師。此所謂「義兵不用詐謀奇計」，蓋亦宋襄公之流。⓰諸侯　此指其他國家的軍隊。⓱輕來伐我　都可以隨隨便便地來打我。輕，輕易；隨便，不以為難。⓲間視　暗中窺視。⓳乃敢引兵遂下　乃敢決心揮兵經井陘口東下。⓴止舍　停下來休息。師古曰：「舍，息也。」㉑傳發　傳令出發。㉒人　每人。㉓從間道萆山　從小路上山，隱蔽到（臨近趙營的）山上。萆，同「蔽」。方苞曰：「用草木自蔽。」㉔誡　告誡；囑咐。㉕見我走　見到我們的軍隊逃跑時。走，逃跑。㉖若　你；你們。㉗裨將　副將，主將的副官、助手之類。裨，輔助。㉘傳餐　傳令用一些早點。㉙會食　聚餐；好好地吃一頓。㉚先據便地為壁　已經搶佔了有利的地勢紮營結陣。壁，營壘。㉛前行　先頭部隊。㉜恐吾至阻險而還也　中井曰：「趙必不擊先行者，恐韓信中途而還，不可擒殺也。」㉝出二句　謂使此萬人渡河後背靠著河水列陣。《正義》曰：「綿曼水，一名『阜將』，一名『洄星』，自并州流入井陘界，即信背水列陣，陷之死地，即此水也。」王先謙曰：「今所謂桃河者也。」陳，同「陣」。這裡用如動詞，列陣。㉞趙軍望見而大笑　沈欽韓曰：「《尉繚子・天官篇》：『背水陣為絕地，向坂陣為廢軍。』陳餘知兵法，故趙軍笑其陳也。」㉟建大將旗鼓　豎起將旗，架起戰鼓。㊱鼓行　擂鼓高歌而行，一切都為了吸引趙軍出擊。㊲佯棄鼓旗二句　董份曰：「『前左水澤』，必成安君所知也，而韓信背水以誘敵；『百里蹶將』，龐涓所知也，而孫子減灶以速功，此皆致人之術也。蓋知兵法者久則其思熟，恐其畏而不戰，故佯為敗形，使之卒然而趨耳。」㊳開入之　讓開通道，讓岸上的士兵退入水上之陣。㊴復疾戰　王先謙引劉奉世曰：「三字衍文。」按，三字確與下文之「軍皆殊死戰」重複。㊵以為漢皆已得趙王將矣　以為全都擒獲了趙王與趙將。㊶斬成安君泜水上二句　泜水，源出於河北臨城西，經隆堯北，東入釜陽河，在井陘東南近二百里。按，《史記・張耳陳餘列傳》於此作「斬陳餘泜水上，追殺趙王歇襄國」。襄國即今河北邢臺，在當時的泜水以南百餘里，時為趙國都城。㊷效首虜　交驗自己所斬獲的人頭與所捉的俘虜，即向統帥稟報自己的功績。效，呈交，使主管者驗收。㊸畢賀　都向韓信祝賀。畢，皆。㊹右倍山陵二句　《孫子・行軍》：「丘陵堤防，必處其陽而右背之。」右背，謂右倚背靠。倍，同「背」。㊺然竟以勝　結果卻以此獲勝。㊻陷之死地而後生二句　《孫子・九地》：「投之亡地然後存，陷之死地然後生。夫眾陷於害，然後能為勝敗。」又曰：「疾戰則存，不疾戰則亡者，為死地。」郭嵩燾曰：「『信乃使萬人先行，出，背水陣』，所以誘致成安君也，是信本旨。此云『陷之死地而後生，置之亡地而後存』，又別出一義，是信託辭。韓信用兵最為神奇，未有能及之者。」㊼非得素拊循士大夫　並不是我平素一向撫愛士兵，順適其心意，對士兵有恩德。意即這並不是我長期統領的一支老部隊。士大夫，指部下將士。㊽驅市人而戰之　趕著一群烏合之眾去打仗。市人，集市上的人，以喻彼此間素不相知，毫無關係。㊾今　若；假如。㊿寧尚可得而用之乎　寧，豈，與「尚」字意同，重疊使用，以加強語氣，其實可削其一。(51)非臣所及也　王鳴盛曰：「信平日學問，本原寄食受辱時揣摩已久，其連百萬之眾，戰必勝，攻必取，皆本於平日學問，非以危事嘗試者。信書雖不傳，就本傳所載戰事考之，可見其純用權謀，所謂出奇設伏，變詐之兵也。」(52)募　懸賞以求得到。(53)東鄉坐二句　謂使李左車東向而坐，韓信奉之為師。鄉，同「向」。按，戰國秦漢時期除帝王、官長之升殿、升堂會見群臣、百僚仍以南向為尊外，其他一般場合如宴會、閒談等，皆以東鄉坐者為尊，試參看《史記》之〈項羽本紀〉、〈廉頗藺相如列傳〉、〈魏其武安侯列傳〉等可知。54北伐燕　燕是臧荼受項羽分封建立的國家，國都薊（今北京市城區的西南部）。55東伐齊　齊是戰國時的齊國後裔在齊地建立的國家，國都在今山東淄博的臨淄。現時的齊王為田廣，真正主事的是田橫。56何若而有功　如何才能取得功效。何若，師古曰：「猶言『何如』。」57敗亡之虜　敗軍亡國的俘虜。58權　謀劃；出主意。59百里奚　姓百里，名奚，春秋時虞國大夫。60居虞而虞亡二句　百里奚原為虞臣，晉獻公欲滅虢，假道於虞君。百里奚諫，虞君不聽，結果虢被晉滅後虞亦被晉所滅。百里奚被虜為奴，給晉女做陪嫁送往秦國。百里奚中途潛逃，被楚人捕獲，秦穆公以五張羊皮將其換至秦國，予以重用，結果輔佐秦穆公稱霸西戎。事見《左傳》與《史記・秦本紀》。虞，春秋前期的諸侯國名，國都虞（今山西平陸北），地處於晉國（都絳，今山西襄汾西南）與虢國（今河南三門峽市東南）之間。61誠令成安君聽足下三句　陳亮《酌古論》曰：「左車亦足為軍中謀主，信欲就以決疑，所以虛心委己而問之，豈真以為向者之計足以擒我哉？」按，這是一種客氣的說話方式。62故信得侍　所以我今天才有向您求教的機會。侍，侍候。63委心歸計　委心，猶言「傾心」，誠心誠意地想聽您的教導。歸計，猶言「求教」，求計於人。郭嵩燾曰：「韓信間諜之精，於『知廣武君策不用』見之；取益之廣，於西鄉師事廣武君見之，史公文法之神奇，足與韓信兵法相勒。」64涉西河　指韓信由黃河以西渡水東來。西河，即今山西、陝西交界的那段黃河。65不終朝　不到一個早晨。66輟耕釋耒二句　意即不再從事生產，整天穿好的、吃好的，活一天算一天。耒，耕田用的農具。褕，美。67傾耳以待命　豎起耳朵以聽消息，等候死期的降臨。待命，即等死。師古曰：「言為靡麗之衣，苟且而食，恐懼之甚，不為久計也。」以上三句極言韓信的兵威之強，嚇得敵國之人朝不保夕。68眾勞卒罷　士眾勞苦疲憊。罷，通「疲」。69倦敝　疲憊、殘破。70頓　置；投放。71情見勢屈　自己的短處就要暴露，就將陷於被動。情，真實情況。見，同「現」。胡三省曰：「見，顯露；屈，盡也。吾之情現則敵知所備，勢屈則敵得乘吾之敝矣。」72單竭　用完；用盡。單，通「殫」。盡。73距境以自彊　牢固地守住邊境線而堅不可摧。距境，拒敵於國境之外。距，同「拒」。74劉項之權　劉邦項羽之間誰勝誰負的局勢。權，勢；形勢。或亦可謂號令天下之權。75未有所分　看不出誰高誰低。76按甲休兵　停止進攻，休養士卒。77鎮撫　安頓、撫慰。鎮，安。78以饗士大夫　以酒食犒賞全營將士。79北首燕路　意謂將部隊擺成一種即將北上攻燕的架勢。首，向。80奉咫尺之書　極言其辦事之容易。師古曰：「八寸曰咫，『咫尺』者，言其簡牘或長咫，或長尺，喻輕率也。」81暴其所長於燕　用我們的長處以威脅燕人。暴，顯示；張揚。82不知為齊計　無法再為齊國籌謀劃策。83兵固有先聲二句王先謙引周壽昌曰：「廣武君自此遂不知所終。」湯諧曰：「信之始求李左車也何等隆重，意氣何等投合，看來左車識量高信一等，使其始終佐信，當有深益。而乃私心一動，背棄其言，至使左車滅跡掃影而去，豈不重可惜哉！史公此後亦若忘卻左車，無復煞者，所以深責信之聽蒯通而失左車也。」84從風而靡　以喻聽從順服的樣子。85以張耳王趙　中井曰：「信之請立趙王，是自為封王之地也。」86因行定趙城邑　連上句是說，由於往來救趙，就把所經過的趙國各地城邑佔領鎮撫下來。87發兵詣漢　將自己部下的士兵派到滎陽劉邦的帳下。88甲戌晦　高祖三年十月的最後一天是甲戌日。晦，每個月的最後一天。89日有食之　即這一天發生日蝕。食，同「蝕」。90十一月癸卯晦　十一月的最後一天是癸卯日。91日有食之　這一天又發生日蝕。按，古人視日蝕為最嚴重的自然變化，以為這預示將有重大不祥，故照例皆書之於史。如今兩個月連續發生日蝕，其災變程度顯然就更為嚴重了。92隨何至九江　接受劉邦指令，到九江國對九江王黥布進行策反。九江國的都城即今安徽六安。93九江太宰　九江國的太宰。太宰，為帝王主管膳食之官。94主之　為之做主人，意即負責接待了他。95不得見　得不到黥布的接見。96此臣之所以為使　意謂我之所以來此，正是要向你的主子談談這個問題。97伏斧質九江市　將我們正法於九江王首都的街市。伏斧質，伏於砧板被斧砍。98倍漢而與楚　不接受劉邦之誘惑而親近項羽。倍，通「背」。背離。與，合作；靠攏。99敬進書大王御者　即「敬致書於大王」的客氣說法。御者，侍應人員。100何親　為何如此親近。101北鄉而臣事之　意謂「我本來就是他的臣子嘛」。北鄉，面向北朝拜。鄉，通「向」。102俱列為諸侯　都是同一級別的諸侯。列，居。103託國　把國家依托於人，以求得庇佑。104身負版築　親自背著築牆夯土所用的工具。版，用以夾土。築，即杵。105悉九江之眾　傾國出動九江之兵。106身自將之　親自率領他們前往。107為楚前鋒　為項羽去打頭陣。108固若是乎　難道就是這個樣子嗎。109未出齊　尚未從齊國返回之前。110渡淮　渡淮河北上。項羽的國都彭城在淮水北，黥布的國都壽春在淮水南。111撫　駕御；統領。112垂拱　垂衣拱手，清閒不動的樣子。113提空名以鄉楚　空留著一個與楚親近的名聲。114欲厚自託　意即保存自己的實力，擁兵自重。115臣竊為大王不取也　我認為您這樣是不行的。116天下負之以不義之名　意即普天下之人都說項羽不講信義。負，加；使之背上。《史記・廉頗藺相如列傳》有所謂「寧許以負秦曲」，「負」字用法與此相同。117背盟約　指違背「誰先入關誰當關中王」的約定。118收諸侯　指彭城之敗後重新聚合被項羽打散的各盟國之兵。119成皋滎陽　二城名，當時劉邦與項羽對峙的主戰場。成皋在今河南滎陽西北的大伾山上，滎陽即滎陽東北的古滎鎮。兩城相距七十里。120下蜀漢之粟　大批的糧食源源不斷從蜀、漢運來。蜀、漢，指今四川與陝西南部的漢中地區，這是項羽最初封給劉邦的地盤。121深溝壁壘　猶言「深溝高壘」，深挖溝，高築牆。122守徼乘塞　意即登上塞堡，守好各方的邊境。徼，邊境上的亭堡工事。乘，登；

登高而守。《史記・高祖本紀》寫劉邦敗於彭城後，曾有所謂「令太子守櫟陽，諸侯子在關中者皆集櫟陽為衛」，以及「興關內卒乘塞」云云。(123)深入敵國八九百里　指從項羽的彭城到滎陽、成皋，中間隔著舊日梁國、韓國的遼闊地區。劉奉世曰：「方是時，彭越反梁地，故隨何言項羽深入敵國，乃至滎陽、成皋耳。」（《漢書補注》引）(124)轉糧　用車運送糧草。(125)楚進則不得攻　因劉邦深溝高壘，以逸待勞。(126)退則不能解　意即想退也退不了。解，解脫；脫身。因項羽一退，則劉邦必躡其後。(127)不足恃　沒法依靠。(128)自危懼　害怕項羽也像攻劉邦一樣來攻自己。(129)致天下之兵　招引各國諸侯來攻。致，招引。(130)非以　並不認為。(131)項王必留　必然被黥布所拖住。(132)提劍而歸漢　指黥布拋下封地士民而單身投靠劉邦。(133)裂地　指再割出一塊地盤。(134)必大王有　必然還是您的。(135)畔楚與漢　叛離項羽，與劉邦聯合。畔，通「叛」。與，助；聯合。(136)楚使者在九江　項羽派來說服黥布歸楚的使者這時也在九江。(137)舍傳舍　瀧川引中井積德曰：「據下文『布愕然』句，是事在布之前也，不於傳舍。《漢書》削『舍傳舍』三字，為是。」按，中井說是，三字應削。傳舍，猶今之所謂「賓館」、「招待所」。(138)方急責布發兵　正在急著催促英布發兵助項羽。(139)坐楚使者上　坐在項羽使者的上座。(140)九江王已歸漢二句　故意挑明，使英布無法再遲疑。史珥曰：「急著，尤妙。」(141)事已構　事情已經形成，猶今之所謂「生米已做成熟飯」。構，成。(142)疾走漢并力　此話不合情理。隨何說黥布叛楚的目的，據前文是令其留住項羽，不使項羽即刻西進，給劉邦以集結、部署兵力之時機；今則曰令其率兵走漢，與漢并力，前後矛盾。(143)如使者教　就按你的意思辦。如，依。(144)於是殺楚使者　凌稚隆曰：「何之使淮南，本為留羽計耳。然布不背楚，則羽不留，漢非萬全。布不背楚，故何以強弱別之，分王許之，又令殺使以決之，何亦深於謀哉！」按，東漢時班超出使西域，於鄯善國攻殺匈奴使者，與此事略同。見《後漢書・班超傳》。(145)項聲龍且　都是項羽的部將。(146)間行二句　郭嵩燾曰：「黥布以引兵走漢，楚軍若聞必追擊之，故先脫身歸漢，而後使使收取九江兵，蓋急為自全之計耳。」（《史記札記》）(147)至漢　至劉邦處，劉邦當時在滎陽。(148)踞床洗足　坐在床邊讓人給他洗腳。瀧川曰：「〈酈生傳〉云：『沛公方踞床，使兩女子洗足，而見酈生。』蓋是漢皇見人慣用手段。」(149)帳御　室內帷帳及一切用具。御，使用。(150)皆如漢王居　都和劉邦所住的地方規格一樣。(151)又大喜過望　《史記正義》曰：「高祖以布先封為王，恐其自尊大，故峻禮令布折服；已而美其帷帳，厚其飲食，多其從官，以悅其心，權道也。」《漢書評林》引李德裕曰：「帝王之任英雄，若不以其氣折之而寵以姑息，則驕不可任使；若不以恩愛結之而肅以禮貌，則怨不為用，駕御之術惟高祖於布見之。」凌稚隆曰：「初大怒，既又大喜，布在高祖術中而不覺耳。」(152)乃使人入九江　前往尋找自己的軍隊。(153)頗得　稍稍得到了一些。「頗」字在漢時表示數量不多，王充《論衡》中多有其例。(154)益　增派。(155)漢甬道　劉邦所構築的由滎陽北通黃河南岸之敖山糧倉的兩側築有防禦工事的通道。(156)漢軍乏食　此甬道之所以修築，即為了取敖山糧倉之糧以給軍用，今甬道屢被楚軍攻斷，故漢軍乏食。(157)謀橈楚權　研究如何削弱項氏的勢力。橈，通「撓」。這裡指削弱、限制。(158)湯伐桀二句　《史記・陳杞世家》云：「杞東樓公者，夏后禹之苗裔也。殷時或封或絕。周武王克殷紂，求禹之後，得東樓公，封之於杞。」〈夏本紀〉云：「湯封夏之後，至周封於杞也。」皆謂封夏朝之後於杞者乃周也，非殷。酈食其所謂「湯伐桀，封其後於杞」者，蓋妄。杞，古國名，國都即今河南杞縣。(159)武王伐紂二句　武王滅殷後，先封紂王之子武庚祿父於朝歌（今河南淇縣），以主殷遺民。後武庚祿父發動叛亂被周公誅滅，於是乃改封紂兄微子啟於宋，事見《史記・宋微子世家》。宋，古國名，國都商丘（今河南商丘城南）。酈食其所謂「武王伐紂，封其後於宋」者，亦大略言之。(160)秦　指始皇帝而言。(161)滅其社稷二句　謂秦滅齊、楚、燕、韓、趙、魏六國，使其後無立錐之地。(162)戴陛下之德　戴，頂戴；感念。梁玉繩曰：「天子稱『陛下』，自秦始也。然是時漢王未即天子位，而酈食其、張良凡稱『陛下』者十五，非也。」(163)嚮風慕義　嚮風，猶言「望風」。嚮，通「向」。下文「南鄉稱霸」之「鄉」字，與此同義。慕義，欽仰其德義。(164)臣妾　僕婢，這裡即指臣下、子民。(165)楚必斂衽而朝　衽，衣袖。「斂衽而朝」是表示恭敬、服從，願為臣下的意思。楊樹達曰：「〈食其傳〉云『食其好讀書』；又騎士謂食其云『沛公不好儒，未可以儒生說』，則食其所讀乃儒家書，故有此等迂闊之論也。」(166)趣刻印　猶言「趕緊刻印章」。趣，通「促」。迅速。陳直曰：「漢官印，文職多鑄印，武職在軍旅倉猝中多用刻印。」(167)因行佩之矣　師古曰：「『佩』謂授與六國使帶也。」蓋謂因食其之行，即攜此印以授六國之後使佩之。(168)來謁　來見。謁，拜見。(169)子房前　猶言「子房，請你過來。」子房，張良的字。瀧川曰：「漢高呼諸臣常稱其名，獨於張良則否，蓋以賓待之也。」(170)計　設謀；獻計。(171)陛下事去矣　意謂如果照他說的做，則陛下事去矣。(172)臣請借前箸為大王籌之　請讓我借用您面前的筷子來為您籌算一下。借，借用。箸，筷子。籌，古代運算使用的籌碼，這裡用如動詞。算籌在我國使用了大約兩千年，直到十五世紀算盤（珠算）逐漸推廣後，算籌才退出歷史舞臺。(173)度能制其死生之命　估計一定能滅夏、商兩朝。按，殷、周之封桀、紂之後，乃殷、周建國以後事，今張良將其移於未滅殷、周之前，於事實不合。瀧川引中井曰：「此以封杞、宋為桀、紂未滅時事，故有『制命』之說，宜從文而觀其條貫。」(174)其不可一也　說罷，在劉邦面前放下一根筷子。(175)武王入殷　指攻入殷都朝歌（今河南淇縣）。(176)表商容之閭　在商容所住的里巷口立表以彰顯之。表，標也，如匾額椿柱之類，用以彰顯有善行者。商容，紂時賢人，諫紂不聽，去而隱於太行山。閭，里巷。(177)箕子　紂王之叔，為殷太師，諫紂不聽，因佯狂為奴，被紂所囚。(178)封比干之墓　給比干的墳上加土，以示崇敬。封，加土。比干，紂時賢臣，有說是紂王之兄或紂王之叔，因力諫紂王，被剖心而死。(179)發巨橋之粟

三句　《史記‧周本紀》記武王滅商後，曾經「命南宮括散鹿臺之財，發巨橋之粟，以振貧弱萌隸。」巨橋，指巨橋倉，商朝的糧倉名，在今河北曲周東北的衡漳水東。鹿臺，殷紂王的臺觀名，在今河南湯陰境，紂王生前曾將大量財寶儲藏於此。武王破商後，紂王逃上鹿臺，自焚而死。(180)殷事已畢　指周朝徹底滅商以後。(181)偃革為軒　《索隱》引蘇林云：「革者，兵車也；軒者，朱軒、皮軒也。謂廢兵車而用乘車也。」偃，廢；放置不用。軒，有篷的車，即所謂「乘車」，與兵車相對而言。(182)倒載干戈　意即將武器收藏起來。(183)休馬　放馬休息。馬，指戰馬。(184)華山之陽　華山的南面。華山是五嶽之一，即所謂「西嶽」，在今陝西華陰南。(185)無為　意即不再使用。(186)放牛　讓牛休息。牛，指戰時供運輸所用者。(187)桃林之陰　桃林塞的北面。桃林塞約在今河南靈寶以西、陝西潼關縣以東地區。(188)輸積　運送糧草。凌稚隆引王世貞曰：「『縱馬』、『放牛』云者，蓋官不復錄為兵車用，置之民間，聽其耕牧耳。」方苞曰：「馬、牛皆徵之井甸者，事畢縱放，使有司授而還之也。必於野外者，車徒至眾，非城邑所能容也。」(189)游士　奔走以求名圖利的人。(190)棄墳墓　遠離先人之墳墓。(191)去故舊　離開朋友熟人。(192)徒欲　就是為了。(193)望咫尺之地　企圖得一塊封地，即稱王稱侯。咫尺，謙言其小，一咫為八寸。(194)歸事其主　都回到自己國家去侍奉他們的老主子。(195)從其親戚　指回到家鄉、回到自己的親人身邊。從，往就；往投。(196)誰與　與誰；和誰一道。(197)楚唯無彊　如今楚國強大無比。無彊，猶言「無敵」，無有比之更強者。(198)橈而從之　猶言「屈而服之」。李笠曰：「言天下唯楚最強，若果立六國者，是復令其折橈而赴楚也。」(199)焉得　焉能；怎麼能夠。(200)輟食　中斷吃飯。輟，停止；中斷。(201)吐哺　吐出口中正在咀嚼的食物。(202)豎儒　猶言「這個儒家小子」。(203)幾敗而公事　差點把你老子的大事給弄砸了。而公，他篇亦稱「乃公」，猶言「你老子（我）」，這是劉邦幾乎對任何人都使用過的罵人語。(204)令趣銷印　讓人趕緊把剛才下令製作的印章銷毀。楊樹達曰：「良之起本為韓報仇，故嘗說項梁立韓成為韓王。而此時則力阻高祖立六國者，知六國已無可為也。此良之所以為智也。」凌稚隆引蘇軾曰：「『刻印』、『銷印』，何嘗累高祖之知人？適足明聖人之無我。」又引王維楨曰：「方次刻印，即次銷印，才見漢王從諫如轉丸處。」(205)荀悅論曰　荀悅是東漢後期潁陰人，字仲豫，獻帝時曾任祕書監、侍中，著有《申鑒》、《漢紀》，《後漢書》有傳。此所謂「論曰」云云，即見於其所著《漢紀》。(206)形　軍形，《孫子兵法》有〈軍形〉，講究軍隊自身的各種問題。(207)勢　兵勢，《孫子兵法》有〈兵勢〉，講究客觀形勢的種種問題。法家人物講究「法」、「術」、「勢」，「勢」的意思與此相通。(208)情　指軍隊的士氣、意志等等。(209)大體得失之數　總體的優劣長短。得失，長短。(210)臨時之宜進退之機　即對客觀形勢的巧妙利用。亦即隨機應變，根據不同情況作不同處理。(211)心志可否之實　即將士的思想情緒，是否願戰、有無信心等等。(212)策同事等二句　方略相同、任務一樣而結果功效相反。(213)張耳陳餘說陳涉

二句　事見本書卷第七之二世元年七月與《史記・張耳陳餘列傳》。214得失異　謂前者合時宜，對反秦事業有利；後者不合時宜，對劉邦打敗項羽不利。215皆欲亡秦　都是想推翻秦王朝。216楚漢之分　劉邦、項羽究竟誰能勝利。217今　指當時。218立六國於陳涉　分封六國之後對陳涉來說。219多己之黨　使與己一樣的人越來越多。220益秦之敵　給秦王朝樹立更多的敵人。益，多。221未能專天下之地　意謂當時天下的廣大地盤還不是陳涉的。專，獨有。222取非其有以與於人　把原本不屬於自己的東西分給別人。223虛惠　口頭上的恩惠。224獲實福　指贏得多方的支持、擁護。225立六國於漢王　分封六國之後對劉邦來說。226資敵　幫助敵人。資，助。227設虛名　雖落一個分封諸侯之名，實際卻是肉包子打狗一去不回，故曰「虛名」。228受實禍　因當時項羽強大，受封的人很可能轉身即投靠項羽，跟著項羽來打劉邦。229同事而異形　事情雖然一樣，但因客觀的軍形不同，效果也就不一樣了。230宋義待秦趙之斃　事見本書卷第七之二世三年與《史記・項羽本紀》：「宋義曰：『今秦攻趙，戰勝則兵疲，我承其敝；不勝，則我引兵鼓行而西，必舉秦矣。故不如先鬥秦、趙。』」231卞莊刺虎　《戰國策・秦策二》：「有兩虎爭人而鬥者，卞莊子將刺之，管與止之曰：『虎者戾蟲，人者甘餌也。今兩虎爭人而鬥，小者必死，大者必傷，子待傷虎而刺之，則是一舉而兼兩虎也。無刺一虎之勞，而有刺兩虎名。』」232施之戰國之時　放在戰國時代。施，放。233無臨時之急　指對於第三國只有好處而不構成危害。234未必以存亡也　未必就有存亡的危險。235其勢非能急於亡敵國　意即想通過一場戰鬥滅掉某國那是不可能的。236進乘利二句　如進攻有利就採取進攻，如進攻不利就退守自保。237累力待時　積蓄力量等待時機。238乘敵之斃　等敵人精疲力盡時再進攻消滅它。斃，通「弊」。敗亡；失敗。239楚趙　楚指楚懷王與其所派出的宋義，趙指趙王歇與張耳、陳餘。240秦　指秦二世與其所派出的大將章邯。241呼吸成變　猶言「瞬息萬變」，極言趙國形勢之緊急。242此同事而異勢者也　這也是事情相同但兵勢卻是完全不同的。243軍於泜水之上　即所謂列背水之陣。244皆赴入睢水　被項羽軍隊趕入睢水而淹死。245懷內顧之心　都想著個人的安危，不願冒險。246無出死之計　誰也沒有把命豁出去的打算。247孤在水上　孤立無援地被放在河邊。248士卒必死　人人都想通過死戰以求生存。249逸豫　安於享樂。250救敗赴亡之急　都有一種挽救危亡的急迫感。251決一旦之命　都把此日之戰看作是決定生死存亡之舉。252怠惰　鬆懈懶散。253此同事而異情　事情相同而雙方的情緒、意志不同。254權不可豫設　權謀不可能在事發之前就預先訂好。豫，同「預」。255變不可先圖　應變措施不可能在變故發生前就考慮妥當。256與時遷移　隨著時代的變遷。257應物變化　隨著客觀事物的變化而變化。258機　關鍵；訣竅。259紛紛　混亂的樣子。260定　安定；平定。261骨鯁之臣　能堅持原則、起主心骨作用的大臣。262亞父　指范增，項羽的謀臣。所謂「亞父」是指項羽對他尊敬僅次於父。263鍾離昧龍且　都是項羽的部將。264周殷　項羽的部將，時任大司馬。265出捐　毫不吝惜地拿出。266反間　迷惑敵方的人員使其無意中為我所用，從而造成敵方的相互猜疑、形成內訌等等。267間　離間。268意忌信讒　好猜疑，易受人挑撥。意，猜疑。讒，在權勢者跟前說人壞話。269恣所為　隨他任意使用。恣，任意。270不問其出入　不過問他的開支情況。271縱反間於楚軍　對楚軍施行大規模的間諜活動，包括派進去、拉出來等等。縱，派出。反間，這裡即指進行間諜活動的人員。272宣言　散布流言、謠言。273果意不信　果然懷疑不再信任。

【校　記】1以漢為弱也　「以」字原無。據章鈺校，乙十一行本、孔天胤本皆有此字，傅增湘校北宋本同。今從乙十一行本及《史記・黥布列傳》、《通鑑紀事本末》補。2乘敵　據章鈺校，乙十一行本、孔天胤本「乘」皆作「承」，傅增湘校北宋本同。按，《通鑑紀事本末》作「承」。3出捐　「出」字原無。據章鈺校，乙十一行本、孔天胤本皆有此字。今從乙十一行本及《史記・陳丞相世家》、《通鑑紀事本末》補。

【語　譯】太祖高皇帝上之下

三年（丁酉　西元前二〇四年）

冬季，十月，韓信、張耳率領數萬兵馬向東攻打趙國。趙王歇和成安君陳餘聽到消息後，就將全國的主要兵力聚集到井陘口，對外宣稱是二十萬軍隊。廣武君李左車向成安君陳餘獻計說：「韓信、張耳乘勝而來，他們離開自己的國土遠征趙國，來勢洶洶，銳不可擋。我聽說『要從一千里之外運送糧食供應前方，則前方將士必然經常處於飢餓狀態。靠現打柴然後點火做飯，軍隊不可能有飽飯吃。』如今井陘道路狹窄，兩輛車不能並排通過，騎兵不能排成行列前進。韓信、張耳的隊伍就要前後拉開數百里，在這種情況下，漢軍的糧秣必然安排在最後。希望將軍調撥給我三萬用於出奇制勝的部隊，讓我抄小路截斷漢軍運送衣食等後勤物資的車隊。而您深挖戰壕、築起堅固的工事，不要與漢軍交戰。如此的話，漢軍向前不能廝殺，後退又沒有了退路，在田野之中又找不到任何東西吃，用不了十天，韓信、張耳二人的首級就會送到您的面前了。不然的話，您必將被韓信、張耳二人所擒獲。」成安君陳餘經常標榜「正義之師」，不用陰謀詭計去獲取勝利，他聽了廣武君李左車的話之後說：「韓信所率領的軍隊不僅很少，而且遠道而來已是疲憊不堪，對待這樣的軍隊如果再躲避起來不給他一個迎頭痛擊，其他諸侯必定會以為我們怯懦而輕視趙國，今後恐怕都要隨隨便便地就來攻打我們了。」

韓信暗中派人到趙國刺探軍情，當得知陳餘不肯採用李左車的建議後，非常高興，這才敢於率領軍隊進入井陘險道。在距離井陘口三十里的地方停下來休息。半夜時分，傳令出發。韓信首先選派了兩千名騎兵，讓他們每人手裡拿著一面紅旗，從小道爬上山去隱蔽起來，居高臨下地觀察趙軍的動靜。韓信告誡他們說：「趙軍看見我軍撤退，必定會全軍出動前來追趕。你們看見趙軍離開營寨後，就趕緊衝入趙軍營寨，拔掉趙軍的旗幟，換上漢軍的紅旗。」韓信又命令他的副將給軍隊發放一點食物，說：「等今天消滅趙軍後再好好地吃上一頓。」諸位將領都將信將疑，嘴裡假意答應著：「是。」韓信說：「趙軍已經搶先佔據了有利地形紮下營寨；趙軍沒有看見我軍的帥旗和儀仗鼓吹的情況下，肯定不會攻擊我們的先頭部隊，他們擔心我軍遭遇險阻會立即撤軍。」於是就派出了一支萬人的軍隊率先走出井陘口，背靠河水擺開陣勢。趙軍望見漢軍背水布陣，不禁哄然大笑。

第二天天剛亮，韓信豎起帥旗，架起戰鼓，大吹大擂地出了井陘口。趙軍打開營寨迎擊漢軍，兩軍激戰了很久。韓信與張耳這才假裝抵擋不住，下令士卒拋棄軍旗戰鼓，向著水邊的營寨狼狽而逃；駐紮在水邊的軍隊趕緊打開營門，將岸上的軍隊接進營中，再次與趙軍展開激戰。趙軍果然全軍出動來爭搶漢軍的軍旗和戰鼓，追逐韓信和張耳。韓信和張耳早已進入水邊的營寨，漢軍拼死抵抗，趙軍根本無法擊敗漢軍。這時，韓信派出的二千騎兵早就等候在那裡，他們一見趙軍全部出動去追逐戰利品，立刻衝進趙軍的營寨，拔掉趙軍的旗幟，插上二千桿漢軍的紅旗。趙軍看看無法捉到韓信、張耳二人，就想要撤回營寨；不料，營寨中已經插滿了漢軍的紅旗，趙軍無不大驚失色，以為漢軍已經全部擒獲了趙王歇與趙將。於是軍心大亂，再也無心戀戰，全都奪路而逃，雖然有趙軍將領壓陣，並當場殺死了幾名逃跑的軍士，也無法禁止。漢軍抓住這個時機裡外夾擊，大敗趙軍，把成安君陳餘殺死在泜水之上，活捉了趙王歇。

諸位將領都帶著自己斬獲趙軍的首級和抓獲的俘虜來向統帥稟報戰功，並就取得的勝利向韓信、張耳祝賀。諸將藉機向韓信請教說：「兵法上說：『行軍布陣應該選取右面背後靠山，左面和前面有水的地方。』

今天您卻讓我們背水布陣，還說『等擊破趙軍後再好好地吃上一頓』，我們心裡都不服氣，結果卻真的以此取得了勝利，不知這是什麼道理？」韓信說：「這也是兵法裡有的，只是諸位將軍沒有注意到就是了。兵法上不是有這樣的話嗎：『必須把軍隊置於危窘的境地，士兵才能發揮出最大的戰鬥力；把軍隊安置在死亡之地，士兵只有拼死作戰才有生存的可能。』再說，我韓信所率領的並不是一支訓練有素、肯於服從指揮的老軍隊，而是趕著一群烏合之眾去打仗，這種形勢之下，非得把他們安置在一個死亡之地，使他們各自為求生存而主動作戰，才有取勝的可能。如果把他們放在一個可以逃生的地方，恐怕早就四處逃散了，還能夠用他們去衝鋒陷陣嗎！」諸將都很佩服，說：「您分析得非常對。這是我們無論如何也預料不到的。」

韓信懸賞千金，捉拿廣武君李左車。命令一下，果然有人把廣武君李左車捆綁了送到韓信的面前。韓信親自為李左車解開捆綁的繩索，並安排他東向而坐，像尊奉老師那樣尊奉他。韓信向李左車請教說：「我想向北去攻打燕國、向東去攻打齊國，怎麼辦才能保證成功呢？」廣武君推辭說：「我只不過是一個敗軍亡國的俘虜，哪裡有資格談論軍國大事呢！」韓信說：「我聽說，百里奚住在虞國的時候，虞國滅亡了，他到了秦國後，秦國因為重用他而成就了霸業。這並不是百里奚在虞國的時候愚昧，而到了秦國就變得聰明了，關鍵是國君重用不重用，肯不肯聽取他的意見。假如當初成安君陳餘聽從了您的建議，像我韓信這樣，早就被你們擒獲了。正是因為成安君沒有聽從您的建議，我今天才有機會來請教先生。如今我是誠心誠意地向您請教，希望您不要再推辭了！」

廣武君說：「如今將軍率領漢軍渡過西河，俘虜了魏王豹，活捉了夏說。向東攻下井陘，在不到一個上午的時間就打敗了趙國二十萬軍隊，誅殺了成安君。您的威名傳遍海內，聲威震動了天下，那些種地的農夫全都放下手裡的農具停止勞作，穿上他們最好的衣服，吃他們最好的食物，豎起耳朵打探消息，等候死期的降臨，這是將軍您的長處。然而目前的形勢是民眾勞苦，士卒疲憊，其實很難再把他們投入戰場。如今將軍卻準備率領這樣一支疲憊不堪的軍隊，去攻打燕國防守堅固的城垣。勢必陷於一種想戰不能戰，想攻又攻不下的兩難境地，到那時就把自己的軍事實情完全暴露給對方，使自己陷於被動。如果再拖延時日，軍隊的糧餉必定供應不上。既然征服不了燕國，東邊的齊國又聚集重兵，嚴守邊境，以對付漢軍的進攻。您在這裡與燕國、齊國僵持不下，那麼漢王與項羽就很難決出誰勝誰負，這是您的弱點。善於用兵打仗的人，絕不用自己的短處去攻擊別人的長處，而是用自己的長處去攻擊對方的短處。」

韓信問：「既然這樣，那我該怎麼辦呢？」廣武君回答說：「如今我為將軍考慮，不如停止戰事，休養士卒，安撫趙地的百姓。如此，則百里之內的父老鄉親，每天都會有人抬著豬羊牛肉和美酒前來犒賞全軍將士。您再把軍隊擺出一副要向北進攻燕國的架勢，然後派遣一位能言善辯的人攜帶著您一尺長短的書信，用漢軍的優勢威脅燕國，在您的聲威面前，燕國不敢不聽從您的命令。燕國已經屈服，您再把大軍東移，直指齊國，到了這種時候，就是再有智謀的人士也不知道該如何為齊國出謀劃策了。做到這樣，天下的大事就都好辦了。用兵之道本來就有先採取宣傳攻勢，首先從氣勢上壓倒對方，然後再採取軍事行動的做法，說的就是這種現象。」韓信說：「好。」於是採用李左車的意見，派遣使者出使燕國。燕國果然立馬投降，韓信派遣使者向漢王報捷，並請求漢王封張耳為趙王。漢王答應了韓信的請求，封張耳為趙王。楚國多次派出奇兵渡過黃河攻擊趙國。張耳、韓信也就不斷派出兵力往來救援趙國，順便把軍隊所經過的趙國各地城邑佔領下來，同時不斷地把兵員送往滎陽前線增援漢王劉邦。

十月最後一天三十日甲戌，發生了日蝕。

十一月最後一天二十九日癸卯，又發生日蝕。

隨何接受了劉邦交給的策反九江王英布的任務來到九江，九江王府掌管膳食的太宰負責接待隨何，隨何已經到了三天了，卻一直不能見到九江王英布。隨何對太宰說：「九江王不肯見我，必定是認為楚國強大，以為漢王劉邦勢力弱小。我就是為這才來出使九江。如果讓我見到九江王，我說得有道理，恐怕我說的也正是九江王所希望聽到的；如果我說的不對，就請把我和我的隨從總共二十多人綁縛到九江的鬧市中處死，用以表明九江王不接受漢王的誘惑而親近楚王的心跡。」太宰將隨何的話報告給九江王英布。英布這才接見隨何。

隨何說：「漢王派我前來把書信敬獻給大王，漢王十分奇怪，不知道大王您和項王為什麼會如此親近？」九江王說：「項王是君主，我是他的臣子，我是以臣子的身分侍奉他。」隨何說：「大王和項王都是同一級別的諸侯，如今您以臣子的地位侍奉項王，必定是因為懼怕項王的強大，想得到他的庇護。可是，項王攻打齊國的時候，楚王親自背負著構築工事的木版，身先士卒，親冒矢石。大王就應該調集九江的全部兵力，親自率領前往齊國，擔任楚國攻打齊國的先鋒。而大王卻只派遣了四千人去援助楚國，難道說臣子侍奉君主就是這個樣子嗎？漢王率軍攻入楚國的都城彭城，項王遠在齊地，大王就應該出動九江的全部兵力渡過淮河，日夜兼程趕往彭城與漢軍作戰。大王您雖然擁有一萬多的兵力，卻沒有派一人渡過淮河增援彭城，而是垂衣拱手，在旁邊觀看誰勝誰負，希望別人庇護自己，難道就是這種做法嗎？大王空留著一個與楚國親近的名聲，而實際上是為了保存自己的實力，擁兵自重。我私下裡認為大王這樣做是不行的。大王不肯背叛楚國，是因為您認為西楚強大而漢王太弱小。其實楚軍雖然強大，但在天下人面前，楚王卻背負著一個不義的罪名，因為他背棄了盟約，殺死了義帝。現在漢王聚合各路軍隊，退守成皋、滎陽，順流而下源源不斷地運來蜀郡、漢中的糧草，使得軍中糧食供應充足；又壕溝深廣，壁壘堅固，分兵把守住邊境亭障、關口要塞。而楚軍深入敵國八九百里，依靠老弱殘兵從千里以外為大軍轉運糧草。漢軍堅守不戰，楚軍想戰不能，想退又不能脫身，所以說楚軍的強大是靠不住的。假使戰爭的結果是楚軍戰勝了漢軍，到那時諸侯就會人人自危而相互救援，楚國的強大恰好為他招致諸侯的進攻。所以楚不如漢，從這種形勢的對比看是顯而易見的。現在大王不歸附萬無一失的漢，而把自己託付給陷於危亡困境的楚，我對您的行為感到迷惑不解。我並不是認為光靠九江的兵力就能夠滅亡楚國。如果大王發兵背叛楚國，楚王項羽必定被您拖住。把項羽拖住幾個月，漢王奪取天下就可以萬無一失。到那時，我請求與大王一起手提寶劍歸附漢王，漢王一定會另外割地分封大王，九江本來就屬於大王所有，必然還是大王的。」九江王說：「遵命。」祕密地向隨何承諾背叛西楚歸附漢王，但還不敢對外洩露。

楚王項羽派遣的使者當時也在九江，住在賓館中，正在急切地督促英布發兵。隨何逕直進入楚國使者的住所，並坐在上首的位置上，說：「九江王已經歸附漢王，你們楚國哪裡有權力命令他發兵？」英布沒有料到隨何會有這一手，一時驚得不知所措。楚國的使者看到事情有變，立刻起身。隨何趁勢慫恿英布說：「事態已經如此，可以馬上殺掉楚國的使者，不要讓他回到楚國去報信，請馬上投奔滎陽和漢王合兵一處，同心協力對付項王。」英布說：「就照你說的辦。」於是殺掉了楚國的使者，發兵攻打楚軍。

楚王項羽派項聲、龍且攻打九江。攻打了好幾個月，才將英布的九江兵打敗。英布想要率領軍隊投奔漢王，又懼怕楚軍追上將自己殺死，於是就與隨何一起走小路，投奔漢王。

十二月，九江王來到滎陽。漢王正坐在床邊讓人給他洗腳，一面傳英布進見。英布看見漢王如此傲慢無禮，非常生氣，後悔前來投奔漢王，就想自殺。等到回到寓所，發現室內幃帳、飲食、隨從的官員，都與漢王一模一樣，英布又大喜過望。這才派人到九江去接取家眷，招集舊部。而楚王已經派項伯接管了九江的軍隊，英布的妻子兒女全被殺死。英布的使者只招集到一些宿將舊部，總計幾千人回到漢王這裡。漢王又給九江王增派了一些軍隊，讓他和自己一起駐紮在成皋。

楚王的軍隊不斷地襲擊漢軍的運糧通道，搶奪糧草，漢軍因此糧食出現危機。漢王與酈食其共同商討削弱楚軍力量的辦法，酈食其說：「古代的商湯打敗夏桀、滅掉了夏，後來把夏的後裔分封到杞以祭祀夏的祖先。周武王討伐商紂王、滅掉了商，就把商紂王的庶兄微子啟封到宋以祭祀商的祖先。如今秦王道德敗壞，仁義淪喪，他吞併諸侯，毀滅了諸侯祭祀祖先的祭壇，使諸侯的後裔沒有立錐之地。陛下您如果能夠把土地分封給齊、楚、燕、韓、趙、魏六國的後裔，使他們恢復舊有的國土，這幾個國家的君臣、百姓一定會感激您的恩德，欽佩景仰您的道義，到那時男人心甘情願地做您的臣屬，女人心甘情願地做您的奴婢。天下人已經感受到您的恩德和道義，您就可以面南而坐、稱霸天下，楚國也會整肅衣服，恭恭敬敬地朝拜漢王您了。」漢王說：「這個辦法好。趕快去刻六國的璽印，先生可以帶著印章去封六國的後裔。」

酈食其還沒有起行，張良從外面進來拜見漢王。漢王當時正在吃飯，他對張良說：「子房，你過來，有人為我出了一個削弱楚軍的主意。」就把酈食其所說的話詳細地告訴了張良，而後問張良說：「你覺得這個主意怎麼樣？」張良問：「是誰給陛下出的主意？如此的話，大王您統一天下的大事可就完了。」漢王說：「怎麼見得？」張良說：「請讓我借用一下您面前的筷子，我來給您分析一下形勢。過去商湯滅掉了夏朝，周武王滅掉了商朝後，分封了夏朝和商朝的後裔，是因為商湯、周武王估計自己有能力控制他們的生死。如今您能把項羽置於死地嗎？這是不可行的第一原因。周武王進入殷的都城以後，為了表彰商容的美德，就把商容住過的街巷用特殊的標誌標示出來；又把箕子從監獄中釋放出來，還為比干的墳墓加土。如今大王您能做到這些嗎？這是第二個不可行。打開巨橋的糧倉和鹿臺的錢幣分發給貧窮的百姓。您能做到嗎？這是第三個不可行。周武王滅掉殷商後，就把兵車改造成平時載人的車子，把天下的兵器全部收藏起來，以詔告天下此後不會再有戰爭。如今陛下能夠做到嗎？這是第四個不可行。把戰馬改做耕馬、趕到華山的南面去放牧，以表示不再使用。如今您能做到嗎？這是第五個不可行。把牛趕散到桃林的北面，讓牠們任意行動，以表示不再用牠們給軍隊運輸糧草。如今大王您能做到嗎？這是第六個不可行。天下的英雄豪傑，遠離了他們的父母妻子，拋棄了祖先的墳墓，告別了親朋故友，追隨陛下，就是盼望著能夠得到一塊土地的封賞。假如您把土地重新分封給六國的後裔，天下的豪傑之士全都回到故國侍奉他們原來的君主，或是回家與親人團聚，或返回到親朋故友身邊、祭守祖先的墳墓，陛下和誰一道去奪取天下呢？這是第七個不可行。再說如果楚國強大無比，您所立的六國之後還是會屈從於楚國，您又如何去臣服六國的後裔呢？這是第八個不可行。如果真的採用了那個人的計策，陛下奪取天下的大事可就徹底告吹了！」漢王立即停止吃飯，吐出了嘴裡正在咀嚼的食物，大罵酈食其說：「這小子幾乎把你老子的大事給毀了！」立即下令把刻好的印全部銷毀。

荀悅評論說：「戰爭方略的制定、獲取勝利的辦法，主要看三個方面：一是形，二是勢，三是情。具體地說：形，就是軍形，主要是指能否把握戰爭中總體勝敗的規律；勢，就是兵勢，主要是指戰爭中隨機應變，根據不同情況做出不同處理的能力；情，就是軍隊的士氣、意志，主要是指將士的思想情緒，是否願意作戰，有沒有必勝的信心。所以在採用的方略相同且任務一樣的情況下，而結果和功效有時會完全不同，究其原因，就是上述三個方面不一樣所致。

「當初，張耳、陳餘勸說陳涉分封六國後裔為王，是為了給自己擴大同盟軍、培植反抗秦朝的力量，酈食其也用這個辦法來勸說漢王。事情完全相同，但前者合時宜，對反秦有利；後者不合時宜，對劉邦戰勝項羽不利。因為在陳涉發難的時候，全天下的人都想推翻秦王朝，而現在楚王項羽與漢王劉邦誰勝誰負還沒有見分曉，而當時天下的人也未必都希望滅亡楚國。所以分封六國之後，對陳涉來說，是擴大了自己的同盟軍，而給秦王朝樹立了更多的敵人。再說，當時全國的土地也不歸陳涉所有，他只不過是把原本不屬於自己的東西分給了別人，也就是說，是給別人一種口頭的恩惠，而自己卻贏得了多方的支持與擁護。分封六國之後，對漢王劉邦來說，等於是割去屬於自己所有的土地去資助敵人，雖然落得一個分封諸侯的名聲，卻要受到實有的禍害。事情雖然一樣，因客觀形勢不同，效果也就不一樣了。

「卿子冠軍宋義對於秦、趙雙方採取了坐山觀虎鬥的態度，這與過去卞莊刺虎的做法完全相同。但應用在戰國時代，兩個相鄰的國家相互攻擊，對於第三國來說只有好處而沒有亡國的顧慮，是可行的。戰國時期，列國林立，時間已經持續了很久，一次戰爭的勝負，未必能決定一個國家的存亡。在那種形勢下，要想通過一場戰鬥就滅掉某個國家是不可能的，如果進攻有利就進攻，如果進攻不利就退守自保，所以需要積蓄自己的力量、等待時機，抓住敵方衰敗的機會再進攻將其消滅，這是由形勢決定的。而楚懷王芈心與所派出的宋義和趙王歇與張耳、陳餘，他們與秦國的關係勢不兩立，安危存亡就決定於瞬息之間。進攻就能成功，退縮就會遭禍。這也是事情相同而勢不同的例證。

「在攻打趙國的戰役中，韓信在泜水邊背水列陣，而趙國不能將他打敗。彭城戰役，漢王劉邦與楚軍戰於睢水，漢軍士卒被趕入睢水淹死，而楚軍獲得全面勝利，這是為什麼呢？這是因為趙國的軍隊離開都城，在國境以內與韓信的軍隊作戰，估計可以取勝就進攻，感到取勝有困難就後退，心中顧念著家鄉、妻子兒女，沒有抱定必死的決心與敵人拼死作戰的意願。而韓信的軍隊背水為陣，孤立無援，士卒只有拼死求生存的決心，而沒有其他雜念，這是韓信獲勝的原因。而漢王劉邦深入楚國都城彭城，舉行盛大的宴會，飲酒作樂，士卒只顧貪圖安逸享樂而鬥志全失。楚國在有著強大威勢的情況下，卻突然失陷了都城，必定是全軍激憤、鬥志昂揚，都有一種挽救危亡的急迫感，都把此日之戰看作是決定生死存亡之舉，這是漢軍所以失敗的原因。況且，韓信挑選精銳的軍隊固守營壘，而趙國用顧念家鄉、顧念妻子兒女的軍隊去進攻。項羽挑選精兵攻打漢軍，而漢王卻用怠惰的軍隊去應敵。這也是事情相同而雙方的情緒、意志不同，所以勝敗的結果也不同的例證。

「所以說：權謀不可能在事發之前就預先制定好，應變措施不可能在變故發生前就考慮妥當。要隨著時代的發展變化，隨著客觀事物的發展變化，而在戰略戰術上也要採取相應的改變，這才是獲勝的關鍵。」

漢王對陳平說：「天下混亂，什麼時候才能安定呢？」陳平回答說：「項王手下對他最忠誠、最堅持原則、起主心骨作用的大臣，像亞父范增、鍾離昧、龍且、周殷這樣的，才不過幾個人。大王您如果捨得拿出幾萬斤黃金，去行使反間計，離間楚國君臣之間的關係，使他們互相猜忌，項羽這個人天性多疑，容易相信讒言，在他們內部，必定會進行誅殺。漢軍趁機發兵攻打，一定能將楚軍打敗。」漢王說：「好。」於是毫不吝嗇地拿出四萬斤黃金交給陳平，隨他任意使用，從不過問他開支的情況。陳平派了很多間諜帶著重金到楚軍之中進行間諜活動，他們到處散布流言說：以鍾離昧等人為首的諸位將領，為楚王攻城略地，建立的功勞多了，但始終沒有分地封王，他們準備投降漢王，與漢軍一起消滅項氏，而瓜分他的土地。這話傳到項羽的耳中，他果然對鍾離昧等人不再信任。

夏，四月，楚圍漢王於滎陽，急，漢王請和，割滎陽以西者為漢。亞父勸羽急攻滎陽，漢王患之。項王[1]使使至漢，陳平使為太牢具❶。舉進❷，見楚使，即佯驚❸曰：「吾以為亞父使，乃項王使。」復持去，更以惡草具進楚使❹。楚使歸，具❺以報項王。項王果大疑亞父。亞父欲急攻下滎陽城，項王不信，不肯聽。

亞父聞項王疑之，乃怒曰：「天下事大定❻矣，君王自為之，願請[2]骸骨歸❼。」未至彭城❽，疽發背而死❾。

五月，將軍紀信言於漢王曰：「事急矣！臣請誑楚❿，王可以間出⓫。」於是陳平夜出女子東門二千餘人⓬，楚因四面擊之。紀信乃乘王車⓭，黃屋左纛⓮，曰：「食盡，漢王降楚。」楚皆呼[3]萬歲⓯，之城東觀⓰。以故漢王得與數十騎出西門遁去，令韓王信與周苛⓱、魏豹⓲、樅公⓳守滎陽。羽見紀信，問：「漢王安在？」曰：「已出去⓴矣。」羽燒殺信。周苛、樅公相謂曰：「反國之王，難與守城㉑。」因殺魏豹。

漢王出滎陽，至成皋，入關㉒，收兵欲復東㉓。轅生㉔說漢王曰：「漢與楚相距滎陽數歲㉕，漢常困㉖。願君王出武關㉗，項王必引兵南走㉘。王深壁勿戰㉙，令滎陽、成皋間且得休息，使韓信等得安輯㉚河北趙地，連燕、齊㉛，君王乃復走滎陽。如此，則楚所備者多，力分。漢得休息，復與之戰，破之必矣㉜。」漢王從其計，出軍宛、葉㉝間。與黥布行收兵㉞。羽聞漢王在宛，果引兵南，漢王堅壁不與戰。

漢王之敗彭城，解而西㉟也，彭越皆亡其所下城㊱，獨將其兵北居河上㊲。常往來為漢游兵[38]，擊楚，絕其後糧[39]。是月，彭越渡睢[40]，與項聲、薛公[41]戰下邳[42]，破殺薛公。羽乃使終公[43]守成皋，而自東擊彭越[44]。漢王引兵北，擊破終公，復軍成皋。

六月，羽已破走彭越，聞漢復軍成皋，乃引兵西，拔滎陽城[45]，生得周苛[46]。羽謂苛：「為我將，以公為上將軍，封三萬戶。」周苛罵曰：「若不趨降漢，今為虜矣[47]。若非漢王敵也！」羽亨周苛，并殺樅公，而虜韓王信[48]，遂圍成皋。漢王逃，獨與滕公[49]共車，出成皋玉門[50]，北渡河，宿小脩武傳舍[51]。晨，自稱漢使，馳入趙壁[52]。張耳、韓信未起，即其臥內奪其印符[53]，以麾召諸將，易置之[54]。信、耳起，乃知漢王來，大驚[55]。漢王既奪兩人軍，即令張耳循行[56]，備守趙地，拜韓信為相國[57]，收趙兵未發者擊齊[58]。諸將稍稍[59]得出成皋從漢王[60]。楚遂拔成皋，欲西[61]。漢使兵距之鞏[62]，令其不得西。

秋，七月，有星孛于大角[63]。

臨江王敖[64]薨，子尉嗣[65]。

漢王得韓信軍，復大振。八月，引兵臨河南鄉[66]，軍小脩武，欲復與楚戰。郎中[67]鄭忠說止漢王，使高壘深塹[68]，勿與戰。漢王聽其計，使將軍劉賈、盧綰[69]

將卒二萬人，騎數百，度白馬津[70]，入楚地，佐彭越燒楚積聚[71]，以破其業[72]，無以給[73]項王軍食而已。楚兵擊劉賈，賈輒堅壁[74]不肯與戰，而與彭越相保[75]。

彭越攻徇梁地[76]，下睢陽[77]、外黃[78]等十七城。

九月，項王謂大司馬[79]曹咎曰：「謹守成皋，即[80]漢王欲挑戰，慎勿與戰，勿令得東而已[81]。我十五日必定梁地，復從將軍[82]。」羽引兵東，行擊[83]陳留[84]、外黃、睢陽等城，皆下之。

漢王欲捐成皋以東[85]，屯鞏、洛[86]以距楚。酈生[87]曰：「臣聞『知天之天者[88]，王事可成』。王者以民為天，而民以食為天[89]。夫敖倉[90]，天下轉輸[91]久矣，臣聞其下[92]乃有藏粟甚多。楚人拔滎陽，不堅守敖倉，乃引而東，令適卒分守成皋[93]，此乃天所以資漢也[94]。方今楚易取，而漢反卻[95]，自奪其便[96]，臣竊以為過矣。且兩雄不俱立[97]，楚、漢久相持不決，海內搖蕩，農夫釋耒，紅女[4]下機[98]，天下之心未有所定[99]也。願足下急復進兵，收取滎陽，據敖倉之粟，塞成皋之險[100]，杜太行之道[101]，距蜚狐之口[102]，守白馬之津[103]。以示諸侯形制之勢[104]，則天下知所歸[105]矣。」王從之，乃復謀取敖倉。

食其又說王曰：「方今燕、趙已定[106]，唯齊未下。諸田宗彊[107]，負海岱[108]，阻河、濟(109)，南近於楚(110)，人多變詐。足下雖遣數萬師，未可以歲月破(111)也。臣請得奉明詔(112)，說齊王，使為漢而稱東藩(113)。」上曰：「善。」

乃使酈生說齊王(114)曰：「王知天下之所歸乎？」王曰：「不知也。天下何所歸？」酈生曰：「歸漢。」曰：「先生何以(115)言之？」曰：「漢王先入咸陽，項王負約(116)，王之漢中。項王遷殺義帝(117)，漢王聞之，起蜀、漢之兵，擊三秦(118)，出關(119)而責義帝之處(120)。收天下之兵，立諸侯之後(121)。降城即以侯其將，得賂即以分其士(122)，與天下同其利。豪英賢才皆樂為之用。項王有倍約(123)之名，殺義帝之負(124) [5]。於人之功無所記(125)，於人之罪無所忘。戰勝而不得其賞，拔城而不得其封(126)。非項氏，莫得用事(127)，天下畔(128)之，賢才怨之，而莫為之用。故天下之事(129)歸於漢王，可坐而策(130)也。夫漢王發蜀、漢，定三秦；涉西河，破北魏(131)；出井陘(132)，誅成安君(133)。此非人之力也，天之福(134)也。今已據敖倉之粟，塞成皋之險，守白馬之津，杜太行之阪，距蜚狐之口，天下後服者先亡(135)矣。王疾先下漢王(136)，齊國可得而保也。不然，危亡可立而待(137)也。」先是，齊聞韓信且東兵(138)，使華無傷、田解(139)將重兵屯歷下(140)，以距漢(141) [6]。及納酈生之言，遣使與漢平(142)。乃罷歷下守戰備(143)，與酈生日(144)縱酒為樂。

韓信引兵東，未度平原[145]，聞酈食其已說下齊[146]，欲止[147]。辨士蒯徹[148]說信曰：「將軍受詔擊齊，而漢獨發間使[149]下齊，寧有詔止將軍乎[150]，何以得毋行也[151]？且酈生一士[152]，伏軾[153]掉三寸之舌[154]，下齊七十餘城。將軍以數萬眾，歲餘乃下趙五十餘城。為將數歲，反不如一豎儒[155]之功乎？」於是信然之，遂渡河。

【章　旨】以上為第二段，寫高祖三年（西元前二〇四年）下半年的楚漢戰爭形勢，主要寫了劉邦、項羽在中原主戰場上的激烈鬥爭，一方面是寫了劉邦多次被項羽打得慘敗，狼狽而逃；同時也寫了陳平為劉邦施行反間計，挑起項羽陣營內部的相互猜疑，離心離德；轅生、鄭忠、酈食其為劉邦出謀劃策，使項羽「備多力分」；以及劉賈、盧綰與彭越相互配合，在項羽後方開展游擊戰、運動戰，使項羽疲於奔命，預示了項羽日後必敗、劉邦日後必勝的前景。而這時於北線作戰的韓信在滅魏、破趙、收燕後，經過整頓正進兵齊國，一場更為不利於項羽的巨大變化正在醞釀中。

【注　釋】❶為大牢具　意即提供最高級的酒飯招待。大牢具，牛羊豕三牲皆備的飯食，待客的最高禮數。大，通「太」。具，原指盛食品的器具，後即用以指飯食、筵席。❷舉進　端著酒飯至前。❸佯驚　假作吃驚。佯，假裝。❹更以惡草具進楚使　又換了一種壞飯食給項羽的使者端上來。惡草具，粗劣的飯食。乾隆《通鑑輯覽》曰：「陳平此計乃欺三尺童未可保其必信者，史乃以為奇而世傳之，可發一笑。」史珥曰：「曲逆（陳平）間范增號稱『奇計』，然其術甚淺，豈羽本無機智，以淺中之乃所以為奇與？」❺具　一五一十地；詳細地。❻大定　基本平定。❼願請骸骨歸　意即請允許我回家為民。❽未至彭城　還沒有走到彭城。❾疽發背而死　疽，癰瘡，多發於項部、背部和臀部，治療不及時有生命危險。❿臣請誑楚　請讓我使用欺騙項羽的辦法。誑，騙。⓫間出　乘隙而出。⓬夜出女子東門二千餘人　《史記・項羽本紀》於此作「漢王夜出女子滎陽東門被甲二千人」，令其偽裝士兵以吸引楚兵來攻。⓭乘王車　意即假裝劉邦。⓮黃屋左纛　黃屋，是以黃繒為篷蓋的車，古代王者所乘。左纛，是將以犛牛尾為纓珞的飾物裝在左側邊馬的頭頂上，也是帝王車駕特有的制度。今始皇陵出土的銅車馬上即有此物。瀧川曰：「漢王未為天子，何以『黃屋左纛』？蓋紀信用引耳目，楚人遂為其所誑。」⑮皆呼萬歲　趙翼曰：「『萬歲』本古人慶賀之辭，後乃為至尊之專稱。」按，《史記·田單列傳》田單約降於燕，燕軍亦「皆呼萬歲」。⑯之城東觀　都跑到城東面觀看。之，往。⑰周苛　劉邦的部將，時為劉邦王國的御史大夫，位同副丞相，掌監察、彈劾。⑱魏豹　原為魏王，被韓信俘獲後，劉邦將其釋放，用以為將。⑲樅公　姓樅，史失其名。或許曾為樅陽（今安徽內）縣令，故以官職稱之，亦如稱夏侯嬰為「滕公」也。⑳出去　出城逃去。㉑反國之王二句　蓋周苛等以與魏豹合作為羞。㉒入關　進入函谷關，回到其戰時都城櫟陽。㉓復東　仍回滎陽前線。㉔轅生　轅先生，劉邦部下的謀士，史失其名。《史記·高祖本紀》作「袁生」。《漢書》作「轅生」。㉕漢與楚相距滎陽數歲　梁玉繩曰：「連閏月計之，首尾才十四月，何言『數歲』乎？當作『歲餘』為是。」㉖常困　經常處於被動狀態。困，窘迫。㉗武關　關塞名，在今陝西丹鳳東南，是陝西南部通往河南、湖北的門戶。㉘項王必引兵南走　意謂劉邦倘南出武關，則項羽亦必引兵南下，至南陽一帶以截擊之。師古曰：「走，謂趨向也。」㉙王深壁勿戰　謂在武關以東深溝高壘，不與項羽開戰，目的只在拖住項羽。㉚安輯　安撫、穩定。按，此時韓信已穩定趙地，收服燕國，但尚未向齊地進軍。㉛連燕齊　意即再向北、向東擴展，將燕地、齊地連成一片。㉜楚所備者多五句　鍾惺曰：「袁生此策亦漢得天下要著，楚雖勝漢，力疲而神亂矣。『所備者多』一語尤為居要，可悟兵家分合勞逸之故。」㉝宛葉　宛城、葉縣。宛城即今河南南陽，葉縣舊城在今河南葉縣之舊縣街西。㉞行收兵　一面前進，一面收編、擴充軍隊。㉟解而西　潰散西逃。劉邦之五十六萬人被項羽三萬人所擊破，狼狽西逃事，在高祖二年四月。㊱亡其所下城　將其原已攻下的屬於項羽的城邑又丟掉了。㊲北居河上　《史記正義》曰：「滑州河上也。」即今河南滑縣一帶的古黃河邊上。㊳為漢游兵　作為劉邦的游擊兵團。㊴絕其後糧　斷絕項羽後方對前方的糧食供應。㊵渡睢　渡過睢水，睢水自西北流來，經睢陽（今河南商丘）城南，東流匯入泗水。㊶項聲薛公　都是項羽的部將。薛公，曾為薛縣縣令，史失其姓名。㊷下邳　秦縣名，縣治在今江蘇邳州西南。㊸終公　項羽的部將，名字事跡不詳。㊹自東擊彭越　凌稚隆引蘇洵曰：「虎方捕鹿，羆據其穴捕其子，虎安得不置鹿而返？返則斃於羆明矣，軍志所謂『攻其必救』也。」凌稚隆引董份曰：「善戰者致人，項羽每為漢致，其敗也固宜。」㊺乃引兵西二句　史珥曰：「連用三『引兵』字，寫出項羽疲於奔命光景。」㊻生得周苛　此次項羽攻破滎陽，生得了周苛、樅公、韓王信。㊼若不趨降漢二句　你如不趕緊降漢，你就將被俘虜啦。若，你。趨，通「趣」。促；趕緊。今，即將。㊽而虜韓王信　據《史記·項羽本紀》與〈韓信盧綰列傳〉，韓王信與周苛、樅公共守滎陽，城破後，周苛、樅公皆死，韓王信降楚。後項羽失敗，韓王信又逃歸劉邦。㊾滕公　夏侯嬰，劉邦的部將。因其曾被劉邦任為滕縣縣令，故人稱「滕公」，一直為劉邦趕車。(50)成皋玉門　成皋城的北門。(51)小脩武傳舍　脩武是秦縣名，即今河南獲嘉，韓信、張耳破趙後駐兵於此。小脩武是脩武縣的鄉邑名，在脩武縣城東。傳舍，即今之旅館、招待所。(52)趙壁　即指韓信、張耳滅趙後駐紮在脩武的軍營。(53)印符　信印、兵符，帝王授與將軍統兵的信物。(54)以麾召諸將二句　用韓信、張耳的指揮旗把諸將召來，改變了韓信、張耳原先對他們的安排，使之不再受韓信、張耳統領。麾，大將的指揮旗。(55)信耳起三句　凌稚隆引楊時曰：「信、耳勇略蓋世，竊怪漢王入臥內奪其印符，召諸將易置之而未之知，此其禁防闊疏，與棘門、霸上之軍何異耶？使敵人投間竊發，則二人者可得而虜也。」梁玉繩曰：「此事余疑史筆增飾，非其實也。」(56)循行　帶兵周回巡視，以維持安定。(57)拜韓信為相國　韓信前已為「左丞相」，今又號之為「相國」，「相國」的權位在「左、右丞相」之上。但此「相國」仍僅是虛銜，亦猶唐代常把「御史大夫」的虛銜加給鎮邊諸將一樣。(58)收趙兵未發者擊齊　郭嵩燾曰：「高祖盡收韓信軍以臨河南，是所用以擊齊者，新發之趙兵耳。惟所用皆成精銳之師，此之謂神奇。」(59)稍稍　漸漸。(60)出成皋從漢王　相繼逃出成皋，投奔劉邦。因劉邦先逃時只有滕公跟隨，諸守將當時皆不知也。(61)欲西　想繼續向西方進攻。(62)鞏　秦縣名，縣治在今河南鞏縣西南，西距洛陽不遠。(63)有星孛于大角　有彗星出現在大角星座的附近。孛，彗星光芒四射的樣子，古人以彗星出現為不祥，故史官書之於史。大角，星名，屬亢宿。《史記・天官書》之《正義》曰：「大角一星在兩攝提間，人君之象也。」(64)臨江王敖　共敖，被項羽封為臨江王，國都郢，即今湖北江陵西北之紀南城。(65)子尉嗣　其子共尉繼任為臨江王。(66)臨河南鄉　面對黃河，向南紮下營盤。鄉，通「向」。(67)郎中　帝王的低級侍從官，上屬郎中令。(68)高壘深塹　高築牆、深挖溝，意即嚴密防守。(69)劉賈盧綰　都是劉邦的部將，劉賈是劉邦的同族。事跡見《史記・荊燕世家》。盧綰是劉邦兒時的親密夥伴。事跡見《史記・韓信盧綰列傳》。(70)白馬津　黃河上的渡口名，在今河南滑縣東北。(71)積聚　指軍中的儲備物資，衣服、器械、糧草等。(72)以破其業　專門破壞敵人後方所幹的事情。(73)給　供給；供應。(74)輒堅壁　總是堅守營壘，不肯出戰。輒，就；往往。堅壁，堅守營壘。(75)與彭越相保　與彭越相互支援，相互依靠。(76)攻徇梁地　在舊日梁國的地面上巡行攻擊楚軍。徇，巡行。梁地，指今河南東部一帶地區。(77)睢陽　秦縣名，縣治在今河南商丘城南。(78)外黃　秦縣名，縣治在今河南杞縣東北、民權西北。(79)大司馬　官名，掌管全國軍事的最高長官。(80)即　若。(81)勿令得東而已　只要牽制住他們，別讓他們向東方開進就夠了。(82)復從將軍　再回到你們這裡來。(83)行擊　猶今之所謂「攻擊前進」。(84)陳留　秦縣名，縣治即今河南開封東南的陳留鎮。(85)欲捐成皋以東　意即放棄滎陽、成皋一帶的舊有防線。(86)鞏洛　鞏縣、洛陽。(87)酈生　酈食其。(88)知天之天者　意即明白糧食之重要性的人。(89)王者以民為天二句　《索隱》引《管子》云：「王者以民為天，民以食為天，能知天之天者，斯可矣。」

(90)敖倉　秦朝的大糧倉，在滎陽城北的黃河邊上。因其地處敖山，故稱敖倉。(91)轉輸　指各地向敖倉運送糧食。(92)其下　調窖藏。何焯曰：「聞之中州人云，秦人因土山窖粟其下，不與今他處倉廩等，故曰『聞其下乃有藏粟』。」(93)乃引而東二句　此即前文所述項羽自引兵東擊彭越，令曹咎等鎮守成皋事。適卒，即指士卒，因秦時多發罪人征戍，故曰謫卒。適，同「謫」。(94)此乃天所以資漢也　這是老天爺把敖倉的糧食賜給我們漢王國。資，助；給。李晚芳《讀史管見》曰：「此策實關天下大計，足以補三傑所未備。」(95)反卻　指欲退守鞏、洛而言。(96)自奪其便　自己放棄有利的時機。奪，失掉，這裡指「放棄」。(97)不俱立　不能同時並立。(98)農夫釋耒二句　皆言由於戰爭動亂，朝不保夕，人皆無心生產，苟且待命之狀。耒，一種木製的犁地農具。也有說是一種類似木叉的農具。紅，通「工」。指紡織、刺繡等女性生產作業。下機，離開織布機。(99)未有所定　指看不出誰勝誰敗的苗頭，不知傾向誰為好。(100)塞成皋之險　成皋以東是平原，成皋以西是險要的丘陵地，成皋是西進的門戶，故守此曰「塞」。(101)杜太行之道　即佔領今河南沁陽、博愛與山西晉城等一帶地區，這裡有南北通道即羊腸阪。杜，斷絕；堵塞。太行，山名，在今河北、河南、山西三省交界處。當時山口以北的山西、河北都已是劉邦的地盤，故要扼守山口不使項羽北進。(102)距蜚狐之口　距，通「拒」。亦「杜」、「塞」之意。蜚狐之口，即飛狐口，關隘名，在今河北蔚縣東南。蜚，同「飛」。按，飛狐口偏於北鄙，似與滎陽主戰場不沾邊。(103)守白馬之津　白馬津為黃河渡口名，在今河南滑縣東北，守住這裡可以威脅項羽前、後方的聯絡。(104)形制之勢　謂佔據有利地形，以制服敵人。(105)知所歸　知道該傾向誰、擁護誰。(106)燕趙已定　燕是臧荼的封國，都於薊（今北京市城區的西南部）。漢三年十月韓信破趙後，用廣武君李左車之策，示燕以形勢，燕人遂從風而靡，歸附於漢。(107)諸田宗彊　諸田，指由戰國時齊王宗室傳下來的各個支派。宗彊，宗族人多而勢大。(108)負海岱　靠著東海、泰山。岱，泰山。(109)阻河濟　有黃河、濟水的險要可憑。阻，據；憑藉。河、濟，黃河、濟水，流經齊國西北境，為齊國的天然屏障。(110)南近於楚　南境與項羽的領土相連。(111)未可以歲月破　不是一年半載可以攻克的。(112)奉明詔　稟承您的旨意。(113)使為漢而稱東藩　意即使之成為漢的東方屬國。藩，藩籬，古代用以稱諸侯國，諸侯國是宗主國的藩籬屏障。(114)齊王　此時的齊王是田榮之子田廣，但國家大權都掌握在其叔田橫之手。(115)何以　以何；根據什麼。(116)負約　違背誰先入關誰就當關中王的約定。(117)遷殺義帝　先是將義帝遷往郴縣，後又在半路上將其殺死。(118)三秦　分立在關中地區的章邯的雍國、司馬欣的塞國、董翳的翟國。(119)出關　東出函谷關。(120)責義帝之處　責問項羽義帝現在哪裡，即討伐項羽殺害義帝的罪行。(121)立諸侯之後　受過劉邦封立的六國後代有魏豹、韓王信，其他未聞。又，酈生的確向劉邦提過廣立六國之後的建議，但劉邦沒有採納。(122)降城即以侯其將二句　此即韓信登臺拜將之所謂「以天下城邑封功臣，何所不服」，與《史記・高祖本紀》高起、王陵之所謂「使人攻城略地，所降下者因以予之」。降城，攻下城池。得賂，獲得錢財。(123)倍約　背叛盟約。倍，通「背」。(124)負　虧缺；罪過。瀧川曰：「楓、三本『負』作『罪』。」(125)無所記　扔在腦後。(126)戰勝而不得其賞二句　《史記・高祖本紀》高起、王陵有所謂「戰勝而不予人功，得地而不予人利」，意思與此相同。(127)用事　掌權。(128)畔　通「叛」。背叛。(129)天下之事　意即天下的一切。(130)可坐而策　極言其形勢易見，不用費事就可以算清楚。策，推算；運算。(131)破北魏　即指破虜魏豹。王先謙曰：「北魏，豹在河北故也。亦謂之西魏，以大梁於安邑為東也。」(132)井陘　即井陘口，在今河北井陘西北，亦稱「土門關」，是山西與河北交界穿越太行山的山口名。(133)誅成安君　即破殺陳餘。(134)天之福　上天之所保佑。福，保佑。(135)後服者先亡　誰不及早歸服誰就先被消滅。(136)疾先下漢王　趕緊投降漢王。疾，迅速；趕緊。下，歸順；投降。(137)可立而待　意即馬上就要降臨。(138)且東兵　將要發兵東下伐齊。且，將要。(139)華無傷田解　齊國的二將名。(140)歷下　歷山之下，在今山東濟南西南，故濟南亦曾稱為歷城。是自古以來的軍事要地。(141)以距漢　以待韓信。(142)與漢平　與劉邦講和結盟。平，結約。(143)罷歷下守戰備　解除了防止歷城被進攻的戰備。(144)日　每日。(145)平原　平原津，當時黃河上的渡口名，在今山東平原縣西南。(146)已說下齊　已經說服齊王歸順劉邦。(147)欲止　想要停止進攻。(148)蒯徹　後來因避漢武帝劉徹諱，被人改稱「蒯通」，齊國范縣人，當時有名的謀士，前文已載其勸說陳涉的部將武臣在平定趙地時接受范陽縣令投降事。(149)獨發間使　只不過是派了一個祕密使節。獨，只不過。發，派。間使，密使。(150)寧有詔止將軍乎　莫非有命令讓你停止進兵了嗎。寧，難道；莫非。(151)何以得毋行也　你怎麼就能停止不前了呢。毋行，停止進軍。(152)酈生一士　酈食其只不過是一個書呆子。(153)伏軾　伏身靠在車前的橫木上，這裡即指乘車。(154)掉三寸之舌　掉，搖動。這句話是極言其不費力氣。(155)豎儒　罵人語，奴才儒，滿口之乎者也的奴才。

【校　記】[1]項王　「王」，原作「羽」。據章鈺校，乙十一行本、孔天胤本皆作「王」。今從乙十一行本及《史記・陳丞相世家》、《通鑑紀事本末》改。[2]願請　「請」，原作「賜」。據章鈺校，乙十一行本、孔天胤本皆作「請」。今從乙十一行本及《史記・陳丞相世家》、《通鑑紀事本末》改。[3]降楚楚皆呼　原本「楚」字不重。據章鈺校，乙十一行本、孔天胤本皆重「楚」字，傅增湘校北宋本同。今從乙十一行本及《漢書・高帝紀》、《通鑑紀事本末》補。[4]紅女　「紅」，原作「工」。據章鈺校，乙十一行本作「紅」。今從乙十一行本及《漢書・酈陸朱劉叔孫傳》改。[5]之負　據章鈺校，乙十一行本「負」作「實」。[6]屯歷下以距漢　原本「以」上有「軍」字。據章鈺校，乙十一行本、孔天胤本皆無此字，張瑛《通鑑校勘記》、傅增湘校北宋本同，熊羅宿《胡刻資治通鑑校字記》云：元本「軍」作「下」，「下」字衍，胡刻改作「軍」，非。今從諸本及《通鑑紀事本末》刪。

【語　譯】夏季，四月，楚軍把漢王包圍在滎陽，情況十分緊急，漢王請求與項羽講和，將滎陽以西地區劃歸漢王所有。范增勸項羽不要接受劉邦的講和，抓住機會加緊對滎陽展開攻勢；劉邦很是憂懼。項王派使者來到漢軍大營，陳平派人準備了牛、羊、豬等最高級的酒飯。當侍者把這些食品端上去的時候，陳平看著使者故作吃驚地說：「我以為是亞父派來的使者，誰知道卻是項王派來的使者。」於是讓侍者把那些精美的食品端了下去，換上粗劣的食物，端到使者的面前。項王的使者回到楚軍以後，把在漢軍中遇到的情形詳細地彙報給項王。項王果然對范增產生了懷疑。范增希望趕緊攻下滎陽，項王因為不相信范增，所以不肯聽從他的建議。范增得知項王對自己產生了懷疑，便怒氣沖沖地說：「天下已經基本平定，大王您自己好自為之，請您准許我告老回鄉。」范增在返回彭城的路上，由於背上惡瘡發作而死。

五月，將軍紀信對漢王說：「事情已經非常危急了！我請求裝扮成您的模樣去騙過楚軍。大王可以趁機從小道逃出去。」於是，陳平就在夜間讓兩千多名女子從東門出城，楚軍看見有人出城，就從四面圍攻上來。此時紀信裝扮成漢王的樣子，乘坐著漢王的車子出滎陽東門，車子上面用黃繒做的頂篷，左面插著用犛牛尾做裝飾的御旗，命人向楚軍喊話說：「漢軍之中，糧秣已盡，漢王向楚軍投降。」楚軍一聽漢王出城投降，都高興得歡呼「萬歲」，紛紛地跑到城東門來觀看。漢王趁這機會帶領幾十個騎兵從城西門逃了出去，臨行，下令韓王信與周苛、魏豹、樅公留守滎陽。項羽看見出來投降的「漢王」不是劉邦，而是紀信，就問：「劉邦在哪裡？」紀信從容地回答說：「已經出滎陽城了。」項羽下令燒死了紀信。周苛、樅公互相商議說：「魏豹是一個反覆無常的國王，很難和我們同心協力守衛滎陽。」於是殺死了魏豹。

漢王劉邦逃出滎陽，到達成皋，然後進入關中；在關中聚集軍隊，準備再次東進。轅生向漢王建議說：「漢與楚在滎陽的拉鋸戰已經持續了好幾年，而漢經常處於困境。希望大王這次從武關向南進兵，項王必定率軍向南迎戰漢軍。大王您深溝高壘，堅守不戰，只是拖住楚軍，讓滎陽、成皋得到一段時間進行休整，讓韓信有時間安撫河北的趙國，再向北、向東擴展地盤，將燕、齊連成一片；那時大王您再出兵滎陽。這樣的話，楚國就要分散他的兵力，多處設防。而漢軍得到休整，再與楚軍決戰，必定能夠打敗楚軍。」漢王聽從轅生的計策，率領軍隊從武關出發，抵達宛城、葉縣之間。途中與黥布一面行進一面收編、擴充軍隊。項羽得知漢王在宛城一帶，果然率軍南下；漢王堅守營壘，不與楚軍交戰。

早先，漢王兵敗彭城後，軍隊潰散西逃，彭越所攻佔的城邑也跟著全部丟失了，他就獨自一人率領他手下的軍隊在黃河一帶。經常進行游擊戰，以聲援漢軍，截斷楚軍糧秣。就在這個月，他渡過睢水，與楚軍的項聲、薛公在下邳展開激戰，大敗楚軍，殺死了薛公。項羽派終公據守成皋，自己則率領軍隊向東攻打彭越。漢王向北打敗終公，再次把軍隊駐紮在成皋。

六月，項羽將彭越打敗趕走，得知漢王又將軍隊駐紮在成皋，於是率領軍隊攻克了滎陽城，擒獲了周苛。項羽對周苛說：「你如果願意做我軍的將領，我就任命你為上將軍，封你三萬戶。」周苛大罵項羽說：「你如果不趕快投降漢王，就將要被漢王俘虜了。你不是漢王的對手！」項羽將周苛烹煮而死；這一次戰鬥，項羽殺死了樅公，俘虜了韓王信，順勢將成皋包圍。漢王奪路逃走，逃走時，車上只有滕公夏侯嬰和漢王兩人，他們從成皋玉門逃出，向北渡過黃河，悄悄住進韓信、張耳所在的小脩武的驛站裡。第二天清早，漢王冒充漢王的使者，飛馬馳入趙軍的營壘。當時張耳、韓信還沒有起床，漢王直接闖入他們的臥室，奪取了他們的帥印和兵符，並用指揮旗召集軍中將領，改變了韓信、張耳安排給他們的職位，使他們不再接受韓信、張耳的統領。韓信、張耳起床後，才知道是漢王親自到來，兩人非常震驚。漢王已經奪取了兩個人的軍權，當即命令張耳巡查各地，加強防守趙地，任命韓信為趙國相國，徵調趙地尚未調往滎陽的兵力去攻取齊國。成皋的漢軍此時也相繼逃出成皋投奔漢王。楚王項羽攻佔成皋後，想繼續西進攻漢。漢王派兵在鞏縣設防抵禦，阻止楚軍西進。

秋季，七月，在大角星座附近有彗星出現。

臨江王共敖去世，他的兒子共尉繼位。

漢王奪得韓信的軍隊後，軍威再振。八月，漢王率領軍隊靠近黃河，向南，駐紮在小脩武，想再次與楚軍交戰。郎中鄭忠勸阻漢王，建議他深溝高壘，不要與楚軍交戰。漢王聽從了鄭忠，就派將軍劉賈、盧綰率領兩萬名士兵、數百名騎兵，從白馬津渡過黃河，進入楚國腹地，協助彭越燒毀楚軍的儲備物資，破壞楚軍的糧草運輸，目的是使楚國的後方無法供給楚軍糧餉。楚兵攻打劉賈，劉賈固守營壘不與楚軍接戰，而與彭越的軍隊形成相互聲援的態勢以求相互保全。

彭越的軍隊佔領了原來魏國的土地，又攻下睢陽、外黃等十七個城邑。

九月，項王對大司馬曹咎說：「你要小心謹慎地把守住成皋，即使是漢王百般挑戰，你一定要記住不與他交戰，只要牽制住漢軍、不讓漢軍東進就行了。我在十五天之內必定能夠平定梁地，再回到你們這裡來。」項羽率軍向東挺進，去攻打陳留、外黃、睢陽等城邑，這些城邑都先後被項羽攻克。

漢王劉邦想放棄成皋以東，將軍隊撤退到鞏縣、洛陽一帶防守，以抗拒楚軍。酈食其說：「我聽說『懂得糧食的重要性的人，才能夠成就統一天下的大業』。作為君王，賴以生存、不可或缺的是人民，而人民賴以生存、不可或缺的是食物。敖倉中的糧食，雖然已經從全國各地運送到這裡很久了，但我聽說，敖倉裡面仍然藏有很多的糧食。楚人佔領滎陽以後，不知道堅守敖倉，反而率軍東進，只留下那些因犯罪被徵來的士兵守衛成皋，這是上天有意識地在幫助漢啊。如今正是最容易打敗楚軍的時機，而漢軍反而撤退，自己放棄最有利的時機，我認為這樣做是很不妥當的。再說，兩強不能同時存在，楚與漢相持不下已經很久了，天下因此而動盪不安，農夫放下他們手中的農具不再去耕種，織布的女子離開了織布機不再織布，人心惶懼，看不出勝敗的苗頭，不知道該傾向誰為好。希望大王您趕緊進兵，收復滎陽，佔有敖倉的糧食，扼守成皋要塞，阻斷太行山的道路，佔據要隘蜚狐口，堅守住黃河渡口白馬津。向天下顯示漢軍已經控制住有利地形、能夠制服楚軍的大好形勢，那麼天下民心就都知道應該歸附漢王了。」漢王聽從了酈生的意見，於是設謀奪取敖倉。

酈食其又向漢王建議說：「如今燕、趙已經平定，只剩下齊地還沒有歸順。那些田姓王族的勢力還很強大，依靠大海、泰山，又有黃河、濟水作為天險，南部臨近楚國邊境，人民性情狡詐。大王您即使派遣幾萬大軍，也不可能在一年半載的時間內攻破。我請求秉承您的旨意，前去說服齊王，使齊國成為漢的東部屬國。」漢王說：「好。」

漢王於是派酈食其出使齊國，酈食其問齊王田廣：「大王您知道天下將歸於誰嗎？」齊王回答說：「不知道。天下將歸誰呢？」酈食其說：「將歸於漢。」齊王問：「先生根據什麼這樣說呢？」酈食其說：「漢王最先進入咸陽，按照約定應該為關中王；項王項羽違背盟約，把他封在漢中，又將義帝遷逐到郴縣並將其殺害；漢王得知義帝被害，調集蜀、漢的兵力，攻打三秦，東出函谷關討伐項羽殺害義帝的罪行。聚集天下的軍隊，封立六國的後代。每攻下城池，就將城池分封給有功的將領，得到財物就分給手下的軍士，有了利益就與天下的人共同享有。英雄豪傑都願意為漢王效力。而項王恰好相反，他有背叛盟約的惡名，又有背恩忘德、殺害義帝的罪過。別人有了功勞他從來記不住，而有了過錯他卻永遠忘不掉。作戰取得勝利，將士們得不到獎賞，攻下城邑，也得不到封爵。不是項氏家族成員或親屬，就掌不了權，所以天下人都背叛了他，賢能的人都怨恨他，沒有人願意為他盡忠效力。所以最後奪取天下的必定是漢王，這是坐在屋子裡就能推算出來的。漢王調集蜀、漢的軍隊，平定了三秦；渡過黃河，擊敗了魏王豹；又兵出井陘口，誅滅了成安君陳餘。這一切的勝利，不僅是靠人力，更是靠了上天的保佑。如今，漢王已經佔有了敖倉的糧食，扼守了成皋的要塞，堅守住白馬津渡口，堵塞了太行山的羊腸阪道，據守住蜚狐口；誰不及早歸附誰必定最先滅亡。大王您趕快歸順漢王，齊國就可以得到保全；不然的話，被滅亡的災禍馬上就會降臨。」早先，齊國人聽說韓信將要發兵東下攻打齊國，已經派遣華無傷、田解率領重兵前往歷城，以待韓信。等到齊王採納了酈食其的意見，就派遣使者與漢王講和。和議達成後，齊王於是下令解除了歷城的戰備，每天與酈食其飲酒歡宴。

韓信率領大軍向東抵達平原津，正準備渡過黃河，聽到酈食其已經說服齊王歸順了漢王，便要停止進軍。韓信手下一個名叫蒯徹的謀士對他說：「將軍您接受了漢王的命令攻打齊國，而漢王只不過派遣了一個密使就說服了齊王，難道漢王有詔書給您，命令您停止進兵嗎，不然的話，您怎麼能擅自主張停止進軍呢？再說，酈食其只不過是一個讀書人，他乘坐著一輛車子搖動著三寸不爛之舌，就拿下齊國的七十多座城邑。而將軍您率領著幾萬大軍，經過一年多的時間才攻下趙國的五十多座城邑。您當了好幾年的統帥，而功勞反倒趕不上一個儒生嗎？」韓信認為蒯徹說得有道理，於是渡過黃河，準備繼續攻打齊國。

四年（戊戌　西元前二〇三年）

冬，十月，信襲破齊歷下軍❶，遂至臨淄❷。齊王以酈生為賣己❸，乃烹❹之。引兵東走高密❺，使使之楚請救。田橫走博陽❻，守相❼田光走城陽❽，將軍田既軍於膠東❾。

楚大司馬咎守成皋，漢數❿挑戰，楚軍不出。使人辱之，數日，咎怒，渡兵汜水⓫。士卒半渡，漢擊之，大破楚軍，盡得楚國金玉貨賂⓬。咎及司馬欣⓭皆自剄⓮汜水上。漢王引兵渡河，復取成皋，軍廣武⓯，就敖倉食⓰。

項羽下梁地十餘城，聞成皋破，乃引兵還。漢軍方圍鍾離眛⓱於滎陽東，聞羽至，盡走險阻⓲。羽亦軍廣武⓳，與漢相守⓴數月。楚軍食少，項王患之。乃為高俎㉑[1]，置太公㉒其上，告漢王曰：「今不急下㉓，吾烹太公。」漢王曰：「吾與羽俱北面受命懷王㉔，約為兄弟。吾翁即若翁㉕，必欲烹而翁，幸分我一桮羹㉖。」

項王怒，欲殺之。項伯㉗曰：「天下事未可知。且為天下者不顧家，雖殺之無益，祇益禍耳㉘。」項王從之。

項王謂漢王曰：「天下匈匈㉙數歲者，徒㉚以吾兩人耳。願與漢王挑戰㉛，決雌雄。毋徒苦天下之民父子為㉜也。」漢王笑謝曰：「吾寧鬬智，不能鬬力㉝。」項王三令壯士出挑戰，漢有善騎射者樓煩㉞，輒射殺之㉟。項王大怒，乃自被甲㊱持戟挑戰。樓煩欲射之，項王瞋目叱之。樓煩目不敢視，手不敢發，遂走還入壁，不敢復出㊲。漢王使人間問㊳之，乃項王也，漢王大驚。

於是項王乃即㊴漢王，相與臨廣武間而語㊵。羽欲與漢王獨身挑戰。漢王數㊶羽曰：「羽負約，王我於蜀、漢，罪一；矯殺㊷卿子冠軍㊸，罪二；救趙不還報㊹，而擅劫㊺諸侯兵入關，罪三；燒秦宮室，掘始皇帝冢，收私其財㊻，罪四；殺秦降王子嬰㊼，罪五；詐阬秦子弟新安二十萬㊽，罪六；王諸將善地㊾而徙逐故主㊿〔2〕，罪七；出逐義帝彭城(51)，自都之，奪韓王地(52)，并王梁、楚，多自與(53)，罪八；使人陰殺義帝江南，罪九；為政(54)不平，主約不信(55)，天下所不容，大逆無道，罪十(56)也。吾以義兵從諸侯誅殘賊(57)，使刑餘罪人擊公，何苦乃與公挑戰(58)！」羽大怒，伏弩射中漢王。漢王傷胸，乃捫足曰：「虜中吾指。」(59)漢王病創臥[60]，張良彊請漢王起行勞軍[61]，以安士卒，毋令楚乘勝[62]。漢王出行軍[63]，疾甚[64]，因馳入成皋。

韓信已定臨淄，遂東追齊王。項王使龍且將兵，號二十萬以救齊，與齊王合軍高密[65]。客或說龍且曰：「漢兵遠鬬窮戰，其鋒不可當[66]。齊、楚自居其地，兵易敗散[67]。不如深壁[68]，令齊王使其信臣[69]招所亡城[70]。亡城聞王在，楚來救，必反漢。漢兵二千里客居齊地[71]，齊城皆反之，其勢無所得食，可無戰而降也[72]。」龍且曰：「吾平生知韓信為人，易與[73]耳。寄食於漂母，無資身[74]之策；受辱於袴下[75]，無兼人[76]之勇。不足畏也。且夫救齊，不戰而降之，吾何功！今戰而勝之，齊之半可得[77]也。」

十一月，齊、楚與漢夾濰水而陳[78]。韓信夜令人為萬餘囊，滿盛沙，壅水上流[79]，引軍半渡擊龍且[80]，佯不勝，還走[81]。龍且果喜曰：「固[82]知信怯也。」遂追信。信使人決壅囊，水大至。龍且軍太半[83]不得渡[84]，即急擊殺龍且，水東軍[85]散走，齊王廣亡去[86]。信遂追北至城陽[87]，虜齊王廣。漢將灌嬰[88]追得[89]齊守相田光，進至博陽。田橫聞齊王死，自立為齊王，還擊嬰，嬰敗橫軍於嬴下[90]。田橫亡走梁，歸彭越。嬰進擊齊將田吸於千乘[91]。曹參[92]擊田既於膠東。皆殺之，盡定齊地。

立張耳為趙王[93]。

漢王疾愈，西入關。至櫟陽[94]，梟[95]故塞王欣[96]頭櫟陽市。留四日，復如軍[97]，軍廣武。

韓信使人言漢王曰：「齊偽詐多變、反覆之國也，南邊楚[98]。請為假王[99]以鎮之。」漢王發書[100]，大怒，罵曰：「吾困於此，旦暮望若[101]來佐我，乃欲自立為王[102]！」張良、陳平躡漢王足[103]，因附耳語曰：「漢方不利，寧能[104]禁信之自王[105]乎！不如因而立之[106]，善遇[107]，使自為守[108]。不然，變生[109]。」漢王亦悟，因復罵曰：「大丈夫定諸侯，即為真王耳，何以假為！」[110]

春，二月，遣張良操印立韓信為齊王[111]，徵其兵擊楚。

項王聞龍且死，大懼，使盱台人武涉[112]往說齊王信曰：「天下共苦秦久矣，相與勠力[113]擊秦。秦已破，計功割地，分土而王之，以休士卒。今漢王復興兵而東，侵人之分[114]，奪人之地。已破三秦，引兵出關，收諸侯之兵，以東擊楚。其意非盡吞天下者不休，其不知厭足[115]如是甚也！且漢王不可必[116]，身居項王掌握中數矣[117]，項王憐而活之[118]。然得脫，輒倍約復擊項王，其不可親信如此。今足下雖自以與漢王[3]為厚交，為之盡力用兵，必終為所禽矣。足下所以得須臾至今(119)者，以項王尚存也。當今二王之事，權(120)在足下。足下右投(121)則漢王勝，左投則項王勝。項王今日亡，則次取足下(122)。足下與項王有故，何不反漢與楚連和，參分天下王之！今釋此時(123)，而自必於漢(124)以擊楚，且為智者固若此乎(125)？」

韓信謝曰：「臣事項王，官不過郎中，位不過執戟(126)。言不聽，畫不用，故倍楚而歸漢。漢王授我上將軍印，予我數萬眾，解衣衣我，推食食我(127)，言聽計用，故吾得以至於此。夫人深親信我，我倍之不祥(128)，雖死不易(129)。幸為信謝(130)項王。」

武涉已去，蒯徹知天下權在信，乃以相人之術(131)說信曰：「僕相君之面，不過封侯，又危不安；相君之背(132)，貴乃不可言。」韓信曰：「何謂也？」蒯徹曰：「天下初發難也，憂在亡秦(133)而已。今楚、漢分爭，使天下之人肝膽塗地，父子暴骸骨於中野(134)，不可勝數。楚人起彭城(135)[4]，轉鬬逐北(136)，乘利席卷，威震天下(137)。然兵困於京、索(138)之間，迫西山而不能進(139)者，三年於此矣(140)。漢王將數十萬[5]之眾，距鞏、雒(141)，阻山河之險(142)，一日數戰，無尺寸之功，折北不救(143)。此所謂智勇俱困者也。百姓罷極怨望(144)，無所歸倚(145)。以臣料之，其勢非天下之賢聖(146)，固不能息天下之禍。當今兩主之命縣於足下[147]，足下為漢則漢勝，與楚則楚勝。誠能聽臣之計，莫若兩利而俱存之[148]，參分天下，鼎足而居，其勢莫敢先動[149]。夫以足下之賢聖，有甲兵之眾，據彊齊[150]，從趙、燕[151]。出空虛之地，而制其後[152]；因民之欲[153]，西鄉為百姓請命[154]。則天下風走而響應矣，孰敢不聽！割大弱彊[155]以立諸侯；諸侯已立，天下服聽，而歸德於齊[156]。案齊之故[157]，有膠、泗之地[158]，深拱揖讓[159]，則天下之君王，相率而朝於齊矣。蓋聞『天與弗取，反受其咎；時至不行，反受其殃[160]。』願足下孰慮之！」

韓信曰：「漢王遇我甚厚，吾豈可鄉利而倍義[161]乎！」蒯生曰：「始常山王、成安君[162]為布衣時，相與為刎頸之交[163]。後爭張黶、陳澤之事[164]，常山王殺成安君泜水之南[165]，頭足異處。此二人相與，天下至驩[166]也；然而卒相禽[167]者，何也？患生於多欲[168]，而人心難測也。今足下欲行忠信以交於漢王，必不能固於二君之相與[169]也，而事多大於張黶、陳澤[170]者。故臣以為足下必漢王之不危己，亦誤矣。大夫種[171]存亡越[172]、霸句踐[173]，立功成名而身死亡，野獸已盡[6]而獵狗亨[174]。夫以交友言之，則不如張耳之與成安君者也；以忠信言之，則不過[175]大夫種之於句踐也：此二者[176]足以觀矣，願足下深慮之。且臣聞『勇略震主者身危，功蓋天下者不賞(177)。』今足下戴(178)震主之威，挾(179)不賞之功。歸楚，楚人不信；歸漢，漢人震恐。足下欲持是安歸乎(180)？」

韓信謝曰：「先生且休矣，吾將念之。」後數日，蒯徹復說曰：「夫聽者，事之候也；計者，事之機也(181)。聽過計失(182)，而能久安者鮮(183)矣。故知者，決之斷也；疑者，事之害也(184)。審豪氂之小計(185)，遺天下之大數(186)，智誠知之，決弗敢行(187)者，百事之禍也。夫功者，難成而易敗；時者，難得而易失也。時乎時，不再來(188)！」韓信猶豫，不忍倍漢。又自以為功多，漢終不奪我齊(189)，遂謝蒯徹(190)。因去，佯狂為巫(191)。

秋，七月，立黥布為淮南王(192)。

八月，北貉燕人(193)來致梟騎(194)助漢。

漢王下令：軍士不幸死者，吏為衣衾棺斂(195)，轉送其家(196)。四方歸心(197)焉。

是歲，以中尉(198)周昌為御史大夫(199)。昌，苛從弟(200)也。

項羽自知少助，食盡。韓信又進兵擊楚，羽患之。漢遣侯公(201)說羽，請太公(202)。羽乃與漢約，中分天下，割洪溝(203)以西為漢，以東為楚。

九月，楚歸太公、呂后，引兵解(204)而東歸。漢王欲西歸，張良、陳平說曰：

「漢有天下太半[205]，而諸侯皆附。楚兵疲食盡，此天亡之時也。今釋弗擊[206]，此所謂養虎自遺患也。」漢王從之[207]。

【章　旨】以上為第三段，寫高祖四年（西元前二〇三年）的楚漢戰爭形勢，主要寫了韓信通過歷下、濰水兩個戰役而徹底平定齊地，並對項羽都城的背後進行掃蕩；以及中原主戰場項羽的形勢變得更加被動；再加武涉、蒯徹勸說韓信脫離劉邦自立，韓信堅持緊跟劉邦不移，從而遂使項羽的敗局不可幸免。

【注　釋】❶襲破齊歷下軍　歷下距平原津一百五十里。據《史記・田儋列傳》，齊國歷下守軍的將領為華無傷、田解。湯諧曰：「(信之)聽通舉兵襲齊者，為酈生非信所自遣，而無以收下齊之功也。其必欲收下齊之功何也？當請王張耳於趙時早自蓄王齊之志也。」❷臨淄　齊國的都城，在今山東淄博之臨淄。❸以酈生為賣己　以為酈生是故意來為韓信施行緩軍計。賣，哄；欺騙。❹烹　用開水煮人。❺高密　秦縣名，縣治在今山東高密西南，濰水之東岸。王叔岷曰：「『高密』一本作『假密』，『高』、『假』古通。」按，《史記・曹相國世家》、《漢書・曹參傳》皆作「假密」。❻博陽　秦縣名，漢時改稱博縣，縣治在今山東泰安東南。❼守相　師古《漢書注》曰：「言為相而專主居守之事。」❽城陽　漢郡名，郡治即今山東莒縣。❾膠東　秦郡名，郡治即墨，故城在今山東平度東南。❿數　屢屢。⓫渡兵汜水　謂渡汜水而東，以擊漢軍。汜水，源於今河南嵩山北麓，流經滎陽城西、成皋城東，北入黃河。⓬貨賂　財寶。⓭司馬欣　項羽的舊相識，被項羽封為塞王，劉邦收復三秦時，司馬欣投降劉邦；劉邦彭城之敗後，司馬欣又投靠項羽，今乃為之守成皋。⓮自剄　自刎。⓯廣武　山名，也是城邑名，在當時滎陽城北的廣武山上。⓰就敖倉食　就近取敖倉之糧而食。敖倉是秦朝修築的大糧倉，在廣武之北的敖山上，下臨黃河，現已被黃河水沖刷掉。⓱鍾離眛　項羽的猛將。⓲險阻　險要易守難攻之處。⓳亦軍廣武　也駐兵於廣武山上。按，廣武山分東、西兩部分，中間隔著鴻溝。東部為項羽駐兵處，其城曰項王城；西部為劉邦駐兵處，其城曰漢王城。⓴相守　相持；相對立。㉑俎　切魚肉的案板。㉒太公　劉邦之父，劉邦彭城之敗時被項羽所俘虜。㉓今不急下　你如果還不迅速投降。今，若；假如。㉔北面受命懷王　意即同時作為懷王的臣子，接受懷王的命令。㉕吾翁即若翁　我的父親也就是你的父親。若，你；你的。㉖必欲烹而翁二句　而翁，乃翁；你的父親。幸，調侃語，這裡的意思即「請」。羹，肉粥。吳見思曰：

「兵鈍糧絕，項王為此，乃急著也。已為漢王窺破，必不敢沒太公，故為大言。」洪亮吉曰：「烹則烹矣，必高其俎而置之，無非欲愚弄漢王，冀得講解耳。漢王深悉其計，矯情漫語，分羹一言，雖因料敵太清，然逞才太過，未免貽口實於來世。」㉗項伯　項羽的堂叔，被劉邦收買的內奸。事跡已見於本書卷第九。㉘雖殺之無益二句　益禍，使雙方的仇恨越發加深。按，項伯之言固亦在理，然其為劉邦收買之情實，事事可見。王維楨曰：「項伯全沛公於鴻門，則以與張良善故；乃今復活太公，則以沛公『約為婚姻』故。」㉙匈匈　煩苦勞擾的樣子。㉚徒　就是。㉛挑戰　《史記集解》引李奇曰：「挑身獨戰，不須眾也。」即今所謂「決鬥」。㉜毋徒苦天下之民父子為　不要再白白地給普天下的大人小孩添麻煩。㉝吾寧鬬智二句　相比之下，顯得項羽既粗魯又幼稚。㉞樓煩　原為少數民族名，漢時在其所居之地設樓煩縣，即今山西之寧武。這裡即指善於射箭的少數民族騎士。㉟輒射殺之　意即出來一個射死一個。輒，就；即。㊱被甲　披甲。被，通「披」。㊲遂走還入壁二句　淩稚隆曰：「連用三『不敢』字，模寫羽威猛如畫。」㊳間問　暗中打聽。㊴即　湊近。㊵臨廣武間而語　隔著廣武澗相互對話。廣武間，即廣武澗，也稱「鴻溝」，東、西廣武之間所隔著的河水名。㊶數　列舉罪狀而斥之。㊷矯殺　假借名義而殺之。㊸卿子冠軍　即宋義，懷王命其統兵救趙時，號為「卿子冠軍」。《史記・項羽本紀》之《集解》引文穎曰：「卿子，時人相褒尊之辭，猶言『公子』也；上將，故言『冠軍』。」㊹不還報　不回去向懷王覆命。㊺劫　劫持；強迫跟從。㊻掘始皇帝冢二句　據劉邦此語，則始皇陵當時已為項羽所發掘，而今之考古學者皆謂始皇陵未經發掘，豈項氏所掘者僅為陪葬坑耶？㊼殺秦降王子嬰　據《史記・項羽本紀》，鴻門宴後數日，項羽遂「西屠咸陽，殺秦降王子嬰，燒秦宮室，火三月不滅」。㊽詐阬秦子弟新安二十萬　項羽破秦兵於鉅鹿後，章邯、董翳、司馬欣率部投降項羽，並跟隨項羽一道入關。行至新安（今河南澠池縣城東），秦兵因不滿楚兵的虐待而有所埋怨，於是項羽遂坑殺秦兵二十萬於新安城南。事見前文與《史記・項羽本紀》。㊾王諸將善地　謂燕將臧荼、齊將田都、趙相張耳之屬皆因隨項羽入關被王於善地。㊿徙逐故主　謂項羽徙田市於膠東、徙趙歇於代、徙韓廣於遼東。(51)出逐義帝彭城　將楚懷王逐出彭城。(52)奪韓王地　韓成原被項梁封為韓王，後又被項羽封為韓王，但項羽不令其就國，後又殺之，將其地改封鄭昌。(53)并王梁楚二句　言項羽自己佔據舊時梁、楚兩國之地，多達九郡。(54)為政　指主持分封諸侯事。(55)主約不信　主持盟約不守信義。(56)罪十　瀧川引中井曰：「羽唯九罪矣，『夫為人臣』一條是總計之語，其事皆在前條，難別為一罪，竊疑『罪十也』三字為衍文。」按，中國人講某景、論某事之多，好用十條、八條，即使不夠，也千方百計地湊成之，劉邦如此，《史記・留侯世家》中的張良駁斥酈食其之建議更是如此。(57)從諸侯誅殘賊　不說「率諸侯」而曰「從諸侯」，與前文之「願從諸侯王擊楚之殺義帝者」詞氣相同，頗具委婉謙和之致。(58)何苦乃與公挑戰

「乃與公」似應作「與乃公」。前文說「羽欲與漢王獨身挑戰」，故劉邦答云：「使刑餘罪人擊公，何苦與乃公挑戰！」乃公，猶言「你老子」，正為劉邦習用的罵人語。若作「乃與公」，則「公」字稱呼項羽，則答話榫卯不接，更不如「與乃公」之神氣畢現。59漢王傷胸三句　指，通「趾」。《史記正義》曰：「恐士卒壞散，故言中吾足指。」劉辰翁曰：「傷胸要害，倉卒捫足，極未易矯，毋令楚乘勝於漢，語極有力。」瀧川曰：「變起倉促，而舉止泰然如此，漢皇非徒木強人也。」60病創臥　由於中箭受傷躺在床上起不來。61起行勞軍　起身前去慰問軍隊。62毋令楚乘勝　不要讓楚軍乘我方領袖受傷之際進攻我們。63行軍　巡視軍隊。行，巡視。64疾甚　實在堅持不住了。65合軍高密　合軍駐紮在高密，也就是在濰水東岸。66遠鬬窮戰二句　遠離根據地的戰鬥，必是勇猛頑強，因為失敗則無處奔逃。與前文李左車對陳餘說韓信「去國遠鬬，其鋒不可當」意思相同。《孫子·九地》：「凡為客之道，深入則專，主人不克。」67自居其地二句　《孫子·九地》：「諸侯自戰其地為散地。」曹操注：「士卒戀土，道近易散。」杜牧注：「士卒近家，進無必死之心，退有歸投之處。」68深壁　深挖溝而高築壁，即加強防守而不出戰。69信臣　有威望、有信義的大臣。70招所亡城　向淪陷於敵的城鎮發出號召，招其舉義來歸。71二千里客居齊地　謂遠離根據地二千里客居齊國。72可無戰而降也　此「人或說龍且」一段，即八十年前田單破燕復齊之遺策，亦與李左車為陳餘所劃者相同。73易與　容易對付。與，相與；打交道。蓋因韓信曾為淮陰惡少年所辱，龍且亦以韓信為怯。74資身　養活自身。資，養。75袴下　意同「胯下」。袴，此處通「胯」。76兼人　一個頂兩個。77戰而勝之二句　意即齊人必將以其地之半給我作酬勞。78夾濰水而陳　謂韓信軍在濰水西，齊、楚聯軍在濰水東。濰水，源於諸城西，北流，經當時的高密城西，注入萊州灣。陳，同「陣」。79壅水上流　為使夾水陣處的河水變淺。80引軍半渡擊龍且　領著一半漢軍涉河進攻龍且。81佯不勝二句　佯，假裝。按，此與前文井陘之戰方法相同，皆先示人以弱形，引敵入圈套。82固　本來；早就。83太半　一大半；四分之三。84不得渡　不能涉水逃回。85水東軍　追韓信涉水上了東岸的齊、楚軍。86齊王廣亡去　《史記》之〈田儋列傳〉、〈秦楚之際月表〉皆云田廣於此役中被殺，而〈高祖本紀〉與〈淮陰侯列傳〉則云「亡去」，疑前者近是，或此役亡去，亦旋即被捕殺。87追北至城陽　追擊南逃敗兵，一直追到城陽。城陽，即今山東莒縣，漢時為城陽郡的郡治。88灌嬰　劉邦的騎兵將領，此時屬於韓信的部下。事跡見《史記·樊酈滕灌列傳》。89追得　追上活捉。90嬴下　秦縣名，縣治在今山東萊蕪西北。91千乘　秦縣名，縣治在今山東博興東北。92曹參　劉邦的部將，此時在韓信部下。事跡詳見《史記·曹相國世家》。93立張耳為趙王　據《史記·淮陰侯列傳》，張耳為趙王勝敗韓信所推薦，事在韓信進兵齊地之前。韓信推薦張耳為趙王，乃為自己日後破齊即為齊王做鋪墊。94櫟陽　劉邦的戰時都城，在今西安之閻良區。95梟　懸人頭於高竿以示眾。96塞王欣　司馬欣，曾被項羽封為塞王，都櫟陽。劉邦收復三秦，司馬欣降劉邦；劉邦敗於彭城，司馬欣又投奔項羽。最後在成皋被劉邦打敗，自殺。97復如軍　又回到滎陽前線。98南邊楚　南側靠近楚國。99假王　假，權攝其職，猶今之所謂「代理」。按，請為「假王」，乃韓信故作恭順之詞，其實在其為張耳請封趙王之時即已看準了下一步的齊國，而且在破齊後韓信也已經自立為齊王。見《史記・樊酈滕灌列傳》。司馬遷同情韓信，於《史記・淮陰侯列傳》故意寫得較模糊。100發書　打開韓信的請求報告。101若　你。102乃欲自立為王　此劉邦未了語，其下尚欲說我將對你如何如何，未等說出，便被張良、陳平阻止了。103躡漢王足　謂張良等以己之腳碰了一下劉邦的腳。因古人都是跪坐，後面腳動可以不被前面的人發現。104寧能　豈能。105自王　自己做主稱王。106因而立之　就著他的請求而立他為王。107善遇　好好地對待他。108使自為守　讓他為王鎮守齊地。109不然二句　否則，韓信會鬧亂子。110因復罵曰四句　定諸侯，指平定了諸侯之國。何以假為，還要「代理」做什麼。何焯曰：「人見漢王轉換之捷，不知太史公用筆入神也。他人不過曰『漢王怒，良平諫，乃許之』。」111遣張良操印句　漢初封某人為王，有派朝廷重臣持印往封之禮。見《史記・齊悼惠王世家》劉襄語。羅大經曰：「雖王信以真王，而徵兵擊楚，是持大阿而執其柄也，信蓋岌岌矣。然則淮陰誅族之禍，胎於良、平之躡足附耳也哉！」112盱台人武涉　據其下文所言，此人應是項羽一黨，《史記》中僅於此事一見。盱台，也寫作「盱眙」，秦縣名，縣治在今江蘇盱眙東北。113勠力　并力；合力。114侵人之分　侵奪別國諸侯所分的地盤。115不知厭足　不會有個滿足。厭，同「饜」。飽，與「足」意同。116不可必　不可擔保；不能確信。師古曰：「必，謂必信之。」117身居項王掌握中數矣　意即曾多次處於項王的卵翼護持之下。掌握，猶今所謂「手心」。118項王憐而活之　如雍齒據豐邑以叛劉邦，劉邦攻之不能下，即往投項氏，得項氏之助，始得穩定根基，即一例也。見《史記・高祖本紀》。119得須臾至今　能存留到今天。須臾，片刻，原指時間之短暫，這裡用如動詞，意即多活了一會兒。120權　這裡是「關鍵」的意思。121右投　向右一投足，指幫助劉邦。所謂「右投」、「左投」，是指人面南而立，右在西，左在東。122次取足下　下一個就是收拾你。123釋此時　錯過這個三分天下而鼎立的大好時機。124自必於漢　意即把賭注都下在劉邦一方。125為智者固若此乎　難道聰明人就這樣做事嗎。126官不過郎中二句　郎中，帝王的侍衛人員。二句一意，即位不過執戟郎。127解衣衣我二句　脫下自己的衣服給我穿，拿出自己的飯食給我吃。128倍之不祥　背叛人家是不對的。倍，通「背」。不祥，不好；不對。129雖死不易　寧死不變。易，改變。130謝　告；轉告。131以相人之術　用給人相面的辦法。132背　雙關語，表面指「脊背」，暗裡指「背叛」。133亡秦　推翻秦朝。134中野　原野；大地。135起彭城　由彭城開始，追擊劉邦。136轉鬭逐北　輾轉戰鬥，追擊劉邦的敗兵。137乘利席卷二句　此指項羽大破劉邦於彭城後的開始一段形勢而言。[138]京索　即指滎陽、成皋一帶。京，秦縣名，縣治在今滎陽東南。索，古城名，即今滎陽。[139]迫西山而不能進　眼巴巴地望著西面的群山就是不能前進一步。迫，逼近。西山，泛指京、索西面的山地。[140]三年於此矣　自漢二年（西元前二〇五年）五月劉、項於滎陽一帶形成對峙，至漢四年（西元前二〇三年）二月韓信稱齊王，共二十一個月，跨著三個年頭。[141]距鞏雒　依據鞏、洛以抗阻楚兵西進。距，通「據」。鞏，秦縣名，縣治在今河南鞏縣西南。雒，洛陽，在今洛陽東北部。[142]阻山河之險　倚仗著山河的險要形勢以抗拒楚軍。[143]折北不救　師古曰：「折，挫也；北，奔也；不救，謂無援助也。」[144]罷極怨望　疲勞怨恨，詛咒戰亂不止。極，也是疲倦的意思。[145]無所歸倚　找不到一個可投奔、可倚靠的主子。[146]天下之賢聖　天下獨一無二的賢人聖人。[147]縣於足下　都掌握在你的手裡。縣，同「懸」。[148]兩利而俱存之　對劉、項雙方都不得罪，都讓他們存在下去。[149]其勢莫敢先動　意即劉、項雙方誰不老實，你就幫著另一方打他。[150]據彊齊　以強齊為自己的根基。[151]從趙燕　率領趙、燕。從，使之隨從。[152]出空虛之地二句　再出兵控制住楚、漢雙方兵力空虛的地方，使其有後顧之憂。[153]因民之欲　順應著黎民百姓們要求結束戰爭的願望。[154]西鄉為百姓請命　即要求劉邦、項羽停止戰爭。西鄉，向西。鄉，同「向」。當時楚、漢相距於滎陽，滎陽在齊國之西方，故曰「西嚮」。[155]割大弱彊　意即削弱那些強大的國家，廣泛地封立一些小諸侯。弱，這裡用如動詞。[156]歸德於齊　都稱頌你們齊國的好處。[157]案齊之故　安定好齊國固有的地盤。案，同「按」。安定；安撫。[158]有膠泗之地　進一步地佔有膠河和泗水兩河流域。膠河是今山東東部的河流，源於膠南縣西，流經今膠縣、平度西，北入萊州灣。泗水是今山東西南部的河流，流經今泗水、曲阜、魚臺，南至江蘇入淮水。[159]深拱揖讓　從容有禮的樣子。深拱，師古曰：「猶高拱」，從容輕閒貌。[160]天與弗取四句　當時流行的押韻俗語，《國語・越語》記范蠡有云：「得時不成，反受其殃。」又云：「得時無怠，時不再來；天與不取，反為之災。」皆與此略同。[161]鄉利而倍義　即見利忘義。鄉，同「向」。倍，同「背」。[162]常山王成安君　即張耳、陳餘。張耳曾被項羽封為常山王；陳餘生前號稱成安君。[163]相與為刎頸之交　張耳、陳餘在起義前為百姓時，曾是誓同生死的好朋友。刎頸之交，意即生死之交。[164]後爭張黶陳澤之事　秦將章邯圍趙王歇於鉅鹿時，張耳在城內，陳餘在城外。張耳派張黶、陳澤出城向陳餘求救，陳餘給了二將五千人，結果被秦兵消滅。鉅鹿戰後，張耳懷疑二將被陳餘殺害，二人從此結怨。事見前文，詳見《史記・張耳陳餘列傳》。[165]殺成安君泜水之南　後來張耳跟著韓信討伐趙國，遂殺陳餘於泜水。[166]此二人相與二句　按朋友交情來說，這兩個人可以說是再好不過的了。[167]卒相禽　最後竟至於彼此誓不兩立。[168]患生於多欲　沈欽韓引《韓詩外傳》曰：「福生於無為，而患生於多欲。」蓋當時俗語。又，《史記・張耳陳餘列傳》有云：「張耳、陳餘始居約時，相然信以死，豈顧問哉？及據國爭權，卒相滅亡，何鄉者相慕用之誠，後相倍之戾也？豈非以勢利交哉！」可與此互相發明，然史公此論缺乏公正，蓋陳餘、張耳之怨仇乃出於張耳對陳餘的猜疑。(169)必不能固於二君之相與　意謂你與劉邦的交情怎麼著也不可能超過張耳與陳餘的交情。(170)而事多大於張黶陳澤　而你與劉邦之間的矛盾，則要比張黶、陳澤那一類的事情要尖銳複雜得多。(171)大夫種　即文種，春秋末期越王句踐的大臣，輔佐越王句踐重振越國後，又滅了吳國，使句踐稱霸於一時。(172)存亡越　使已滅亡的越國又得以存活。(173)霸句踐　使句踐成為諸侯霸主。(174)野獸已盡而獵狗烹　當時俗語。《漢書・蒯通傳》作「野禽殫，走犬亨；敵國破，謀臣亡」；《韓非子・內儲說下》有「狡兔盡則良犬亨；敵國破則謀臣亡」，《史記・越王句踐世家》有「蜚鳥盡，良弓藏；敵國破，謀臣亡」，皆大同小異。(175)不過不能超過。(176)此二者　指陳餘、張耳之朋友交，與文種、句踐之君臣交二事。(177)不賞　得不到獎賞，反而有殺身之險。(178)戴頂著，這裡即指「具有」。(179)挾　夾帶，這裡也是「具有」的意思。(180)欲持是安歸乎　像具備你這種條件的人還能去給誰做臣子呢。意即只有自己獨立稱帝。(181)聽者四句　當時俗語，大意謂能聽取好意見，就是事情成功的徵兆；能反覆計慮，就能把握成敗的關鍵。《國策・秦策二》陳軫語有所謂「計者，事之本也；聽者，存亡之機」，與此意思相同。師古曰：「『聽』謂能聽善謀也。」候，徵兆。(182)聽過計失　即未能聽取好意見，未能反覆謀慮做出決斷。過，錯。「聽過」與「計失」對文。(183)鮮稀少。(184)知者四句　王念孫曰：「『知者決之斷』，當作『決者知之斷』，下句『疑者事之害』，正與此相反也。有智而不能決，適足以害事，故下文又申之曰『智誠知之，決弗敢行者，百事之禍也』。」按，王說誠是，四句意謂，辦事堅決，是智者的表現，而猶豫不決，便將壞事。(185)審豪釐之小計　專在小事情上用工夫。審，仔細。豪，通「毫」。(186)大數　大謀略；大決斷。(187)智誠知之二句　心裡想得很明白，就是不敢付之行動。(188)時乎時二句　當時俗語。《史記・齊太公世家》有所謂「時難得而易失」；《國語・越語》有所謂「得時無怠，時不再來」；《史記・李斯列傳》亦有所謂「得時無怠」、「胥人者，去其幾也」云云，意思皆同。(189)漢終不奪我齊　劉邦無論如何也不至於剝奪我的齊國。(190)遂謝蒯徹　遂拒絕了蒯通的建議。謝，拒絕。(191)佯狂為巫　裝瘋當了巫祝。(192)淮南王　與項羽當初所封的「九江王」領地相同，國都六縣，即今安徽六安。(193)北貉燕人　北方的燕國人。貉，原指今東北地區的少數民族名，這裡即指臧荼的燕國。(194)來致梟騎　給劉邦送來一支勇敢的騎兵。(195)吏為衣衾棺斂　所在官吏都要為死者製作衣被、棺木予以收殮。斂，通「殮」。(196)轉送其家　通過驛站將死者遺體送回其家。(197)四方歸心　意即天下人都心向劉邦。(198)中尉　維持國家首都治安的長官。(199)御史大夫　朝官名，「三公」之一，掌管監察糾彈，位同副丞相。(200)從弟　堂弟。因其堂兄守滎陽，被項羽所殺，故劉邦提拔其弟，以示對其兄的體恤。(201)侯公　姓侯，史失其名。(202)請太公　請求項羽放回被項羽俘虜的劉邦之父劉太公。劉太公與呂后於劉邦彭城之敗時被項羽所俘，至今已是第三個年頭。203洪溝　也寫作「鴻溝」，西北自滎陽北引黃河水東南行，經今河南開封，復東南行經陳縣入潁水，再東南入淮水。204解因解除戰爭狀態而撤離前線。205太半　一大半；四分之三。206釋弗擊　放走不打。207從之　即接受其建議而揮兵進攻項羽。

【校　記】①為高祖　「高」字原無。據章鈺校，乙十一行本、孔天胤本皆有此字，張敦仁《通鑑刊本識誤》、張瑛《通鑑校勘記》、傅增湘校北宋本同。今從諸本及《史記・項羽本紀》、《通鑑紀事本末》補。②故主　「主」，原作「王」。據章鈺校，乙十一行本、傅增湘校北宋本皆作「主」。今從乙十一行本及《史記・高祖本紀》、《通鑑紀事本末》改。③自以與漢王　「與」字原無。據章鈺校，乙十一行本、孔天胤本皆有此字，張敦仁《通鑑刊本識誤》、傅增湘校北宋本同。今從乙十一行本及《史記・淮陰侯列傳》、《通鑑紀事本末》補。④起彭城　「起」，原作「走」。據章鈺校，乙十一行本、孔天胤本皆作「起」，張瑛《通鑑校勘記》、傅增湘校北宋本同。今從乙十一行本及《史記・淮陰侯列傳》、《通鑑紀事本末》改。⑤數十萬　「數」字原無。據章鈺校，乙十一行本有此字。今從乙十一行本及《史記・淮陰侯列傳》、《通鑑紀事本末》補。⑥野獸已盡　「已」字原無。據章鈺校，乙十一行本、孔天胤本、傅增湘校北宋本皆有此字。今從諸本及《史記・淮陰侯列傳》、《通鑑紀事本末》補。

【語　譯】四年（戊戌　西元前二〇三年）

冬季，十月，韓信率領大軍打敗了齊國駐紮在歷下的守軍，然後長驅直入，抵達齊國的都城臨淄。齊王田廣認為是酈食其欺騙了自己，就下令把酈生煮死。齊王田廣帶領著一些人馬逃亡到了高密，然後派使者到項王那裡求救。宰相田橫逃往博陽，代理相國田光逃往城陽，將軍田既率領一部分軍隊駐紮在膠東。

楚國大司馬曹咎駐守成皋，漢軍多次前來挑戰，楚軍就是堅守不肯出戰。漢軍派人辱罵他，幾天之後，終於激怒了曹咎，他率軍渡過汜水來迎戰漢軍。在楚軍剛渡過一半的時候，漢軍發起了猛攻，把楚軍打得大敗，繳獲了楚軍所有的金銀財寶。曹咎和司馬欣在汜水岸邊自刎而死。漢軍率軍渡過黃河，再次佔領了成皋，軍隊駐紮在廣武，就近取用敖倉的糧食。

項羽一連攻下了梁地十幾個城邑，當聽到成皋失守後，趕緊從梁地撤軍來救。漢軍正在滎陽以東圍攻鍾離昧，聽說項羽率領大軍到來，趕緊把軍隊全部撤到險要地帶。項羽也把軍隊駐紮在廣武，與漢軍對峙幾個月。楚軍的糧食逐漸接濟不上，項羽很憂慮。於是就製作了一個大型案板，把漢王劉邦的父親劉太公放在案板上，派人告訴劉邦說：「如果你不趕快投降，我就烹殺你的父親。」漢王說：「我和項羽同時作為楚懷王的臣子，接受楚懷王的命令，約定結為兄弟。我的父親就是你的父親；如果你一定要把你的父親烹了，請別忘了分給我一杯肉湯。」項王氣得不得了，就想要殺死劉太公。項伯勸阻說：「天下大事如何，現在還不可預料。再說，為爭奪天下的人，根本就不會把他的家人放在心上，你即使殺死劉太公也於事無補，只會增加漢王對你的仇恨。」項羽接受了項伯的意見，這才沒有殺死劉太公。

項王對漢王說：「天下動盪不安已經有好幾年了，只是因為我們兩個人在這裡爭鬥不休。我希望與你決鬥，一定要分出誰勝誰負。不要使天下的老老少少白白地受此煎熬。」漢王笑著拒絕說：「我寧願和你鬥智謀，而不能與你鬥力氣。」項王曾經三次派出勇猛的將領到漢軍陣前挑戰，漢軍當中有一個神射手樓煩，他把楚軍三名挑戰的將領全都給射死了。項羽大怒，親自披甲上陣，手持鐵戟到陣前挑戰。樓煩還想射項羽，項羽把眼睛一瞪，大聲地呵斥他。樓煩被嚇得不敢與項羽對視，雙手顫抖得連弓也拉不開，趕緊逃入營寨，再也不敢出來。漢王派人暗中探聽，這才知道是項羽親自挑戰，對項羽的威勢，漢王也感到非常吃驚。

於是項羽靠近漢王，兩個人隔著廣武澗相互對話。項羽想與漢王單獨決鬥。漢王一條一條地列舉項羽的罪狀，說：「項羽背叛盟約，只把蜀、漢中封給我，這是第一條；假傳楚懷王的命令殺死了卿子冠軍宋義，這是第二條；完成救援趙國的任務後，不回去向懷王覆命，卻擅自率領諸侯軍進入關中，這是第三條；燒毀了秦朝的宮室，挖掘秦始皇陵墓，收取了秦朝的財物歸為己有，這是第四條；秦王子嬰已經投降，你卻把他殺掉，這是第五條；用欺詐的手段，在新安坑殺了秦朝投降的二十萬軍隊，這是第六條；把富庶的地方分封給手下的將領，卻把故主放逐到貧瘠僻遠的地方去，這是第七條；把義帝從彭城驅逐出去，而你卻把彭城作為自己的都城，奪取了韓王成的國土，吞併了梁王魏豹、楚王芈心的地盤，把這些地方全都歸為己有，這是第八條；你又派人到江南殺死了義帝，這是第九條；主持分封不公平，主持盟約不守信義，為天下所不容，屬於大逆不道，這是你的第十條。我統領正義之師跟隨各路諸侯來誅滅你這個殘暴的逆賊，我只需用一些犯罪的囚徒討伐你就夠了，你何苦跟你的老子挑戰！」項羽大怒，開弓射中漢王。漢王受傷的是胸部，但他捂住自己的腳說：「敵人射中了我的腳趾。」漢王傷勢很重，躺在床上起不來；張良強行要漢王起來去慰問軍隊，以穩定軍心，以免楚軍趁機前來攻打。漢王出來巡視，由於傷勢很重，就趁巡視之機回到成皋養傷。

韓信已經平定了臨淄，於是乘勝向東追擊齊王田廣。項王派龍且率領二十萬軍隊前往齊國救援，在高密與齊王田廣的軍隊會合。有人向龍且建議說：「韓信領導的漢軍遠行千里，必定拼死作戰，其淩厲攻勢無法阻擋。而齊國和楚國的士兵是在自己的國土上作戰，因為顧念家眷而容易潰散。不如深溝高壘，堅守不戰，讓齊王派遣那些有威望、有信義的大臣向被漢軍佔領的城邑發出號召，要那裡的齊人舉義來歸；被佔領城邑中的齊國人知道齊王還在，又有楚軍前來救援，必然要起來反抗漢軍。漢軍離開本土兩千里來到齊國，如果齊國所有的城邑都反抗他，勢必造成漢軍糧餉供應不上，在齊地又弄不到糧食，到那時，可以不用作戰就迫使漢軍投降了。」龍且說：「我向來知道韓信的為人，很容易對付。他曾經在一個漂洗衣服的老婦那裡討飯吃，連養活自己的辦法都沒有；他還曾經受過鑽人胯下的侮辱，證明他沒有戰勝別人的勇氣。這個人沒什麼可以讓人害怕的。再說，我奉命前來救援齊國，如果不經過作戰，漢軍就投降了，那我還有什麼功勞呢！如果能夠一戰就打敗了漢軍，救了齊國，齊國的一半就屬於我所有了。」

十一月，齊軍、楚軍與漢軍在濰河兩岸擺開陣勢。韓信派人在夜間用一萬多個布袋裝滿沙土，在濰水的上游將河水攔住；韓信率領一半漢軍渡河去偷襲龍且的軍隊，又假裝打了敗仗，向後撤退。龍且看見漢軍敗走，非常高興地說：「我就知道韓信很怯懦。」於是下令追趕漢軍。韓信見龍且的軍隊已經渡河，就命令上游趕快撤掉沙袋，於是河水暴漲。楚軍有一大半沒有渡過濰河，漢軍便向楚軍發起猛烈攻擊，混戰中龍且被漢軍殺死；濰河東邊沒有渡河的楚軍見龍且被殺，也就一哄逃散了，只有齊王田廣逃得性命。韓信率領漢軍追擊敗兵，一直追到城陽，活捉了齊王田廣。漢軍的另一名將領灌嬰俘獲了齊國留守宰相田光後，率軍抵達博陽。田橫得知齊王田廣已死，就自己做了齊王，率領齊軍來攻打灌嬰，被灌嬰在嬴下擊敗。田橫逃往梁地投靠彭越。灌嬰繼續進兵，在千乘打敗了齊將田吸。曹參在膠東打敗了田既。這些齊將全部被漢軍殺死，齊國疆土全部被漢軍佔領。

漢王立張耳為趙王。

漢王在成皋養好了傷，便向西進入關中。到達櫟陽時，下令把故塞王司馬欣的首級割下來拿到櫟陽街市上示眾。停留了四天，返回軍中，仍舊駐紮在廣武。

韓信派使者向漢王請求說：「齊國是個狡詐虛偽、反覆無常的國家，南邊又與楚國接壤。請求大王允許我以代理齊王的身分鎮撫齊地。」漢王看完來信，立刻大怒，開口就罵韓信說：「我被困在此地，日夜盼你來援助，你竟然想在齊地自立為王！」張良、陳平立即用腳踩了漢王的腳一下，並附在漢王的耳邊小聲地對漢王說：「眼下漢軍正被困在這裡，難道您有辦法禁止韓信稱王嗎！不如順水推舟，就封他為齊王，好好地對待他，讓他為您守住齊地，不然的話，恐怕要發生變亂。」漢王也立即明白過來，趁機又假罵韓信說：「大丈夫平定了諸侯，就應該當名副其實的王，當代理王幹什麼！」

春季，二月，漢王派張良帶著齊王印綬到齊國宣布封韓信為齊王，同時徵調他的軍隊到廣武前線對抗西楚軍。

項王聽到龍且戰死的消息，感到非常恐懼，就派盱眙人武涉前往齊地遊說韓信說：「天下的百姓對秦朝的暴政痛恨已久，所以同心合力反抗秦朝。秦朝滅亡後，立即根據功勞的大小，分割了土地，分封了諸侯王，就是要使士卒得到休息。如今漢王又起兵東進，侵犯別人的職權，搶奪別人的土地。他攻佔了三秦後，又率軍東出函谷關，招集各路軍隊，向東攻打楚國。看樣子不徹底征服天下，誓不罷休，他的貪得無厭也太過分了！再說，漢王也實在是不可信任，他在項王的掌握之中已經有好幾次了，每次都是由於項王憐憫才使他活了下來。然而一旦逃脫，就馬上違背誓約，重新集結軍隊攻打項王，他的不守信用就是這個樣子。現在，韓將軍雖然自己認為與漢王交情深厚，因此竭盡全力為他打仗，但最終一定會被他擒獲。將軍現在所以還能被容忍、能存活到現在，是因為項王還存在的緣故。現在，項王與漢王兩人之間誰勝誰負，關鍵在於將軍。將軍如果依附西邊，那漢王就勝利，如果將軍依附東邊，那就項王勝利。如果現在項王滅亡了，下一個就輪到將軍了。將軍與項王原本有交情，為什麼不背叛漢王與項王聯合，將來三分天下，使項、劉、韓能夠各自為王！現在失去這個機會，而自認為漢王可以依賴，甘心幫助漢王攻打項王，難道智謀高超的人就是這樣嗎？」

韓信拒絕說：「當初我在項王手下的時候，官位不過是個郎中，職位不過是雙手握戟的侍衛。我說的話項王不能聽，我獻的計策項王不能用，所以才背叛了項王投靠漢王。漢王親手把上將軍的印綬交給我，交付給我幾萬軍隊，他把自己身上穿的衣服脫下來給我穿上，把他吃的飯菜推給我吃，言聽計從，所以我才能有今天。漢王親近我、信任我，我如果背叛了漢王，那是不吉祥的；我對漢王的忠心，至死也不會改變。請你代韓信轉達我對項王的感謝。」

武涉離開齊國後，韓信手下的智囊蒯徹也明白韓信在項、劉之間所起的舉足輕重的作用，就假借給韓信看相的辦法，鼓動韓信背叛漢王劉邦，他對韓信說：「我看將軍的面相，最多也就是封侯，而且是危機四伏；看將軍的背相，其尊貴的程度是不好明說的。」韓信問：「你說的是什麼意思？」蒯徹說：「當初天下紛紛起事的時候，大家擔心的只有一件事，就是能不能推翻秦朝的統治。而現在因為項王與漢王爭奪天下，造成生靈塗炭，父子的骸骨暴露在荒野之中，多得數也數不清。西楚項王起兵於彭城轉戰追殺，乘勝席捲天下，威震海內；然而卻被困於京縣與索城之間，眼巴巴地望著西面的群山而無法前進，這種局面已經持續三年了。漢王率領著數十萬大軍，據守在鞏縣、洛邑一帶以抵抗楚軍，依靠山河要塞和險阻，每天都要有幾次戰鬥，不僅沒有一點進展，反而是屢遭失敗，不能自救。這就是所說的不論勇敢的還是有智謀的已經是兩敗俱傷了。百姓疲憊到了極點，已是怨聲載道，卻又無所歸附。按照我的分析，天下的這種局面，如果不是具有絕世的威望和能力，是無法平息這場天大的災禍的。現在項王和漢王兩個人的命運就掌握在將軍的手中，將軍偏向漢，就是漢王得天下，將軍偏向楚，就是項王得天下。您如果能聽取我的意見，不如使項、劉兩家都不受損傷，讓他們同時共存，把天下分成三份，形成漢、楚、齊三足鼎立的局面，這樣的話，就誰也不敢輕舉妄動。以將軍的賢能和德望，擁有龐大的武裝部隊，據有強大的齊國，率領趙國、燕國。出奇兵穿過劉、項雙方防守空虛的地帶，從後方牽制他們；順從人民要求結束戰爭的願望，制止楚、漢戰爭，使百姓免受戰爭之苦。

天下必定望風響應，誰敢不聽從將軍！然後分割大國、削弱強國，重新分封諸侯；諸侯分封完畢，天下之人全都歸附、聽從於將軍，全都感激齊王您的恩德。您據守住齊國固有的土地，進一步佔有膠水、泗水流域的廣大區域，您就可以端坐在深宮之中，過著從容悠閒的生活，那時，天下的諸侯，就會互相招呼著到齊國來朝拜您。我聽說『上天賜予你的，你如果不接受，就一定會受到上天的責罰；機會到了，你不能把握住機會，就有可能使機會轉化成災難。』我希望將軍能夠認真地考慮！」

韓信說：「漢王待我恩重如山，我怎麼能見利忘義呢！」蒯徹說：「當初，常山王張耳與成安君陳餘都是平民百姓的時候，曾經是誓同生死的朋友。後來為了張黶、陳澤的事情反目成仇，最後常山王張耳將成安君陳餘殺死在泜水南岸，使陳餘身、首分為兩處。這兩個人當初的交情，是天下最要好的朋友了；但最後卻互相擒殺，是什麼原因呢？是因為人的本性就是貪欲無窮，而心理動向又難於預料啊。如今，將軍您想堅守信義，效忠於漢王劉邦，但我敢斷定，將軍與漢王之間的情誼肯定比不上張耳、陳餘兩人之間的深厚，而你們之間的矛盾，有許多要比張黶、陳澤的事情大得多。所以，我以為將軍您深信漢王一定不會傷害您，這是錯誤的。大夫文種使已經滅亡了的越國又得以存活，使越王句踐成為諸侯霸主，算得上是立了大功，成就了大名，但結果被句踐逼迫而自殺，這就是野獸已經被獵盡了，獵狗也就該烹殺了。論交情，將軍與漢王之間比不上張耳與陳餘；論您對漢王的忠誠，比不上文種之於越王句踐；陳餘和文種的下場，完全可以作為您的借鑑，我希望將軍認真考慮我的話。還有，我聽說『勇武和謀略使國君感受到威壓的人就很危險了，功勞超過天下所有人的時候，就賞無可賞了。』現在將軍具有勇略震主的威望，立下了功高不賞的功勳。歸附於楚，楚人不敢信用您；歸附於漢，漢人感到驚恐害怕。將軍憑著這麼大的功績和威勢，您還能給誰去做臣子呢？」

韓信說：「先生不要再說下去了，我將記住你說的話。」過了幾天，蒯徹又對韓信說：「能夠聽取好的意見，就是事情成功的徵兆；能反覆謀劃，就是把握成敗的關鍵。未能聽取好意見，未能反覆謀慮做出正確的決斷，而能夠長久的實在是很少有的。做事堅定不移，是智者的表現；猶豫不決，事情就不會獲得成功。在一絲一毫的小事上精打細算，而忘記了在天下大事上的大謀略、大決斷，心裡想得很明白，就是不敢付諸行動，各種禍事無不起源於此。事業，成功很難而失敗卻很容易；機會，很難遇到卻又容易失去。機會呀機會，失去了就再也沒有了！」韓信猶豫不決，不忍心背叛漢王。又以為自己建立的功勞很大，漢王一定不會奪去自己的齊國，於是便拒絕了蒯徹的建議。蒯徹見韓信聽不進自己的意見，便離開韓信，假裝瘋癲，做了巫祝。

秋天，七月，漢王封黥布為淮南王。

八月，北方的燕國派人給漢王送來一支勇猛的騎兵，幫助漢王奪取天下。

漢王下令：軍士不幸陣亡的，官吏要親自為死者製備衣服被褥，將死者屍體裝殮入棺，通過驛站將死者遺體轉送給他的親屬。這項措施深得民心，因此天下人都心向劉邦。

這一年，漢王封中尉周昌為御史大夫。周昌，是周苛的堂兄弟。

項羽知道幫助自己的人很少，而糧食又快吃完了。韓信又率領軍隊前來攻打，為此，項羽心裡很是擔憂。恰好此時漢王派侯公到項羽那裡，請求放還劉太公。項羽同意放還劉太公，並利用這個機會與漢王約定，將天下一分為二，劃洪溝為界，洪溝以西屬於漢王所有，洪溝以東屬於項羽的楚國所有。

九月，項羽將劉太公、呂后放歸，便解除戰爭狀態，撤離前線東還彭城。漢王也想要罷兵撤回關中，張良、陳平勸說漢王：「目前天下一大半的土地都屬於漢王所有，而且諸侯全都歸附漢王。楚兵疲憊不堪，加之糧食已盡，這正是上天滅亡項羽的時候。如果失去了這次機會不消滅他，那就叫做豢養老虎，結果卻被老虎吃掉啊。」漢王聽從二人的意見，決定要趁項羽毫無防備的機會消滅項羽。

【研　析】本卷寫了高祖三年（西元前二〇四年）到高祖四年兩年間的楚漢戰爭形勢，項羽屢戰屢勝，但處處被動，奔命不暇，最後兵少食盡，瀕臨失敗；劉邦屢戰屢敗，但多方出擊，機動靈活，最後地廣兵強，勝利在望，這裡邊的歷史經驗、鬥爭藝術是極其豐富、極其生動的。陳梧桐等《中國軍事通史》說：「楚漢戰爭是我國歷史上第二次大規模的統一戰爭。它與秦始皇的統一戰爭具有顯著不同的特點：前者是在一百多年的長期準備、艱苦奮鬥、奠定了堅實基礎上進行的，是『奮六世之餘烈，振長策而御宇內』，以強滅弱，水到渠成；後者則完全不同，項羽佔有極大的優勢，劉邦的勢力非常弱小，戰爭全過程基本上都是以弱勝強，歷經艱難曲折的道路，屢戰屢敗而最後取得勝利。優勢的項羽所以失敗，劣勢的劉邦所以勝利，歸根到底是雙方對決定戰爭勝負的諸因素認識不同，對戰爭全局的指導藝術不同，進而導致優劣易勢，成敗異變。主要表現有以下七點：第一，項羽忽視政治對戰爭的影響和作用，劉邦則完全相反，他處處注意爭取人心，採取了一系列積極的措施。第二，項羽忽視軍事地理對戰爭的影響和作用，劉邦則與項羽相反，他把軍事地理看作是影響戰爭勝負的重大因素。第三，項羽忽視戰爭初期的作戰對戰爭全過程的作用和影響，劉邦則把戰爭初期的作戰視為極端重要的問題。第四，項羽忽視外交對戰爭的作用和影響，劉邦則相反，他把爭取盟友看作是制服項羽的一個根本條件。第五，項羽忽視後方建設對戰爭的作用和影響，劉邦則從戰爭一開始，就從政治、經濟、軍事等各方面加強後方根據地的建設。第六，項羽忽視側面戰場同正面戰場的配合，劉邦則在楚漢戰爭中首次創立了多戰場互相配合的指導藝術。正是通過這多種戰場、多種手段、多種力量的配合，才取得了戰爭全局上的優勢和勝利。這一戰爭指導藝術，實為我國戰爭史上的空前創舉，也是人類戰爭史上的空前創舉。第七，項羽忽視人才對戰爭的作用和影響，而劉邦則極為重視人才。楚漢戰爭的全過程，實際上也是人才流動和轉移的過程，充分反映了人心向背和人存事興、人亡事廢的道理。」「戰爭是軍事、政治、經濟、外交、智力等各個方面實力的全面競賽，每一個方面都會在不同情況下給戰爭的勝負帶來巨大的影響。就上述七個問題而言，項羽能避免其中任何一個錯誤，都不會導致全局的失敗；相反，劉邦如有一個問題處理不當，都無法取得全局的勝利。綜觀戰爭全過程，項羽的基本指導思想是以力取勝，他確實英勇善戰，所向無敵，有一套獨特的戰術，在戰場上屢戰屢勝，但他的勝利是局部的，最後終因全局的失敗而失敗。劉邦則堅持以智取勝的指導思想，深入研究決定戰爭勝負的各個因素，不放過一個有利條件，千方百計爭取全局上的優勢，不怕局部戰場的屢戰屢敗，最後終以全局的優勢而奪得戰爭的勝利。」

劉邦能夠戰勝項羽，和韓信的作用分不開。《史記》中展開描寫韓信的克敵致勝主要有四回，而最精彩的是寫井陘之戰破陳餘和濰水之戰破齊楚聯軍，這兩個戰役司馬光都寫在了本卷裡。清代姚苧田《史記菁華錄》稱道井陘之戰說：「出井陘以決一日之雌雄，必無一戰不克而需再舉之理。成安君固非韓信敵手，而兵之懈與奮亦誠有天淵相去者。蓋趙空壁逐利，前有幸功之樂，後無致死之憂，則見利而進，知難而退而已。漢兵則不然，力戰則容救其生，一退則俱無噍類，所以一曰『大戰良久』，再曰『復疾戰』，三曰『皆殊死戰』，彼懈我奮，一以當十，此左車所以早有成禽之慮也。」明代茅坤《史記鈔》說：「非為背水戰，不可以致趙人之空壁而逐利；非拔趙幟而立漢幟，則成安君失利而還壁，信與趙相持之勢成，而其事未可知也。故信之此舉，謀定而後動，誠入虎口一舉而斃之矣。」又說：「予覽觀古兵家流，當以韓信為最，破魏以木罌，破趙以立漢赤幟，破齊以囊沙，彼皆從天而下，而未嘗與敵人血戰者。予故曰：古今來，太史公，文仙也；李白，詩仙也；屈原，辭賦仙也；劉阮，酒仙也；而韓信，兵仙也，然哉！」

本卷在人物描寫方面有很高的成就，這也是司馬光移錄《史記》原文的結果。《史記》描寫人物最活靈活現的是劉邦，劉邦最突出的性格特徵之一是隨機應變來得極快，簡直就像是條件反射，這在本卷中有極好的表現：當韓信平定齊地，派人要求當「假王」時，「漢王發書，大怒，罵曰：『吾困於此，旦暮望若來佐我，乃欲自立為王！』張良、陳平躡漢王足，因附耳語曰：『漢方不利，寧能禁信之自王乎！不如因而立之，善遇，使自為守。不然，變生。』漢王亦悟，因復罵曰：『大丈夫定諸侯，即為真王耳，何以假為！』」這「罵曰」、「復罵曰」兩句，寫得心理神情如畫。當劉邦與項羽相峙滎陽，項羽伏弩射中劉邦時，「漢王傷胸，乃捫足曰：『虜中吾指。』」《史記正義》說：「恐士卒壞散，故言中吾足指。」瀧川資言《史記會注考證》說：「變起倉促，而舉止泰然如此，漢皇非徒木強人也。」「虜」，猶言「奴才」。胸口中了致命傷，不但條件反射般地彎腰撫足，以掩真情；而且仍如素日的嘻笑怒罵，不當一回事。真是妙極了。

《史記・淮陰侯列傳》寫韓信平齊後，有武涉為項羽勸韓信脫離劉邦歸項羽，蒯徹站在韓信立場為韓信分析形勢，勸韓信脫離劉邦獨立，與劉邦、項羽鼎足而三兩段說辭。前者淺陋無理不值一說，後者卻是深刻透徹，語重心長，飽含著慘痛的歷史經驗，令人聽了心寒的。蒯徹可以說是設身處地為韓信著想、忠心耿耿地為韓信謀劃日後的安危。韓信如果真的鬧起獨立，是否就能成功，那是另一回事，但蒯徹的確是卓有預見地為韓信把一切都考慮到了。司馬遷在《史記》中所以要這樣寫，是因為他同情韓信，他想以此來反證日後劉邦殺韓信的強加罪名。司馬光寫《通鑑》也照樣長長地移錄了一大段，說明在這個問題上他們有同樣的感情。此外在韓信平定齊地後，原是他自己先當了齊王，而後才派人去向劉邦請示。但在《史記・淮陰侯列傳》裡司馬遷故意不寫，好像韓信是先向劉邦請示，而後才受命稱王。司馬光也照這樣寫《通鑑》，更表明了他們對韓信的偏袒與同情。凌稚隆《史記評林》引楊維楨說：「蒯徹，韓信之客也，言多補於信，乃不能脫信於走狗之烹，而佯狂為巫。吁，箕子佯狂為奴，閔宗國也；蒯通佯狂為巫，閔知己也。言不行，計不聽，而不忍坐視其後禍，付於無可奈何，亦足悲矣。」三軍大學《中國歷代戰爭史》說：「蒯徹對韓信之說辭，充分表現其具有戰國縱橫家之器識且又過之，其觀察之精密，其分析之透闢，其瞻矚之高遠，其定策之卓邁，實鮮人能與之比儔。韓信特以不用其謀，致終死於婦人之手，此乃韓信對現實之政治缺乏認識與！」

卷第十一

漢紀三

起屠維大淵獻（己亥　西元前二〇二年），盡重光赤奮若（辛丑　西元前二〇〇年），凡三年。

【題解】本卷寫了高祖五年（西元前二〇二年）至高祖七年共三年間的全國大事，寫了楚漢戰爭在垓下之戰後，以劉邦的勝利而全部結束；寫了劉邦在群臣擁立下做了皇帝，並分封劉姓的兄弟子姪為王、封功臣為侯，其中特別突出了封蕭何、張良、陳平的情景；寫了婁敬勸劉邦遷都關中與叔孫通為劉邦制定「尊君卑臣」的朝儀；寫了齊王田橫的不願受辱而慷慨自殺；寫了韓信在垓下破殺項羽後立即被奪去齊王，改封楚王，又被人誣告謀反而被劉邦襲捕，降為淮陰侯；寫了韓王信被移封馬邑，因匈奴入侵，韓王信降匈奴，劉邦討伐韓王信，被匈奴圍困於白登，從此邊境戰鬥連年不斷；寫了劉邦對趙王傲慢自大，致使趙臣貫高、趙午欲謀殺劉邦等等。

太祖高皇帝中

五年（己亥　西元前二〇二年）

冬，十月，漢王追項羽至固陵❶，與齊王信、魏相國越期會❷擊楚。信、越不至，楚擊漢軍，大破之。漢王復堅壁自守，謂張良曰：「諸侯不從❸，柰何？」對曰：「楚兵且破，二人未有分地❹，其不至固宜。君王能與共天下❺，可立致❻也。齊王信之立，非君王意，信亦不自堅❼。彭越本定梁地，始，君王以魏豹故❽，拜越為相國。今豹死，越亦望王❾，而君王不早定。今能❿取睢陽以北至穀城⓫，皆以王彭越。從陳以東傅海⓬，與齊王[1]信。信家在楚⓭，其意欲復得故邑⓮。能出捐此地⓯，以許兩人，使各自為戰⓰，則楚易破也。」漢王從之。於是韓信、彭越皆引兵來。

十一月，劉賈南渡淮⓱，圍壽春⓲，遣人誘⓳楚大司馬周殷⓴。殷畔楚，以舒屠六㉑，舉九江兵㉒迎黥布㉓，並行屠城父㉔，隨劉賈皆會㉕。

十二月，項王至垓下㉖，兵少食盡，與漢戰不勝，入壁㉗。漢軍及諸侯兵圍之數重。項王夜聞漢軍四面皆楚歌㉘，乃大驚曰：「漢皆已得楚乎？是何楚人之多也！」則夜起，飲帳中，悲歌忼慨㉙，泣數行下。左右皆泣，莫能仰視。於是項王乘其駿馬名騅㉚，麾下㉛壯士騎從者八百餘人，直夜㉜潰圍南出馳走。平明，漢軍乃覺之，令騎將灌嬰以五千騎追之。項王渡淮㉝，騎能屬者㉞纔百餘人。至陰陵㉟，迷失道。問一田父，田父紿曰「左」㊱。左，乃陷大澤中，以故漢追及之㊲。

項王乃復引兵而東，至東城㊳，乃有二十八騎。漢騎追者數千人。項王自度㊴不得脫，謂其騎曰：「吾起兵至今八歲矣，身七十餘戰，未嘗敗北，遂霸有天下。然今卒困於此，此天之亡我，非戰之罪也！今日固決死㊵，願為諸君快戰㊶，必潰圍、斬將、刈旗㊷，三勝之㊸，令諸君知天亡我，非戰之罪也㊹。」乃分其騎以為四隊，四鄉㊺。漢軍圍之數重。項王謂其騎曰：「吾為公取彼一將。」令四面騎馳下，期山東為三處㊻。於是項王大呼馳下，漢軍皆披靡㊼，遂斬漢一將。是時，郎中騎㊽楊喜追項王，項王瞋目而叱㊾之，喜人馬俱驚，辟易㊿數里。項王與其騎會為三處，漢軍不知項王所在，乃分軍為三，復圍之。項王乃馳，復斬漢一都尉(51)，殺數十百人。復聚其騎，亡其兩騎耳。乃謂其騎曰：「何如？」騎皆伏曰：「如大王言！」(52)

於是項王欲東渡烏江(53)。烏江亭長(54)檥船(55)待，謂項王曰：「江東雖小，地方千里，眾數十萬人，亦足王(56)也。願大王急渡！今獨臣有船，漢軍至，無以渡。」項王笑曰：「天之亡我，我何渡為！且籍與江東子弟八千人渡江而西，今無一人還，縱江東父兄憐而王我[57]，我何面目見之！縱彼不言，籍獨不愧於心乎！」乃以所乘騅馬賜亭長[58]，令騎皆下馬步行，持短兵接戰。獨籍所殺漢軍數百人，身亦被十餘創。顧見漢騎司馬呂馬童[59]，曰：「若非吾故人乎？」馬童面之[60]，指示中郎騎王翳曰[61]：「此項王也。」項王乃曰：「吾聞漢購我頭千金，邑萬戶[62]，吾為若德[63]。」乃自〔2〕刎而死。王翳取其頭。餘騎相蹂踐，爭項王，相殺者數十人。最其後[64]，楊喜、呂馬童及郎中呂勝、楊武各得其一體[65]。五人共會其體，皆是，故分其戶[66]〔3〕，封五人皆為列侯[67]。

楚地悉定，獨魯不下[68]。漢王引天下兵欲屠之。至其城下，猶聞絃誦之聲[69]。為其守禮義之國[70]，為主死節[71]，乃持項王頭以示魯父兄[72]，魯乃降[73]。漢王以魯公禮葬項王於穀城[74]，親為發哀，哭之而去。諸項氏枝屬皆不誅，封項伯等四人皆為列侯[75]，賜姓劉氏[76]。諸民略在楚者，皆歸之。

太史公曰：「羽起隴畝之中[77]，三年遂將五諸侯[78]滅秦，分裂天下，而封王侯，政由羽出[79]。位雖不終，近古以來，未嘗有也[80]。及羽背關懷楚[81]，放逐義帝而自立，怨王侯叛己，難矣。自矜功伐[82]，奮其私智而不師古[83]，謂霸王之業，欲以力征經營天下。五年卒亡其國，身死東城[84]，尚不覺寤〔4〕而不自責，乃引『天亡我，非用兵之罪也』[85]，豈不謬哉！」楊子法言[86]：「或問：『楚敗垓下，方死[87]，曰「天也[88]」！諒乎[89]？』曰：『漢屈羣策[90]，羣策屈羣力[91]。楚憞羣策[92]，而自屈其力[93]。屈人者克[94]，自屈者負[95]。天曷故焉[96]！』」

漢王還，至定陶[97]，馳入齊王信壁，奪其軍[98]。

臨江王共尉[99]不降，遣盧綰、劉賈擊虜之。

春，正月，更立[100]齊王信為楚王，王淮北[101]，都下邳[102]。封魏相國建城侯彭越為梁王，王魏故地[103]，都定陶。

令曰[104]：「兵不得休八年[105]，萬民與[106]苦甚。今天下事畢，其赦天下殊死[107]以下。」

諸侯王[108]皆上疏[109]，請尊漢王為皇帝。二月甲午[110]，王即皇帝位于氾水之陽[111]。更王后曰皇后[112]，太子曰皇太子[113]，追尊先媼[114]曰昭靈夫人。

詔曰[115]：「故衡山王[116]吳芮，從[117]百粵[118]之兵，佐諸侯，誅暴秦，有大功。諸侯立以為王[119]，項羽侵奪之地[120]，謂之番君[121]。其[122]以芮為長沙王[123]。」又曰：「故粵王無諸[124]，世奉粵祀[125]。秦侵奪其地，使其社稷不得血食[126]。諸侯伐秦，無諸身率閩中[127]兵以佐滅秦，項羽廢而弗立。今以為閩粵王[128]，王閩中地。」

帝西都洛陽[129]。

夏，五月，兵皆罷歸家。

詔：「民前或相聚保山澤[130]，不書名數[131]。今天下已定，令各歸其縣，復故爵田宅[132]。吏以文法教訓辨告[133]，勿笞辱[134]軍吏卒。爵及七大夫[135]以上，皆令食邑[136]。非七大夫已下[137]，皆復其身及戶，勿事[138]。」

帝置酒洛陽南宮[139]，上曰：「徹侯[140]、諸將毋敢[141]隱朕，皆言其情[142]。吾所以有天下者何，項氏之所以失天下者何？」高起、王陵[143]對曰：「陛下使人攻城略地，因以與之，與天下同其利。項羽不然，有功者害之[144]，賢者疑之。此其所以失天下也。」上曰：「公知其一，未知其二。夫運籌帷幄之中[145]，決勝千里之外，吾不如子房[146]；填國家[147]，撫百姓，給餉餽[148]，不絕糧道，吾不如蕭何；連百萬之眾，戰必勝，攻必取，吾不如韓信：三者皆人傑，吾能用之，此吾所以取天下者也。項羽有一范增而不能用，此所以為我禽也[149]。」群臣說服。

韓信至楚[150]，召漂母，賜千金[151]。召辱己少年令出跨下者，以為中尉[152]。告諸將相曰：「此壯士也。方辱我時，我寧[153]不能殺之邪？殺之無名[154]，故忍而就此[155]。」

彭越既受漢封(156)，田橫懼誅，與其徒屬(157)五百餘人入海，居島中(158)。帝以田橫兄弟本定齊地(159)，齊賢者多附焉。今在海中，不取(160)，後恐為亂。乃使使赦橫罪，召之。橫謝(161)曰：「臣亨陛下之使酈生，今聞其弟商(162)為漢將，臣恐懼，不敢奉詔(163)。請為庶人(164)，守海島中(165)。」使還報，帝乃詔衛尉(166)酈商曰：「齊王田橫即至，人馬從者敢動搖者，致族夷(167)。」乃復使使持節(168)具告以詔商狀(169)，曰：「田橫來，大者王，小者乃侯耳(170)；不來，且(171)舉兵加誅焉。」

橫乃與其客二人乘傳(172)詣(173)洛陽。未至三十里(174)，至尸鄉廄置(175)。橫謝使者曰：「人臣見天子，當洗沐(176)。」因止留(177)，謂其客曰：「橫始與漢王俱南面稱孤(178)，今漢王為天子，而橫乃為亡虜(179)，北面事之，其恥固已甚矣。且吾亨人之兄，與其弟併肩而事主，縱彼畏天子之詔不敢動，我獨不媿於心乎！且陛下所以欲見我者，不過欲一見吾面貌耳。今斬吾頭，馳三十里間，形容尚未能敗，猶可觀也。」遂自剄，令客奉其頭(180)，從使者馳奏之(181)。

帝曰：「嗟乎！起自布衣，兄弟三人更王(182)，豈不賢哉！」為之流涕，而拜其二客為都尉。發卒二千人(183)，以王者禮葬之(184)。既葬，二客穿其冢傍孔，皆自剄，下從之。帝聞之大驚。以橫客皆賢，餘五百人尚在海中，使使召之。至則聞田橫死，亦皆自殺[185]。

初，楚人季布[186]為項籍將，數窘辱帝[187]。項籍滅，帝購求[188]布千金，敢有舍匿[189]，罪三族[190]。布乃髡鉗為奴[191]，自賣於魯朱家[192]。朱家心知其季布也，買置田舍[193]。身之[194]洛陽，見滕公[195]，說曰：「季布何罪？臣各為其主用，職耳[196]。項氏臣[197]豈可盡誅邪？今上始得天下，而以私怨求一人[198]，何示不廣也[199]！且以季布之賢[200]，漢求之急[201]，此不北走胡，南走越耳[202]？夫忌壯士以資敵國[203]，此伍子胥所以鞭荊平之墓[204]也。君何不從容為上言[205]之！」滕公待間[206]，言於上如朱家指[207]。上乃赦布，召拜郎中[208]，朱家遂不復見之[209]。

布母弟丁公[210]，亦為項羽將，逐窘[211]帝彭城西。短兵接，帝急，顧[212]謂丁公曰：「兩賢豈相戹哉[213]！」丁公引兵而還。及項王滅，丁公謁見[214]。帝以丁公徇[215]軍中，曰：「丁公為項王臣不忠，使項王失天下者也。」遂斬之，曰：「使後為人臣無傚丁公也[216]！」

臣光曰：「高祖起豐、沛以來，罔羅[217]豪桀，招亡納叛，亦已多矣。及即帝位，而丁公獨以不忠受戮，何哉？夫進取[218]之與守成[219]，其勢[220]不同。當羣雄角逐[221]之際，民無定主[222]，來者受之[223]，固其宜也。及貴為天子，四海之內，無不為臣。

苟不明禮義以示之[224]，使為臣者，人懷貳心以徼大利[225]，則國家其能久安乎[226]！是故斷以大義[227]，使天下曉然皆知為臣不忠者，無所自容[228]。而懷私結恩[229]者，雖至於活己[230]，猶以義不與[231]也。戮一人而千萬人懼，其慮事豈不深且遠哉！子孫享有天祿[232]四百餘年，宜矣！」

齊人婁敬[233]戍隴西[234]，過洛陽，脫輓輅[235]，衣羊裘[236]，因[237]齊人虞將軍[238]求見上。虞將軍欲與之鮮衣[239]，婁敬曰：「臣衣帛，衣帛見[240]；衣褐[241]，衣褐見。終不敢易衣[242]。」於是虞將軍入言上，上召見，問之。婁敬曰：「陛下都洛陽，豈欲與周室比隆哉[243]？」上曰：「然。」婁敬曰：「陛下取天下[244]與周異。周之先，自后稷封邰[245]，積德絫善，十有餘世[246]。至于太王[247]、王季[248]、文王[249]、武王[250]，而諸侯自歸之[251]。遂滅殷，為天子[252]。及成王[253]即位，周公[254]相焉。乃營洛邑[255]，以為此天下之中也，諸侯四方納貢職[256]，道里均[257]矣。有德則易以王，無德則易以亡[258]。故周之盛時，天下和洽[259]。諸侯四夷，莫不賓服[260]，效[261]其貢職。及其衰也，天下莫朝，周不能制也。非唯其德薄也，形勢弱[262]也。今陛下起豐、沛，卷蜀、漢，定三秦，與項羽戰滎陽、成皋之間。大戰七十，小戰四十，使天下之民肝腦塗地[263]，父子暴骨中野[264]，不可勝數。哭泣之聲未絕，傷夷者[265]未起[266]。而欲比隆於成、康[267]

之時，臣竊以為不侔[268]也。且夫秦地[269]被山帶河[270]，四塞以為固[271]。卒然[272]有急，百萬之眾可立具[273]也。因秦之故[274]，資甚美膏腴之地[275]，此所謂天府[276]者也。陛下入關而都之，山東雖亂，秦之故地可全而有也[277]。夫與人鬭，不搤其亢，拊其背[278]，未能全其勝也。今陛下案[279]秦之故地，此亦搤天下之亢，而拊其背也。」

帝問羣臣。羣臣皆山東[280]人，爭言：「周王數百年[281]，秦二世即亡[282]。洛陽東有成皋[283]，西有殽、澠[284]，倍河[285]，鄉伊、洛[286]，其固亦足恃[287]也。」上問張良，良曰：「洛陽雖有此固，其中小[288]，不過數百里，田地薄，四面受敵，此非用武之國[289]也。關中左殽、函[290]，右隴、蜀[291]，沃野千里。南有巴、蜀[292]之饒，北有胡苑之利[293]。阻[294]三面而守，獨以一面東制諸侯[295]。諸侯安定，河、渭漕輓天下[296]，西給[297]京師；諸侯有變，順流而下[298]，足以委輸[299]。此所謂金城千里[300]，天府之國也。婁敬說是也。」上即日車駕西，都長安[301]。拜婁敬為郎中，號曰奉春君[302]，賜姓劉氏。

張良素[303]多病，從上入關[304]，即道引[305]，不食穀[306]，杜門[307]不出。曰：「家世相韓[308]，及韓滅，不愛[309]萬金之資，為韓報讎彊秦[310]，天下振動[311]。今以三寸舌[312]為帝者師，封萬戶侯[313]，此布衣之極，於良足矣。願棄人間事，欲從赤松子游[314]

耳。」

臣光曰：「夫生之有死，譬猶夜旦[315]之必然，自古及今，固未有[5]超然而獨存[316]者也。以子房之明辨達理[317]，足以知神仙之為虛詭[318]矣。然其欲從赤松子游者，其智可知也。夫功名之際，人臣之所難處[319]。如高帝所稱[320]者，三傑[321]而已。淮陰誅夷[322]，蕭何繫獄[323]，非以履盛滿而不止耶[324]？故子房託於神仙[325]，遺棄人間[326]，等功名於外物[327]，置榮利[328]而不顧。所謂明哲保身者，子房有焉。」

六月壬辰[329]，大赦天下。

秋，七月，燕王臧荼反[330]，上自將征之。

趙景王耳[331]、長沙文王芮[332]皆薨。

九月，虜臧荼。壬子[333]，立太尉長安侯盧綰[334]為燕王。綰家與上同里閈[335]，綰生又與上同日。上寵幸綰，羣臣莫敢望[336]，故特王之。

項王故將利幾反[337]，上自擊破之。

後九月[338]，治長樂宮[339]。

項王將鍾離昧[340]素與楚王信善，項王死後，亡歸信[341]。漢王怨昧，聞其在楚，詔楚捕昧。信初之國[342]，行縣邑[343]，陳兵出入[344]。

【章　旨】以上為第一段，寫高祖五年（西元前二〇二年）一年間的天下大事，主要寫了劉邦依靠韓信等人大破項羽於垓下，項羽敗逃至烏江浦自刎而死；劉邦於同年二月即皇帝位，並自言其所以能戰勝項羽是由於自己能用人，尤其是重用了韓信、蕭何、張良；此外還寫了齊王田橫不願受辱而自殺、婁敬勸劉邦改都關中，以及張良見天下大定，內部衝突將上升首位，從而先機地裝傻求仙以圖自保等等。

【注　釋】❶固陵　秦縣名，縣治在今河南太康南。❷期會　約好時間共同出兵。❸不從　不遵守約束。❹未有分地　《史記集解》引韋昭曰：「信等雖名為王，未有所畫經界。」即沒有確定應得的地盤。❺能與共天下　捨得把天下的地盤給他們每人分一塊。❻可立致　可使之立刻前來。❼不自堅　不放心；心懷疑慮。❽以魏豹故　因為當時有魏豹當魏王。❾望王　希望當魏王。❿今能　現在如果能夠。今，如果。⓫睢陽以北至穀城　大體包括今河南東北部和山東西部一帶地區。睢陽，秦縣名，縣治在今河南商丘城南。穀城，秦縣名，縣治在今山東平陰西南。⓬從陳以東傅海　自陳縣一直東到海邊，大體包括今河南東部，山東西南部，和安徽、江蘇兩省的北部地區。陳，秦縣名，即今河南淮陽。傅海，直到海邊。傅，貼近。⓭信家在楚　韓信的家在淮陰，地屬西楚。⓮故邑　故鄉所居之地。⓯此地　這些地區。⓰使各自為戰　使其各為自己獲取分地而戰。凌稚隆引屠隆曰：「子房此語，亦是禍此二人之基。」張文虎曰：「此事不書於〈高紀〉，不書於〈留侯世家〉，信、越列傳，而書之於〈羽紀〉者，明非此不能破羽，然信、越死機已伏於此。」⓱南渡淮　向南渡過淮河。⓲壽春　即今安徽壽縣，當時為九江郡的郡治所在地，戰國末年為楚國的都城。⓳誘　誘之降漢。⓴楚大司馬周殷　項羽部下的最高將領，當時為項羽鎮守壽春。大司馬是一個國家的最高武官。㉑以舒屠六　領著舒縣的兵眾屠滅了六縣全城。舒，秦縣名，即今安徽舒城。六，秦縣名，即今安徽六安，黥布為九江王時的都城。㉒舉九江兵　集合起整個九江國地區的軍隊。㉓迎黥布　迎黥布回淮南地區統領部眾。㉔行屠城父　黥布等前進中順勢屠滅了城父縣（今安徽亳州東南）。㉕隨劉賈皆會　跟隨劉賈一道與劉邦、韓信等會合於垓下。㉖垓下　古邑名，在今安徽靈壁東的沱河北岸。㉗入壁　退入防禦工事內。壁，營壘。㉘皆楚歌　唱的都是楚地的民間歌謠。㉙悲歌忼慨　據《史記‧項羽本紀》，項羽所作之歌為：「力拔山兮氣蓋世，時不利兮騅不逝。騅不逝兮可奈何，虞兮虞兮奈若何！」㉚騅　毛色黑白相間的馬。師古曰：「蒼白雜毛曰騅，蓋以其色名之。」㉛麾下　猶言「部下」。麾，大將的指揮旗。㉜直夜　趁著夜色。也有解釋為「中夜」、「半夜」。㉝渡淮　向南渡過淮水。㉞騎能屬者　能夠跟著他的騎兵。騎，騎兵。屬，跟隨。㉟陰陵　秦縣名，縣治在今安徽定遠西北。㊱田父紿曰左　農夫騙他說「向左拐」。

紿，欺騙。㊲以故漢追及之　史公極力突出項羽被漢兵追及的偶然性，以寄託其無限同情。㊳東城　秦縣名，縣治在今安徽定遠東南。㊴自度　自己揣度。度，估量；揣度。㊵固決死　肯定要拼個你死我活。㊶快戰　痛痛快快、漂漂亮亮地打一仗。㊷潰圍斬將刈旗　突破重圍，斬敵之將，砍敵之旗。刈，砍。㊸三勝之　一定要連續地打敗他們幾次。三，用指多次。有人說「三勝之」即指上述之「潰圍、斬將、刈旗」者，非；「潰圍、斬將、刈旗」只是一個過程中同時做的幾件事，而不是「三勝之」。㊹令諸君知天亡我二句　錢鍾書曰：「馬遷行文，深得累疊之妙，如本篇末寫項羽『自度不能脫』，一則曰：『此天亡我，非戰之罪也』；再則曰：『令諸君知天之亡我，非戰之罪也』；三則曰：『天之亡我，我何渡為！』心已死而意猶未平，認輸而不服氣，故言之不足，再三言之也。」㊺四嚮　朝著四個方向，蓋圍作一個圓陣。《漢書》作「為圓陣，外向。」㊻令四面騎馳下二句　向著四個方向突圍，約定好突圍後在山東面的三個地點集合。期，約定。所以要分為三處，是為了不讓漢軍知道項羽在哪一夥中。㊼披靡　倒伏、避散的樣子。㊽郎中騎　以郎中的身分為騎兵，此時為灌嬰部下。郎中，帝王的侍從，上屬郎中令。㊾瞋目而叱　瞪眼大聲喝斥。㊿辟易　因畏懼而退避。辟，同「避」。易，易地；挪動了地方。《史記評林》引凌約言曰：「羽叱樓煩，樓煩『目不能視，手不能發』；羽叱楊喜，楊喜『人馬俱驚，辟易數里』，羽之威猛可想像於千百世之下。」(51)都尉　軍官名，級別相當於校尉。(52)騎皆伏曰二句　伏，通「服」。郭嵩燾曰：「項王自敘七十餘戰，史公所記獨鉅鹿、垓下兩戰為詳。鉅鹿之戰全用烘托法，不一及戰事；而於垓下顯出項羽兵法及其斬將搴旗之功。項羽英雄，史公自是心折，亦由其好奇，於勢窮力盡處自顯神通。鉅鹿、鴻門、垓下三段，自是史公〈項羽紀〉中聚精會神，極得意文字。」(53)烏江　即烏江浦長江上的渡口名，在今安徽和縣東北的長江西岸。(54)烏江亭長　瀧川曰：「秦法，十里一亭，亭長者，主亭之吏，猶今里正也。」按，亦猶劉邦之為泗上亭長然。(55)檥船　攏船靠岸。檥，通「艤」。(56)亦足王　也盡夠您稱王的。(57)憐而王我　同情我，擁立我為王。(58)乃以所乘騅馬賜亭長　劉子翬曰：「羽所以去垓下者，猶冀得脫也，乃為田父所紿，陷於大澤；亭長之言甚甘，安知不出田父之計耶？羽意謂丈夫途窮寧戰死，不忍為亭長所執，故託以江東父老所言為解耳。使羽果無東渡意，豈引兵至此哉！」姚苧田曰：「項王之意必不欲以七尺軀隨他手坑斬，觀其潰圍奔逐，豈不欲脫？迨聞亭長言，而又不肯上其一葉之舟，既又賜以愛馬而慰遣之，粗糙爽直，良可愛也。」(59)漢騎司馬呂馬童　騎司馬，騎兵中主管法紀的官。王伯祥曰：「呂馬童當係項王舊部反楚投漢者，故下以『故人』稱之。」(60)馬童面之　呂馬童聞聲對項羽定睛一看。面，正面相對。王先謙引劉攽曰：「面之，直面向之。」(61)指示中郎騎王翳曰　指著項王對中郎騎王翳說。王翳，此時為灌嬰的部下。(62)漢購我頭千金二句　千金，千斤黃金。漢稱黃金一斤曰「一金」。邑萬戶，封之以具有萬戶人家的領地，即為萬戶侯。❻❸吾為若德　我為你做點好事，即給你提供這個獲賞的機會。❻❹最其後　過後彙總起來。最，同「聚」。《漢書》作「最後」，無「其」字，則可解如今日之「最後」。❻❺一體　四肢中的一肢，通常以四肢加頭稱為「五體」。❻❻分其戶　將「呂萬戶」分為五份，以賞五人。❻❼封五人皆為列侯　封呂馬童為中水侯、王翳為杜衍侯、楊喜為赤泉侯、楊武為吳防侯、呂勝為涅陽侯。列侯，也稱「徹侯」、「通侯」，有封地、封號的侯爵，較之有封號而無封地的關內侯高一級。❻❽獨魯不下　只有魯縣（今山東曲阜）還在為項羽堅持守城。❻❾絃誦之聲　彈琴、念書的聲音。❼⓿為其守禮義之國　此地為孔子的故國故鄉，有知書達禮的傳統，故雖處圍城，猶有絃誦之聲。❼❶為主死節　因當年楚懷王曾封項羽為「魯公」，故魯人對項羽忠心耿耿，堅持抵抗不投降。❼❷示魯父兄　讓魯城的居民看。❼❸魯乃降　史珥《四史剿說》曰：「魯不急下，動漢王『守禮義，為主死節』之褒，羽得此頗不寂寞。」按，此亦史公因同情項羽，而於篇終極力為之周旋處。❼❹葬項王於穀城　《正義》引《述征記》曰：「項羽墓在穀城（今山東平陰西南）西北三里半許，毀壞，有碣石『項王之墓』。」❼❺封項伯等四人皆為列侯　項伯助劉邦傾項，可謂盡其力矣，不知其於項羽之死內心安否？項伯被封為射陽侯、項襄被封為桃侯、項佗被封為平皋侯，還有一人被封為玄武侯，姓字不詳。❼❻賜姓劉氏　謂項伯、項襄、項佗等從此皆蒙恩改姓劉。❼❼起隴畮之中　即由一個平頭百姓揭竿而起。❼❽五諸侯　《集解》曰：「此時山東六國，而齊、趙、韓、魏、燕並起，從伐秦，故曰『五諸侯』。」按，此指除楚以外的其他東方的各路義軍，說已見前。❼❾政由羽出　意即天下的一切大事，都由項羽說了算。❽⓿近古以來二句　瀧川曰：「數句可以見史公列項羽於本紀之意。」❽❶背關懷楚　背關，捨棄關中形勝之地，而東都彭城。懷楚，懷戀故鄉，即其「富貴不歸故鄉，如衣繡夜行」之想。❽❷自矜功伐　誇耀自己的戰功，如前項羽所謂「身被堅執銳首事，暴露中野三年，滅秦定天下者，皆將相諸君與籍之力也」；以及「身七十餘戰，所當者破，所擊者服，未嘗敗北」云云。功伐，猶言「功勳」。伐，也是「功」的意思。❽❸不師古　不學習古人成功的經驗；不接受古人失敗的教訓。師古，以古為師。❽❹身死東城　項羽敗走至東城，以二十八騎大力衝殺漢軍後，始南逃至烏江浦，自刎而死。烏江浦當時屬歷陽縣，離東城百餘里。❽❺乃引天亡我二句　項氏此語的確是在東城大戰時對部下所講，也正因此史公遂連類而說他「身死東城尚不覺悟」，但實際項羽並非死於東城。❽❻楊子法言　楊（字或作「揚」）雄著的《法言》其書。楊雄是西漢末期人，著名的辭賦家與經學家，著有〈長楊賦〉、〈羽獵賦〉與《法言》、《太玄》等學術著作。《法言》是一部模仿《論語》的評論古人、古事與論述學術、學問的書。下面的引文見《法言．重黎》。❽❼方死　臨死的時候。❽❽天也　即前所謂「天亡我，非戰之罪也」云云。❽❾諒乎　果真是這樣嗎。❾⓿漢屈羣策　項羽厭惡劉邦能夠盡量發揮眾人的謀略。屈，盡；全部。❾❶屈羣力　盡量發揮眾人的作用，集中眾人的力量。❾❷楚懍羣策

眾人的謀略。懟，厭惡；憎恨。(93)自屈其力　就只要把自己一個人。(94)屈人者克　能充分發揮眾人的謀略與眾人力量的人就能勝利。克，勝。(95)自屈者負　只靠自己不懂發揮眾人作用的人就要失敗。負，失敗。(96)天曷故焉　這和天有什麼關係呢。曷，意思同「何」。(97)定陶　秦縣名，縣治在今山東定陶西北。(98)奪其軍　據《史記．淮陰侯列傳》，韓信每一次大戰勝利後，總是被劉邦「奪其軍」，這是韓信被「奪其軍」的最後一回。(99)臨江王共尉　被項羽所封的臨江王共敖的兒子，繼其父為臨江王，都城郢，即今湖北江陵西北之紀南城。(100)更立　改封。(101)王淮北　在今江蘇的淮河以北地區稱王。(102)下邳　秦縣名，縣治在今江蘇邳州東。(103)魏故地　戰國末期魏國的故地，約當今之河南東部與相鄰的山東西部地區。(104)令曰　劉邦頒布命令說。(105)八年　自西元前二〇九年陳涉起兵反秦至西元前二〇二年劉邦滅項羽，共跨著八個年頭。(106)與　略同於「啊」，語助詞，無實義。(107)殊死　死罪。全句的意思是，除了犯死罪的犯人其他一概赦免。按，凡是新皇帝即位，或是有重大的喜慶事，統治者照例總是下這種赦令以收買人心。(108)諸侯王　據《漢書．高帝紀》，這些上疏的諸侯王是韓信、彭越、英布、韓王信等。(109)上疏　給皇帝上奏章。疏，文體名，群臣上給皇帝的奏章。(110)二月甲午　二月初三。(111)氾水之陽　氾水的北岸。氾水，從南濟水分出，流經當時的定陶城南，東北入菏澤。按，劉邦在接到群臣的上疏勸進時也按著官場的舊套「謙讓」了三回，而後即皇帝位。(112)更王后曰皇后　呂后原稱漢王王后，今則改稱曰皇后。(113)太子曰皇太子　劉盈原為漢王太子，今則改稱皇太子。(114)先媼　先母，劉邦已故的母親。(115)詔曰　前者頒布大赦是在稱帝前，故書「令曰」；現在封吳芮等為王是在稱帝後，故書為「詔曰」。自秦始皇開始，皇帝的命令一律稱「詔」或稱「制」。(116)衡山王　吳芮的封號，都城在邾，今湖北黃岡城北。(117)從　率領；使之跟從。(118)百粵　也寫作「百越」，古代稱今廣東、廣西、福建以及浙江南部的各個少數民族，因其種類繁多，故統稱「百越」。(119)諸侯立以為王　於漢元年初被項羽封為衡山王。(120)侵奪之地　猶言「侵奪其地」。之，此處的用法同「其」。(121)謂之番君　《史記》中沒有項羽「侵奪」吳芮之地，將其降為「番君」事。吳芮之所以稱為「番君」是由於他在反秦前是番縣（今江西鄱陽）的縣令。(122)其　發語詞，表示指令。(123)長沙王　都城臨湘，即今湖南長沙。(124)無諸　閩越小國的國王，都城東冶，舊址在今福建武夷山市之古城村。事跡詳見《史記．東越列傳》。(125)世奉粵祀　世世代代主持閩越小國的祭祀，亦即世代為閩越王。(126)社稷不得血食　國家的社稷得不到祭祀，即指亡國。社稷，代指國家政權。血食，即指享受祭祀。(127)閩中　秦郡名，郡治東冶。(128)今以為閩粵王　劉邦之所以封無諸為閩越王，是因為劉邦與項羽作戰時，無諸曾率領今福建、浙江一帶的人幫著劉邦打過項羽。(129)帝西都洛陽　劉邦稱帝是在「氾水之陽」的定陶，定陶當然不能作為都城，但劉邦的功臣們又都不願離故鄉太遠，故而選在洛陽。古時的洛陽在現今洛陽城的東北部。(130)相聚保山澤　成群結夥地逃到偏僻險要的山水之處居住，這是百姓躲避戰亂的通常做法。保，依靠；憑藉。131 不書名數　不上戶籍，為逃避徵丁徵糧。名數，戶口。132 復故爵田宅　把他們家庭原有的爵級和土地房產都歸還他們。復，歸還。故爵，原有的爵位級別。從商鞅變法直至漢初，實行二十級的爵位制。這些爵位可以通過殺敵立功，以及為國家做各種貢獻而獲得。有了爵級就可以享受不同的優待，到一定級別就可以不再服徭役兵役。這些爵級還可以賣錢花或用以沖抵刑罰。133 吏以文法教訓辨告　官吏們要按照法律規章對百姓們進行教導告諭。辨告，布告。134 笞辱　責打辱罵。笞，用竹板木棍打人。135 爵及七大夫　達到七大夫爵位的人。七大夫，也稱「公大夫」，二十級爵位的第七級。136 皆令食邑　都讓他們有一定的領地。按照秦制，只有到二十級的「列侯」才能有領地，現在劉邦讓「七大夫」以上都有領地，這就把整個國家分得很碎。這一條是否真的實行過還在兩可之中。大概就像「約法三章」一樣，說說而已。137 非七大夫已下　享受六級以下待遇的人。已，通「以」。138 復其身及戶二句　對每一個成年人以及他們的家庭，都免去服役、納賦等諸項事務。復，免除勞役賦稅。按，各種徭役賦稅都免了，國家用的人力物力哪裡來？大概就是靠著動用罪犯、贅婿，以及向工商業者徵收。139 洛陽南宮　在當時的洛陽城內，秦時洛陽已有南宮、北宮。140 徹侯　爵位名，也稱「通侯」或「列侯」，秦代二十級軍功爵中最高級，漢初因襲使用，多授予有功的大臣和諸侯王的兒子。141 毋敢　不能；不要。142 皆言其情　都要說自己的心裡話。情，實。143 高起王陵　都是劉邦的開國功臣。高起事跡不詳，王陵的事跡見《史記・陳丞相世家》。144 有功者害之　誰有功就嫉恨誰。害，嫉恨。145 運籌帷幄之中　在主將的軍帳中籌謀劃策。運籌，用籌碼算帳，後用為「謀劃」之義。籌，古代計算數目時所用的籌碼。帷幄，大將的軍帳。146 吾不如子房　有井範平引金隱星曰：「『吾不如』三字，項羽便寧死不出口矣，況既為天子之日哉？」鍾惺曰：「此自負駕御豪傑之語，非謙遜語。」147 填國家　鎮守後方。填，同「鎮」。鎮守。148 給餉餽　供應前方糧食。餉餽，糧餉。149 此所以為我禽也　禽，通「擒」。鍾惺曰：「二語殊占地步，非謙遜歸功臣下之言，正自明其能驅策，智勇出三人上耳。」150 韓信至楚　到達楚國都城下邳。151 千金　千斤黃金。漢代稱黃金一斤曰「一金」，漢代的一斤約當今之半市斤。152 中尉　漢初諸侯國裡的武官，相當於郡裡的郡尉。按，韓信非忘舊惡者，視其待下鄉亭長的態度可知。韓信令辱己之惡少年以為中尉，實乃韓信的一種「高級」報復形式，自然也是一種權術。153 寧　難道。154 無名　無意義；無必要。按，此亦史公之極快心、極會意之處。155 忍而就此　忍辱而成就了今天的威名。156 受漢封　被劉邦封為梁王。157 徒屬　黨徒、親信。158 居島中　即所謂田橫島，在今青島附近的大海中。159 本定齊地　最早的平定齊地。本，初始。160 不取　如不加以招納。取，招納。161 謝　推辭。162 其弟商　酈商，劉邦的開國功臣，以功封曲周侯。事跡見《史記・樊酈滕灌列傳》。163 奉詔　聽從您的招呼前來。164 庶人　平民百姓。165 守海島中　就在海島上住一輩子。(166)衛尉　當時的「九卿」之一，負責護衛宮廷，當時有未央宮衛尉、長樂宮衛尉各一人。(167)人馬從者敢動搖者二句　誰敢動一動田橫的人馬隨從，就把誰滿門抄斬。致，招致；招來。族夷，即夷族，滅其滿門。(168)持節　手執旌節。節，帝王使者外出所持的信物，以竹為之，以旄牛尾為飾。(169)詔商狀　囑咐酈商的樣子。(170)大者王二句　鬧得好可能封王，最小也不會小於封侯。(171)且　將。(172)乘傳　乘坐著驛站提供的傳車。傳，驛車。(173)詣　到。(174)未至三十里　離著洛陽還有將近三十里。(175)尸鄉廄置　尸鄉的驛站。尸鄉，偃師縣內的鄉名，在今河南偃師城西。廄置，養著驛馬以備使用的所在，即驛站。廄，馬棚。置，驛站。(176)洗沐　沐，洗頭，通常也用為洗浴之意。(177)因止留　於是在尸鄉停留下來。(178)俱南面稱孤　都一樣是稱王的人。師古曰：「王者自稱曰『孤』，蓋為謙也。《老子・德經》曰：『貴以賤為本，高以下為基，是以侯王自稱孤、寡、不穀。』」(179)亡虜　逃亡的囚徒。(180)奉其頭　捧著田橫的人頭。奉，捧。(181)馳奏之　飛馬將人頭送呈洛陽。奏，進呈。(182)更王　依次稱王。更，輪流；交替。(183)發卒二千人　用以為挖墓穴及充當送葬儀仗隊等各項事務。(184)以王者禮葬之　《正義》曰：「齊田橫墓在偃師西四十五里。崔豹《古今注》云：『〈薤露〉、〈蒿里〉，送哀歌也，出田橫門人。田橫自殺，門人傷之而作此歌。』」按，今青島附近之田橫島上亦修有田橫墓及田橫像等等。(185)至則聞田橫死二句　意謂劉邦的使者到達海島，田橫的五百人方從使者的口中得知田橫自殺的消息，遂亦皆自殺。今田橫島上有「五百義士墓」，北側有田橫碑亭。(186)楚人季布　郭嵩燾《史記札記》曰：「季布之從項羽在都彭城以後，當為彭城人也。」(187)數窘辱帝　曾多次使劉邦處於困境。窘辱，困迫。(188)購求　懸賞捉拿。(189)舍匿　窩藏。(190)三族　即滅三族。三族的說法不一，有曰父族、母族、妻族；有曰指父母、兄弟、妻子。按，此云購求季布，後文又殺丁公，《史記・淮陰侯列傳》又緝捕鍾離昧，劉邦於其有怨隙者都不肯放過。(191)髡鉗為奴　剃去頭髮，披上鎖鏈，打扮成一個被賣奴隸的樣子。髡，原指給犯人剃去頭髮。鉗，箍住脖子的刑具。(192)魯朱家　魯地的朱家。魯，漢代的諸侯國名，國都即今山東曲阜。朱家，當時有名的俠客。事跡見《史記・游俠列傳》。(193)田舍　長工、短工居住的小屋。(194)身之　親身前往。(195)滕公　姓夏侯，名嬰。因其跟從劉邦起義後，曾被劉邦任為滕縣縣令，故時人稱其為「滕公」、「滕嬰」。事跡詳見《史記・樊酈滕灌列傳》。(196)職耳　猶言「理當如此」。職，職分。(197)項氏臣　為項羽工作過的人。(198)以私怨求一人　為了個人的私仇而懸賞捉拿人。(199)何示不廣也　為什麼表現得這麼心胸狹窄。(200)賢　指本領、才幹。(201)漢求之急　如果漢朝將他逼得太緊。求，指捉拿。(202)此不北走胡二句　那麼他必將是不向北逃入匈奴就向南逃入南越。胡，指匈奴，是戰國以來興起於北方的少數民族，活動在今內蒙古與蒙古國境內，漢代初期成為北方的嚴重邊患。詳情見《史記・匈奴列傳》。越，指南越，秦楚之際趙氏建立的小國名，國都即今廣州。詳情見《史記・南越列傳》。(203)忌壯士以資敵國　為了恨一個人，而將他逼到敵國，幫著敵國增加實力。忌，痛恨。資，幫助。李斯〈諫逐客書〉有所謂「棄黔首以資敵國，卻賓客以業諸侯」，此處化用其語。[204]伍子胥所以鞭荊平之墓　伍子胥，春秋末期楚國人，其父、其兄被楚平王所殺，伍子胥逃到吳國，後來率吳兵攻破郢都，掘楚平王之墓以鞭其屍。事見《史記・伍子胥列傳》。荊平，即楚平王，楚國也稱荊國。[205]從容為上言　找合適機會向皇上好好說說。從容，自然地；好好地。[206]待間　等到有了合適的機會。間，間隙；機會。[207]如朱家指　按著朱家的意思。指，通「旨」。意思。[208]郎中　帝王的侍從人員，秩三百石。品級雖不高，但受人重視，漢代有以「列侯」的爵位而躋身於郎中之列者。[209]不復見之　意思是不居功、不圖報。[210]布母弟丁公　季布的舅父丁姓某人。母弟，一指同胞弟弟；一指同母異父之弟；一指母親之弟。《史記索隱》以為此處指後者。丁公，據《楚漢春秋》此人名「固」。[211]逐窘　追得無處逃避。[212]顧　回頭看著。[213]兩賢豈相戹哉　兩個好漢就非得這麼互不放過麼。相戹，互不放過。[214]謁見　求見；告見。[215]徇　押著遊行示眾。[216]使後為人臣無傚丁公也　姚苧田曰：「高祖名為大度，而恩仇之際實不能忘。如季布、雍齒初實欲誅之，以屈於公議而止；又如戛羹小怨，而終不忘情於丘嫂，他可知矣。丁公短兵急接之時，窘迫可知，雖以漫辭幸免，而怒之者實深，故因其來謁而斬之，其本心未必果責其不忠於項王也，不然何以不並誅項伯乎？」[217]罔羅　延攬；招納。罔，同「網」。[218]進取　進攻奪取，指在打天下的過程中。[219]守成　把守已經取得的國家政權。即已成功保守基業。[220]勢　形勢，主客觀的形勢與條件。[221]角逐　武力爭奪。[222]民無定主　大家都沒有固定的主子。[223]來者受之　有來歸者一律接納。[224]明禮義以示之　意即要讓所有臣民懂得禮義。[225]人懷貳心以徼大利　每個人都想背主跳槽以謀更大的富貴權力。懷貳心，對主子不一心一意。徼，尋求。[226]其能久安乎　還能夠保持穩定嗎。其，表示推斷的發語詞。[227]斷以大義　指以「不忠」為名處死丁公。[228]無所自容　無處容身；走到哪裡也沒人要。[229]懷私結恩　用私情施恩於人。[230]活己　饒了自己的命。[231]以義不與　按照忠孝禮義的原則行事，而不肯定為徇私情而饒過自己的人。[232]天祿　上天賦予的祿命。[233]齊人婁敬　「齊」是漢初諸侯國，在楚漢戰爭時期，先是劉邦功臣韓信被封為齊王，都臨淄（今山東淄博之臨淄城西北部）。項羽被滅（西元前二〇二年）後，韓信被改封楚王(都下邳)，劉邦封其私生子劉肥為齊王，為當時諸侯國之最大者。婁敬，因進言獲劉邦喜歡而被賜姓「劉」，故也稱「劉敬」。[234]戍隴西　被徵調去隴西戍守邊疆。隴西，漢郡名，郡治狄道，即今甘肅臨洮。[235]脫輓輅　摘下身上的拉車繩套。《索隱》：「輓者，牽也；輅者，鹿車前橫木。二人前挽，一人後推之。」輓，通「挽」。拉。[236]衣羊裘　身穿羊皮短襖，當時勞動者的衣著。[237]因　通過；借助於……的引見。[238]虞將軍　史失其名，事跡不詳。[239]鮮衣　新衣。[240]臣衣帛二句　我平常要是個衣帛的富貴人，我就穿著帛衣去見皇帝。帛，絲綢，這裡指絲綢做的衣服，當時為富貴者的衣著。[241]褐　粗毛短褍，古時貧者之所服。[242]易衣　更換服裝。[243]豈欲與周室比隆哉　比隆，較量道德與武力的高低。相傳周朝滅商後，武王與成王都曾一度想建都於洛陽，現在劉邦也都於洛陽，故婁敬問他是不是覺著自己有周朝統治者那樣的道德與武力。[244]取天下　指取得天下的基礎與取得天下的方法、過程。[245]后稷封邰　后稷是周王朝的始祖，堯、舜時代的人，因發展農業有功，被封於邰。事跡詳見《史記・五帝本紀》、〈周本紀〉與《詩經・生民》等。邰，古地名，在今陝西武功西南。[246]積德絫善二句　后稷與大禹同時，自大禹至夏桀（西元前二〇七〇—前一六〇〇年）約四百七十餘年；又歷商朝數百年，豈止「十有餘世」？此《通鑑》刪節《史記》文字不慎處。[247]太王　即古公亶父，周文王的祖父，後來被周武王追尊為「太王」。[248]王季　文王的父親。[249]文王　名昌，王季之子，對周部族的發展壯大有突出貢獻，為其子武王的滅殷奠定了堅實基礎。事跡見《詩經》之〈文王〉、〈皇矣〉，《尚書》之〈西伯戡黎〉與《史記・周本紀》。[250]武王　名發，文王之子，西元前一〇四六年滅殷建立周王朝。[251]諸侯自歸之　相傳武王舉兵東出伐紂至孟津時，不期而引兵來會的諸侯有八百多個，足見天下歸心於周之情狀。[252]遂滅殷二句　事在西元前一〇四六年。過程詳見《史記・周本紀》。[253]成王　武王之子，名誦，西元前一〇四二—前一〇二一年在位。初即位時年甚幼，國家的一切大政都由周公主持。[254]周公　名旦，文王之子，武王之弟，先是與呂尚等共同佐助武王滅殷；武王去世後，又輔佐年幼的成王統治天下。事跡詳見《史記・周本紀》與〈魯周公世家〉。[255]乃營洛邑　遂開始在洛邑建造周王朝的都城。按，周公當時在今洛陽洛水北岸建築了兩座城，在瀍水以西的叫王城，在瀍水以東的叫成周。王城即今天的洛陽市區，成周在今洛陽之東北郊。其經營成周洛邑的目的有二，一個是將殷朝之遺民遷居於此，監督看管；另一個是以此作為周王朝的東部都城，以之為朝見天下諸侯之場所。[256]納貢職　意即給朝廷進貢。貢職，也稱「職貢」，都是「進貢」的意思。有人分別解釋作「進貢述職」，恐非。[257]道里均　進京路程的遠近差不多。[258]有德則易以王二句　楊樹達引《說苑・至公》云：「昔周成王之卜居成周也，其命龜曰：『予一人兼有天下，辟就百姓，敢無中土乎？使予有罪，則四方伐之，無難得也。』」又引《呂氏春秋・長利》云：「成王之定成周，其辭曰：『惟余一人營居成周，惟余一人有善，易得而見也；有不善，易得而誅也。』」[259]和洽　和睦、融洽。[260]賓服　服從。[261]効　進；交納。[262]形勢弱　指洛陽一帶的山川形勢不險要，不便於控制全國局勢。[263]塗地　流在地上。[264]暴骨中野　暴，露；拋棄。中野，原野上。[265]傷夷者　受傷的人。夷，傷；創傷。[266]未起　意即至今未好、未痊癒。[267]成康　西周的成王、康王。康王是成王之子，名釗，西元前一〇二〇—前九九六年在位。成王與康王的統治時期被古代傳說為「盛世」。[268]不侔　不配；不能相比。[269]秦地　戰國時代的秦國地區，通常即指關中一帶。[270]被山帶河　謂關中地區四周有群山環繞，東側有黃河為帶。被，通「披」。意即包裹、環繞。[271]四塞以為固　四周都有屏障、關塞。按，賈誼〈過秦論下〉：「秦地被山帶河以為固，四塞之國也。」蓋史公用〈過秦論〉語以為劉敬說辭。(272)卒然　突然。卒，通「猝」。(273)百萬之眾可立具　很快就能組織起上百萬的軍隊。(274)因秦之故　憑藉著舊日秦國所修的種種防守工事。(275)資甚美膏腴之地　利用關中地區美好的土地資源。資，憑藉；借用。膏腴，以喻農田之肥沃。(276)天府　上帝的大倉庫。府，倉庫。《戰國策・秦策》蘇秦說惠王曰：「大王之國，地勢形便，此所謂『天府』。」蓋戰國以來之套語。(277)山東雖亂二句　賈誼〈過秦論下〉有所謂「藉使子嬰有庸主之材，僅得中佐，山東雖亂，秦之地可全而有，宗廟之祀未當絕也」，此即婁敬之所本。(278)搤其亢二句　一手掐脖子，一手擊其背。亢，喉嚨。(279)案　巡察；清點。亦即「防守好」的意思。(280)山東　崤山以東，泛指戰國時的東方六國之地。(281)周王數百年　周在洛陽稱王數百年。按，自平王東遷（西元前七七〇年）至周赧王死二周滅亡（西元前二五六年），共歷時五百多年。(282)秦二世即亡　秦朝建都關中只傳了兩代，到胡亥時就亡國了。(283)東有成皋　古時的成皋城在今河南滎陽西北的大伾山上，以東是平原，以西是山地，故婁敬視以為是東部的屏障。(284)殽澠　亦作「崤澠」。崤山、澠池。殽山在今河南靈寶東南，澠池是洛陽西部的古縣名。(285)倍河　背靠黃河。黃河在洛陽城北流過。(286)鄉伊洛　面對伊水、洛水。(287)亦足恃　也完全可以依靠。(288)其中小　意謂洛陽城周圍的平原狹小。(289)非用武之國　不是可以用武力防守的地方。(290)左殽函　東邊有殽山、函谷關。(291)右隴蜀　西側有隴山、岷山。隴山在今甘肅、陝西交界處，岷山在四川與甘肅交界處。(292)巴蜀　二郡名，巴郡的首府江安，在今重慶市北。蜀郡的首府即今成都。二郡在四川境內，古有「天府之國」的美稱。(293)胡苑之利　胡，指匈奴等北部邊境上的少數民族。苑，牧場。《正義》曰：「上郡（約當今之陝西北部）、北地（約當今之陝、甘、寧交界地區），北與胡接，可以牧養禽獸，又多致胡馬，故謂胡苑之利也。」李笠曰：「『苑』當從中統本作『宛』，謂大宛也。『胡宛』字並與上『巴蜀』作對也。」(294)阻　憑藉；倚靠。(295)東制諸侯　控制東方的諸侯國。(296)河渭漕輓天下　謂通過黃河、渭水運來天下各地的糧食。漕輓，指挽船運輸。(297)給　供應。(298)順流而下　指征討大兵順渭水、黃河乘舟而下。(299)足以委輸　指便於運輸糧草供應前線。委輸，運輸。(300)金城千里　極言其險要、鞏固。(301)即日車駕西二句　當天就動身，遷都長安，極度誇張，以言劉邦對張良意見的重視。按，此所謂「西都長安」者，乃西都櫟陽（在今西安之閻良），至七年（西元前二〇〇年），始徙居長安。(302)號曰奉春君　較「列侯」低一等。陳直曰：「封『奉春君』，並未言及封戶，殆與叔孫通號『稷嗣君』相比。」(303)素　平素；一向。(304)從上入關　跟著劉邦從洛陽遷都關中後。(305)道引　也作「導引」，古人修煉養生的一種行為方式，即學習某種動物的呼吸以益壽延年。《史記・龜策列傳》有所謂「江傍人家常畜龜飲食之，以為能導引致氣，有益於助衰養老」；又謂「南方老人用龜支床足，行二十餘歲，老人死，移床，龜尚不死，龜能行氣導引」

云云。(306)不食穀　也稱「辟穀」，古人修煉養生的一種行為方式。即不吃飯，服用某種藥物，配合以「導引」、「致氣」等等，都是方士們造出的騙人之術。(307)杜門　閉門。(308)家世相韓　家之先人世代為韓國之相。(309)不愛　不吝惜。(310)為韓報讎彊秦　指攜刺客椎秦始皇於博浪沙事。(311)振動　同「震動」。(312)三寸舌　《史記索隱》引《春秋緯》曰：「舌在口，長三寸。」通常指耍嘴皮子，伶牙俐齒，巧言善辯。此處指籌謀劃策，以言語服人。(313)封萬戶侯　張良以籌謀劃策功被劉邦封為留侯。(314)從赤松子游　意即要去學神仙。赤松子，古代傳說為仙人的名字。凌稚隆引劉子翬曰：「良從赤松子遊，蓋婉其辭以脫世網，所謂『鴻飛冥冥，弋人何慕』焉。」又引邵寶曰：「志欲退以辟禍也，辟穀其術耳。」袁黃曰：「張良辟穀，曹參湎於酒，陳平淫於酒與婦人，其皆有不得已乎？其憂思深，其道周，其當呂氏之際乎？」(315)夜旦　黑夜與白晝。(316)超然而獨存　超出自然規律而長生不死。(317)明辨達理　聰明，看透自然與人類社會的一切道理。(318)虛詭　虛妄、騙人。(319)功名之際二句　作為一個臣子，當他的功勞太大、名望太高的時候，他的處境是非常艱難的。(320)高帝所稱　最受劉邦稱讚的人。(321)三傑　指淮陰侯韓信、相國蕭何、留侯張良。劉邦曾說「此三者，皆人傑也」。(322)誅夷　誅滅；滅族。韓信被滅族事見下文，詳情見《史記·淮陰侯列傳》。(323)蕭何繫獄　事在高祖十二年，因蕭何請求將皇家獵場的廢棄地讓百姓們耕種而觸怒劉邦，被劉邦下獄。事見《史記·蕭相國世家》。(324)非以履盛滿而不止耶　不就是因為當其功大位高的時候而不知道收斂嗎。履，處於。盛滿，以喻功大位高。(325)託於神仙　假說追求長生不死。(326)遺棄人間　拋開人世間的功名富貴不聞不問。(327)等功名於外物　把功名富貴看作身外之物。(328)榮利　名譽、財利。(329)六月壬辰　六月初三。(330)燕王臧荼反　臧荼最初被項羽封為燕王；韓信破趙後，臧荼投降劉邦，繼續為燕王；今不知緣何而「反」，《史記》、《漢書》皆無詳載。(331)趙景王耳　張耳，劉邦的兒女親家，隨韓信破趙後被封為趙王，景字是諡。事跡詳見《史記·張耳陳餘列傳》。(332)長沙文王芮　吳芮，最初被項羽封為衡山王，因在楚漢戰爭中幫著劉邦打項羽，故被劉邦封為長沙王。文字是諡。事跡詳見《漢書·韓彭英盧吳傳》。(333)壬子　此年之九月沒有「壬子」日，此年的閏九月二十五是「壬子」，疑《通鑑》記載有誤。(334)太尉長安侯盧綰　盧綰是劉邦的兒時夥伴，後又為劉邦部將，故受劉邦特殊寵愛，楚漢戰爭時就被劉邦封為長安侯，任太尉之職。太尉，國家的最高軍事長官，與丞相同級。事跡詳見《史記·韓信盧綰列傳》。(335)同里閈　住在同一條里巷。(336)莫敢望　無法指望；無法與之相比。(337)利幾反　在代郡（今山西北部、河北的西北部）一帶造反。(338)後九月　即閏九月，當時的閏月都放在一年的最後，劉邦仍用秦曆，故閏九月在此年的最後。(339)治長樂宮　興建長樂宮。長樂宮是漢初最早興建的宮殿之一，在長安城內的東部，故亦稱「東宮」。(340)鍾離昧　項羽的骨幹將領之一，已見於前文。(341)亡歸信　潛逃到韓信處。(342)信初之國　韓信剛到楚國封地的時候。韓信楚國的都城為下邳，今江蘇邳州西南。343行縣邑　視察楚國所管轄的縣城與縣下的鄉邑。344陳兵出入　出入都帶著軍隊，戒備森嚴。

【校記】1齊王　原作「韓王」。據章鈺校，甲十五行本、乙十一行本、孔天胤本皆作「齊王」。今從諸本及《史記・魏豹彭越列傳》、《通鑑紀事本末》改。2自　據章鈺校，甲十五行本、乙十一行本、孔天胤本皆無此字。3戶　原作「尸」。今從《四部叢刊》影宋刊本（乙十一行本）改。4寤　原作「悟」。據章鈺校，甲十五行本、乙十一行本、孔天胤本皆作「寤」。今從諸本及《史記・項羽本紀》、《通鑑紀事本末》改。5未有　據章鈺校，甲十五行本、乙十一行本、孔天胤本皆作「未嘗有」。

【語譯】太祖高皇帝中

五年（己亥　西元前二〇二年）

冬季，十月，漢王劉邦追逐項羽到達固陵，與齊王韓信、魏相國彭越約定好日期共同攻打項羽。到了約定時間，韓信、彭越都沒有來，楚軍攻擊漢軍，將漢軍打得大敗。漢王劉邦只好再次堅守營寨，不與項羽交戰。漢王對張良說：「諸將不聽從調遣，怎麼辦？」張良說：「楚軍即將被消滅，而韓信、彭越兩人還沒有確定應得的封地，他們不來也在情理之中。大王如果捨得把天下的地盤每人分給他們一塊，可以使他們立即前來。齊王韓信為齊王，並非出自您的本意，韓信心裡也不放心。梁地原本是彭越平定的，開始時因為魏王豹的緣故，所以只任命彭越做了相國。如今魏王豹已死，彭越當然也希望封王，而您卻一直沒有決定。如果您能把睢陽以北一直到穀城，都劃分給彭越，封他為王。把陳地以東一直到海邊的地，都劃給齊王韓信。韓信原本是楚國人，他的本意當然想使自己的領土能夠包括自己的故鄉。您如果捨得把這些地方許給韓、彭兩個人，使他們各自為自己而戰，擊敗楚國就是很容易的事情了。」漢王按照張良的建議分封了韓、彭二人。於是韓信、彭越果然率領大軍前來與漢王會合。

十一月，劉賈向南渡過淮河，包圍了壽春，並派人引誘楚王項羽手下的大司馬周殷。周殷於是背叛了楚王，他率領著舒縣的兵眾對六邑進行了血腥的屠殺，然後集結起九江的軍隊迎接黥布，在行進途中順勢屠滅了城父縣，跟隨劉賈一道與漢王、韓信等會合於垓下。

十二月，項王率領殘軍敗將來到垓下，由於兵員銳減，糧草枯竭，與漢軍交戰又不能取勝，項羽只好退入營壘堅守。漢軍和諸侯的軍隊把他裡裡外外包圍了好幾重。夜間，項羽在軍中聽到四周的漢軍中到處唱的都是楚地的歌謠，於是大驚失色地說：「難道漢軍已經把楚地全部征服了嗎？不然，漢軍中怎麼會有那麼多的楚國人！」項羽再也無法入睡，穿好衣服，在軍帳中一邊飲酒，一邊慷慨悲歌，眼淚也潸潸流了下來。隨侍在左右的人也都跟著掉淚，沒有人敢抬頭看項羽一眼。項羽歌舞一陣之後，騎上他心愛的烏騅馬，此時聚攏在他指揮旗下的還有八百多名騎兵將士，當天深夜，趁著月色，他們突破重圍向南方飛奔而逃。天亮時，漢軍才發覺，韓信趕緊命令灌嬰率領五千騎兵追趕。項羽渡過淮河，能夠跟上來的只有一百多名騎兵了。項羽來到陰陵，不料迷失了道路。派人去向一個老農問路，那個老農騙他們說「向左邊走。」而左邊卻是一大片沼澤地，進退兩難，為此，漢軍很快追了上來。

項王率領手下的這一百多騎向東逃去，來到東城時，跟隨他的只剩下二十八員騎士了。而後面追趕的漢軍騎兵有好幾千人。項王估計自己已經無法逃脫，就對跟隨他的人員說：「我從開始起兵反秦到現在已經八年了，親身經歷的戰鬥就有七十多次，從來沒有失敗過，所以才能獨霸天下。如今卻突然被圍困在這裡，這是上天要滅亡我，不是我不會打仗所致啊！今天肯定要拚個你死我活，我願意為你們痛痛快快地打一仗，一定能夠突破重圍，斬殺漢軍的將領，砍倒漢軍的旗幟，一定要連續地打敗他們幾次；讓你們大家明白，是上天要滅亡我，而不是我不會打仗的過錯。」說完，就把這二十八個騎兵分成四隊，分別朝向四個方向。漢軍早已將項羽重重包圍。項羽對他手下的騎兵說：「你們看我去取漢軍一個將領的腦袋。」於是下令四個隊從山頭分別向四個方向突圍，並約定衝下山後在山的東邊分三處會合。布置好後，項羽大喊一聲衝下山去，漢軍見項羽如此英勇，嚇得四處逃避，就像是草被大風颳倒一樣，項羽果然殺死一員漢將。這時漢軍中以郎中的身分為騎兵的楊喜眼看就要追上項羽，項羽圓睜二目，大喝一聲，楊喜連人帶馬被嚇得倒退好幾里。項羽衝下山以後，與其他騎兵分做三處會合，漢軍不清楚項羽到底在哪裡，所以漢軍也分成三隊，分別把項羽和他的二十八個騎兵包圍起來。項羽又衝入漢軍，殺死一個都尉，殺死數百名軍士。又把手下的騎兵召集在一處，這一番衝殺，項羽只損失了二員騎兵。項羽對這二十幾員騎兵說：「我說得怎麼樣？」騎兵們都佩服得五體投地，說：「確實像大王說的那樣！」

此時，項羽想要向東渡過烏江。烏江亭長把船停在岸邊等候，他對項羽說：「江東雖然很小，但方圓也有一千里，人口數十萬，也足可以稱王。希望大王趕緊渡江！現在只有我有船，漢軍即使來了也找不到船隻。」項王笑了笑說：「上天要滅亡我，我渡江又有什麼用！再說我項籍帶領江東八千子弟渡江西來，現在卻沒有一個人能活著回去；縱然是江東的父老鄉親同情我，仍然擁戴我為王，而我又有什麼顏面去見他們！即使他們不責備我，難道我心裡就不感到愧疚嗎！」於是就把自己所乘坐的寶馬烏騅賞賜給那個亭長，又命令手下的騎兵都下馬步行，手拿短劍與漢軍拼殺。僅項羽一人就殺死漢軍數百人，自己身上也有十幾處受傷。他回頭看見漢軍騎將呂馬童，就招呼他說：「你不是我的老朋友呂馬童嗎？」呂馬童面對項羽，仔細地打量了一番，然後指著項羽對中郎騎王翳說：「這人就是項王。」項羽說：「我聽說漢王劉邦懸賞一千斤黃金購買我的人頭，還封為萬戶侯；我就把這個人情送給你吧。」說完拔劍自刎而死。王翳割下了項羽的人頭。其餘將領為爭奪項羽屍體，竟然互相爭鬥起來，殺死了數十人。最後是楊喜、呂馬童，以及郎中呂勝、楊武每人搶得一個肢體。為了驗證是否真是項羽，五個人把這五部分拼在一起，確實是項羽，於是就把賞賜的一萬戶平均分為五等份，這五個人都被封為侯爵。

楚地全部平定，只有魯縣還在為項羽堅持守城。漢王劉邦想要率領大軍前去屠城。到了魯縣城下，聽到城裡傳出彈琴和誦讀詩書的聲音；漢王認為這裡是禮儀之邦，這裡的人們甘願為他們的君主項羽效忠而死，於是就拿著項羽的首級給魯地的父老們看，當他們確信項羽已死，這才開城投降。漢王用公爵的禮儀把項羽埋葬在魯地的穀城，親自參加項王的葬禮，十分悲哀地哭泣了一陣之後才離去。項羽的族人都沒有遭到誅殺，劉邦還把項伯等四人封為列侯，又恩賜他們姓劉。又將被楚軍擄掠的各地百姓，一律遣送回家。

太史公司馬遷說：「項羽由一個普通百姓揭竿而起，三年時間就率領齊、趙、韓、魏、燕五國的起義軍滅掉了秦國，分割天下的土地，將諸侯及將領或封王或封侯，一切政令全都出自項羽。他所建立的政權雖然時間不長，最後也不得善終，但他所創造的這種聲勢浩大的局面是從來沒有過的。到項羽捨棄關中形勝之地，因懷戀故鄉而將都城設在彭城，又放逐了義帝芈心而自己做了西楚霸王；他怨恨諸侯先後背叛了自己，再想成就大事就太難了。誇耀自己的戰功，想逞自己的聰明才智而不學習古人成功的經驗，不接受古人失敗的教訓，認為霸王的事業全靠武力，想憑藉武力來征服天下。結果，五年的時間，終於導致國家滅亡，自己也被殺死在東城，死到臨頭還不覺悟、不責備自己，竟然找藉口說是『上天要滅亡我，不是我仗打得不好』，這不是太荒謬了嗎！」

楊雄在《法言》一書中說：「有人問：『楚霸王項羽兵敗垓下，臨死的時候還說：「天亡我，非戰之罪！」真是這樣的嗎？』回答說：『漢王善於集中眾人的智慧和策略，善於發揮眾人的作用和力量。項羽厭惡眾人的策略和建議，只依靠自己個人的智慧和力量。能充分發揮眾人的謀略與眾人力量的人就能勝利，只靠自己而不懂得發揮眾人作用的人就要失敗；這和上天有什麼關係呢！』」

漢王劉邦得勝而回，經過定陶的時候，他飛馬奔入齊王韓信的軍營，奪取了韓信的兵權。

臨江王共尉不肯投降漢王，漢王派盧綰、劉賈前去攻打，共尉戰敗被俘。

春天，正月，漢王改封齊王韓信為楚王，淮河以北地區歸屬他的管轄之下，首府設在下邳。封魏相國建城侯彭越為梁王，故魏國的土地歸他管轄，首府設在定陶。

漢王下令說：「八年以來，軍隊不得休息，人民更是痛苦已極。如今天下已經統一，除去死罪以外，其他一概赦免。」

各諸侯王全都給漢王上奏章，請求漢王即皇帝位。二月初三日甲午，漢王劉邦在汜水北岸即皇帝位。改王后的稱號為皇后；改太子為皇太子；追尊自己已故的母親為昭靈夫人。

漢高祖下詔說：「原來的衡山王吳芮，率領百越人組成的部隊，協助諸侯，討伐殘暴的秦朝，建立了很大的功勞。諸侯都尊奉他為王，而項羽不僅侵奪了他的領地，還剝奪了他的王號，稱他為『番君』。現在封吳芮為長沙王。」詔令又說：「原越王無諸，世世代代主持閩越國的祭祀。秦國侵佔了閩越國的土地，滅亡了越國，使閩越國的社稷得不到祭祀。諸侯群起討伐秦朝的時候，無諸親自率領閩中軍隊隨從出征，共同滅亡了秦朝，項羽卻將其廢黜，不予封賞。現在封無諸為閩越王，閩中的土地歸他所有。」

漢高祖劉邦把都城設在西邊的洛陽。

夏季，五月，士兵都復員回家。

漢高祖下詔說：「以前有許多人聚集在草澤山林之中以求保全身家性命，沒有登記戶籍。如今天下已經安定，應該讓他們返回自己的故鄉，恢復他們原來的爵級，歸還他們的土地和房產；官吏要按照法律規定布告天下，不許責打、辱罵退役的士兵；爵位達到七大夫的人，都要讓他們擁有一定的領地，不夠七大夫爵位的人，對每一個成年人以及他們的家庭，都免去服役和繳納賦稅，不要役使他們。」

漢高祖在洛陽南宮擺設酒宴，他說：「各位諸侯王、各位將軍，今天對我不許有所隱瞞，都要說自己的心裡話：你們說，我最後能夠平定天下的原因是什麼，項羽最後失去天下的原因是什麼？」高起和王陵都回答說：「陛下派人去行軍打仗，奪得土地以後，就把土地分封給這個有功之人，是與大家共同享有。而項羽就不同了，誰有功就嫉恨誰，誰能幹就懷疑誰。這就是項羽丟失天下的原因。」高祖說：「你們只知道原因之一，而不知道還有其二。在主將的營帳中運籌謀劃，就能夠使千里之外的軍隊打勝仗，在這方面我比不上張良；鎮守後方，安撫人民，源源不斷地供給前方糧餉，使軍隊從不匱乏，在這方面我比不上蕭何；率領百萬軍隊，戰必勝，攻必克，在這方面我比不上韓信：這三個人都是人中最傑出的人物，我能夠信任他們、重用他們，這才是我能奪取天下的根本原因。項羽只有一個智囊人物范增，卻不能任用，這就是項羽最終被我打敗的原因。」群臣對高祖的分析都感到心悅誠服。

韓信回到自己的封地楚國後，馬上把那個漂洗衣被的老媽媽找來，酬謝她一千斤黃金。又把曾經侮辱過自己，讓自己從他褲襠下爬過去的那個人找來，讓他擔任中尉。韓信告訴他的屬下說：「這也是一條好漢。在他侮辱我的時候，我難道不能殺死他嗎？但殺死他，毫無意義，因為當初我能夠忍辱，所以才成就了今天的威名。」

彭越被漢高祖封為梁王，齊王田橫懼怕自己遭到誅殺，就率領自己的五百多名黨徒逃入大海中，居住在一個海島上。漢高祖覺得，本來是田橫兄弟最早平定了齊國，齊地許多賢能的人士都歸附了他們。如今居住在海島上，如果現在不加以招納，將來恐怕會發生變亂。於是就派人前去赦免田橫等人的罪過，並召他們回洛陽。田橫謝絕說：「我烹殺了陛下的使臣酈食其，我聽說酈食其的弟弟酈商正擔任漢朝的大將，我害怕他為他的哥哥報仇會殺掉我，所以我不能接受陛下的命令。請把我當成一個黎民老百姓，讓我老死在這個海島上。」使者回來向高祖做了彙報，高祖就把擔任衛尉的酈商召來，對他說：「齊王田橫如果來的話，誰敢對齊王田橫以及他的隨從人員輕舉妄動，就把誰滿門抄斬。」然後又派使者手持符節到田橫那裡，把高祖警告酈商的話詳細地告訴了田橫，然後轉達高祖的口信說：「田橫如果來，最大會封他為王，最小也要封他為侯；如果不來，就要發兵征討了。」

田橫於是帶著兩位隨從乘驛站的馬車前往洛陽。在離洛陽還有將近三十里的地方，就是尸鄉的驛站，田橫告訴使者說：「人臣拜見皇帝，應當先洗個澡。」於是就在尸鄉驛站住下來，田橫對他的兩個隨從說：「早先，我和漢王劉邦全都南面稱王；現在漢王做了皇帝，而我田橫卻成為逃亡的罪人，要面向北對他稱臣，這種恥辱本來就夠大的了。再說，我烹殺了酈商的哥哥酈食其，現在卻要和酈食其的弟弟同朝侍奉漢朝皇帝；縱然酈商懼怕皇帝不敢把我怎麼樣，難道我自己心中就不感到愧疚嗎！而且，皇帝想見我的原因，只不過是想看看我長得什麼樣子。現在砍下我的頭來，騎馬飛奔三十里送到洛陽，估計我的相貌還能保持原樣，還可以看清楚。」說完就拔劍自殺了，讓他的隨從捧著田橫的人頭，跟隨使者飛奔洛陽奏報給漢高祖。

漢高祖說：「唉！崛起於平民百姓，兄弟三人相繼稱王，難道不是天下的賢能之士嗎！」對於田橫的死，劉邦不僅傷感落淚，還封他的兩個隨從為都尉。又派兩千名軍士，按照諸侯王的禮儀埋葬了田橫。安葬完畢，田橫的兩個隨從就在田橫墓的旁邊挖了一個洞穴，然後自刎而死，追隨田橫於地下。高祖聽到這個消息大吃一驚，因此認為，田橫的賓客個個都是賢能之士，而其餘的五百多人還在海島之中，就又派使者前去徵召。使者到了海島，那五百人聽到田橫已死的消息，也都自殺而死。

當初，楚國人季布在項羽手下為將，曾經多次追擊、困辱過劉邦。項羽被消滅後，劉邦懸賞千金捉拿季布，並下令說：有誰敢藏匿季布，就誅滅誰的三族。季布為了躲避追捕，就剃光了頭髮，脖子上套上鎖鏈，把自己打扮成一個被賣奴隸的樣子，將自己賣給魯城的朱家當奴隸。朱家心裡知道他是季布，就把他買來安置他住在田間的小屋子裡。朱家到洛陽，見滕公夏侯嬰，對滕公說：「季布有什麼罪呢？當年也不過是各為其主，做了他分內應該做的事情罷了。項氏的臣屬難道非得要趕盡殺絕嗎？當今的皇帝剛剛平定天下，就因為私人的仇怨而用重金懸賞捉拿一個亡國之將，為什麼要向天下人顯示自己心胸是如此的狹窄呢！況且，憑藉季布的賢能，如果皇帝追捕他太急，恐怕他不是向北跑到匈奴那裡去，就是向南投奔到南越那裡去吧？因為怨恨一個豪傑之士，就把他逼得去投靠、幫助自己的敵人，這正是伍子胥之所以對楚平王挖墳掘墓鞭屍三百的原因啊。您何不找個機會跟皇帝把這個道理講清楚呢！」滕公果然找個機會，按照朱家的意思跟漢高祖說了一遍。劉邦於是赦免了季布，並召他到洛陽，任命他為郎中，而朱家從此再也沒有與季布見面。

季布的舅父丁公也是項羽手下的將領，曾經在彭城以西把劉邦追得無處逃避。眼看就要追到，漢王情急之下，回頭看著丁公說：「兩個好漢，難道就非得這麼互不放過嗎！」丁公聽了就不再追趕，領兵回去了。等到項羽被劉邦消滅後，丁公來拜見劉邦。劉邦就把丁公拉到軍中遊行示眾，說：「丁公身為項羽的部下，卻對項羽不忠，使項羽失掉天下的就是他這種人。」於是就把丁公斬首。劉邦解釋說：「我所以要這樣做，是想讓那些做人臣子的不要仿效他！」

司馬光說：「漢高祖從豐、沛起兵以來，延攬天下豪傑，招亡納叛的事情很多。等他即位當了皇帝，卻只有丁公以不忠於項羽的罪名被殺頭，這是什麼原因呢？這是因為爭奪天下時的創業與奪取政權後的守成，主客觀形勢發生了根本變化的緣故。在群雄轉戰疆場不分勝負的情況下，大家都沒有固定的主子，所以凡是來投奔的就接受，這是理所當然的。等到做了至高無上的皇帝時，情況就不一樣了，四海之內，都是自己的臣民。這時再不讓所有臣民懂得禮義，使那些做臣子的，人人都對自己的君主懷有二心以謀取更大的私利，那麼國家還能夠長治久安嗎！所以就以大義來作為評判是非的標準，讓天下所有的人都明白：如果做臣子的不忠於自己的君主，就沒有他的容身之所。而那些以私情結恩於人的，即使他饒了自己一命，最終還是要按照忠孝禮義的原則行事，而不肯定為徇私情而饒過自己的人。殺死一個人而使千萬人恐懼，劉邦在謀劃事情上難道不是很深遠嗎！他的子孫享有天下四百多年，是理所當然的了！」

齊國人婁敬被徵調去隴西戍守邊疆，他經過洛陽的時候，摘下身上的拉車繩索，穿著羊皮短襖，通過老鄉虞將軍的引見求見皇帝。虞將軍想給他換上一件新衣服，婁敬說：「我現在身上穿的是絲綢的衣服，就穿絲綢衣服見皇帝；現在穿的是粗布衣服，就穿著粗布衣服見皇帝。我不敢更換衣服。」於是虞將軍進宮奏請高祖；高祖召見婁敬，問他為何求見。婁敬回答說：「陛下您把都城設在洛陽，難道是想和周王朝比誰更興盛嗎？」高祖說：「是的。」婁敬說：「陛下奪取天下與周王朝奪取天下的方式是不同的。周朝的祖先，從后稷被封於邰開始，積德積善，有十幾代。到了太王、王季、文王、武王的時候，天下的諸侯全都歸附於周。於是，周武王率領諸侯滅掉了商朝，做了天子。等到周成王即位，周公做宰相。開始在洛邑營造都城，認為這是天下的中心，四方諸侯來給朝廷納貢，進京的路程遠近都差不多。國君有德就容易成就王業、統治天下，國君無德就容易失掉天下。所以在周朝興旺強大的時候，四海之內能夠和諧相處。各國諸侯和周邊的少數民族沒有不心悅誠服、按時向周王朝交納貢品。等到周王朝勢力衰微之時，天下的諸侯誰也不來朝見、納貢，周王朝對他們也無可奈何；這不僅是因為國君的道德有欠缺，也是因為洛陽一帶的山川形勢不險要、不便於控制全國局勢造成的。如今陛下崛起於豐邑、沛縣之間，像用席子捲起來一樣控制著蜀郡、漢中郡，拼著又平定了三秦，之後與項羽轉戰於滎陽、成皋之間。大的戰鬥經過了七十次，小的戰鬥經過了四十次，造成天下生靈塗炭，父與子的骸骨暴露在原野之中的，多得數不勝數。這些哭泣的聲音還沒有斷絕，受傷兵士們的創傷還沒有平復。在這種情勢之下，您卻要和周朝至治之世的周成王和周康王時期相比較，我私下裡認為，這是無法相比的。況且，秦地的地理形勢是左有高山作為屏障，右有黃河作為天塹，四周邊境全是要塞。突然發生緊急情況，馬上就可以組織起百萬大軍。憑藉秦地舊有的種種有利地理形勢，再加上這裡肥沃的土地資源，真可稱得上是一個天然的大倉庫。陛下進入關中就應該把這裡作為國都，即使山東大亂，秦國故有的土地還可以保全。與別人爭鬥，如果不能用力掐住對方的咽喉，擊中對方的脊背，就不能取得完全的勝利。現在陛下牢牢地據守住秦國故地，這也是扼住天下的咽喉，而控制了天下的要害呀。」

高祖去徵求群臣的意見。群臣大多是崤山以東的人，所以都爭先恐後地說：「周王朝把都城建在洛陽，歷時好幾百年；秦朝建都關中，只經歷了兩代就滅亡了。洛陽東部有成皋，西部有殽山、澠池，背靠黃河，面對伊水、洛水，其堅固程度是完全可以依靠的。」高祖又去徵求張良的意見，張良說：「洛陽雖然有其堅固險要的一面，但範圍狹小，洛陽城周圍的平原不超過幾百里方圓，土地貧瘠，物產不豐，四面八方隨時都有可能遭到敵人的攻擊，這裡不是用武力可以防守的地方。而關中左有殽山、函谷關之險阻，右有隴山與蜀地相連，其中沃野千里，物產豐富。南邊巴、蜀之地，十分富饒，北部與胡人部落接壤，有牧養禽獸的便利。關中北面、西面、南面三面都有天然險阻可以防守，只有東面一面用來控制諸侯。東面的諸侯相安無事，就可以利用黃河、渭河進行漕運，把物資源源不斷地運往京師；一旦諸侯情況發生變化，大軍可以順流而下，糧秣轉運便利，軍用不會匱乏。這些說明，關中就如同是用金屬鑄就的城牆，就像是一個天然的大倉庫。我覺得婁敬說得對。」於是，高祖當天就動身，遷都長安。任命婁敬為郎中，封他為「奉春君」，賜他姓「劉」姓。

張良一向體弱多病，自從跟隨高祖劉邦進入關中以後，就開始修煉導氣引體，不吃糧食，閉門不出，也不接待賓客。他說：「我家連續幾代都擔任韓國的宰相，韓國滅亡後，我不吝惜萬貫家產，為替韓國向強大的秦國報仇，曾經引起天下震動。現在，我憑藉著三寸長的舌頭為皇帝出謀劃策，被封為萬戶侯，這是一個平民百姓所能達到的最高極限，對我來說，已經是相當滿足了。我希望拋棄世間一切俗務，想追隨仙人赤松子遨遊世界。」

司馬光說：「有生就有死，這就如同有黑夜就有白晝一樣，從古到今，本來就沒有超出這個生死範圍而能夠獨立存在的。以張良那樣的真知灼見，他完全知道所謂的神仙只不過是虛假騙人的。然而從他想追隨仙人赤松子遨遊這點看來，他的智謀是無人可比的。作為一個臣子，當他的功勞太大、名望太高的時候，他的處境是非常艱難的。正如劉邦所評價的那樣：韓信、蕭何、張良是漢朝開創基業時三個最傑出的人物。後來韓信被殺，蕭何被下獄，難道不就是因為他們二人功名地位已經達到頂峰卻仍然不知道收斂造成的嗎？所以張良假託追求長生不老，拋棄人世間的一切功名利祿不聞不問。把功名利祿看做是身外之物，把名譽富貴拋到腦後。所謂的明哲保身，張良就是一個最好的例子。」

六月初三日壬辰，大赦天下。

秋季，七月，燕王臧荼謀反；漢高祖劉邦親自率兵前去征剿。

趙景王張耳、長沙文王吳芮都先後去世。

九月，高祖俘虜了臧荼。壬子這天，封太尉長安侯盧綰為燕王。盧綰的家與高祖的家在同一條街巷裡，兩個人的生日又在同一天。漢高祖劉邦對盧綰的寵愛，沒有人能比得上，所以特例封他為王。

項羽屬下舊將利幾叛變，高祖劉邦親自領軍前去將利幾擊敗。

閏九月，修建長樂宮。

項羽的部將鍾離眛平素與楚王韓信交情深厚，項羽死後，鍾離眛潛逃到了楚王韓信那裡。高祖劉邦深恨鍾離眛，聽說鍾離眛投奔了楚王韓信，就下詔楚國將鍾離眛抓捕歸案。韓信初到自己的封地楚國時，每次出去視察封國內的各個郡縣、鄉邑，都帶著軍隊，戒備森嚴。

六年（庚子　西元前二〇一年）

冬，十月，人有上書告楚王信反❶者。帝以問諸將，皆曰：「亟❷發兵，阬豎子❸耳！」帝默然。又問陳平，陳平曰：「人上書言信反，信知之乎？」曰：「不知。」陳平曰：「陛下精兵，孰與楚❹？」上曰：「不能過。」❺平曰：「陛下諸將，用兵有能過韓信者乎？」上曰：「莫及也。」平曰：「今兵不如楚精，而將不能及，舉兵攻之，是趣之戰❻也。竊為陛下危之！」上曰：「為之奈何？」平曰：「古者天子有巡狩會諸侯❼，陛下第出❽，偽游雲夢❾，會諸侯於陳❿。陳，楚之西界⓫。信聞天子以好出游⓬，其埶必無事而郊迎謁⓭。謁而陛下因禽之，此特一力士之事⓮耳。」帝以為然，乃發使告諸侯：「會陳，吾將南游雲夢⓯。」上因隨以行⓰。楚王信聞之，自疑懼，不知所為。或說信曰：「斬鍾離昧以謁⓱上，上必喜，無患。」信從之。

十二月，上會諸侯於陳。信持昧首謁上，上令武士縛信，載後車。信曰：「果若人言⓲，『狡兔死，走狗烹；高鳥盡，良弓藏；敵國破，謀臣亡。』天下已定，我固當烹。」上曰：「人告公反。」遂械繫信⓳以歸，因赦天下⓴。

田肯㉑賀上曰：「陛下得韓信，又治秦中㉒。秦，形勝之國也㉓，帶河阻山㉔，地埶便利，其以㉕下兵於諸侯㉖，譬猶居高屋之上建瓴水㉗也。夫齊，東有琅邪㉘、即墨㉙之饒，南有泰山㉚之固，西有濁河㉛之限㉜，北有勃海之利㉝。地方二千里，持戟百萬，此東西秦也㉞。非親子弟，莫可使王齊者㉟。」上曰：「善。」賜金五百斤。

上還，至洛陽，赦韓信，封為淮陰侯㊱。信知漢王畏惡㊲其能，多稱病，不朝從㊳，居常鞅鞅㊴，羞與絳、灌等列㊵。嘗過樊將軍噲㊶。噲跪拜送迎，言稱臣㊷，曰：「大王乃肯臨臣㊸。」信出門，笑曰：「生乃與噲等為伍㊹。」

上嘗從容㊺與信言諸將能將兵多少。上問曰：「如我能將幾何㊻？」信曰：「陛下不過能將十萬。」上曰：「於君何如㊼？」曰：「臣多多而益善耳。」上笑曰：「多多益善，何為為我禽？」信曰：「陛下不能將兵，而善將將㊽，此乃信之所以為陛下禽也。且陛下所謂『天授』，非人力也㊾。」

甲申㊿，始剖符(51)，封諸功臣為徹侯(52)。蕭何封酇侯(53)，所食邑(54)獨多。功臣皆曰：「臣等身被堅執銳(55)，多者百餘戰，小者數十合(56)。今蕭何未嘗有汗馬之勞，徒持文墨議論，顧反(57)居臣等上，何也？」帝曰：「諸君知獵乎？夫獵，追殺獸兔者，狗也；而發縱(58)指示獸處(59)者，人也。今諸君徒能得走獸耳，功狗(60)也；至如蕭何，發縱指示，功人(61)也。」羣臣皆莫[1]敢言。

張良為謀臣，亦無戰鬬功，帝使自擇齊三萬戶(62)。良曰：「臣始[2]起下邳(63)，與上會留(64)，此天以臣授陛下。陛下用臣計，幸而時中(65)。臣願封留(66)足矣，不敢當三萬戶(67)。」乃封張良為留侯。

封陳平為戶牖侯[68]，平辭曰：「此非臣之功也。」上曰：「吾用先生謀計[69]，〔3〕戰勝克敵，非功而何？」平曰：「非魏無知[70]，臣安得進？」上曰：「若子，可謂不背本矣[71]。」乃復賞魏無知。

帝以天下初定，子幼[72]，昆弟少[73]，懲秦孤立而亡[74]，欲大封同姓，以填撫[75]天下。春，正月丙午[76]，分楚王信地為二國：以淮東五十三縣[77]，立從兄將軍賈[78]為荊王[79]；以薛郡[80]、東海[81]、彭城[82]三十六縣，立弟文信君交[83]為楚王[84]。壬子[85]，以雲中[86]、鴈門[87]、代郡[88]五十三縣，立兄宜信侯喜[89]為代王[90]。以膠東[91]、膠西[92]、臨菑[93]、濟北[94]、博陽[95]、城陽郡[96]七十三縣，立微時[97]外婦之子肥[98]為齊王[99]，諸民能齊言者，皆以與齊[100]。

上以韓王信[101]材武[102]，所王北近鞏、洛[103]，南迫宛、葉[104]，東有淮陽[105]：皆天下勁兵處[106]。乃以太原郡[107]三十一縣為韓國，徙韓王信王太原以北[108]，備禦胡[109]，都晉陽。信上書曰：「國被邊[110]，匈奴數入寇[111]。晉陽去塞遠[112]，請治馬邑[113]。」上許之。

上已封大功臣二十餘人[114]，其餘日夜爭功不決，未得行封。上在洛陽南宮，從複道[115]望見諸將往往相與[116]坐沙中語。上曰：「此何語[117]？」留侯曰：「陛下不知乎？此謀反[118]耳。」上曰：「天下屬[119]安定，何故反乎？」留侯曰：「陛下起布衣[120]，以此屬[121]取天下。今陛下為天子，而所封[122]皆故人所親愛，所誅皆生平所仇怨。今軍吏計功[123]，以天下不足徧封[124]。此屬畏陛下不能盡封，恐又見疑平生過失[125]及誅[126]，故即相聚謀反耳[127]。」上乃憂曰：「為之奈何？」留侯曰：「上平生所憎，羣臣所共知，誰最甚者？」上曰：「雍齒與我有故怨，數嘗窘辱我[128]。我欲殺之，為其功多，故不忍。」留侯曰：「今急先封雍齒，則羣臣人人自堅[129]矣。」於是上乃置酒，封雍齒為什方侯[130]，而急趣[131] [4] 丞相、御史定功[132]行封。羣臣罷酒，皆喜曰：「雍齒尚為侯，我屬無患矣[133]！」

臣光曰：「張良為高帝謀臣，委以心腹[134]，宜其知無不言。安有聞諸將謀反，必待高帝目見偶語，然後乃言之邪？蓋以高帝初得天下，數用[135]愛憎行誅賞，或時害至公[136]，羣臣往往有觖望[137]自危之心，故良因事納忠[138]，以變移帝意[139]。使上無阿私[140]之失，下無猜懼[141]之謀，國家無虞[142]，利及後世。若良者，可謂善諫矣。」

列侯畢已受封[143]，詔定[144]元功十八人[145]位次[146]。皆曰：「平陽侯曹參[147]身被七十創[148]，攻城略地，功最多，宜第一。」謁者[149]、關內侯[150]鄂千秋進曰：「羣臣議皆誤。夫曹參，雖有野戰略地之功，此特一時之事[151]耳。上與楚相距五歲[152]，失軍亡眾，跳身遁(153)者數矣(154)。然蕭何常從關中遣軍補其處(155)。非上所詔令召(156)，而數萬眾會上之乏絕(157)者數矣。又軍無見糧(158)，蕭何轉漕關中，給食不乏(159)。陛下雖數亡山東(160)，蕭何常全關中(161)以待陛下。此(162)萬世之功也。今雖無曹參等百數(163)，何缺於漢(164)？漢得之，不必待以全(165)。柰何(166)欲以一旦之功，而加(167)萬世之功哉！蕭何第一，曹參次之。」上曰：「善！」於是乃賜蕭何帶劍履上殿(168)，入朝不趨(169)。上曰：「吾聞『進賢受上賞(170)』，蕭何功雖高，得鄂君乃益明。」於是因鄂千秋所[5]食邑，封為安平侯(171)。是日，悉封何父子兄弟十餘人(172)，皆有食邑。益封何二千戶(173)。

上歸櫟陽(174)。

夏，五月丙午(175)，尊太公(176)為太上皇。

初，匈奴畏秦，北徙(177)十餘年。及秦滅(178)，匈奴復稍(179)南度河(180)。單于頭曼(181)有太子曰冒頓(182)。後有所愛閼氏(183)，生少子，頭曼欲立之。是時，東胡(184)彊，而月氏(185)盛，乃使冒頓質(186)於月氏。既而頭曼急擊月氏，月氏欲殺冒頓。冒頓盜其善馬，騎之亡歸(187)。頭曼以為壯，令將(188)萬騎。

冒頓乃作鳴鏑(189)，習勒其騎射(190)。令曰：「鳴鏑所射，而不悉射(191)者，斬之。」

冒頓乃以鳴鏑自射其善馬，既又射其愛妻。左右或192不敢射者，皆斬之。最後以鳴鏑射單于善馬193，左右皆射之。於是冒頓知其可用。從頭曼獵194，以鳴鏑射頭曼，其左右亦皆隨鳴鏑而射，遂殺頭曼，盡誅其後母與弟及大臣不聽從者。冒頓自立為單于195。

東胡聞冒頓立，乃使使謂冒頓：「欲得頭曼時千里馬。」冒頓問羣臣，羣臣皆曰：「此匈奴寶馬也，勿與。」冒頓曰：「奈何與人鄰國而愛196一馬乎！」遂與之。居頃之，東胡又使使謂冒頓：「欲得單于一閼氏。」冒頓復問左右，左右皆怒曰：「東胡無道，乃求閼氏，請擊之！」冒頓曰：「奈何與人鄰國，愛一女子乎！」遂取所愛閼氏予東胡。東胡王愈益驕。東胡與匈奴中間有棄地莫居197，千餘里。各居其邊，為甌脫198。東胡使使謂冒頓：「此棄地，欲有之199。」冒頓問羣臣，羣臣或曰：「此棄地，予之亦可，勿與亦可。」於是冒頓大怒曰：「地者，國之本也，奈何予之！」諸言予之者，皆斬之。冒頓上馬，令國中有後出者斬，遂襲擊東胡。東胡初輕冒頓，不為備，冒頓遂滅東胡200。

既歸，又西擊走月氏201，南并樓煩、白羊河南王202。遂侵燕、代203，悉復收蒙恬所奪匈奴故地204，與漢關故河南塞205，至朝那、膚施206。是時，漢兵方與項羽相距207，中國罷於兵革[208]，以故冒頓得自彊。控弦之士[209]三十餘萬，威服諸國。

秋，匈奴圍韓王信於馬邑[210]，信數使使胡求和解[211]。漢發兵救之，疑信數間使[212]，有二心，使人責讓[213]信。信恐誅，九月，以馬邑降匈奴。匈奴冒頓因引兵南踰句注[214]，攻太原，至晉陽[215]。

帝悉去秦苛儀法[216]，為簡易。羣臣飲酒爭功，醉或妄呼[217]，拔劍擊柱，帝益厭[218]之。叔孫通說上曰：「夫儒者，難與進取，可與守成[219]。臣願徵魯諸生[220]，與臣弟子共起朝儀[221]。」帝曰：「得無難乎[222]？」叔孫通曰：「五帝[223]異樂，三王[224]不同禮。禮者，因時世人情為之節文[225]者也。臣願頗采[226]古禮，與秦儀雜就之。」上曰：「可試為之。令易知，度吾所能行[227]者為之。」

於是叔孫通使徵魯諸生三十餘人。魯有兩生不肯行，曰：「公所事者[228]且十主[229]，皆面諛[230]以得親貴。今天下初定，死者未葬，傷者未起[231]，又欲起禮樂。禮樂所由起，積德百年而後可興[232]也。吾不忍為公所為。公去矣，無汙我[233]！」

叔孫通笑曰：「若[234]真鄙儒[235]也，不知時變[236]。」遂與所徵三十人西[237]，及上左右為學者[238]與其弟子百餘人，為綿蕞，野外習之[239]。月餘，言於上曰：「可試觀矣。」上使行禮[240]，曰：「吾能為此[241]。」乃令羣臣習肄[242]。

【章　旨】以上為第二段，寫高祖六年（西元前二〇一年）的全國大事，主要寫了劉邦的襲捕韓信，廢以為淮陰侯；寫了劉邦封其兄弟子姪為王、封其開國功臣為侯，特別寫了他優寵蕭何的情景；寫了叔孫通的為人與其迎合劉邦、為劉邦制定朝儀的過程；寫了劉邦遷韓王信改都馬邑，與追述匈奴興起、強大，韓王信投降匈奴，從此北部邊境戰爭開始。

【注　釋】❶人有上書告楚王信反　據《史記·高祖功臣侯者年表》，此告信反者為韓信之舍人欒說，欒說因此告發韓信功，被劉邦封為「慎陽侯」。欒說因何告韓信，史無明載，而〈魏豹彭越列傳〉則明書「呂后乃令其舍人告越謀反」。則欒說之告韓信亦可類比。❷亟　趕緊。❸阬豎子　活埋這小子。阬，活埋。❹陛下精兵二句　此處似應作「陛下兵孰與楚精」，以與後文「今兵不如楚精」語相呼應。❺上曰二句　去年垓下之戰始罷，韓信之兵即被劉邦所奪；今韓信至楚未久，而云劉邦之兵「不能過」，似誇張太過。❻趣之戰　逼著他與我們決戰。趣，通「促」。逼使。❼巡狩會諸侯　天子到外地視察，順便在某地與眾諸侯會晤。巡狩，同「巡守」。古稱諸侯為天子守土，天子到諸侯之地視察叫「巡守」。❽第出　儘管出行。第，但；儘管。❾偽游雲夢　假說要到雲夢澤視察。雲夢，古藪澤名，在今湖北監利南。❿會諸侯於陳　召集各國諸侯在陳縣會晤。陳，漢縣名，亦郡名，縣治即今河南淮陽。⓫陳二句　陳縣與韓信「楚國」的西部邊境相鄰近。⓬以好出游　以美好的說法外出巡遊。好，無惡意。⓭其埶必無事而郊迎謁　埶，同「勢」。無事，不作任何戒備。郊迎謁，到陳縣郊外迎謁劉邦。⓮此特一力士之事　這樣我們只要安排一個大力士就足夠了。⓯會陳二句　句首應加一「曰」字讀。⓰上因隨以行　劉邦也就隨即出發了。劉辰翁曰：「隨以行，謂即日行，使其不測。」⓱謁　進見；拜見。⓲果若人言　沈欽韓曰：「蒯通曾以（下列數語）風韓信，故云『果若人言』也。」⓳械繫信　給韓信戴上刑具，囚禁起來。械，刑具。⓴因赦天下　為安定全國人心故有此舉。㉑田肯　《漢書》作「田宵」，其人之身世、事跡不詳，蓋僅此一見。㉒治秦中　即建都關中。治，政府機關所在地，如「縣治」、「郡治」是也。這裡用如動詞，即以某某城市為首府、首都。秦中，《史記集解》引如淳曰：「時山東人謂關中為秦中。」㉓秦二句　意即秦地可是個形勢險要的地方。《史記集解》引張晏曰：「秦地帶山河，得形勢之勝便者。」《史記索隱》引韋昭曰：「地形險固，故能勝人也。」㉔帶河阻山　以黃河為襟帶，以四周的群山為屏障。㉕其以　若從此地。㉖下兵於諸侯　出兵討伐東方的諸侯國。㉗居高屋之上建瓴水　《集解》引如淳曰：「瓴，盛水瓶也。居高屋之上而翻瓴水，言其向下之勢易也。」㉘琅邪　漢縣名，也是漢郡名，縣治、郡治在今山東膠南市西南。㉙即墨　漢縣名，縣治在今山東平度東南，為戰國以來的齊地名城。㉚泰山　在今山東泰安北，山上有古長城，是舊時齊國的南界。㉛濁河　即指黃河，當時的黃河流經今山東之聊城、平原、德州，北至今河北之滄州東北入海，這一帶是舊時齊國的西北部邊界。㉜限　隔斷；分開。㉝勃海之利　指魚鹽的出產。㉞此東西秦也　意謂齊國就如同一個東方的關中。胡三省曰：「言齊地形勝與秦抗衡也。」㉟非親子弟二句　意思是齊國再也不能封給異姓人。瀧川曰：「信以兵取齊，雖移其國，守令多其故將，餘威尚在，所以有田肯之『賀』。」㊱赦韓信二句　韓信以「謀反」的罪名被襲捕，今又封之為淮陰侯，則韓信之無罪明矣，豈有「謀反」者尚得為侯哉！韓信為齊王一年，為楚王一年，從此廢為淮陰侯。淮陰，漢縣名，縣治即今江蘇淮陰。㊲畏惡　恐懼、憎惡。㊳不朝從　不朝見、不跟從出行。㊴居常鞅鞅　時常內心不平。居，平居；日常。鞅鞅，師古曰：「志不滿也。」㊵羞與絳灌等列　羞與絳、灌為伍。絳，指絳侯周勃。事跡見《史記・絳侯周勃世家》。灌，指潁陰侯灌嬰。事跡見《史記・樊酈滕灌列傳》。二人都是劉邦的元老功臣。等列，同一個級別，指皆封為侯。㊶嘗過樊將軍噲　曾到過樊噲家。樊噲是劉邦的元老功臣，呂后的妹夫。事跡見《史記・樊酈滕灌列傳》。㊷言稱臣　漢初之列侯、百官對皇帝、對諸侯說話皆可自稱「臣」，以表謙敬。㊸乃肯臨臣　居然能光臨我們家，極寫其對韓信的敬服。㊹生乃與噲等為伍　與上文「羞與絳、灌等列」同意。生，竟；到頭來。為伍，為伴，指地位、身分相同。㊺從容　自然、不經心的樣子。㊻能將幾何　能統領多少軍隊。㊼於君何如　你又怎麼樣呢。㊽陛下不能將兵二句　前言高帝只能將十萬，而言自己多多益善，見韓信之得意忘形，不自覺而出口。至高帝塞之曰「多多益善，何為為我禽」，其內心之懊怒已形於詞色時，韓信方猛然發覺失言，於是順勢改口曰：「陛下不能將兵而善將將」，既平服劉邦的忌心，亦掩飾自己的傷痛。然而這一來無疑又進一步加強了劉邦的必殺韓信之心。㊾陛下所謂二句　當時人稱道劉邦的常用語，《史記・留侯世家》張良曰「沛公殆天授」；〈酈生陸賈列傳〉酈生曰「此非人力也，天之福也」，意思皆同。韓信引他人所常說，故云「所謂」。㊿甲申　十二月二十八。(51)剖符　將信物一分為二，帝王與受封者各持其一以示信。符，用金、玉或竹、木製作的信物。(52)徹侯　也稱「通侯」、「列侯」。漢初的封爵只有「王」、「侯」兩等，因劉邦規定了「非劉氏者不得王」，於是異姓功臣的最高封爵就是「列侯」。(53)酇侯　封爵名，封地酇縣，縣治即今河南永城西之酇縣鄉。王先謙曰：「何先封沛郡之酇，而後封南陽之酇。音『嵯』者沛郡縣，音『贊』者南陽縣。」(54)食邑　享有的領地。(55)被堅執銳　披堅甲，執利兵。(56)數十合　數十戰。合，與上句「戰」字意思相同，變換對舉。(57)顧反　轉折語詞，二字同義，猶今之所謂「反」、「反而」。(58)發縱　發現野獸蹤跡。(59)指示獸處　告訴鷹、狗野獸在哪裡。(60)功狗　獵狗一樣的功勞。(61)功人　獵人一樣的功勞。(62)自擇齊三萬戶　垓下之戰後，項羽敗死，韓信之兵權遂亦被劉邦所奪，並將韓信由齊王改封楚王，故此時劉邦可以令張良「自擇齊三萬戶」。63起下邳　由下邳率眾起義。下邳，秦縣名，縣治在今江蘇邳州南。64會留　相會於留縣。秦時的留縣在今江蘇沛縣東南。65幸而時中　碰巧讓我說對了幾回。66封留　以留縣做我的封地。67不敢當三萬戶　張良深明形勢，亦深知劉邦、呂后其人，故處處謙退，此老子之教也，故下場與韓、彭不同。68戶牖侯　封地在戶牖鄉。戶牖鄉上屬陽武縣。秦時的陽武縣在今河南原陽東南，是陳平的故鄉。69吾用先生謀計　凌稚隆曰：「君而『先生』其臣者，見此。」70魏無知　陳平脫離項羽改投劉邦時，最先將陳平引見給劉邦的人。71若子二句　瀧川曰：「初稱『先生』，敬之也；後稱『子』，親之也。」72子幼　太子劉盈年幼。73昆弟少　昆弟，兄弟。劉邦之長兄劉伯早年已死，現存者有次兄劉仲、少弟劉交。劉仲沒有出息，劉交也未見有多大才幹。見《史記・楚元王世家》。74懲秦孤立而亡　接受秦朝沒有同姓藩國致使孤立滅亡的教訓。懲，接受教訓。75填撫　鎮撫。填，同「鎮」。76正月丙午　正月二十一。77淮東五十三縣　指今淮水東南直至長江下游的蘇州以及浙江北部的湖州一帶。78將軍賈　劉賈，劉邦的遠房同族。事跡詳見《史記・荊燕世家》。79荊王　都城廣陵，即今江蘇揚州。按，《漢書・高帝紀》作「以故東陽郡（郡治在今江蘇盱眙東南）、鄣郡（郡治在今浙江湖州西南）、吳郡（郡治即今蘇州）五十三縣立劉賈為荊王」。80薛郡　郡治即今山東曲阜。81東海　郡治郯縣，在今山東郯城西北。82彭城　即今江蘇徐州。83文信君交　劉交，劉邦的同父異母弟。事跡詳見《史記・楚元王世家》。「文信君」是其先有的封號名。84楚王　都城即今徐州。85壬子　正月二十七。86雲中　漢郡名，郡治在今內蒙古呼和浩特西南。87鴈門　漢郡名，郡治善無，在今山西左雲西。88代郡　漢郡名，郡治即今河北蔚縣東北的代王城。89宜信侯喜　劉喜，劉邦的次兄。90代王　都城即今蔚縣東北的代王城。91膠東　漢郡名，郡治即墨，在今山東平度東南。92膠西　漢郡名，郡治高密，在今山東高密西北。93臨菑　漢郡名，郡治即今山東淄博之臨淄。94濟北　漢郡名，郡治盧縣，在今山東長清西南。95博陽　漢郡名，郡治博縣，在今山東泰安東南。96城陽郡　漢郡名，郡治即今山東莒縣。97微時　指劉邦起義前的低賤時期。98外婦之子肥　劉邦與他人的媳婦私通所生的孩子劉肥。99齊王　都城即今淄博之臨淄。100諸民能齊言者二句　王駿圖曰：「此謂近齊城邑，凡語言與齊一類者，皆割屬齊王，言其疆域之大也。」101韓王信　名信，戰國韓國王室的後代，起兵反秦以來一直追隨劉邦，故被劉邦封為韓王，都城陽翟，即今河南禹縣。事跡詳見《史記・韓信盧綰列傳》。為與淮陰侯韓信相區別，故歷史上稱之為「韓王信」。102材武　有人才、有武略。103所王北近鞏洛　所王，意即韓國所處的地理形勢。鞏、洛，鞏縣、洛陽。洛陽（今洛陽東北）是劉邦剛建國時的都城，鞏縣（今河南鞏縣西）歷來是洛陽的郊畿。104南迫宛葉　迫，逼近。宛、葉，宛城（今河南南陽）、葉縣（今河南葉縣西南）。105淮陽　即今河南淮陽，當時為陳郡的郡治，故也稱作「陳」。106天下勁兵處　意即兵家所必爭之地，國家要駐重兵把守的地方。(107)太原郡　漢郡名，郡治晉陽，在今山西太原西南。(108)王太原以北　意即把韓國的地盤由潁川郡換到晉陽以北的山西北部。(109)備禦胡　防守邊地，抵抗匈奴入侵。胡，秦、漢時對匈奴的稱呼。(110)國被邊　新改的韓國緊靠邊境，北與匈奴相接。被，披，意即緊挨。(111)匈奴數入寇　匈奴屢屢入侵這一帶地區。數，屢屢。(112)晉陽去塞遠　國都離北部邊界太遠，有情況難以及時作出反應。塞，邊塞，北界之長城。(113)請治馬邑　請以馬邑為韓國都城。馬邑，漢縣名，即今山西朔州，原屬於雁門郡。按，韓王信開始之考慮未嘗不為國家，亦非無為之主。郭嵩燾則以為「信去晉陽而都馬邑，預為亡歸匈奴地耳」。茅坤《史記鈔》曰：「以韓王信王太原備胡可也，治馬邑，是棄之於胡也。信失著，而漢亦失著矣。」

(114)上已封大功臣二十餘人　據《史記・高祖功臣侯者年表》，在雍齒前受封者共二十九人。(115)複道　亦稱「閣道」，樓閣之間的空中通道。(116)相與　彼此三個一群、兩個一夥地。(117)此何語　這些人都在說什麼。(118)謀反　商量造反。(119)屬　剛剛。師古曰：「屬，近也。」(120)起布衣　由平民百姓起家。(121)以此屬　靠著這些人。(122)所封　指已經受封的二十多個人。(123)計功　計算立功應該受封的人數。(124)以天下不足偏封　把整個國家的地盤都拿出來，也不夠給他們分封的。(125)平生過失　猶言「過去的錯誤」。平生，平素。(126)及誅　遭到殺害。(127)故即相聚謀反耳　王維楨曰：「沙中之人，怏怏不平見於詞色，未必謀反，但留侯為弭亂計，故權辭以對耳。」(128)數嘗窘辱我　曾多次讓我吃苦頭。按，雍齒原為劉邦部將，劉邦令其守豐，魏人招之，雍齒遂叛劉歸魏。劉邦還軍攻豐，數攻不下。後劉邦破豐，雍齒奔魏（最後雍齒又歸服了劉邦）。所謂「有故怨」及「數嘗窘辱我」，即指此事。(129)自堅　自信；自安。(130)什方侯　封地什方縣。按，「什方」也作「汁方」、「汁邡」，秦縣名，在今四川什邡南。(131)急趣　趕緊催促。趣，通「促」。(132)定功　核定、議定眾人的功績。(133)雍齒尚為侯二句　淩稚隆引何孟春曰：「晉文公之赦頭須，與高帝之先侯雍齒，其事最相類，二君皆置怨以安人心，非誠然也。」(134)委以心腹　有心腹話對他說；有心腹事交給他去做。委，託。(135)用　憑；按著。(136)或時害至公　有時傷害到最大的公平正直。(137)觖望　不滿；埋怨。(138)因事納忠　藉著某事進獻忠言。(139)變移帝意　改變最高統治者的固有主意。(140)阿私　依照私心辦事。阿，順；曲從。(141)猜懼　懷疑、恐懼。(142)無虞　無憂。(143)畢已受封　全部封賞完畢。畢，完；盡。(144)詔定　下令讓群臣評定。(145)元功十八人　功勞最大的十八個人。元，首；最大的。(146)位次　列侯們的高低順序。見《史記・高祖功臣侯者年表》。(147)曹參　劉邦的開國功臣，被封為平陽侯，封地平陽縣，縣治在今山西臨汾西側。事跡詳見《史記・曹相國世家》。(148)身被七十創　受傷七十多處。創，兵器造成的傷害。(149)謁者　帝王的侍從官，負責收發傳達以及贊禮等事。(150)關內侯　比「列侯」低一等，只有封號而無封地，只在關中享受某些特權，故稱「關內侯」。(151)一時之事　短時間內的貢獻。一時，短時間。(152)相距五歲　自高祖元年八月殺回關中到五年十二月破殺項羽，前後跨著五個年頭。(153)跳身遁　單身一人逃出，極言其失敗之慘。跳，意思同「逃」。(154)數矣　已經有多次啦。數，屢屢。(155)遣軍補其處　蕭何為保證劉邦前線的兵員，曾將十四歲孩子也都送上戰場。(156)非上所詔令召　用不著皇上發命令徵調。(157)數萬眾會上之乏絕　當皇上正愁沒人的時候，蕭何的幾萬人正好送到。(158)軍無見糧　軍中沒有下鍋的糧食。見，通「現」。(159)轉漕關中二句　從關中運糧草供應前線，使前線無所缺乏。轉漕，車運曰轉，船運曰漕。(160)數亡山東　對不少東方地區得而復失。山東，崤山（在今河南靈寶東南）以東，泛指秦時的東方六國之地。(161)常全關中　總是把關中地區守得好好的。(162)此　這些，指運兵、運糧、保住關中諸事。(163)雖無曹參等百數　即使缺少一百個曹參這樣的人。(164)何缺於漢　對漢王國有何損失。(165)漢得之二句　漢王國有一個曹參，也不是靠著他國家才能保全。(166)柰何　怎麼能夠。(167)加　即今所謂「凌駕」。按，鄂千秋之言並非無理，然如此說法，則是一副十足的阿諛諂媚之態。(168)帶劍履上殿　「帶」字似應削，劍可曰「帶」，履豈可言「帶」？漢承秦法，規定群臣上殿不准穿鞋子，不准帶兵器，今特許蕭何「劍履上殿」，是對他的特殊優寵。瀧川引朱錦綬語，以為先秦時之禮節場合，群臣侍立，禮應佩劍。「自秦法群臣侍殿上者不得持尺寸之兵，適與古制相反。漢沿秦法，故特賜蕭何以寵之。」(169)入朝不趨　趨，小步疾行，這是古人在君長面前走路時的一種禮節性姿式。現因蕭何功大，特免去此禮，以示優寵。按，自蕭何開始，後代皇帝凡欲寵異某臣，則必賜其「劍履上殿，入朝不趨，贊拜不名」；而某臣爵位至此，則往往距離篡位已經不遠。(170)進賢受上賞　古時習用語。《漢書》武帝元朔元年詔書有所謂「進賢受上賞，蔽賢蒙顯戮，古之道也」云云，即其一例。(171)因鄂千秋所食邑二句　意謂鄂千秋原來已經是關內侯，再加上推揚蕭何使劉邦滿意，於是二者累積，遂封以為安平侯。因，就著；就著原有的基礎。安平侯，封地安平縣，縣治在今山東青州西北。(172)悉封何父子兄弟十餘人　《漢書》作「封何父母兄弟十餘人」，梁玉繩曰：「作『父母』是。」(173)益封何二千戶　在原有的封爵上再追加封地二千戶。益，追加。(174)櫟陽　劉邦戰時的都城，在今西安的閻良區。(175)五月丙午　五月二十二。(176)太公　劉邦之父。(177)北徙　向北方遷移。(178)秦滅　事在秦二世三年，西元前二〇七年。(179)稍　漸；逐漸。(180)南度河　向南渡過黃河。此指內蒙古包頭、呼和浩特一線的黃河。(181)單于頭曼　匈奴君主名頭曼。「單于」是匈奴君主的稱號，是匈奴語「撐犁孤塗單于」的省稱。「撐犁孤塗」的意思是「天子」，「單于」的意思是「廣大」。(182)冒頓　使匈奴族強大起來的關鍵人物，事跡詳見後文。(183)閼氏　匈奴姬妾的名稱。(184)東胡　當時活動在內蒙古東部、遼寧西部一帶的少數民族名。(185)月氏　當時活動在今甘肅之祁連山一帶的少數民族名。(186)質　作人質。(187)亡歸　逃回。亡，潛逃。(188)將　統領。(189)鳴鏑　響箭。(190)習勒其騎射　訓練他部下的騎兵射箭。習勒，即今所謂訓練。(191)不悉射　意即有敢不跟著射的。(192)或　有的人。(193)單于善馬　其父頭曼單于的善馬。

194從頭曼獵　跟隨其父頭曼一起打獵。195冒頓自立為單于　事在秦二世元年（西元前二〇九年），正中原地區各路義軍起兵反秦之時。196愛　吝嗇；捨不得。197莫居　無人居住。198各居其邊二句　各自在己方的邊境上建築防禦工事。甌脫，也寫作「區脫」。《集解》引服虔曰：「界上屯守處。」《正義》曰：「境上斥候之室。」即邊界線的崗棚、哨所以及防禦工事之類。按，林幹《匈奴史》以為「『甌脫』即匈奴語『邊界』的意思」，也指當時匈奴與漢王朝、或與其他民族部落之間「作為緩衝的『中間地帶』」。楊寬亦同意此說，又引丁謙《漢書匈奴傳地理考證》曰：「歐脫指棄地而言，原極明析。」又曰：「『歐脫』二字為當時方言，今難確解，然大意不過為不毛之地，不足以居人。」若依此解則句中「為」字即「稱作」。199欲有之　想將其取為己有。200冒頓遂滅東胡　謝孝蘋曰：「冒頓破東胡，約在楚漢相拒之初，姑繫其年於漢高元年，冒頓單于四年，公元前二〇六年。」201西擊走月氏　使月氏人不能再在今甘肅祁連山一帶落腳，只好向西方遷移。202南并樓煩白羊河南王　師古曰：「二王之居在河南。」中井曰：「『河南王』三字疑衍。」樓煩、白羊，當時居住在今內蒙古河套以南的兩個匈奴部落名。據顧頡剛《中國歷史地圖集》，當時樓煩所居約當今內蒙古伊克昭二〇一盟之東部和與之鄰近的山西西北部、陝西東北部一帶地區；白羊所居在今伊克昭盟之西部。203遂侵燕代　當時的燕王為臧茶，項羽所封。代，代王陳餘，趙王趙歇之所立。疑冒頓的此次行動應在韓信破代、趙，破燕之前，即西元前二〇五年閏九月之前，若在此以後，則代、趙、燕已依次入漢。204蒙恬所奪匈奴故地　即今內蒙古之河套地區，也稱「河南地」。205與漢關故河南塞　意謂河南地區的南部邊境就是與劉邦漢朝的交界之處。關，連界；接壤。206至朝那膚施　謂冒頓的勢力一直向南達到朝那與膚施一線。朝那，漢縣名，縣治在今寧夏固原東南。膚施，漢縣名，在今陝西橫山縣東，當時為上郡的郡治所在地。207漢兵方與項羽相距　事在西元前二〇五年四月至西元前二〇三年九月。208中國罷於兵革　中國，指中原地區。罷，通「疲」。209控弦之士　能拉弓射箭的騎士。控弦，猶言「拉弓」。210馬邑　韓王信的都城，即今山西朔州。211使使胡求和解　能否請求和解乃國家之政策，藩國自行派人入胡乃超越權限之事。212數間使　屢屢暗中派使臣往來。213責讓　即責備。讓，也是「責」的意思。據《漢書》本傳云：「上賜書責讓之曰：『專死不勇，專生不任。寇攻馬邑，君王力不足以堅守乎？安危存亡之地，此二者，朕所以責於君王。』」王先謙曰：「言處安危存亡之地，『專死』、『專生』二者，皆非朕所望。責其竭智勇以禦敵，不可輕生，亦不宜惜死也。」214南踰句注　向南越過了句注山。句注山在今山西代縣、寧武之北側。215晉陽　太原郡的首府，在今太原西南。216秦苛儀法　秦朝使用的極其繁瑣苛細的禮儀規章。217妄呼　肆意呼叫。218益厭　越來越討厭。益，漸；越來越……。219儒者三句　蓋當時許多人的通識。《史記・酈生陸賈列傳》有所謂「居馬上得之，寧可以馬上治之乎？且湯、武逆取而順守之，文武並用，長久之術也。」賈誼〈過秦論〉：「夫并兼者高詐力，安定者貴順權，此言取與守不同術也。秦離戰國而王天下，其道不易，其政不改，是其所以取之、守之者無異也。」意思皆與此相同。(220)徵魯諸生　抽調一些曲阜一帶的儒生。徵，聘；調。(221)朝儀　群臣朝見皇帝的儀式。(222)得無難乎　會不會很難呢。意即能否搞一套別太複雜的。得無，也寫作「得毋」，約當於今之所謂「能不能」、「會不會」。難，不是怕叔孫通難搞，而是劉邦怕自己難以忍受。(223)五帝　遠古的五個帝王，依司馬遷的說法是黃帝、顓頊、帝嚳、堯、舜。(224)三王　夏、商、周三朝的開國帝王，即夏禹、商湯、周文王與周武王。(225)因時世人情為之節文　按照社會發展與人們思想認識的變化，而制定一套禮節來規範、約束他們。(226)頗采　也略採用一些。頗，略。(227)度吾所能行　要考慮能夠讓我接受。與上文「得無難乎」相應，凡此等皆見劉邦之性格，即《史記・高祖本紀》所謂「意豁如也，常有大度」、「廷中吏無所不侮」云云。(228)公所事者　你所侍候過的。(229)且十主　幾乎快有十個主子。按，叔孫通所侍候過的主子有秦始皇、秦二世、陳涉、項梁、楚懷王、項羽、劉邦，共七個。(230)面諛　當面奉承人、討好人。(231)未起　未痊癒。(232)積德百年而後可興　《史記・孝文本紀》有所謂「善人之治國百年，亦可以勝殘去殺矣」，二生的意思與此相近。(233)公去矣二句　凌稚隆引王維楨曰：「敘兩生不行語，亦因以著叔孫人品耳。」吳見思曰：「借兩生以形容叔孫，一邊迂拙，一邊通脫；一邊持正，一邊希世，兩兩對照，逼出神情。而後人聚訟，未免錯認華胥矣。」(234)若　汝；你。(235)鄙儒　淺陋、固執的小儒。(236)不知時變　魯二儒固然「不知時變」，而叔孫通希世取寵，旋轉如風車，更令人鄙視，此史公令叔孫通為自己畫像語。(237)西　謂西上長安。(238)上左右為學者　劉邦身邊那些講究學問的人。(239)為綿蕞二句　於野外僻靜處，拉繩索以圈地界，束茅草以象人形，演習朝儀。韋昭曰：「引繩為綿，立表為蕞。」《索隱》引如淳曰：「翦茅樹地，為纂位尊卑之次。」(240)上使行禮　劉邦讓他把整個上朝行禮的過程演示了一遍。(241)吾能為此　我可以完成我所扮演的角色。(242)習肄　演習；演練。肄，習。

【校　記】①莫　原作「不」。據章鈺校，甲十五行本、乙十一行本、孔天胤本皆作「莫」。今從諸本及《史記・蕭相國世家》改。②臣始　原作「始臣」。據章鈺校，甲十五行本、乙十一行本、孔天胤本二字皆互乙。今從諸本及《史記・留侯世家》改。③計　原無此字。據章鈺校，甲十五行本、乙十一行本、孔天胤本皆有此字。今從諸本及《史記・陳丞相世家》補。④趣　原作「趨」。據章鈺校，甲十五行本作「趣」。今從甲十五行本及《史記・留侯世家》改。⑤所　據章鈺校，甲十五行本、乙十一行本、孔天胤本「所」上有「故」字。

【語　譯】六年（庚子　西元前二〇一年）

冬季，十月，有人給高祖寫信，告發韓信謀反。高祖就這件事向諸將詢問該怎麼辦。諸將都說：「趕緊發兵，活埋了這小子就是了！」高祖沉默著沒有表態。高祖又去問陳平，陳平說：「有人給陛下寫信告發韓信謀反這件事，韓信本人知道嗎？」高祖說：「不知道。」陳平又問：「陛下的精兵和韓信的精兵比較起來，誰的更精良？」高祖說：「比不過韓信。」陳平接著問：「陛下的將領中在用兵打仗方面有比韓信更強的嗎？」高祖說：「沒有人能比得過韓信。」陳平說：「現在陛下的兵士不如韓信的兵士精，陛下的將領又沒有韓信能，如果發兵前去攻打，是逼韓信與我們決戰。我很為陛下擔憂！」高祖問：「那該怎麼辦？」陳平說：「古代天子經常到各地巡視，順便會晤諸侯。陛下儘管出巡，假說是到雲夢巡遊視察，通知諸侯到陳地會晤。陳地緊鄰楚的西部邊界。韓信聽說天子是來楚地巡視遊玩，必定不作任何戒備，而且一定親自到陳縣郊外來迎謁陛下。在韓信前來謁見的時候，趁機將他抓起來，只需安排一個大力士就足夠了。」高祖認為陳平的辦法好；於是就派使者通知各諸侯王說：「到陳地會晤，我要到雲夢巡遊。」使者出發後，高祖劉邦也隨即前往雲夢。楚王韓信聽到高祖巡視雲夢的消息後，很懷疑高祖來意不善，不知如何是好。有人勸韓信說：「您先把鍾離昧殺了，然後再去謁見皇帝，皇帝必定很高興，就不會有事了。」韓信聽從了那個人的意見，於是殺死了鍾離昧。

十二月，漢高祖劉邦在陳地接見諸侯，韓信捧著鍾離昧的首級前來拜見。高祖當即下令將韓信捆了，押在一輛囚車裡。韓信對劉邦說：「果然像有人說的那樣，『狡兔死光了，捉拿兔子的獵狗就被煮來吃了；高空的飛鳥沒有了，射鳥的弓箭也就收藏起來了；敵對的勢力被消滅了，替主子出謀劃策的人死期也就到了。』如今天下已經平定，我本來就該死了。」高祖說：「有人告發你謀反。」於是給韓信戴上刑具囚禁起來，回到京師，下令大赦天下。

田肯向高祖祝賀說：「陛下既擒獲了韓信，又將都城建在關中。關中是個地理形勢最為險要的地方，有黃河的環繞，有崤山的阻隔，地理條件極為優越便利；如果從這裡發兵去討伐東方諸侯的叛亂，就如同在高高的屋脊上把水往下倒一樣，勢不可擋。而齊國，東部有富饒的琅邪、即墨；南部有泰山作為屏障，西有黃河作為天塹，北有渤海魚鹽之利。面積方圓二千多里，全副武裝的戰士有百萬之多；那是東方的一個秦國呀。如果不是皇室宗親，就不能把那裡分封給他稱王。」高祖說：「你說得對。」於是賞賜給田肯五百斤黃金。

漢高祖劉邦從雲夢返回，到達洛陽時赦免了楚王韓信，將他改封為淮陰侯。韓信知道自己獲罪的原因是皇帝對自己的軍事才能感到恐懼，所以就經常稱說有病，既不去朝見高祖，也不跟隨高祖出行；平常家居的時候，也是怏怏不樂，對自己與絳侯周勃、灌嬰等人站在同一等級的行列中感到羞恥。他曾經到樊噲將軍家中走訪。樊噲接待他用跪拜禮迎接，跪拜禮相送，在他面前稱自己為臣，說：「大王竟然肯光臨我們家。」韓信從樊噲家中出來，自我嘲笑地說：「沒想到我這一輩子竟然跟樊噲這樣的人混在一起。」

高祖曾經跟韓信在一起隨便的談論起諸將能夠指揮多少軍隊。高祖問韓信說：「你看我能指揮多少人？」韓信回答說：「陛下能指揮的軍隊不超過十萬。」高祖問：「那你能指揮多少呢？」韓信回答：「我是越多越好。」高祖笑著說：「既然是越多越好，為什麼會被我擒獲？」韓信說：「陛下雖然不能夠指揮軍隊，但卻能夠統御將領，這就是我韓信被陛下擒獲的原因。再說，陛下的才能『是上天所授予的』，不是人力所能比得上的呀。」

十二月二十八日甲申，高祖開始分封有功勞的大臣為侯爵。蕭何被封為酇侯，他的采邑戶數最多。其他功臣都不服氣，說：「我們這些人身穿堅甲，手執利器，衝鋒陷陣，多的參加過一百多次戰鬥，少的也參加了幾十次。而蕭何沒有參加過一次戰鬥，未曾體驗過征戰的勞苦，只是靠弄弄筆桿子，發表發表議論，但他的采邑戶數反而比我們的還多，這是為什麼呢？」高祖說：「諸位將軍知道打獵嗎？在打獵的過程中，追殺獵物狡兔的，是狗；發現野獸蹤跡、指示獵物所在的是人。如今你們只能獵得野獸，是狗一樣的功勞；至於蕭何，他能指出獵物所在，他的功勞是獵人一樣的功勞。」諸將都不敢再言語。

張良是出謀劃策的人，也沒有在戰場上馳騁拼殺的功勞，高祖讓他自己在齊地選擇三萬戶作為食邑。張良推辭說：「我當初在下邳起事，而後在留縣與陛下相會，這是上天有意把我授予陛下。陛下採納我的建議，有時僥倖成功。我希望把留封給我，我就很滿足了，我確實不敢接受三萬戶的封賞。」高祖於是封張良為留侯。

又封陳平為戶牖侯，陳平也推辭說：「我沒有那麼大的功勞，不應該把戶牖封給我。」高祖說：「我採用先生的計策，戰勝了敵人取得了勝利，這不是功勞是什麼？」陳平說：「如果不是魏無知舉薦我，我怎麼能有機會為陛下效勞呢？」劉邦說：「像先生這樣，可以說是不忘本了。」於是高祖再次獎賞了魏無知。

高祖劉邦認為天下剛剛平定，自己的兒子年紀還小，弟兄又少，鑑於秦朝由於沒有同姓藩國致使孤立無援而滅亡的教訓，就想把與自己有血緣關係的同姓分封到全國各地去鎮守。春天，正月二十一日丙午，高祖把原來屬於楚王韓信的土地一分為二：將其中淮河以東的五十三個縣，分封給堂兄劉賈將軍，為荊王；把其餘的薛郡、東海、彭城三十六個縣，分封給自己的弟弟文信君劉交，封他為楚王。二十七日壬子，把雲中、雁門、代郡共計五十三個縣，分封給哥哥宜信侯劉喜，為代王。又把膠東、膠西、臨淄、濟北、博陽、城陽郡總計七十三縣，分封給自己平民時與他人所生的兒子劉肥，為齊王，凡是能講齊地語言的地區以及百姓，都劃歸齊王所有。

高祖劉邦認為韓王信不僅很有才能，而且勇武過人，他的領土北邊靠近鞏邑、洛邑，南部逼近宛邑、葉邑，東部有淮陽：都是兵家必爭之地，需要國家設重兵把守的地方。於是把太原郡的三十一個縣區劃為韓國，把韓王信遷移到太原，讓他防備北部的胡人，首府設在晉陽。韓王信上書給高祖說：「韓國位於北部邊陲，匈奴屢次入侵。首府晉陽離邊界太遠，請將首府設在馬邑。」高祖批准了他的請求。

高祖劉邦已經分封了二十多位功臣，其餘沒有得到封賞的功臣每天都在為誰的功勞大誰的功勞小而爭論不休，所以劉邦一時未做決定，沒有繼續進行封賞。當時高祖住在洛陽南宮，他站在複道上，遠遠的看見諸多將領三五成群地坐在沙灘上議論。就問身邊的留侯張良：「他們在談論什麼呢？」留侯張良說：「陛下難道不知道嗎？他們是在密謀造反呢。」高祖說：「天下剛剛平定，為什麼要謀反呢？」留侯回答：「陛下出身平民百姓，依靠這些人奪取了天下。如今您做了皇帝，所封賞的都是您過去的老朋友和您的親屬，所誅殺的都是您平常所憎惡怨恨的。現在那些負責統計諸將功勞的官吏認為，就是把天下的土地都分割成封國，也分封不過來。這些人既擔心自己得不到封賞，又懼怕自己平時得罪了陛下而遭到誅殺，所以就聚集到一起密謀造反了。」高祖擔憂地說：「這該如何是好呢？」留侯說：「陛下平時最憎惡的，而且是所有的將領們都知道的是誰？」高祖說：「雍齒，他過去跟我就有積怨，曾經多次地困辱我。我早就想殺了他，只是因為他功勞大，所以一時還不忍心。」留侯建議說：「陛下趕緊先封雍齒，其他的將領們心裡就踏實了。」於是，高祖大擺酒宴，封雍齒為什方侯；催促丞相、御史趕緊核定出諸位將領功勞的大小多少，以此為依據進行封賞。分封雍齒的酒宴結束後，諸位將領都興奮地說：「就連雍齒都被封為侯，我們這些人還有什麼可擔憂的呢！」

司馬光說：「張良作為漢高祖的重要謀臣，高祖對他推心置腹，信任有加，張良就該知無不言。怎麼可能在已經料到諸將密謀叛亂，還要等到漢高祖親眼看見諸將密謀的時候，才向高祖透露消息呢？這是因為漢高祖剛剛平定天下，卻屢次以自己的好惡為標準進行獎賞或誅殺，有時又以私害公，諸將領都不免產生些不滿和憂懼的情緒，張良借機發揮，向高祖進獻忠言，以改變高祖固有的主意。希望高祖不要犯因徇私而誤國的過失，使在下位的諸多將領也不要因此而對高祖產生猜忌。這樣的話，國家政局穩固，沒有憂患，子孫後代都會享受到他的好處。所以說，像張良這樣的人，才可以稱得上是善於規勸的人。」

所有的列侯全部封賞完畢，漢高祖下詔讓群臣排定功勞最大的十八個功臣的名次。大家都說：「平陽侯曹參身上受傷七十處，攻打城邑、奪取土地，他的功勞最多，應該排在第一位。」擔任謁者、關內侯的鄂千秋上前說：「你們大家的意見都是錯誤的。曹參雖然有攻城略地的功勞，但那只是一段時間之內發生的事情。皇帝與項羽進行了五年的拉鋸戰，損失的兵員很多，就連皇帝單身一人逃走的事情都有好多次。在那時，蕭何經常從關中派遣軍隊為前方補充兵員。這些兵員並不是皇帝下詔讓蕭何去招募的，又往往是在皇帝正為兵員匱乏、形勢危急而發愁的情況下，蕭何派遣的幾萬大軍恰好趕到。還有，軍隊中沒有現成的糧秣，蕭何從關中籌集糧秣源源不斷地送往前方，使軍中糧秣從無匱乏。陛下雖然幾次丟失了崤山以東的土地，而蕭何鎮守關中，使關中始終安然無恙地等待著陛下。這是永垂不朽的功勞啊。如果沒有曹參，甚至沒有一百個像曹參這樣的人，漢朝仍然還是漢朝；漢朝得到了曹參，也不是靠著他才保全了漢朝。怎麼能夠把一時的功勞，凌駕於不朽功勞之上呢！蕭何的功勞應該第一，曹參第二。」漢高祖說：「說得好！」於是特許蕭何可以佩帶寶劍、穿著鞋子上殿朝見，而且在進殿的時候不必小跑著往前走。高祖又說：「我聽說『舉薦賢能的人應該受到最高的獎賞』，蕭何功勞雖然最大，因為有了鄂千秋的解釋才更加明確。」於是就在鄂千秋原有食邑的基礎上，晉封他為安平侯。這一天，對蕭何父子兄弟十幾個人全都進行了封賞，每個人都有食邑。給蕭何又增加了二千戶的封地。

漢高祖回到櫟陽。

夏季，五月二十二日丙午，漢高祖給他父親上尊號為「太上皇」。

當初，匈奴懼怕秦國的強大，所以舉族向北遷移。十餘年後，秦朝滅亡，匈奴又逐漸南下渡過黃河。

匈奴單于頭曼的太子叫做冒頓。後來，匈奴頭曼單于所寵愛的一個閼氏為他生了一個小兒子，頭曼單于就想要廢掉冒頓而改立小兒子為太子。當時，東胡部落和月氏國都很強盛，頭曼單于就送冒頓到月氏國去做人質；隨後，頭曼派兵對月氏國發動猛烈進攻，月氏想要殺死冒頓。冒頓偷了他們一匹好馬，騎著逃回了匈奴；頭曼單于覺得冒頓很勇敢，就將一萬騎兵交給他率領。

冒頓特製了一種帶響的箭，訓練他的騎兵練習騎射。他下令說：「我的響箭射什麼目標，你們必須跟著射什麼目標，不射的，就殺死他。」冒頓用響箭射自己那匹心愛的善馬，之後又用響箭射自己的愛妻。他的手下有人不敢跟著射，冒頓就毫不猶豫地將其殺死。最後，冒頓用響箭射向自己父親頭曼單于最喜愛的善馬，他手下的人也就跟著射頭曼單于的善馬。於是，冒頓知道手下這些人可以為自己所用了。一次，冒頓跟隨頭曼單于出去打獵，他用響箭射中他的父親頭曼單于，他的手下也毫不遲疑地隨著響箭的指示射向頭曼單于。頭曼單于被冒頓射殺後，冒頓又把後母——頭曼單于寵愛的那個閼氏和他的小弟弟以及那些不肯聽從他的大臣全都殺死。之後，冒頓自行繼位做了匈奴單于。

東胡部落聽到冒頓繼位為匈奴單于後，就派使者來對冒頓說：「想要頭曼單于的那匹千里馬。」冒頓徵求大臣們的意見，大臣們說：「那是我們匈奴的寶馬，不能送給東胡。」冒頓說：「既然與東胡為鄰國，怎麼能因為吝惜一匹馬而破壞了與鄰國的睦鄰友好關係呢！」於是就把那匹千里馬送給了東胡。過了不久，東胡又派人來對冒頓單于說：「想要得到匈奴單于的一位閼氏。」冒頓又問他手下的大臣，大臣非常憤怒地說：「東胡太不講道理了，竟然來討要閼氏，不如派兵去攻打它！」冒頓又說：「既然與東胡為鄰國，怎麼能因為捨不得一個女子，而破壞了與鄰國的睦鄰友好關係呢！」冒頓單于就把自己最寵愛的閼氏送給了東胡。東胡王看到匈奴如此地懼怕自己，就愈加驕傲起來。東胡與匈奴之間有一塊無人居住的地方，有一千多里。雙方各自在自己一方的邊境上修建防禦工事，中間自然形成了一個緩衝地帶。東胡派來使者對匈奴單于冒頓說：「中間的這塊廢棄的土地，我們東胡想要佔為己有。」冒頓又徵求大臣們的意見，大臣們有的說：「這本是一塊廢棄無用的地方，給東胡也行，不給也行。」冒頓單于非常生氣地說：「土地，是國家的根本，怎麼能給別人呢！」就把那些主張把土地給東胡的人全殺了。冒頓單于騎上戰馬，下令誰不奮勇當先，就殺掉誰，於是冒頓親自率領匈奴人去攻打東胡。東胡當初小看了冒頓，根本沒有設防，所以冒頓得以長驅直入，一戰就滅亡了東胡。

冒頓單于得勝回國後，又向西進兵趕走了月氏，向南吞併了樓煩、白羊等部落。進而侵略燕、代等地，逐漸地又把秦朝時蒙恬所佔領的匈奴故地全部收復，與漢朝的邊界從河南塞到朝那、膚施相接壤。在那個時候，由於漢軍正與項王作戰，中原地區由於連年征戰，已經疲憊不堪，無暇顧及北方，冒頓因此得以發展壯大、擴充疆土。他手下能夠拉弓射箭的騎士就有三十多萬，北方各部落無不被他所折服。

秋季，匈奴軍隊將韓王信包圍在馬邑。韓王信多次派遣使者出使匈奴，請求和解。漢朝發兵援助韓王信；對韓王信多次暗中向匈奴派遣使者產生懷疑，認為他對漢朝已有二心，於是派人前去責問。韓王信懼怕被高祖所殺，便在九月，連同馬邑一起投降了匈奴。匈奴單于冒頓趁機率領軍隊向南越過句注山攻打太原，大軍直抵晉陽。

漢高祖劉邦全部廢除了秦朝那套苛刻煩瑣的禮儀法規，力求簡便易行。於是君臣在一起飲酒時，群臣無拘無束，互相誇耀自己的功勞，喝醉之後有人就大呼小叫，甚至拔出寶劍，亂砍殿柱，劉邦對此越來越感到厭煩。儒生叔孫通向劉邦建議說：「那些讀孔孟之書的人，很難與他們一起奪取天下，卻可以用他們來幫助您鞏固政權。我願意到東魯去徵召那些有名望的儒生，讓他們和我一起制定一套朝會的禮儀。」高祖問：「該不會很繁難吧？」叔孫通說：「五帝所聽的音樂是不一樣的，三王採用的禮儀也不相同；禮儀這種事，要根據不同時代、不同的社會觀念來制定，是用來約束、規範人們言行的。我想略微採用一些古代的禮儀，再參照秦朝的做法，制定出一套漢禮來。」漢高祖說：「你可以嘗試著去做。要讓這套禮儀簡便易行，要考慮我能夠接受。」

於是，叔孫通奉命到魯地徵召到了三十多名儒生。有兩名儒生不肯應召，他們對叔孫通說：「你侍奉過的主人大概有十幾個了，你總是靠著阿諛奉承而贏得親近主人、獲取尊貴。如今天下剛剛平定，死去的人還沒有來得及安葬，受傷的人傷勢還沒有痊癒，你就又要制定禮樂。禮樂的產生必須經過長達百年的德化教育才能產生。我們不願意去做你那樣的事情。你走吧，請不要玷汙了我們！」

叔孫通笑了笑說：「你們真是迂腐的儒生，一點也不懂得時世的變化。」於是就與應召的三十多名儒生一起向西來到長安。再加上高祖身邊那些有學術素養的近臣和叔孫通的弟子，總共一百多人，就在野外僻靜處，拉上繩子圈好地界，把茅草捆綁成人的形狀，演練朝儀。演練了一個多月，叔孫通奏請高祖說：「陛下可以先看看行不行。」漢高祖讓他把整個上朝行禮的過程演示了一遍後，說：「我覺得可以。」於是下令大臣們都去演練。

七年（辛丑　西元前二〇〇年）

冬，十月，長樂宮❶成，諸侯群臣皆朝賀❷。先平明❸，謁者治禮❹，以次引入殿門❺，陳東西鄉❻。衛官俠陛❼及羅立廷中❽，皆執兵，張旗幟。於是皇帝傳警❾，輦出房❿，引諸侯王⓫以下至吏六百石⓬，以次奉賀⓭。莫不振恐肅敬。至禮畢⓮，復置法酒⓯。諸侍坐殿上⓰，皆伏抑首⓱，以尊卑次起上壽⓲。觴九行⓳，謁者言「罷酒」。御史⓴執法，舉不如儀㉑者，輒引去㉒。竟朝置酒，無敢讙譁失禮者㉓。於是帝曰：「吾乃今日知為皇帝之貴㉔也！」乃拜叔孫通為太常㉕，賜金五百斤。

初，秦有天下，悉內㉖六國禮儀，采擇其尊君抑臣者存之㉗。及通制禮，頗㉘有所增損。大抵皆襲秦故㉙，自天子稱號，下至佐僚㉚及宮室、官名，少所變改。其書㉛後與律令同錄㉜，藏於理官㉝。法家又復不傳㉞，民臣莫有言者㉟焉。

臣光曰：「禮之為物大矣㊱。用之於身，則動靜有法，而百行備㊲焉；用之於家，則內外有別，而九族睦㊳焉；用之於鄉，則長幼有倫㊴，而俗化美㊵焉；用之於國，則君臣有敘㊶，而政治成㊷焉；用之於天下，則諸侯順服，而紀綱正㊸焉。豈直几席之上、戶庭之間，得之而不亂哉㊹！夫以高祖之明達㊺，聞陸賈之言㊻而稱善，睹叔孫之儀㊼而嘆息㊽。然所以不能比肩於三代之王㊾者，病於不學㊿而已。當是之時，得大儒(51)而佐之，與之以禮為天下(52)。其功烈(53)，豈若是而止哉！惜夫(54)

叔孫生之為[1]器小[55]也！徒竊禮之糠粃[56]，以依世諧俗取寵[57]而已。遂使先王之禮淪沒而不振[58]，以迄于今[59]，豈不痛甚矣哉！是以楊子[60]譏之曰：『昔者魯有大臣[61]，史失其名。曰：「何如其大也[62]？」曰：「叔孫通欲制君臣之儀，召先生於魯，所不能致者二人[63]。」曰：「若是[64]，則仲尼之開迹諸侯[65]也，非邪？」曰：「仲尼開迹，將以自用[66]也。如委己而從人[67]，雖有規矩準繩，焉得而用之[68]！」』善乎楊子之言也！夫大儒者，惡肯[69]毀其規矩準繩，以趨[70]一時之功[71]哉！」

上自將擊韓王信，破其軍於銅鞮[72]，斬其將王喜。信亡走匈奴。白土[73]人曼丘臣[74]、王黃等立趙苗裔[75]趙利為王，復收信敗散兵，與信及匈奴謀攻漢。匈奴使左、右賢王[76]將萬餘騎，與王黃等屯廣武[77]以南，至晉陽。漢兵擊之，匈奴輒[78]敗走，已復屯聚[79]。漢兵乘勝追之，會[80]天大寒，雨雪，士卒墮指者什二三[81]。

上居晉陽，聞冒頓居代谷[82]，欲擊之。使人覘[83]匈奴，冒頓匿[84]其壯士、肥牛馬，但見[85]老弱及羸畜[86]。使者十輩來[87]，皆言匈奴可擊。上復使劉敬往使匈奴，未還，漢悉兵[88]三十二萬北逐之，踰句注[89]。劉敬還報曰：「兩國相擊，此宜夸矜[90]，見所長[91]。今臣往，徒見[92]羸瘠老弱，此必欲見短[93]，伏奇兵[94]以爭利。愚以為匈奴不可擊也。」是時，漢兵已業行[95]，上怒，罵劉敬曰：「齊虜[96]以口舌得官[97]，今乃妄言[98]沮[99]吾軍！」械繫[100]敬廣武。

帝先至平城[101]，兵未盡到，冒頓縱精兵四十萬騎圍帝於白登[102]。七日，漢兵中外不得相救餉[103]。帝用陳平祕計，使使間厚遺閼氏[104]。閼氏謂冒頓曰：「兩主不相困[105]。今得漢地，而單于終非能居之也。且漢主亦有神靈[106]，單于察之。」冒頓與王黃、趙利期[107]，而黃、利兵不來，疑其與漢有謀[108]，乃解圍之一角。會天大霧，漢使人往來，匈奴不覺。陳平請令彊弩傅兩矢，外鄉[109]，從解角直出。帝出圍，欲驅[110]，太僕滕公[111]固徐行[112]。至平城，漢大軍亦到，胡騎遂解去。漢亦罷兵歸，令樊噲[113]止定代地[114]。

上至廣武，赦劉敬，曰：「吾不用公言，以困平城[115]。吾皆已斬前使十輩[116]矣。」乃封敬二千戶，為關內侯[117]，號為建信侯[118]。

帝南過曲逆[119]，曰：「壯哉縣[120]！吾行天下，獨見洛陽與是耳[121]。」乃更封[122]陳平為曲逆侯，盡食之[123]。平從帝征伐，凡六出奇計[124]，輒益封邑[125]焉。

十二月，上還，過趙[126]。趙王敖[127]執子壻禮[128]甚卑，上箕倨慢罵[129]之。趙相貫高、趙午[130]等皆怒曰：「吾王，孱王[131]也！」乃說王曰：「天下豪傑並起，能者先立[132]。今王事帝甚恭，而帝無禮，請為王殺之。」張敖齧其指出血[133]，曰：「君何言之誤！先人亡國[134]，賴帝得復國[135]，德流子孫[136]。秋豪[137]皆帝力也，願君無復出口[138]！」貫高、趙午等皆相謂曰：「乃吾等非也。吾王長者[139]，不倍德[140]。且吾等義不辱[141]。今帝辱我王，故欲殺之，何洿王為[142]！事成歸王[143]，事敗獨身坐[144]耳。」

匈奴攻代[145]，代王喜[146]棄國自歸[147]，赦為郃陽侯[148]。

辛卯[149]，立皇子如意[150]為代王。

春，二月，上至長安。蕭何治未央宮[151]。上見其壯麗，甚怒，謂何曰：「天下匈匈[152]，勞苦數歲，成敗未可知，是何[153]治宮室過度也！」何曰：「天下方未定[154]，故可因以就宮室[155]。且夫天子以四海為家[156]，非壯麗無以重威[157]，且無令後世有以加[158]也。」上說[159]。

臣光曰：「王者以仁義為麗，道德為威，未聞其以宮室填服[160]天下也。天下未定，當克己節用，以趨民之急[161]。而顧[162]以宮室為先，豈可謂之知所務[163]哉！昔禹卑宮室[164]，而桀為傾宮[165]。創業垂統之君[166]，躬行節儉以訓[2]示子孫[167]。其末流[168]猶入於淫靡[169]，況示之以侈[170]乎？乃云『無令後世有以加』，豈不謬哉！至于孝武[171]，卒[172]以宮室罷敝天下[173]，未必不由酇侯[174]啓[175]之也！」

上自櫟陽徙都長安[176]。

初置宗正[177]官，以序九族[178]。

夏，四月，帝行如洛陽[179]。

【章　旨】以上為第三段，寫高祖七年（西元前二〇〇年）的全國大事，主要寫了叔孫通為劉邦制定的朝儀付諸實施，由於其宗旨在於尊君卑臣，遂使最高統治者從此更加獨裁專制，更加視群臣如奴，影響惡劣而深遠；寫了劉邦討伐韓王信，冒進深入，被匈奴圍困於白登，從此轉為忍讓和親，幾十年來邊患不斷；還寫了劉邦對趙王傲慢狂妄，致使貫高、趙午欲謀殺劉邦等等。

【注　釋】❶長樂宮　也稱「東宮」，在當時長安城的東部，未央宮之東。❷諸侯羣臣皆朝賀　謂皆以歲首之時，入京朝拜皇帝。諸侯，指各諸侯王與各列侯。❸先平明　在天色大亮之前。❹謁者治禮　謁者便開始對參加朝會的各種人員進行安排、調動。謁者，官名，上屬郎中令，為帝王主管收發傳達，舉行典禮時任司儀。王先謙曰：「此謂謁者掌治贊引之禮。《後漢書・禮儀志》：『鐘鳴，謁者治禮引客，群臣就位如儀。』」❺以次引入殿門　引導儀仗隊與各類參加朝會的人員按次序進入殿門。❻陳東西鄉　讓人們都在東、西兩側站好。陳，列；列隊。❼衛官俠陛　那些侍衛們有的站立在臺階兩側。俠，通「夾」。❽羅立廷中　有的排列在院子裡。❾傳警　在皇帝車駕出來之前，先有人傳報聖駕將到。❿輦出房　而後皇帝的車子從宮中出來。輦，皇帝乘坐的車，有用馬拉，有用人挽，也有以人抬行者。⓫諸侯王　是漢初群臣中爵位最高的一級，他們小者轄地一郡，大者數郡，可以控制該地區的軍政大權，是一種很強的割據勢力。劉邦在其稱帝前後，對功臣、親屬封之為「王」者有齊王韓信、梁王彭越、淮南王黥布，以及齊王劉肥、楚王劉交等。至漢七年諸侯功臣「朝十月」時，除韓信已被襲捕降為淮陰侯，軟禁於長安外，其他都在。⓬吏六百石　官階名，如朝官中的太子門大夫、水衡都尉的屬下諸丞，以及地方官的縣令、郡丞等皆為六百石。⓭奉賀　朝賀。⓮禮畢　指朝見皇帝之禮進行完畢。⓯復置法酒　禮節性的賜大家飲酒。師古曰：「猶言禮酌，謂不飲之至醉也。」中井曰：「此酒所以行禮，非食味也，故曰法酒。」⓰諸侍坐殿上　應為年高望重的宗室、外戚以及元勳、舊臣等。沈欽韓曰：「《御覽》一百七十五引摯虞《決疑要注》曰：『殿堂之上，唯天子居床，其餘皆鋪幅，席前設筵。』」⓱皆伏抑首　都低著頭。師古曰：「抑，屈也。謂依禮法，不敢平坐而視。」⓲上壽　為皇帝敬酒。古代為人敬酒即祝頌畢自飲一杯。⑲觴九行　謂多次賜酒、敬酒之後。⑳御史　御史大夫的屬官，主管監察、糾彈。㉑不如儀　不按規矩行動。㉒輒引去　立即將其拉出。㉓竟朝置酒二句　竟朝，整整一個上午。吳見思曰：「一篇漢儀注，百餘字耳，而事體詳盡，句法勁峭。」㉔吾乃今日知為皇帝之貴　吳見思曰：「寫高祖得意，與未央上壽時同一灑落。」茅坤曰：「此儀直行至今日，大略皆秦故尊君抑臣之舊也。而三代以前其上下同體處消歇矣。」㉕太常　官名，也稱「奉常」，九卿之一，主管朝廷、宗廟的禮儀。㉖內　同「納」。採納。㉗采擇其尊君抑臣者存之　專門吸收、採納了那些抬高君權、壓抑群臣的部分。㉘頗　略；稍微。㉙秦故　秦朝舊有的那一套。㉚佐僚　副職和輔助性質的官員。㉛其書　指叔孫通所制定的這些朝廷儀法的書面文字。㉜與律令同錄　和法律條文抄寫在一起。㉝藏於理官　保存在司法官員那裡。理官，法官，司法系統的官員。㉞法家又復不傳　法家的書又不讓百姓們念。不傳，不許流傳其書，若有欲學者則「以吏為師」。㉟莫有言者　誰也說不清。㊱禮之為物大矣　禮作為一種制度，其作用可是大得很哪。按，《荀子・禮論》有所謂「禮，上事天，下事地，尊先祖而隆君師」。㊲百行備　各種好的品行都會齊全。㊳九族睦　整個家族上下和睦。九族，九代，指高祖、曾祖、祖、父、本人、子、孫、曾孫、玄孫。㊴有倫　有次序；有秩序。㊵俗化美　風俗風化美好。㊶有敘　有等級；有次序。㊷政治成　統治穩固、教化昌明。㊸紀綱正　治理國家的大綱大法都正確無誤。㊹豈直几席之上二句　意即禮的作用大得很，豈只是能使一個人的生活起居、一個家庭的上下井然有序呢。豈直，豈只。几席，古人休息倚靠的小几和坐臥的席子，指個人起居。戶庭，門戶之間、庭院之內，指家庭範圍。㊺明達　英明偉大。㊻陸賈之言　陸賈為之講說治理天下的方略之言，即後來寫成的《新語》。事情詳見《史記・酈生陸賈列傳》。㊼叔孫之儀　叔孫通為之制定的禮儀。㊽嘆息　稱讚；讚美。㊾不能比肩於三代之王　不能與夏、商、周三代開國之王相比美。比肩，並肩；並列。㊿病於不學　問題就出在沒有好好地學習古代。(51)大儒　指像孔丘、孟軻、荀況那樣的大儒生、大學者。(52)以禮為天下　以禮樂治理天下。為，治理。(53)功烈　功勳業績。(54)惜夫　可惜啊。惜，遺憾。夫，歎詞。(55)叔孫生之為器小　叔孫通不是個成大氣候的人。器，器度；才略。(56)徒竊禮之糠粃　只是偷來一些禮樂的皮毛糟粕。糠粃，糟粕。(57)以依世諧俗取寵　以求得迎合世俗、討好劉邦。依世諧俗，迎合世俗。取寵，博取劉邦的恩寵。(58)不振　不興；不能為世所用。(59)以迄于今　直到今天，指北宋神宗時期。(60)楊子　楊雄，西漢末年的儒生與辭賦家，作有《法言》、《太玄》、〈長楊賦〉、〈羽獵賦〉等。(61)魯有大臣　指前述不應叔孫通所聘的兩個魯地儒生。(62)何如其大也　他們是怎麼一種偉大法。(63)所不能致者二人　他請不來的只有兩個人。(64)若是　照你這麼說。(65)仲尼之開迹諸侯　孔子當年的奔走求用於諸侯。開迹，追求出頭，希望被用。(66)自用　推行自己的主張。(67)如委己而從人　指當初如果兩個儒生跟著叔孫通去了。

(68)雖有規矩準繩二句　意即那兩個儒生也不可能實現他們的理想。規矩準繩，指儒家所倡導的古聖先賢所講的那一套規章制度。以上楊雄之言見《法言‧五百》。(69)惡肯　怎肯。惡，何；怎麼。(70)趨　追求。(71)一時之功　背離先王之道、苟合於當前世俗的短暫之功。(72)銅鞮　漢縣名，縣治在今山西沁縣西南。(73)白土　漢縣名，縣治在今陝西神木西。(74)曼丘臣　姓曼丘，名臣。(75)趙苗裔　戰國時趙國王室的後代。(76)左右賢王　匈奴單于下面的最高君長，通常由單于的兄弟與兒子擔任。左賢王負責統轄匈奴的東部地區，右賢王負責統轄匈奴的西部地區。(77)廣武　漢縣名，縣治在今山西代縣西。(78)輒　總是；隨即。(79)已復屯聚　過後很快地又集合起來。(80)會　正趕上。(81)什二三　十分之二三。什，同「十」。(82)代谷　地名，在句注山北，今山西代縣西北。(83)覘　偵察。(84)匿　藏起；不令人見。(85)但見　只是顯露。但，只。(86)老弱及羸畜　老弱的士兵與疲瘦的牲畜。羸，瘦弱。(87)十輩來　十多批出使匈奴的使者回來。輩，批；夥。(88)悉兵　盡其所有兵力。(89)踰句注　向北越過了句注山。句注山在今山西代縣、寧武西北。一名雁門山，又名西陘山，是古代北部的九塞之一。(90)宜夸矜　通常都會炫耀自己的兵力強大。(91)見所長　顯示自己的長處。(92)徒見　只看到了一些。(93)見短　顯示自己的短處。(94)伏奇兵　埋伏好了出奇制勝的人馬。(95)已業行　大部隊已經出發。(96)齊虜　齊地的奴才。虜，奴才，罵人語。(97)以口舌得官　指因勸說劉邦改都關中而被封賞事。以，憑。(98)妄言　胡說八道。(99)沮　瓦解；敗壞。(100)械繫　戴上刑具，拘禁起來。(101)平城　漢縣名，縣治在今山西大同東北。(102)白登　古地名，在當時的平城縣城之東北。(103)中外不得相救餉　指被包圍圈外的人無法救援被包圍圈內的人，也無法為之供應飲食。(104)間厚遺閼氏　偷偷地買通單于的姬妾。間，暗中；私下。遺，給；進獻財物。(105)不相困　不應相互為難。(106)亦有神靈　也是有神靈保佑的，如《史記‧高祖本紀》所述諸怪異是也。(107)期　約定，約定時間合擊劉邦。(108)有謀　有陰謀；有勾結。(109)彊弩傅兩矢二句　每張強弓搭上兩支箭，拉滿弓向著敵人。傅，意思同「附」，此處指搭箭。鄉，通「向」。(110)欲驅　想要縱馬快跑。(111)太僕滕公　車夫夏侯嬰。太僕，帝王的車夫，當時的九卿之一。夏侯嬰曾被劉邦任為滕縣縣令，故時人亦稱之「滕公」、「滕嬰」。(112)固徐行　故意示敵以閒暇，使其莫辨虛實。(113)樊噲　劉邦的部將，呂后的妹夫，因軍功被封為舞陽侯。事跡詳見《史記‧樊酈滕灌列傳》。(114)止定代地　留下來繼續平定代郡一帶的叛亂。(115)以困平城　以至於在平城被敵所困。(116)前使十輩　說匈奴可擊的十來批使者。(117)關內侯　比「列侯」低一等，沒有封地，只在關中地區劃給一些采邑，故稱「關內侯」。(118)號為建信侯　按，劉敬的封邑多達二千戶，「建信侯」的「建信」又是漢縣名，所以梁玉繩《史記志疑》認為劉敬是被封為「列侯」，而非「關內侯」。(119)曲逆　漢縣名，縣治在今河北順平東南。(120)壯哉縣　好壯觀的一個縣。(121)獨見洛陽與是耳　只見到洛陽城與曲逆縣有如此壯觀的規模。(122)更封　改封。陳平原為戶牖侯，今則改封為曲逆侯。

(123)盡食之　把整個曲逆縣都給陳平作食邑。(124)六出奇計　王先謙引錢大昭曰：「間疏楚君臣，一奇計也；夜出女子二千人滎陽東門，二奇計也；躡漢王立信為齊王，三奇計也；偽遊雲夢縛信，四奇計也；解平城圍，五奇計也；其六當在從擊臧荼、陳豨、黥布時，史傳無文。」凌稚隆曰：「平出奇計不只六也，嗣後因噲致上，使上自誅，一；帝崩，馳至宮，哭甚哀，二；佯不治宰相事，飲酒戲婦女，三；呂后欲王諸呂，平偽聽之，四；呂后崩，平與勃合謀卒誅諸呂，立文帝，五；既誅諸呂，以右丞相讓勃，不居功，六。前六計者佐高帝定天下，而後六計則事太后以自全耳。總之了結魏無知稱『奇謀之士』一句案。」(125)輒益封邑　每進一次奇計就得一回增邑，共增邑六回。(126)上還二句　劉邦從平城回洛陽，繞路經過趙都邯鄲。(127)趙王敖　趙王張敖，劉邦的老友張耳之子，娶劉邦之女魯元公主為妻，繼其父爵為趙王。(128)執子壻禮　恭行女婿對岳父的禮節。(129)箕倨慢罵　極寫劉邦的自大無禮。箕倨，叉著雙腿，這是一種極其放肆無禮的坐相。倨，通「踞」。慢罵，同「漫罵」。(130)貫高趙午　都是張耳一輩的老人。(131)孱王　猶今罵人「軟蛋」、「軟骨頭」。孱，軟弱。何焯曰：「高祖嘗從張耳遊，貫高、趙午故等夷之客，故怒。」(132)能者先立　誰有能耐誰就做皇帝。(133)齧其指出血　著急表示誠心、決心的一種情態。齧，咬。(134)先人亡國　指張耳被項羽封為趙王，而陳餘不令張耳進入趙地，將其打回，故曰「亡國」。(135)賴帝得復國　張耳被陳餘打跑後，張耳往投劉邦。韓信取得趙地後，劉邦重又封張耳為趙王。過程詳見《史記・張耳陳餘列傳》。(136)德流子孫　意謂劉邦不僅恩及張耳一人，還讓他的子孫相繼在趙國為王，連綿不絕。(137)秋豪　同「秋毫」。自己的所有一切。(138)無復出口　不要再說這種話。(139)長者　忠厚人；厚道人。(140)不倍德　不忘舊恩。倍，通「背」。德，此處指恩情。(141)義不辱　即「絕不受辱」、「定無受辱之理」。「義」字的用法與通常所謂「義無反顧」、「義無再辱」者同。(142)何洿王為　怎麼能玷汙了大王的清白呢。洿，同「汙」。(143)事成歸王　如果謀殺劉邦成功，就請我們大王做皇帝。(144)事敗獨身坐　如果謀殺劉邦失敗，一切罪責由我們自己承擔。坐，因犯罪而被懲處。(145)代　漢代諸侯國名，轄境約當今之河北西北部與山西北部地區。首府為今河北蔚縣東北之代王城。(146)代王喜　劉喜，劉邦的二哥，也稱「劉仲」。(147)棄國自歸　拋棄國土逃回京城。(148)赦為郃陽侯　赦其棄土之罪，降以為郃陽侯。郃陽，漢縣名，即今陝西合陽。(149)辛卯　正月十一。(150)皇子如意　劉如意，劉邦的寵姬戚夫人所生，時年齡甚幼。(151)治未央宮　正在建造未央宮。未央宮在長安城之西南隅，因在長樂宮之西，故也稱「西宮」。(152)匈匈　勞苦煩擾的樣子。(153)是何　為何。(154)方未定　尚未安定。(155)因以就宮室　趁著亂勁把宮殿建造起來。(156)以四海為家　即「普天之下，莫非王土；率土之濱，莫非王臣」之意。(157)重威　提高皇帝的威嚴。(158)無令後世有以加　讓後代子孫再也用不著另建築什麼。(159)說　同「悅」。(160)填服　鎮壓、威懾。填，通「鎮」。(161)趨民之急　猶言急百姓之所急，為解救百姓之難而奔走不息。(162)顧　反而。(163)知所務知道應該做什麼和不做什麼。164禹卑宮室　大禹住的房子很低矮、很簡陋。《史記・夏本紀》說他「薄衣食，致孝於鬼神；卑宮室，致費於溝洫」。165桀為傾宮　夏桀修築華麗高大的宮殿。傾宮，望之似欲傾墜，故名。166創業垂統之君　能創業而且能把基業流傳下去的君主。167以訓示子孫　給子孫做榜樣。168末流　後代。169淫靡　荒淫靡麗，指追求享樂，揮霍無度。170示之以侈　拿揮霍奢侈給後世子孫看。171孝武　即武帝劉徹。武字是他的謚，孝字加在每個皇帝的謚號前，以表示漢代尊崇儒術、講究孝道。172卒　終於。173以宮室罷敝天下　為了大造宮室而使天下人痛苦不堪。罷，通「疲」。敝，殘破。174酇侯　即蕭何。蕭何以佐劉邦開國功被封為酇侯。175啓　引導；帶頭。176自櫟陽徙都長安　櫟陽，秦縣名，前曾作過秦國的都城，楚漢戰爭時期又是劉邦的留守都城。漢朝統一天下後，開始時建都洛陽，後接受劉敬建議將都城遷到關中，仍是在櫟陽。現在長安的未央宮建成，遂「自櫟陽徙都長安」。漢時的長安在今西安之未央區。177宗正　官名，九卿之一，掌管皇室宗族的事務，由劉姓大臣擔任。178以序九族　使宗族內部和睦有序。九族，九代，指高祖、曾祖、祖、父、本人、子、孫、曾孫、玄孫。179行如洛陽　行如，前往。如，往。此時的劉邦王朝雖然定都長安，但洛陽仍有陪都的性質，劉邦仍經常在洛陽處理政務。

【校　記】1為　原無此字。據章鈺校，甲十五行本、乙十一行本皆有此字，今據補。2訓　此字原無。據章鈺校，甲十五行本、乙十一行本、孔天胤本皆有此字，今據補。

【語　譯】七年（辛丑　西元前二〇〇年）

冬季，十月，長樂宮落成，各地封國的諸侯王和朝中文武百官全都前來朝賀。在天色大亮之前，掌管贊禮的謁者便開始對參加朝會的各種人員進行安排，他引導儀仗隊與各類人員按照次序進入殿門，在東西兩側排好隊列。侍衛們有的站立在殿階兩側，有的排列在庭院裡，那些侍衛手裡都拿著兵器，院子裡旗幟招展。這時侍衛傳出「皇帝駕到」的警告，而後就看見漢高祖劉邦乘坐著輦車從後宮緩緩出來，謁者引導著諸侯王以及俸祿在六百石以上的官員，按照尊卑次序依次向前行禮朝賀。在場所有的人沒有一個不感到震驚惶恐。朝賀典禮完畢，又擺上慶賀的酒宴。那些坐在大殿之上陪侍的宗室、元勳等，全都彎著腰、低著頭；規規矩矩地按照尊卑次序依次向皇帝劉邦敬酒祝壽。經過多次敬酒、賜酒之後，謁者宣布「宴會結束」。整個過程由御史負責監督，凡是舉止不符合要求的，就把他拉出席位。整整一個上午的宴飲，沒有一個人敢高聲說話和違反禮儀。這時，漢高祖高興地說：「我直到現在才知道當皇帝有多麼的尊貴！」於是任命叔孫通為掌管宗廟禮儀的太常，賞賜他黃金五百斤。

當初，秦國統一天下之後，參照東方六國的禮儀，專門吸收、採納了那些抬高君權、壓抑群臣的禮節保存下來。叔孫通所制定的禮儀，只是在秦朝禮儀的基礎上稍微做了些修改。大體上還是沿襲了秦朝的那一套，上從天子的稱號，下到副職和輔助性質的官員、宮室名稱、官員名稱，很少有什麼改變。制定這套禮儀的書面文字，後來和法律條文、詔令等抄寫在一起，保存在司法官員那裡。司法官員們又從不往外流傳，所以沒有人能說清它的具體內容。

司馬光說：「禮儀作為一種制度，它的作用簡直是太大了！用到個人身上，則言談舉止，都有一定的法度，各種好的品行就都齊全了；用在家庭當中，就能使內外有區別、整個家族和睦；用之於鄉里，就會使長幼輩分分明，風俗美好；運用到國家，會使國君和臣屬的等級分明、高低有序，國家政權穩固、政治昌明；用於普天之下，可以使諸侯順從臣服，治理國家的大綱大法得到維護。又豈只是能使一個人的生活起居、一個家庭的上下井然有序呢！就憑漢高祖的聰明睿達，聽了陸賈的意見後就稱讚他說得好，看了叔孫通為之制定的禮儀，就讚歎不已。即使如此，也不能與古代三王居於同等地位的原因，就因為漢高祖學識不足。在那個時候，如果有大儒家、大學者輔佐他，引導他用禮儀治理國家。那漢高祖的功勳和業績，就不僅如此而已了！可惜啊，叔孫通的抱負太小了！他只是拾取了禮樂當中的一點糟粕，以適應時代和世俗的要求、謀求個人得到君主的寵信罷了。竟然使得先王制定的禮儀因此而被淹沒、再也不能振興，一直延續到現在，豈不是太讓人感到痛心了嗎！所以楊雄諷刺叔孫通說：『過去魯國有一個大臣，史書上沒有記載他的名字。問：「怎麼樣才算是大呀？」回答說：「叔孫通想要制定朝廷禮儀，到魯地來招聘先生，只有兩位他請不動。」又問：「如果這樣的話，那當初孔子周遊列國以求用於諸侯，難道錯了不成？」回答說：「孔子尋求聘用的目的，是為了推行自己的政治主張。如果放棄了自己的立場而順從別人，即使有禮教、有法則，又有什麼用呢！」』

楊雄的話說得真是太好了！作為儒家學派中的著名學者，怎麼會去做那些有損於禮法、制度的事情，而去追求一時的成功呢！」

漢高祖劉邦親自率軍北上攻打韓王信，在銅鞮打敗了韓王信，韓王信手下的將領王喜被漢軍殺死。韓王信逃入匈奴。白土人曼丘臣、王黃等人又擁立戰國時趙國王室的後裔趙利為趙王，他們將韓王信的散兵游勇招集起來，然後聯合韓王信和匈奴，一起合謀攻打劉邦。匈奴派遣左賢王和右賢王率領一萬多名騎兵，與王黃等人駐紮在廣武以南到晉陽一帶，漢軍出兵攻打，匈奴就向後敗退，隨即又集結起來。漢軍乘勝追擊，當時正是隆冬季節，天氣特別寒冷，又遇上雨雪天氣，漢軍士卒被凍掉手指的十個人當中就有兩三個人。

漢高祖劉邦率軍駐紮在晉陽，聽說匈奴單于冒頓駐紮在代谷，就準備前去攻打冒頓，他先派使者到匈奴去偵察，哪知冒頓已經預先把精銳的部隊、肥壯的牛馬都隱藏起來，能夠看到的只有老弱兵卒和羸瘦的牲畜。劉邦先後派出十幾批使者，回來後都向高祖彙報說匈奴不堪一擊。高祖又派劉敬出使匈奴，在沒有等到劉敬回來覆命的時候，高祖已經調動了全部三十二萬大軍對匈奴展開了攻勢，向北越過了句注山。劉敬從匈奴回來向高祖報告說：「兩國交戰之際，應該向敵方炫耀自己的實力，展示自己的優勢。而我前往匈奴，只看見那裡的老弱病殘，這一定是冒頓單于有意向我們顯示他的短處，而把精銳部隊埋伏起來，以便對我們發動突然襲擊。我認為不能輕易地對匈奴發動攻擊。」此時漢軍已經出發，高祖非常生氣，大罵劉敬說：「你這個齊國的俘虜，靠耍嘴皮子得了官，現在竟敢用胡言亂語瓦解我軍的士氣，擾亂軍心！」就把劉敬捆綁起來囚禁在廣武。

高祖劉邦率軍率先抵達平城，後續部隊還沒有趕到；匈奴單于冒頓抓住時機出動四十萬精銳騎兵把劉邦團團地包圍在白登山。七天七夜之中，漢軍完全被匈奴隔斷，包圍圈內外既不能取得聯繫，更不能以糧草相互支援。高祖採納了陳平的祕計，派出祕密使節用厚禮買通了單于閼氏。單于閼氏於是對冒頓單于說：「兩國之君不應該互相為難。即使我們奪取了漢朝的土地，單于您也不能長久佔有。再說，漢朝皇帝也是有神靈保佑的。請單于考慮我的意見。」冒頓單于與王黃、趙利約定好了合擊劉邦的日期，而王黃和趙利在約定的時間內都沒有來，單于懷疑他們與漢軍有勾結，所以就為劉邦解開一角之圍。正好那天大霧彌漫，漢朝使者的往來沒有被匈奴人發覺。陳平請求讓士兵在每張強弓上搭兩支箭，箭頭朝向匈奴，保衛高祖從解圍的一角溜出重圍。高祖逃出包圍後，就要縱馬急馳；而為高祖趕車的太僕滕公卻故意緩緩而行。一行人到達平城時，漢軍的大隊人馬才全部趕到，匈奴見漢軍人多勢眾，便率軍撤回本國。漢軍也就此罷兵而回，只留下樊噲繼續平定代地的叛亂。

高祖回到廣武，立即釋放了劉敬，他愧疚地對劉敬說：「我因為沒聽你的忠告，以致被圍困在平城。我已經把先前謊報軍情的十幾批使者全處決了。」於是封劉敬為關內侯、食邑兩千戶，號稱建信君。

高祖南行途中經過曲逆縣，看了之後稱讚說：「好壯觀的一個縣！我走遍天下，只見過洛陽城與曲逆縣有如此壯觀的規模。」於是改封陳平為曲逆侯，把曲逆全縣都作為陳平的食邑。陳平跟隨劉邦南征北戰，曾經為劉邦六出奇計，每出一奇計就得到劉邦一次增加封邑的獎賞。

十二月，漢高祖返回，途中經過趙地。趙王張敖恭恭敬敬地按照女婿對待岳父的禮節接待劉邦；劉邦卻叉開兩腿像簸箕一樣坐在那裡，態度極其輕慢，動不動就破口大罵。趙國宰相貫高、趙午等人不能忍受這種羞辱，非常氣憤地互相議論說：「我們大王太懦弱了！」於是慫恿趙王張敖說：「當今天下豪傑蜂擁而起，誰有能力誰就搶先當皇帝。如今您侍奉皇帝態度特別恭敬，而皇帝對您卻傲慢無禮，請允許我們替您殺了他。」張敖自己咬破手指，發誓說：「你們的話說得太不對了！我的父親喪失了自己的國家，是靠了當今皇帝才使趙得以復國，皇帝的恩德，施及我的子孫後代。我現在的一草一木都是皇帝恩賜的，希望你們以後不要再說這樣的話！」貫高、趙午等人私下裡商量說：「是我們的不對了。我們大王是一個為人忠厚的人，誓死不忘皇帝的恩德。而我們這些人卻沒有忍受侮辱的道理。現在皇帝侮辱了我們大王，所以我們想要殺死他，我們何必要陷大王於不義呢！事情成功了就請大王做皇帝，萬一失敗，一切後果由我們承擔。」

匈奴攻打代地，代王劉喜拋棄了代國逃回長安，高祖赦免了他拋棄國土之罪，貶他為郃陽侯。

正月十一日辛卯，封皇子劉如意為代王。

春天，二月，高祖劉邦回到都城長安。丞相蕭何正在修建未央宮。劉邦看見未央宮建築壯觀、裝飾豪華，非常生氣，他對蕭何說：「如今天下仍然動盪不安，我們雖然東征西討，勞苦了好幾年，但最後的成敗還很難預料，有什麼必要建造這麼豪華壯觀的宮殿呢！」蕭何回答說：「正是因為天下還沒有最後平定，所以正可以趁這個亂勁把宮殿修建起來。再說，天子以四海為家，宮殿不壯觀，就不能顯示天子的威儀；還可以使後世感到沒有再增加的必要。」劉邦聽了蕭何的這一番話，就又高興起來。

司馬光說：「賢明的君主以仁義為美，把高尚的道德當作威嚴，從來沒有聽說過用高大壯麗的宮殿來震懾天下的。天下沒有平定，就應該克制自己的欲望、節約用度，解救百姓的急難。反而把修建高大的宮殿放在第一位，這能說是懂得事物的輕重緩急嗎！過去，夏禹住的宮室很簡陋，但被稱做聖王，夏桀修築了華麗高大的宮殿，卻滅亡了自己的國家。能開創基業並能把基業長久流傳下去的國君，他們全都厲行節儉為子孫後代做出榜樣。即使這樣，後代子孫還會變得奢侈淫靡、揮霍無度，更何況是一開始就拿奢侈浪費給他們看呢！還說什麼『讓後代子孫再也不用修建什麼了』，這豈不是太荒謬了嗎！到了漢武帝時期終於因為建造宮殿而使天下人困苦不堪，其原因未必不是因為蕭何帶了這麼一個頭！」

劉邦把都城從櫟陽遷往長安。

開始設置掌管皇室親族事務的宗正官，使宗族內部和睦有序。

夏季，四月，高祖劉邦前往洛陽。

【研析】本卷記載了高祖五年（西元前二〇二年）至高祖七年共三年間的全國大事，其中可討論的問題主要有四點：

其一，文章在寫劉邦最後大破項羽的垓下之戰時，先是說：「十一月，劉賈南渡淮，圍壽春，遣人誘楚大司馬周殷。殷畔楚，以舒屠六，舉九江兵迎黥布，並行屠城父，隨劉賈皆會。」緊接著便是「十二月，項王至垓下，兵少食盡，與漢戰不勝，入壁」，而後便是「漢軍及諸侯兵圍之數重。項王夜聞漢軍四面皆楚歌」

云云。那麼，所謂大名鼎鼎的「垓下之戰」究竟在哪裡呢？本來在《史記》的〈高祖本紀〉還有一段文字，這段文字是：「五年，高祖與諸侯兵共擊楚軍，與項羽決勝垓下。淮陰將三十萬自當之，孔將軍居左，費將軍居右，皇帝在後，絳侯、柴將軍在皇帝後。項羽之卒可十萬。淮陰先合，不利，卻；孔將軍、費將軍縱，楚兵不利，淮陰復乘之，大敗垓下。」而後才是項羽「兵少食盡，漢軍及諸侯兵圍之數重」。關於這段描寫「垓下之戰」的文字，明代楊慎說：「敘高祖與項羽決勝垓下，僅六十字，而陣法、戰法之奇皆具。曰『不利』，用奇也，既卻而左右兵縱，因其不利而乘之，此戰法奇正相生也。」陳仁錫說：「淮陰侯極得意之陣，太史公極用意之文。曰『孔將軍居左，費將軍居右』，張左右翼也；『淮陰侯小卻』，誘兵也；『復乘之』，合戰也。所謂『以正合，以奇勝，奇正還相生』也。」清代郭嵩燾說：「韓信與項羽始終未一交戰，獨垓下一戰收楚漢興亡之全局。」這場劉邦與項羽的最後關鍵一戰，寫在〈高祖本紀〉中固然可以，寫在〈項羽本紀〉或〈淮陰侯列傳〉中也未為不可。但《漢書》與《通鑑》竟完全捨棄這段關鍵性文字，不知是何用心，真令人百思不得其解。

其二，本文寫項羽被圍於垓下時，寫了他的「夜聞漢軍四面皆楚歌」，也寫了他的「則夜起，飲帳中，悲歌忼慨，泣數行下。左右皆泣，莫能仰視」，獨獨刪掉了項羽悲歌的內容，即「力拔山兮氣蓋世，時不利兮騅不逝。騅不逝兮可奈何？虞兮虞兮奈若何」四句。這大概是司馬光先生想表現他的尊重「歷史」，因為這段作歌太小說氣。清代周亮工就說過：「垓下是何等時？虞姬死而子弟散，匹馬逃亡，身迷大澤，亦何暇更作歌詩？即有作，亦誰聞之，而誰記之歟？吾謂此數語者，無論事之有無，應是太史公『筆補造化』，代為傳神。」然而《史記》的偉大成功往往就在於司馬遷的這種「筆補造化，代為傳神」。宋代朱熹對四句歌辭稱道說：「慷慨激烈，有千載不平之餘憤。」清代吳見思稱道說：「『可奈何』、『奈若何』，若無意義，乃一腔怒憤，萬種低迴，地厚天高，託身無所，寫英雄失路之悲，至此極矣。」有這四句與沒這四句很影響著項羽作為一個悲劇英雄性格的塑造是否完美、是否成功的大學問。豈可漠然置之！

其三，劉邦本來是懸了「千金、萬戶侯」的重賞來捉拿項羽或求得項羽之屍的，殆至項羽自殺後，「王翳取其頭。餘騎相蹂踐，爭項王，相殺者數十人」。等到眾人將項羽的碎塊拼合無誤後，劉邦「封五人皆為列侯」。可見劉邦對項羽畏懼、憎恨到了何等程度！離著「食肉寢皮」還遠嗎？可是當他把項羽以魯公禮葬於穀城後，「親為發哀，哭之而去」。清代王鳴盛說：劉邦「為義帝發喪，『袒而大哭』，此猶自可；殺項羽，『以魯公禮葬，為發哀，哭之而去』，天下豈有我殺之即我哭之者？不知何處辦此一副急淚！」又說：「〈鄭當時傳〉『詔項籍故臣皆名籍』，怨毒如許，哭之何為？」劉盼遂讀《史記》至劉邦哭項羽時下批語說：「此種心理，與十三妹聞年大將軍死欲拔劍自殺同，老安猜透其理矣。」瀧川資言說：「〈田儋列傳〉云：『田橫自剄，高帝曰：夫起布衣，兄弟三人更王，豈不賢乎哉？為之流涕，發卒二千人以王者禮葬田。』高祖蓋喜泣耳。」按：《三國志．魏武帝紀》寫曹操打敗袁紹後，亦有所謂「公臨祀紹墓，哭之流涕」云云。蓋大敵已死，既絕不再妨礙我的清雲飛升，則又何為不表現一副高姿態，不做出一種恢宏大氣的仁者風範呢？千古皆然。

其四，季布的母弟丁公原為項羽的部將，劉邦慘敗於彭城時，被丁公所追趕。劉邦眼看著無法逃脫，就回身轉向丁公求情，丁公心軟就將劉邦放走了。殆至劉邦做了皇帝，丁公想向劉邦討個一官半職時，劉邦突然翻臉說：「丁公為項王臣不忠，使項王失天下者也。」遂斬之，曰：「使後為人臣無傚丁公也！」司馬光就此為劉邦大唱贊歌說：「貴為天子，四海之內，無不為臣。茍不明禮義以示之，使為臣者，人懷貳心以徼大利，則國家其能久安乎！……戮一人而千萬人懼，其慮事豈不深且遠哉！子孫享有天祿四百餘年，宜矣！」按：司馬光這段評論，可以說是只看了一點，不計其餘。身在項羽身邊而為劉邦當奸細，「使項王失天下」，最起關鍵作用的莫過於項伯，劉邦是怎麼報答項伯的呢？「封項伯等四人皆為列侯，賜姓劉氏」。看來劉邦之殺丁公絕不是什麼「斷以大義」，是在假借伸張「忠孝節義」的美名中誅滅不利於自己存在的人。試想，劉邦已被丁公追到了不能再跑的地步，劉邦為了求得丁公放他一條命，他都向丁公說了些什麼話呢？做了些什麼舉動呢？答應了些什麼條件呢？只有丁公知道。書上所寫的「兩賢豈相戹哉」，是司馬遷給劉邦虛擬的，司馬光又借了過來。實際情況肯定不會這麼簡單。現在劉邦是皇帝了，天下臣民都拜伏在劉邦腳下，而劉邦偏偏在丁公面前直不起腰、抬不起頭。這樣的人不殺，留著他做什麼？女皇江青在「文化大革命」中特別關押處死了一批三十年代和她一起演電影並生活關係極其緊密的人，原因正與劉邦殺丁公相同。因為這些人的一言一語都影響到她的偉大清純。清代姚苧田曰：「高祖名為大度，而恩仇之際實不能忘。如季布、雍齒初實欲誅之，以屈於公議而止；又如戛羹小怨，而終不忘情於丘嫂，他可知矣。丁公短兵急接之時，窘迫可知，雖以漫辭幸免，而怒之者實深，故因其來謁而斬之，其本心未必果責其不忠於項王也，不然何以不並誅項伯乎？」這是接近事實的說法。

卷第十二

漢紀四

起玄黓攝提格（壬寅　西元前一九九年），盡昭陽赤奮若（癸丑　西元前一八八年），凡十二年。

【題解】本卷寫了高祖八年（西元前一九九年）至惠帝七年（西元前一八八年）共十二年間的全國大事，其中最主要的事件有，劉邦、呂后殺韓信、彭越，以及黥布因恐懼而「反」，和劉邦討滅黥布的過程；有陳豨為代相、盧綰為燕王，因劉邦、呂后大殺功臣而懷疑恐懼被殺而背漢投降匈奴，以及劉邦討平陳豨、盧綰的過程；有貫高為憤恨劉邦侮辱趙王而企圖謀殺劉邦，事發後為洗白趙王不反而情願自己受種種懲罰的義烈表現；有陸賈出使南越勸說趙佗歸附漢王朝，與婁敬建議劉邦與匈奴實行和親政策，以及蕭何、曹參相繼為相，連年實行有利於休養生息的措施；有劉邦為寵愛戚夫人而欲廢掉太子劉盈，與劉邦死後呂后慘殺戚夫人，並殺掉劉邦數子的室內相煎，以及惠帝因受制近親聯姻，婚後無子，從而呂后為自己執政鋪平了道路。

太祖高皇帝下

八年（壬寅　西元前一九九年）

冬，上東[1]擊韓王信餘寇於東垣❶，過柏人❷。貫高等壁人❸於廁❹中，欲以要❺上。上欲宿❻，心動❼，問曰：「縣名為何？」曰：「柏人。」上曰：「柏人者，迫於人也❽。」遂不宿而去。十二月，帝行自東垣至❾。

春，三月，行如洛陽。

令賈人❿毋得⓫衣錦、繡、綺、縠、絺、紵、罽⓬，操兵，乘、騎馬⓭。

秋，九月，行自洛陽至⓮。淮南王⓯、梁王⓰、趙王⓱、楚王⓲皆從。

匈奴冒頓數苦⓳北邊。上患⓴之，問劉敬。劉敬曰：「天下初定，士卒罷於兵㉑，未可以武服也。冒頓殺父代立，妻羣母㉒，以力為威㉓，未可以仁義說㉔也。獨可以計久遠子孫為臣㉕耳，然恐陛下不能為㉖。」上曰：「奈何？」對曰：「陛下誠能以適長公主妻之㉗，厚奉遺之㉘，彼必慕以為閼氏㉙，生子，必為太子。陛下以歲時㉚漢所餘、彼所鮮㉛數問遺㉜，因使辨士風諭以禮節㉝。冒頓在，固為子壻㉞；死，則外孫為單于[2]。豈嘗聞外孫敢與大父㉟抗禮㊱者哉？可無戰以漸臣㊲也。若陛下不能遣長公主，而令宗室及後宮詐稱公主，彼知，不肯貴近㊳，無益也。」帝曰：「善！」欲遣長公主㊴。呂后日夜泣曰：「妾唯太子、一女，奈何棄之匈奴㊵！」上竟不能遣。

九年（癸卯 西元前一九八年）

冬，上取家人子(41)名為(42)長公主，以妻單于，使劉敬往結和親約(43)。

臣光曰：「建信侯(44)謂冒頓殘賊(45)，不可以仁義說(46)，而欲與為婚姻，何前後之相違(47)也！夫骨肉之恩(48)，尊卑之敘(49)，唯仁義之人為(50)能知之，奈何欲以此服(51)冒頓哉！蓋上世帝王之御夷狄(52)也，服(53)則懷之以德(54)，叛則震之以威(55)。未聞與為婚姻也。且冒頓視其父如禽獸而獵之，奚有於婦翁(56)！建信侯之術，固已疏(57)矣，況魯元已為趙后(58)，又可奪(59)乎！」

劉敬從匈奴來，因言：「匈奴河南白羊、樓煩王(60)去長安近者七百里，輕騎一日一夜可以至秦中(61)。秦中新破(62)，少民，地肥饒，可益實(63)。夫諸侯初起時(64)，非齊諸田(65)、楚昭、屈、景(66)莫能興。今陛下雖都關中，實少民。東有六國之彊族(67)，一日有變(68)，陛下亦未得高枕而臥也。臣願陛下徙(69)六國後及豪桀、名家居關中。無事可以備胡(70)，諸侯有變，亦足率以東伐。此彊本弱末(71)之術也。」上曰：「善。」十一月，徙齊、楚大族昭氏、屈氏、景氏、懷氏、田氏五族及豪桀於關中，與利田宅(72)，凡十餘萬口(73)。

十二月，上行如洛陽。

貫高怨家[74]知其謀，上變[75]告之，於是上逮捕趙王及諸反者。趙午[76]等十餘人皆爭自剄[77]，貫高獨怒罵曰：「誰令公為之？今王實無謀[78]而并捕王[79]。公等皆死，誰白王不反者[80]？」乃轞車膠致[81]，與王詣[82]長安。高對獄[83]曰：「獨吾屬為之[84]，王實不知。」吏治[85]，搒笞[86]數千，刺剟[87]，身無可擊者[88]，終不復言。呂后數言：「張王以公主故，不宜有此。」上怒曰：「使張敖據天下[89]，豈少而女乎[90]！」不聽。

廷尉以貫高事辭聞[91]。上曰：「壯士！誰知者，以私問之[92]。」中大夫泄公[93]曰：「臣之邑子[94]，素知之[95]，此固趙國立義不侵[96]為然諾[97]者也。」上使泄公持節[98]往問之。箯輿前[99]，泄公與相勞苦[100]如生平驩[101]，因問：「張王果有[102]計謀不？」高曰：「人情寧[103]不各愛其父母、妻子乎？今吾三族皆以論死[104]，豈愛王過於吾親哉[105]？顧為王實不反[106]，獨吾等為之。」具道本指所以為者[107]、王不知狀。於是泄公入，具以報上。

春，正月，上赦趙王敖，廢為宣平侯[108]，徙代王如意[109]為趙王。上賢貫高為人，使泄公具告[110]之曰：「張王已出。」因赦貫高[111]。貫高喜曰：「吾王審[112]出乎？」泄公曰：「然。」泄公曰：「上多足下[113]，故赦足下。」貫高曰：「所以不死，一身無餘者，白張王不反也[114]。今王已出，吾責已塞[115]，死不恨矣[116]。且人臣有篡弒之名，何面目復事上[117]哉！縱上不殺我，我不愧於心乎[118]！」乃仰絕亢[119]，遂死。

荀悅論曰：「貫高首為亂謀[120]，殺主之賊。雖能證明其王，小亮不塞大逆[121]，私行不贖公罪[122]。春秋之義[123]大居正[124]，罪無赦[125]可也。」

臣光曰：「高祖驕以失臣[126]，貫高狠以亡君[127]。使貫高謀逆者，高祖之過也；使張敖亡國[128]者，貫高之罪也。」

詔[129]：「丙寅前有罪[130]，殊死已下[131]，皆赦之。」

二月，行自洛陽至。

初[132]，上詔：「趙羣臣賓客敢從張王者[133]，皆族。」郎中田叔、孟舒皆自髡鉗[134]為王家奴[135]以從。及張敖既免，上賢田叔、孟舒等，召見與語，漢廷臣無能出其右[136]者。上盡拜為郡守、諸侯相[137]。

夏，六月乙未[3]晦，日有食之[138]。

是歲[4]，更以丞相何為相國[139]。

十年（甲辰　西元前一九七年）

夏，五月，太上皇[140]崩于櫟陽宮[141]。秋，七月癸卯[142]，葬太上皇于萬年[143]，楚王、梁王皆來送葬。赦櫟陽囚[144]。

定陶戚姬[145]有寵於上，生趙王如意[146]。上以太子[147]仁弱，謂如意類己[148]，雖封為趙王，常留之長安[149]。上之關東，戚姬常從，日夜啼泣，欲立其子[150]。呂后年長，常留守，益疏[151]。上欲廢太子而立趙王，大臣爭[152]之，皆莫能得。御史大夫[153]周昌[154]廷爭之彊[155]，上問其說，昌為人吃[156]，又盛怒，曰：「臣口不能言，然臣期期[157]知其不可。陛下欲廢太子，臣期期不奉詔[158]！」上欣然而笑。呂后側耳於東廂[159]聽，既罷，見昌，為跪謝，曰：「微君，太子幾廢[160]。」

時趙王年十歲，上憂萬歲之後[161]不全[162]也，符璽御史[163]趙堯請為趙王置貴彊相[164]，及呂后、太子、羣臣素所敬憚者[165]。上曰：「誰可者？」堯曰：「御史大夫昌，其人也[166]。」上乃以昌相趙[167]，而以堯代昌為御史大夫。

初，上以陽夏侯陳豨[168]為相國[169]，監趙、代邊兵[170]。豨過辭[171]淮陰侯，淮陰侯挈[172]其手，辟左右[173]，與之步於庭，仰天嘆曰：「子可與言乎[174]？」豨曰：「唯將軍令之[175]！」淮陰侯曰：「公之所居，天下精兵處[176]也。而公，陛下之信幸[177]臣也。人言公之畔[178]，陛下必不信；再至[179]，陛下乃疑矣；三至，必怒而自將[180]。吾為公從中起[181]，天下可圖也。」陳豨素知其能也，信之，曰：「謹奉教[182]。」

豨常慕魏無忌[183]之養士，及為相守邊，告歸[184]，過趙[185]，賓客隨之者〔5〕千餘乘[186]，邯鄲官舍[187]皆滿。趙相周昌求入[188]見上，具言豨賓客甚盛，擅兵[189]於外數歲，恐有變[190]。上令人覆案[191]豨客居代者諸不法事，多連引豨[192]。豨恐，韓王信[193]因使王黃、曼丘臣[194]等說誘[195]之。

太上皇崩，上使人召豨[196]，豨稱病不至。九月，遂與王黃等反，自立為代王，劫略趙、代[197]。上自[198]東擊之，至邯鄲，喜曰：「豨不南〔6〕據邯鄲而阻漳水[199]，吾知其無能為[200]矣！」

周昌奏：「常山[201]二十五城，亡[202]其二十城，請誅守、尉[203]。」上曰：「守、尉反乎？」對曰：「不[204]。」上曰：「是力不足，亡罪[205]。」

上令周昌選趙壯士可令將[206]者，白見四人[207]。上嫚罵[208]曰：「豎子能為將乎？」四人慚，皆伏地。上封各千戶，以為將[209]。左右諫曰：「從入蜀漢伐楚，賞未徧行[210]。今封此，何功？」上曰：「非汝所知[211]。陳豨反，趙、代地皆豨有[212]。吾以羽檄[213]徵天下兵，未有至者，今計唯獨邯鄲中兵[214]耳。吾何愛四千戶，不以慰趙子弟[215]！」皆曰：「善。」

又聞豨將皆故賈人，上曰：「吾知所以與之[216]矣。」乃多以金購[217]豨將，豨將多降。

【章旨】以上為第一段，寫高祖八年（西元前一九九年）至高祖十年共三年間的全國大事，主要寫了趙相貫高等謀殺劉邦不成，事發後趙王被捕，貫高為洗白趙王不反而自甘受罪的義烈表現；寫了婁敬建議劉邦與匈奴實行和親政策，並建言劉邦將各郡、國的豪門大戶遷入關中；寫了陳豨為代相國，監代、趙邊兵，因喜賓客而被周昌進讒，致使陳豨叛漢降匈奴，以及劉邦統兵擊破陳豨的過程。

【注釋】❶東垣　漢縣名，後來改稱真定，縣治在今河北石家莊東北。❷柏人　漢縣名，縣治在今河北隆堯西。❸壁人　把人藏在夾牆中。壁，牆，這裡用作動詞。❹廁　通「側」。隱蔽的地方。❺要　狙擊；截殺。❻欲宿　打算留住。❼心動　忽然心有所動，預感有所產祥。❽柏人者二句　因為「柏」字與「迫」字聲音相近，故而劉邦有此聯想。❾行自東垣至　自東垣回到長安。❿賈人　商人，古有所謂行商曰「商」，坐商曰「賈」。⓫毋得　不允許。⓬衣錦繡綺縠絺紵罽　穿戴下列各種貴重絲料的衣服。衣，用如動詞，穿。錦，用彩色絲線織成圖案的面料。繡，用彩色絲線繡成的織物。綺，平紋而有圖案的絲織品。縠，縐紗一類的薄絲織品。絺，細葛布。紵，用苧麻織成的細布。罽，毛織品的氈類物。⓭操兵二句　操兵，手持武器。乘，乘車。按，秦漢時代視工商業者為二等罪犯，以上禁令尚只是諸項法禁中的一部分。⓮行自洛陽至　自洛陽回到長安。⓯淮南王　黥布。⓰梁王　彭越。⓱趙王　張敖。⓲楚王　劉邦之同父異母弟劉交。⓳數苦　意即屢次進行侵襲殺掠。苦，用如動詞，給人造成苦難。⓴患　傷腦筋。㉑罷於兵　被連年戰爭弄得筋疲力盡。罷，通「疲」。㉒妻羣母　以其父之諸姬妾為妻。「妻」字在這裡用作動詞。㉓以力為威　靠著武力逞強。㉔未可以仁義說　不可理喻，沒法和他們講道理。㉕獨可以計久遠句　只有想長遠辦法讓他的後代兒孫向我們稱臣。㉖不能為　不肯做。㉗以適長公主妻之　把您親生的大女兒嫁給他為妻。適，通「嫡」。㉘厚奉遺之　將大宗的錢財送給他。奉，通「俸」。錢財。遺，給；贈送。㉙彼必慕以為閼氏　他必然會敬慕此女，使之成為匈奴單于的正妻。閼氏，猶如中原官僚貴族之姬妾，參見《史記・匈奴列傳》注，但在本文中似指單于正妻，有如中原之皇后。㉚以歲時　按年關、按季度。歲，年。時，季度。㉛漢所餘彼所鮮　挑那些我們所多餘的、他們所缺少的東西。鮮，少；稀罕。㉜數問遺　屢屢地加以慰問、賞賜。㉝風諭以禮節　教導他們講究禮節。風諭，自然地、像是漫不經心地使其明白。㉞固為子壻　本來就是您的女婿。子壻，即通常所謂「女婿」。古代稱「子」兼有兒子、女兒兩端。㉟大父　祖父，這裡指「外祖父」。㊱抗禮　平起平坐，這裡即指對抗。㊲漸臣　逐漸地使其臣服。凌稚隆引閔如霖曰：「敬既知冒頓『殺父、妻群母，不可以仁義說』，而曰『不敢與大父抗禮』，亦謬矣。」又引董份曰：「其言似善策，然據敬所言『殺父，妻群母』，則又何有於『大父』哉？使當時即是而論，則不待折以辭而自窮矣。」㊳不肯貴近　不嬌貴、不親近該女。㊴欲遣長公主　此劉邦所欲遣者即孝惠帝之姐，所謂「魯元公主」，呂后之所生。梁玉繩曰：「按〈張耳傳〉，魯元公主於高帝五年適趙王敖，至是時已三年矣，而云『以妻單于』，豈將奪而嫁之乎？婁敬之言悖也。乃帝善其言，即欲遣公主，有是理哉？必非事實。」㊵奈何棄之匈奴　怎麼能把她扔到匈奴去。㊶家人子　平民人家的女子。據《史記·匈奴列傳》、《漢書·匈奴傳》及荀悅《前漢紀》的記載，此次所選者實為皇族女子。㊷名為　冒稱。㊸結和親約　訂立兩族和親的條約。「和親」的含義與「通親」不同，「通親」可能是雙方平等的，而「和親」則是把婚姻作為一種求和的條件，一般指漢族帝王將漢方的女子以公主之名嫁與少數民族頭領，並按時送以大量金幣財物等等以換取對方不向漢方進攻的做法。㊹建信侯　指劉敬。劉敬因勸劉邦改都關中而受劉邦寵愛，被封為建信侯。㊺殘賊　殘忍暴虐。賊，害。㊻說　勸說；講道理。㊼相違　互相矛盾；彼此頂牛。㊽骨肉之恩　親人之間的恩情。㊾尊卑之敘　君臣上下之間等級次序。敘，次序。㊿為　乃；才。51服　說服；收服。52御夷狄　駕馭少數民族的做法。御，駕馭；控制。53服　歸順。54懷之以德　對之施恩，使其感激。懷，使之感戴。55叛則震之以威　反叛時就要以兵威使之驚懼。56奚有於婦翁　對您這老丈人又能有什麼顧惜。奚有，能有什麼。婦翁，妻子的父親，即岳丈。57疏　不著邊際；離譜。58魯元已為趙后　魯元公主已經嫁與趙王張敖為王后。59奪　改變；改嫁。60河南白羊樓煩王　居住在河南（今內蒙古河套地區）一帶的白羊、樓煩兩個部落君長。白羊部落約住在今內蒙古東勝地區的西部，樓煩部落居住在今內蒙古、山西、陝西三省交界的一帶地區。61秦中　即關中，指今陝西中部渭水流域的平原地區。62新破　指剛剛遭受過諸侯破秦與楚漢戰爭的刀兵之苦。63可益實　可以從其他地區向渭水流域移民。實，充實；填滿。64諸侯初起時　指秦二世元年（西元前二〇九年）秋，陳涉首先發動起義，隨後項羽、劉邦以及山東、河北等各路義軍皆起的時候。65齊諸田　指田儋、田榮、田橫、田間、田角等一群戰國時的齊國諸侯的後代，其活動見《史記·田儋列傳》。66楚昭屈景　指戰國時楚國諸侯的後代，如楚懷王熊心及《史記·陳涉世家》中的景駒等。按，由於這些人是世代貴族，故而在天下大亂時都在不同地區各有其相當的號召力。67東有六國之彊族　東方各地都有當年各國諸侯的後代子孫。68一日有變　說不定哪一天突然有個風吹草動。變，變亂。69徙　強制搬遷。70備胡　防禦匈奴入侵。71彊本弱末　加強皇帝的直轄區，削弱各郡與諸侯國的政治、經濟實力。(72)與利田宅　給予他們好的土地與房屋。(73)凡十餘萬口　將婁敬所說的齊諸田、楚昭屈景，以及燕、趙、韓、魏等國的強宗大族共十多萬人強制搬遷到了關中地區。師古曰：「今高陵、櫟陽諸田，華陰、好時諸景，及三輔諸屈、諸懷尚多，皆此時所移。」陳直曰：「漢初屈姓在關中，多以治陶為業，現出土有『咸里屈驕』、『咸里屈昌』諸陶器可證。」凌稚隆曰：「『傳內遷都、使虜、和親、徙大姓，皆漢初大事也，太史公只敘此四事，而敬之功業自見矣。』(74)怨家　與之有仇的人。(75)變　也叫「變事」，告人謀反的上書。(76)趙午　時與貫高同為趙相。(77)自剄　自刎；自殺。(78)王實無謀　趙王確實沒有參與此項陰謀。(79)而并捕王　趙王也連帶被捕。(80)誰白王不反者　誰來替趙王洗白冤屈。白，洗白；證明。(81)轞車膠致　轞車，囚車。師古曰：「以板四周之，無所通見。」膠致，用膠將木板粘牢，以防犯人逃逸。(82)詣　到；達。(83)對獄　回答法官審問。(84)獨吾屬為之　都是我們自己要幹的。(85)吏治　法官拷問貫高。治，審判；拷問。(86)搒笞　用皮鞭、棍棒抽打。(87)刺剟　用錐子扎。(88)身無可擊者　吳見思曰：「只五字，寫盡慘毒不堪。」(89)據天下　指佔有天下而稱帝。(90)豈少而女乎　難道還會缺少像你閨女這樣的女子嗎。而，你；你的。(91)廷尉以貫高事辭聞　廷尉將貫高的「口供」上報給劉邦。廷尉，「九卿」之一，秩中二千石，相當於今之最高法院院長。辭，指貫高的言辭、口供。(92)誰知者二句　誰和他是朋友，讓他以個人的身分找他談談。知，瞭解；相知。私，以私情相問。(93)中大夫泄公　中大夫，皇帝的侍從官名，秩比二千石，上屬郎中令，掌諫納。泄公，姓泄，史失其名。(94)臣之邑子　我們縣裡的人。(95)素知之　早就瞭解他。(96)立義不侵　重義氣，不改初衷。《韓非子・顯學》有所謂「立節參名，執操不侵。」(97)為然諾　說話一定兌現。然諾，實踐諾言。(98)持節　手持旌節，「節」是帝王給予派出人員所持的信物。(99)箯輿前　當吏卒將貫高用擔架抬至泄公跟前。箯輿，有似今之所謂「藤床」、「擔架」，用以移動傷病者。(100)勞苦　安慰；慰問。(101)如生平驩　像平時老朋友見面那樣。凌稚隆引董份曰：「箯輿與勞苦問答，歷歷如目前。」(102)有　參與。(103)寧　豈；難道。(104)吾三族皆以論死　「皆」前應增「將」字讀，蓋貫高推測之言也。有人欲讀「以」為「已」，當時貫高尚未定案，豈有先「三族」貫高家之理乎？三族，說法不一，有說指「父族」、「母族」、「妻族」；有說指「父母」、「兄弟」、「妻子」，其他不錄。(105)豈愛王過於吾親哉　難道我親近趙王超過了我自己的父母嗎。(106)顧為王實不反　問題在於趙王實在是沒有反心。顧，轉折語詞，猶今之所謂「問題是」、「關鍵是」。為，因為。(107)本指所以為者　所以這麼幹的本來緣由。指，通「旨」。(108)廢為宣平侯　廢其王爵，降之為宣平侯。(109)代王如意　劉如意，劉邦之子，戚夫人所生。前此被封為代王。(110)具告　一五一十地轉告。(111)因赦貫高　史珥曰：「赦貫高、封田橫客，高祖此等處真有君人之度。」(112)審　確實。(113)上多足下　皇帝很讚美你。多，這裡用如動詞，意即看重、讚賞。足下，恭稱對方，意同「閣下」、「尊前」

等。(114)所以不死三句　我當初之所以不死，以至於後來被打得體無完膚，就是為了留著性命以洗白張王的沒有反心。(115)吾責已塞　我的責任已經盡到。責，責任。塞，完成；盡到。或曰，「責」通「債」，亦可。(116)死不恨矣　死而無憾。恨，憾；遺憾。(117)復事上　再為皇上服務。事，做事；侍候。(118)縱上不殺我二句　瀧川曰：「田橫曰：『吾烹人之兄，與其弟並肩而事其主，縱彼畏天子之語不敢動我，我獨不愧於心乎』；項羽曰：『籍與江東子弟八千人渡江而西，今無一人還，縱江東父老憐而王我，我何面目見之？縱彼不言，籍獨不愧於心乎』，當時英雄壯士皆知愧，可尚也。」(119)絕亢　《史記》作「絕肮」。割斷脖子動脈。《集解》引韋昭曰：「肮，咽也。」《索隱》引蘇林曰：「肮，頸大脈也。」師古引《爾雅》以為即指喉嚨。(120)首為亂謀　帶頭策劃叛亂。(121)小亮不塞大逆　小節上的誠信不能壓過弒君犯上的大罪。亮，公正；誠信。大逆，危害國家社稷、君親人倫的大罪。(122)私行不贖公罪　個人的道德操行不能抵消國家應判的大罪。(123)春秋之義　孔子《春秋》所表現的道德原則，亦即封建主義的法則。(124)大居正　以恪守正道為貴。大，尊尚。《公羊傳》隱公三年有所謂「君子大居正」。(125)罪無赦　貫高之罪是萬難寬赦的。以上荀悅語見《前漢紀》。按，荀悅之言，純粹為封建衛道者的聲口，但與充滿民主色彩的《史記》格調不同。在司馬遷筆下，貫高自是一種令人敬佩的仁人義士，與《史記・刺客列傳》所寫的豫讓頗同，情采激揚，感慨遙深。姚苧田曰：「貫高固叛人，然身為張耳故客，其視高祖，等夷耳。天下初定，逐鹿未忘；老驥雄心，不能忍辱，與他人作逆者殊科。況其立節張敖，亦是跖犬吠堯常理，不當概以『叛』目之。」(126)驕以失臣　因傲慢狂且失去臣子的擁護。(127)狠以亡君　由於任性蠻幹使其主子丟了王爵。狠，任性；執拗。(128)亡國　丟掉趙國。(129)詔　此詔應是正月二十九日所頒佈。(130)丙寅前有罪　丙寅日以前犯下的罪行。丙寅，正月二十八。(131)殊死已下　死罪以下的犯人。殊死，斬首的刑法。已，通「以」。(132)初　前者，寫史常用作追述往事的前置語。(133)敢從張王者　敢跟從張敖一道進京者。(134)郎中田叔孟舒皆自髡鉗　郎中，此指趙王張敖身邊的侍從官員。漢初諸侯國與漢王朝中央的官制一樣，故而趙國也有丞相、郎中等等。髡鉗，剃去頭髮，脖子套上鐵箍。髡是古代的刑罰名，指剃去頭髮。鉗是古代的刑具，套在脖子上的鐵箍。(135)為王家奴　假扮作張敖私家的奴隸。因為當時只宣布不准群臣、賓客跟隨，並未說不准家奴跟隨。(136)無能出其右　沒有任何人曾受過劉邦如此另眼相看。出其右，意即居其上、超過他們。(137)盡拜為郡守諸侯相　拜，任命。郡守、諸侯相，最高品級的地方官，秩二千石。(138)六月乙未晦二句　六月的最後一天乙未日，發生了日蝕。古人視日蝕為最大的天變，以為這是將有重大變故的徵兆，故書之於史。乙未，六月二十九日。(139)更以丞相何為相國　也就是將蕭何所任的「丞相」改稱為「相國」。「丞相」與「相國」的職責相同，但「相國」只設一人，位尊而權專；「丞相」則設兩人或多人，權寵相對分散。(140)太上皇　劉邦之父劉太公。(141)櫟陽宮　櫟陽城的宮殿，劉邦遷長安前曾居於此，後來則只有劉太公居此。[142]七月癸卯　七月十三。[143]萬年　陵邑名，因劉太公的陵墓稱作「萬年陵」，故稱此陵墓所在的區域亦作「萬年邑」，其行政級別相當於一個縣，故此邑亦可稱「萬年縣」。在櫟陽城北，乃分櫟陽縣舊地而置。[144]赦櫟陽囚　因萬年陵設在原來的櫟陽縣內，故施恩特赦櫟陽縣囚。[145]定陶戚姬　戚姬是定陶縣人。漢時的定陶縣在今山東定陶西北。姬，眾妾的統稱。[146]趙王如意　劉如意，先被劉邦封為代王，後又改封為趙王。[147]太子　劉盈，呂后所生，即日後的漢惠帝。[148]類己　行為作派像自己。[149]常留之長安　當時凡被封王封侯者，通常都要到自己的封地上去，由於劉如意特別受寵，故而留住在長安。[150]欲立其子　請求劉邦改立如意為太子。[151]益疏　和劉邦的關係越來越疏遠。[152]爭　通「諍」。規勸。[153]御史大夫　朝官名，與丞相、太尉合稱「三公」，執掌監察糾彈。[154]周昌　劉邦的同鄉，跟從劉邦起事，以功封汾陰侯，以「剛強直諫」著名，此時為御史大夫。[155]廷爭之彊　在朝堂上堅持勸阻最強硬。廷，朝廷。彊，態度強硬。[156]吃　口吃。[157]期期　說話口吃的樣子。[158]不奉詔　不接受您的這個命令。[159]東廂　正廳東邊的側室。[160]微君二句　如果沒有您，太子差點兒就被廢掉了。[161]萬歲之後　婉稱自己「死」後。[162]不全　趙王如意不能保證安全。[163]符璽御史　御史大夫的屬官，掌管皇帝符節、印章。[164]置貴彊相　給他配備一個尊貴而又敢於堅持己見的丞相。[165]素所敬憚者　平素就對之敬畏的人。[166]其人也　就是那個最合適的人選。[167]以昌相趙　讓周昌往任趙國丞相。[168]陽夏侯陳豨　劉邦的開國功臣，以軍功封陽夏侯。事跡詳見《史記・韓信盧綰列傳》。[169]為相國　此處應作「為代相國」，「代」字不可無。不然則為漢王朝之「相國」矣，漢相國自是蕭何。[170]監趙代邊兵　謂陳豨以代相國的身分同時監管趙、代兩國的軍隊。[171]過辭　臨行前往告辭。[172]挈　拉；握。[173]辟左右　讓身邊的侍從離開。辟，同「避」。使之避開。[174]子可與言乎　有句話我可以和你說嗎。[175]唯將軍令之　意即但憑將軍吩咐。唯，任憑。[176]天下精兵處　需要駐紮精兵防守的要害之地。[177]信幸　受信任、受寵幸。[178]人言公之畔　有人說你造反。畔，同「叛」。[179]再至　第二次再有人說你造反。[180]必怒而自將　謂劉邦必然發怒，親自帶兵出討。[181]從中起　從京城起事與你配合。[182]謹奉教　謹遵你的教導。王先謙引周壽昌曰：「豨此時無反意，信因其來辭突教之反，不懼豨之言於上乎？此等情事不合，所謂『微辭』也。」凌稚隆引鄧以讚曰：「此段是呂后文致信反謀以對高祖者，史承之以著書耳。」郭嵩燾曰：「陳豨反事，或當時爰書之辭，史公敘當時事但能仍而載之，下文『舍人弟上變』，即此也。」[183]魏無忌　魏公子信陵君，名無忌，以養士聞名。事跡詳見《史記・魏公子列傳》。[184]告歸　請假回家。[185]過趙　陳豨的家屬在長安，陳豨從代國回長安，須南行經過趙都邯鄲。[186]千餘乘　有千餘輛車。乘，一車四馬曰乘。[187]官舍　官辦的客舍，即驛站。[188]求入　請求進京。[189]擅兵　獨掌兵權。[190]恐有變　陳仁錫《史記評林》曰：「豨之反，趙相激之也。」郭嵩燾《史記札記》曰：

「高祖之猜忌至矣，周昌又益導之，乃以成豨之反謀，此可歎也。」(191)覆案　盤查；查辦。(192)多連引豨　許多事情都牽連到陳豨頭上。(193)韓王信　原是劉邦的開國功臣，被封為韓王，現已投降匈奴。(194)王黃曼丘臣　韓王信的舊部，韓王信逃入匈奴後，二人仍在代地活動。(195)說誘　勸說、誘導。(196)使人召豨　召陳豨入京參加陪祭。(197)劫略趙代　劫持代、趙兩國的臣僚，抄掠代、趙兩地的人丁與財物。(198)自　自己統兵。(199)阻漳水　憑藉漳水以阻擊漢兵。漳水，河水名，流經今河北魏縣南，是趙國南側的天然屏障。(200)無能為　幹不成事。(201)常山　漢郡名，郡治元氏，在今河北元氏西北。(202)亡　丟失；被叛軍所佔。(203)守尉　守，郡守，郡裡的最高行政長官。尉，郡尉，郡守的副職，協助郡守管理軍事。(204)不　通「否」。(205)亡罪　無罪。《史記》於此下明書劉邦「復以為常山守、尉」。前人深讚劉邦於此等處皆有人君之度。周昌前進讒激反陳豨，此又慫恿劉邦妄殺，誠敗事有餘者。(206)可令將　可令為將。(207)白見四人　周昌向劉邦稟告、推薦了四個人。白，稟告。(208)嫚罵　同「漫罵」。(209)上封各千戶二句　皆封之為千戶侯，任以為將軍。(210)賞未徧行　該賞的還沒有全部賞到。(211)非汝所知　這不是你們所能理解的。(212)皆豨有　都被陳豨所佔領。(213)羽檄　以鳥羽插檄書，謂之「羽檄」，取其急速若飛鳥也。(214)今計唯獨邯鄲中兵　現在考慮只有依靠邯鄲城地區的這點兵力。(215)吾何愛四千戶二句　何愛，為什麼要吝嗇。愛，吝嗇。慰，安慰；鼓勵。陳仁錫曰：「安反側心，雄略大度。」董份曰：「當豨反時，郡邑不知者皆有危志，豪傑子弟尚持勝負而坐觀之，未見有響應者，故赦守、尉以安諸郡邑之心，使感激而奮；又封四人以慰子弟，使鼓舞而樂從。高帝經略大度，於此可見其概矣。然封四人之意易知，而舍守、尉之指難識。」(216)所以與之　如何對付。與，打交道。(217)購　重金收買。

【校　記】[1]東　原無此字。據章鈺校，甲十五行本、乙十一行本、孔天胤本皆有此字。今從諸本及《通鑑總類》卷十六上補。[2]于　「于」下原空八字。據章鈺校，甲十五行本、乙十一行本皆無空格，今據刪。[3]乙未　原無此二字。據章鈺校，甲十五行本、乙十一行本、孔天胤本皆有此二字，張敦仁《通鑑刊本識誤》、張瑛《通鑑校勘記》同。今從諸本及《漢書・高帝紀》補。[4]是歲　此二字原無。據章鈺校，甲十五行本、乙十一行本、孔天胤本皆有此二字，今據補。[5]者　原無此字。據章鈺校，甲十五行本、乙十一行本、孔天胤本皆有此字。今從諸本及《通鑑紀事本末》補。[6]南　原無此字。據章鈺校，甲十五行本、乙十一行本、孔天胤本皆有此字，張敦仁《通鑑刊本識誤》同。今從諸本及《史記・高祖本紀》、《通鑑紀事本末》補。

【語　譯】太祖高皇帝下

八年（壬寅　西元前一九九年）

冬季，漢高祖劉邦親自率領大軍向東去東垣剿滅韓王信的殘餘，途中經過柏人縣。貫高、趙午等人已經事先在隱蔽處的夾牆中埋伏下刺客準備截殺劉邦。劉邦當晚準備留宿柏人縣，忽然感到一陣心驚肉跳，於是問手下的人說：「這裡的縣名叫什麼？」手下人回答說：「叫做柏人縣。」高祖聽了後說：「『柏人』的發音同於『迫人』，就是被人所逼迫，這名字不好。」於是決定不在這裡留宿，當時就離開了柏人縣。十二月，漢高祖從東垣回到都城長安。

春天，三月，漢高祖劉邦前往洛陽。

下令所有經商的人都不准穿錦繡的衣服、不准穿綢緞的衣服、不准穿縐紗類的衣服、不准穿細葛布的衣服以及皮毛類的衣服，也不准佩帶兵器，不准駕車，不准騎馬。

秋天，九月，漢高祖從洛陽回到長安。淮南王黥布、梁王彭越、趙王張敖、楚王韓信都跟隨漢高祖回到長安。

匈奴單于冒頓屢次侵犯漢朝的北部邊境。漢高祖對此事很憂慮，就向劉敬徵求意見。劉敬說：「天下剛剛平定，士卒由於連年戰爭，都很疲憊，所以眼下不適合使用武力去征服匈奴。匈奴單于冒頓是殺死了親生父親後繼承單于之位的，他把父親的姬妾霸佔為自己的妻子，憑藉武力逞自己的威風，對這樣的人沒法用仁義道德那一套道理去說服。唯一的辦法就只有從長遠考慮，讓他的後代子孫向漢朝稱臣；然而我擔心陛下做不到。」漢帝問：「為什麼？」劉敬說：「陛下如果能把您親生的長公主嫁給冒頓為妻，再送給他一大宗財物，冒頓必定會對長公主心存愛慕而立長公主為閼氏，閼氏生的兒子必定被立為太子。陛下在逢年過節的時候把漢朝所多餘的，卻是匈奴所缺少的東西經常不斷地賞賜給他，同時派能言善辯而又有才學的人利用合適的機會教導他們講究禮節。冒頓在世的時候，原本就是漢朝的女婿；冒頓死了，您的外孫繼位為單于。哪裡聽說過有外孫敢與外祖父分庭抗禮的？這樣的話，可以不必動用武力而逐漸使匈奴向漢朝臣服。如果陛下捨不得將長公主嫁給冒頓單于，而讓宗室的其他女兒或是後宮的某個女人冒充公主，一旦被冒頓單于察覺，冒頓肯定不會親近她、尊崇她，那可是什麼作用也起不了。」漢高祖說：「你說得對！」就要把長公主嫁給冒頓單于。呂后知道後，日夜哭哭啼啼地在高祖面前哀求，說：「我只生了一個兒子和一個女兒，怎麼忍心把她扔到匈奴去！」劉邦只得作罷。

九年（癸卯 西元前一九八年）

冬季，漢高祖劉邦從後宮中挑選了一名宮女冒稱長公主嫁給冒頓單于；派劉敬前往匈奴締結兩族和親的條約。

司馬光說：「建信侯劉敬說冒頓單于殘忍暴虐，不能用仁義道德的理論說服和感化，而主張用婚姻關係使他臣服，為什麼會前後如此矛盾！親人之間的恩情，君臣上下之間的等級次序，只有講求仁義的人才能懂得；怎麼能用這種和親的辦法去征服不知道仁義為何物的冒頓呢！前代帝王對付那些少數民族的方法是：順服了就用恩德來安撫他，反叛了就用兵威來震懾他。卻從來沒有聽說用和親作為手段的。再說，冒頓把親生父親都當做禽獸一樣活活地射死，這樣的人怎麼會把岳父放在眼裡！建信侯劉敬的辦法本來就很離譜；更何況魯元公主早已嫁給趙王張敖做了王后，又怎麼可能再去嫁給匈奴單于呢！」

劉敬從匈奴出使回來，向高祖報告說：「匈奴人居住在河套以南一帶地區的白羊部落和樓煩部落離長安最近的只有七百里，騎著快馬只需要一天一夜就能到達關中。關中剛剛經歷了連續幾年的戰亂，還沒有完全恢復過來，這裡的居民很少，土地卻很肥沃，可以從其他地方移民過來充實關中。當初，諸侯起兵反抗秦國暴政的時候，如果不是齊國的田姓家族、楚國的昭姓、屈姓、景姓家族起來號召，就很難發動起來。如今陛下雖然將都城建在關中，關中的人民卻很少。而東方各地都有當年各國諸侯的後代子孫，這些舊貴族的勢力都還很強大，說不定哪一天有個風吹草動，恐怕陛下就不能高枕無憂地睡大覺了。我希望陛下把六國的後裔以及地方豪強和知名人士都遷徙到關中來。這樣是的話在沒有叛亂發生的太平時期，就用他們來防備北方匈奴的入侵，一旦有諸侯王發生叛亂，完全可以率領他們去東方討伐。這就是加強皇帝的直轄區，削弱各郡與諸侯國的政治、經濟實力的辦法。」漢帝說：「你說的辦法好極了。」十一月，將齊、楚兩地的豪門大族如昭氏、屈氏、景氏、懷氏、田氏五族以及地方豪強遷到關中，分給他們肥沃的土地、住宅，總共遷居了有十幾萬人口到關中。

十二月，漢高祖前往洛陽。

貫高的仇家知道貫高謀殺漢高祖的陰謀，便向朝廷寫信告發，於是漢高祖派人逮捕了趙王張敖、趙午和其他參與此事的人。趙午等十幾個人都爭著要自殺；只有貫高氣憤地責罵他們說：「誰讓你們自殺？趙王明明沒有參與此項陰謀，如今連趙王也一起逮捕了。你們這些人都自殺死了，由誰去替趙王洗白冤屈？」於是十幾個人都被關押在密閉的囚車裡，和趙王張敖一起解往長安。貫高在接受審訊的時候說：「是我們這些人自己要幹的，趙王確實不知情。」法官用酷刑拷問貫高，用皮鞭、棍棒抽打了有幾千下，還用帶刺的東西在他的身上亂扎，貫高的身體被折磨得遍體鱗傷，再也找不到一點可以下手的地方；但貫高始終不改口。呂后也多次對劉邦說：「張敖娶了咱們的女兒為妻，就憑這點，也不會參與謀反。」高祖怒氣沖沖地說：「如果張敖奪取了天下，難道還會缺少像你閨女這樣的女人嗎！」不肯聽從呂后的勸告。

負責審案的廷尉把貫高的口供上報給高祖劉邦。高祖聽了後說：「真是一條好漢！誰和他是朋友，讓他以私人的關係去找他談談。」擔任中大夫的泄公對高祖說：「貫高是我的老鄉，我平常就知道他的為人，他是趙國有名的為人仗義、信守承諾的人。」漢高祖派泄公手持符節到貫高趴伏的竹躺椅跟前。泄公對貫高進行了一番安慰，就像是平時老朋友見面一樣，泄公趁機問貫高說：「趙王張敖到底有沒有參與截殺皇帝的事情？」貫高說：「人的本性，難道還有不愛惜自己的父母、妻子、兒女的嗎？如今我的三族都要被判處死刑，難道我愛趙王會勝過愛我的親人嗎？因為趙王確實不曾參與謀反，只是我們這些人要謀反。」貫高於是便從頭到尾地把所以要這麼做的緣由，以及趙王確實不知情的情況告訴了泄公。泄公又將貫高所說的奏報給漢高祖。

春天，正月，漢高祖釋放了趙王張敖，但廢掉了他的王爵，貶為宣平侯；改封代王如意為趙王。漢高祖很欣賞貫高一人做事一人當的為人，就派泄公去告訴貫高說：「皇帝已經釋放了趙王張敖。」漢高祖又下令赦免了貫高謀反之罪。貫高非常高興地問：「我們趙王真的出獄了嗎？」泄公說：「確實是出獄了。」泄公又對貫高說：「皇帝很讚賞你的為人，所以特別赦免了你。」貫高說：「我所以不肯去死，寧願被打得體無完膚，就是為了洗白趙王不曾參與謀反。如今趙王已經被釋放出獄，我已經盡到了責任，死也沒有什麼遺憾了。況且身為人臣，背上一個弒殺皇帝的惡名，還有什麼面目再去侍奉皇帝呢！就是皇帝不肯殺我，難道我內心就不感到愧疚嗎！」於是就自己割斷喉嚨而死。

荀悅評論說：「貫高是策劃謀反的主謀，是叛國弒君的賊子。雖然能夠誓死證明他的君王沒有參與謀反，但這點小誠信掩蓋不了他弒君叛國的大惡，個人的品德操守抵消不了法律上的罪惡。孔子《春秋》所昭示的道德原則是以恪守正道為貴，貫高的罪行是不可饒恕的。」

司馬光說：「漢高祖因為傲慢狂且而失去了臣子的擁護，而貫高因為任性蠻幹而導致他的主子張敖失去了王位。促使貫高謀反的，是漢高祖待人的傲慢無禮；導致張敖滅亡了國家的，是貫高所犯的弒君之罪。」

高祖下詔說：「正月二十八日丙寅以前犯下的罪行，除去死刑犯以外，全部赦免。」

二月，漢高祖從洛陽回到長安。

當初，漢高祖在逮捕趙王張敖的時候曾經下令說：「趙國的臣僚、賓客有敢跟隨趙王張敖前來長安的，就滅他的族。」但是，趙王手下的郎中田叔、孟舒等人全都剃去頭髮，用鐵鏈鎖住自己的脖子，冒充趙王張敖的家奴跟隨著趙王來到長安。等到趙王張敖被赦免後，高祖對田叔、孟舒的行為很是讚賞，就親自接見了他們，和他們座談，認為在漢朝的所有官員中沒有人能超過他們。於是把他們全都封了官，或是郡守、或是諸侯的宰相。

夏季，六月的最後一天二十九日乙未，發生日蝕。

這一年，改封丞相蕭何為相國。

十年（甲辰　西元前一九七年）

夏季，五月，劉邦的父親太上皇死於櫟陽宮。秋季，七月十三日癸卯，將太上皇埋葬在萬年陵，楚王劉交、梁王彭越都來為太上皇送葬。漢高祖特別下令赦免櫟陽縣的所有囚犯。

定陶人戚姬很得漢高祖的寵幸，她為高祖生了趙王如意。漢高祖認為太子劉盈秉性雖然仁慈，但性格懦弱，覺得如意更像自己；雖然已經封如意為趙王，卻經常把他留在長安。在高祖前往關東的時候，戚姬經常隨侍在左右，她想讓高祖立她的兒子如意為皇位繼承人，為了此事日夜啼泣。而此時呂后年紀已經很大，又經常在長安留守，與高祖的關係顯得越來越疏遠。漢高祖還真是想廢掉太子劉盈而立趙王如意為太子，大臣們全都進行規勸，但都沒有成功。御史大夫周昌在朝廷上抗爭得最強烈，漢高祖問他不可行的原因。周昌本來有些口吃，再加上盛怒之下，只是說：「我的嘴不好使，但我知道這是極極極其其其不可行的。陛下如果真的廢掉太子，那我就堅堅決決地不接受詔令！」漢王忍不住地笑起來。呂后此時就躲在金鑾殿旁邊的屋子裡偷聽，當朝會結束後，她見到周昌就跪下向他表示感謝，說：「如果不是您據理力爭，太子險些被廢掉。」

當時趙王如意只有十歲，高祖擔心自己百年之後，如意不能保全；負責掌管皇帝璽印的御史趙堯建議漢高祖為趙王如意選派出身尊貴、有能力而且是呂后、太子和群臣都很敬畏的人擔任丞相。漢高祖說：「誰是這樣的人呢？」趙堯說：「御史大夫周昌最合適。」於是漢高祖任命周昌為趙王相，又任命趙堯接替周昌為御史大夫。

當初，漢高祖用陽夏侯陳豨為相國，同時監管趙國和代國兩國的軍隊。臨行前，陳豨到淮陰侯韓信那裡辭行，淮陰侯韓信拉著陳豨的手，把身邊的侍從支使開，當只有陳豨和韓信兩個人在庭院中漫步的時候，韓信仰天長歎一聲說：「我有句話可以和你說嗎？」陳豨說：「一切聽從將軍的吩咐！」淮陰侯韓信說：「陳將軍所管轄的地方，是需要駐紮精兵進行防守的要害之地。將軍又是皇上最寵信的大臣。如果有人在皇帝面前說將軍造反，皇帝一定不會相信；如果第二次有人說你造反，皇帝對你就會產生懷疑；如果第三次有人說你造反，皇帝必定大怒，會親自率軍消滅你。到那時我一定從京師起事與你配合，天下大事就在你我的掌握之中了。」陳豨平素就很瞭解和佩服韓信的才能，所以對韓信的話深信不疑，說：「敬遵指教。」

陳豨平時對戰國時魏國公子信陵君魏無忌豢養許多門客的做法很羨慕，當他受命擔任了相國和監護趙、代兩國軍隊後，有一次請假回家探親，經過趙地的時候，隨行的賓客車隊有一千多輛，邯鄲所有的賓館都住滿了。趙王宰相周昌請求進京拜見高祖，他把陳豨豢養了許多賓客，又在外領兵多年，恐怕會背叛朝廷等情況向漢高祖作了彙報。漢高祖於是派人到陳豨所管轄的代地去查證陳豨的賓客有無違法亂紀的事實，發現有許多案件都牽涉到陳豨。陳豨對此感到很害怕；叛逃到匈奴多年的韓王信趁機派親信王黃、曼丘臣等人來勸說陳豨叛變。

太上皇去世的時候，漢高祖派人徵召陳豨入朝；陳豨推說有病不來；九月，陳豨便與王黃等人聯合，公開謀反，封自己為代王；同時劫持趙、代兩國的臣僚，抄掠趙、代兩地的人丁與財物。漢高祖劉邦親率大軍前去征討，漢高祖到邯鄲一看，高興地說：「陳豨不知道向南佔據邯鄲卻憑藉漳水阻擊漢軍，就憑這一點我就知道他成不了大事！」

周昌向漢高祖奏報說：「常山郡有二十五座城，如今已經有二十座城失守；應該把這裡的郡守和郡尉殺掉。」漢高祖問：「這些郡守和郡尉參與謀反了嗎？」周昌回答說：「沒有。」高祖說：「是他們沒有能力阻止陳豨謀反，他們沒有過錯。」

漢高祖命令周昌在趙地挑選幾名可以領兵的勇士，周昌挑選了四個人，稟報後就把他們帶到漢高祖面前。漢高祖在接見這四個人的時候，開口就以漫罵的口氣對他們說：「你們這幾個小子能當將軍嗎？」這四個人全都感到很慚愧，跪伏在地上不敢抬頭。漢高祖各封他們一千戶，任命他們做了將軍。漢高祖左右的人全都勸阻說：「跟隨您進入蜀地、漢中，後來又跟隨您與楚軍作戰的人，並不是每個人都得到了您的獎賞。現在這四個人，您一見面就封給他們官做，他們有什麼功勞？」漢高祖說：「這你們就不知道了。陳豨謀反，趙地、代地都被陳豨佔領。我用羽檄徵召天下各國前來討伐，卻沒有一個人肯來，如今只能考慮用邯鄲城中的軍隊來對付陳豨了。我怎麼能因為吝惜四千戶而捨不得賞賜給趙地的子弟呢！」左右的人齊聲說：「好。」

漢高祖又聽說陳豨手下的將領很多都是商賈出身；就說：「我知道用什麼辦法對付他們了。」於是就用重金收買陳豨手下的將領，陳豨手下的將領，許多都投降了漢高祖劉邦。

十一年（乙巳　西元前一九六年）

冬，上在邯鄲。陳豨將侯敞將萬餘人游行❶，王黃將騎❷千餘軍曲逆❸，張春❹將卒萬餘人度河❺攻聊城❻。漢將軍郭蒙❼與齊將❽擊，大破之。太尉周勃❾道太原❿，入定代地⓫，至馬邑⓬，不下，攻殘之。趙利⓭守東垣⓮，帝攻拔之，更命曰真定。帝購王黃、曼丘臣以千金，其麾下⓯皆生致之⓰。於是陳豨軍遂敗。

淮陰侯信稱病⓱，不從擊豨，陰使人至豨所，與通謀。信謀與家臣⓲夜詐詔赦諸官徒奴⓳，欲發以襲呂后、太子。部署已定，待豨報⓴。其舍人㉑得罪於信，信囚欲殺之。春，正月，舍人弟上變㉒告信欲反狀於呂后。呂后欲召，恐其儻不就㉓，乃與蕭相國謀，詐令人從上所來㉔，言豨已得，死㉕，列侯、羣臣皆賀㉖。相國紿㉗信曰：「雖疾，彊入賀㉘。」信入，呂后使武士縛信，斬之長樂鐘室㉙。信方斬㉚，曰：「吾悔不用蒯徹之計，乃為兒女子所詐㉛，豈非天哉！」遂夷㉜信三族。

臣光曰：「世或以㉝韓信為[1]首建大策㉞，與高祖起漢中，定三秦，遂分兵以北禽魏、取代、仆趙㉟、脅燕，東擊齊而有之，南滅楚垓下。漢之所以得天下者，大抵㊱皆信之功也。觀其距㊲蒯徹之說，迎高祖於陳㊳，豈有反心哉！良由㊴失職怏怏(40)，遂陷悖逆(41)。夫以盧綰里閈舊恩(42)，猶南面王燕(43)，信乃以列侯奉朝請(44)，豈非高祖亦有負於信(45)哉？臣以為高祖用詐謀禽信於陳，言負(46)則有之。雖然(47)，信亦有以取之(48)也。始，漢與楚相距滎陽，信滅齊，不還報而自王(49)。其後漢追楚至固陵(50)，與信期(51)共攻楚，而信不至。當是之時，高祖固有取信(52)之心矣，顧(53)力不能耳。及天下已定，則[2]信復何恃(54)哉！夫乘時以徼利(55)者，市井之志(56)也；醻功而報德(57)者，士君子(58)之心也。信以市井之志利其身(59)，而以士君子之心望於人(60)，不亦難哉！是故太史公論之曰(61)：『假令韓信學道，謙讓(62)不伐(63)己功，不矜(64)其能，則庶幾(65)哉。於漢家，勳可以比周、召、太公之徒(66)，後世血食(67)矣。不務出此(68)，而天下已集(69)，乃謀畔逆，夷滅宗族，不亦宜乎(70)！』

將軍柴武(71)斬韓王信於參合(72)。

上還洛陽，聞淮陰侯之死，且喜且憐之(73)。問呂后曰：「信死亦何言？」呂后曰：「信言恨不用蒯徹(74)計。」上曰：「是齊辯士蒯徹也。」乃詔齊捕蒯徹(75)。蒯徹至，上曰：「若(76)教淮陰侯反乎？」對曰：「然，臣固教之。豎子不用臣之策，故令自夷(77)於此。如用臣之計，陛下安得而夷之乎？」上怒曰：「烹之！」徹曰：「嗟乎，冤哉烹也！」上曰：「若教韓信反，何冤？」對曰：「秦失其鹿(78)，天下共逐(79)之，高材疾足者(80)先得焉。跖(81)之狗吠堯(82)，堯非不仁，狗固吠非其主(83)。當是時，臣唯獨知韓信，非知陛下也。且天下銳精(84)持鋒，欲為陛下所為(85)者甚眾，顧(86)力不能耳，又可盡烹之邪？」上曰：「置之(87)。」

立子恆(88)為代王，都晉陽(89)。

大赦天下(90)。

上之擊陳豨也，徵兵於梁(91)。梁王稱病，使將將兵詣邯鄲(92)。上怒，使人讓(93)之。梁王恐，欲自往謝(94)。其將扈輒曰：「王始不往，見讓而往，往則為禽矣。不如遂發兵反。」梁王不聽。梁太僕(95)得罪，亡走漢，告梁王與扈輒謀反。於是上使使掩(96)梁王，梁王不覺，遂囚之洛陽(97)。有司治(98)：「反形已具(99)，請論如法(100)。」上赦以為庶人(101)，傳處蜀青衣(102)。西至鄭(103)，逢呂后從長安來。彭王為呂后泣涕，自言無罪，願處故昌邑(104)。呂后許諾，與俱東。至洛陽，呂后白上曰：「彭王壯士(105)，今徙之蜀，此自遺患(106)，不如遂誅之。妾謹與俱來。」於是呂后乃令其舍人告彭越復謀反(107)。廷尉(108)王恬開奏請族之(109)，上可其奏。三月，夷越三族，梟越首洛陽(110)。下詔：「有收視(111)者，輒(112)捕之。」

梁大夫(113)欒布使於齊，還，奏事(114)越頭下，祠(115)而哭之。吏捕以聞(116)，上召布，罵，欲亨之。方提趨湯(117)，布顧(118)曰：「願一言而死。」上曰：「何言？」布曰：「方(119)上之困於彭城(120)，敗滎陽、成皋間(121)，項王所以遂不能西(122)者，徒以彭王居梁地(123)，與漢合從苦楚(124)也。當是之時，王一顧(125)，與(126)楚則漢破，與漢而[3]楚破。且垓下之會(127)，微彭王，項氏不亡(128)。天下已定，彭王剖符(129)受封，亦欲傳之萬世(130)。今陛下一徵兵於梁，彭王病不行，而陛下疑以為反。反形未具(131)，以苛小案誅滅之(132)。臣恐功臣人人自危也(133)。今彭王已死，臣生不如死，請就亨。」於是上乃釋布罪，拜為都尉(134)。

丙午(135)，立皇子恢(136)為梁王(137)。丙寅(138)，立皇子友(139)為淮陽王(140)。罷東郡，頗益梁(141)；罷潁川郡(142)，頗益淮陽。

夏，四月，行自洛陽至。

五月，詔立秦南海尉趙佗(143)為南粵王(144)，使陸賈(145)即授璽綬(146)，與剖符通使，使和集百越(147)，無為南邊患害。

初，秦二世時，南海尉任囂(148)病且死，召龍川令(149)趙佗，語曰：「秦為無道，天下苦之。聞陳勝等作亂，天下未知所安(150)。南海僻遠，吾恐盜兵侵地至此，欲興兵絕新道(151)自備，待諸侯變(152)。會病甚(153)，且番禺負山險(154)，阻南海(155)，東西數千里，頗有中國人相輔[156]，此亦一州之主也，可以立國。郡中長吏[157]無足與言者，故召公告之。」即被佗書[158]，行南海尉事[159]。囂死，佗即移檄[160]告橫浦[161]、陽山[162]、湟谿關[163]曰：「盜兵且至，急絕道，聚兵自守[164]。」因稍[165]以法誅[166]秦所置長吏，以其黨為假守[167]。秦已破滅，佗即擊并桂林、象郡[168]，自立為南越武王[169]。

陸生至，尉佗魋結箕[170]倨[171]見陸生。陸生說佗曰：「足下中國[172]人，親戚、昆弟[173]、墳墓[174]在真定[175]。今足下反天性，棄冠帶[176]，欲以區區之越，與天子抗衡[177]為敵國[178]，禍且及身矣！且夫秦失其政，諸侯豪傑並起，唯漢王先入關[179]，據咸陽。項羽倍約，自立為西楚霸王。諸侯皆屬，可謂至彊。然漢王起巴、蜀，鞭笞[180]天下，遂誅項羽滅之。五年之間[181]，海內平定。此非人力，天之所建也。天子聞君王王南越，不助天下誅暴逆[182]，將相欲移兵而誅王。天子憐百姓新勞苦，故且休之[183]，遣臣授君王印，剖符[184]通使[185]。君王宜郊迎[186]，北面稱臣，乃欲以新造未集[187]之越，屈彊[188]於此。漢誠聞之，掘燒王先人冢，夷滅[189]宗族，使一偏將將十萬眾臨越，則越殺王降漢[190]，如反覆手[191]耳。」於是尉佗乃蹶然起坐[192]，謝[193]陸生曰：「居蠻夷中久，殊失禮義。」因問陸生曰：「我孰與蕭何、曹參、韓信賢[194]？」陸生曰：「王似賢[195]也。」復曰：「我孰與皇帝賢[196]？」陸生曰：「皇帝繼五帝三皇[197]之業，統理[198]中國，中國之人以億計，地方萬里，萬物殷富，政由一家。自天地剖判[199]，未始有也。今王眾不過數十萬，皆蠻夷，崎嶇山海間[200]，譬若漢一郡耳，何乃比於漢！」尉佗大笑曰：「吾不起中國，故王此；使我居中國，何遽不若漢[201]！」乃留陸生與飲數月，曰：「越中無足與語，至生來，令我日聞所不聞。」賜陸生橐中裝[202]，直千金[203]，佗送[204]亦千金。陸生卒拜尉佗為南越王，令稱臣，奉漢約[205]。歸報，帝大悅，拜賈為太中大夫[206]。

陸生時時前[207]說稱詩、書[208]，帝罵之曰：「乃公[209]居馬上而得之，安事詩、書[210]！」陸生曰：「居馬上得之，寧可以馬上治之乎[211]？且湯、武[212]逆取[213]而以順守之[214]，文武並用，長久之術也。昔者吳王夫差[215]、智伯[216]、秦始皇，皆以極武[217]而亡。鄉使[218]秦已并天下，行仁義，法先聖[219]，陛下安得而有之！」帝有慚色，曰：「試為我著秦所以失天下、吾所以得之者，及古成敗之國[220]。」陸生乃粗述存亡之徵[221]，凡著十二篇。每奏[222]一篇，帝未嘗不稱善，左右呼萬歲[223]，號其書曰新語[224]。

帝有疾，惡見人[225]，臥禁中[226]，詔戶者[227]無得入羣臣[228]。羣臣絳、灌[229]等莫敢入十餘日。舞陽侯樊噲排闥[230]直入，大臣隨之。上獨枕一宦者臥[231]。噲等見上，流涕曰：「始[232]，陛下與臣等起豐、沛，定天下，何其壯也！今天下已定，又何憊也[233]！且陛下病甚，大臣震恐。不見臣等計事，顧獨與一宦者絕乎[234]！且陛下獨不見趙高之事[235]乎？」帝笑而起。

秋，七月，淮南王布反。

初，淮陰侯死[236]，布已心恐。及彭越誅，醢其肉以賜諸侯[237]。使者[238]至淮南[239]，淮南王方獵，見醢，因大恐，陰令人部聚兵[240]，候伺旁郡警急[241]。布所幸姬[242]病就醫[243]，醫家與中大夫[244]賁赫[245]對門。赫乃厚餽遺[246]，從姬[247]飲醫家。王疑其與亂[248]，欲捕赫。赫乘傳[249]詣長安上變[250]，言：「布謀反有端[251]，可先未發誅[252]也。」上讀其書，語蕭相國，相國曰：「布不宜有此，恐仇怨妄誣之。請繫赫[253]，使人微驗[254]淮南王。」淮南王見赫以罪亡上變，固已疑其言國陰事[255]。漢使又來，頗有所驗[256]，遂族赫家[257]，發兵反。反書聞[258]，上乃赦賁赫，以為將軍。

上召諸將問計，皆曰：「發兵擊之，坑豎子耳，何能為乎[259]？」汝陰侯滕公[260]召故楚令尹薛公[261]問之。令尹曰：「是固當反。」滕公曰：「上裂地而封之，疏爵[262]而王之，其反何也？」令尹曰：「往年殺彭越，前年殺韓信[263]。此三人者，同功一體[264]之人也。自疑禍及身[265]，故反耳。」滕公言之上，上乃召見，問薛公，薛公對曰：「布反不足怪也。使布出於上計，山東[266]非漢之有也；出於中計，勝敗之數未可知也；出於下計，陛下安枕而臥矣。」上曰：「何謂上計？」對曰：「東取吳，西取楚[267]，并齊、取魯[268]，傳檄燕、趙[269]，固守其所[270]，山東非漢之有也[271]。」「何謂中計？」「東取吳，西取楚，并韓、取魏[272]，據敖倉之粟[273]，塞成皋之口[274]，勝敗之數未可知也[275]。」「何謂下計？」「東取吳，西取下蔡[276]，歸重於越[277]，身歸長沙[278]，陛下安枕而臥，漢無事矣[279]。」上曰：「是計將安出[280]？」對曰：「出下計。」上曰：「何為廢上、中計而出下計？」對曰：「布，故麗山之徒[281]也，自致萬乘之主[282]，此皆為身不顧後為百姓萬世慮者也[283]，故曰出下計。」上曰：「善！」封薛公千戶[284]。乃立皇子長[285]為淮南王[286]。

是時，上有疾，欲使太子往擊黥布。太子客東園公、綺里季、夏黃公、角里先生[287]說建成侯呂釋之[288]曰：「太子將兵，有功則位不益[289]，無功則從此受禍矣[290]。君何不急請呂后承間[291]為上泣言：『黥布，天下猛將也，善用兵。今諸將皆陛下故等夷[292]，乃令太子將此屬[293]，無異使羊將狼，莫肯為用[294]。且使布聞之，則鼓行而西[295]耳。上雖病，彊載輜車[296]，臥而護之[297]，諸將不敢不盡力。上雖苦，為妻子自彊[298]！』」於是呂釋之立夜見呂后。呂后承間為上泣涕而言如四人意[299]。上曰：

「吾惟豎子固不足遣[300]，而公自行耳[301]。」

於是上自將兵而東，羣臣居守[302]皆送至霸上[303]。留侯病，自彊起至曲郵[304]，見上曰：「臣宜從，病甚。楚人剽疾[305]，願上無與爭鋒[306]。」因說上令太子為將軍，監關中兵[307]。上曰：「子房雖病，彊臥而傅太子[308]。」是時，叔孫通[309]為太傅[310]，留侯行少傅事[311]。發[312]上郡、北地、隴西[313]車騎[314]，巴、蜀材官[315]及中尉卒[316]三萬人為皇太子衛[317]，軍[318]霸上。

布之初反，謂其將曰：「上老矣，厭兵[319]，必不能來。使諸將[320]，諸將獨患淮陰、彭越，今皆已死，餘不足畏也。」故遂反。果如薛公之言，東擊荊[321]，荊王賈走死富陵[322]。盡劫其兵[323]，渡淮擊楚。楚發兵與戰徐、僮[324]間，為三軍，欲以相救為奇[325]。或說楚將曰：「布善用兵，民素畏之[326]。且兵法『諸侯自戰其地，為散地[327]』，今別為三，彼敗吾一軍，餘皆走，安能相救！」不聽。布果破其一軍，其二軍散走，布遂引兵而西[328]。

十二年（丙午　西元前一九五年）

冬，十月，上與布兵[4]遇於蘄[5]西[329]。布兵精甚，上壁庸城[330]，望布軍置陳[331]，如項籍軍，上惡[332]之。與布相望見，遙謂布曰：「何苦而反？」布曰：「欲為帝耳[333]。」上怒罵之，遂大戰。布軍敗走[334]，渡淮，數止戰[335]，不利，與百餘人走江南[336]，上令別將[337]追之。

上還，過沛，留，置酒沛宮[338]，悉召故人、父老、諸母、子弟佐酒[339]，道舊故為笑樂。酒酣[340]，上自為歌[341]起舞，慷慨傷懷，泣數行下。謂沛父兄曰：「游子悲故鄉[342]。朕自沛公以誅暴逆，遂有天下，其以沛為朕湯沐邑[343]，復其民[344]，世世無有所與[345]。」樂飲十餘日乃去。

漢別將擊英布軍洮水南北[346]，皆大破之。布故與番君婚[347]，以故長沙成王臣[348]使人誘布，偽欲與亡走越[349]，布信而隨之。番陽[350]人殺布茲鄉[351]民田舍[352]。

周勃悉定代郡、雁門、雲中地，斬陳豨於當城[353]。

上以荊王賈無後，更[354]以荊為吳國[355]。辛丑[356]，立兄仲之子濞[357]為吳王，王三郡[358]五十三城。

十一月，上過魯[359]，以太牢[360]祠[361]孔子。

上從破黥布歸，疾益甚[362]，愈欲易[363]太子。張良諫不聽，因疾不視事[364]。叔孫通諫曰：「昔者晉獻公[365]以驪姬之故廢太子，立奚齊[366]，晉國亂者數十年[367]，為天下笑。秦以不蚤定扶蘇[368]，令趙高得以詐立胡亥[369]，自使滅祀[370]，此陛下所親見。

今太子仁孝，天下皆聞之。呂后與陛下攻苦食啖[371]，其可背哉[372]！陛下必欲廢適而立少[373]，臣願先伏誅，以頸血汙地[374]！」帝曰：「公罷矣，吾直戲耳[375]！」叔孫通曰：「太子，天下本，本一搖，天下振動，奈何以天下為戲乎！」時大臣固爭[376]者多，上知羣臣心皆不附趙王，乃止不立。

相國何以長安地陿[377]，上林[378]中多空地棄[379]，願令民得入田[380]，毋收稾[381]，為禽獸食。上大怒曰：「相國多受賈人[382]財物，乃為請吾苑！」下相國廷尉[383]，械繫[384]之。數日，王衛尉侍[385]，前問曰：「相國何大罪，陛下繫之暴[386]也？」上曰：「吾聞李斯[387]相秦皇帝，有善歸主[388]，有惡自與[389]。今相國多受賈豎[390]金，而為之請吾苑，以自媚[391]於民，故繫治之。」王衛尉曰：「夫職事[392]苟有便於民而請[393]之，真宰相事[394]，陛下奈何乃疑相國受賈人錢乎？且陛下距楚[395]數歲，陳豨、黥布反，陛下自將而往。當是時，相國守關中，關中搖足[396]，則關以西[397]非陛下有也。相國不以此時為利[398]，今乃利[399]賈人之金乎？且秦以不聞其過亡天下，李斯之分過[400]，又何足法[401]哉！陛下何疑宰相之淺也[402]！」帝不懌[403]。是日，使使持節[404]赦出相國。相國年老，素恭謹，入徒跣謝[405]。帝曰：「相國休矣[406]！相國為民請苑，吾不許，我不過為桀、紂主，而相國為賢相。吾故[407]繫相國，欲令百姓聞吾過也[408]。」

陳豨之反(409)也，燕王綰發兵擊其東北(410)。當是時，陳豨使王黃求救匈奴，燕王綰亦使其臣張勝於匈奴，言豨等軍破(411)。張勝至胡，故燕王臧荼子衍(412)出亡在胡，見張勝曰：「公所以重於燕(413)者，以習胡事(414)也。燕所以久存(415)者，以諸侯數反(416)，兵連不決(417)也。今公為燕，欲急滅豨等，豨等已盡，次亦至燕(418)，公等亦且為虜(419)矣。公何不令燕且緩陳豨(420)，而與胡和(421)。事寬(422)，得長王燕；即有漢急(423)，可以安國(424)。」張勝以為然，乃私令匈奴助豨等擊燕(425)。燕王綰疑張勝與胡反，上書請族張勝(426)。勝還，具道所以為(427)者，燕王乃詐論他人(428)，脫勝家屬，使得為匈奴間(429)。而陰使范齊(430)之陳豨所(431)，欲令久亡(432)，連兵勿決(433)。

漢擊黥布，豨常將兵居代。漢擊斬豨，其裨將(434)降，言：「燕王綰使范齊通計謀於豨所。」帝使使召盧綰，綰稱病。上[6]又使辟陽侯審食其(435)、御史大夫趙堯(436)往迎燕王(437)，因驗問左右(438)。綰愈恐，閉匿(439)，謂其幸臣曰：「非劉氏而王，獨我與長沙(440)耳。往年春，漢族淮陰(441)，夏，誅彭越(442)，皆呂氏計(443)。今上病，屬任(444)呂后，呂后婦人，專欲以事誅異姓王者及大功臣。」乃遂稱病不行，其左右皆亡匿，語頗泄。辟陽侯聞之，歸具(445)報上，上益怒。又得匈奴降者，言張勝亡在匈奴，為燕使。於是上曰：「盧綰果反矣！」春，二月，使樊噲以相國(446)將兵擊綰，立皇子建[447]為燕王[448]。

詔曰：「南武侯織[449]，亦粵之世[450]也，立以為南海王[451]。」

上擊布時，為流矢所中，行道疾甚[452]。呂后迎良醫。醫入見，曰：「疾可治[453]。」上嫚罵[454]之曰：「吾以布衣，提三尺[455]取天下，此非天命乎！命乃在天，雖扁鵲何益[456]！」遂不使治疾，賜黃金五十斤，罷之。呂后問曰：「陛下百歲後，蕭相國既[457]死，誰令代之[458]？」上曰：「曹參[459]可。」問其次，曰：「王陵[460]可，然少戇[461]，陳平[462]可以助之[463]。陳平知有餘[464]，然難獨任。周勃[465]重厚少文[466]，然安劉氏者，必勃也，可令為太尉[467]。」呂后復問其次，上曰：「此後[468]亦非乃所知也[469]。」

夏，四月甲辰[470]，帝崩于長樂宮[471]。丁未[472]，發喪，大赦天下。

盧綰與數千人居塞下[473]候伺[474]，幸上疾愈[475]，自入謝[476]。聞帝崩，遂亡入匈奴[477]。

五月丙寅[478]，葬高帝於長陵[479]。

初，高祖不脩文學[480]，而性明達[481]，好謀能聽[482]。自監門戍卒[483]，見之如舊[484]。初順民心，作三章之約[485]。天下既定，命蕭何次律令[486]，韓信申軍法[487]，張蒼[488]定章程[489]，叔孫通制禮儀[490]。又與功臣剖符作誓[491]，丹書鐵契[492]，金匱石室[493]，藏之宗廟。雖日不暇給[494]，規摹弘遠[495]矣。

己巳(496)，太子(497)即皇帝位，尊皇后曰皇太后。

初，高帝病甚，人有惡(498)樊噲，云(499)：「黨於呂氏(500)，即一日上晏駕(501)，欲以兵誅趙王如意之屬(502)。」帝大怒，用陳平謀，召絳侯周勃受詔床下，曰：「陳平亟馳傳(503)載勃代噲將(504)。平至軍中，即斬噲頭。」二人既受詔，馳傳未至軍(505)，行計之曰(506)：「樊噲，帝之故人也，功多，且又呂后弟(507)呂嬃之夫，有親且貴。帝以忿怒故欲斬之，則恐後悔。寧囚而致上，上[7]自誅之(508)。」未至軍，為壇(509)，以節(510)召樊噲。噲受詔，即反接(511)，載檻車(512)傳詣長安(513)。而令絳侯勃代將(514)，將兵定燕反縣(515)。

平行(516)，聞帝崩，畏呂嬃讒(517)之於太后，乃馳傳先去(518)。逢使者詔平與灌嬰屯滎陽(519)。平受詔，立復馳至宮(520)，哭殊悲，因固請得宿衛中(521)。太后乃以為郎中令(522)，使傅教惠帝(523)。是後呂嬃讒乃不得行(524)。樊噲至，則赦復爵邑(525)。

太后令永巷(526)囚戚夫人，髡鉗(527)，衣赭衣(528)，令舂(529)。遣使召趙王如意(530)。使者三反(531)，趙相周昌謂使者曰：「高帝屬臣趙王(532)，趙王[8]年少，竊聞太后怨戚夫人，欲召趙王并誅之，臣不敢遣王。王且亦病，不能奉詔(533)。」太后怒，先使人召昌。昌至長安，乃使人復召趙王。王來，未到(534)，帝知太后怒，自迎趙王霸上(535)，與入宮，自挾[536]與起居飲食。太后欲殺之，不得間[537]。

【章　旨】以上為第二段，寫高祖十一年（西元前一九六年）、十二年兩年間的全國大事，最主要的是寫了劉邦的殺韓信、殺彭越，以及黥布因恐懼「造反」而被劉邦消滅的過程。此外還寫了趙佗於秦亂時在嶺南建國稱王，與陸賈出使勸說趙佗歸附漢王朝；寫了劉邦因寵愛戚夫人而欲廢太子劉盈，而在大臣們的勸阻下打消念頭；寫了燕王盧綰因受人詿誤、又恐懼朝廷而在動搖不捨中逃入匈奴；寫劉邦末年因疑心將蕭何下獄、聽讒言欲殺樊噲的種種荒悖，以及圍繞劉邦逝世朝裡、宮裡所發生的一些事情。

【注　釋】❶游行　流動作戰。❷騎　騎兵。❸軍曲逆　駐紮在曲逆縣。漢代的曲逆縣治在今河北順平東南。❹張春　陳豨的部將。❺河　指黃河。❻聊城　漢縣名，縣治在今山東聊城西北，當時屬於齊王劉肥的封國。❼郭蒙　劉邦的開國功臣，曾以都尉為漢守敖倉，以軍功封東武侯。❽齊將　齊王劉肥的部將，史失其名。❾太尉周勃　周勃是劉邦的開國功臣，以軍功封為絳侯，此時任太尉之職。太尉是國家最高的武官名，與丞相、御史大夫合稱為「三公」。❿道太原　經由太原郡。道，經由。⓫代地　當時的代國轄有代郡、雁門、雲中三個郡。⓬馬邑　當時韓王信的都城，即今山西朔州。⓭趙利　曾被叛軍擁立為趙王，現為陳豨的部將。⓮東垣　趙縣名，在今河北石家莊東北之正定城南。⓯麾下　部下。麾，大將的指揮旗。⓰生致之　被生擒送來。⓱稱病　推說有病。⓲家臣　家奴。⓳詐詔赦諸官徒奴　假傳聖旨赦免在各衙門服勞役的囚犯。徒，苦役犯。奴，因犯罪被沒入官府為奴的人。⓴待豨報　等待陳豨的回音。㉑舍人　一種半賓客、半僕役性質的身邊用人。據《史記・高祖功臣侯者年表》，此舍人名叫欒說，因告密有功被封為慎陽侯。㉒上變　上書告發韓信造反。變，也稱「變事」，告發造反的奏章。㉓恐其儻不就　擔心他萬一不來。儻，同「倘」。萬一。㉔從上所來　從劉邦處回來。所，處。㉕言豨已得二句　向呂后報告說陳豨已被俘獲、處死。㉖列侯羣臣皆賀　讓列侯、百官都入宮向呂后祝賀。㉗紿　欺騙。㉘雖疾二句　即使你有病，還是強打精神去祝賀一回吧。㉙長樂鐘室　長樂宮的懸鐘之室。㉚信方斬　韓信將要被殺的時候。方，將。㉛乃為兒女子所詐　竟然被老娘們小孩子所欺騙。乃，竟然。兒女子，老娘們小孩子。極度輕蔑語。㉜夷　平；滅掉。㉝世或以　社會上有人認為。㉞首建大策　指韓信拜將時最先建議劉邦舉兵收復三秦的主張。㉟仆趙　打倒趙國。仆，趴下，這裡是使動用法。㊱大抵　大體；基本都是。㊲距　通「拒」。拒絕。㊳迎高祖於陳　斬鍾離昧之頭到陳縣迎謁劉邦。㊴良由　實在是因為。㊵失職怏怏　因不得其位而失意不平。怏怏，失意不平的樣子。㊶遂陷悖逆　遂滑進了叛亂之路。悖逆，犯上作亂。㊷里閈舊恩　同一條胡同裡長大的舊交情。閈，胡同口的大門。㊸猶南面王燕　尚且被封為燕王。㊹奉朝請　不擔任任何職務，只是按照一定時間上朝拜見皇帝。古代諸侯春季朝見天子叫朝，秋季朝見叫請。㊺亦有負於信　也有對不起韓信的地方。㊻言負　要說對不起。㊼雖然　儘管如此。㊽亦有以取之　也有他自己自找倒楣的一面。㊾不還報而自王　不回滎陽向劉邦交令，而自己擅自稱為齊王。㊿固陵　秦縣名，縣治在今河南太康南。(51)期　約定。(52)取信　殺韓信。(53)顧　只；只不過。(54)復何恃　還能倚仗什麼呢。(55)乘時以徼利　抓住時機向人討價還價。徼，求取；討要。(56)市井之志　商人的意識。(57)疇功而報德　根據你的功勞給你以應得的賞賜。(58)士君子　有學問、有操守的人。(59)利其身　先以市井之心要求滿足自己。(60)望於人　再以「疇功報德」的常例要求別人。(61)太史公論之曰　司馬遷在《史記・淮陰侯列傳》的「太史公曰」裡說。(62)學道二句　學習老子學說，顯得謙退。《老子・二十二》有所謂「不自伐，故有功；不自矜，故長」。(63)伐　誇耀。(64)矜　賣弄。(65)庶幾　差不多。(66)周召太公之徒　周公姬旦、召公姬奭、太公姜子牙一流的人物。他們都是輔佐周武王滅商建周的開國元勳。(67)血食　享受祭祀。以上幾句的意思是說如果韓信不伐己功，不矜其能，那麼他在漢王朝的功勳就差不多可以和周初的周公、召公、太公等人相比，可以世世代代地稱王稱侯，可以永遠享受後代子孫的祭祀了。(68)不務出此　不努力追求這樣的前途。(69)集　安定。(70)不亦宜乎　李慈銘《越縵堂日記》曰：「『天下已集，乃謀畔逆』，此史公微文。謂淮陰之愚，必不至此也。」(71)柴武　劉邦的開國功臣，也稱「陳武」，以軍功封棘蒲侯。(72)參合　漢縣名，在今山西陽高東北。(73)且喜且憐之　吳見思曰：「五字寫盡漢王心事。」(74)蒯徹　漢人為避武帝諱改稱之曰「蒯通」，其勸韓信脫離劉邦自立事，見前文與《史記・淮陰侯列傳》。(75)乃詔齊捕蒯徹　王先謙曰：「詔齊王肥捕之也。」齊王肥是劉邦之子，高祖六年被封為齊王。(76)若　爾；你。(77)自夷　自己招致滅門。夷，平；殺光。(78)秦失其鹿　「鹿」為「祿」字的諧音，「秦失其鹿」以喻秦王朝失去了它的國家政權。(79)逐　追捕。(80)高材疾足者　以喻本事高、腿腳快的人。(81)跖　古代著名的大盜，事見《莊子・盜跖》，後世用以喻指最惡的人。(82)堯　傳說中的五帝之一，後世用以喻指最好的人。(83)狗固吠非其主　對於狗來說，只要不是牠的主人，牠就一律對之狂叫。(84)銳精　即磨礪刀槍。精，指精鐵。「銳」字用如動詞，意即磨尖磨快。(85)欲為陛下所為　想和您一樣搶著當皇上。(86)顧　轉折語詞，猶今所謂「問題是」、「關鍵是」。(87)置之　放了他。置，舍，赦也。(88)子恆　劉邦之子，薄夫人所生，即後來的漢文帝。(89)晉陽　漢縣名，即今山西太原西南之古城營。按，在此以前的代國，轄代郡、雁門、雲中三郡，今劉邦又將太原郡劃歸代國，故代王都於太原郡的首府晉陽。(90)大赦天下　因韓王信、陳豨等人的叛亂已告平定故。(91)徵兵於梁　意即讓梁王親自帶兵隨往。(92)梁王稱病二句　此種怠慢主子的情景與黥布當年之對項羽同。《史記·黥布列傳》云：「項王往擊齊，徵兵九江，九江王布稱病不往，遣將將數千人行。」項羽自此與黥布生隙。詣，到。(93)讓　責備。(94)謝　請罪。(95)梁太僕　彭越的車夫。太僕為帝王趕車，兼為帝王管理車馬，為「九卿」之一。漢初的諸侯國與中央朝廷的官制一樣，故梁國亦有「太僕」。(96)掩　襲捕。(97)囚之洛陽　當時劉邦雖已移都長安，但仍有許多時間住在洛陽。(98)有司治　主管該項事務的官員審理彭越。有司，主管該項事務的人。治，審理；推問。(99)反形已具　造反跡象已經很清楚。具，齊全。(100)請論如法　請依法將其治罪。論，定罪；判處。(101)庶人　平民。(102)傳處蜀青衣　以傳車將其押往蜀地的青衣縣安置。傳，傳車；驛車。青衣，漢縣名，縣治在今四川名山縣北。(103)西至鄭　由洛陽西行至鄭縣。此鄭縣的縣治即今陝西華縣，是西周時代的鄭國都城。(104)願處故昌邑　意即希望回昌邑老家。西漢時的昌邑在今山東巨野南。(105)壯士　猶今之所謂「好漢」，有才氣、志氣，並敢做敢為的人。(106)遺患　留著禍害。(107)呂后乃令其舍人句　舍人，半賓客半僕役的身邊用人。史珥《四史剩說》曰：「此子長憐越無罪，而代之申冤也。」吳見思《史記論文》曰：「信、越、布三人之死也，越最無罪，故史公直書不諱。」(108)廷尉　國家最高的司法官，「九卿」之一。(109)奏請族之　請求將彭越滅族。按，此廷尉亦善解帝、后之意者，史公筆下無限感慨。(110)梟越首洛陽　將彭越的人頭在洛陽懸掛示眾。(111)收視　收殮看望。(112)輒　隨即；立刻。(113)梁大夫　彭越部下的中級官吏。(114)奏事　彙報工作。(115)祠　祭奠。(116)吏捕以聞　看守的官吏立刻將欒布逮捕起來向劉邦報告。(117)方提趨湯　正舉著欒布走向開水鍋。方，正當。(118)顧　回望。(119)方　當初。(120)困於彭城　在彭城被項羽打敗時。(121)敗滎陽成皋間　在滎陽、成皋多次被項羽打敗的時候。(122)遂不能西　《史記》作「不能遂西」，不能趁勢一直地向西窮追猛打。《史記》義長。(123)徒以彭王居梁地　就是因為有彭越當時在梁地打游擊。徒，只；就是。(124)與漢合從苦楚　與漢王您聯合，讓項羽吃苦頭。合從，通「合縱」。這裡即指聯合。按，彭越當時在項羽後方開展游擊戰、運動戰，掐斷項羽前後方聯絡，使項羽疲於奔命，是造成項羽失敗的重要因素之一。事見《史記·項羽本紀》、〈魏豹彭越列傳〉。(125)一顧　只要他一回頭、一轉念。(126)與　助。(127)垓下之會　指劉邦各路大軍共同圍擊項羽的最後一戰。垓下，古地名，在今安徽固鎮城東五十里。(128)微彭王二句　如果沒有彭越，項羽是不會失敗的。微，沒有。(129)剖符　將銅製或竹製之符一分為二，皇帝和受封者各執一半以為信。(130)亦欲傳之萬世　也是想老老實實地將梁國給兒孫們世世代代傳下去。(131)反形未具　造反的證據沒有發現。(132)以苛小案誅滅之　《漢書》作「以苛細誅之」，較此明潔。意即憑著一些雞毛蒜皮的事情就把一個大功臣殺掉了。苛小，瑣細。案，查辦。(133)臣恐功臣人人自危也　倪思曰：

「布明越無罪，無一語不肯綮，足以折帝之氣而服其心，遂不果殺。」姚苧田曰：「蒯通以韓信之黨被責，但以『桀犬吠堯』自明其心；欒布以彭越之黨就刑，獨暢言越之功烈，深明越之心事。及其自言，則又不過『君亡與亡』，絕無規避。一則辯士之雄，一則忠臣之義。通志在於免戮，故其詞遜；布本不欲求生，故其語激，不可同日而論也。」[134]都尉　武官名，級別略同於校尉。[135]丙午　是年三月無丙午。《史記・漢興以來諸侯王年表》作「二月丙午」，即二月二十。[136]皇子恢　劉恢，劉邦之子，未詳其母姓氏。[137]為梁王　接替彭越在梁國為王，國都定陶。[138]丙寅　三月十一。[139]皇子友　劉友，劉邦之子，未詳其母姓氏。[140]淮陽王　都城即今河南淮陽。[141]罷東郡二句　從東郡分出一些縣以加大梁國。按，此處「罷」字意思欠明，錢大昕曰：「謂分東郡、潁川之支縣以益二國，非廢此二郡也」。東郡的郡治在今河南濮陽西南。頗，略。益，加大。[142]潁川郡　郡治陽翟，即今河南禹縣。[143]趙佗　原河北真定人，秦二世時為南海郡尉，隨後自立為南越王。事跡詳見《史記・南越列傳》。南海郡的郡治即今廣州。[144]南粵王　也寫作「南越王」，轄境約當今之廣東、廣西和越南北部的一些地區，都城番禺，即今廣州。[145]陸賈　劉邦部下的謀臣與外事活動家。事跡詳見《史記・酈生陸賈列傳》。[146]即授璽綬　到南越國去就地授予趙佗「南越王」印信。璽綬，古代的印璽與璽上所繫的絲帶。[147]和集百越　安撫、團聚兩廣一帶的各少數民族。集，團聚。百越，泛指兩廣地區的少數民族，因其種類繁多，故稱「百越」。[148]任囂　秦時平定嶺南的將領之一，事定後為南海郡尉。[149]龍川令　龍川縣的縣令，秦時的龍川縣治在今廣東龍川縣西北。[150]未知所安　不知道什麼時候才能安定。[151]絕新道　斷絕秦時所開的中原與越地相通的道路。據《南越國史》，秦時所修的「新道」有四條：其一為「從江西南安（今江西南康）經過大庾嶺，經橫浦關（今廣東南雄小梅關），復沿湞水西行，取北江順江可抵番禺」；其二為「從湖南郴州跨騎田嶺，出陽山關（今廣東陽山縣西北）沿湟水（今連江）東南行，經湟溪關、洭口，取北江南下可抵番禺」；其三為「從湖南湘江南下，再西南行，經過廣西全州，再過秦城、嚴關，走湖桂走廊而至桂林，再由桂林南行到達郡治布山及象郡」；其四為「從福建進入廣東揭陽一路」。趙佗所絕者主要在前兩條。[152]待諸侯變　等候中原地區形勢的變化，再確定自己的主意。[153]會病甚　會，恰值。按，任囂因自己病甚，故託事於趙佗，否則任囂將不知做成何等事業，任囂之雄心膽略，蓋不低於陳勝與劉、項。[154]負山險　有山險可憑藉。負，背靠。[155]阻南海　有南海為屏障。阻，憑藉。[156]頗有中國人相輔　有某些中原地區來的人可為我們做幫手。這些中原地區來的人有的是官吏，有的是被遷謫的「犯人」。頗有，略有；有某些。[157]郡中長吏　南海郡中的大吏。[158]被佗書　發給趙佗委任狀。被，加；給予。[159]行南海尉事　行，代理，代行任囂的職權。鍾惺曰：「任囂何人，識時、識地、又識人，俊傑哉！」[160]移檄　發布文告。檄，檄文，古時用於曉諭、告誡、聲討的一種文體。[161]橫浦　關塞名，在今廣東南雄西北，江西南康通往廣東南雄的大庾嶺上，今稱小梅關，《讀史方輿紀要》稱之「嶺南第一關」。162陽山　關塞名，在今廣東陽山縣西北的銅羅寨嶺，是當地水陸交通的要衝。163湟谿關　在今廣東英德西南，連江與北江的匯口處。164急絕道二句　絕道，斷絕與中原地區的交通。王先謙引沈欽韓曰：「粵東要害，首在西北，故秦所置三關，皆在連州之境。而趙佗分兵絕秦新道，亦在焉。佗既絕新道，於任化北築城，以壯橫浦；於樂昌西南築城以壯湟谿。當時東嶺未開，入粵者多由此二道，此佗設險之意也。」165稍　逐漸。166以法誅　找藉口將其殺掉。167以其黨為假守　二句蓋謂殺一個秦朝委派的官吏，隨即以自己之黨羽代理其職。「假」、「守」都是代理的意思。168桂林象郡　秦之二郡名，桂林郡的郡治在今廣西桂平西南。象郡的郡治臨塵，在今廣西崇左境。169自立為南越武王　生時自號「武王」，與中原帝王之謚不同。楚漢時英布之稱「武王」蓋亦類此。170魋結箕　指蠻夷打扮，傲慢而不講禮節的樣子。魋結，挽髮於頂，其狀如椎。魋，通「錐」。箕，師古曰：「伸其兩腳而坐，其狀如箕。蓋古人無交椅，席地危坐（跪坐），以伸其足為不敬也。」171倨　傲慢。172中國　中原地區。173昆弟　兄弟。昆，兄。174墳墓　謂其祖先之墳墓。175真定　漢縣名，秦時稱「東垣」，在今河北石家莊東北。176棄冠帶　改變了中原地區頂冠繫帶的服飾。177抗衡　《索隱》引崔浩曰：「抗，對也；衡，車前橫木也，言兩衡相對抗，不相避下。」178敵國　相互對等之國。179漢王先入關　劉邦自河南經武關抵咸陽，事在漢元年（西元前二〇六年）十月；項羽自河北經函谷關入咸陽，事在漢元年十二月，較劉邦晚兩個月。180鞭笞　這裡意即驅趕、號令。181五年之間　劉邦由漢中重新殺出，在漢元年八月；劉邦破項羽於垓下，項羽滅亡，在漢五年十二月，首尾共跨著五個年頭。182不助天下誅暴逆　指不幫著劉邦打項羽。183休之　令百姓休息。184剖符　指封以為南越王。古代天子分封王、侯，都要給被封者一種符信，用金、鐵製成，中分為二，天子與受封者各執其一，故曰剖符。185通使　互通使節。186郊迎　到郊外迎接，以示尊重。187新造未集　剛剛建立，尚未穩定。集，安定；穩定。188屈彊　同「倔強」。橫暴而不馴服的樣子。189夷滅　誅滅。夷，鏟平。190越殺王降漢　意即您的部下必有起而殺您以邀漢封者。191如反覆手　極言其不用費力。凌稚隆引楊慎曰：「從親戚、兄弟、墳墓說至掘燒及夷族，情已迫切，至言『越殺王降漢』、『新造未集』二句，利害甚明，語不多而感動至矣。」192蹶然起坐　師古曰：「蹶然，驚起之貌也。」顧炎武曰：「坐者，跪也。」謂其由伸著兩腿迅速地改為鄭重的跪坐。193謝　表示歉意。194我孰與蕭何曹參韓信賢　我與你們國家的蕭何、曹參、韓信相比，誰更強一些。賢，這裡主要指本事高、能力強。195王似賢　大王像是強一些。能敷衍處盡量敷衍。196我孰與皇帝賢　寫趙佗粗豪、得寸進尺之狀如畫。197五帝三皇　應作「五帝三王」，五帝指黃帝、顓頊、帝嚳、堯、舜；三王指夏禹、商湯、周文王與周武王。198統理　意即「統治」，唐人為避高宗諱而改「治」為「理」。199天地剖判　意即「開天闢地」。

剖，判，都是「分開」的意思。古人認為最早時天地是合為一體的，後來才中分為二，上者為天，下者為地。[200]崎嶇山海間　國土崎嶇不平，且又多山多水。[201]使我居中國二句　如果我在中原建了國，怎見得就不如漢王朝。何遽，《史記》作「何渠」。渠，意思同「遽」。何渠、何遽，相當於今時之「怎麼就」。「渠」亦寫作「距」、「鉅」、「詎」、「巨」。凌稚隆引陳沂曰：「尉佗意折，而語猶倔強。」[202]橐中裝　口袋裡所裝的東西，指金玉珠寶之類。橐，大口袋。[203]直千金　價值千金之貴。直，通「值」。秦時以一鎰（二十兩或二十四兩）為一金。《正義》曰：「漢制，一金值千貫。」[204]佗送　橐中裝以外的其他贈品。佗，同「他」。[205]奉漢約　遵行漢王朝的規定。[206]太中大夫　郎中令的屬官，秩千石，在皇帝左右掌議論。[207]前　謂在高帝面前。[208]詩書　《詩經》、《尚書》，這裡用以代指儒門的典籍。[209]乃公　罵人自稱語，「你老子」、「你爸爸」。[210]安事詩書　要《詩》、《書》做什麼。[211]居馬上得之二句　寧，豈；難道。按，此漢初儒生所習言，如叔孫通有所謂「儒者難與進取，可與守成」；賈誼〈過秦論〉之所謂「仁義不施，攻守之勢異也」，大旨皆同。一若是總結了秦朝滅亡的歷史經驗，而不知此語本身亦帶有絕對、片面的弊病。[212]湯武　商湯、周武王，商、周兩代的開國帝王。[213]逆取　指動用武力以下伐上，甚至是耍陰謀、搞政變取得帝位。因為這些做法不合「聖人」之道，所以叫做「逆取」。[214]以順守之　指以仁義之道治理國家。古代之以「逆取順守」獲稱於後世者如唐太宗、明成祖等皆是。[215]吳王夫差　春秋末期的吳國國君，闔閭之子，西元前四九五—前四七三年在位，曾打敗越國，耀兵中原，與齊、晉爭霸，後被越王句踐所滅。詳見《史記·吳太伯世家》。[216]智伯　春秋末期的晉國大夫，名瑤，為當時所謂晉國的「六卿」之一。先曾與趙氏、韓氏、魏氏合力滅范氏、中行氏，為晉國四家中之最強者。後又欲滅趙氏，未果，反被趙氏所滅。事見《史記·趙世家》。[217]極武　逞強用武到極點。[218]鄉使　當初假如。鄉，通「向」。[219]法先聖　以古代的聖帝明王如堯、舜、禹、湯等為楷模。[220]古成敗之國　古代成功之國的經驗與失敗之國的教訓。[221]粗述存亡之徵　「粗述」二字極妙，太詳細則劉邦必不讀，陸賈可謂善看對象。存亡之徵，成與敗、興與亡的訣竅。徵，徵兆；訣竅。[222]奏　進讀。[223]左右呼萬歲　見左右承歡之情態，亦藉此烘染陸書之投合於當時。[224]號其書曰新語　姚苧田曰：「即聞所未聞意。」今「四部叢刊」有《新語》二卷，共十二篇。明人以為是原本，余嘉錫《四庫提要辨正》以為是後人依托。[225]惡見人　不想見人。惡，厭煩。[226]禁中　宮中。[227]戶者　守門人。[228]無得入羣臣　不准放大臣們進來。[229]絳灌　絳侯周勃、潁陰侯灌嬰，都是劉邦的元老、功臣。[230]排闥　推門（闖入）。[231]枕一宦者臥　此情景應與《史記·佞幸列傳》所記的「籍孺」一併思考，此人是劉邦的男寵。[232]始　當初。[233]又何憊也　又表現得多麼乏呀。憊，疲憊；乏軟。[234]顧獨與一宦者絕乎　難道就這樣讓一個宦者陪著您離開人世嗎。王先謙曰：「絕，長訣也。」凌稚隆引王慎中曰：「排闥直入，正見比諸將最親處。」

王維楨曰：「排闥一節，見噲直而勇，忠而義。」235趙高之事　指宦官趙高等先是趁秦始皇死篡改詔書，殺扶蘇，立胡亥；後來又想自己為帝，殺胡亥於望夷宮事。見《史記・秦始皇本紀》。236淮陰侯死　淮陰侯被呂后所殺，事在本年的正月。237醢其肉以賜諸侯　事在本年之三月。醢，將人剁成肉醬。238使者　給黥布送彭越之醢的使者。239淮南　淮南國的都城六縣，即今安徽六安。240部聚兵　集合部隊。241候伺旁郡警急　打探周圍直屬中央的諸郡有無緊急動向。候伺，暗中打探、窺伺。242布所幸姬　受黥布寵愛的一個姬妾。243就醫　到醫生家去看病。244中大夫　在黥布宮內服務的官員，上屬郎中令，掌參謀議論。245賁赫　姓賁名赫。246厚餽遺　給醫生送厚禮，以討好英布之幸姬。247從姬　跟著黥布的寵姬一道。248疑其與亂　懷疑賁赫與自己的寵姬私通。249乘傳　乘坐驛車。250上變　向朝廷呈上揭發謀反的文書。251有端　有苗頭；有跡象。252先未發誅　趁其未發動，先誅滅之。253繫赫　將賁赫拘押起來。254微驗　暗中調查。255言國陰事　向朝廷報告了淮南國不可告人的事情。256頗有所驗　也查到了一些跡象。頗，略。257族赫家　將賁赫的家屬全部抄斬。258反書聞　英布「造反」的消息傳到朝廷。259何能為乎　還能有什麼別的辦法。260滕公　即夏侯嬰，因其曾被劉邦任為滕縣縣令，故時人多以「滕公」稱之。長期為劉邦趕車，官為太僕，以功被封為汝陰侯。事跡見《史記・樊酈滕灌列傳》。261故楚令尹薛公　曾在項羽處當過令尹的薛縣縣令，其人的姓字不詳。令尹，楚官名，職同宰相。262疏爵　分封之以爵位。疏，分。「疏爵」與上句「裂地」對文。263往年殺彭越二句　梁玉繩曰：「殺信、越並在十一年春，此語誤。」中井積德曰：「殺信、越皆在布反之時，不當稱『往年』、『前年』，蓋記者之誤。」264同功一體　功勞相同，休戚與共。265自疑禍及身　凌約言曰：「布先因信誅而恐，後因越醢而大恐，故令尹曰『自疑禍及身』，深知布之心者。太史公敘事，前後脈絡自貫。」按，似此等，皆史公藉以為功臣辨冤。266山東　崤山（今河南靈寶東南）以東，泛指關中以外的東方地區。267東取吳二句　吳，當時為荊王劉賈的封國，首都即今蘇州。劉賈為劉邦的開國功臣，事跡見《史記・荊燕世家》。楚，當時為楚元王劉交的封國，首都彭城（今江蘇徐州）。劉交是劉邦之弟，事跡見《史記・楚元王世家》。268并齊取魯　齊，當時為劉邦的兒子劉肥的封國，都城在今山東淄博之臨淄城北。劉肥的事跡見《史記・齊悼惠王世家》。魯，漢縣名，縣治即今山東曲阜。269傳檄燕趙　發布文告以號召燕、趙兩國歸順。傳檄，發布號召天下的文告。檄，檄文，為某種軍事行動而發的文告，以譴責敵人的罪狀，號召天下歸順自己等。燕，當時為劉邦功臣盧綰的封國，首都薊縣（即今北京市）。盧綰的事跡見《史記・韓信盧綰列傳》。趙，當時為劉邦的兒子劉如意的封國，首都即今河北邯鄲。270固守其所　穩固地守好本土，主語為黥布。271山東非漢之有也　以上之所以稱為「上計」，乃在於高瞻遠矚，以逸待勞，屈人以不戰之兵，上之上者也。不過也就是說說而已，當時的實際情形並不如此簡單。茅坤《史記鈔》曰：「當是時，盧綰王燕，張敖（應作如意）王趙，漢方定天下，而同姓諸侯王之屬，齊濟以北，殆犬牙交錯也，布豈能為功乎？」(272)幷韓取魏　指攻佔今河南中部東部一帶地區。韓，指今河南新鄭、鄭州一帶地區，這一帶舊屬韓國。魏，指今河南開封一帶地區，這一帶舊屬魏國。(273)據敖倉之粟　敖倉是秦代所建的貯糧之所，在當時滎陽縣（今滎陽東北）北的敖山上，舊址已被黃河沖蝕掉。(274)塞成皋之口　意即佔據成皋這一控制東西交通的要衝。(275)勝敗之數未可知也　以上之所以稱為「中計」，乃在於這是採取主動進攻，有與劉邦爭天下的態勢。(276)下蔡　漢縣名，縣治即今安徽鳳臺。(277)歸重於越　把所有輜重都轉移到今浙江紹興一帶。紹興古稱會稽，是舊時越國的首都。師古曰：「重，輜重也。」(278)身歸長沙　自己領著人去投奔長沙王。當時的長沙王吳臣，是曾當過番縣縣令後被劉邦封為長沙王的吳芮的兒子。吳芮是黥布的岳父。(279)漢無事矣　以上之所以稱為「下計」，乃在於這是一種完全消極的防守，時間一長，必敗無疑。(280)是計將安出　黥布可能怎麼辦。是，此；此人。指黥布。出，採取；選擇。(281)故麗山之徒　原是麗山工地的苦役犯。麗山，也寫作「酈山」，指秦始皇的陵墓工地。(282)自致萬乘之主　靠著自己的闖蕩獲得稱王。萬乘之主，具有萬輛兵車的大國之王。(283)此皆為身句　語略不順，大意謂其平生宗旨就是為了個人的眼前，從沒有為子孫後代，更沒有為黎民百姓的任何考慮。《史記・魏其武安侯列傳》有所謂「侯自我得之，自我捐之，無所恨」，大意如此。(284)千戶　千戶侯，即關內侯，有侯爵而無封地。《索隱》引劉氏曰：「薛公得封千戶，蓋關內侯也。」(285)皇子長　劉長，劉邦之子。事跡見《史記・淮南衡山列傳》。(286)淮南王　此時乃望地而封，須待滅黥布後才能到位。淮南王日後的都城壽春，即今安徽壽縣。(287)東園公綺里季句　此四人即所謂「商山四皓」。(288)呂釋之　呂后的次兄，劉邦的開國功臣，以軍功封建成侯。(289)位不益　權位不可能再有提高。師古曰：「太子嗣君，貴已極矣，雖更立功，位無加益矣。」(290)無功則從此受禍矣　意即必將有損於「太子」的身分、形象。按，《左傳》閔公二年晉獻公命其太子申生為將，里克曾對此有深刻論述，其事亦見於《史記・晉世家》。(291)承間　趁機；找空隙。(292)故等夷　舊日的同類人。等夷，指身分地位相同。夷，平。(293)將此屬　統率這些人。(294)莫肯為用　不會聽太子指揮。(295)鼓行而西　謂公行無阻地殺向京師。《集解》引晉灼曰：「鼓行而西，言無所畏懼也。」(296)彊載輜車　強打精神地躺在輜車裡。輜車，有篷帷，可供傷病者坐臥的車。(297)臥而護之　躺在車裡監督著他們。護，監督；監管。(298)為妻子自彊　為了老婆孩子而勉為其難吧。自彊，強制自己；勉強堅持。(299)如四人意　按著四個人所說的意思。(300)吾惟豎子固不足遣　我也想這小子不配擔當此任。惟，思；考慮。豎子，指太子劉盈。(301)而公自行耳　還是讓你老子自己去吧。而公，你老子。而，爾。(302)羣臣居守　在京留守的群臣。(303)霸上　霸水邊上，當時的霸水自藍田流來，經長安城東，北流入渭水。(304)曲郵　古村落名，在今陝西臨潼東北，當時的新豐邑西南。(305)剽疾　勇猛迅捷。剽，迅捷。(306)爭鋒面對面地硬拼。307監關中兵　徐孚遠曰：「太子監關中兵，一以固根本，亦以安太子，解不擊黥布之事也。」308彊臥而傅太子　儘管有病臥床，也仍請多關心輔導太子。傅，輔導；護持。309叔孫通　當時有名的儒生，先曾為秦朝博士，後歸依劉邦。漢朝建國後，為劉邦制定了一套朝廷的禮儀。事見《史記・劉敬叔孫通列傳》。310太傅　指太子太傅，與太子少傅皆為太子的輔導官，秩二千石。叔孫通為太子太傅在高祖九年（西元前一九八年）。311行少傅事　代理太子少傅。行，代理。312發　徵調；調集。313上郡北地隴西　皆漢郡名，上郡的郡治膚施，在今陝西榆林東南。北地郡的郡治馬嶺，在今甘肅慶陽西北。隴西郡的郡治狄道，即今甘肅臨洮。314車騎　車兵與騎兵。315巴蜀材官　巴、蜀二郡的材官。材官，是一種力大善射的特種兵。316中尉卒　中尉部下的士兵。中尉，武官名，掌管京師治安。317為皇太子衛　作為太子劉盈的警衛部隊。318軍　駐紮。319厭兵　討厭戰爭。320使諸將　假使派其他將領前來。使，假若。321東擊荊　即上文薛公所預測之「東取吳」。「荊」是劉賈的國名，「吳」是荊國所處的地理方位。322走死富陵　逃跑被殺在富陵。富陵是漢縣名，在今江蘇盱眙東北，當時屬於荊國。323盡劫其兵　全部控制了荊國的軍隊。劫，挾制以供我用。這句的主語是黥布。324徐僮　皆漢縣名，徐縣縣治在今江蘇泗洪縣南，當時為臨淮郡的郡治所在地。僮縣縣治在今江蘇泗洪縣西北，當時上屬臨淮郡。325為三軍二句　《正義佚文》曰：「楚軍分為三處，欲互相救為奇策。」按，其意蓋謂欲通過輪番出擊，相互配合，以消耗敵人而爭取最終取勝。326民素畏之　民，人；人們。指劉邦部下的將領與士兵，非謂黎民百姓。327諸侯自戰其地二句　在自己家鄉的地面上作戰，士兵容易逃散。《孫子兵法・九地》云：「諸侯自戰其地者為散地。」曹操注：「卒戀土地，道近而易敗散。」328引兵而西　率兵向西方（長安的方向）殺來。329蘄西　蘄縣城西。蘄，漢縣名，縣治在今安徽宿州東南，當時上屬沛郡。330壁庸城　屯兵於庸城。壁，修築營壘，這裡意即駐紮。庸城，古邑名，應距蘄縣不遠。331置陳　列陣。陳，通「陣」。332惡　畏惡；討厭。333欲為帝耳　瀧川引中井積德曰：「布之反，苟自救死也已。其言『欲為帝』，是憤言而誇張，非其情。」吳見思曰：「此時布訴功訴冤，俱屬孱弱，只作倔強一語，不特時事固爾，而英布身分俱現。」334布軍敗走　徐孚遠曰：「淮南諸將以漢祖不自將也，故決反計。及高祖自來，則心已懾，故陣雖精而易敗。」335數止戰　多次停下來，回身作戰。336走江南　逃到長江以南，此指逃到今湖南之長沙一帶。337別將　別領一支軍隊的將軍。338沛宮　在沛縣為劉邦建造的行宮。339佐酒　陪同飲酒。340酒酣　《索隱》引應劭曰：「不醒不醉曰酣。」師古曰：「酣，洽也。」意即正喝得起勁。341上自為歌　《史記・高祖本紀》載其歌辭曰：「大風起兮雲飛揚，威加海內兮歸故鄉，安得猛士兮守四方。」司馬光今又將其刪掉，不知此老究是一種何等心態！342游子悲故鄉　古人習用語。《古詩十九首》有所謂「浮雲蔽白日，遊子不顧反」；李陵詩有所謂「攜手上河梁，遊子暮何之」。師古曰：「遊子，行客也。悲，謂顧念也。」(343)其以沛為朕湯沐邑　其，表示命令的語氣。湯沐邑，古代諸侯往朝天子，天子從自己的領地中劃出一小塊賜與諸侯，以供其住宿及齋戒沐浴之費用，後世遂用以稱帝王、后妃、公主等人的額外特賜封地。師古曰：「凡言湯沐邑者，謂以其賦稅供湯沐之具也。」(344)復其民　免除該地居民的一切賦稅、勞役。(345)無有所與　指與賦稅、勞役諸事不相關。(346)洮水南北　洮水兩岸。有關洮水的說法不一，比較接近的是今湖南境內的洮水，源出於洮陽縣（今廣西全州北）西南，東流入湘江。(347)故與番君婚　黥布是當年番君吳芮的女婿，吳芮後被劉邦封為長沙王。(348)長沙成王臣　老長沙王吳芮之子吳臣，西元前二〇一—前一九四年在位，死後諡曰成，是黥布之妻的兄弟。(349)偽欲與亡走越　假說與他一道逃向南越。(350)番陽　漢縣名，縣治在今江西鄱陽東北。(351)茲鄉　番陽縣裡的鄉名，應在番陽城北，其地有黥布冢。(352)民田舍　老百姓的田頭小屋裡。(353)當城　古邑名，在今河北蔚縣東。按，關於斬陳豨之人，與斬陳豨之地點皆說法不一。(354)更　改。(355)以荊為吳國　仍是當年劉賈的地盤，但都城改在廣陵，即今江蘇揚州。(356)辛丑　十月十九。(357)兄仲之子濞　劉仲的兒子劉濞。劉仲也叫劉喜，是劉邦的二哥。(358)三郡　吳國所轄的三郡是吳郡、鄣郡、東陽郡。(359)魯　漢縣名，縣治即今山東曲阜。(360)太牢　古時祭祀或宴會規格的稱呼，凡用牛、羊、豬各一頭稱太牢。(361)祠　祭祀。(362)疾益甚　據《史記・高祖本紀》，「高祖擊布時，為流矢所中，行道病，病甚」。(363)易　更換。(364)因疾不視事　因而推說有病，不再過問自己所負的職事。(365)晉獻公　春秋前期的晉國國君，西元前六七六—前六五一年在位。(366)以驪姬之故廢太子二句　晉獻公因寵愛驪姬而殺太子申生，改立驪姬子奚齊為太子事，見《左傳》僖公四年與《史記・晉世家》。(367)晉國亂者數十年　晉獻公死後，奚齊繼立為君。反對派殺奚齊與奚齊之弟，擁立獻公之他子夷吾為君。夷吾在位十四年，中曾大敗於秦。夷吾死，其子懷公立，時獻公之他子重耳自外入，殺懷公自立為君，是為文公。自獻公之死至文公入立，中間亂者十五年。(368)不蚤定扶蘇　不及早確定扶蘇的太子地位。蚤，通「早」。扶蘇，秦始皇的長子。(369)趙高得以詐立胡亥　趙高是秦始皇寵用的宦官，秦始皇在外出巡遊途中身死，遺詔立扶蘇為皇帝，趙高封鎖消息，拉攏李斯一道篡改詔書，殺扶蘇，立秦始皇的第十八子胡亥為皇帝，從而招致天下大亂，秦朝滅亡。詳情見《史記》之〈秦始皇本紀〉、〈李斯列傳〉。(370)滅祀　使秦國的宗廟斷絕祭祀，意即亡國。(371)攻苦食啖　攻苦，即今之所謂「艱苦奮鬥」。食啖，即今所謂「粗茶淡飯」。師古曰：「『啖』當作『淡』。『淡』謂無味之食也。言共攻擊勤苦之事，而食無味之食也。」(372)其可背哉　難道可以背叛嗎。其，通「豈」。(373)廢適而立少　適是正妻所生的兒子，指太子劉盈。少，指趙王如意。(374)臣願先伏誅二句　黃震曰：「叔孫通所事且十主，皆面諛取親貴。既起朝儀，得高帝心，然後出直言諫易太子。然向使高帝未老，呂后不強，度如意可攘太子位，又安知不反其說以阿意耶？隨時上下，阿意取容，名雖為儒，非劉敬比矣。」(375)直戲耳　只不過是開玩笑罷了。直，只。(376)固爭　堅決反對。(377)地陋　土地狹窄，意思是指可耕種的土地稀少。陋，同「狹」。(378)上林　即上林苑，秦、漢時代的皇家獵場，在當時的長安西南，縱橫有數縣之廣。(379)棄　棄置無用。(380)入田　進去耕種。(381)毋收稾　不要收割莊稼的秸稈。(382)賈人　泛指商人。舊有所謂「行商曰商，坐商曰賈」。(383)下相國廷尉　將蕭何交由廷尉查辦。廷尉，國家的最高司法長官，「九卿」之一。(384)械繫　戴上枷鎖，投入監牢。(385)王衛尉侍　王衛尉陪立在劉邦身邊。王衛尉，史失其名。衛尉，九卿之一，負責警衛宮廷的武官。當時有未央衛尉、長樂衛尉。(386)繫之暴　突然將其下獄。暴，突然。(387)李斯　秦朝丞相。事跡見《史記·李斯列傳》。(388)有善歸主　有讓人稱頌、感恩的事情，就說這是皇帝做的。(389)有惡自與　有讓人痛恨、厭惡的事情，就攬過來說是自己做的。(390)賈豎　對商人的罵詈之詞。豎，猶今所謂「奴才」、「小子」。劉邦常罵書生曰「豎儒」，「豎」字意思與此處相同。(391)媚　討好。(392)職事　公務；應該辦的事情。(393)請　請求皇帝批准。(394)真宰相事　這正是宰相應負的責任。(395)距楚　指當年和項羽作戰。距，通「拒」。(396)關中搖足　意謂如果蕭何當時在關中稍微有點動作。搖足，猶今之所謂「頓足」、「跺腳」，以喻辦事之容易。(397)關以西　函谷關以西，指關中，楚漢戰爭時期的劉邦的根據地。(398)不以此時為利　不在那個時候謀大利，意即篡國、造反。姚苧田曰：「一語刺中帝之隱微，妙在仍引向『利』字，說得雪淡。若云『此時為變』，則痕跡顯然，難為聽者矣，詞令妙品。」(399)利　貪圖。(400)分過　分擔罪責，即上文之「有善歸主，有惡自與」。按，《史記·李斯列傳》中無所謂「分過」事。(401)何足法　有什麼值得學習的。法，仿效。(402)何疑宰相之淺也　怎麼把人估計得這麼低，猶今所謂以小人之心度君子之腹。(403)不懌　不高興，因理屈辭窮，顯示了自己的短處。王先謙曰：「帝不欲何布德於民，故繫治之；而衛尉之言，正不能不勉從，故不懌，非感言而慚愧也。」(404)持節　手執旄節。節，帝王的信物，派人傳達旨意時，令使者持之以為信。(405)徒跣謝　光著腳請罪，這是古人表示請罪的一種謙恭姿態。(406)休矣　猶言「算了吧」、「別這個樣子啦」。(407)故　故意。(408)欲令百姓聞吾過也　劉邦可謂善自解嘲，文過飾非。(409)陳豨之反　事在高祖十年九月。(410)擊其東北　陳豨反於代地，代在燕之西南，故盧綰擊其東北。(411)言豨等軍破　告知匈奴人陳豨軍已被朝廷打敗，令匈奴人不要再與陳豨等相勾結。(412)臧荼子衍　臧荼在高祖五年因「謀反」被劉邦所破殺，故臧衍逃往匈奴。(413)重於燕　被燕王盧綰所親幸。(414)習胡事　熟悉匈奴事務。(415)燕所以久存　盧綰所以未被劉邦所滅。(416)諸侯數反　各諸侯連續造反，如臧荼、韓王信、陳豨等。(417)兵連不決　故而劉邦騰不出時間。(418)次亦至燕　下面也就該輪到你們燕國。(419)且為虜　將為劉邦所俘獲。且，將。(420)且緩陳豨　不要急著進攻陳豨。(421)而與胡和　讓燕國也與匈奴交好。(422)事寬　指不被劉邦所猜疑、攻擊。(423)即有漢急　假如被漢王朝所猜疑攻擊。即，若；假如。(424)可以安國　指可以與匈奴聯合，以保全燕國不被劉邦所滅。(425)助豨等擊燕　因燕國當時尚助漢擊陳豨，故張勝令匈奴先助陳豨以抗燕。(426)請族張勝　請劉邦允許將張勝的家屬全部殺掉。(427)具道所以為　詳細地說清了他為什麼這樣做。(428)詐論他人　處決了一些別的人假說是處決了張勝的家屬。論，治罪；處決。(429)使得為匈奴間　讓他們為自己與匈奴傳遞消息。間，間諜。(430)范齊　盧綰的部下。(431)之陳豨所　到陳豨處。(432)久亡　長期地躲在匈奴。(433)連兵勿決　長期處於戰爭狀態。(434)裨將　偏將；副將。(435)審食其　呂后的親幸，封辟陽侯。事見《史記・呂太后本紀》。(436)趙堯　原為劉邦的符璽御史，後為御史大夫。事跡見《史記・張丞相列傳》。(437)往迎燕王　必欲將其帶回長安。(438)因驗問左右　順便對盧綰的左右盤察拷問。(439)閉匿　躲藏起來，不見審食其與趙堯。(440)長沙　指長沙王吳臣。吳臣是吳芮之子，漢五年吳芮死，吳臣繼其父位為王。長沙國的國都臨湘，即今長沙。(441)往年春二句　呂后殺韓信在高祖十一年一月。(442)夏二句　劉邦、呂后殺彭越在高祖十一年三月。(443)皆呂氏計　實皆呂后秉承著劉邦的意旨所為。(444)屬任　委託、信任。(445)具　逐次地；一五一十地。(446)以相國　以相國的名號為將軍。「相國」在這裡是給所派將軍的一種「加官」，以表示朝廷對他的寵任。(447)皇子建　劉建，劉邦之子，其母的姓字不詳。(448)為燕王　此時還只是望地而封。(449)南武侯織　南越族的首領名織，活動在南海郡（今廣東一帶）的北部地區，號為南武侯。(450)粵之世　越人的後代。粵，也作「越」。世，後代。(451)立以為南海王　遙奪南越王趙佗之一郡而封之，其實徒有虛名，只是在嶺南地區給趙佗樹立一個反對派。(452)行道疾甚　在歸途中傷勢嚴重起來。(453)疾可治　不治之症的委婉說法。(454)嫚罵　辱罵。嫚，通「漫」。因得知其病不可治，而醫生又委婉稱說，故遂罵起。(455)三尺　指三尺劍。(456)雖扁鵲何益　即使是扁鵲，又怎麼能違天命。雖，即使。扁鵲，春秋後期的良醫，名秦越人，時人以黃帝時的神醫「扁鵲」為其綽號。事跡詳見《史記・扁鵲倉公列傳》。(457)既　應作「即」，假若。(458)誰令代之　令誰繼任。(459)曹參　劉邦的開國功臣，以軍功封平陽侯。事跡詳見《史記・曹相國世家》(460)王陵　劉邦的開國功臣，以軍世封安國侯。事跡詳見《史記・陳丞相世家》。(461)少戇　稍微有些憨直認死理。戇，粗直。(462)陳平　劉邦的開國謀臣。事跡詳見《史記・陳丞相世家》。(463)可以助之　可以給他當副手。(464)知有餘　智謀有餘，言外之意是原則性不夠，容易動搖，看風使舵。(465)周勃　劉邦的開國功臣。事跡詳見《史記・絳侯周勃世家》。(466)重厚少文　穩重厚道，但缺少文才。(467)太尉　國家的最高軍事長官，「三公」之一。(468)此後　這以後的事情。(469)亦非乃所知也　乃，你。按，以上劉邦與呂后的對話，也許有其原來的影子，但後人的加工一定不少。(470)四月甲辰　四月二十五。(471)帝崩于長樂宮　時年五十三歲。也有說六十三歲者。(472)丁未　四月二十八日。(473)塞下　長城邊上。(474)候伺　刺探；窺視。(475)幸上疾愈　希望劉邦病好。(476)入謝　進京請罪。(477)聞帝崩二句　茅坤曰：「親愛如綰，猶為臧衍、張勝所詿誤，至於亡入匈奴；亦由漢待功臣太薄，數以猜忌誅之，故反者十而七八耳，悲夫。」《史記評林》引楊循吉曰：「次盧綰疑懼欲反不反狀，如兩人手指而語，而漢待功臣之薄，亦可以互見矣。」按，此與韓王信之所謂「痿人不忘起，盲者不忘視」云云相照應。478五月丙寅　五月十七日。479長陵　劉邦的陵墓名，在今陝西咸陽渭城鄉之毛龐村西。480不脩文學　沒有讀過什麼書本。481明達　對事情有明確透徹的認識。482好謀能聽　長於謀略而又能廣泛聽取意見。483監門戍卒　以喻地位低賤的人。監門，守門的小吏。戍卒，守衛邊防的士兵。484如舊　如同老朋友。485三章之約　即初入關中時所宣布的「法三章」，「殺人者死，傷人與盜抵罪」。486次律令　編訂法律條文。次，編訂。《漢書・刑法志》有所謂「相國蕭何作律九章」。487申軍法　這裡即指編寫軍事著作。申，申明；講清。《漢書・藝文志・兵法略》有《韓信》三篇，今已不存。488張蒼　劉邦的開國功臣，以功封北平侯。事跡詳見《史記・張丞相列傳》。489章程　指各種規章制度。490禮儀　包括朝廷禮儀、宗廟禮儀等等。491作誓　立下誓辭。《史記・高祖功臣侯者年表序》記封爵之誓曰：「使河如帶，泰山如厲，國以永寧，爰及苗裔」。492丹書鐵契　古代帝王賜給功臣享有免罪特權的證件。以鐵為契，以丹書之。493金匱石室　古代保存重要書契的場所。金匱，金屬製作的櫃子。石室，以石頭蓋成，不怕水火的藏室。494日不暇給　事務繁多，整天忙都完不成。495規摹弘遠　計畫宏闊、規模遠大。規摹，同「規模」。496己巳　五月二十。497太子　劉盈，即日後的漢惠帝。498惡　誹謗；說人壞話。499云　說，說他。500黨於呂氏　與呂后結黨。因樊噲之妻即呂后之妹，故時人就此編造。501即一日上晏駕　如果某一天皇帝一死。即，如。晏駕，皇帝的車子到時出不來，即「死」的避諱說法。502誅趙王如意之屬　殺死劉邦寵愛、想立的兒子。503亟馳傳　立即乘驛車。504載勃代噲將　帶著周勃一同前往，讓周勃去代替樊噲為將軍。505未至軍　在到達樊噲軍營之前的道上。506行計之曰　二人邊走邊商量。507呂后弟　即呂后之妹。弟，女弟，即妹。508寧囚而致上二句　意即寧可把他活著押解回來交給皇上，叫皇上自己殺他。509未至軍二句　意即在不到樊噲軍營的地方搭起一個臺子，為了宣讀皇帝詔書並更換軍隊統帥。510節　這裡指旌節，皇帝使者所持的憑證。511反接　反縛雙手。512檻車　囚車。513傳詣長安　通過驛站發送到長安。514代將　代替樊噲統兵。515定燕反縣　平定燕地參與反叛的各縣。516平行　陳平在返京途中。517讒毀謗；中傷。518馳傳先去　謂陳平加快行程，自己先乘驛車進京。519詔平與灌嬰屯滎陽　帝王交替之際，形勢緊急，屯兵要地以備變也。灌嬰，劉邦的部將，以軍功封潁陰侯。事跡見《史記・樊酈滕灌列傳》。520平受詔二句　陳平雖然受詔，但並未立即去滎陽，而是依然跑進了正在辦喪事的宮廷。521得宿衛中　能在宮廷任警衛之職。中，指宮廷。522郎中令　九卿之一，主管宮廷門戶及帝王的一切警衛事宜，權甚切要。按，陳平之所以能受呂后倚任，自是因其能違背高祖命令而保全樊噲。523傅教惠帝　輔導、教育剛即位的小皇帝。524呂嬃讒二句　陳平途中受詔後不去滎陽，「復馳至宮，哭殊悲」，蓋為在呂后前表現其不斬樊噲之功。苦表心跡，固請宿衛，真可謂善於謀身矣。(525)復爵邑　恢復了其原有的爵位與封地。(526)永巷　宮廷中的牢獄。這裡是指「永巷令」，主管宮廷監獄的官員。(527)髡鉗　古代刑罰名，剃去頭髮叫髡，用鐵箍套著脖子叫鉗。(528)赭衣　古代囚衣，用紅土染成赭色。(529)舂　擣米。(530)召趙王如意　據《漢書・外戚傳》：「呂后令永巷囚戚夫人，髡鉗，衣赭衣，令舂。戚夫人舂且歌曰：『子為王，母為虜，終日舂薄暮，常與死為伍。相離三千里，當誰使告汝！』太后聞之，大怒，曰：『乃欲倚汝子耶？』乃召趙王誅之。」(531)使者三反　一連去了三次，都沒能把人叫來。(532)屬臣趙王　將趙王託付於我。屬，委託；託付。(533)不能奉詔　不能按您的命令行事。鍾惺曰：「周昌當高祖時不阿高祖意廢太子立趙王，所以當呂后時能不阿呂后意保持趙王，此高祖託趙王於周昌意也，在『期期不奉詔』時已定矣。」按，也正是由於從前周昌對呂后有恩，故此時才敢於對呂后強項，而呂后竟也終未懲治之。(534)王來二句　已經動身，還沒有到達長安。(535)霸上　古地名，在今陝西西安東南，因其地處霸水西側高原上而得名，是從東方進長安的必經之地。(536)自挾　將其帶在自己身邊。挾，攜帶；令其跟隨。(537)不得間　找不到機會。間，空隙；機會。

【校　記】[1]為　原無此字。據章鈺校，甲十五行本、乙十一行本、孔天胤本皆有此字，今據補。[2]則　此字原無。據章鈺校，甲十五行本、乙十一行本、孔天胤本皆有此字，今據補。[3]而　原作「則」。據章鈺校，甲十五行本、乙十一行本皆作「而」，張敦仁《通鑑刊本識誤》同，今據改。[4]兵　原作「軍」。據章鈺校，甲十五行本、乙十一行本、孔天胤本皆作「兵」。今從諸本及《通鑑紀事本末》改。[5]蘄　原作「鄿」。據章鈺校，甲十五行本、乙十一行本、孔天胤本皆作「蘄」。今從諸本及《史記・黥布列傳》、《通鑑紀事本末》改。[6]上　原無此字。據章鈺校，甲十五行本、乙十一行本、孔天胤本皆有此字。今從諸本及《史記・韓王信盧綰列傳》、《通鑑紀事本末》補。[7]上上　「上」字原不重。據章鈺校，甲十五行本、乙十一行本、孔天胤本皆重「上」字，張瑛《通鑑校勘記》同。今據諸本及《史記・陳丞相世家》補。[8]趙王　原無「趙」字。據章鈺校，甲十五行本、乙十一行本、孔天胤本皆有「趙」字。今從諸本及《史記・呂太后本紀》、《通鑑紀事本末》補。

【語　譯】十一年（乙巳　西元前一九六年）

冬天，漢高祖劉邦仍然在邯鄲。陳豨手下的將領侯敞率領著一萬多名軍隊往來流動作戰，王黃率領一千多名騎兵駐紮在曲逆，張春率領一萬多名軍隊渡過黃河攻取聊城。朝廷將領郭蒙聯合齊國將領向叛軍發起猛攻，將叛軍打得大敗。太尉周勃率軍經過太原，進入代地平定叛亂，進攻馬邑，一時攻打不下，周勃一怒之下，攻佔了馬邑，於是就將馬邑的人全部殺光，就連馬邑城也給摧毀了。趙利守衛東垣，漢高祖將東垣攻下後，改東垣為真定。漢高祖用千兩黃金懸賞購買王黃、曼丘臣的人頭，他們的部下把他們生擒活捉後送到漢高祖面前。陳豨叛亂很快被徹底平息。

淮陰侯韓信假裝有病，沒有跟隨漢高祖去討伐陳豨叛亂，他祕密地派人到陳豨那裡通風報信。韓信與自己的家臣密謀，準備假傳聖旨赦免那些在各衙門服勞役的囚犯和因罪被判處充當官府奴隸的官奴，想依靠這些人去襲擊呂后和太子。一切部署就緒，只等陳豨那邊的消息。韓信手下的一名侍從得罪了韓信，韓信就把他囚禁起來，想殺掉他。春天，正月，那個得罪侍從的弟弟上書告密，把韓信準備謀反事情告訴了呂后。呂后想要召見韓信，又怕他萬一不肯來，於是就與相國蕭何密謀，命人假裝從漢高祖那裡來，向呂后報告說陳豨已經被漢高祖擒獲，處死，讓列侯和百官都到朝廷祝賀。相國蕭何騙韓信說：「你雖然有病在身，也應該勉強起來到朝中祝賀。」韓信只得進宮祝賀。韓信剛一進宮，就被呂后預先埋伏的武士捆綁起來，並在長樂鐘室將其斬首。在即將行刑的時候，韓信說：「我真後悔沒有聽從蒯徹的計謀，如今卻被一個女流之輩所欺騙，這難道不是天意嗎！」呂后將韓信滅三族。

司馬光說：「世上有人認為韓信首先向漢高祖劉邦建議『舉而東，三秦可傳檄而定』，又與漢高祖起兵漢中，平定了三秦，於是率領部分軍隊北進，擒獲了魏王豹，佔領了代地，征服了趙國，威脅燕國，向東佔有了齊國，又率軍南下將項羽消滅在垓下，漢高祖所以能夠奪取天下，主要都是韓信的功勞。從他拒絕蒯徹的煽動，到斬鍾離眛之頭前往陳縣迎謁劉邦，韓信哪裡有謀反之心呢！實在是韓信因為不得其位而失意不平，遂滑進了叛亂之路。而盧綰只是靠著與漢高祖在同一條胡同裡共同長大的舊交情，就被封為燕王，南面稱孤，而韓信卻只是以諸侯的身分、不擔任任何職務，只是按照一定時間上朝拜見皇帝；這難道不是漢高祖有負於韓信嗎？我以為高祖運用欺詐的手段在陳地擒獲韓信，要說高祖對不起韓信是有的。雖然如此，韓信也有自找倒楣的一面。當初，漢王與項王在滎陽對峙，韓信滅掉了齊國，不趕緊回來向漢高祖報到，卻擅自在齊地稱王。後來，漢高祖率軍追擊楚軍到達固陵，與韓信約定好日期共同攻打楚軍，而到了約定的時間，韓信卻失期不到。在那個時候，高祖其實就有殺掉韓信的念頭了，只是力量不足罷了。等到天下已經平定，韓信還有什麼可以仗恃的！抓住有利時機向人討價還價的，是商人的意識；按照功勞大小給予應得的賞賜，是有學問、有操守的君子的處世態度。韓信用商人的意識為自己謀利，卻期望別人以君子的處事態度來回報自己，不是也太難了嗎！所以太史公司馬遷評論韓信說：『假使韓信能夠懂得為人處事的道理，謙讓不誇耀自己的功勞，不賣弄自己的才能，那麼他的功勳差不多可以和周朝的周公、召公、太公等人相媲美。後世將榮華不絕，永遠受到子孫的祭祀。韓信不能這樣去做，反而在天下已經安定的時候，竟然想要起兵叛亂；最後導致全族被誅滅，不也是罪有應得嗎！』」

漢朝將軍柴武在參合的一次戰鬥中，將韓王信殺死。

漢高祖回到洛陽，聽說淮陰侯韓信已經被殺，心裡既高興，對韓信落得如此下場又有些於心不忍。他問呂后說：「韓信臨死時說了些什麼？」呂后說：「韓信說他後悔當初沒有接受蒯徹的意見。」漢高祖說：「他說的是齊地那個能言善辯的蒯徹。」於是下令齊地官員將蒯徹抓捕押送長安。蒯徹被押到長安後，高祖問他說：「你曾經教唆淮陰侯韓信謀反嗎？」蒯徹回答說：「是的，我是教他謀反。但那小子不肯用我的計策，所以才自尋死路招致滅門之禍。如果他聽從我的計策，陛下又怎麼能滅他滿門呢？」漢帝大怒，下令說：「把蒯徹給我烹殺了！」蒯徹說：「哎呀，把我烹殺了，真是天大的冤枉啊！」漢帝說：「你教唆韓信謀反，有什麼冤枉？」蒯徹回答說：「當初，秦國滅亡後，天下所有的人都想要奪取天下，能力強的、腳步快的就搶先得到了它。盜跖養的狗衝著堯也汪汪亂叫；並不是因為堯不賢明仁慈，而是因為堯不是牠的主人。在那個時候，我的心裡只知道有韓信，而不知道有陛下。再說了，當時天下人當中磨礪刀槍，手拿利劍，想和陛下一樣奪取天下的人很多，只是他們的能力有限罷了，難道陛下準備把他們全都烹殺了不成？」漢帝說：「把蒯徹放了。」

劉邦封自己的兒子劉恒為代王，首府設在晉陽。

大赦天下。

漢高祖在征討陳豨的時候，調梁王彭越親自率軍前往。彭越推說有病，只是派了一員將領率領一支軍隊前往邯鄲。高祖非常生氣，派人去責備彭越。彭越心裡害怕，想要親自到漢高祖那裡請罪。他手下的將領扈輒勸阻說：「大王在開始的時候不親自前去，受到責備後又想要親自去請罪，去了肯定被皇帝捉起來。不如藉機發兵謀反。」彭越沒有聽從扈輒的意見。梁王手下負責掌管車馬等職務的太僕犯了罪，就逃到漢高祖那裡，告發梁王與扈輒準備謀反。於是漢高祖派人突然襲捕梁王，梁王在毫無察覺的情況下就被抓捕起來，囚禁在洛陽。負責審理彭越謀反一案的官員向漢高祖奏報說：「梁王彭越謀反的罪證確鑿，請按照法律懲處。」漢高祖將他貶為庶民，用傳車將他押往蜀地的青衣縣安置。彭越由洛陽西行到達鄭縣，正巧遇上呂后從長安來。彭越就向呂后哭訴，說自己沒有犯謀反之罪，希望回自己老家山東昌邑。呂后答應了彭越的請求，就把他帶回洛陽。呂后對漢高祖說：「梁王彭越是一條好漢，把他流放到蜀地，是給自己留下後患；不如乾脆把他殺掉。我已經很小心地把他帶回來了。」於是，呂后命令彭越的一個家臣再次告發彭越謀反。掌管刑獄的廷尉王恬開奏請漢高祖，將彭越處以滅族之刑，高祖批准。三月，將彭越夷滅三族，將彭越的首級懸掛在洛陽示眾。漢帝下詔說：「誰敢收殮和照看彭越的屍體，就立刻把誰抓起來。」

梁國大夫欒布接受梁王彭越之命出使齊國，回來的時候，彭越已經被斬首示眾，欒布就在彭越的頭顱之下，向梁王彙報他的出使經過，並對著首級祭祀哭拜。負責看守的官吏立即將欒布抓起來報告給漢高祖，漢高祖召見欒布時，大罵欒布，還要將欒布烹殺。剛把他舉起來準備扔到開水鍋裡的時候，欒布回過頭來對漢高祖說：「我請求讓我說一句話再死。」高祖問：「你想要說什麼？」欒布說：「當陛下受困於彭城，失敗於滎陽、成皋之間的時候，項王仍然不敢向西對陛下窮追猛打的原因，就是因為有彭越佔據著梁地，與漢軍聯合對付項羽啊。在那個時候，彭越一念之間，偏向楚國，漢國就會被打敗；偏向漢王，楚國就要被滅亡。而且，垓下之戰，如果沒有彭越參與，項王就不可能滅亡。如今天下已經安定，陛下分封諸侯，彭越受封王爵，他也想要永遠的傳給子孫後代。沒有想到只是因為陛下向梁國的一次徵兵，梁王彭越因為有病不能前去，陛下就懷疑他謀反。在沒有謀反證據的情況下，陛下就以一些雞毛蒜皮的小過失滅了他的族。我擔心那些有功之臣會因此而人人自危。現在梁王彭越已死，我活著還不如死了好，就請把我烹殺了吧。」漢高祖聽了欒布的一番話後，下令將欒布釋放，並任命他擔任都尉。

丙午日這天，漢高祖封自己的兒子劉恢為梁王。三月十一日丙寅，封皇子劉友為淮陽王。同時從東郡劃分出一部分，歸併到梁國；從潁川郡劃分出一部分，歸併到淮陽國。

夏季，四月，漢高祖劉邦從洛陽回到長安。

五月，漢高祖下詔確認秦時的南海尉趙佗為南越王，派陸賈到南越代表漢朝皇帝將印綬授予趙佗，封他為南越王，從此與南越互通使節，讓南越王安撫南方的蠻夷部落，不要讓他們侵擾漢朝的南部邊境。

當初，秦二世在位的時候，擔任南海尉的任囂病得快要死了，他把擔任龍川令的趙佗找來，對趙佗說：「秦國實行殘暴的統治，天下的人都恨透了它。聽說陳勝等人已經起兵反抗秦國的暴政，不知天下什麼時候才能獲得安定。南海郡偏僻荒遠，我擔心會有盜賊前來侵擾，本來準備調動軍隊封鎖住新開闢的內地通往南越的道路，用以自保，等待中原地區局勢的變化。不想病成這個樣子，再說，番禺背靠五嶺，有山險可以依靠，南有大海作為屏障，東西全長幾千里，又有許多中原人輔佐；這也是一州之主，可以在這裡建立國家。南海郡中的官員沒有一個人可以跟他們交換意見，所以才把你召來，把這一切告訴你。」當時任囂就委任趙佗接替自己擔任南海尉。任囂死後，趙佗馬上傳遞文書告訴橫浦、陽山、湟谿關等地的官員說：「盜匪就要來了，趕緊斷絕新道，聚集起軍隊加強防守。」此後就逐漸找藉口除掉了秦朝所設置的那些官吏，換上自己的親信擔任各級政府的代理長官。秦朝滅亡後，趙佗就出兵吞併了桂林郡、象郡，自封為南越武王。

陸賈到了南海以後，南海尉趙佗梳著椎形髮髻，態度傲慢，叉開兩腿，像簸箕一樣地坐在那裡接見陸賈。陸賈勸說趙佗說：「先生原本是中原人，您的親戚朋友、兄弟姐妹、祖先的墳墓都在真定。如今先生違背了人的天性，改變了中原地區頂冠繫帶的裝束，卻想要依靠南越這塊彈丸之地，與天子抗衡，與中國為敵，恐怕您的大禍就要臨頭了！再說，秦朝的政權已經失掉了民心，那些諸侯以及英雄豪傑紛紛起來反抗秦國的統治，只有漢王最先進入函谷關，佔據了咸陽。項羽違背楚懷王與諸侯的約定，自封為西楚霸王。諸侯全都成了他的臣屬，可以說，項王是最強大的了。然而漢王劉邦從巴、蜀起兵，征服了天下，誅殺了項王，滅掉了西楚國。只用了五年的時間，就平定了天下。這絕不是靠人力所能做得到的，這是上天的旨意。漢天子聽說您做了南越王，卻不幫助天下誅滅暴逆，所以，漢軍中的將領和宰相都想要率領軍隊前來誅滅您這南越王。天子可憐天下的百姓剛剛經歷了連年戰亂的痛苦，所以才暫且休兵，派遣我來代表漢天子封您為南越王，授予您南越王印綬，以及互通聯繫的符節。君王就應該親自到郊外迎接，面向北對漢天子稱臣，可您卻想憑藉著剛剛建立起來、基礎還不穩固的南越國負隅頑抗。這事如果被漢朝知道，派人挖掘並燒毀了您家的祖墳，滅亡了您的族人，然後派遣一員副將率領著一支十幾萬人的軍隊進逼南越，到那時，恐怕越人殺死大王投降漢朝，就如同把手掌翻過來一樣容易。」這時南越尉趙佗猛然醒悟，趕緊跳起身來，規規矩矩坐好後，向陸賈道歉說：「我在荒蠻之地待的時間長了，幾乎忘記了中原的禮儀。」又向陸賈詢問說：「你覺得我和蕭何、曹參、韓信比起來，誰更賢明？」陸賈說：「似乎您更賢明一些。」趙佗又問：「那我和大漢皇帝比起來誰更賢明？」陸賈說：「漢朝皇帝繼承了五帝、三皇的偉大勳業，統治著中國；中國的人口以億為單位來記數，地方上萬里，各種物產無不應有盡有，政府號令統一。是開天闢地以來，從未有過的。現在大王管轄下的人口不過幾十萬，又都是蠻夷之人，而且地理位置處在崎嶇的山陵與潮溼的大海之間，僅相當於漢朝的一個郡罷了，這怎麼能跟漢朝相比呢！」趙佗聽了後大笑起來，說：「我只是沒有在中國起事，所以才在此地稱王，假使我居住在中原，怎麼就會比不上漢朝呢！」於是就挽留陸賈和他一起飲宴，過了數月以後，趙佗說：「越地的人沒有能和我說話的。你來了以後，讓我每天都能聽到我以前沒有聽到過的事情。」於是趙佗就把價值一千金的珠寶裝在口袋裡，贈送給陸賈，另外還有其他的禮物，也價值千金。陸賈終於使趙佗接受了漢朝「南越王」的封爵，向漢朝稱臣，接受漢朝的法律約束。陸賈回國覆命，漢高祖劉邦非常高興，任命陸賈為太中大夫。

陸賈經常在漢高祖劉邦面前談論《詩經》、《書經》，漢高祖罵他說：「你老子是騎在馬上打下的天下，哪裡用得著讀這些個《詩經》、《書經》！」陸賈說：「騎在馬上得天下，難道還可以騎著馬治理天下嗎？過去商湯、周武王，他們全是用武力奪取的天下，但卻是以仁義之道治理天下。文武之道同時使用，才是使國家長治久安的好辦法。過去吳王夫差、智伯、秦始皇，都是因為窮兵黷武而導致國家滅亡。假使當初秦國統一天下後，施行仁義的政治，效法先朝聖賢，陛下您又怎麼能夠取得天下呢！」劉邦臉上露出了羞愧的神色，說：「你嘗試著為我把秦朝為什麼失掉了天下、我為什麼能夠奪取天下，以及古代國家興盛衰亡的經驗教訓寫出來給我看。」陸賈就把古代存亡的徵兆粗略地進行了整理，共編寫了十二篇。每寫完一篇，就先上奏給漢高祖。漢高祖對每一篇都大加稱讚，漢高祖左右的侍從們也跟著歡呼「萬歲」；稱陸賈的書為《新語》。

漢高祖劉邦生了病，不願意見人，他躺在寢宮裡，下令門衛不要放群臣進來。絳侯周勃、灌嬰等大臣有十多天都不敢入內。後來舞陽侯樊噲推開門衛，直接闖進劉邦的寢宮，其他大臣全都跟了進去。漢高祖正枕著一個太監躺著。樊噲等見到漢高祖，不禁淚流滿面地說：「當初，陛下與我等在豐、沛起兵，南征北戰，終於奪取了天下，那時是多麼豪壯啊！如今天下已經安定，陛下卻如此地疲憊不堪！陛下病重，滿朝大臣都很驚恐。陛下拒絕與我們見面商量大事，難道就這樣讓一個宦官陪著您離開人世嗎！再說，陛下難道不知道趙高在秦始皇死後殺太子扶蘇立胡亥的事情嗎？」漢高祖聽了大笑，翻身坐起。

秋天，七月，淮南王黥布謀反。

當初，淮陰侯韓信被殺的時候，黥布已經感到很恐懼。等到彭越被殺，高祖竟然把彭越的屍體剁成肉醬賞賜給諸侯。送肉醬給諸侯的使者到達淮南的時候，淮南王黥布正在打獵，看見彭越的肉醬，就更加地恐懼，於是祕密地派人將部隊集結起來，並派人去刺探旁邊郡縣有沒有緊急情況，以便採取行動。黥布的一個寵姬，因為有病去找大夫看病，看病的醫生與中大夫賁赫住對門。賁赫用重金賄賂醫生，准許他在醫生家裡陪黥布的寵姬飲酒。淮南王懷疑賁赫與寵姬私通，就要抓捕賁赫。賁赫得到消息，就乘坐著驛站的傳車跑到長安告發黥布謀反，他在檢舉書中說：「黥布反形已露，可以在他沒有起兵叛亂之前滅掉他。」漢高祖劉邦看了這份檢舉書，就告訴了相國蕭何，蕭何說：「黥布不應該這樣，恐怕是與他有仇的人在故意陷害他。請先把賁赫抓起來，再派人去淮南暗中調查有沒有此事。」淮南王看見賁赫已經逃往長安，心裡本來就擔心賁赫告發自己謀反之事。現在漢高祖又派人來調查，又調查出許多證據，於是黥布就將賁赫的家族全部抄斬，然後起兵造反。漢高祖得到黥布謀反的消息後，就赦免了賁赫，並任命他為將軍。

漢高祖劉邦把諸位將軍招集起來商討對付黥布的計策。將軍們都說：「率領軍隊去消滅他，活埋了這小子，還能有什麼別的辦法？」汝陰侯滕公夏侯嬰把曾經在項羽手下當過令尹的薛公找來詢問。薛公說：「黥布本來就應該造反。」滕公說：「皇帝把土地分割了給他，把王的爵位封給他；他為什麼還要謀反呢？」薛公說：「皇帝先是殺了彭越，後來又殺了韓信。黥布、韓信與彭越三人本來功勞相當、休戚與共，韓信看見那兩個人先後被殺，必定擔心大禍落到自己的頭上，所以才會謀反。」滕公夏侯嬰把令尹的話告訴給漢高祖劉邦，劉邦召見薛公，向薛公請教。薛公說：「黥布謀反沒有什麼可奇怪的。假使黥布採用上等計策，那麼山東就不再屬於漢朝所有；如果他採用中等計策，那麼是成功還是失敗很難預料；如果採用下等計策，陛下可以安枕無憂了。」漢高祖問：「什麼是上等計策？」薛公回答說：「黥布向東攻取吳王劉賈的封地，向西奪取楚元王劉交的封地，吞併齊王劉肥以及魯縣的土地，然後以一紙文書號召燕國、趙國歸順自己，而後黥布固守自己的領土，這樣的話，崤山以東就不屬於陛下所有了。」漢高祖又問：「什麼是中等計策？」薛公回答：「中等計策就是向東攻取吳王劉賈的封地，向西奪取楚元王劉交的封地，進而吞併韓、魏，佔據敖倉的糧食，佔據成臯這一東西交通的要衝，那麼誰勝誰敗就很難說了。」漢高祖接著問：「那麼下策又怎麼樣呢？」回答是：「向東佔領吳國的土地，向西攻取下蔡縣，把所有輜重都轉移到越地，而後投奔長沙王吳臣，如此的話，陛下就可以高枕無憂，漢朝的江山將會平安無事。」漢高祖問：「黥布將會採用哪種計策呢？」薛公說：「採用下等計策。」漢高祖又問：「他為什麼會廢止上等計策和中等計策不用，反而要採用下等計策呢？」薛公說：「黥布，只不過是一個在酈山服勞役的囚徒，他靠自己的闖蕩與拼搏得到封王，看問題只顧眼前的一點私利，而從來不懂得為子孫後代、為百姓的長遠利益考慮；所以斷定他必定採用下策。」漢高祖說：「你分析得好！」於是將一萬戶封給薛公作為獎賞。劉邦封自己的兒子劉長為淮南王。

當時，漢高祖已經有病在身，本來想派太子領兵去征討黥布。太子的賓客東園公、綺里季、夏黃公和角里先生對建成侯呂釋之說：「如果讓太子帶兵，立了大功，地位也不能再提高，如果無功而返，災難就要降落到太子的頭上。先生何不趕緊向呂后請示，讓呂后找個機會哭求皇帝，就說：『黥布，是當今天下有名的猛將，很善於用兵。那些將領過去都是陛下平輩的人，讓太子統領這些人，就如同是讓羊統率狼，肯定不會聽從太子指揮。如果讓黥布知道，就會公行無阻地殺向長安來。陛下雖然有病，還應該強打精神躺在輜車裡監督諸將，諸將就不敢不盡力。陛下雖然辛苦，但為了老婆、兒子，還得強打起精神來！』」於是，呂釋之連夜求見呂后。呂后找了個機會在漢高祖面前哭哭啼啼，按照東園公、綺里季、夏黃公和角里四個人的意思說了一遍。漢高祖說：「我本來就覺得那小子不能擔當此任，還是讓他老子自己走一趟吧。」

於是，漢高祖自率領大軍向東征討黥布，在長安留守的文武大臣全都送到霸上。留侯張良身體有病，也勉強起來，送漢高祖劉邦到曲郵，他對漢高祖說：「我本來應該陪同陛下前去，但病體沉重，不能如願。楚國人勇猛強悍、行動迅捷，希望陛下不要與他面對面地硬拼。」並趁機勸說漢高祖，讓太子擔任監軍，監護關中的兵馬。漢高祖說：「子房雖然有病，但還得勉強支撐著輔佐太子。」當時，叔孫通擔任太子太傅，留侯張良擔任太子少傅。於是調集上郡、北地、隴西的兵車戰馬，以及巴、蜀等地力大、善騎射的特種兵以及擔任京師治安的軍隊總共三萬人，充當太子劉盈的警衛部隊，駐紮在霸上。

黥布開始謀反時，對他手下的將領說：「皇帝已經衰老了，厭惡打仗，一定不會親自前來。肯定派其他的將領，諸將當中，我只服淮陰侯韓信和彭越，如今兩人都已經死了，其他的將領都用不著畏懼。」於是起兵造反。而且不出薛公所料，黥布出兵向東攻打荊王劉賈，劉賈逃跑途中被殺死在富陵；黥布全部控制了楚國的軍隊，然後渡過淮河攻打楚國。楚國發兵在徐縣與僮縣之間與黥布的軍隊作戰，楚國把軍隊分成三路，便於相互救援出奇制勝。有人對楚軍將領說：「黥布很善於用兵，人們對他一向感到畏懼。兵法上說『諸侯在自己家鄉的土地作戰，士兵容易逃散，所以其地被稱為散地』，現在把楚軍分做三路，假如有一路軍隊被黥布打敗，其他兩路軍隊也就跟著崩潰了，又怎麼能夠互相救援呢！」楚軍將領不肯聽從那個人的建議。黥布果然先擊敗楚軍的一路人馬，其他兩路人馬立時全部逃散了；黥布率領大軍向西進發。

十二年(丙午　西元前一九五年)

冬季,十月,漢高祖在蘄縣以西與黥布相遇。黥布軍隊精銳,漢高祖在庸城堅守不出,看見黥布布陣的方法與項羽很相似,心中感到有些厭惡。漢高祖遠遠地看見黥布,就向著黥布大聲地喊道:「你為什麼要謀反?」黥布說:「我想做皇帝。」漢高祖大怒,一邊罵,一邊指揮軍隊出擊。黥布的軍隊抵擋不住漢軍的猛烈攻勢,大敗而逃,渡過淮水,又多次停下來回身與漢軍交戰,但都無法取勝,最後黥布只帶著一百多人逃往江南;漢高祖另外派一支軍隊的將領隨後追擊。

漢高祖率軍返回長安途中,經過自己的家鄉沛縣時,便停留下來,在沛縣的行宮中擺設酒宴,把當年的朋友、父老鄉親、嬸子大娘以及子姪輩全都請來陪同飲酒,談談往事,敘敘舊情,充滿歡聲笑語。在酒喝得最暢快的時候,漢高祖站起身來邊歌邊舞,感慨傷懷,不禁流下淚來。他對沛縣的父老們說:「在外漂泊的人思念故鄉。我自從做沛公起便東征西討,誅滅暴逆,奪取了天下;就把沛縣作為我自己的湯沐邑,從今以後免除沛縣人的一切賦稅和勞役,世世代代都與賦稅、勞役不相關。」在沛縣高興地暢飲了十多天才離開。

漢軍別將率軍將潰逃的黥布追趕到洮水南北兩岸,把黥布打得潰不成軍,再也無法集結。黥布過去與番君吳芮交情深厚,又有婚姻關係,所以吳芮的兒子長沙成王吳臣派人誘騙黥布,假說與黥布一起逃往南越國;黥布深信不疑,就隨同前往。在茲鄉農舍裡被番陽人殺死。

周勃把代郡、雁門、雲中等地的叛軍全部消滅,在當城將陳豨斬首。

漢高祖因為荊王劉賈沒有後代,就把荊國改稱為吳國。十月十九日辛丑,封自己哥哥的兒子劉濞為吳王,統轄三個郡、五十三個城。

十一月,漢高祖經過魯地,親自用太牢祭祀孔子。

漢高祖自從征討黥布回來後,病勢加重,就更想改立太子。留侯張良苦諫不聽,於是就稱說有病不再過問自己所負責的職事。叔孫通勸諫漢高祖說:「過去晉獻公因為寵愛驪姬,廢掉了太子申生,立奚齊為太子,晉國因此內亂了幾十年,遭到天下人的恥笑。秦始皇因為沒有早點把扶蘇繼承人的身分確定下來,所以才使趙高有機可乘，假傳秦始皇遺命，立胡亥為皇帝，導致秦朝滅亡，斷絕了宗廟的祭祀，這是陛下親眼所見的事情。如今太子劉盈仁慈孝敬的品德，天下人都知道。呂后與陛下同過甘苦，共過患難，怎麼能夠背棄他們呢！如果陛下一定要廢掉長子而立幼子，我願意先受死刑，用我脖子上的鮮血髒汙了腳下的這塊土地！」漢高祖說：「算了吧，我只不過說了一句玩笑話！」叔孫通說：「太子是天下的根本，根本一動搖，就會引起天下震動；怎麼能把天下的大事當做兒戲呢！」當時大臣們直言諫諍的很多；漢高祖知道大臣們心裡都不歸附趙王如意，這才把廢長立幼的心思收斂起來。

相國蕭何認為長安土地狹窄，而上林苑中有許多空地，白白的閒置在那裡，他希望高祖能夠允許人們進入苑中開荒種地，只是收穫以後必須把秸稈留在地裡，作為禽獸的食物。漢高祖非常生氣地說：「蕭相國接受了商人的多少賄賂，竟然為他們來討要我的御花園！」將蕭何逮捕交付給廷尉審理，還給他戴上鐐銬，投入監獄。過了幾天，漢高祖身邊的侍衛官王衛尉在漢高祖身邊侍奉，他向前小心地問漢高祖說：「蕭相國犯了什麼大罪，陛下突然之間對他那麼嚴厲，還把他關了起來？」漢高祖說：「我聽說李斯在秦始皇時期擔任丞相，有人稱頌、感恩的事情就說是皇帝做的，有了讓人痛恨、厭惡的事情就都攬到自己的頭上。而現在的丞相蕭何，他接受了商人的許多賄賂，就為了這些商人的利益向我討要御花園，向百姓討好，所以我就把他銬起來治治他。」王衛尉說：「在自己的職責範圍內，認為對百姓有好處而請求皇帝批准，這是丞相的職責；陛下怎麼會懷疑丞相接受了商人的賄賂呢？再說陛下與西楚互相對峙了好幾年，後來又有陳豨謀反、黥布謀反，陛下都是親自率軍前去征討。在那時，蕭相國留守關中，關中稍有動搖，則函谷關以西就不屬於陛下所有了。蕭相國不在那個時候為自己謀取私利，現在卻貪圖起商人的賄賂嗎？況且，秦朝因為聽不到自己的過錯所以失掉了天下，李斯替皇帝分擔罪責又哪裡值得效法的呢！陛下怎麼把蕭相國估計成是那樣見識淺薄的人！」漢高祖聽了王衛尉的一番話，心裡很不高興。當天派使者拿著符節到獄中赦免了蕭何。蕭相國已經年紀很大了，平素為人恭敬謹慎，出獄後就赤著雙腳前來向高祖謝罪。漢高祖說：「算了算了！相國為老百姓向我請求開放上林苑，我沒有答應；我不過是夏桀、商紂那樣的君主，而相國卻是一個賢明的丞相。我是故意將你囚禁起來，好讓天下的百姓知道我的過失。」

陳豨謀反的時候，燕王盧綰出兵從陳豨軍隊的東北方向攻打陳豨。當時，陳豨派王黃到匈奴求取救兵；燕王盧綰也派使者張勝出使匈奴，是想告訴匈奴單于陳豨謀反，已經被擊敗。張勝到達匈奴的時候，已故燕王臧荼的兒子臧衍正流亡匈奴；臧衍看見張勝，對張勝說：「先生您所以在燕王盧綰那裡受到重用，是因為您對匈奴的情況很熟悉。而燕國所以能夠較長時間存在，是因為諸侯屢次謀反，戰爭連年不斷，勝負未定的緣故。現在先生您為了燕國，就想要趕緊滅掉陳豨等人，卻沒有考慮到，陳豨等被滅掉以後，按照次序，下一個就該輪到滅你們燕國了，你們這些人也會成為漢朝皇帝的俘虜。先生為什麼不回去讓燕王不要急著進攻陳豨，讓燕國也與匈奴交好。燕國不被劉邦猜忌、攻打的時候，可以長久地稱王於燕；假如劉邦對燕國征討得緊急，也可以利用和匈奴的關係，使燕國得以保全。」張勝認為臧衍說得有道理，就私下裡告訴匈奴幫助陳豨攻打燕國。燕王盧綰懷疑張勝聯合匈奴謀反，就上書給漢高祖，請求族滅張勝。張勝回來後，向燕王做了詳細的彙報，燕王就用另外一個人頂替張勝，而把張勝及其家屬全部開脫了，讓張勝往來於匈奴傳遞消息、充當間諜。又暗中派范齊到陳豨那裡，動員陳豨長久地流亡匈奴，與漢朝長期處於戰爭狀態，而不要急於決戰。

漢高祖率軍征討黥布期間，陳豨經常率軍駐紮在代郡一帶。漢軍將陳豨殺死後，陳豨的副將投降了高祖，說：「燕王盧綰曾經派范齊聯絡陳豨。」漢高祖派使者召見盧綰，盧綰稱說有病不肯前往。漢高祖又派辟陽侯審食其、御史大夫趙堯到燕國迎接燕王，暗中對燕王盧綰身邊的人進行盤查審問。盧綰更加恐懼，就找了一個隱祕處躲藏起來，他對自己的親信說：「不姓劉而被封王的，只有我和長沙王吳臣兩個人。去年春天，呂后族滅了淮陰侯韓信；夏天，又誅滅了彭越，這些都是呂后的計策。如今皇帝有病在身，把政事都交與呂后；呂后是一個女人，她專門找碴誅殺異姓諸侯王和有功的大臣。」於是燕王盧綰仍然稱病不肯前往長安，他左右的人也都躲藏起來，而燕王盧綰的話卻逐漸洩露出來。辟陽侯審食其聽到，回到長安奏報了高祖劉邦，高祖劉邦就更加生氣。後來又有匈奴人投降漢朝，說張勝逃亡到匈奴，充當燕王的使者。於是，劉邦斷言說：

「盧綰果真是謀反了！」春天，二月，劉邦派樊噲以相國的身分率領軍隊討伐燕王盧綰，同時封皇子劉建為燕王。

劉邦下詔說：「南越族的首領武侯織，是南越貴族的後裔，封武侯織為南海王。」

高祖劉邦在討伐黥布的時候，被流矢射中，途中，病勢沉重。呂后為他請來最好的醫生。醫生入見高祖後，說：「可以治療。」高祖口中不乾不淨地說：「我只是一個平民百姓，靠著手中三尺長的寶劍竟然奪取了天下，這難道不是上天的旨意嗎！我的命運掌握在老天的手裡，即使是神醫扁鵲在世又有什麼用處！」竟不准醫生治病，讓人賞賜了醫生五十斤黃金，就打發他走了。呂后問劉邦說：「陛下百歲以後，蕭相國如果死了，讓誰接替他任相國？」高祖說：「曹參可以。」呂后又問曹參以後誰可以接任，劉邦說：「王陵可以；但王陵稍微顯得憨直認死理，可以讓陳平幫助他。陳平智謀有餘，但很難獨當一面。周勃穩重厚道，不善於言辭，但最終安定劉氏的必定是周勃，可以任命周勃擔任太尉。」呂后還想繼續問下去，高祖說：「再以後的事情，就不是你能知道的了。」

夏季，四月二十五日甲辰，漢高祖劉邦死於長樂宮。二十八日丁未，發喪，大赦天下。

盧綰率領數千人停留在邊塞等候消息，希望漢高祖劉邦能夠病體痊癒，自己親自到劉邦面前請罪。後來聽到劉邦駕崩的消息後，就逃亡到匈奴去了。

五月十七日丙寅，將漢高祖劉邦葬於長陵。

當初，漢高祖不喜歡讀書，但天性聰明，長於謀略又能廣泛地聽取意見。從看門的小吏到守邊的士卒，見了面就跟老朋友似的。初入關中就能順應民意，約法三章。天下平定後，任用蕭何編訂律令條文，任命韓信編寫軍事著作，任命張蒼制定各種規章制度，命叔孫通編訂各種禮儀。又與功臣共剖符信，立下誓言，並用丹將誓言書寫在鐵券上，裝入金匱石室，藏在宗廟中。事務繁忙，日不暇給，然而所創立的各項規章制度等，卻規模宏大、影響深遠。

五月二十日己巳，太子劉盈繼皇帝位，給呂皇后上尊號，稱為皇太后。

當初，高祖病重的時候，有人在高祖面前誹謗樊噲，說：「他是皇后呂氏的同黨，假使皇帝一旦駕崩，他就要殺死趙王如意。」高祖當時非常生氣，於是採納陳平的意見，將周勃叫到病床前接受詔命，說：「陳平馬上用驛站的馬車送周勃去接替樊噲領兵。陳平你們到了軍中，就立刻砍下樊噲的人頭。」陳平、周勃接受了高祖的命令，乘坐驛站的馬車趕往樊噲軍營，途中，兩人邊走邊商量說：「樊噲是皇帝兒時的朋友，又有很大的功勞；還是呂后妹妹呂嬃的丈夫，他與皇帝既是親戚關係，身分又如此尊貴。皇帝因為一時的憤怒就想要殺掉他，恐怕過後會後悔。我們寧可把樊噲押解進長安，讓皇帝自己去處理。」兩人在靠近樊噲大營的地方，建築了一個高臺，用皇帝的符節召見樊噲。樊噲接受了詔書後，就被捆綁起來，裝入囚車中，通過驛站送往長安。而留下周勃接替樊噲統領軍隊，平定燕地參與謀反的各縣。

陳平在返回途中，聽到了高祖駕崩的消息；他畏懼呂嬃會在呂后面前進讒言，就加快行程，自己搶先乘坐驛站的馬車趕回長安。路上遇到使者傳達皇帝的命令，讓陳平和灌嬰屯守滎陽。陳平雖然接受了詔命，卻立刻驅車趕往皇宮，在高祖靈前哭得特別悲傷；並趁機請求留在宮中為高祖守靈。呂太后就任命他擔任郎中令，讓他負責教導惠帝劉盈。因此，呂嬃的讒言才沒有奏效。樊噲回到長安就被赦免釋放，並恢復了他原有的封爵和食邑。

呂太后下令永巷令將戚夫人囚禁起來，命人給戚夫人剃光了頭髮，脖子上束著鐵箍，穿著赭色的囚衣，用杵臼搗米。呂太后又派人到趙國邯鄲召趙王如意回京師。使者一連去了三次，趙王相周昌對使者說：「高皇帝把趙王如意託付給我，趙王年紀還小，我私下裡聽說，太后因為怨恨戚夫人，就想把趙王召回長安與戚夫人一起殺掉，我不敢讓趙王回長安。再說，趙王目前正在生病，所以不能按照你的命令行事。」呂太后非常生氣，就先把周昌召回長安。周昌回到長安後，呂太后又派人去召趙王如意；趙王不敢不來。趙王已經上路的時候，皇帝劉盈才知道消息；劉盈知道太后很生氣，為了保護如意，就親自到霸上迎接，讓如意和自己一同入宮，並隨時把趙王如意帶在自己身邊，包括吃飯、睡覺都和自己在一起。呂太后雖然想殺掉如意，但總是找不到機會。

孝惠皇帝

元年（丁未　西元前一九四年）

冬，十二月，帝晨出射。趙王少[1]，不能蚤❶起，太后使人持酖❷飲之。犂明，帝還❸，趙王已死❹。太后遂斷戚夫人手足，去眼煇耳❺，飲瘖藥❻，使居廁中，命曰「人彘」❼。居數日，乃召帝觀人彘。帝見，問，知其戚夫人，乃大哭，因病，歲餘不能起。使人請太后❽曰：「此非人所為。臣為太后子，終不能治天下❾。」帝以此日飲為淫樂，不聽政。

臣光曰：「為人子者，父母有過則諫。諫而不聽，則號泣而隨之。安有守高祖之業，為天下之主，不忍母之殘酷，遂棄國家而不恤❿，縱酒色以傷生！若孝惠者，可謂篤⓫於小仁而未知大誼⓬也。」

徙⓭淮陽王友為趙王。

春，正月，始作長安城西北方⓮。

二年（戊申　西元前一九三年）

冬，十月，齊悼惠王⓯來朝，飲於太后前。帝以齊王，兄也，置之上坐⓰。太后怒，酌酖酒置前，賜齊王為壽⓱。齊王起，帝亦起取卮⓲。太后恐，自起泛帝后⑲。齊王怪之，因不敢飲，佯醉去。問，知其酖⑳，大恐。齊內史士㉑說王，使獻城陽郡㉒為魯元公主湯沐邑㉓。太后喜，乃罷歸齊王㉔。

春，正月癸酉㉕，有兩龍見㉖蘭陵家人㉗井中。

隴西㉘地震。

夏，旱。

郃陽侯仲㉙薨。

酇文終侯蕭何㉚病。上親自臨視㉛，因問曰：「君即百歲㉜後，誰可代君者？」對曰：「知臣莫如主㉝。」帝曰：「曹參何如？」何頓首㉞曰：「帝得之矣，臣死不恨㉟。」

秋，七月辛未㊱，何薨。何置田宅，必居窮僻處，為家㊲不治垣屋㊳。曰：「後世賢，師吾儉㊴；不賢，毋為勢家所奪㊵。」

癸巳㊶，以曹參為相國。參聞何薨，告舍人㊷：「趣治行㊸！吾將入相㊹。」居無何㊺，使者果召參。始，參微時㊻，與蕭何善㊼，及為將相，有隙㊽。至何且死，所推賢惟參。參代何為相，舉事無所變更㊾，一遵何約束㊿。擇郡國吏(51)，木訥於文辭(52)。重厚長者(53)，即召除(54)為丞相史(55)。吏之言文刻深(56)、欲務聲名(57)者，輒斥去(58)之。日夜飲醇酒，卿大夫以下吏(59)及賓客(60)見參不事事(61)，來者皆欲有言(62)，參輒飲以醇酒(63)。間(64)，欲有所言，復飲之。醉而後去，終莫得開說(65)以為常。見人有細過，專掩匿覆蓋之，府中無事。

參子窋為中大夫(66)，帝怪相國不治事，以為「豈少朕與(67)？」使窋歸，以其私(68)問參。參怒笞(69)窋二百，曰：「趣入侍(70)！天下事非若所當言(71)也！」至朝時，帝讓(72)參曰：「乃者(73)我使諫君也。」參免冠(74)謝曰：「陛下自察聖武(75)孰與高帝？」上曰：「朕乃安敢望(76)先帝！」又曰：「陛下觀臣能孰與蕭何賢(77)？」上曰：「君似不及也。」參曰：「陛下言之是也。高帝與蕭何定天下，法令既明。今陛下垂拱(78)，參等守職(79)，遵而勿失，不亦可乎(80)？」帝曰：「善。」

參為相國，出入三年(81)，百姓歌之曰：「蕭何為法，較若畫一(82)。曹參代之，守而勿失；載其清淨(83)，民以寧壹(84)。」

三年（己酉　西元前一九二年）

春，發長安六百里內男女十四萬六千人城長安(85)，三十日罷(86)。

以宗室女(87)為公主(88)，嫁匈奴冒頓單于。是時，冒頓方彊，為書(89)使使遺高后，辭極褻嫚(90)。高后大怒，召將相大臣，議斬其使者，發兵擊之。樊噲曰：「臣願得十萬眾，橫行[91]匈奴中！」中郎將[92]季布[93]曰：「噲可斬也。前匈奴圍高帝於平城[94]，漢兵三十二萬，噲為上將軍，不能解圍。今歌吟[95]之聲未絕，傷夷者[96]甫起[97]，而噲欲搖動天下[98]，妄言以十萬眾橫行，是面謾[99]也。且夷狄譬如禽獸，得其善言不足喜，惡言不足怒也。」高后曰：「善。」令大謁者[100]張釋[101]報書，深自謙遜以謝之[102]，并遺以車二乘[103]，馬二駟[104]。冒頓復使使來謝，曰：「未嘗聞中國禮義，陛下幸而赦之。」因獻馬，遂和親。

夏，五月，立閩越君搖為東海王[105]。搖與無諸[106]，皆越王句踐[107]之後也，從諸侯滅秦，功多，其民便附[108]，故立之。都東甌[109]，世號東甌王[110]。

六月，發諸侯王、列侯徒隸[111]二萬人城長安。

秋，七月，都廄災[112]。

是歲，蜀湔氐反[113]，擊平之。

四年（庚戌　西元前一九一年）

冬，十月，立皇后張氏[114]。后，帝姊魯元公主女也，太后欲為重親，故以配帝[115]。

春，正月，舉民孝弟力田[116]者，復其身[117]。

三月甲子[118]，皇帝冠[119]，赦天下。

省[120]法令妨吏民[121]者，除挾書律[122]。

帝以朝太后於長樂宮[123]及間往[124]，數蹕煩民[125]，乃築複道[126]於武庫[127]南。奉常叔孫通[128]諫曰：「此高帝[2]月出游衣冠[129]之道也，子孫奈何乘宗廟道上行[130]哉！」帝懼曰：「急壞之[131]！」通曰：「人主無過舉[132]。今已作，百姓皆知之矣。願陛下為原廟渭北[133]，月出游之[134]。益廣宗廟，大孝之本[135]。」上乃詔有司立原廟[136]。

臣光曰：「過者，人之所必不免也，惟聖賢為能知而改之。古之聖王，患[137]其有過而不自知也，故設誹謗之木，置敢諫之鼓[138]，豈畏百姓之聞其過哉！是以仲虺[139]美成湯[140]曰『改過不吝[141]』，傅說[142]戒高宗[143]曰『無恥過作非[144]』。由是觀之，則為人君者，固不以無過為賢，而以改過為美也。今叔孫通諫孝惠，乃云『人主無過舉』，是教人君以文過遂非[145]也，豈不繆[146]哉！」

長樂宮鴻臺災[147]。

秋，七月乙亥[148]，未央宮凌室[149]災。丙子[150]，織室[151]災。

五年（辛亥　西元前一九〇年）

冬，雷。桃李華，棗實[152]。

春，正月，復發長安六百里內男女十四萬五千人城長安，三十日罷。

夏，大旱，江河水少，谿谷[153]水絕。

秋，八月己丑[154][3]，平陽懿侯曹參[155]薨。

六年（壬子　西元前一八九年）

冬，十月，以王陵為右丞相，陳平為左丞相。

齊悼惠王肥[156]薨。

夏，留文成侯張良[157]薨。

以周勃為太尉。

七年（癸丑　西元前一八八年）

冬，發車騎[158]、材官[159]詣滎陽[160]，太尉灌嬰將[161]。

春，正月辛丑朔[162]，日有食之[163]。

夏，五月丁卯[164]，日有食之，既[165]。

秋，八月戊寅[166]，帝崩[167]于未央宮。大赦天下。九月辛丑[168]，葬安陵[169]。

初，呂太后命張皇后取他人子養之[170]，而殺其母，以為太子[171]。既葬[172]，太子即皇帝位。年幼，太后臨朝稱制[173]。

【章　旨】以上為第三段，寫惠帝在位七年（西元前一九四—前一八八年）間的全國大事，主要寫了呂后乘劉邦之死慘殺戚夫人，殺趙王如意，又欲殺劉肥而未果的一連串罪惡行徑；寫了蕭何去世，曹參繼任為相，曹參謹依蕭何章程行事，以利國家經濟恢復發展的情形；寫了匈奴挑釁，呂后忍讓，繼續奉行和親政策；寫了叔孫通諂媚討好、逢君之過的可鄙可惡；寫呂后為滿足私欲而令惠帝娶其胞姐之女，致使後嗣不昌，馴致呂后專政，為其成為中國第一個女皇帝準備了條件。

【注　釋】❶蚤　通「早」。❷酖　通「鴆」。傳說中的一種毒鳥，據說以其羽毛蘸過的酒，使人飲之，立死。這裡即指毒酒。《集解》引應劭曰：「鴆鳥食蝮，以其羽畫酒中，飲之立死。」❸犂明二句　當作「犂帝還」，「明」字衍。犂，及；等到。王念孫曰：「帝晨出射，則天將明矣。及既射而還，則在日出之後，不得言『犂明帝還』也。言比及帝還，而趙王已死也。《漢書》作『遲帝還』，與『犂帝還』同義。」❹趙王已死　梁玉繩曰：「《史》、《漢》皆以呂后鴆殺趙王，而《西京雜記》言呂后命力士縊殺之。力士是東郭門外官奴，惠帝後知腰斬之。與《史》、《漢》異。惠帝護趙王甚摯，寧有不究其死者？若果得實，則惠帝此舉甚快，可謂能用刑矣。」❺去眼煇耳　挖去眼睛，熏聾耳朵。煇，通「熏」。郭嵩燾曰：「此當為『煇眼去耳』，謂薰灼其目使瞽也。耳則可以割而去之，無薰耳之法也。」❻飲瘖藥　飲，灌。瘖藥，喝了使人變啞的藥。❼命曰人彘　給戚夫人取名為「人彘」。❽請太后　意即對太后講。❾終不能治天下　胡三省曰：「惠帝之意蓋自謂身為太后子，而不能容父之寵姬，是終不能治天下也。」按，胡氏之說過狹，此語蓋謂母氏之殘虐如此，為其子者亦惶愧而無顏復居人上也。終，猶今之所謂「無論如何」。❿恤　慮；關心。⓫篤　厚；堅守。⓬大誼　同「大義」。最應該做好的事情。⓭徙　移；改封。⓮始作長安城西北方　開始修築長安城城牆的西北部。據《三輔黃圖》：長安城牆高三丈五尺，下闊一丈五尺，上闊九尺，周回六十五里。⓯齊悼惠王　劉肥，劉邦的私生子，悼惠二字是諡。事跡見《史記・齊悼惠王世家》。⓰坐　通「座」。⓱賜齊王為壽　意即讓齊王起來敬酒。古代向人敬酒是致罷祝酒辭而自飲一杯。⓲亦起取卮　也直起身端過一杯酒。卮，古代盛酒器皿。⓳泛帝卮　奪過惠帝的酒杯，將酒潑在地上。泛，翻；倒掉。⓴知其酖　知道那是毒酒。㉑內史士　內史名士。諸侯的內史是治理該國民政的官員。㉒城陽郡　齊國國內的郡名，郡治即今山東莒縣。齊國是當時最大的諸侯封國，轄有七個郡。㉓湯沐邑　特別撥給某個帝王、諸侯、王后、公主等用以貼補其日常生活開銷的領地。㉔罷歸齊王　允許齊王返回齊國。㉕正月癸酉　正月初四。㉖見　出現。㉗蘭陵家人　蘭陵縣的百姓。蘭陵，漢縣名，縣治即今山東棗莊南嶧城鎮東的蘭陵鎮。家人，平民百姓。(28)隴西 漢郡名，郡治狄道，即今甘肅臨洮。(29)郃陽侯仲 劉仲，名喜，仲是排行，為劉邦的次兄，吳王濞之父。原曾被封為代王，因在匈奴進攻時棄城逃跑，被降為郃陽侯。(30)酇文終侯蕭何 蕭何以佐劉邦開國功被封為酇侯，封地酇縣，即今河南永城西之酇縣鄉。文終是蕭何死後的謚號。(31)臨視 前往探望。臨，有自上而下意。(32)百歲 「死」的委婉說法。(33)知臣莫如主 意即不用我說，您自己知道。(34)頓首 頭叩地而拜。(35)臣死不恨 猶言死而無憾。恨，憾。(36)七月辛未 七月初五。(37)為家 修建家庭住宅。(38)不治垣屋 蓋有圍牆的房子。垣，圍牆。(39)師吾儉 學習我的儉樸。師，學習。(40)毋為勢家所奪 不至於被權勢之家所奪走。毋為，不會被。(41)癸巳 七月二十七。(42)舍人 半僕役、半賓客的親信人員。(43)趣治行 趕緊收拾行裝。趣，通「促」。趕快。(44)入相 入朝為相。(45)居無何 沒過多久。(46)微時 貧賤的時候。微，與「顯貴」相對而言。(47)與蕭何善 蓋謂二人在沛縣為小吏時也。(48)及為將相二句 隙，隔閡；矛盾。師古曰：「參自以戰鬥功多，而封賞每在何後，故怨何也。」按，司馬遷對於貧時為友，富貴則產生怨隙的人情世態多所不滿，《史記・張耳陳餘列傳》的論贊即闡發此旨。(49)舉事無所變更 師古曰：「舉，皆也，言凡事皆無變改。」楊樹達曰：「『舉事』言『行事』。〈李陵傳〉『舉事一不幸』；〈匈奴傳〉『舉事隨月』，皆可證。」(50)一遵何約束 一切都按照蕭何的舊有章程辦。(51)擇郡國吏 指從各郡、各諸侯國的行政官員中物色可以調進中央的人選。(52)木訥於文辭 意即拙於言辭。《正義佚存》曰：「若擊木，質樸無餘音也。」(53)重厚長者 樸實厚道的人。(54)除 授；任命。(55)丞相史 丞相手下的辦事人員。其最高者曰「長史」，猶如今之「祕書長」，其下有「掾史」、「令史」等。(56)言文刻深 指嚴格執法，嚴格以規章制度律人。言文，指法律條文與規章制度。(57)欲務聲名 追求「辦事嚴格」的好名聲。(58)斥去 罷免。(59)卿大夫以下吏 九卿與大夫級以下的官吏。(60)賓客 指曹參身邊的幕僚。(61)不事事 不幹事；不管事。(62)皆欲有言 都想給曹參提出建議。(63)參輒飲以醇酒 曹參總是拿醇酒讓他喝。(64)間 過了一會兒。(65)莫得開說 沒有機會張嘴說話。開說，猶言「關說」，即今所謂「建言」。(66)中大夫 郎中令的屬官，秩比二千石，在皇帝身邊掌議論。(67)豈少朕與 莫非對我有什麼不滿意嗎。少，小瞧；看不起。《索隱》曰：「不足之詞，故胡亥亦云：『丞相豈少我哉？』」按，胡亥語見《史記・李斯列傳》。(68)以其私 假作他自己的意思。(69)笞 用竹板、木棍打人。(70)趣入侍 趕緊入宮侍候皇帝。趣，通「促」。趕緊。其實這裡的意思是，你只管侍候好皇帝就行了。(71)非若所當言 不是你該過問的。(72)讓 責備。(73)乃者 師古曰：「猶言曩者。」指前邊發生的事情，即曹窋之諫父。(74)免冠 古人請罪時所做的一種姿態。(75)聖武 聖明英武。(76)安敢望 「豈敢比」的客氣說法。(77)臣能孰與蕭何賢 我的能力與蕭何比哪個更強。(78)垂拱 垂衣拱手，這裡指垂拱而治，形容清閒無事的樣子。(79)守職 謹守職分，指不多生事。史珥曰：「『守職』二字宜味，正是法令既明後善政，彼蓋鑑於秦之深覈，不欲務赫赫名，非是一味廢弛。」(80)不亦可乎　這不是很好嗎。(81)出入三年　就這樣一直當了三年。梁玉繩曰：「『三年』乃『四年』之誤。參自惠帝二年為相，至五年（西元前一九〇年）卒也。」(82)較若畫一　意即清楚明白。較若，較然；明確的樣子。畫一，統一。師古曰：「言整齊也。」(83)載其清淨　推行其清靜之政務。載，行也。清淨，同「清靜」。意即「無為」。(84)民以寧壹　生活安寧，思想專一。(85)城長安　修築長安城。(86)三十日罷　修築了三十日停止下來。(87)宗室女　劉氏族人的女子。(88)為公主　假說是皇帝的女兒。(89)為書　寫了一封信。(90)褻嫚　猥褻而無禮。據《漢書・匈奴傳》，其言有所謂「陛下獨立，孤僨獨居。兩主不樂，無以自虞，願以所有，易其所無」云云。(91)橫行　所向無敵的樣子。(92)中郎將　帝王的侍衛武官，上屬郎中令。(93)季布　原是項羽的將領，項羽死後，經過一些曲折歸了劉邦，此時為劉邦的侍衛長官。事跡見《史記・季布欒布列傳》。(94)圍高帝於平城　事在高祖七年，韓王信勾結匈奴在太原一帶作亂，劉邦率軍往擊，曾被冒頓所率之匈奴兵圍困於平城七日。事情已見於前文。(95)歌吟　描寫那次痛苦經歷的歌謠。(96)傷夷者　在那次戰爭中受傷的士兵。夷，同「痍」。創傷。(97)甫起　剛剛養好傷。(98)搖動天下　指挑起戰爭，造成動亂，使天下動亂不安。(99)面謾　當面吹牛。謾，欺騙。(100)大謁者　官名，諸謁者之長。為皇帝掌管接收文件，傳達詔令，接待賓客等事宜。(101)張釋　此人也作「張卿」、「張澤」、「張擇」。見《史記・荊燕世家》。(102)深自謙遜以謝之　據《漢書・匈奴傳》，其報書有所謂「年老氣衰，髮齒墮落，行步失度，單于過聽，不足以自汙。敝邑無罪，宜在見赦」云云。(103)車二乘　車兩輛。一車四馬為一乘。(104)馬二駟　馬八匹。古稱四匹馬為駟。(105)立閩越君搖為東海王　今浙江東南部沿海地區的閩越族首領其名曰搖，因在楚漢戰爭時期曾幫著劉邦打擊項羽，故而今天被惠帝找補加封為東海王。(106)無諸　今福建沿海地區的閩越族首領其名曰無諸，因在楚漢戰爭時期曾幫著劉邦打擊項羽，高祖五年已被劉邦封為閩越王，國都東冶，即今福建武夷山市之城村舊址。(107)越王句踐　春秋末期生活在今浙江紹興一帶的越族首領，曾滅掉強吳，成為一時的諸侯霸主。事跡詳見《史記・越王句踐世家》。(108)便附　對其統治感到方便有利故而歸附之。(109)東甌　即今浙江之溫州。(110)東甌王　有關東甌的興衰始末，詳見《史記・東越列傳》。(111)諸侯王列侯徒隸　各諸侯王與各列侯所管的奴隸與苦役犯。(112)都廄災　國家都城的大馬棚發生火災。廄，馬棚。(113)蜀湔氏反　蜀郡湔氏道的少數民族發生叛亂。湔氏，少數民族名，也是該少數民族所居的縣名，在今四川松潘西北。當時將含有少數民族聚居的縣稱作「道」。(114)張氏　趙王張敖之女。(115)欲為重親二句　為了親上加親，而使舅舅娶自己的外甥女，呂后行事之荒悖無過於此者。(116)孝弟力田　漢代選拔官吏的科目名。孝，指善事父母。弟，同「悌」。善事兄弟。力田，指勤於農業勞動。(117)復其身　免去其本人應出勞役與賦稅。(118)三月甲子　三月初七。(119)冠　加冠，男子二十歲行加冠禮。(120)省　取消；廢除。(121)妨吏民　對吏、民的生活不便。(122)除挾書律　廢除秦始皇三十四年所頒布的禁止民間私藏《詩》、《書》和百家著作的禁令。(123)朝太后於長樂宮　當時皇帝住在未央宮，太后住在長樂宮，故皇帝要經常去長樂宮朝拜太后。(124)間往　非正式的私下前往。(125)數蹕煩民　屢屢清道戒嚴，給行人帶來不便。蹕，戒嚴。(126)複道　空中通道。王先謙曰：「自未央宮而東，越武庫，南過鼎路門，取道高廟，南達長樂宮也。」(127)武庫　國家的兵器倉庫，在長樂宮之西，未央宮之東。(128)奉常叔孫通　任奉常之職的叔孫通。奉常，也稱「太常」，是主管朝廷與宗廟禮儀的官，「九卿」之一。叔孫通為劉邦制定朝儀的事情已見前文。(129)高帝月出遊衣冠　師古曰：「謂從高帝陵寢出衣冠遊於高廟，每月一為之，漢制則然。」此指每個月的初一都要把劉邦生前穿過的衣服，從咸陽東北的高帝陵園的寢廟中請出來，抬著到長安城裡的「高廟」中巡遊一回。(130)乘宗廟道上行　在「高帝月出遊衣冠」所經由的道路上空橫過。乘，登；淩駕。宗廟道，王先謙曰：「謂神道也，即衣冠往來所由。」因為孝惠帝所修的空中通道正好跨過了從高帝陵園通往長安城內「高廟」的「遊衣冠」的通道，故叔孫通說這是「令後世子孫乘宗廟道上行」。(131)急壞之　趕緊將它拆掉。(132)人主無過舉　過舉，失誤的舉措。淩稚隆引董份曰：「叔孫通所謂逢君之過者，使人主惡聞憚改，通實啟之。」(133)為原廟渭北　在渭河以北另修一座高帝廟。師古曰：「原，重也，先已有廟，今更立之，故曰重也。」(134)月出遊之　高帝陵園（長陵）在渭河北，長安城在渭河南，故「遊衣冠」必須渡河進城；現如果在渭河北另建一座「原廟」，那就可以讓劉邦的幽靈只在渭河以北遊蕩，用不著再進城給其「後世子孫」添亂了。王先謙曰：「高祖長陵在渭水北，去長安三十五里。原廟既成，則陵寢衣冠但月遊原廟，不至城中高帝廟，故複道無妨也。」(135)益廣宗廟二句　對人說是出於皇帝的「孝心」，實際上是為了減少麻煩，為皇帝文過飾非，這就是叔孫通所奉行的儒家的「禮」。(136)詔有司立原廟　《史記・劉敬叔孫通列傳》於此作「原廟起，以複道故」，史公重出此語，以著叔孫通之阿諛生事。吳見思曰：「微詞妙，希世處於此等照出。」史珥曰：「子長瑣屑記之，備原廟緣起，且著通之阿諛耳。」(137)患　擔心；防止。(138)設誹謗之木二句　《鄧析子・轉辭》有所謂「堯置敢諫之鼓，舜立誹謗之木」。誹謗之木是一種十字形的立木，後代演變成宮殿前的華表，據說誰要是對朝廷的舉措有意見，即可站在誹謗之木下加以陳述。敢諫之鼓立於宮殿門外，臣民有欲進諫者，即可敲鼓求見。(139)仲虺　商湯時的丞相。(140)成湯　即商湯，商朝的開國之君。事跡詳見《史記・殷本紀》。(141)改過不吝　語見《尚書・仲虺之誥》，意即毫無保留地改正錯誤。(142)傳說　商王武丁的大臣。(143)高宗　即武丁，商代的第二十三代帝王，以其使商朝興盛，故尊謚曰「高宗」。(144)無恥過作非　不要以小過為恥進而釀成大錯誤。語見《尚書・說命中》。(145)文過遂非　文飾錯誤，在錯誤的道路上繼續走下去。遂，成。(146)繆　通「謬」。荒謬。(147)鴻臺災　鴻臺發生火災。鴻臺，長樂宮中的臺觀名，《三輔黃圖》有所謂「秦始皇二十七年築」云云，與情理不合，疑非。(148)七月乙亥　七月二十。(149)凌室　藏冰的房子。(150)丙子　七月二十一。(151)織室　織帛染色的部門。當時的未央宮裡有東、西織室。(152)冬四句　冬天打雷、桃李開花、棗樹結果，都是自然界的反常現象，疑將有大變，故書於史。(153)谿谷　山間的河溝、窪地。(154)八月己丑　八月己酉朔，無己丑，疑記載有誤。(155)平陽懿侯曹參　曹參是劉邦的開國功臣，以軍功被封為平陽侯，死後諡為懿。(156)齊悼惠王肥　劉肥，劉邦的私生子，被封為齊王，死後諡為惠。事跡詳見《史記・齊悼惠王世家》。(157)留文成侯張良　張良是劉邦的開國謀臣，以開國功被封為留侯，文成是死後的諡。(158)車騎　車兵與騎兵。(159)材官　力大而善射的特種兵。(160)詣滎陽　增派到滎陽以加強守衛。滎陽，漢縣名，即今河南滎陽東北之古滎鎮，是防衛長安的前沿要地。(161)太尉灌嬰將　讓太尉灌嬰統兵，負責滎陽的駐守。(162)正月辛丑朔　這年的正月初一是辛丑日。朔，指每個月的初一。(163)日有食之　意即這年的正月初一發生了日蝕。(164)五月丁卯　五月二十九。(165)日有食之二句　這天發生日蝕，接著就成了日全蝕。既，日全蝕。按，古人視日蝕為最嚴重的天變，故逢日蝕必書於史。這裡連書日蝕之「天變」，為下文「帝崩」作鋪墊。(166)八月戊寅　八月十一。(167)帝崩　惠帝卒年二十四歲。(168)九月辛丑　九月初五。(169)安陵　漢惠帝的陵墓名，在今陝西咸陽東北，距高祖長陵十里餘。(170)取他人子養之　因張皇后是漢惠帝的外甥女，近親繁殖，不能生育，故遂抱養了其他姬妾所生的孩子假說是自己所生。(171)以為太子　將其立為太子。(172)既葬　謂漢惠帝的靈柩下葬之後。(173)太后臨朝稱制　惠帝死後太子即位，「太后臨朝稱制」，按理說此時的「太后」應指張皇后，但《史記》、《漢書》與《通鑑》卻都不加處理地直以此「太后」指呂后，這是事實，但作為史書的行文，不能說沒有毛病。臨朝，上朝處理國事。稱制，以皇帝的身分發號施令。制，皇帝的命令。

【校　記】[1]少　原作「年少」。據章鈺校，甲十五行本、乙十一行本、孔天胤本皆無「年」字。今從諸本及《史記・呂太后本紀》、《通鑑紀事本末》刪。[2]帝　據章鈺校，甲十五行本、乙十一行本、孔天胤本「帝」下有「衣冠」二字，張敦仁《通鑑刊本識誤》同。[3]己丑　原無此二字。據章鈺校，甲十五行本、乙十一行本、孔天胤本皆有此二字，今據補。

【語　譯】孝惠皇帝

元年（丁未　西元前一九四年）

冬季，十二月，惠帝早晨出去到郊外打獵。趙王如意因為年紀太小，起不了那麼早，所以沒有同去；呂太后抓住這個機會，派人用鴆酒強行給趙王如意灌下。黎明時，惠帝回到宮中，趙王如意已經死了。呂太后又把戚夫人的手腳全部砍去，還挖掉了戚夫人的雙眼，用火灼燒，熏聾了戚夫人的耳朵，又給戚夫人灌了啞藥，使她說不出話來，然後把她放到廁所中，起名叫「人彘」。過了幾天，呂太后派人把惠帝請來觀看「人彘」。惠帝看見後，一問，才知道這就是戚夫人，於是放聲大哭，竟因此病倒，有一年多臥床不起。惠帝對太后說：「這根本就不是人幹的事情，而您竟然做出來了。我作為您的兒子，卻阻止不了您幹這樣的事，我無論如何也沒有顏面做皇帝治理天下。」因此，惠帝每天在後宮飲酒淫樂，不理朝政。

司馬光說：「作為人的兒子，父母有了過錯就應該規勸。規勸了還不改正，就應該哭泣著任由父母所為。哪有繼承了漢高祖的基業，已經是一國之主，因為忍受不了母親的殘暴，就將國家的利益拋棄到一邊而不顧惜，整日縱情酒色、自傷身體呢！像孝惠帝這樣的人，可以說是只知道堅守小仁小義，而不懂得什麼是大仁大義。」

將淮陽王趙友改封為趙王。

春天，正月，開始修建長安城城牆的西部和北部。

二年（戊申　西元前一九三年）

冬季，十月，齊悼惠王劉肥來長安朝見皇帝，惠帝和齊王劉肥在呂太后面前飲酒。惠帝因為齊王劉肥是兄長，就安排他坐在上首的位置上。呂太后一見，怒不可遏，就把一杯鴆酒放在齊悼王劉肥面前讓他起來敬酒。齊王站起來，惠帝也站起來先端起了那杯酒。太后見惠帝端的是那杯鴆酒，心裡害怕，趕緊站起來親手打翻了那杯酒。齊王感到有些蹊蹺，於是不敢再飲酒，假裝已經喝醉的樣子告辭而去。回頭一打聽，才知道那是一杯毒酒，心裡非常恐懼。齊王內史士向齊王獻計，讓齊王把自己轄下的城陽郡獻給魯元公主做湯沐邑。呂太后這才轉怒為喜，允許齊王劉肥返回齊國。

春天，正月初四日癸酉，有兩條龍出現在蘭陵一戶平民家的井中。

隴西發生地震。

夏季，大旱。

郃陽侯劉仲去世。

酇文終侯蕭何病重。惠帝親自到他家中探視，並向蕭何詢問說：「如果不幸您去世了，朝中誰可以接替您為相國呢？」酇文終侯蕭何推辭說：「沒有人比皇帝更瞭解大臣了。」惠帝又問：「您認為曹參怎麼樣？」蕭何在病床上連連磕頭說：「皇帝找對人了，我死也沒有遺憾了。」

秋天，七月初五日辛未，酇文終侯蕭何去世。蕭何置辦的農田房舍，全都挑選在窮鄉僻壤，修建的房舍也沒有院牆。他說：「後代子孫賢明，就會效法我的勤儉；不成器，家產也不至於被有權勢之家所侵奪。」

七月二十七日癸巳，任命曹參為相國。曹參聽到蕭何去世的消息後，就告訴他的門客說：「趕緊收拾行裝！我就要到朝廷擔任國相。」沒過多久，朝廷果然派使者來召見曹參。當初，曹參還沒有顯達之時，與蕭何最為友善，等到兩人分別為將為相的時候，卻有了隔閡。但蕭何臨死時，所推薦的卻只有曹參。曹參接替蕭何為相國，一切事務的處理辦法沒有任何變更，完全遵循蕭何制定的規章制度辦。選用官吏的時候，不論是郡縣，還是封國中，凡是為人質樸、不善言辭、端莊敦厚的，就選拔上來，任命為丞相的屬官。官吏當中，凡是長於言辭、處理事情嚴酷苛刻，刻意追求聲譽的，就將其罷免。曹參每日裡就是喝味道醇厚的美酒，卻不幹事；那些卿大夫、各級大小官員，甚至是曹參的賓客看見曹參不理政事，都想來規勸他，來了以後，曹參總是拿美酒讓他喝。有些人抓個機會就想說，曹參就勸他繼續喝酒。一直喝到酩酊大醉辭去，卻始終沒有說出自己想要說的話，這已經是習以為常的事情。看見人犯了一些小的過失，一定會設法掩飾，不予追究；因此相國府中相安無事。

曹參的兒子曹窋擔任中大夫，皇帝對曹參相國不處理政事的行為很不理解，認為「難道因為我年輕而輕視我嗎？」就派曹窋回家，裝作是自己的意思詢問曹參。曹參大怒用藤條抽了他二百下，說：「還不趕緊回去侍奉皇帝！國家大事不是你應該過問的！」到上朝議事的時候，惠帝責備曹參說：「那天是我派曹窋去規勸你的。」曹參趕緊摘下自己的烏紗帽，向皇帝謝罪說：「陛下您與高皇帝比，誰更聖明英武呢？」惠帝說：「我怎麼敢與先帝比呢！」曹參又問：「陛下把我跟蕭何相比，誰的能力更強呢？」惠帝說：「先生好像比不上蕭何。」曹參說：「陛下說得對極了。高皇帝與蕭何平定天下，各項法令法規，已經制定得十分完善。現在陛下只需垂衣拱手，我等謹守職分，只要一切遵循蕭何的法律制度而不走樣，不是就可以了嗎？」惠帝說：「對。」

曹參擔任相國，前後一共當了三年的時間，百姓歌頌他說：「蕭何制定法律，清楚明白、整齊劃一。曹參接任，謹慎遵循而不走樣；推行政務、清淨無為，思想專一、百姓安寧。」

三年（己酉　西元前一九二年）

春天，發動長安周圍六百里範圍內的男女總計十四萬六千人修築長安城，修了三十天即告暫停。

挑選劉氏族人的女子假說是皇帝的女兒，嫁給匈奴冒頓單于。當時冒頓統治下的匈奴正處在國力強盛時期，冒頓寫了一封書信，派使者來到漢朝送給呂太后，信中言辭猥褻無禮。呂太后看過後非常憤怒，就召集諸位大臣商議，想要殺死匈奴使者，然後發兵攻打匈奴。樊噲說：「我願意率領十萬軍隊，掃平匈奴！」中郎將季布說：「就憑這話，就應該將樊噲斬首。以前，匈奴將高皇帝圍困在平城，當時漢朝的軍隊有三十二萬，樊噲身為上將軍，卻無法為高皇帝解圍。如今，百姓呻吟的聲音還沒有消失，士卒的傷口才剛剛養好，而樊噲就想要動搖國本，使國家重新捲入戰爭，竟然大言不慚地說率領十萬之眾橫行匈奴，這是當面撒謊。再說，像匈奴這樣的野蠻民族，和禽獸沒什麼兩樣，聽到他說您的好話不值得高興，口出惡言傷害您也用不著生氣。」呂太后說：「說得有道理。」於是下令主管替皇帝接收文件、傳達詔命、接待賓客等事宜的大謁者張釋用太后的口氣給匈奴冒頓單于寫了一封回書，言辭自抑謙遜，對單于來書表示謝意，並贈送給匈奴冒頓單于兩輛車、八匹馬。冒頓又派遣使者前來表示感謝，說：「因為從來沒有聽說過中國的禮儀而得罪了太后，幸而得到了太后陛下的寬恕。」同時贈送馬匹給太后，遂與中國和親。

夏季，五月，惠帝封閩越君搖為東海王。搖與無諸都是越王句踐的後代，在跟隨諸侯滅亡秦朝的過程中，建立了許多功勞，當地的百姓全都歸順、依附於他，所以朝廷封他為東海王。因為搖建都於東甌，所以稱他為東甌王。

六月，徵調各諸侯王和各列侯所監管的服勞役囚犯二萬人修築長安城。

秋天，七月，都城中的大馬棚發生火災。

當年，蜀郡湔氏部落發動叛亂，朝廷派軍隊平定了湔氏叛亂。

四年（庚戌　西元前一九一年）

冬天，十月，惠帝立趙王張敖之女為皇后。張皇后是惠帝姐姐魯元公主的女兒，呂太后想要親上做親，所以把她嫁給惠帝。

春天，正月，挑選那些孝敬父母，與兄弟親密友愛，努力耕種的人，免除他們本人的勞役和賦稅。

三月初七日甲子，為惠帝舉行加冠典禮，大赦天下。

廢除那些對百姓、官吏生活不方便的法令法規，廢除秦朝所頒布的禁止民間私藏《詩》、《書》和百家著作的「挾書律」。

惠帝因為要按時到長樂宮朝見太后，政事閒暇時也經常去探望，屢屢清道戒嚴給百姓造成了很大的不便。就在國家的武器庫南邊修建了一條複道。掌管宗廟禮儀的叔孫通勸諫惠帝說：「這是每月高皇帝衣冠出巡必經的道路，子孫的車馬怎麼能在這條道路的上空通行呢！」漢惠帝慌忙說：「趕快將它拆除！」叔孫通又說：「皇帝是永遠沒有過失的。現在複道已經修好了，百姓也都知道了這件事。請陛下在渭水北岸另外修建一座高帝廟，每月高帝衣冠出遊儀式就在那裡舉行，而且更加擴建了宗廟，就說這是出於皇帝的孝心。」惠帝馬上下令在渭水北岸又修建了一座原廟。

司馬光說：「過失，是任何人都不可避免的；但只有聖明賢德之人能夠知錯改過。古代聖明的君主，擔心有了過錯自己不知道，所以就設立誹謗木、擺設敢諫鼓讓人們提意見，怎麼會擔心百姓知道自己犯錯誤呢！仲虺讚美商朝的開國之君成湯說『勇於改過，毫不猶豫』，商朝的另一位賢臣傅說警告商高宗武丁說『不要把犯有小的過失當成恥辱而加以掩飾』。從這些事例來看，作為君主，本來就不認為沒有過錯就是賢明，而是認為有了過錯能馬上改正才是最值得讚美的。如今叔孫通勸諫孝惠帝，竟然說『人主永遠沒有過失』，這是在教惠帝文飾錯誤，在錯誤的道路上繼續走下去，這豈不是太荒謬了嗎！」

長樂宮中的鴻臺發生火災。

秋天，七月二十日乙亥，未央宮中儲藏冰的凌室發生火災。二十一日丙子，皇宮中的紡織作坊發生火災。

五年（辛亥　西元前一九〇年）

冬季，天上打雷。桃樹、李樹開花，棗樹結果。

春天，正月，再次徵調長安周圍六百里範圍內的男女共十四萬五千人修建長安城，修了三十天就又停止了。

夏季，發生了大面積的旱情，長江、黃河的水量很少，山間溪谷已經斷流。

秋天，八月己丑日，平陽懿侯曹參去世。

六年（壬子　西元前一八九年）

冬季，十月，任命王陵為右丞相，陳平為左丞相。

齊悼惠王劉肥去世。

夏季，留文成侯張良去世。

惠帝任命周勃為太尉。

七年（癸丑　西元前一八八年）

冬天，將車兵、騎兵和力大善於射箭的特種兵派往滎陽屯駐，由太尉灌嬰統領。

春季，正月初一日辛丑，發生日蝕。

夏季，五月二十九日丁卯，發生日全蝕。

秋季，八月十一日戊寅，漢孝惠皇帝劉盈在未央宮病逝。大赦天下。九月初五日辛丑，將孝惠皇帝劉盈安葬於安陵。

當初，呂太后讓張皇后抱養別人所生的兒子劉恭作為己子，並把劉恭的生母殺掉，劉恭被立為太子。孝惠皇帝劉盈下葬後，太子劉恭繼位做了皇帝。由於劉恭年紀幼小，由呂太后以皇帝的身分發號施令。

【研　析】本卷記載了高祖八年（西元前一九九年）至惠帝七年（西元前一八八年）共十二年間的全國大事，其中值得注意、值得討論的問題有以下幾點：

一、關於劉邦殺韓信、殺彭越、殺黥布的歷史公案。這是個大家看法不同的問題，已經爭論兩千多年了。有些人談論這個問題是為了影射他們所處的現在政治，如宋朝初年用以影射趙匡胤、明朝初年用以影射朱元璋、現代人用以影射毛澤東等等，這些我們無須討論。我們應該弄清的是漢朝當時的歷史。司馬遷出於他自身的慘痛經歷，對漢代最高統治者一般都沒有好感。司馬遷為了同情韓信，把武涉、蒯通兩人勸說韓信痛離劉邦的言論大段地放在《史記・淮陰侯列傳》裡，佔到整篇作品的六分之一；最後又讓蒯通在劉邦面前斥責韓信不聽他的話，這些都是用以證明韓信不想造反。而在《史記・魏豹彭越列傳》更明確地寫出是呂后支使彭越的舍人告發彭越造反，司馬遷的感情傾向是非常明確的。從司馬遷所描寫的具體情況看，韓信、彭越、黥布都沒想推翻劉邦，自立門戶。但司馬遷也明確地寫出了韓信、彭越的取死之道。正如司馬光所說：「高祖用詐謀禽信於陳，言負則有之。雖然，信亦有以取之也。始，漢與楚相距滎陽，信滅齊，不還報而自王。其後漢追楚至固陵，與信期共攻楚，而信不至。當是之時，高祖固有取信之心矣，顧力不能耳。」固陵之役，由於韓信、彭越諸路軍隊的不到，致使劉邦又大敗於項羽，這豈是一般的問題？劉邦除掉這幾個人是早晚的事，從劉邦穩定政權的角度考慮，他絕不能留著這些大禍害。

二、關於貫高謀殺劉邦的問題。貫高是老趙王張耳的賓客，張耳死後又輔佐張耳之子張敖。劉邦是張敖的老丈人，他要在女婿面前擺譜，做出一些讓張敖難堪的舉動，這本是他們之間的事情，貫高可以不管。但貫高是個有血性、重義氣的漢子，他看不慣，於是想懲治劉邦，替他的主子出氣，於是把事情鬧大了。結果不僅自己陷入羅網，還連帶張敖也背上了「謀反」的罪名。貫高在這時表現出了令人敬佩的高尚氣節。他不惜個人的吃苦受罪，而盡一切力量洗刷張敖的清白。在這些地方表現了司馬遷的民主精神，和重義氣、為伸張正義而不惜犧牲個人一切的俠義風尚。史公寫貫高之死，頗與《史記·刺客列傳》寫豫讓之死相同，情采激揚，感慨遙深。他一者引泄公語說貫高是「此固趙國立義不侵、為然諾者也」，再者又說劉邦「賢貫高為人」，甚至破格降旨要赦免貫高之死，相反地倒是貫高覺得自己應該服罪，因而「絕亢」自殺了。司馬光引東漢的荀悅對此評論說：「貫高首為亂謀，殺主之賊。雖能證明其王，小亮不塞大逆，私行不贖公罪。《春秋》之義大居正，罪無赦可也。」一副維護封建禮教的奴才聲調，其思想水平不僅無法與司馬遷相比，而且也無法與當事人劉邦相比。

三、關於陸賈出使南越，勸說趙佗歸服於漢的問題。在這裡我們不僅應該給予趙佗的人品與其功業以高度評價，而且應該對本卷文字所依據的《史記》原文對趙佗的生動描寫以高度評價。就趙佗的氣質雄心而論，其標格原不在陳涉等人之下，其功業成就則又儼然過之。當他問陸生：「我孰與蕭何、曹參、韓信賢？」陸生曰：「王似賢。」當他進一步又問：「我孰與皇帝賢？」陸生曰：「皇帝起豐沛，討暴秦，誅強楚，為天下興利除害，繼五帝三王之業，統理中國。中國之人以億計，地方萬里，居天下之膏腴，人眾車輿，萬物殷富，政由一家，自天地剖泮未始有也。今王眾不過數十萬，皆蠻夷，崎嶇山海間，譬若漢一郡，王何乃比於漢！」尉佗大笑曰：「吾不起中國，故王此；使我居中國，何渠不若漢？」這段對話有開玩笑的成分，也有反映現實的一面。表現了趙佗粗豪的性格與凜凜動人的才氣。

四、本卷寫蕭何臨終薦舉曹參，與曹參謹遵蕭何規矩，都真情感人；寫叔孫通之「逢君之過」以向最高統治者諂媚討好的可鄙面孔，歷歷在目；寫樊噲排闥見劉邦一節，楊慎曰：「流涕數語，粗粗鹵鹵，有布衣之憂，有骨肉之悲，不獨似噲口語，而三反四覆，情辭俱竭，直是子長筆力。」

五、本卷寫了陳豨、盧綰等人叛漢的過程與其叛漢之後的心理活動。陳豨是被周昌進讒，而後在劉邦大殺功臣的背景下因害怕被殺而叛漢的；盧綰是劉邦自幼的夥伴，起義以來一直受劉邦特殊寵愛，他的叛漢實在找不出更多原因。他所擔心的就是異姓王已經被劉邦殺得只剩了他與長沙王，現在大概就要輪到他了。他不擔心劉邦殺他，他所怕的是呂后。所以當劉邦生病時他還一直守在長城邊，不想往外跑，他一直盼著劉邦康復；直到劉邦去世的消息傳來，他才死心塌地地逃進了匈奴。這與韓王信在匈奴中所說的「今僕亡匿山谷間，旦暮乞貸蠻夷，僕之思歸，如痿人不忘起，盲者不忘視也，勢不可耳」，心情相同。都表現了司馬遷對由於劉邦的處置失當，致使這些原本並不想遠逃他鄉的漢初功臣的同情。

六、司馬光在上一卷寫到項羽垓下之敗時，說他聽到四面漢軍皆楚歌，又說項羽自己也「悲歌忼慨，泣數行下」，但卻偏偏刪掉了《史記・項羽本紀》中的「力拔山兮氣蓋世」等四句歌辭。如果說他是出於重視歷史性，不願錄取過於帶小說性的東西；那麼更使人不可理解的是本卷在寫到劉邦打敗黥布返程經過沛縣的時候，「悉召故人、父老、諸母、子弟佐酒，道舊故為笑樂。酒酣，上自為歌起舞，慷慨傷懷，泣數行下」時，竟又刪去了《史記・高祖本紀》中的「大風起兮雲飛揚」云云三句。本朝皇帝作歌，漢代兩位史官都已書之於史的材料，難道還不可信麼？司馬光又刪去這三句，究竟是為什麼呢？難道就這麼疾文學性、生動性如仇麼？

新譯李商隱詩選
新譯范文正公選集
新譯蘇洵文選
新譯蘇軾文選
新譯蘇軾詞選
新譯蘇轍文選
新譯曾鞏文選
新譯王安石文選
新譯唐宋八大家文選
新譯柳永詞集
新譯李清照集
新譯辛棄疾詞選
新譯陸游詩文選
新譯歸有光文選
新譯唐順之詩文選
新譯徐渭詩文選
新譯薑齋文集
新譯顧亭林文集
新譯納蘭性德詞
新譯方苞文選
新譯鄭板橋集
新譯袁枚詩文選
新譯李慈銘詩文選
新譯聊齋誌異選
新譯閱微草堂筆記
新譯浮生六記
新譯弘一大師詩詞全編

教育類

新譯爾雅讀本
新譯顏氏家訓
新譯聰訓齋語
新譯曾文正公家書
新譯三字經
新譯百家姓
新譯幼學瓊林
新譯增廣賢文・千字文
新譯格言聯璧

歷史類

新譯史記
新譯漢書
新譯後漢書
新譯三國志
新譯資治通鑑
新譯史記——名篇精選
新譯尚書讀本
新譯周禮讀本
新譯逸周書
新譯左傳讀本
新譯公羊傳
新譯穀梁傳
新譯春秋穀梁傳
新譯戰國策
新譯國語讀本
新譯說苑讀本
新譯新序讀本
新譯吳越春秋
新譯西京雜記
新譯列女傳
新譯越絕書
新譯燕丹子
新譯東萊博議
新譯唐六典
新譯唐摭言

宗教類

新譯金剛經
新譯高僧傳
新譯碧巖集
新譯百喻經
新譯楞嚴經
新譯梵網經
新譯圓覺經
新譯法句經
新譯六祖壇經
新譯禪林寶訓
新譯維摩詰經
新譯經律異相
新譯阿彌陀經
新譯無量壽經
新譯妙法蓮華經
新譯景德傳燈錄
新譯大乘起信論
新譯釋禪波羅蜜
新譯八識規矩頌
新譯永嘉大師證道歌
新譯華嚴經入法界品
新譯地藏菩薩本願經
新譯悟真篇
新譯无能子
新譯坐忘論
新譯列仙傳
新譯抱朴子
新譯神仙傳
新譯性命圭旨
新譯老子想爾注
新譯周易參同契
新譯道門觀心經
新譯養性延命錄
新譯樂育堂語錄
新譯沖虛至德真經
新譯長春真人西遊記
新譯黃庭經・陰符經

地志類

新譯山海經
新譯水經注
新譯佛國記
新譯大唐西域記
新譯洛陽伽藍記
新譯徐霞客遊記
新譯東京夢華錄

政事類

新譯商君書
新譯鹽鐵論
新譯貞觀政要

軍事類

新譯孫子讀本
新譯司馬法
新譯尉繚子
新譯三略讀本
新譯六韜讀本
新譯吳子讀本
新譯李衛公問對

◎新譯漢書

吳榮曾、劉華祝／等注譯

班固所撰的《漢書》是二十四史中的第一部斷代史，全書包括十二帝紀、八表、十志、七十傳，載述從西漢開國迄王莽新朝止，二百二十九年間的歷史與人物，是繼《史記》之後，中國史書中的不朽之作。它的體例雖仿自《史記》，但結構和內容要比《史記》完善和豐富，為後世斷代史的編撰奠定了基礎。《漢書》在文學上也有很高的成就，被譽為「文章雄跨百代」。本書全套共十冊，由北京大學著名歷史學者吳榮曾先生主持，三十餘位教授學者共同參與注譯，提供今人閱讀《漢書》最佳的幫助。